HISTOIRE ILLUSTRÉE

DE LA

TROISIÈME RÉPUBLIQUE

CORBEIL. — IMPRIMERIE B. RENAUDET

HISTOIRE ILLUSTRÉE

DE LA

TROISIÈME RÉPUBLIQUE

LA CHUTE DE L'EMPIRE.
LA GUERRE. — LE SIÈGE DE PARIS. — LA PAIX.
LA COMMUNE. — LA PRÉSIDENCE DE M. THIERS.
LE 24 MAI. — LA PRÉSIDENCE DU MARÉCHAL DE MAC-MAHON.
LE 16 MAI. — LES ÉLECTIONS DE 1877.
LA PRÉSIDENCE DE M. JULES GRÉVY.
LA MORT DE L. GAMBETTA ET DU COMTE DE CHAMBORD.
LES EXPÉDITIONS DE MADAGASCAR
ET DU TONKIN

Par Henri GIRARD

D'après les documents authentiques, les enquêtes parlementaires et les ouvrages les plus récents

ÉDITION COMPLÈTE
ILLUSTRÉE DE NOMBREUSES GRAVURES
Scènes, Vues et Portraits

PARIS

A LA LIBRAIRIE CONTEMPORAINE
45, RUE DE MAUBEUGE, 45

PRÉFACE

L'histoire contemporaine n'est généralement pas celle que nous connaissons le mieux : Bien des gens ont une idée plus nette de l'époque de Charlemagne, par exemple, que du règne de Louis XVIII. Mais — et cela est digne de remarque — les événements les plus récents sont ceux que nous ignorons davantage, pour peu que notre mémoire ne suffise pas à conserver le souvenir des faits dont nous avons été témoins.

Cela s'explique aisément, d'ailleurs, si l'on considère que nous manquons d'ouvrages destinés à fixer la physionomie des années les plus rapprochées de nous, et que l'on n'a pas toujours le temps de lire les publications partielles qui serviront de documents aux historiens de l'avenir.

La Restauration, la Révolution de 1848, le second Empire ont déjà, cependant, leurs narrateurs populaires, mais l'histoire de notre troisième République,

à partir du 4 septembre jusqu'à ce jour, n'a pas encore
été résumée d'une manière brève, précise et à la fois
complète. C'est cette lacune que nous avons l'intention
de combler : on trouvera dans ce volume l'exposé
rapide et substantiel des évènements qui ont eu la
France pour théâtre depuis la chute de Napoléon III
jusqu'aux débuts de l'expédition du Tonkin.

M. Jules Claretie a publié, après la guerre franco-
allemande, une *Histoire de la Révolution de* 1870-71
dans laquelle il a raconté l'invasion prussienne et l'insurrection communale; il a depuis consacré un second
volume à notre politique intérieure de 1871 à 1873,
c'est-à-dire depuis la présidence de M. Thiers jusqu'au
24 mai. Nous avons, avec l'autorisation de l'éditeur, fait
de larges emprunts à cet ouvrage devenu si rapidement
populaire.

Les autres documents qui ont été mis en œuvre pour
la rédaction de cet ouvrage, sont extrêmement nombreux. Ministres, députés, sénateurs, généraux, tous
ont comparu, tous ont apporté à l'enquête l'impression
immédiate des faits, la représentation vivante de scènes
dont ils ont été souvent et les acteurs et les témoins.
Les principales publications relatives à la malheureuse
guerre franco-allemande, les livres de MM. de Rüstow,
de Mazade, Dussieux, les correspondances officielles,
les papiers des Tuileries, les débats parlementaires, les
mémoires justificatifs des généraux tels que Chanzy,
Ducrot, Billot, Palikao, Trochu, sont venus donner,
chacun pour sa part, des témoignages dont l'ensemble

permet de se faire une idée suffisamment nette des
événements dont notre pays a été le théâtre depuis
treize ans.

Les publications de Jules Favre, Benedetti, Valfrey,
nous ont été d'une grande utilité pour la partie diplomatique.

Nous devons également mentionner l'*Année politique*,
d'André Daniel, comme une des sources les plus pré-
cieuses auxquelles nous avons puisé.

Il n'y a pas besoin de faire ressortir l'utilité d'un
pareil travail. Aujourd'hui, tous les citoyens français participent, grâce au bulletin de vote, à la direction des affaires publiques. C'est donc un devoir pour
eux, avant d'aller aux urnes électorales, de demander
pour ainsi dire, au passé, l'expérience de leurs convictions et de leurs idées.

H. G.

PREMIÈRE PARTIE

CHUTE DE L'EMPIRE — LA GUERRE DYNASTIQUE

CHAPITRE PREMIER

Les dernières années de l'empire. — Le gouvernement de
Napoléon depuis les élections de 1863. — Réveil de l'esprit
public. — Mort de MM. de Morny, Billaut, Walewski. —
L'expédition du Mexique. — Sadowa. — L'Exposition universelle. — Les morts de Décembre. — L'affaire *Baudin* et
M. Gambetta. — Les élections de 1869. — Bancel et M. Émile
Ollivier. — M. Jules Favre et Henri Rochefort. — Les hésitations impériales. — M. Rouher, ministre d'État. — Velléités
libérales. — Prorogation du Corps législatif. — Entrée de
M. Ollivier aux affaires. — La lettre de l'empereur. — L'empire
libéral. — Troppmann.

Avant d'aborder le récit des dramatiques événements qui
s'appelleront, dans l'histoire, la Révolution de 1870, il importe de montrer comment, et par quelle suite de fautes
précipitées, le gouvernement impérial, terrible à l'intérieur

1

après décembre 1851, redouté à l'extérieur après l'expédition de Crimée, paré d'une sorte de trompeuse auréole de libéralisme et d'une véritable gloire, due à l'humble héroïsme des soldats, après la guerre d'Italie, était devenu lentement, et grâce à une succession de chimériques et criminelles entreprises, pareil à un vaisseau démâté conduit par un pilote sans boussole, et qui, voguant comme à l'aventure, se précipite avec un vertigineux entraînement vers les écueils qu'il prétend éviter.

L'apogée du dernier règne, ce fut le lendemain de Solférino. L'Autriche vaincue, l'Allemagne inquiète, la Russie muselée comme un ours du Nord, l'Italie affranchie, la France semblait reprendre son rôle éternel, et la liberté, selon la spirituelle expression de M. John Lemoinne, devenait pour nous, esclaves, et qui l'apportions aux autres, un « article d'exportation ». L'amnistie qui suivit nos victoires avait amorti le coup fâcheux porté aux espérances françaises et italiennes par la paix de Villafranca. Menacé par l'Allemagne, satisfait de ses demi-triomphes, inquiet des sièges futurs de Mantoue, de Vérone, du quadrilatère vénitien, Napoléon s'arrêtait au milieu de sa conquête, et, après avoir juré de délivrer l'Italie des Alpes à l'Adriatique, il s'arrêtait prudemment au Mincio, laissant l'Autriche battue, mais non écrasée, l'Italie victorieuse, mais non satisfaite, la Prusse écoutée dans son intervention, mais non rassurée.

Ce fut là pour cet homme irrésolu la première faute, celle d'où toutes les autres allaient découler. Satisfait d'avoir une nouvelle fois fait sentir au monde la vigueur de l'épée française, il prétendit continuer son œuvre par la diplomatie et la politique. Mais dans ses diplomates il devait rencontrer moins d'intelligence et d'ardeur que dans ses soldats, et, tandis qu'il tendait lentement les filets où il prétendait prendre les hommes d'État allemands, anglais ou belges, et même la Belgique et le Rhin avec les hommes d'État, son armée se dissolvait lentement, et la nation perdait peu à peu, sous son gouvernement, le nerf, l'ardeur, la puissance morale, la foi en soi-même, tout ce qui rend les peuples non seulement redoutables, mais invincibles. Et lorsque, plus tard, on voulut faire appel aux forces vives du pays, les meilleurs et les plus résolus se heurtèrent à d'acharnés amis du repos, à d'implacables adversaires du dévoûment à la patrie et du sacrifice au pays.

L'étoile impériale, avec les années, avait singulièrement pâli. Depuis les élections de 1863, où pour la première fois l'esprit de liberté s'affirma victorieusement en donnant, à Paris, la majorité à tous les candidats de l'opposition, l'empire, avait, de jour en jour, vu décroître sa fortune. Vainement, essayant de donner satisfaction à l'opinion, Bonaparte opérait, quinze jours après les élections, un changement de ministère, croyant avoir lâché la dure courroie parce qu'il nommait M. Billault ministre d'État, et M. Duruy ministre de l'instruction publique ; on sentait que ce n'était là qu'une modification d'apparence et peut-être un ministère d'expectative. C'en était fait, la France se trouvait, après des années de sommeil, telle qu'auparavant, éprise de son même idéal de liberté républicaine, et M. Pelletan pouvait avec raison écrire à M. de Persigny : « La France aime-t-elle toujours la liberté? Le dernier scrutin fait la réponse. Il n'y a pas une ville de quelque importance qui n'ait voté pour la liberté ; et plus on ira, plus on l'aimera, car le jeûne aiguise la faim. »

Il semblait d'ailleurs que cette date de juin 1863 eût marqué, pour l'empire, le signal de la malchance et de la décrépitude. Les symptômes de décadence allaient s'accentuer encore avec les années qui suivirent. Et comme si le destin eût voulu enlever à l'empire les plus fermes ou du moins les plus intelligents de ses soutiens, les complices de Décembre tombaient, mouraient, emportés, les uns après les autres, par des maladies soudaines, et comme frappés par le doigt d'une justice invisible. Morny, qui venait de lancer la France dans l'aventure sinistre du Mexique, succombait à ce mal lent et bizarre qui est le mal de ce temps appauvri, l'anémie. Billault mourait aussi ; Walewski allait bientôt le suivre. On raconte que, lorsque M. de Morny eut succombé, l'impératrice voulut voir de près le cadavre. Elle le considéra longuement, terrifiée de la ressemblance de ce mort avec son frère vivant, puis, succombant à l'émotion, s'évanouit. Peut-être eut-elle le pressentiment que cet homme à l'intelligence souple, alerte et soudaine, et dont le regard, d'un bleu pâle, voyait nettement les choses, peut-être comprit-elle que ce blasé, ce sceptique, ce mondain débauché était pourtant, de tous ceux qui entouraient l'empereur, celui qui eût pu détourner de l'empire bien des catastrophes à venir. On fit au comte de Morny, devenu duc de je ne sais quel emprunt ou de je ne sais quelle fusillade, des funérailles solennelles, et l'on eut raison. Ce n'était pas seulement l'homme de Décembre qui se dirigeait vers la tombe, c'était le régime de Décembre tout entier.

Il y a dans l'opinion publique, si prompte cependant à s'égarer, d'irrésistibles courants, et de singuliers instincts de divination. Lorsque Morny mourut, il n'y eut qu'un cri : L'empire est perdu. Lorsque l'expédition du Mexique fut entreprise, il n'y eut qu'un mot : C'est la campagne d'Espagne de Napoléon III. Les Français devaient, en effet, rencontrer dans les *chicanos* mexicains de nouveaux *guerillerros* aussi redoutables que ceux de Mina, et dans Juarez un adversaire plus dangereux que le Palafox de Saragosse. La catastrophe de Queretaro dépassa de beaucoup, au surplus, dans sa grandeur et son horreur shakespeariennes, tous les drames des guerres espagnoles. Ce fut un crime nouveau que celui d'aller prendre dans son palais allemand cet archiduc d'Autriche et, faisant miroiter devant ses yeux éblouis les perspectives d'un nouveau Montezuma, de le jeter comme en proie aux gens des Terres Chaudes, et de l'abandonner à sa fortune après lui avoir promis de le défendre jusqu'à la fin. Maximilien, ambitieux, romanesque, s'était laissé griser par ce chimérique rêveur, Bonaparte. Il sut ce que lui coûta l'aventure et ce que peut, à la fin, un peuple résolu, combattant pour son indépendance et contre l'étranger. Il y avait, parmi les curiosités des Tuileries, une photographie du gilet et de l'habit que portait Maximilien le jour de son exécution. Les traces de balles étaient marquées sur ces guenilles saignantes. Il dut plus d'une fois contempler ces sinistres images, l'homme qui avait envoyé au delà des mers l'archiduc dont le corps repose maintenant sous les plis ironiques de drapeaux tricolores et sous les armes impériales, dans les caveaux des Capucins de Vienne, auprès des tombeaux sculptés des princes et des archiducs d'Autriche.

On se rappelle l'épouvante du monde officiel lorsque, pendant les préparatifs de l'Exposition universelle, les journaux donnèrent connaissance de cette dépêche de Juarez écrite au général Berriozaba et datée de San Luis de Potosi : « *Ami, vive la patrie! Queretaro a été pris de vive force, ce matin, 15 mai, à huit heures.* » Quelque temps après, pendant qu'il distribuait les récompenses aux exposants, tandis que le sultan, assis aux côtés de l'impératrice, regardait

cette cohue d'Anglais, de Hongrois, d'Allemands, de Russes,
d'Américains, de Maures accourus à Paris, Napoléon reçut
la nouvelle de l'exécution de Maximilien. On suspendit
toutes les fêtes et la cour prit le deuil. Encore si c'eût été là
le seul deuil causé par cette entreprise dont l'affaire des
bons Jecker fut seule le prétexte. Mais qui dira ce que cette
expédition a coûté à la France d'hommes et d'argent, de
sang et de richesses? Ajoutez qu'elle habitua les troupes à la
guerre de piraterie et de pillage, et qu'elle contribua à
désorganiser une armée qui ne connaissait déjà plus qu'à
demi la discipline et la patrie.

Ainsi, tout avortait, des projets de Bonaparte. Cette Exposition universelle même, dont il voulait faire comme une
revanche industrielle de la France sur les victoires récentes
de la Prusse, avortait. Somptueuse, gigantesque, elle fut
surtout bizarre. Le grandiose n'est point la grandeur. Ce
fut une sorte de kermesse immense où se coudoyèrent les
nations, un décor d'opéra tenant du bazar tunisien et du
rideck hollandais, je ne sais quoi de grisant et d'épileptique
qui ne ressembla guère à une réplique à Sadowa. Les souverains d'Europe vinrent, dédaigneux et méprisants, à ce
festin offert par un parvenu. L'élu du suffrage universel,
qui ne tenait à eux que par les fusillades de Décembre, fit
les honneurs de Paris au vainqueur de la Pologne et au
geôlier du Hanovre. Le czar rit à la *Grande-Duchesse* et le
roi de Prusse applaudit à la revue de Longchamps. L'un et
l'autre emportèrent de la France un sentiment de mépris
envieux et de colère humiliée. Ces fêtes internationales et
ces baisers Lamourette de souverains à souverains sentaient
déjà le salpêtre et la guerre. Le journal *Der Bund* du
15 juin 1867 écrivait : « Le roi de Prusse et M. de Bismarck
ont quitté Paris, convaincus que la guerre est inévitable et
que le *carnaval* des rois aura un triste mercredi des cendres. »

L'année 1868 devait apporter à l'empire son contingent
de difficultés et d'embûches. « Il n'y a que les morts qui ne
reviennent pas, » disait Barère. Il avait tort. Les morts reviennent et, lorsqu'ils sortent du tombeau, leur force est
d'autant plus redoutable qu'ils se dressent avec le nom de
martyrs. Depuis vingt ans, des morts dormaient qu'on avait
fusillés en Décembre. Un jour un historien s'avisa de conter
leur histoire. On apprit qu'un pauvre paysan du Var, nommé

Ferdinand Martin, et surnommé Martin Bidauré, avait été
fusillé deux fois sous le préfectorat de M. Pastoureau. On
apprit qu'un député de l'Ain, le docteur Alphonse Baudin,
s'était fait tuer sur une barricade rue Sainte-Marguerite,
alors qu'il essayait de soulever le peuple pour la défense du
droit. On apprit à la fois ces choses oubliées. Un jeune
homme, M. Ténot les remettait dans toutes les mémoires.
Aussi, comme mus par un même instinct de justice et de
protestation en faveur du droit, la plupart des personnalités
du parti démocratique se trouvaient, le jour des Morts de
l'année 1868, réunies, des couronnes d'immortelles à la
main, devant la tombe oubliée, l'humble pierre où se lit
cette simple inscription : *Alphonse Baudin, représentant du
peuple, mort le 4 décembre 1851.* On se souvient que cette manifestation pacifique se termina par des arrestations que
rien n'avait pu motiver. Sans doute quelques vers ridicules
avaient été lus près de cette tombe; un étudiant inconnu,
que nul ne revit, qui ne fut pas inquiété, qu'on put même
prendre pour un agent provocateur, avait bien jeté dans ce
cimetière un appel aux armes, mais la manifestation avait
gardé néanmoins ce caractère grave et religieux qui conve-
nait à une telle victime et à une telle journée.

Le gouvernement n'en devait pas moins poursuivre
quelques-uns de ceux qu'on avait arrêtés près de la tombe
du *sieur* Godefroy-Cavaignac et du *sieur* Baudin, comme
des agents de police, déposant devant la sixième chambre,
affectaient d appeler ces morts. L'acte d'accusation amenait,
le 14 novembre 1868, près de MM. Gaillard père et fils et
Peyrouton, des journalistes coupables de *manœuvres à l'intérieur* parce qu'ils s'étaient souvenus et qu'ils avaient rappelé à la France de l'empire que quelque part, dans un
cimetière de Paris, reposait la poussière d'un homme mort
pour la République. C'étaient MM. Peyrat, rédacteur en
chef de *l'Avenir national;* Challemel-Lacour, rédacteur en
chef de *la Revue politique;* Durest, gérant de *la Tribune;* et
Delescluze et Quentin, rédacteurs du *Réveil.* Mais le procès
intenté par le ministère public devait tourner à la confusion
du pouvoir. Ce ne fut pas seulement, en effet, le parti démocratique tout entier, et la *démagogie furieuse,* comme l'appelaient les journaux dévoués à l'empire, ce furent tous les
honnêtes gens de tous les partis qui s'allièrent pour protester, au nom de Baudin immolé, contre ceux qui faisaient

un crime à des citoyens de rendre hommage à sa mémoire.
Le vieux et fier Berryer, un des *Mécontents* de Décembre.
envoyait aux journaux, quelques jours avant d'expirer, sa
souscription pour le tombeau de Baudin, et de sa main
mourante écrivait une noble et vaillante lettre pour affirmer
encore sa haine de la persécution et son amour de la liberté,
tandis que Prévost-Paradol, souscrivant aussi, comparait
Baudin à d'Assas, et que M. J.-J. Weiss, un futur serviteur
de l'empire libéral, se voyait traduit, par l'empire autoritaire, sur les bancs de la correctionnelle. Qu'était cela d'ailleurs à côté du retentissement et du coup de foudre de
Gambetta ?

Défendant Delescluze, qui devait l'attaquer plus tard,
Gambetta s'était dressé vigoureux, menaçant et jetant sa
harangue comme un défi au ministère public et à l'empire.
Loin d'essayer de protéger son client contre les sévérités
du tribunal, il traîne accusateurs et juges sous le verdict de
l'histoire. Il se fit juge lui-même et à la fois exécuteur.
L'avocat, transformé en tribun, étendait vers la justice de
l'empire sa main menaçante. Ceux qui l'ont vu, écumant,
débraillé, superbe, se sont rappelé soudain Michel (de
Bourges) et ont cru entendre rugir O'Connell. Lorsque la
sentence du tribunal répliqua à la catilinaire de l'orateur,
en dépit des mois de prison et des amendes qui tombaient
sur les accusés, il semblait à la foule, qui s'écoulait fiévreuse
dans le Palais-de-Justice, que l'empire seul était condamné.

« Désormais, avait dit Gambetta, nous aurons une fête
civique à célébrer au nom de nos martyrs : c'est le 2 décembre. » Et le 2 décembre suivant, en prévision d'une
attaque, le ministère Pinard prenait, contre d'inoffensifs
promeneurs, ces belliqueuses dispositions qui lui firent
gagner, sans brûler une amorce, la ridicule campagne du
boulevard Clichy.

La mort de Berryer laissait vacante une place au Corps
législatif. Les électeurs démocrates de Marseille l'offrirent
bientôt à l'avocat qui venait de se révéler tribun, et l'on
put compter dès lors que M. Gambetta apporterait à la
gauche le concours puissant de sa parole. Mais ce n'était que
quelques mois plus tard, les élections partielles des Bouches-du-Rhône ayant été indéfiniment ajournées, que
Gambetta devait passer, au moment des élections générales.

Ce fut une journée solennelle pour le pays que celle où
l'on dépouilla le scrutin électoral des 23 et 24 mai 1869. La
lutte avait été ardente; le gouvernement avait tout essayé,
tout osé pour effrayer le pays, et il avait, une fois encore,
agité devant la France le *spectre rouge* inventé par Romieu.
C'est au surplus la vieille méthode bonapartiste. Le premier
consul disait à ceux de ses rares conseillers qui ne voyaient
pas d'un bon œil ses ambitieuses espérances de César nouveau : « Voulez-vous donc que je vous livre aux Jacobins?
C'est ce qui arriverait pourtant si je ne prenais point le
pouvoir. » Le despotisme a toujours d'excellentes raisons de
régner. On avait, pendant la période électorale de 1869,
distribué par milliers aux campagnards les journaux dévoués, et qui coûtaient assez cher, on l'a vu depuis, à la
cassette impériale; on y ajoutait des dessins représentant
d'un côté la ruine et le pillage avec ce mot : *République*, et
de l'autre des moissons, des fermes prospères, le spectacle
des bonheurs privés, avec ce vocable sauveur : *l'Empire*.
Rien n'y fit. L'opposition radicale l'emporta à Paris et dans
toutes les grandes villes, et réunit une minorité souvent plus
qu'honorable dans beaucoup de départements. Les candidats
élus à Paris s'étaient bravement affirmés *irréconciliables*.
Quant aux candidats gouvernementaux, MM. Balagny,
Devinck, Bouley, Savard, etc., non seulement ils n'étaient
pas publiquement soutenus par le pouvoir, mais ils n'osaient
même pas se donner comme bonapartistes. Ils s'appelaient
indépendants. Leur défaite n'en fut pas moins complète. La
vieille opposition était, dans plusieurs circonscriptions,
battue par les démocrates nouveau venus, plus ardents et
plus audacieux. En 1863, les candidats hostiles à l'empire
avaient réuni 143,470 suffrages; en 1869, — et l'on pouvait
mesurer par là le chemin parcouru par l'esprit de liberté,
— ils en recueillaient plus de 250,000.

Paris avait d'ailleurs manifesté l'esprit qui l'animait dans
la lutte caractéristique entre MM. Emile Ollivier et Bancel.
C'était là, en effet, l'élection qui passionnait le public et qui
inquiétait le pouvoir. La lutte entre M. Rochefort et
M. Jules Favre, entre M. Gambetta et M. Carnot, n'était
qu'une lutte de nuances; ici, il s'agissait d'une rivalité de
principes. M. Émile Ollivier, déjà soupçonné d'être un favori
de l'empereur, avait-il, oui ou non, démérité de ses électeurs
parce qu'il poursuivait cette chimère d'une union entre l'em-

La mort du représentant Baudin.

pire et la liberté? Avait-il perdu leur confiance parce que,
délaissant l'opposition radicale que ses souvenirs personnels,
l'image de son père emprisonné et de son frère mort lui
faisaient un devoir de poursuivre, il avait tourné doucement
à l'opposition dynastique, ou plutôt parce qu'il inclinait à la
tendresse dynastique? Fallait-il lui préférer un proscrit de
Décembre, inconnu la veille à Paris, mais qui entrait en
lice avec deux armes terribles, son éloquence singulière,
entraînante, et l'épreuve de son exil? Là était le combat
fiévreux et dont le gouvernement et la démocratie attendaient anxieusement le résultat.

Désiré Bancel s'était révélé à nous, un soir, dans un repas
libre de francs-maçons où, prenant la parole, il avait pas-
sionné, séduit, emporté tout son auditoire. Acteur autant
qu'orateur, sa voix avait à la fois des modulations et des
tonnerres. Il avait le geste et l'accent, l'attitude, ce qui fait
que le discours plaît aux yeux en même temps qu'à l'âme.
Ses *Harangues de l'exil* s'imposent par je ne sais quelle
verve enflammée qui me semble moins venir d'une inspiration personnelle que d'une érudition bien dirigée et habilement mise en œuvre. En un mot, ce fut un orateur, un grand
artiste, un virtuose admirable, à qui la maladie qui devait
l'emporter ne permit pas de marquer dans l'Assemblée la
place due à son talent, mais qui sut, dans les réunions publiques électorales, enthousiasmer la foule en lui parlant
toujours un noble, pur et sain langage, lui prêchant la
liberté avec Camille, non avec Hébert, et combattant la
tyrannie avec la marotte gauloise de Rabelais ou l'arme sans
tache de Corneille. Bancel conquit au surplus tous les suffrages. Le candidat Émile Ollivier fut outrageusement battu.
Que si les électeurs du Var n'eussent pas été séduits par sa
profession de foi, semblable à une bucolique, le futur
ministre de l'empire n'entrait ni à la Chambre ni à l'Académie.

Paris n'a pas oublié cette soirée poudreuse où, dans la
fièvre du soir, sur les boulevards encombrés, on se passait
de main en main le résultat des élections. Ce fut une belle
heure de joie patriotique et de victorieux espoir. Tel patriote, qui fût mort au lendemain de cette journée de mai,
eût pu sourire en se disant que la France était sauvée et que
se réveillait la *grande nation*. La lutte pourtant n'était pas
terminée. Il restait encore à faire les élections complémen-

faites de Paris et, cette fois, c'était entre M. Jules Favre et
M. Rochefort que la lutte allait se livrer. On avait oublié
bien vite les rudes campagnes entreprises par M. Favre
contre M. Rouher à propos de la question mexicaine ; son
entrée à l'Académie, sa profession de foi spiritualiste, son
humeur catholique lui enlevaient bien des sympathies. On
put croire qu'on lui préférerait ce spirituel M. Rochefort,
qui offrait de résoudre la question sociale *en dix minutes* et
se contentait d'une boutade pour réduire la misère : « Je
demande que, pour vivre, les ouvrières ne soient pas forcées
de se tuer. » C'était un trait, rien de plus, et la question
sociale, que nous devons étudier, travailler et résoudre en
faisant la part des appétits et des besoins, cela sous peine
de nous voir engloutis, cette capitale question demande
plus de temps et plus d'études que ne lui en accordait le
pamphlétaire. Mais, à cette heure, M. Rochefort représentait, dans sa forme la plus agressive et la plus insolente,
l'opposition contre l'empire, mieux que cela, l'opposition
directe à l'empereur et à l'impératrice. Le nom seul de
l'auteur de la *Lanterne* était devenu une injure pour les
Tuileries. On l'inscrivait sur un bulletin comme on eût
tracé une nasarde sur un mur. La cour était irritée contre
ce gamin de Paris, blafard et maigre, qui faisait du
Paul-Louis Courier avec le style de Duvert et Lauzanne, et
combattait pour le droit avec l'arme du vaudeville. Incon-
scient, d'ailleurs, ignorant, luttant par amour du tapage,
aimant la vie facile, rêvant le brouet de Sparte du fond d'un
cabinet de restaurant, jetant contre l'empire cette partie
d'opposition comme il eût engagé une partie de baccara ou
un pari les jours de course, risquant sa liberté, sa santé, sa
vie même, au besoin, pour le plaisir de mordre les puissants
haïs, satisfaisant à la fois sa colère et ses instincts de luxe,
combattant d'ailleurs bravement le bon combat et, sans
avoir étudié la Révolution, travaillant à une révolution terrible, et démolissant par l'esprit, par le rire, par l'ironie, la
plaisanterie féroce et le calembour intrépide, un empire qu'on
n'avait combattu jusqu'ici qu'avec prudence et dont l'aspect
avait terrifié les plus intrépides. A son renom d'esprit, la
persécution maladroite s'ajoutant, Rochefort était devenu
une puissance. Ce fut un miracle s'il ne passa point, en juin,
contre Jules Favre. Ces élections devinrent le signal de ces
émeutes du boulevard, parodies des journées révolutionnaires

et où les blouses blanches défilant à heure fixe, à heure fixe
le casse-tête du sergent de ville s'abattait sur les spectateurs
paisibles et trouait les crânes des curieux. La police, on le
sait, menait seule cette entreprise de désordre, et l'unique
émeutier était M. Piétri. Mais le pays avait décidément pris
la fièvre, et on peut se rendre compte de l'état d'inquiétude
dans lequel se trouvait Louis Napoléon en lisant, à propos
de la manifestation projetée du 26 octobre 1869 et des
élections complémentaires de novembre, les dépêches qu'il
adressait à l'impératrice, alors en Égypte. La convocation
des Chambres n'étant point faite à temps, M. de Kératry
avait déclaré que le 26 octobre, date légale de l'ouverture,
il se trouverait sur les marches et devant la porte du Corps
législatif. On put croire un moment qu'il s'ensuivrait une
émeute, peut-être une révolution. Les esprits, en effet,
étaient surexcités, et il fallut que la gauche elle-même dé-
conseillât un mouvement qui eût pu entraîner une collision
sanglante, et à coup sûr une victoire de la police. En novembre, M. Crémieux, M. Glais-Bizoin et Rochefort étaient
nommés par les électeurs de Paris. « Que ce soit Pierre ou
Paul, écrivait philosophiquement Napoléon la veille du
scrutin, ce sera toujours mauvais ! » On sent déjà partout
le découragement, l'effarement. Mais le succès de Rochefort
y dut ajouter la colère. Après que le rédacteur de *la Lanterne* eut été arrêté à la frontière, Bonaparte eut le bon sens
de le faire mettre en liberté. Ce ne fut pas, il est vrai, et on
le devine bien, sans un sentiment sourd de colère et peut-
être sans une certaine résignation accablée.

Le désarroi était grand en effet dans le gouvernement
bonapartiste, et les anciens serviteurs jetaient depuis deux
ou trois ans à leur maître des avertissements de mauvais
augure, les uns lui présentant la liberté, les réformes
comme le seul moyen de salut, les autres lui conseillant
de revenir à cette méthode autoritaire d'autrefois qui consistait à étouffer toute discussion, comme si bâillonner était
résoudre et brûler répondre. Hésitant et faible, tiré en
sens divers par ses appréhensions de toutes natures, poussé
vers une sorte d'idéal de socialisme vague, par les instincts
mal étouffés de sa jeunesse, retenu par la crainte du peuple
et de la liberté, frappé d'une espèce de superstitieuse terreur depuis la mort des conseillers du coup d'État de
Décembre, l'empereur oscillait perpétuellement entre la

répression et le *laisser-faire*. Tantôt il écrivait des projets
de proclamation où se rencontraient des phrases comme
celle-ci, qu'on a trouvée manuscrite, tracée de sa main : *Un
gouvernement qui est l'expression légitime de la volonté nationale, a le devoir et le pouvoir de la faire respecter, car il a
pour lui le droit et la force.* Tantôt il interrogeait avec
anxiété la foule des créatures politiques qui tournoyaient
autour de lui et, Diogène impérial, cherchait un homme
pour lui confier le gouvernail et le salut de l'empire, cet
homme lui imposât-il, pour prix de ses services, une sorte
de libéralisme hypocrite et de faux gouvernement parlementaire qui devait mettre à l'écart et laisser dans la pé-
nombre le souverain, pour placer le ministre en relief et
en pleine lumière.

Ce malheureux César se débattait dans son isolement,
dans ce désert d'hommes et de courtisans, qui était son
palais. Où courir? Où ne pas courir? Où se trouvait le
salut? Il fallait (chacun a son tour) un sauveur d'empire à
ce sauveur de peuple.

Un jour, M. Victor Duruy, parlant du droit de réunion,
conseillait à l'empereur de marcher droit dans la voie de la
liberté, d'un régime libéral tempéré par des chassepots, en
disant : « Si au bout de cette voie se trouve un péril, on
est bien fort pour l'aborder, la loi à la main et les canons
derrière la loi. » Le lendemain, M. de Persigny s'écriait :
« Il faut rétablir l'autorité par des actes. Et comme ce
n'est pas par des discours ni par les attaques des ennemis que l'autorité a été ébranlée, mais bien par la faiblesse du pouvoir, ce n'est point par des paroles qu'on peut
la rétablir. » Au milieu de ces avis divers, de ces conseils et de ces conseillers qui se combattaient l'un l'autre,
Napoléon n'entendait plus que les sourds grondements
d'une tempête prête à se déchaîner, et ses lectures d'habitude me paraissent, en ces heures troublées, avoir été
celles des rapports quotidiens du préfet de police. Or tous,
avec une persistance et un ensemble qui eussent dû convaincre un moins somnolent, conseillaient de sortir de
l'état d'incertitude et d'*engourdissement*. « Une coalition
formidable, écrivait Piétri dans son rapport du 28 novembre 1869, s'organise contre l'empire entre les haines
politiques et les haines économiques. » Et le dernier avertissement de Walewski mourant avait été celui-ci : « Au-

jourd'hui, les demi-mesures ne sont plus possibles; les
hésitations seraient désastreuses après les insuccès des dernières années. Il faut réussir, il faut atteindre le but, coûte
que coûte. » Ne dirait-on pas des joueurs, dont la chance a
tourné, âpres, fiévreux, voulant à tout prix retrouver la
veine perdue et violenter la fortune rebelle? Mais c'est en
poursuivant ainsi le succès à tout prix, en se fermant la
retraite et en se condamnant à vaincre, qu'en se lançant
follement en des aventures coupables, les souverains de
cette sorte entraînent avec eux dans l'abîme des millions
d'êtres humains qui, trop ignorants pour se conduire eux-
mêmes, ont eu l'impardonnable faiblesse de se livrer pieds
et poings liés à celui qui règne sans avoir la science de
gouverner.

M. Rouher fut, pendant ces années de luttes, l'infati-
gable défenseur d'un régime qui croulait de toutes parts.
La mort de M. Billault semblait, en 1863, ouvrir à l'opposition des perspectives de victoire, les orateurs de la gauche
n'ayant plus devant eux, pour leur répondre, l'habile avocat nantais qui, à chacune des attaques des adversaires,
opposait l'éclat du drapeau tricolore et les progrès matériels accomplis, non par l'empire, mais sous l'empire.
Mais M. Rouher avait accepté la redoutable succession
du ministre d'État. Pendant cinq ans, à travers les plus
graves circonstances et les plus différentes, l'ancien avocat près la cour d'appel de Riom, l'homme qui réclamait,
en 1848, la révolution sociale et la liberté intégrale, se
donna la tâche de s'opposer à toute résolution libérale et
sage, de répondre aux avertissements des représentants
indépendants du pays par des phrases pompeuses et mensongères, de caractériser par quelques épithètes sonores
les fautes les plus graves de l'empire, et, prenant pour
système d'opposer un front d'airain à toutes les attaques
et une oreille fermée à toutes les vérités, il s'attacha à présenter comme de véritables succès de la politique impériale toutes les hésitations antipatriotiques et toutes les
rodomontades inutiles qui commençaient pour la France une
ruine que la guerre de 1870 devait consommer. C'est ainsi
qu'on le vit, tour à tour insolent et hautain, appeler l'expédition du Mexique la plus *grande pensée du règne*, et expliquer ensuite comment notre intérêt voulait qu'on aban-
donnât cet empire élevé par nos armes : c'est ainsi qu'il

justifia l'inqualifiable inaction de la politique impériale au
moment de la guerre du Danemark (d'où devaient sortir
Sadowa et Sedan), et c'est ainsi encore qu'après le fameux
discours d'Auxerre, coup de tonnerre qui voulait ébranler
le monde politique et qui n'eut d'action que sur le monde
de la Bourse, le ministre d'État essaya de faire entendre à
la France que les compensations territoriales promises à
l'empire étaient inutiles, et que l'Allemagne, divisée en
trois tronçons, n'était point dangereuse. Théorie commode,
qui calmait les *angoisses patriotiques* du ministre, mais devait
être bientôt regardée comme illusoire par les hommes clairvoyants du pays. La politique de l'empereur et de M. Rouher
venait, en effet, de créer l'unité germanique, et l'on s'en
apercevait trop tard. Les traités de la Prusse avec le Sud
étaient dénoncés, et le grand-duc de Bade allait bientôt, dans
un discours solennel, jeter, en dépit des partisans de la
théorie des trois tronçons, le grand mot d'*union nationale*.
Si bien que M. Thiers pouvait justement et sévèrement dire
à l'empire, en mars 1867 : *Vous n'avez plus de faute à commettre*. Hélas! il en était de plus terribles encore et dont
la conséquence devait être plus cruelle pour le pays. En
1867, nous n'avions abdiqué que notre liberté. Trois ans
plus tard, nous allions perdre notre indépendance.

A l'intérieur, le système de M. Rouher était le même
qu'à l'extérieur, et il eût pu répondre aux Français réclamant leurs franchises, comme aux Italiens revendiquant
Rome, un *jamais* aussi fameux que celui qu'il jeta à M. Berryer dans la séance du 6 décembre 1867. Il tenait, avec
M. Forcade de la Roquette, pour les candidatures officielles,
s'appuyant sur la majorité, comme il conseillait à cette
majorité de s'appuyer sur lui, et résolu à ne rien céder de
ses prérogatives autoritaires, ou du moins à les défendre
le plus longtemps possible, et cela contre les velléités et
les bouffées d'humeur libérale de l'empereur lui-même.

Il fallait bien pourtant se résigner à donner satisfaction
au mouvement libéral qui agitait, retrempait et rajeunis-
sait le pays. Lors même que, poussé dans ses retranchements par Berryer et M. Thiers, M. Rouher répondait par
son insolent *jamais*, il subissait, quoiqu'il s'en défendît,
l'influence et la puissance de la Chambre. Ce n'était pas,
comme on le faisait remarquer, le gouvernement qui faisait résolument connaître ses intentions, c'était l'Assemblée,

mise en mouvement et conduite par M. Thiers et par la
droite, qui traînait à sa remorque le ministère et dictait la
formule des déclarations du ministre d'État après les hésitations de son collègue. Le gouvernement ne donnait déjà
plus l'impulsion; il la recevait et semblait même l'avoir
subie. Si bien qu'on attribuait, avec raison je crois, ce mot
à M. Rouher lui-même descendant de la tribune : « Messieurs, aujourd'hui le gouvernement parlementaire est
fait. »

Ce n'était plus le temps, il faut l'avouer, où M. Rouher luttait seulement contre M. Jules Favre à propos du Mexique, et
contre M. Thiers à propos de l'Allemagne; un parti puissant,
le tiers parti, s'était formé dans l'Assemblée, réclamant de
l'empereur des garanties de parlementarisme, et la demande d'interpellation des 116, au lendemain des élections
de 1869, allait réduire à néant les résistances de M. Rouher,
et le contraindre à se donner de temps à autre, au Sénat,
pour paraître suivre le courant, les apparences et le mas-
que du libéralisme.

La Chambre prorogée, M. Rouher n'apprit qu'après coup,
assure-t-on, et par le *Journal officiel*, ce décret de prorogation qui portait sa signature, et que M. Schneider, président du Corps législatif, avait fait imprimer durant la
nuit. Il envoya, dès qu'il eut jeté un coup d'œil sur le journal, sa démission de ministre d'État, et se contenta de présider le Sénat, où il eut encore occasion de brûler ce qu'il
avait adoré autrefois, et de faire acte autoritaire, par
exemple à propos de Sainte-Beuve mort en libre-penseur,
et dont il condamna hautement, dans son éloge funèbre,
la suprême témérité.

L'empereur était décidé à faire volte-face, à compléter la
réforme du 1ᵉʳ janvier, à ouvrir la porte entr'ouverte et à
couronner l'édifice. Il lui manquait un architecte. Il crut
l'avoir trouvé dans M. Émile Ollivier. Compromis par ses
faiblesses passées, l'ancien orateur de l'opposition des *Cinq*
ne pouvait hésiter à se livrer tout à fait, corps et âme.
Avec lui s'offraient résolument des politiques jeunes et
audacieux, las de combattre dans les rangs du libéralisme
et affamés d'autorité et de pouvoir. M. Philis se joignait à
M. Ollivier, et M. Clément Duvernois, rêvant une *génération*
du bonapartisme, écrivait à l'empereur : *Appelez à vous la
jeunesse, Sire, elle seule peut sauver votre fils. Les vieillards*

M. ROUHER

2

égoïstes qui vous entourent ne songent qu'à eux. Pris entre les vieux et les jeunes, entre Géronte et Clitandre, Napoléon se rendit à la fin. Il voulut essayer des hommes nouveaux.

Un soir, M. Ollivier, la tête enveloppée d'un cache-nez, pour éviter les indiscrétions des « petits journalistes », se glissait, guidé par Piétri, jusqu'auprès de l'empereur, à Compiègne, et lui exposait sans doute le plan de gouvernement qu'il devait mettre à exécution trois mois plus tard. Bonaparte était satisfait. Il lui semblait, à ce songeur toujours poursuivant des nuages emportés par le vent, il lui semblait que maintenant la mauvaise fortune était conjurée et que de telles recrues lui devaient ramener la victoire. Et M. Conti écrivait à Duvernois : « L'empereur est enchanté. Nous allons donc sortir de *tout ce gâchis!* »

Au contraire, hélas! la France allait y entrer.

Le 28 décembre 1869, le *Journal officiel de l'Empire* contenait la note et la lettre suivantes :

« Les ministres ont remis leurs démissions à l'empereur, qui les a acceptées. Ils restent chargés de l'expédition des affaires de leurs départements respectifs jusqu'à la nomination de leurs successeurs. »

« L'empereur a adressé à M. Émile Ollivier, député au Corps législatif, la lettre suivante :

« Monsieur le député, les ministres m'ayant donné leur « démission, je m'adresse avec confiance à votre patrio- « tisme pour vous prier de me désigner les personnes qui « peuvent former avec vous un cabinet homogène, repré- « sentant fidèlement la majorité du Corps législatif, et « résolu à appliquer, dans sa lettre comme dans son esprit, « le sénatus-consulte du 8 septembre.

« Je compte sur le dévoûment du Corps législatif aux « grands intérêts du pays, comme sur le vôtre, pour m'aider « dans la tâche, que j'ai entreprise, de faire fonctionner « régulièrement le régime constitutionnel.

« Croyez, Monsieur, à mes sentiments.

« NAPOLÉON. »

La France eut un moment quelque chose comme un éblouissement de liberté. Les moins réfléchis, ceux qui n'avaient pas voué au régime de Décembre, condamné dans

son principe et dans sa racine, une implacable haine, ceux-
là purent s'aveugler au point d'espérer que ce malheureux
pays, depuis tant d'années en quête de la paix publique et
du bonheur social, touchait à la réalisation de ses rêves
toujours fustigés. Mais ce ne dut être qu'un éclair, car (la
nation le vit bientôt) c'est l'éternelle loi et la nature même
des despotismes qu'ils ne peuvent engendrer que le despotisme.

L'empire autoritaire finissait, l'empire libéral allait le
suivre dans sa voie de compression et d'injustice, et le
pays entrer dans une crise nouvelle à l'heure où finissait
cette année 1869, qui avait vu se fortifier l'Allemagne, se
déchirer de ses propres mains la république espagnole, et
dont les derniers mois avaient épouvanté le monde par
l'exécrable forfait d'un enfant féroce, bête fauve humaine,
forfait commis à quelques mètres de Paris, en pleine civilisation, dans la grande cité où la police, qui s'affirmait à
chaque heure contre les citoyens paisibles, ne parvenait pas
à arracher les victimes innocentes des mains sanglantes
d'un Troppmann. Le procès de l'assassin, qui commençait
le 28 décembre, détourna l'attention des réformes ministérielles. L'odeur de sang et de meurtre de ces derniers jours
de 1869 étouffait, eût-on dit, tout parfum d'espoir.

Inquiète, troublée, la France vit se lever avec anxiété le
jour brumeux et jaune, l'aurore douteuse du premier jour
de cette année 1870 qui lui promettait la liberté, et qui
devait lui donner l'invasion.

CHAPITRE II

Le ministère du 2 janvier. — Mouvement vers l'empire. —
Prévost-Paradol. — M. Émile Ollivier. — Le passé. — L'inattendu : Mort de Victor Noir.

Le ministère du 2 janvier était condamné dans son essence
même. Par sa composition singulière, par ce mélange inattendu de représentants des anciens partis se réconciliant

tout à coup sur le terrain mouvant d'un empire constitutionnel, il offrait à la nation le spectacle des intérêts et des
transactions formant une alliance immorale contre les idées
radicales et les principes. Ce que nous voulons en France
(c'est notre faiblesse et notre force), ce sont des hommes
dont le caractère hors d'atteinte s'impose par une honnêteté
indiscutable. La pénurie des caractères a peut-être développé dans la foule cette sorte de culte que porte le public
à ceux qui demeurent fermes dans l'unité et l'intégrité de
leur existence.

Et, en ce sens, ce vers fameux de Barthélemy :

L'homme absurde est celui qui ne change jamais,

n'est pas un vers français.

Or, parmi tous les ministres qui répondaient, en janvier 1870, à l'appel de M. Émile Ollivier, il en était peu qui
n'eussent adoré jadis quelque déesse qu'ils se disposaient
maintenant à brûler en l'honneur de « l'empire libéral ».
Presque tous avaient prêté en leur vie des serments qui
excluaient absolument toute participation future aux affaires
de l'empire. M. Ollivier avait choisi son ministère parmi les
hommes politiques du tiers parti, dans cette nuance indécise et grise également teintée de libéralisme et d'autoritarisme. Mais, quelle que fût l'espèce de teinte neutre des ministres nouveaux, il restait encore à quelques-uns un reflet,
ou d'orléanisme persistant, ou de républicanisme mal effacé,
qui les rendait suspects au pays.

Le ministère se trouvait ainsi composé : M. Ollivier
remplaçait M. Duvergier au ministère de la justice ; M. le
comte Napoléon Daru succédait à M. de la Tour-d'Auvergne
au ministère des affaires étrangères ; M. Chevandier de Valdrôme était nommé ministre de l'intérieur en remplacement de M. Forcade de la Roquette ; M. Buffet prenait la
place de M. Magne aux finances ; M. Segris celle de M. Bourbeau à l'instruction publique.

Le reste du ministère était ainsi composé : *Guerre*, le général
Lebœuf ; *Marine*, l'amiral Rigault de Genouilly ; *Travaux publics*, M. de Talhouët ; *Agriculture et commerce*, M. Louvet.

Le ministère des beaux-arts était séparé du ministère de
la maison de l'empereur : le maréchal Vaillant gardait ce
dernier portefeuille. On en créait un nouveau pour M. Maurice Richard, qui devenait ainsi ministre des beaux-arts

Enfin M. de Parieu, vice-président du Conseil d'État, était nommé président du Conseil d'État en remplacement de M. de Chasseloup-Laubat, dont on acceptait la démission, et M. Henri Chevreau allait bientôt succéder à M. Haussmann, dont l'administration croulait réellement sous la réprobation publique, et qui partait laissant la ville de Paris terriblement obérée et les finances municipales dans un état alarmant.

Tels étaient les hommes qui prenaient en main la direction des affaires publiques à ce moment climatérique où se multipliaient les symptômes de ruine prochaine. Chose étrange, la plupart de ces nouveaux venus étaient personnellement honnêtes, quelques-uns même sincèrement libéraux, M. Daru entre autres; et par le seul fait de leur entrée au pouvoir ils perdaient, devant l'opinion publique, le prestige que devaient leur assurer leurs qualités. Ils s'affaiblissaient en servant l'empire et ils ne fortifiaient pas le régime épuisé. C'est, en effet, le châtiment de ces capitulations de conscience. On y perd en un instant, en une minute, et comme par un brusque coup de foudre, la légitime influence que de longues années de dignité vous avaient acquise. Il y avait, en effet, je ne sais quoi d'immoral dans cette alliance soudaine des anciens partis et de l'empire. La plupart des hommes qui entraient au ministère et ceux qui les suivaient, apportant leur concours, avaient, au début de l'empire, combattu dans les rangs de cette opposition modérée dans le fond, déguisée dans la forme, qui, sans affirmer ses affections orléanistes, ne cachait pas ses sympathies pour le régime parlementaire.

L'avènement de ceux que l'empire appelait des « hommes nouveaux » n'apportait que peu d'espoir à cette partie de la France, qui était à la fois la partie pensante et défiante. En revanche, une véritable fièvre semblait s'être emparée de quelques-uns; les plus hostiles au gouvernement impérial, ceux mêmes, qui, un an auparavant, le combattaient d'une façon acharnée à propos de l'affaire Baudin, n'hésitaient pas à lui apporter l'appoint de leur parole ou de leur plume. Ce fut une heure de profonde et pénible erreur. Beaucoup de ceux que nous avions connus dans les rangs de l'opposition semblaient las d'attendre, effrayés peut-être par ces bouffées de vent révolutionnaire qui soulevaient la poussière à l'horizon, convaincus peut-être de la bonne foi

du gouvernement qu'ils prenaient naïvement pour un gouvernement nouveau ; plus désireux au surplus d'appliquer
leur programme que de faire triompher des principes, beaucoup de ceux-là se tournaient vers le ministère, l'acceptaient
et se décidaient à le servir.

On vit ainsi M. Prévost-Paradol, ce même homme qui
comparait naguère la France à une dame de grande maison
tombée entre les mains d'un *palefrenier* qui la bat, qui la
déshonore et au bras duquel elle consent pourtant à se
montrer, on le vit accepter l'empire, modifié en apparence,
libéral d'aspect, mais au fond toujours identique à lui-
même. M. Prévost-Paradol fut nommé ambassadeur de
France aux États-Unis.

Prévost-Paradol appartenait à cette catégorie de gens qui
aiment et recherchent la popularité, sans avoir les audaces
ou sans user des moyens qui la font acquérir. Il était né
opposant, d'un tour de pensée très élevé qui se reflétait
dans un style sobre et pur. Mais son opposition de salon
n'était pas faite pour dépasser le cercle, en quelque sorte
intime, d'une réunion de lettrés ou d'une académie. Au
début de l'empire, sa guerre spirituellement acharnée
contre l'autorité lui avait conquis une place à part, très en
vue, et qui suffisait à son amour-propre présent, sinon à
son ambition future. Il était admirablement armé pour la
guerre des petites épigrammes. Mais que pouvaient ses pi-
qûres de guêpe dans le manteau impérial depuis que
M. de Rochefort avait lancé ses coups de crochet ? Il avait
été un temps où un article de Prévost-Paradol au *Journal
des Débats* ou au *Courrier du Dimanche* faisait le texte des
causeries du monde politique et inquiétait véritablement les
Tuileries. Le *Courrier* avait été si souvent averti et enfin
supprimé pour quelques lignes du polémiste ! Mais le temps
avait marché et l'opposition, quittant les gants glacés que
lui mettait Prévost-Paradol, voulait faire sentir ses griffes
au pouvoir. Le pamphlétaire mondain se vit dépassé et se
sentit comme dépaysé. Il en fut d'abord mélancolique, puis
impatient, et, en dépit du suffrage des gens de goût qui
l'appréciaient, qui l'avaient maintes fois applaudi à l'Académie où il semblait le successeur né de M. Villemain, Prévost-Paradol, mécontent, effrayé des progrès de la démocratie radicale, cherchait en quelque sorte sa voie à travers
les événements.

Mais, même en désarmant, Prévost-Paradol restait trop
véritablement lui-même pour s'acclimater dans « ce camp ».
Dès le lendemain de sa nomination, il dut regretter le pas
qu'il venait de faire et qui était un pas en arrière et un
faux pas. Il avait trop aimé la liberté pour ne pas regretter
cette maîtresse délaissée. Il était déjà fort assombri en quittant Paris pour l'Amérique. A peine, peut-on dire, était-il
installé dans son ambassade aux États-Unis, qu'un soir de
juillet, en se regardant dans la glace pour chercher la
place où battait la vie, il se tira un coup de pistolet au
cœur. Après n'avoir pas eu la patience d'attendre l'écroulement du despotisme, il n'avait pas eu l'audace de porter
haut ce qu'on avait appelé sa désertion.

M. Ollivier, avocat éloquent, mais d'une éloquence sans
nerf, sans muscles, sans vigueur, mellifue, vaguement mu-
sicale; homme politique sans consistance et sans principes
arrêtés, entraîné vers les buts les plus divers par le sentiment le plus profond de sa valeur personnelle et par l'âpre
amour du pouvoir qui combattait chez lui le besoin de
popularité; M. Ollivier, après avoir déclaré tout haut, lors
de sa première candidature, qu'il entendait faire pour lui
de la Chambre des députés l'antichambre de Cayenne, entrait maintenant au ministère sans hésitation et sans
remords. Depuis longtemps déjà, rompant peu à peu avec
la gauche, il s'était laissé glisser doucement vers le pouvoir,
flatté dans sa vanité par les avances que lui faisait M. de
Morny, surexcité dans son ambition par les perspectives
que lui ouvrait l'avenir. Il avait travaillé constamment, dans
les dernières années, à se rendre, comme on dit dans le
langage politique, un *homme possible*. Introduit une fois
auprès de l'impératrice, son amour-propre s'était senti
caressé par quelqu'une de ces banales paroles que laissent
tomber les souverains devant ceux qu'ils veulent conquérir
et qu'ils redoutent. Paroles vagues où la promesse et l'ap-
peau sont habilement dissimulés, et que ramassent volontiers ceux-là seuls qui ne craignent pas de se courber.

Depuis, la lutte électorale parisienne avait empli de
colère, la colère de la vanité blessée, le cœur de M. Ollivier.
Dès le mois de mai, il était ministre de l'empire. On se
demandait seulement si l'empereur accepterait un homme
que Paris avait si solennellement rejeté ? M. Ollivier, depuis
son échec, était, en effet, bien amoindri. En entrant aux

affaires, il n'apportait, en somme, à la cause impériale, que
les débris d'une popularité brisée. Mais sa parole harmo-
nieusement vide, sa présomption inébranlable, sa rage
contre « la révolution qu'il voulait prendre corps à corps »
(voyez ses lettres), déterminèrent L.-N. Bonaparte, et l'ancien opposant farouche, le fils de ce républicain intègre, le
ferme et vaillant Démosthène Ollivier, emprisonné après le
coup d'État, le frère de cet Aristide Ollivier, à qui la démocratie du Midi voulait élever une statue ; ce fils et ce parent
de martyrs d'une cause éternelle désertait le parti des vaincus pour passer à celui des vainqueurs. Certes, à lui moins
qu'à tout autre il appartenait de servir l'empire. Le nom
d'*irréconciliable* semblait être fait pour lui, et, quelle que
soient les nécessités de la politique, il n'est jamais permis
à un être humain de jeter ainsi, comme des fardeaux trop
lourds, les souvenirs sanglants du passé pour aller du côté
du pouvoir, de la fortune et du désolant oubli.

Et maintenant, abjurant ce culte qui ne menait à rien,
M. Émile Ollivier désertait franchement la voie républicaine
et entrait dans le courant de l'empire, essayant de tromper
le public, et de se tromper lui-même peut-être, en donnant
pour excuse qu'il allait servir la liberté ! C'est lui qui, à la
veille d'accepter le ministère qu'il implorait, écrivait à
M. Clément Duvernois, le négociateur de l'affaire entre le
député et l'empereur : « Je considère comme impossible
que j'entre dans une voie de répression à l'égard de la
presse. Moi libéral, je poursuivrais alors ce que les réactionnaires n'ont pas poursuivi ! Cela me *coulerait* du coup
et pour toujours. » Or, M. Ollivier ne devait pas longtemps
attendre pour dépasser en rigueurs inutiles et maladroites
MM. Pinard ou Forcade de la Roquette, ces ministres dont
il prétendait faire oublier l'autorité.

Dans la séance du 10 janvier 1870, M. Ollivier exposait
devant le Corps législatif les principes ou, pour dire plus
vrai, les vagues idées de politique qu'il prétendait mettre en
pratique. Les acclamations de la majorité, toujours prête à
saluer un pouvoir nouveau, lui répondaient; mais, peu
après, dans cette même séance, le ministre allait sentir que
l'œuvre bâtarde qu'il venait d'entreprendre était difficile à
mener à bonne fin. Dès le premier jour, M. Gambetta lui
jetait, en réponse à une homélie sur le loyal établissement
du règne libéral, cette apostrophe violente : « Non ! il n'est

pas exact qu'entre nous et le gouvernement il n'y ait qu'une question de mesure : il y a une question de principe. (Très bien ! très bien ! à gauche.) Donc, si, pour fonder la liberté, vous comptez sur notre concours, il faut vous attendre à ne le rencontrer jamais. (Bruit.) Notre motif, le voici. Vous avez invoqué le suffrage universel, le déclarant la base de l'ordre social et de la liberté ; nous l'admettons ; mais, à nos yeux, le suffrage universel n'est pas compatible avec la forme de gouvernement que vous préconisez. »

Un événement tragique, soudain, plein d'inattendu et d'épouvante, venait de se produire comme éclaterait un coup de foudre. Un prince de la famille régnante venait d'assassiner un homme. Le nom d'un enfant sympathique et gai, hier inconnu, Victor Noir, courait déjà sur toutes les bouches. On doutait, on niait, on cherchait avidement la vérité. Des groupes se formaient. Une sourde et grondante agitation remuait non seulement les faubourgs, mais les boulevards de la ville, et l'on se contait fiévreusement la dramatique histoire.

A la suite d'un article publié par le prince Pierre Bonaparte dans un journal, *l'Avenir de la Corse*, article violent, insolent, d'un ton farouche et provocant où, traitant les républicains corses de mendiants et de traîtres, le prince ne parlait rien moins que de leur mettre les tripes au soleil *(es tripes aux champs, stenine per le porrette*, la phrase est tristement demeurée historique), M. Louis Tommasi, bâtonnier de l'ordre des avocats à Bastia, avait répliqué à Pierre Bonaparte, lui rappelant avec violence ce qu'il avait été jadis et ce qu'il était aujourd'hui. Il ne pouvait mieux faire que de reproduire la profession de foi du prince Pierre aux électeurs de la Corse en mars 1848. La polémique des journaux corses avait été citée et soulignée dans le journal *la Marseillaise*, par un des rédacteurs, M. E. Lavigne, qui avait fait suivre les citations de réflexions toutes personnelles. C'est ce que Pierre Bonaparte allait appeler, le lendemain, être insulté par la plume d'un des manœuvres de M. Rochefort.

Furieux de voir apparaître dans un journal parisien ces articles qui, en Corse, mettaient le feu aux poudres, désireux aussi de se faire bien venir des Tuileries, d'où sa turbulence sauvage l'avait fait éloigner, en marchant droit à l'adversaire particulier de l'empereur et de l'impératrice, le prince

Pierre envoya brutalement à M. Rochefort un cartel d'une forme bizarre, inusitée, et qui ressemblait trop à un piège tendu : « Si, par hasard, vous consentez à tirer les verrous « protecteurs qui rendent votre honorable personne deux « fois inviolable, vous ne me *trouverez* ni dans un palais ni « dans un château. J'habite tout bonnement, 59, rue d'Au- « teuil, et je vous promets que, si vous vous présentez, on « ne vous dira pas que je suis sorti. »

M. Rochefort, après avoir reçu la lettre du prince Pierre, se mit à sa disposition et lui envoya deux témoins, M. Mil- lière, gérant, et M. Arthur Arnould, rédacteur de *la Mar- seillaise*. C'était le lundi 10 janvier que les témoins arri- vaient devant cette maison d'Auteuil où le philosophe Helvétius avait jadis reçu toute la société élégante, choisie, pensante du dix-huitième siècle, et où Pierre Bonaparte vivait maintenant. A peine étaient-ils arrivés devant le logis du prince qu'ils voient sortir de cette demeure d'aspect claustral, solitaire, sinistre, un homme pâle, et qui criait : « N'entrez pas, on assassine ici ! » Cet homme était M. Ulric de Fonvielle.

Voici ce qui s'était passé. Un des correspondants du journal *la Revanche*, de Bastia, un jeune homme, connu déjà par des travaux de diverse nature, ancien collabora- teur scientifique de *l'Époque*, journal dynastique, et du *Rappel*, M. Paschal Grousset, tempérament ardent et avide de succès, décidé à violenter la fortune si la fortune faisait la cruelle, cherchant avec âpreté l'occasion d'attirer bruyam- ment l'attention sur son nom, avait saisi rapidement l'occa- sion que lui offrait le hasard. Étant Corse, et voyant devant lui un adversaire corse, un Bonaparte, M. Grousset avait prié deux de ses amis de se rendre auprès du prince Pierre pour lui demander rétractation de l'article paru dans *l'Avenir* ou réparation par les armes. Ces deux nouveaux témoins, à qui M. Grousset donnait pour mission de devancer chez Pierre Bonaparte les témoins de M. Rochefort, étaient M. Ulric de Fonvielle et Victor Noir.

Ils se présentèrent chez le prince cérémonieusement. Victoir Noir, ganté, ciré, était parti joyeux de chez lui le matin, disant en souriant à sa vieille servante : « Brosse-moi bien aujourd'hui, je vais chez un prince ! » On les fit entrer dans un grand salon en les priant d'attendre. Victoir Noir, toujours gouailleur, même en ces circonstances graves, se regardait dans les glaces et essayait de déchiffrer, sur la toile d'un portrait de famille accroché à la muraille, une inscription italienne. Tout à coup le bouton d'une porte qui menait aux appartements particuliers du prince s'agita, et la main qui le poussait extérieurement demeura un moment indécise, comme si la personne qui allait entrer réfléchissait ou hésitait. Enfin la porte s'ouvrit et Pierre Bonaparte parut. Il a écrit que les témoins l'abordèrent *les mains dans les poches.* La vérité est que M. de Fonvielle et Victor Noir tenaient leur chapeau à la main.

— Vous venez de la part de Rochefort ! dit brusquement le prince, de cette voix rauque et stridente à la fois que personne n'a oubliée de ceux qui l'ont entendue et qui ressemble à un miaul.

— Non, nous venons de la part de M. Paschal Grousset.

Pierre Bonaparte parut surpris ; on lui tendait une lettre, il la prit, fit vers la fenêtre quelques pas, jeta un coup d'œil sur la lettre de M. Grousset, puis, la froissant et la posant de sa main gauche sur un fauteuil, il revint du côté des témoins, la main droite dans son large pantalon du matin.

— J'ai provoqué M. Rochefort, dit-il alors, parce qu'il est le porte-drapeau de la crapule. Quant à M. Grousset, je n'ai rien à lui répondre. Est-ce que vous êtes solidaires de ces *charognes ?*

— Nous sommes, répondit Victor Noir, solidaires de nos amis.

« Aussitôt, raconte M. de Fonvielle, l'unique témoin de cette épouvantable scène, le prince Bonaparte s'avança subitement d'un pas, et, sans provocation de notre part, donna, de la main gauche, un soufflet à Victor Noir, et en même temps il tira un revolver à dix coups qu'il tenait caché et tout armé dans sa poche et fit feu à bout portant sur Noir.

« Noir bondit sous le coup, appuya ses deux mains sur sa poitrine, et s'enfonça dans la porte par où nous étions entrés.

« Le lâche assassin se précipita alors sur moi et me tira un coup de feu à bout portant.

« Je saisis alors un pistolet que j'avais dans ma poche, et, pendant que je cherchais à le sortir de son étui, le misérable se rua sur moi ; mais, lorsqu'il me vit armé, il recula, se mit devant la porte et me visa.

« Ce fut alors que, comprenant le guet-apens dans lequel nous étions tombés, et me rendant compte que, si je tirais un coup de feu, on ne manquerait pas de dire que nous avions été les agresseurs, j'ouvris une porte qui se trouvait derrière moi, et je me précipitai en criant à l'assassin.

« Au moment où je sortais, un second coup de feu partit et traversa de nouveau mon paletot.

« Dans la rue, je trouvai Noir qui avait eu la force de descendre l'escalier, — et qui expirait...

« Voilà les faits tels qu'ils se sont passés, et j'attends de ce crime une justice prompte et exemplaire. »

Lorsque Paris apprit la nouvelle de cette mort inique, on sentit passer sur lui le chaud effluve, le vent farouche des jours d'orage révolutionnaire. L'empereur descendait d'un train venant de Saint-Cloud lorsqu'on lui apprit la nouvelle. Une livide pâleur se répandit sur son visage. Il recula comme devant un fantôme. Le soir, des réunions publiques, qui étaient annoncées, étaient dissoutes sur un cri de vengeance. M. Ulric de Fonvielle était appelé, dès minuit, chez le juge d'instruction. Des gens du peuple, irrités, voulaient aller chercher à Neuilly le cadavre de Victor Noir, l'apporter au cœur de Paris et appeler la population aux armes en promenant la victime à la lueur des torches. Beaucoup voulaient le porter aux bureaux de *la Marseillaise*, d'autres à son ancien domicile, rue Geoffroy-Marie. On parlait de le mettre dans un fiacre, tout vêtu et un cigare aux lèvres pour tromper la surveillance des agents. Ce cadavre devenait un instrument de révolte. Nul doute que le spectacle de ce pauvre mort ensanglanté n'eût éveillé la pitié et le courroux de tous. Mais le corps était déjà transporté à son domicile, passage Masséna, rue Perronnet, à Neuilly, et gardé par la police.

Le soir même, les journaux recevaient de M. Adelon, *chef du cabinet*, la lettre suivante :

« Je vous prie de vouloir bien insérer, dans votre numéro de demain matin, la note suivante : « Aussitôt que le garde des sceaux a appris le fait qui s'est passé à Auteuil, il a ordonné l'arrestation immédiate de M. Pierre Bonaparte. L'empereur a approuvé cette décision. L'instruction est déjà commencée.

« Veuillez agréer, etc... »

M. Emile Ollivier avait bien compris le danger. Il semblait

y voir dans ce meurtre quelque chose de fatidique et, pour
se servir du mot du dernier historien de César, quelque
chose de *providentiel*. A l'heure où le gouvernement faisait
des avances à la nation qu'il avait conquise par droit de coup
d'État, au moment où, reniant son origine autoritaire et
sanglante, il essayait d'une impossible union avec la liberté
le destin semblait, au nom d'une justice surnaturelle, lui
répondre par un *non possumus*. Un cadavre nouveau se
dressait devant toute réforme. L'empire, qui voulait se laver
du Deux-Décembre, retrouvait, dans cette jeune figure pâlie
et morte de Victor Noir, un nouveau spectre de Baudin.

Ainsi l'histoire a des coups de théâtre grandioses dans
leur horreur et qu'eût enviés le terrible génie d'Euripide.

CHAPITRE III

La *Marseillaise* du 11 janvier. — Préparatifs de défense. — Les
journaux et la rue. — Le Corps législatif. — La séance. —
M. Émile Ollivier et M. Rochefort. — Les funérailles. — Mise en
accusation de Rochefort.

Le soir même du meurtre de son collaborateur, M. Henri
Rochefort s'était rendu auprès de M. Ollivier pour lui demander justice. On attendait avec impatience ce que dirait,
le lendemain, le rédacteur en chef de la *Marseillaise*. Ce
journal, fondé depuis vingt-cinq jours seulement, était déjà
le porte-drapeau de la démocratie la plus radicale. A coup
sûr, les exigences et les ardeurs du public dépassaient les
velléités de révolte du directeur. M. Rochefort se proposait
d'apporter surtout à la Chambre sa verve caustique et sa
plaisanterie froidement implacable. Ses électeurs lui demandaient davantage. Il les convia, dès le premier moment de
sa colère, à faire ce qu'ils demandaient. Son article du lendemain fut un appel aux armes.

La *Marseillaise* parut encadrée de noir. Elle contenait les
dépositions de MM. de Fonvielle, Grousset, Millière et Ar-

nould, et, à sa première colonne, en gros caractères, ces
quelques lignes de M. Rochefort :

« *J'ai eu la faiblesse de croire qu'un Bonaparte pouvait être
autre chose qu'un assassin !*

« *J'ai osé m'imaginer qu'un duel loyal était possible dans
cette famille où le meurtre et le guet-apens sont de tradition et
d'usage.*

« *Notre collaborateur Paschal Grousset a partagé mon erreur
et aujourd'hui nous pleurons notre pauvre et cher ami Victor
Noir, assassiné par le bandit Pierre Napoléon Bonaparte.*

« *Voilà dix-huit ans que la France est entre les mains de ces
coupe-jarrets qui, non contents de mitrailler les républicains
dans les rues, les attirent dans des pièges immondes pour les
égorger à domicile.*

« *Peuple français, est-ce que décidément tu ne trouves pas
qu'en voilà assez ?*

La séance du 11 janvier fut des plus tumultueuses et à la
fois des plus graves. On peut dire qu'elle avait commencé
avant l'ouverture et dès la salle des Pas-Perdus. Les groupes
des députés, des journalistes, des curieux, étaient pressés,
bruyants ou atterrés. On se sentait à la veille d'un événement qui pouvait bouleverser et même emporter l'empire.
Chose caractéristique, les partisans de l'autorité absolue
paraissaient moins inquiets que les esprits plus modérés ou
plus libéraux. On devinait que les premiers se sentaient fermement protégés par les chassepots, et n'étaient même pas
trop éloignés de souhaiter une collision pour en finir, en un
jour, avec les *menées révolutionnaires*. Les plus attristés
étaient ceux qui, redoutant une bataille entre le peuple et
l'armée, craignaient surtout pour la démocratie une de ces
complètes défaites qui noient dans le sang, — et pour de
longues années, — les plus justes causes et les plus légitimes revendications. Vainqueur ce jour-là, l'empire libéral
fût redevenu l'empire sinistre et despotique des lendemains
de décembre.

Au Corps législatif, on oubliait les personnages du drame
pour n'envisager que la situation politique, et en quelque
sorte militaire, qui était grave. Dans un coin de la salle
des Pas-Perdus, on se montrait pourtant un jeune homme

pâle, bien vêtu, frisé, et qui se tenait un peu courbé dans l'attitude d'un élégant désespoir. C'était M. Paschal Grousset qui répétait de temps à autre un serment qu'il n'a jamais tenu : « Pierre Bonaparte mourra de ma main. »

Lorsque la séance fut ouverte et que M. Rochefort se leva de son banc, il se fit un grand silence. La Chambre tout entière attendait. Lorsque M. Rochefort parla de cet *enfant du peuple* que venait de tuer un prince, de violents murmures s'élevèrent, qui devinrent une clameur immense lorsque l'orateur, répétant à la tribune un mot qu'un journaliste venait d'écrire, demanda si l'on vivait décidément sous les Bonaparte ou sous les Borgia. Et M. Émile Ollivier, franchissant hardiment les marches de la tribune, répondait bientôt, aux applaudissements de la majorité, et d'un ton hautain et résolu qu'il n'avait jamais eu : « Prenez garde ! nous sommes la justice, nous sommes la modération; mais au besoin nous serons la force! » Il répondait aussi par la demande de mise en accusation de M. Rochefort, demande signée de M. Grand-Perret. Pendant ce temps, l'autorité militaire faisait, pour le lendemain, son plan de campagne et la police s'armait.

Les funérailles de Victor Noir eurent lieu le 12 janvier. Vainement on avait demandé que l'enterrement se fît au Père-Lachaise, la loi voulait que Victor Noir fût inhumé dans le cimetière de Neuilly. Ce jour-là, la plupart des ateliers étaient vides. Des ouvriers, au nombre de près de cinq cents, avaient passé la nuit du 11 au 12 devant la maison mortuaire, craignant que la police n'enlevât le cadavre. La police, qui semblait rechercher un conflit, n'avait garde d'en dérober la cause. La foule était grande, qui se dirigea pendant cette journée vers la demeure de Noir par l'avenue de la Grande-Armée et l'avenue de Neuilly. Le peuple de Paris tout entier était là, et non seulement le peuple, mais les écoles, des commerçants, des bourgeois, des femmes, des enfants, tous unis par la même pensée, celle d'une protestation muette, solennelle et formidable. Paris faisait à cet enfant mort les funérailles d'un souverain. Peu s'en fallut que ce ne fussent des funérailles vermeilles.

L'armée était sur pied. On avait fait venir la garnison de Versailles. Des troupes étaient massées au Champ de Mars et au Palais de l'Industrie. Les cantinières servaient à boire. Des mitrailleuses avaient été amenées dans les cours inté-

rieures de ce Corps législatif où les députés, à un coup sourd
produit par une porte qui se fermait, croyaient pendant tout
le jour entendre l'écho de la canonnade. Des sergents de
ville, groupés des deux côtés de la porte Maillot, semblaient
attendre un signal. On vit le ministre de l'intérieur, M. Chevandier de Valdrôme, inspecter à cheval les Champs-Élysées
et les avenues.

Pendant ce temps, par groupes plus ou moins compacts,
la foule roulait, se pressait vers un unique rendez-vous. Il
tombait une petite pluie fine et glacée. Mais, cette fois, le
mot de Pétion n'était plus justifié : malgré la pluie, il y
avait *quelque chose*. Il y avait deux cent mille personnes en-
tassées, nerveuses et prises de fièvre qu'une parole ardente
eût entraînées, et qui n'éprouvaient qu'un même sentiment,
une colère unanime contre le meurtrier et contre l'empire.
Des marchands, toujours en quête d'occasion, vendaient çà
et là des bouquets d'immortelles jaunes, des numéros de la
Marseillaise ou de l'*Éclipse* représentant Victor Noir mort,
« le cadavre à deux sous », comme quelques-uns criaient.
Puis, dans la cohue immense qui marchait et se heurtait
dans la boue, des curieux, des spectateurs, des blasés. Une
sorte de vivante image de Paris, mais du Paris volcanique
qui porte la tempête. Or, ce jour-là, dans cette foule, il y
avait plus de laves que de scories.

Il était près de deux heures ; la maison mortuaire, pleine
d'amis, était entourée d'une houle humaine. En se penchant
à la fenêtre, on apercevait une masse noire et mouvante,
une mer véritable de têtes. La pluie avait cessé ; on se sentait respirer. Mais déjà dans cette innombrable foule deux
courants s'étaient établis, courants opposés ; les uns, ceux
qui désiraient la lutte et qui voulaient entraîner le cercueil
à Paris, les autres, qui redoutaient un carnage, et s'étaient
décidés à l'enterrer à Neuilly.

Il y eut alors, dans cette maison où le corps de Victor
Noir était à peine refroidi, des scènes émouvantes et terribles. M. Rochefort y était entré. Ce jour-là, Rochefort fut
véritablement le maître de ces deux cent mille êtres humains. Ami du mort, inspirateur de la *Marseillaise*, chef
d'opposition, député, c'était lui qui forcément prenait la
direction et la responsabilité des événements. Les autres
représentants de la gauche s'étaient abstenus, trouvant
l'occasion trop personnelle. C'était de Rochefort que les plus

Mort de Victor Noir.

ardents attendaient le signal de la lutte. Leurs revolvers étaient prêts. On répondait du moins, en partie, à l'appel publié la veille dans *la Marseillaise*.

Vers une heure cinquante minutes, M. Rochefort entra dans l'atelier attenant à la chambre mortuaire. Il était fort ému, jaune, fatigué. Il s'assit, brisé d'émotion, car il venait d'être accueilli par les cris de vengeance que poussait la foule. Il demanda un verre d'eau.

—Je suis las, disait-il.

Un Anglais, qui se trouvait là, lui dit :

—Prenez du rhum.

—Non, merci, fit Rochefort. Je n'en prends jamais.

L'Anglais répondit froidement :

—Quand on est chef de parti et qu'on défaille, dans une telle journée, on prend du rhum.

A ce moment, un homme maigre et roux, l'œil hagard, entra les cheveux hérissés.

--Rochefort ! où est Rochefort ?

Rochefort se leva. C'était M. Briosne, l'orateur des réunions publiques.

— Citoyen, dit-il à Rochefort, on n'attend que votre signal. Que décidez-vous? Voulez-vous marcher sur Paris, oui ou non?

— Qui vous donne le droit de me questionner? demanda M. Rochefort.

— Le peuple, répondit M. Briosne. Vous êtes son représentant; c'est à vous de le conduire.

M. Rochefort se défiait de M. Briosne, qu'il a, depuis, accusé de complaisance envers l'empire.

—Je n'ai pas de conseils à recevoir de vous.

—Tant pis, répondit Briosne; songez bien à ce que vous faites. Vous êtes notre élu, vous devez nous guider. Vous seul avez assez d'influence pour entraîner cette foule. Vous ne le voulez pas. Que la responsabilité de la défaite ou de la division retombe sur vous! Mais le peuple dira que vous avez trahi votre mandat!

Il enfonça son chapeau de feutre sur sa tête, et, fendant la foule qui emplissait l'atelier, disparut dans l'escalier, tandis que M. Rochefort haussait les épaules. Cependant il fallait prendre un parti. La foule attendait dans la rue, impatiente, plus exaltée de moment en moment. Le frère du mort, M. Louis Noir, qui voulait qu'on transportât le corps

à Neuilly, vint appeler M. Rochefort et l'emmena à côté,
dans l'atelier d'un peintre où, entourés de toiles, se tenaient,
discutant la question du combat, M. Delescluze, M. Cournet,
et deux ou trois autres personnes. M. Cournet, bouillant,
emporté, voulait marcher droit sur Paris, le cercueil porté
sur les épaules de gens du peuple, et escorté de citoyens, le
pistolet à la main. M. Delescluze, plus prudent, redoutant
l'impossibilité matérielle de la lutte, se prononçait pour la
négative; M. Rochefort hésitait.

— Si nous étions dans Paris, disait M. Delescluze, je n'hé-
siterais pas. Nous aurions les rues pour combattre. Ici,
hors des murailles, nous serions écrasés. Nous avons les
grilles, les fortifications, les Champs-Élysées à franchir. Une
armée y échouerait.

— Ce serait une tuerie, fit quelqu'un.

— Ah! répondit M. Delescluze, avec un éclair dans les
yeux, que m'importerait! si nous étions certains de vaincre
ou si nous avions seulement chance de vaincre!

Et M. Cournet, persistant dans son projet de bataille :

— Aurez-vous jamais cette occasion, cette passion, ces
deux cent mille poitrines, et ces quatre cent mille bras?

Mais le vieux Delescluze ramenait à la réalité stricte ces
belliqueux espoirs. Il fut convenu qu'on parlerait au peuple,
qu'on lui ferait entendre raison, et M. Louis Noir entraînait
bientôt MM. Rochefort et Delescluze chez une dame demeurant au second étage et d'où la voix des orateurs pouvait
plus facilement être entendue.

Ces détails absolument authentiques et les paroles ci-
dessus recueillies presque sur-le-champ n'ont pas été publiés
alors, mais on a donné les discours de M. Delescluze et de
M. Rochefort. Delescluze imprima lui-même ses paroles dans
le numéro du *Réveil* du lendemain.

« Citoyens, s'est écrié Rochefort, en présence d'un événement aussi grave, d'une situation aussi difficile, je comprends qu'il est impossible de conserver la modération
que commandent les intérêts de notre belle cause. Des
obstacles insurmontables nous attendent à Paris. Le gouvernement a, je le sais de source certaine, le gouvernement a
pris des dispositions stratégiques formidables. Il est à peu
près impossible de porter le corps de Noir dans Paris.
L'ennemi, toujours prêt à nous écraser, nous attend de pied
ferme. Nous sommes en nombre, je suis heureux de le

constater, pour le repousser, mais il est armé, et bien armé; et vous, citoyens, vous ne l'êtes pas!..... »

On applaudit. Delescluze, à son tour, montre sa tête maigre, énergique et blanche :

‹ Citoyens,

« La circonstance qui nous réunit est des plus graves et des plus solennelles, un de nos amis a été assassiné par un des membres de la famille Bonaparte. Il nous faut une vengeance. Nous l'aurons. Mais le guet-apens est dressé. L'ennemi veille aux grilles. Il ne faut pas lui donner prise. (Oui ! oui !) Citoyens, notre désir était de porter le corps au Père-Lachaise, mais nous ne le porterons pas.

« Pour la première fois, depuis dix-huit ans, le vent souffle dans nos voiles ; ne compromettons pas notre cause, la cause de tous les peuples, la cause de la justice. Il faut se conformer aux vœux de la famille de Victor Noir.

« Il faut laisser le convoi se diriger vers le cimetière de Neuilly. » (Non ! non !)

Mais la foule, qui écoutait les orateurs, n'était point convaincue. Il y avait vraiment en elle un ferment de lutte, et M. Gustave Flourens semblait être l'homme qui l'allait faire lever. La veille, dans un club, à Belleville, il avait déclaré solennellement que le 12 janvier marquerait la date de la bataille que la révolution voulait livrer à l'empire, non plus dans un parlement, mais en champ clos. Il était arrivé à Neuilly en armes.

Les avis de M. Rochefort l'emportèrent sur les projets de Flourens. Ce ne fut pourtant point sans une lutte qui faillit s'engager dans la petite cour de la maison et qui eût pu devenir sanglante. Le cercueil, descendu à bras d'hommes par le petit escalier, fut entouré d'un cordon que tenaient des amis et qui forma un moment une sorte de barrière contre la foule. Mais ceux qui voulaient arracher le cercueil pour l'emporter à Paris, dételèrent un cheval, le poussèrent à reculons dans la cour, rompirent le cordon et le cercle, et purent un moment espérer d'arracher cette bière aux mains qui la défendaient. Ce fut une minute pleine d'angoisses. Quelques-uns eurent la vision de quelque scène épouvantable, d'une bataille sur ce cercueil. Que fût-il arrivé si la lutte avait eu lieu ? Mais, tout à coup, la bière est enlevée, mise sur la voiture, les chevaux fendent la foule, le flot suit instinctivement le corbillard et, dans la boue, poussant, poussés, tête nue, ces milliers de gens s'acheminent vers le petit cimetière de Neuilly où Victor Noir va reposer.

Derrière le corbillard, suivaient M. Rochefort et M. de Fonvielle, dont on déchirait le paletot « pour en garder le souvenir ». Soudain, pressé par une irruption inattendue, Fonvielle chancelle, pâlit. Rochefort le croit écrasé, et, succombant sous tant d'émotions, s'évanouit. On le transporte alors chez un épicier de l'avenue. A force de soins, il reprend ses sens, pour verser des larmes, pour sangloter et se désespérer. « Par bonheur, raconte, dans un article demeuré inédit, un témoin de cette scène, Paschal Grousset était avec lui, le rassure sur le sort de Fonvielle et le réconforte. » Cependant ce pénible et touchant incident avait enlevé toute pensée de marcher sur Paris. Sans Rochefort, sans chef, cela devenait inutile.

« Aussi se dirigeait-on définitivement vers le cimetière de Neuilly, et, à l'heure même où Rochefort retrouvait ses forces et montait en voiture. Fonvielle, Flourens, Millière et un étudiant disaient sur la tombe entr'ouverte de Victor Noir quelques mots d'adieu, quelques mots de vengeance.

« Le retour commence, continue le récit dont je parle et qui est, je crois, de M. Bazire. La foule, qui n'avait pu pénétrer dans le cimetière, était lasse, découragée. Un certain nombre de citoyens avaient même pris la détermination de se retirer et retournaient chez eux. Mais voici qu'un grondement prolongé appelle notre attention. Rochefort, dans le fiacre où il est transporté, fait volte-face, et, à sa suite, une immense colonne se forme et s'avance en chantant. La *Marseillaise* et le *Chant du départ* jettent une animation indescriptible. Nous répétons tous, sans hésiter, à pleine voix, les chants de guerre que nous aimons et qui nous soulagent. Les chapeaux s'agitent. Les mains s'élèvent dans l'air. C'est un frémissement universel. »

Ceux qui étaient mêlés à cette foule n'oublieront jamais, en effet, l'impression grondante, le formidable mugissement de cette mer humaine qui montait, en chantant, l'avenue de Neuilly. Le soir venait et le ciel avait au couchant des rougeurs à la fois hivernales et orageuses qui parfois se teintaient de reflets d'acier. Lentement, une masse noire montait vers l'Arc-de-Triomphe, et les chants révolution

naires s'en échappaient comme des bruits sortent d'une
fournaise. Cette masse noire semblait grossir. Au-dessus
d'elle flottait on ne savait quelle chose lugubre et menaçante qu'on prenait de loin pour une guenille figurant un
drapeau rouge, et qui était simplement un de ces ballons
captifs des enfants, un ballon rose agité au bout d'un
bâton. Mais on sentait passer dans l'avenue on ne savait
quels frissons inconnus. Plus loin, au rond-point des Champs-
Élysées, cette foule allait rencontrer, immobiles et les sabres
nus, des escadrons de chasseurs, et, devant ces longues files
menaçantes de cavaliers, elle allait se briser et se disperser,
ne jetant plus que des cris isolés, dans les hauts quartiers.
Mais là, en ce moment, elle paraissait résolue et menaçante
comme aux jours des plus terribles combats. Et pourtant,
encore une fois, aucune lutte n'était possible. Toute collision
eût abouti à un massacre.

« Nous étions cent mille, continue l'écrit que j'ai cité. Il y
avait là presque toutes les corporations ouvrières, avec
leurs insignes et en corps. Il y avait les écoles. Il y avait des
bourgeois. Il y avait des femmes, des jeunes filles, des
enfants. Mais la porte Maillot approche, un groupe d'hommes
sombres nous attend. Que va-t-il faire? Nous passons; ils
s'efforcent d'être impassibles, sans parvenir pourtant à
dissimuler leur colère qui naît. A mesure que la colonne se
déploie, la colère de ces gens grandit. Leurs visages se con-
tractent. Ils serrent de leurs doigts crispés les casse-tête
qu'ils cachent sous leurs larges manteaux et se préparent.
Puis l'instinct les domine ; ils se ruent et blessent des nôtres;
nous en connaissons trois et ce n'est pas tout.

« Nous passons la barrière de l'Étoile. Ici un incident très
important : un dragon se mêle à nous et crie, joignant son
enthousiasme au nôtre : « Vive la République ! »

« Nous continuons. Un autre danger nous menace. Tous
nous le pressentons. Au rond-point des Champs-Élysées,
inévitablement on nous guette. Les chants continuent. Nous
y voici. On chante plus fort. Puis un roulement de tambour
résonne. C'est une sommation. Rochefort saute de sa voiture
et veut courir au Corps législatif. Il arrive devant un commissaire debout à quelques mètres d'un escadron de chasseurs
à cheval l'épée au poing.

« — Je désire passer, dit-il.

« — Vous ne passerez pas. On va charger.

« — Mais je suis M. Henri Rochefort, député au Corps législatif.

« — Ah! c'est vous alors qu'on sabrera le premier.

« Puis, à la suite de cette réponse, second roulement, seconde sommation. Rochefort et nous, nous retournons. Ces cent mille hommes qui nous accompagnaient sont dispersés. A peine restons-nous une trentaine autour du représentant, en face des chevaux impatients et des armes nues. Rochefort s'éloigne, et gagne avec Grousset le Palais-Bourbon. Pour nous, nous défilons devant eux en criant : « Vive l'armée! » Ils ne bronchent pas.

« Notre petite troupe suit l'avenue de Wagram et gagne le pont. Là, c'est un escadron de dragons. Nous sommes sur l'autre bord. L'esplanade des Invalides apparaît, vaste gouffre, où trente mille hommes peut-être sont postés, la cavalerie sur les devants, l'infanterie appuyée contre l'École-Militaire. Nous nous comptons. Nous sommes six.

« Qu'étaient devenus nos cent mille compagnons? »

La réponse donnerait toute raison à ceux qui pensent, encore une fois, que, ce jour-là, aucune lutte sérieuse n'était possible. C'est ainsi que jugeaient la situation de vieux républicains habitués aux orages populaires, M. Martin Bernard entre autres. Devant les cuirassiers et les zouaves, cette foule reculant eût été horriblement décimée, sans profit pour la liberté, sans gloire pour la démocratie. Mais tous ceux qui s'étaient rendus aux funérailles de Victor Noir avec l'intention de tenter la fortune des armes ne pardonnèrent pas à M. Rochefort d'avoir déconseillé une aussi terrible aventure.

CHAPITRE IV

Le parti d'action. — Gustave Flourens. — Ses idées premières.
— Condamnation de M. Rochefort. — Son arrestation. — Ma-
ladresse et provocation de M. Émile Ollivier. — Flourens le
7 février. — L'émeute. — Le procès du prince Pierre Bonaparte.

Après l'attitude qu'il avait résolument prise aux funérailles de Victor Noir, le chef du parti d'action se trouvait
être, à Paris, Gustave Flourens. Dès la soirée du 12 janvier
il avait envoyé sa démission à *la Marseillaise* et fait un
schisme parmi les radicaux. Il ne dut songer, à partir de
ce moment, qu'à retrouver l'occasion perdue, à ses yeux,
que le sort offrait à Neuilly ; et les maladresses de M. Émile
Ollivier ne devaient pas tarder à lui en fournir une nouvelle.

Gustave Flourens jouissait, dans les quartiers populaires,
d'une influence considérable. Cette influence, il la devait à
la fois à son renom d'intrépidité chevaleresque, à son élé-
gance personnelle qui depuis les Gracques a toujours séduit
les instincts artistiques du peuple; il la devait aussi à son
éloquence singulière, pleine d'ardeur, à la fois emportée et
mordante, où le sarcasme coudoyait l'érudition, où l'amertume devenait spirituelle et la colère communicative.

Il y avait dans toute sa personne on ne savait quoi de
monacal qui surprenait et captivait. L'existence de ce jeune
homme avait, en effet, subi déjà bien des épreuves, et il en
était sorti comme un extatique sortirait d'une fournaise.
Tout d'abord professeur au Collège de France, continuant
les leçons de son père sur l'anthropologie et y introduisant
quelque chose de l'ardente curiosité de Michelet, qu'il véné-
rait particulièrement, Gustave Flourens avait apporté dans
ses leçons un sens remarquable et droit et, en même temps
qu'une science éprouvée, un enthousiasme juvénile qui
l'avait fait promptement adopter de son auditoire. Son
idéal politique embrassait déjà l'amour de l'humanité:

mais dans la pratique il n'allait pas plus loin qu'un libéralisme généreux qu'il trouvait suffisant. Sous l'empire, c'était
trop. On le congédia, on lui retira sa chaire. Il la réclama
vainement dans une lettre directement adressée à l'empereur, et dont il eut plus tard l'impardonnable faiblesse de
nier l'authenticité. Furieux de l'injustice éprouvée, dégoûté,
son tempérament nerveux l'emportant, il se jeta alors en
Crète, combattant et n'ayant déjà d'autre but que de se
dévouer.

Cet appétit du dévoûment, ce besoin d'être aimé, de se
rendre utile à ses semblables, fut le point de départ du
changement qui s'opéra dans les idées de Flourens. Après
s'être défié (il le disait tout haut dans son cours) des agitateurs éternels, il devint lui-même un agitateur; il se jeta à
corps perdu dans la lutte incessante et bientôt, grisé par
l'odeur de la poudre, par la fièvre du mouvement, agité
d'une perpétuelle névrose, il se plut à prêcher le combat
pour le combat et, délaissant les livres, la science, le cabinet d'études qu'il avait aimés, il prit pour modèles, non
plus les sages qu'il traduisait jadis, mais les fous héroïques
de l'antiquité romaine ou grecque, et il fit dès lors de son
existence une sorte de pastiche tumultueux et bruyant des
anciens.

L'occasion qui s'offrit pour Flourens et les siens ne se fit
pas attendre. Encore une fois, M. Émile Ollivier, si décidé,
disait-il, à ne point verser le sang, pouvait tout éviter. Après
avoir obtenu l'autorisation de poursuites et la condamnation de M. Rochefort, il pouvait, il devait, au nom de l'ordre,
attendre au moins la fin de la session avant de rendre le
jugement exécutoire. Il ne voulut pas. Sa vanité parlait
plus haut que la prudence et que la morale. Enhardi par
la journée du 12 janvier, il brava la patience populaire et
il résolut d'enlever le député de Belleville, au cœur même
de sa circonscription.

Le 22 janvier, M. Henri Rochefort avait été condamné à
six mois de prison et 3,000 francs d'amende; ce même jour,
M. Paschal Grousset était également condamné à six mois
de prison et 2,000 francs et M. Dereure, gérant de la Marseillaise, à six mois de prison et 2,500 francs d'amende. Le
garde des sceaux réclamait l'exécution du jugement pour
tous les condamnés. Le 7 février, MM. Crémieux et Emmanuel Arago s'attachaient à discuter la légalité de la mesure

démontrant que l'arrestation de M. Rochefort allait priver un représentant de ses droits civils et politiques, et donner au jugement une portée qu'il n'avait pas. M. Gambetta, élargissant la question, transportant le débat sur son véritable terrain, le terrain politique, s'écriait avec véhémence : « Le fait est politique, votre adversaire est politique et vous êtes un corps politique rendant une décision politique. Ce n'est donc pas un acte d'administration, et vous pouvez agir dans toute la plénitude d'une *assemblée qui, voulant se protéger, commence par protéger ses adversaires.* » Cela était logique, et les trois orateurs réclamaient dans leur interpellation commune la liberté du député menacé d'un mandat d'amener. M. Émile Ollivier s'empressa de demander à la Chambre un ordre du jour, qu'il était certain d'obtenir sans peine; mais il eut le courage de mettre ses actes présents, non plus sous le patronage de Paruta ou de Fra Paolo Serpi, mais sous l'égide de Mirabeau, une vieille admiration qu'il avait depuis longtemps reniée. « Le ministre use de son droit, dit-il, et le droit demeure, suivant le mot de Mirabeau, *le souverain du monde.* » La Chambre adopta, par 191 voix contre 45, l'ordre du jour proposé par le ministre de la justice.

On s'attendit un moment à voir M. Henri Rochefort, non pas *empoigné* en pleine assemblée comme Manuel, mais arrêté du moins à la sortie et sur la porte du Corps législatif. Il n'en fut rien. M. Rochefort, entouré de ses amis, et accompagné par MM. Ordinaire et Gambetta, put monter en voiture et s'éloigner sans être inquiété. Il semblait que le ministère tînt à traquer M. Rochefort au milieu même de ses électeurs, dans son *antre.* S'il eût voulu éviter toute collision, l'arrestation de M. Rochefort à son logis eût été facile. Mais non, je le répète à dessein, M. Ollivier tenait à montrer qu'il était *la force*, et que les électeurs de M. Rochefort ne l'effrayaient pas. Le journal du député de la première circonscription annonçait, en effet, pour le lundi 7 février, à huit heures, dans la salle de la Marseillaise, rue de Flandre, n° 51, une « *conférence sur Voltaire par les citoyens Henri Rochefort et Flourens. Prix d'entrée, 25 centimes, au profit d'un détenu politique.* » C'était là que M. le ministre de la justice voulait engager le combat.

Dès huit heures du soir, le 7 février, de nombreuses escouades de sergents de ville se massaient dans la rue de Flandre, attendant l'arrivée de M. H. Rochefort. A huit

heures et demie, celui-ci descendait de voiture, et, acclamé
par la foule, il allait entrer dans la salle où l'attendait le
public, lorsque le triple cordon d'agents de police qui l'avait
laissé passer, se referme, l'entoure, et un commissaire de
police l'appréhende au corps. M. Rochefort recule, son chapeau tombe, on l'entraine brusquement au bureau de police
voisin, dans le passage. Rochefort avait eu le temps de
recommander à ses amis de ne point faire d'appel au peuple.
Mais à peine était-il mené au galop d'une voiture à Sainte-
Pélagie, c'est-à-dire à neuf heures du soir, que déjà Flourens avait jeté le cri qu'il étouffait depuis le 12 janvier dans
sa poitrine.

C'était Flourens qui présidait la réunion. Lorsqu'il apprit
l'arrestation de M. Rochefort, il devint pâle, se dressa de
toute sa hauteur au fond de cette salle aux piliers de bois,
éclairée par des lampes à pétrole, échauffée et tumultueuse;
et, annonçant que l'attentat était consommé, il déclarait
« le gouvernement déchu, la révolution en permanence »;
et, tirant de sa gaine une longue épée, armant un revolver:

— Citoyens, dit-il, je vous invite tous à vous armer et
à marcher contre l'empire pour la défense des lois et du
suffrage universel, violé en Rochefort, notre représentant!

Des cris violents lui répondent: « Vive Rochefort! vive
la République! » Flourens se retourne vers M. Barlet, commissaire de police, qui représentait l'autorité à cette réunion,
et le saisit au collet en lui disant:

— Je vous arrête!

Puis, le revolver au poing:

— Marchez à côté de moi, ajoute-t-il, conduisez-vous bien
ou vous êtes mort. Un geste, un seul geste douteux à vos
agents vous perdrait. Faites-leur signe de ne pas bouger,
votre vie en dépend.

— Hélas! s'écriait Barlet, je voudrais bien revoir ma
femme et mes enfants!

— Vous les reverrez, soyez calme. Les républicains n'as-
sassinent pas!

« Et maintenant, camarades, s'écria Flourens, chantez la
Marseillaise, et vive la bataille! Vive la République universelle et la délivrance de l'humanité! »

Il entraîna le commissaire de police, suivi d'une soixantaine de « braves jeunes gens sans armes presque tous, mais
qui se donnaient du cœur en chantant. » — La salle s'étant

subitement vidée, Flourens traversa la haie de sergents de
ville que la vue de l'écharpe de M. Barlet et un signe de
celui-ci arrêtèrent au moment où ils allaient se précipiter.
Les amis de Flourens, prévenus, devaient se tenir prêts,
avertir les groupes, construire des barricades dans la Villette, résister toute la nuit et attendre le lendemain, qui
n'eût point manqué (Flourens le croyait) de décupler, de
centupler le nombre des combattants. Chimérique et confiant, Gustave Flourens, que ses articles sur les souffrances
de l'armée avaient mis en rapport avec un certain nombre
de sous-officiers et soldats, espérait que des armes lui vien-
draient des casernes du Prince-Eugène et de la Courtille. Il
se trompait, et sa désillusion grandit bientôt, lorsqu'en arrivant à Belleville, il ne trouva qu'une centaine d'hommes
mal armés. Les « groupes » n'avaient pas répondu à l'appel.
La caserne de la Courtille ne pouvait fournir des fusils, les
« sous-officiers amis », dit Flourens, étaient absents. Peu
importait. On se mit à barricader le faubourg, depuis la
rue Puebla jusqu'au canal. « Des omnibus et des voitures
renversés furent accumulés les uns sur les autres, des ma-
tériaux de maisons en construction et en démolition servirent
également, des pavés furent soulevés. » Des attaques partielles de sergents de ville furent un moment repoussées.
Mais les armes manquaient. Dans une lettre qui fit sensation
par sa naïveté héroïque, Flourens racontait, le lendemain
de l'échauffourée, comment il avait voulu s'en procurer au
théâtre de Belleville. Son odyssée à travers les coulisses, où
il cherchait les fusils des figurants parmi les *accessoires*, est
à la fois d'une ignorance héroïque et d'une ironie touchante.
Lorsqu'il se retourna, cherchant ses soldats, il ne trouva
derrière lui qu'un enfant de dix-huit ans, qu'on fit partir
après la bataille, en lui payant son voyage jusqu'en Belgique.

Alors Flourens regagna la rue où quelques hommes, qui
n'avaient point pénétré dans le théâtre, l'attendaient.

Flourens, son pardessus posé sur le bras, son épée d'une
main, son pistolet de l'autre, toujours suivi de M. Bologne
qui, aidé d'une autre personne, tenait au collet M. Barlet,
le commissaire de police, Flourens, échauffé, décidé à combattre, allait, venait dans ce faubourg, travaillant à la
grande barricade du canal, lorsque la barricade qu'il venait
de quitter, attaquée de front par les agents de police armés

d'épées, était tournée par un escadron de gardes municipaux à cheval. L'attaque eut lieu rapidement vers le canal.
« Tandis qu'une dizaine de jeunes gens, occupés à côté de
lui, se sauvaient, vivement attaqués par les sergents de ville,
et laissaient deux des leurs, grièvement blessés, sur le terrain, Flourens restait là. Appuyé contre une porte, il repoussa une épée d'agent qui allait le percer. Quand il se vit
tout à fait seul, il comprit que pour cette nuit il n'y avait
plus rien à faire, et se retira bien à regret chez un ami. »
Ces paroles sont de G. Flourens lui-même. Il ajouta que « le
lendemain, malgré les efforts de quelques indomptables, le
mouvement ne se propagea point. »

Flourens se trompe. Le lendemain allait voir la continuation de la lutte. La journée du mardi 8 fut relativement calme.
La fièvre recommença le soir. En deux nuits, dix-huit barricades avaient été élevées, rue de Paris, à Belleville, rue
Saint-Maur, rue de la Douane, au faubourg du Temple, etc.
La plus forte était celle de la rue de Paris (Belleville). Les
magasins d'armes de Lefaucheux, rue Lafayette, pillés,
avaient fourni aux assaillants des revolvers, des cartouches,
une carabine. La lutte, quoi qu'en dise Flourens, durait
encore.

La Marseillaise du 9 février, parue le 8 au matin, contenait
une protestation signée par la rédaction tout entière :
MM. Arthur Arnould, Ed. Bazire, E. Boursin, Germain
Casse, Collot, S. Dereure, A. Dubuc, Francis Enne, Arthur
de Fonvielle, Ulric de Fonvielle, Paschal Grousset, Ch. Ha-
beneck, Alp. Humbert, J. Millière, G. Puissant, A. Rane,
Raoul Rigaut, E. Varlin, A. Verdure. »

Le soir même, à l'exception de quelques-uns, tous les
signataires de cette déclaration de principes étaient arrêtés.
Les réunions publiques étaient interdites. L'agitation continuait. M. Émile Ollivier avait beau dire à la Chambre :
« Nous apportons un sentiment d'humanité dans la répression. » La vérité est que, si le parti d'action avait été violent
et irréfléchi, se jetant en aveugle dans la tempête, le ministère avait été insolemment et imprudemment provocateur.
En outre, la répression était plus brutale que ne voulait
bien le dire le ministre de la justice. C'est ainsi que, dès
huit heures et demie du soir, le mardi 8 février, les agents
chargeaient, boulevard Montmartre, une foule compacte,
mais point menaçante. Au coin des rues, les sergents de ville

guettaient, armés de casse-tête. L'émeute réelle n'occupait
en réalité qu'un petit coin de Paris, le faubourg du Temple
et Belleville, et la police, par son zèle, faisait elle-même le
désordre, et le provoquait dans les autres quartiers parisiens. Voilà la vérité stricte.

Le 9 février, tout était terminé. Ces nuits de lutte avaient,
en tués ou blessés, fait plus de cent cinquante victimes et
amené plus de trois cents prisonniers au dépôt de la Conciergerie ou à Mazas. Inutile entreprise qui consolidait le
pouvoir qu'elle croyait ébranler et nuisait à la cause qu'elle
prétendait défendre. La nation, en effet, en était arrivée à
ce point qu'elle ne voulait pas d'émeute. La meilleure guerre
contre la force, se disaient les esprits sérieux et clairvoyants,
est la guerre par l'idée.

A l'heure même où s'accomplissaient ces événements parisiens, une autre guerre, dont le résultat devait être, comme
celui de toutes les guerres, l'écrasement du travail, continuait au Creuzot. Nous en reparlerons plus loin et nous y
reviendrons encore dans les chapitres futurs, au moment où,
dans cette histoire si précipitée, si remplie, si confuse, l'Internationale entrera en scène. Cette grève paraissait moins
passionner la foule, que le dénouement attendu de l'affaire
Bonaparte. D'instinct, la guerre politique, dont le meurtre
de Victor Noir était un capital incident, attirait beaucoup
plus l'attention que la guerre sociale. Celle-ci au surplus
devait avoir son tour. Mais, l'empereur ayant signé la convocation de la haute Cour de justice, siégeant à Tours, l'opinion se demandait quel serait le châtiment du meurtrier.
D'avance les légistes avaient répondu : « La peine de mort
ou Cayenne, » car ce procès tragique et qui prenait la foule
par ses entrailles mêmes, avec son antithèse d'un prince
face à face avec un plébéien, ce procès, le plus étonnant de
ceux qu'aient jamais jugés les tribunaux, semblait déjà
achevé. La foule avait rendu sa sentence ; restait à savoir si
la haute cour allait la confirmer.

Ce fut un scandale que ce procès, et le coup de foudre du
dénouement, qui parut ironique au plus grand nombre, porta
une profonde atteinte à l'empire. Il complétait, semblait-il,
l'œuvre que le coup de pistolet du prince avait commencée.

La première audience eut lieu le 21 mars. L'aristocratique
ville de Tours n'avait jamais eu un concours aussi grand de
population et surtout des personnalités aussi diverses et

aussi colorées. La société tourangelle se rendait à la haute
Cour, comme elle fût allée à un spectacle. On y lorgnait, on
y causait. Au dehors la foule était grande. Des piquets de
cavalerie, des compagnies d'infanterie la maintenaient à
distance. La *grasse et molle* Touraine, comme l'appelait le
Dante, était pleine de bruit et de bouillonnements. Dans ce
palais de justice, se heurtaient, se coudoyaient les individualités politiques ou littéraires les plus opposées, les plus
disparates et les plus hostiles. Les irréconciliables acharnés
rencontraient dans les couloirs les plus violents de la cause
impériale. On put s'attendre, plus d'une fois, à des collisions
que l'irritation extrême, la passion pouvait à tout instant
faire naître. Les témoins à charge et les témoins à décharge,
ceux qui soutenaient Pierre Bonaparte et ceux qui plaignaient Victor Noir, avaient été séparés les uns des autres,
et chaque groupe constituait comme un clan hostile à l'autre,
plein de résolution et de courroux. L'interrogatoire de l'accusé ne donna lieu à aucun incident. Pierre Bonaparte était
pâle, et sa voix, à l'accent corse, assez semblable, sans exagération aucune, au miaulement rauque du chacal, avait
des hésitations. Cet homme robuste, aux traits accentués, à
la grosse barbiche qui s'agitait à chaque mouvement con-
vulsif de ses lèvres, ce rude et fauve personnage, dont les
joues grasses retombaient sur son collet d'habit bleu, com-
primait, on le sentait, on le voyait, les mouvements instinc-
tifs du tempérament le plus robuste et le plus sauvage. Ses
défenseurs, Me Leroux et Me Demange, calmaient à chaque
instant l'exaspération du prince, toujours prêt à la menace
et à l'injure.

Lorsque M. Ulric de Fonvielle se présenta devant la barre,
il releva vers le prince sa tête honnête et son regard fier.
Pierre Bonaparte le brava d'abord, puis baissa le front. La
déposition de M. Paschal Grousset, dont l'accusé n'entendit
pas la partie la plus insolente, l'irrita aussi profondément.
Lorsque M. Grousset se présenta, élégant, amené par des
gendarmes (il était prisonnier comme M. Rochefort et comme
M. Millière), il y eut un mouvement en sa faveur dans l'auditoire ; mais il réussit bientôt à s'aliéner la sympathie par
sa maladroite et ridicule impertinence. A la demande du
président, M. Glandaz :

— Êtes-vous parent ou allié de l'accusé ?

Il répondit :

— *Lætizia a eu trop d'amants pour que je puisse assurer qu'il n'est pas mon parent.*

La déposition tout entière de M. Grousset, déposition importante, s'en trouva amoindrie, et elle fut par sa faute de nul effet.

En revanche, M. Millière, correct, froid, mesurant ses paroles, affectant une politesse excessive, conquit l'auditoire et les jurés ; car l'homme n'oublie point ses passions, même lorsqu'il rend la justice, et il se laissera influencer éternellement par une intonation juste ou une attitude bien trouvée. La déposition de M. Millière devait lui assurer plus tard une large part de l'influence qu'il a tristement mise au service de la Commune.

Les témoins du prince Bonaparte, témoignant tous avec un ensemble en quelque sorte militaire, l'appelaient respectueusement Altesse. Pour le public et pour la Cour, l'accusé demeurait d'ailleurs un Bonaparte. Comme à la Conciergerie, Pierre Bonaparte occupait à Tours l'appartement du directeur de la prison. Il avait, on le voit, des compensations dans son infortune.

Dans la même audience, la Cour statua sur l'incident. Lorsqu'après en avoir délibéré, les magistrats revinrent occuper leurs sièges, on avait allumé déjà le gaz au fond de la cour, et cette salle, fourmillante de monde, prenait soudain un grand caractère. La haute Cour rentra lentement, théâtralement, chaque juge en robe rouge découpant sa silhouette sur le fond sombre du corridor et se dessinant entre les rideaux verts de la porte d'entrée. On crut un moment, au prononcé du jugement, qu'il s'agissait pour Ulric de Fonvielle d'un an de prison peut-être. Il y eut un mouvement de stupeur dans l'auditoire. Mais M. de Fonvielle ne devait subir que dix jours d'emprisonnement. Il fut donc, depuis l'empire, le premier condamné d'une haute Cour, et il fut le seul condamné dans l'affaire Pierre Bonaparte.

L'acquittement pur et simple stupéfia nombre de gens dont la logique voyait un meurtre évident et un meurtrier impuni. Le prince sortit droit et bravant la foule. Il voulait montrer, disait-il, qu'il ne craignait point *la Marseillaise.* Il emporta du moins une colère profonde des traits acérés que lui avait lancés M⁰ Laurier, lui jetant une nouvelle fois le nom de Borgia, et aussi une irritation violente contre M⁰ Fle-

M. ÉMILE OLIVIER

quet, dont la parole, moins stridente que celle de son collègue, avait eu cependant des éclats heureux.

La conscience publique en était quitte pour protester
selon ses moyens et pour élever, par souscription, un monument à Victor Noir.

CHAPITRE V

La grève du Creuzot. — Le plébiscite. — Son véritable sens. —
Ses résultats.

L'empire, après avoir provoqué le désordre, avait enfin
rétabli l'ordre dans la rue. Il avait obtenu, pour se servir
du mot véritable, l'occasion de lutte qu'il cherchait; mais
le conflit n'avait pas, à son gré, été ce qu'il devait être, et le
parti de l'action n'avait pas été écrasé et noyé dans le sang.
A tout prendre, ces escarmouches de carrefour n'étaient
donc pour le ministère que des demi-victoires et la question demeurait toujours la même, posée entre l'empire et
la révolution.

Il semblait en effet que cette France fût condamnée à
ne plus trouver le repos. A peine le retentissement du
procès Victor Noir était-il apaisé, que grondait un nouvel
orage, agitant de nouveau l'opinion publique et tenant
sa passion en éveil. En même temps que le meurtre de
Victor Noir avait réveillé toutes les haines politiques, la
grève du Creuzot réveillait ce que M. Piétri appelait, nous
l'avons vu, les haines économiques. Il était dit que l'empire
ne jouirait plus dorénavant d'une journée de paix. Le sol
sur lequel il s'appuyait semblait avoir des jets de soufre,
comme certains terrains volcaniques.

La grève du Creuzot fut un des événements importants
du dernier règne, autant par la date où elle se produisait
que par l'homme contre lequel elle était dirigée. Il semblait,
en effet, que ce fût l'empire que les grévistes eussent en vue
en se coalisant contre M. Schneider, président du Corps
législatif. La vérité n'est pas faite tout entière, il est vrai,

sur cette affaire, et beaucoup y voient des causes cachées et des rouages que l'on n'a pu mettre encore en lumière.

L'homme que la grève du Creuzot mettait en scène, Alphonse Assi, mécanicien, ancien soldat, devait être bientôt embarrassé de sa situation, flottant entre la conciliation et la lutte, forcé de marcher jusqu'au bout, et aspirant à rentrer pacifiquement à l'atelier ou à se retirer du conflit. MM. Schneider et Cie, ayant voulu conserver la gestion de la caisse de secours des mineurs, formée par les retenues faites à chaque ouvrier sur le salaire, un conflit s'éleva qui décida les administrateurs du Creuzot à annoncer qu'ils se démettraient « de l'administration de cette caisse de prévoyance. » Seulement, ils demandaient un vote des ouvriers. Il y a au Creuzot, sans compter les enfants et les femmes, dont l'action est toujours grande en ces conflits, 1,798 électeurs inscrits. « Il n'y eut, dit M. L. Bigot, que 2,495 votants; un parti nombreux conseillait l'abstention, prétendant que M. Schneider, reconnaissant lui-même n'avoir qu'un dépôt, devait s'exécuter sans vote.

« Il y eut pour la reddition de la caisse aux ouvriers 1,943 oui, 536 non et 16 bulletins nuls. »

Ce vote piqua au vif M. Schneider. Assi, ayant été nommé à l'unanimité délégué par les ouvriers de l'atelier d'ajustage, commençait, dès le 17 janvier, à organiser la caisse des secours en société de secours mutuels, conformément au décret de 1852, lorsque le 19, en entrant à l'atelier, il fut congédié devant tous ses camarades. Assi sortit, mais tout l'atelier sortit avec lui. Ce fut le commencement de la grève. Peu après, des troupes arrivèrent d'Autun et les arrestations commencèrent autour des puits. Sans examiner profondément les causes du conflit, l'opinion publique s'était tout à fait déclarée contre M. Schneider qui supportait, en ce moment, le poids de l'impopularité de l'empire.

Chaque jour apportait, en effet, au ministère, des difficultés nouvelles. Chaque jour, la gauche lui reprochait en toute justice d'avoir, comme le lui disait M. Jules Favre, *suscité une sédition qu'il pouvait éviter*, et empli les prisons à la suite de ces journées ou plutôt de ces soirées de trouble. Le ministère, après deux mois, n'avait rien accompli des promesses libérales dont il avait, à son arrivée, les mains pleines et, suspect à la fois au vieil autoritarisme bonapartiste et à l'opposition démocratique et libérale, il semblait hésiter, chercher encore sa route et ne vouloir se décider à marcher que lorsqu'il aurait de nouveau affermi le terrain. Empêché dans son embarrassante victoire, il rêvait, en un mot, ce que M. Ollivier allait appeler un *Sadowa à l'intérieur*, et, n'ayant pu l'obtenir par les armes, il allait le demander au suffrage universel lui-même. Nul régime ne sut mieux en effet tirer parti de cette institution à double tranchant, arme forgée par la liberté contre elle-même, mais qui forme et doit former la base de tout droit populaire moderne. Institution admirable et qui sera arrivée à son entier développement le jour où, conférant des droits à chacun, elle imposera à chacun des devoirs que nous pourrions facilement énumérer.

Ce fut alors, dans ces mois indécis qui succédèrent aux agitations de février et au drame de la haute Cour de Tours, que prit naissance, dans les conseils du gouvernement, ce projet de plébiscite qui devait, au gré de l'empereur et de ses conseillers, donner à l'empire un regain d'autorité et de jeunesse. Il y avait là, on le sent, pour la liberté un évident péril. Le plébiscite, instrument de règne habilement manié par les Caracalla, les empereurs de la décadence romaine, est un mode à la fois immoral et faux d'interroger le peuple sur ses volontés. Quoi de plus facile, en effet, que de poser la question de façon à ce que la foule consultée réponde nécessairement selon le secret désir de celui qui interroge ? En montrant, par exemple, à un peuple le fantôme d'un avenir qui effraye, ne le fera-t-on pas se rejeter dans un extrême qu'il ne chérira pas, certes, mais où il croira trouver la sécurité et l'asile ? Tels ont toujours été les résultats des plébiscites. L'interrogation y est jésuitique, la réponse y est contournée, faussée. D'ailleurs, la condamnation de cette pratique est contenue dans son appellation même. C'est la foule, c'est la *plèbe*, non le peuple faisant autorité et dictant sa loi.

Le 5 avril, MM. de Choiseul et de Kératry demandaient que le plébiscite fût au moins soumis à la discussion des mandataires du pays. Le régime parlementaire bonapartiste traitait, en effet, les parlements avec l'antique sans-gêne du régime autoritaire, et lorsque M. Jules Favre déclarait que le plébiscite en question n'était que la destruction du gouvernement du pays par le pays et le rétablissement du pouvoir personnel et despotique, il avait raison. Il avait raison, surtout lorsqu'il qualifiait le régime nouveau de *despotisme hypocrite*. C'était à la veille de cette séance du 5 avril où M. Gambetta devait poser, dans un discours qui reste encore comme son chef-d'œuvre, la véritable question soumise à la nation, la question de la République.

À l'empire qui voulait, comme on l'a écrit, se refaire une virginité, M. Gambetta répondait, délaissant les ambiguïtés de la polique courante, par l'affirmation nette et précise de la République. Ce n'était plus l'accusateur irrité, marquant le passé au fer rouge de sa harangue, comme lors de l'affaire Baudin : c'était le dialecticien habile et le politique pratique opposant l'évidence du droit aux subterfuges du pouvoir. Séance fiévreuse et qui avait débuté par un grand cri de M. Pelletan, interrompant M. Jérôme David, pour parler du « crime et de la honte » de Décembre. L'atmosphère était comme préparée pour M. Gambetta qui, malade, mais d'une voix sans cesse grandissante, ne prenant de repos qu'une fois au milieu de son discours, aborda, pour ainsi dire, en face et de front la question plébiscitaire et prouva que cette manœuvre, qui semblait s'appuyer sur le respect du suffrage universel, n'était qu'une manière de contraindre la nation mal éclairée par une insuffisante discussion, troublée par la position équivoque de la question, à approuver purement et simplement le rescrit impérial.

M. Gambetta devait, dès ce jour, on peut le dire, prendre le rang de chef de parti. Ce n'était plus seulement un tribun éloquent, mais un politique réfléchi que la gauche avait à sa tête. On retrouverait d'ailleurs, pour tout dire, dans un écrit que fit alors paraître Gustave Chaudey, sous ce titre : *l'Empire peut-il devenir parlementaire ?* la plupart des idées émises à la tribune par M. Gambetta, idées dépouillées, dans l'écrit du publiciste, de l'éclat et de la vigueur dont sut les parer l'orateur.

Lorsqu'on passa au vote, la gauche, malgré le discours de Gambetta, fut, comme on pouvait s'y attendre, battue dans l'Assemblée, mais l'opposition à l'empire gagna dans le public une force nouvelle, et le ministère s'en inquiéta. On peut dire que ce fut la cause de la prorogation de la Chambre. Conçoit-on, en effet, qu'à la veille d'un événement aussi capital que le plébiscite, le Corps législatif français fût envoyé dans ses foyers, et que la discussion du futur sénatus-consulte fût réservée aux seuls sénateurs, c'est-à-

dire aux élus du pouvoir ? Cependant les représentants élus
par la nation en seraient réduits, selon l'énergique expression de M. Jules Favre, à *regarder par la fenêtre*.

Ce n'était pas la prorogation, c'était l'abdication de la
Chambre que M. Ollivier demandait. Montalembert disait
un jour que la France était *affamée de silence*. Cette fois
c'était l'empire qui en était littéralement affamé et qui
voulait que la tribune française n'eût point d'action fâcheuse
au point de vue de la dynastie sur les résultats du futur
plébiscite. »

Dans la séance du 13 avril, M. Ferry avait, en effet, interpellé vivement le garde des sceaux sur certains mandats
d'amener décernés en blanc par le préfet de police et sur
l'instruction judiciaire des personnes arrêtées à la suite des
affaires de février. Le nombre des gens arrêtés et prévenus
de complot contre la sûreté de l'État et de la vie de l'empereur était de quatre cent cinquante. Mais l'inculpation
n'avait été maintenue que pour soixante et onze. Ainsi, trois
cent soixante-dix-neuf citoyens avaient été saisis, empri-
sonnés avec une légèreté coupable. « N'est-il pas vrai, s'é-
criait alors M. Ferry, que notre pays est le dernier qui soit
sous le soleil en ce qui concerne les garanties de la liberté
individuelle ? »

« — Si, en effet, répondait M. Ollivier, un grand nombre d'arrestations ont eu lieu, on sait à la suite de quelles
circonstances elles ont été opérées; après des actes séditieux, des barricades construites ; ces barricades, ce n'est
pas moi sans doute qui les ai élevées.

« — Oui, interrompait M. Emmanuel Arago, mais vous
tâchez d'en profiter ! »

Au moment où l'empire faisait appel à la nation et lui
demandait de lui déléguer une nouvelle fois les pouvoirs
souverains, il faut bien reconnaître que la France était
surtout avide et littéralement comme affamée de deux
choses, la *paix* et la *liberté*. Je l'ai dit et le répète pour bien
caractériser la situation, la guerre apparaissait à tous les
bons esprits comme le plus barbare des usages de la force,
et il n'était pas, dans ce peuple français que l'étranger regardait toujours comme le plus belliqueux de tous, il n'était
pas un libre écrivain, un philosophe, un penseur qui n'eût
demandé l'abolition des armées permanentes qu'on regardait comme la cause directe des conflits dans le monde.

Haine et dégoût de la guerre, aspiration ardente vers la liberté, tel était l'état général des esprits.

Le *Journal officiel* du 23 avril 1870 avait donné, en même temps que le texte de la nouvelle constitution, la formule du plébiscite soumis à la sanction populaire. Cette formule était celle-ci :

« *Le peuple approuve les réformes libérales opérées dans la constitution depuis 1860, par l'empereur, avec le concours des grands corps de l'État, et ratifie le sénatus-consulte du 20 avril 1870.* »

On devait répondre par *oui* ou par *non*. Mais qui ne voyait, dès l'abord, l'ambiguïté de la question ? Approuver les réformes, ce n'était pas fatalement approuver l'empire, et c'était pourtant répondre oui. Aussi bien s'établit-il sur-le-champ un double courant et fut-il, non pas seulement tacitement, mais bien ouvertement convenu que répondre *oui*, c'était approuver l'empire ; répondre *non*, c'était le condamner et dans son origine et dans ses manifestations diverses, dans son passé et dans son avenir. Une troisième opinion, plus radicale en apparence, mais nullement pratique, allait se produire, et affirmer une nouvelle fois cette doctrine de l'*abstention* trop longtemps pratiquée dans les premières années du règne de Louis-Napoléon-Bonaparte.

En attendant, la presse, les réunions, les publicistes analysaient et discutaient la constitution nouvelle. Cette constitution, masquée de liberté n'était qu'un leurre. C'était la constitution autoritaire de 1852, dissimulée sous des réformes de détail. L'empire avait évité, avec assez d'adresse, les écueils qu'il redoutait pour sa fortune. Ainsi, voulant par exemple faire le moins possible d'élections, — craignant ces fièvres électorales où les échecs grandissaient, grossissaient pour lui d'années en années, — il renchérissait, en quelque sorte, sur la constitution de 52. Celle-ci disait simplement : *Les députés sont élus pour six ans.* La constitution de 70 ajoutait : Les députés sont nommés pour une *durée qui ne peut être moindre de six ans.* Le Corps législatif pouvait ainsi étendre la durée de son mandat, mais non l'abréger. En outre, l'Empereur se réservait à lui-même, et à lui seul, ou à son successeur, le droit de toucher à la constitution. Pour peu qu'il l'eût voulu (et que le sort l'eût permis), cette constitution point définitive, certes, eût été éternelle. Enfin, et ce qui était plus grave, la fameuse ques-

tion de *droit de guerre et de paix*, question capitale sur
laquelle Mirabeau avait livré à la monarchie le plus terrible
de ses combats, cette question qui tenait à la destinée
même de la nation, cette vitale question était tranchée dans
le sens du souverain, libre de pousser dans la voie qui lui
plaisait ses ministres, devenus en apparence ses guides,
et demeurés en réalité ses complaisants.

Cependant, la démocratie ne restait pas inactive. Elle
répondait par sa propagande aux menées du ministère. Les
partisans de l'empire avaient, dès le premier moment où il
fut question du plébiscite, organisé, rue de Rivoli, n° 182,
sous la présidence de M. d'Albuféra, député, un *comité central plébiscitaire*, destiné à stimuler le zèle des électeurs, à
leur rappeler les dangers courus, à agiter devant eux les
plus fameux du spectre rouge. Multipliant les envois de journaux, d'affiches, de circulaires, de bulletins, le comité bonapartiste, torturant le véritable sens de l'appel au peuple,
posait adroitement la question de façon à ce que la réponse
fût impliquée dans la demande. Et c'est ainsi qu'il disait :
*Il s'agit de prononcer entre deux constitutions, l'une qui vous
a privés précédemment de vos libertés, l'autre qui vous les
rend définitivement. Raisonnablement l'hésitation n'est pas
possible; allez donc voter tous* oui.

Poser la question entre l'adoption de la constitution despotique de 1852 et la constitution de 1870, évidemment
c'était la résoudre en faveur de cette dernière. Mais le comité
de la rue de Rivoli savait bien que là ne consistait point
le débat. Ce qu'il fallait savoir, c'est, encore une fois, si la
France amnistiait l'empire et voulait se livrer à lui pieds et
poings liés, et accepter les libertés octroyées comme le *nec
plus ultra* des réformes exigées; ou bien si elle était arrivée
à ce point de maturité où les nations peuvent marcher
affranchies de toute entrave, et surtout disposer d'elles-
mêmes sans que le caprice ou l'intérêt d'un despote les lance
inconsidérément dans l'aventure. En un mot, la question
véritable était celle-ci : La France veut-elle encore du despotisme sous quelque forme qu'il se présente, main de fer
brutale, comme disait le duc d'Albe, main de fer gantée de
velours, comme le désirait Bernadotte? veut-elle encore de
ce despotisme, *oui ou non?*

— Non, répondait nettement le comité démocratique de
la rue de la Sourdière.

Pour contre-balancer l'influence du comité de la rue de Rivoli, l'opinion démocratique avait vu se former, rue de la Sourdière, un comité républicain composé des députés de la gauche et des délégués de la presse radicale de Paris et des départements. On peut dire que la composition de ces deux conseils en caractérisait, en personnifiait l'esprit.

Sous la présidence de M. d'Albuféra se réunissaient deux sénateurs, l'amiral Bouet-Willaumez et M. Arthur de la Guéronnière; deux députés, le comte Frédéric de la Grange et M. Clément Duvernois; un journaliste enfin, M. Émile de Girardin. Ces deux derniers semblent représenter mieux que tous les autres la pensée du comité. Ils y représentaient cette sorte de liberté bâtarde qui s'accommode volontiers du métier de servante, et subordonne le triomphe de ses idées à la réussite de ses ambitions. Sans principes fixes, chevauchant un thème qui se modifiait selon le vent et les circonstances, c'étaient bien là deux types distincts de journalistes, rapprochés cependant par la même habitude, celle de faire du journalisme moins une tribune qu'un marchepied.

M. Duvernois était d'ailleurs l'élève de M. de Girardin. Après avoir combattu très fermement et très délibérément l'empire, il s'était tout d'un coup lassé de ce dur métier d'opposant, et, sacrifiant la popularité aux honneurs futurs, il s'était tout à coup singulièrement adouci. A quelques mois de distance, après avoir été au début l'homme que l'empereur redoutait le plus, il était au dénouement celui que l'on choyait le plus à Compiègne. Quant à M. de Girardin, l'empire le redoutait peut-être, mais sans lui faire les avances qu'il faisait à M. Duvernois. On allait cependant finir par lui donner, comme on l'a vu dans les *Papiers des Tuileries*, une place au Sénat. Elle était bien due à l'homme qui, pendant la période plébiscitaire, se multipliait si bien pour raccoler des approbateurs à l'empire.

En revanche, le comité démocratique de la rue de la Sourdière comprenait le danger d'une telle conduite. Ce comité, nous l'avons dit, était composé des députés de la gauche et des représentants de la presse. Mais, comme toujours, des divisions, des hésitations, des discussions étaient nées dans ce groupe d'hommes réunis cependant pour le même but. Hélas! tandis que les adversaires de l'idée républicaine marchent avec la rectitude et l'unité d'un bataillon, nous avons coutume de disséminer nos efforts, et nous annihilons nos forces par la dispersion. Le manifeste de la gauche devait être signé des noms qui suivent :

Emmanuel Arago, D. Bancel, A. Crémieux, Desseaux, Dorian, Esquiros, Jules Ferry, Gagneur, Léon Gambetta, Garnier-Pagès, Girault, Glais-Bizoin, Jules Grévy, J. Magnin, Ordinaire, Eug. Pelletan, Jules Simon, députés.

Ch. Delescluze (*Réveil*), A. Duportal (de l'*Émancipation*, de Toulouse), Lavertujon (*Gironde*), Pierre Lefranc (des Pyrénées-Orientales), Louis Ulbac (*Cloche*), Eugène Véron (du *Progrès de Lyon*), délégués de la presse démocratique de Paris et des départements.

« La constitution nouvelle, disait le comité démocratique, sur laquelle le pouvoir vous appelle à vous prononcer, réalise-t-elle le vœu national? Non.

« La nouvelle constitution n'établit pas le gouvernement du pays par le pays.

« Elle n'en est que le simulacre.

« Le gouvernement personnel n'est point détruit: il conserve intactes ses plus redoutables prérogatives; il continue d'exister...

« ..... Telle est la constitution qu'on nous propose.

« C'est votre abdication qu'on vous demande! »

Mais, avant d'arriver à la rédaction définitive de ce manifeste, par combien de discussions était passé le comité de la rue de la Sourdière! C'était d'abord M. Picard qui trouvait mauvais que les représentants du peuple fussent mêlés aux journalistes, et qui s'attirait cette riposte de M. Peyrat : « Vous êtes des nouveaux dans le parti, Monsieur, sans quoi vous n'ignoreriez pas qu'au temps où les hommes politiques s'appelaient Manuel ou Foy, ils ne dédaignaient point d'apposer leurs signatures à côté de celles d'écrivains qui ne s'appelaient pas tous Benjamin Constant. » M. Ernest Picard était parti assez froissé, et son nom ne figure pas au bas du manifeste de la gauche. On n'y trouve point non plus celui de M. Jules Favre [1]. Mais l'adhésion de ce dernier, absent alors, arriva bientôt. Un autre nom man-

---

1. M. Jules Favre était alors en Algérie, défendant le chef de bataillon Cérézial, commandant supérieur du cercle de Tebessa, traduit devant le conseil de guerre de Constantine. Ce conseil de guerre (étrange hasard) était présidé par le général Faidherbe, et le colonel de Gallifet y figurait comme juge.

quait, celui de Marie, l'ancien membre du gouvernement
provisoire de 1848, qui s'éteignait à Paris, à l'âge de soixante-
quinze ans, presque en même temps qu'une femme qui, elle
aussi, avait joué son rôle dans le drame éternel de la politique, la duchesse de Berry.

M. Picard sortait de la gauche pour aller, en quelque
sorte, prendre le commandement en chef du tiers parti.
Mais il restait, dans le comité de la rue de la Sourdière,
assez d'éléments disparates pour paralyser un moment l'action de la démocratie. Il était, en effet, assez difficile de
faire que les idées jacobines de Delescluze pussent s'a-
malgamer avec les théories de M. Simon, par exemple, ou
de M. Grévy.

Le manifeste, rédigé en commun par MM. Gambetta,
Ferry et Lavertujon et enfin approuvé, fut signé par la réunion tout entière.

Alors M. Ernest Picard, décidément détaché de la gauche,
publiait de son côté une circulaire personnelle et disait :

« Jugez le plébiscite de 1870 par les droits qu'il nous
« enlève.

« Où frappe-t-il? Au suffrage universel.

« Franchement, ouvertement, non; mais efficacement :
« il enlève aux élus du suffrage universel le droit de faire les
« lois du pays; il les subordonne au Sénat : cela s'appelle le
« *partage du pouvoir législatif*.

« Comprenez bien : c'est la suppression de la moitié des
« droits du suffrage universel, c'est un anéantissement légal.

« Si vous consentez à cet abandon, désormais ne vous plai-
« gnez plus. »

Cela n'était point net, et manquait d'une conclusion forte.
En revanche, le manifeste de l'Internationale arrivait tout à
coup et, poussant l'absolu jusqu'à l'extrême, conseillait cette
forme d'opposition dont le principal défaut, comme tant
d'autres absolus, est le manque de sanction. En effet, s'abstenir, on ne doit cesser de le répéter, ce n'est point combattre. Mépriser n'est point renverser. S'abstenir, c'était
céder le pas sans lutter et, en réalité, abdiquer au lieu de
protester. On ne pouvait faire abstraction de l'empire, puisqu'il existait de fait. On ne pouvait pas plus le nier et le
négliger qu'on ne pouvait, pour prendre un exemple vulgaire,
mais frappant, se dispenser d'affranchir une lettre, parce
que le timbre-poste était marqué à l'effigie impériale. Déjà

aux élections décisives de 1863, des esprits élevés, comme
Jules Bastide, Étienne Arago, Élias Regnault, Proudhon,
avaient prêché cette doctrine antidémocratique de l'abstention. Que si on les eût écoutés alors, l'empire eût-il subi
ce premier échec des élections de Paris (1863), échec d'où
naquirent tous les autres?

La Marseillaise fit alors une campagne en faveur de cette
abstention, et elle disait, avec une apparence de vérité qui
n'était qu'un paradoxe : « *S'abstenir, c'est plus que repousser*
« *les propositions de l'empire, c'est lui refuser le privilège qu'il*
« *s'arroge d'interroger le suffrage universel.* »

Deux catégories de citoyens entre toutes préoccupaient
ceux qui attendaient avec anxiété le résultat du plébiscite :
c'étaient les *paysans* et les *soldats*; le paysan, ce soldat à la
charrue; le soldat, ce paysan à la caserne. Que répondrait
cette grande masse conservatrice, ignorante et qui reportait
au crédit de l'empire toutes les améliorations matérielles
qu'avait amenées la science, en ces vingt dernières années?
que répondraient les paysans, heureux de vendre leurs
bestiaux, leurs volailles et leur vin, et attribuant à Napoléon
ce bien-être nouveau pour eux?

Quant aux soldats, le comité de la gauche radicale rédi-
geait pour eux et faisait distribuer le 1er mai une adresse
sociale :

« Vous êtes citoyens avant d'être soldats. Votre cœur bat
« comme le nôtre aux idées de patrie et de liberté. Écoutez
« donc notre voix fraternelle. Nous avons à vous parler de
« vos intérêts les plus chers que nous ne séparons pas des
« nôtres.

« Si vous voulez reconquérir votre place au foyer, vos
« droits à la vie sociale, — tout en restant à la disposition
« de la patrie, dans le cas où sa sécurité ou son honneur se-
« raient menacés, et alors toute la démocratie serait à vos
« côtés; — si vous croyez que la liberté est le premier des
« biens; si vous êtes las de servir de rempart et d'instru-
« ment à une politique que vous combattrez vous-même dès
« que vous ne serez plus soldats; si vous ne voulez plus de
« guerres impies ou stériles qui vous coûtent le plus pur de
« votre sang; si vous voulez vivre en hommes libres, dans
« une patrie libre, votez hardiment *non*. »

La question du plébiscite avait cela de bon qu'elle déterminait nettement dans le personnel politique les situations

respectives. Jusqu'alors le parti purement libéral et le parti démocratique avaient, par exemple, combattu côte à côte sans se soucier d'examiner s'il n'existait pas entre eux des incompatibilités radicales. La scission s'était, il est vrai, marquée au moment des élections dernières et de cette *Union libérale*, englobant toutes les nuances hostiles à l'empire, union acceptée par M. Rochefort lui-même dans *la Lanterne*, et combattue par M. Delescluze dans *le Réveil*. Mais la véritable séparation allait se faire sur cette question du vote plébiscitaire. Là, nulle équivoque n'était possible. C'était par *oui* ou par *non* qu'il fallait répondre: et l'on vit alors bien des gens, connus jusqu'alors par leur libéralisme, se ranger tout à coup du côté de cet empire si peu transformé cependant et toujour s'identique à lui-même.

Tandis que le parti légitimiste, âprement attaché à ses vieilles formules, implacable dans sa fidélité séculaire à des choses évanouies, repoussait toute transaction avec le régime de décembre et déclarait que chez lui on voterait *non*, bien des représentants du parti orléaniste se rangeaient au vote affirmatif, et avouaient qu'ils déposeraient leur *oui* dans l'urne, ou, comme le disait quelqu'un, *qu'ils l'y laisseraient tomber*. Parmi les réprésentants de ce que l'on appelait le parti libéral qui passaient, à cette occasion, dans le camp de César, celui dont la conversion surprit et attrista le plus de gens fut M. Édouard Laboulaye, l'auteur incisif de *Paris en Amérique* et de ce pamphlet curieux qui s'appelle *le Prince Caniche*. M. Laboulaye, professeur de législation au collège de France, esprit modéré et sain, ingénieux, érudit, avait combattu toujours avec les armes peu meurtrières dont il dispose pour l'absolue liberté. Pouvait-il saluer dans la constitution nouvelle l'avènement de son idéal? Non, à coup sûr, non. Et pourtant, dans une réunion tenue à Versailles, il ne craignait pas de recommander le vote *oui*. La réunion fut tumultueuse, même dans ce Versailles calme et grave, où M. Laboulaye était estimé et aimé. Ce furent des cris et des interruptions qui durent singulièrement froisser ce délicat. Il connaissait donc à son tour l'impopularité des Lerminier et des Nisard, après avoir savouré à l'égal des maîtres, Michelet ou Quinet, les applaudissements de ses auditeurs. Plus tard, on devait, à sa rentrée au collège de France, le saluer par un orage, lui réclamer avec une persistante ironie l'*encrier* que lui avait autrefois offert la démocratie alsacienne, alors qu'il était porté comme candidat de l'opposition à Strasbourg. *Au Sénat ! allez au Sénat !* lui criait-on. Et M. Laboulaye irrité : *Sénateurs vous-mêmes !* répliquait-il à ces violentes interpellations. Certes, on pouvait trouver excessives les manifestations faites autour de cette paisible chaire de législation, et on pouvait rappeler aux interrupteurs de M. Laboulaye que là où la science est enseignée, là doit être aussi pour le savant quelque chose comme un lieu d'asile ; mais n'était-il point moral que des esprits ardents, généreux et hostiles au despotisme rappelassent à ce professeur de liberté, devenu approbateur d'autoritarisme, qu'ils n'avaient point changé et demeuraient fidèles à ses leçons ?

M. Laboulaye avait, il est vrai, expliqué les raisons de son vote dans une lettre rendue publique : « Non ou abstention, disait-il, veulent dire révolution. Ce caractère donné au vote négatif ne permet plus d'hésiter à ceux qui ne veulent pas de révolution. Je suis de ceux-là. J'ai toujours demandé la liberté ; je n'ai jamais demandé autre chose. Selon moi, quand un gouvernement est établi et qu'il est accepté par la majorité du pays, le devoir de tout bon citoyen est de se soumettre à la volonté nationale... » Raisonnement spécieux. Comment M. Laboulaye et ceux qui votaient *oui* parlaient-il de « se soumettre au gouvernement accepté par la majorité, » alors que justement ce gouvernement était soumis à la sanction du pays, et, en réalité, remis en question, et dans ses origines et dans sa conduite ?

La vérité sans ambages, la vérité absolue était celle-ci : ceux qui veulent la liberté, la paix, l'ordre dans la justice, les réformes sociales, la moralité privée et le progrès public, votaient *non*, sachant bien que l'empire ne leur donnerait jamais que le fantôme de tous ces biens.

L'opposition avait fait appel, pour la distribution des imprimés, des journaux, des bulletins, à la démocratie, aux sacrifices des citoyens. Mais la démocratie est pauvre, et le véritable renfort apporté à l'opinion antiplébiscitaire fut celui de M. Henri Cernuschi, qui versa entre les mains des membres du comité de la rue de la Sourdière cent mille francs destinés à couvrir les frais des dépenses d'imprimés et de correspondance.

M. Cernuschi, italien (il est né à Milan), ancien avocat, devenu soldat de sa patrie assaillie, défenseur de Rome

lors du siège de cette ville par Oudinot, exécuteur testa-
mentaire d'Orsini, était venu en France et, dans de loyales
opérations de finances, en appliquant ses théories économiques, il avait gagné une fortune véritable. « Étant riche,
disait-il un jour, j'ai voulu prouver que, si je défendais la
propriété dans les réunions publiques contre les partisans
du communisme, ce n'était pas dans un but d'égoïsme, et
c'est pourquoi j'ai donné cette somme à la cause de la
liberté. » Ce n'était pas l'affaire de l'empire, qui regarda
cette coopération d'un étranger au mouvement antiplébiscitaire comme une attaque directe et un attentat contre la
sûreté du gouvernement. On traita M. Cernuschi comme
on avait traité naguère les députés républicains espagnols
Salvochea et Pablo y Angulo, réfugiés en France. Ordre lui
fut donné d'évacuer le territoire. Plus tard, M. Michel Chevalier ayant, de son initiative privée, demandé que
M. Cernuschi pût rentrer pour régler ses affaires personnelles, le ministère déclara qu'il ne donnerait cette permission que si elle était réclamée par M. Cernuschi lui-
même. C'était une condition inacceptable et que l'expulsé
repoussa.

Il répondit à la mesure dont il était l'objet par une vengeance qui mit de son côté et les admirateurs et les rieurs.
Il télégraphia de Suisse, au comité de la rue de la Sourdière qui avait déjà publié sa protestation :

« Genève, 8 h.

« Je vous fais verser aujourd'hui encore cent mille francs
« pour même objet.

« Courage, bons amis.

« CERNUSCHI. »

Cependant le moment du vote approchait. Le dimanche
8 mai 1870, par un beau temps printanier et doux, les électeurs se pressaient devant les deux cent soixante-dix sections des vingt arrondissements de Paris. Nul ne pouvait
prévoir ce qui sortirait des urnes ; quelques-uns, comme
M. Delescluze, par exemple, s'aveuglaient jusqu'à espérer
que le résultat serait absolument favorable à la démocratie,
en ce sens que 4 millions de *non* au moins répondraient à
4 millions de *oui*. On fut étonné, et plus d'un fut atterré du
résultat obtenu. Paris avait reculé : les exagérations des

réunions publiques, la maladroite tactique de certains journaux portaient leurs fruits. La majorité négative, à Paris
n'était pas coupable du résultat des élections de mai 1869.
On se passait de main en main les journaux qui contenaient
le résultat des sections diverses, on additionnait fiévreusement tous ces chiffres, et l'on arrivait à ce résultat :

Inscrits : 416.215 ; votants : 332.313 ; oui : 138.485 ; non :
184.345 ; annulés : 9,592.

C'était toujours un échec pour l'empire, mais non pas
certes aussi net et aussi important qu'on l'espérait et qu'on
était en droit de l'attendre si la nation eût compris son véritable intérêt. Un seul point était capital dans ce résultat.
c'était le vote de l'armée. Devant la caserne du Prince-Eugène, les soldats jetaient par les fenêtres, à la foule amassée
sur la place, des bulletins portant le résultat du scrutin
dans cette caserne, c'est-à-dire 1.122 *oui* et 1.133 *non*. Au
fort d'Ivry, le scrutin avait donné 616 *oui* et 476 *non*. Il s'é-
tait trouvé des *non* jusque dans le vote des *cent-gardes*. Là
était le côté singulier et plein de menaces, pour l'empire, de
ce plébiscite. Grave symptôme en effet. L'obéissance passive
devenait frondeuse.

L'empire pouvait s'en consoler avec les résultats des départements, résultats écrasants pour tout ce qui sentait et
pensait que le salut de la patrie se trouvait seul dans la
liberté vraie. Le vote général des 89 départements donnait
7 millions de *oui* contre 1.400.000 *non*. Sans doute, on pouvait se dire qu'avec les abstentions, l'opposition absolue à
l'empire comptait encore 2 millions de citoyens irréconciliables avec l'oppression, qu'elle fût brutalement franche ou
hypocritement dissimulée. Deux millions de gens éclairés
constituaient après tout un grand parti qui, par son énergie,
sa lumière et sa passion, ne pouvait manquer de devenir
tout puissant un jour, s'il savait se servir de sa force redoutable. Mais, à dire vrai, pour le moment, la foule, le
nombre, la masse triomphait, l'empereur redevenait plus
que jamais l'empereur *des paysans*, et les penseurs et les
patriotes en ressentirent, on s'en souvient, jusqu'au plus
profond de leur être, une amertume violente.

Le vote du 8 mai donnait en effet le résultat suivant :

PRINCE DE HOHENZOLLERN

	Oui	Non
Vote des 89 départements........	7.016.227	1.493.111
Vote de l'armée intérieure.......	249.192	40.131
Vote de la marine.............	23.759	5.874
Population civile de l'Algérie....	10.719	13.131
Armée de l'Algérie.............	36.165	6.029
Total........	7.336.431	1.560.709

L'empire n'avait pas vu sans inquiétude se lever l'aurore du 8 mai. Le soir, il triomphait, mais des batteries d'artillerie, dans la cour du Conservatoire des Arts et Métiers, des bataillons de fantassins et des escadrons de chasseurs, campés dans le jardin du Luxembourg, avaient été chargés de faire respecter ce triomphe par la force.

Le 20 mai, dans la grande salle du palais du Louvre, Napoléon recevait la députation du Corps législatif qui venait lui remettre la déclaration officielle du recensement général des votes du 8 mai. La députation avait à sa tête M. Schneider. Dans cette salle où l'or et la couleur éclatent et troublent la vue, dans cette salle emplie des frissons de la soie et de l'odeur capiteuse des parfums, sous ces peintures de Muller, les sénateurs, les députés, les conseillers d'État, chamarrés et dorés, en costumes brillants des grands jours, arrivaient, lorgnant et lorgnés par les femmes aux toilettes claires et coquettes. On se montrait, dans son habit brodé, M. Ollivier, le héros de la journée plébiscitaire. L'assemblée entière était debout, têtes nues, lorsque l'empereur s'assit entre l'impératrice et son fils, et le grand maître des cérémonies prononça, pour la dernière fois, les paroles sacramentelles que ne doit plus entendre la salle des États : « Messieurs, asseyez-vous ! »

M. Schneider alors, d'une voix grave, fit connaître à Napoléon que la France remettait à sa dynastie une force et une autorité nouvelles. La *noble entreprise* tentée par l'empereur assurait décidément à notre patrie « un des premiers rangs parmi les peuples libres ». « Sire, ajoutait le président, en inclinant sa petite tête blanche et ridée, la France est avec vous. »

Et l'empereur répondit. ne se doutant pas, le César qui croyait tenir enfin son règne dynastique, ne se doutant pas que ce discours serait le dernier de son règne.

CHAPITRE VI

M. de Gramont, ministre. — La lettre des princes d'Orléans
au Corps législatif. — La candidature Hohenzollern. — La
déclaration de M. de Gramont. — M. Emile Ollivier. — Luttes
diplomatiques. — M. Benedetti. — Déclaration de guerre.

Depuis la fin de mai 1870, M. de Gramont remplaçait
M. Daru au ministère des affaires étrangères. En même
temps que M. de Gramont, M. Mége prenait le portefeuille
de l'instruction publique, et M. Plichon celui des travaux
publics.

Ceux des esprits versés dans la connaissance du personnel politique ne se dissimulaient point que l'arrivée de
M. de Gramont aux affaires ne fût quelque peu belliqueuse.
Le duc Agénor-Alfred de Gramont, duc de Guiche et prince
de Bidache, ancien ambassadeur de France à Rome pendant
la campagne d'Italie, et ambassadeur à Vienne durant la
campagne d'Autriche, avait gardé de ces années fiévreuses
une certaine ivresse de poudre et une véritable aigreur
contre la diplomatie prussienne. Il avait en effet reçu les
ovations du peuple de Rome après Magenta et Solferino, et
il avait vu les angoisses de la cour d'Autriche avant Nachod
et Sadowa. Double raison pour aimer la guerre et pour la
vouloir contre la Prusse.

Mais qui pouvait penser que la guerre sortirait si rapidement, si brutalement, de la situation nouvelle faite à
l'empire ? Sans doute, la politique bonapartiste rencontrait
encore des obstacles, et tout n'allait pas au gré des désirs
de Louis-Napoléon. C'est ainsi qu'un incident inattendu,
arrivant sous forme de lettre au président du Corps législatif, agita un moment le monde politique. La pétition des
princes d'Orléans demandant à rentrer en France causa à la
Chambre une émotion assez vive, et au gouvernement impérial une inquiétude assez profonde.

Elle était datée de Twickenham, 19 juin, et signée de

Louis-Philippe d'Orléans, comte de Paris, François d'Orléans, prince de Joinville, Henri d'Orléans, duc d'Aumale,
et Robert d'Orléans, duc de Chartres.

La lettre envoyée au conseil des pétitions, la commission
se prononçait, à l'unanimité moins une voix, pour l'ordre
du jour pur et simple. Lorsque la discussion eut lieu, les
conclusions de la commission furent adoptées, malgré un
discours vraiment ému de M. Estancelin et les observations
de M. de Piré. La gauche vota pour l'annulation de la loi
de bannissement. Mais la majorité, toute puissante alors,
n'en condamna pas moins à l'exil les signataires de la lettre
de Twickenham, et cela au nom et sous le règne d'un exilé
devenu empereur.

Cependant, les regards se tournaient depuis quelques
mois vers l'Espagne, comme si on eût pressenti que, de
ce côté, allait surgir, se former quelque orage. La Pé-
ninsule avait assisté depuis quelques mois à bien des événements ou bizarres ou tragiques. L'Espagne avait vu le
duc de Montpensier foudroyer, en duel, d'un coup de pistolet, Henri de Bourbon, ce prétendant d'aventure. Le Portugal
s'était éveillé, un matin, au bruit d'une révolution intime,
presque souriante, où le vieux maréchal Saldanha avait
fini, en moins d'une heure, par devenir le meilleur ami
d'un roi qu'il venait détrôner. Mais l'événement capital de
ces derniers temps, c'était le vote des cortès espagnoles
rétablissant la royauté, malgré les efforts de cette minorité
républicaine qui comptait des éloquences ou des énergies
comme Castelar et comme Garrido.

La royauté était donc rétablie, en principe, dans cette
malheureuse Espagne déchirée, lacérée, blessée, toujours
retombant plus meurtrie après les efforts sanglants qu'elle
faisait pour se relever. Mais, le principe de la royauté étant
admis, restait à savoir qui serait roi. L'Espagne se mit en
quête. Prim, ce Warwick de hasard, — ce faiseur de rois,
qui ne souhaitait sacrer qu'un seul roi, lui-même, — ce
militaire intrépide, général audacieux, mais louche politique, Prim devait se charger de trouver à l'Espagne un
souverain. Il le voulait tel qu'on pût facilement gouverner
et garder la puissance à l'ombre du trône et sous un fantôme de roi. Déjà il avait été question de la candidature au
trône d'Espagne d'un prince de la maison de Hohenzollern-
Sigmaringen, parent du roi de Prusse et justement aussi

parent de l'empereur des Français[1]. Sur les instances du roi de Prusse, un tel projet avait déjà été écarté par Léopold de Hohenzollern et son père. Le prince Léopold, ce candidat au trône espagnol, était donc modestement demeuré ce qu'il était, major à la suite du premier régiment de la garde à pied du roi de Prusse. On l'avait ensuite oublié, et la diplomatie française n'avait témoigné aucun mécontentement trop vif de ces pourparlers. Tout à coup, on apprend, dans les premiers jours de juillet, que la candidature abandonnée du prince Léopold de Hohenzollern est reprise par certains hommes d'État espagnols, et qu'il est certain que le général Prim a obtenu la promesse du prince Léopold.

Il y eut, il faut bien le reconnaître, un certain froissement du sentiment français, mais le sentiment se montra en réalité beaucoup plus hostile à nos chargés d'affaires qu'à ce prince prussien faisant son métier de chercheur de trône. On se sentit humilié de voir à quelles mains étaient confiées, à l'étranger, les destinées de la France. Puis, disons tout, on croyait retrouver là la politique, l'intrusion directe de M. de Bismarck. Depuis la campagne de 1866, depuis la bataille de Sadowa, la France et la Prusse se regardaient avec une expression singulière de défiance et de colère. La France ou plutôt le gouvernement qui dirigeait alors la France ne pardonnait pas à M. de Bismarck son adresse, et la façon prodigieusement habile dont il avait joué l'empereur depuis leur entrevue de Biarritz. En outre, le gouvernement français ne voyait point sans crainte se former à ses côtés, sur sa frontière, cette Allemagne une et forte qui allait devenir un danger pour notre patrie.

Était-ce bien un danger? Oui, certes, si l'on prétendait empêcher ce voisin devenu puissant d'agir librement dans son unité et sa vigueur. Non, si l'on savait, par une politique loyale et pacifique, lui inspirer confiance et faire disparaître sa vieille haine née d'une séculaire terreur.

1. Le prince Charles-Antoine-Joachim de Hohenzollern, père de Léopold de Hohenzollern, et qui restera dans l'histoire sous le nom de *père Antoine*, que lui donnèrent les plaisants, est fils du prince Charles-Antoine-Frédéric et de la princesse Antoinette-Marie, née Murat. Léopold de Hohenzollern était donc le petit-fils d'une Murat, et, par conséquent, cousin de Napoléon III.

L'Allemagne évidemment nous haïssait. Elle avait conservé depuis 1806, que dis-je? depuis les campagnes de Louis XIV, depuis l'incendie du Palatinat par nos soldats, depuis Mélac et Louvois, une sourde colère contre les Français, ses vainqueurs. Iéna avait ajouté à son courroux, et Waterloo en avait ôté peu de chose. La victoire de Blücher ne suffisait pas à la Prusse et la guerre était à la merci d'un incident.

Cet incident, c'était la France qui devait, non pas, comme on dirait en terme de chasse, le faire lever, mais le tirer au vol. Déjà Napoléon, déçu au lendemain de Sadowa, voyant que M. de Bismarck vainqueur ne tenait point les promesses de la veille et ne lui offrait pas une *rectification de frontières*, Napoléon, revenu irrité de Vichy, avait eu la tentation d'en appeler aux armes, à propos du Luxembourg que les Prussiens gardaient, et on peut dire que ce *casus belli* était meilleur à coup sûr que celui qu'il devait choisir en 1870. Oui, si la guerre était fatale, inévitable (ce que je nie), ce n'était pas à coup sûr quatre ans après Sadowa qu'il fallait la faire.

M. Cochery, député du Loiret, déposa, le 5 juillet, au nom du centre gauche, une interpellation adressée au gouvernement sur l'affaire Hohenzollern. Le lendemain, M. de Gramont répondait, de ce ton froid et hautain, à la fois gentilhommesque et diplomatique qu'il affectait à la tribune:

« Il est vrai que le maréchal Prim a offert au prince Léopold de Hohenzollern la couronne d'Espagne et que ce dernier l'a acceptée. Mais le peuple espagnol ne s'est point encore prononcé, et nous ne connaissons point encore les détails vrais d'une négociation qui nous a été cachée.

« Aussi une discussion ne saurait-elle aboutir maintenant à aucun résultat pratique; nous vous prions, Messieurs, de l'ajourner.

« Nous n'avons cessé de témoigner nos sympathies à la nation espagnole, et d'éviter tout ce qui aurait pu avoir les apparences d'une immixtion quelconque dans les affaires intérieures d'une noble et grande nation en plein exercice de sa souveraineté; nous ne sommes pas sortis, à l'égard des divers prétendants au trône, de la plus stricte neutralité, et nous n'avons jamais témoigné pour aucun d'eux ni préférence ni éloignement.

« Nous persistons dans cette conduite. Mais nous ne

croyons pas que le respect des droits d'un peuple voisin
nous oblige à souffrir qu'une puissance étrangère, en plaçant un de ses princes sur le trône de Charles-Quint, puisse
déranger à notre détriment l'équilibre actuel des forces
en Europe (Bruyants applaudissements), et mettre en péril
les intérêts et l'honneur de la France. (Nouveaux applaudissements.)

« Cette éventualité, nous en avons le ferme espoir, ne
se réalisera pas.

« Pour l'empêcher, nous comptons à la fois sur la sagesse du peuple allemand et sur l'amitié du peuple espagnol.

« S'il en était autrement, forts de votre appui, Messieurs,
et de celui de la nation, nous saurions remplir notre devoir
sans hésitation et sans faiblesse. (Mouvement général et
prolongé. — Applaudissements répétés).

— « Vous voulez donc la guerre? » s'écrie aussitôt M. Crémieux.

M. Émile Ollivier répliqua :

« — Le gouvernement désire la paix, il la désire avec
passion, mais avec honneur..... Si nous croyons un jour la
guerre inévitable, nous ne l'engagerons qu'après avoir demandé et obtenu votre concours. »

Le garde des sceaux laissait encore échapper là une
parole naïve. Comment! il consentait à ne faire la guerre
qu'après avoir obtenu le concours du Corps législatif!
Croyait-il donc qu'il fût possible de la déclarer sans l'assentiment des représentants du pays? Hélas! cette aveugle
majorité, toujours docile aux volontés, aux caprices et
jusqu'aux espérances du maître, avait tellement applaudi
à la déclaration hautaine, pour la Prusse, de M. de Gramont,
que M. Émile Ollivier lui-même télégraphiait à l'empereur,
après la séance : « Le mouvement, au premier moment,
a dépassé le but. On eût dit que c'était une déclaration de
guerre. » C'en était une, en réalité, mais le gouvernement
voulait au moins sauver les apparences. Seulement il est
aujourd'hui prouvé que la guerre était décidée par lui.

Cependant on attendait anxieusement, les nerfs agités,
la réponse du prince prussien. Le 11 juillet, M. de Gramont
« priait la Chambre de se contenter, pour le moment, d'informations incomplètes, » et, tandis que la gauche, étouffée
par les clameurs de la majorité, accusait le ministère de

« chercher un prétexte pour faire la guerre », les bonapartistes acharnés, les conseillers intimes de l'empereur.
M. Clément Duvernois, M. Jérôme David, eussent au contraire accusé le ministère de manquer d'énergie et de patriotisme.

Les bonapartistes ont, depuis les désastres de 1870, essayé de rejeter sur d'autres que sur eux-mêmes la responsabilité de la déclaration de guerre. A les entendre, ils
n'auraient point fait la guerre, ils l'auraient subie. M. Fernand Giraudau, ex-chef de division au ministère de l'intérieur, a publié un volume spécial [1] pour prouver que
l'empire avait été entraîné dans cette aventure par la
France elle-même. L'empire y a traîné la France, il l'a jeté
à cet inconnu. D'ailleurs, l'opinion, comptant sur notre organisation militaire, sur les déclarations de l'empereur lui-
même affirmant solennellement dans ses discours que nos
ports, nos arsenaux, nos armements étaient incomparables,
le public, la nation qui payait de ses deniers un budget de
la guerre, ne pouvait-elle pas se croire en sûreté sous
l'égide d'un *gouvernement fort?* Mais non, l'empire voulait
la guerre. L'impératrice en particulier poussait à ce terrible
conflit. Et M. Paul de Cassagnac laissait échapper le secret
des bonapartistes convaincus lorsqu'il écrivait dans *le Pays* :
« Pour nous, la guerre est impérieusement réclamée par les
intérêts de la France *et par les besoins de la dynastie.* »

Donc, il fallait la guerre. L'empire attendait la réponse
de la Prusse en souhaitant, on peut l'affirmer, qu'elle fût
une fin de non-recevoir. Le 12 juillet, cependant, M. Émile Ollivier, dans la salle des Pas-Perdus, faisait la fameuse déclaration reniée le lendemain par son collègue M. de Gramont, qui l'appelait *un propos de couloir :*

« Nous n'avons jamais demandé que le retrait de la candidature du prince de Hohenzollern, disait M. Ollivier, nous
n'avons jamais demandé que ça, et nos communications à
la Prusse n'ont jamais porté sur le traité de Prague. — Il
n'y a plus de candidature du prince Hohenzollern ; nous
n'en voulions pas : donc, plus d'incident. »

Le 13 juillet, M. le duc de Gramont lisait la communication suivante :

1. *La vérité sur la campagne de 1870, examen raisonné des
causes de la guerre et de nos revers.* (Paris, in-18, 1871).

« L'ambassadeur d'Espagne nous a annoncé officiellement hier la renonciation du prince Léopold de Hohenzollern à sa candidature au trône d'Espagne. (Mouvement.)

« Les négociations que nous poursuivons avec la Prusse, et qui n'ont jamais eu d'autre objet, ne sont pas encore terminées. Il nous est donc impossible d'en parler et de soumettre aujourd'hui à la Chambre et au pays un exposé général de « l'affaire ».

Ainsi donc, c'était la paix. L'empire venait de remporter une victoire diplomatique, dont le prix était évident. Sur un geste de la France, la Prusse avait conseillé à Léopold de Hohenzollern de se désister, et on pouvait réellement voir là une preuve de notre influence. Le malheur voulait que l'attitude provocatrice et superbe de M. de Gramont, lors de sa première déclaration, eût excité et bouleversé singulièrement l'opinion. Le sentiment public s'étonna que ce fût le prince Antoine et non le prince Léopold, ou M. de Bismarck, qui rendit réponse au gouvernement français. « Ce drame, qui commence par une tragédie pour finir comme une opérette, écrivait M. A. Guéroult, ne satisfait personne. » Il satisfaisait au contraire tous ceux qui aiment vraiment la paix et leur patrie. Mais le ministère avait engagé la partie sur un terrain brûlant, il avait embouché le clairon guerrier, il avait agité aux yeux de la France l'étendard de l'honneur national, il avait trouvé le moyen d'engager le pays avec lui dans une aventure détestable, il était forcé, par son attitude même des premiers jours, d'aller plus loin, et de garder le ton provocateur et les allures agressives.

C'est alors qu'il s'avisa de demander ce qu'il appelait des garanties. Cette garantie était l'engagement formel pris par la Prusse d'empêcher aucun prince allemand de régner sur l'Espagne. M. Benedetti reçut l'ordre d'exiger cette promesse du roi Guillaume.

M. Benedetti, physionomie effacée de scribe et de paperassier, Corse, né d'un père grec, ancien consul au Caire, puis à Palerme, secrétaire en 1856 du congrès de Paris dont il rédigea les protocoles, ancien ambassadeur à Turin, était depuis quelques années ambassadeur à Berlin. Déjà, en 1869, lorsqu'on avait mis en avant la candidature Hohenzollern, c'était M. Benedetti qui avait demandé des explications à la Prusse. M. de Thile avait engagé sa parole qu'il ne serait plus question de placer un prince allemand er Espagne. Cette fois, M. Benedetti devait s'adresser, non plus à M. de Thile, mais au roi lui-même.

Dès le 7 juillet, M. de Gramont télégraphiait à M. Benedetti de partir pour Ems, où se trouvait Guillaume. Le roi, qui se rendait là en villégiature, répondait qu'il avait déjà déconseillé, et bien antérieurement au prince Léopold, d'accepter la candidature au trône d'Espagne ; que, cette fois, il n'avait pas été consulté de nouveau sur ce sujet, et que d'ailleurs il n'était pas chef de la maison princière de Hohenzollern. C'était en cette dernière qualité que le prince Antoine avait répondu, ce dont les plaisantins de la presse légère en France s'étaient fort égayés, habitués qu'ils sont à rire de tout. Le roi, à coup sûr, pas plus que l'Allemagne, ne s'attendait à la guerre, et la surprise fut grande au delà du Rhin lorsque M. de Gramont déclara bien haut que la France entendait empêcher de s'établir un nouvel empire de Charles-Quint.

La *Correspondance de Berlin*, organe ministériel, espérait, disait-elle, que M. de Bismarck « arrangerait l'affaire. » En effet, les cercles bien informés regardaient, en Allemagne, après le retrait de la candidature, l'affaire comme terminée. Les dépêches officielles ne laissent aucun doute à ce sujet. Le 13 juillet, un agent français télégraphiait à Paris :

« Roi reste à Ems. Chauvins allemands disent affaire être pour Prusse second Olmütz. Tout terminé, Bismarck retourne Varzin après envoi d'Eulenbourg à Ems. Gortschakoff parti pour Pétersbourg. Bourse monte. »

La *Gazette de la Croix* disait que maintenant « la seule question était de savoir si la France voulait la guerre. » Certes elle la voulait ou du moins son gouvernement la voulait pour elle. « *Cette guerre*, répétait l'impératrice Eugénie, *c'est ma guerre, il me la faut.* » Et M. Émile Ollivier, à propos de l'armée prussienne, s'écriait (le mot m'a été rapporté par M. Weiss) : « *Nous soufflerons dessus.* »

A cette même heure, la police impériale, d'ordinaire si vigilante et si implacable, laissait, chaque soir, des émeutes belliqueuses envahir les rues, rouler leur flot hurlant sur les boulevards, promener des drapeaux escortés par les blouses blanches, et crier : *Vive la guerre!* et : *A Berlin!* jusque sous les fenêtres de l'ambassade prussienne. C'était un spectacle quotidien, à la fois irritant et fiévreux, bien fait

pour plonger dans une mélancolique inquiétude ceux qui
pensent que l'on ne se prépare à cette horrible chose, nécessaire parfois, qui s'appelle la guerre, que par cette sorte
de reploiement sur soi-même, de gravité et de pensée, que
les chevaliers autrefois avaient nommé la *veillée des armes*.
Mauvaise méthode, en effet, pour engendrer l'héroïsme, que
de faire appel à l'épilepsie.

Cependant M. Benedetti continuait, avec une maladroite
insistance, à demander, à exiger des *garanties* du roi de
Prusse. Il se fit annoncer au roi, tandis que celui-ci était à
table, après l'avoir abordé pendant qu'il prenait le frais sur
la promenade. C'était s'exposer à trouver porte close. Le
roi fit répondre par un officier de service qu'il recevrait volontiers M. Benedetti, lui faisant personnellement visite,
mais non M. Benedetti venant lui parler d'affaires au nom
du souverain des Tuileries. M. Benedetti envoyait alors, en
se retirant, cette dépêche à son ministre :

« Le roi a reçu la réponse du prince de Hohenzollern ;
elle est du prince Antoine, et elle annonce à Sa Majesté
que le prince Léopold, son fils, s'est désisté de sa candidature à la couronne d'Espagne. Le roi m'autorise à faire
savoir au gouvernement de l'empereur qu'il approuvait cette
résolution.

« Le roi a chargé un de ses aides de camp de me faire
cette communication, et j'en reproduis exactement les
termes. Sa Majesté ne m'ayant rien fait annoncer au sujet
de l'assurance que nous réclamons pour l'avenir, je sollicite
une autre audience pour lui soumettre de nouveau et développer les observations que j'ai présentées ce matin.

« A la demande d'une nouvelle audience, le roi m'a fait
répondre qu'il ne saurait reprendre avec moi la discussion
relativement aux assurances qui devaient, à notre avis, nous
être données pour l'avenir. Sa Majesté m'a fait déclarer
qu'elle s'en référait à cet égard aux considérations qu'elle
m'avait exposées le matin, et dont je vous ai fait connaître
la substance dans mon dernier télégramme. »

M. Émile Ollivier devait apprendre au Corps législatif la
suite de l'incident :

« Je crois devoir, dit-il (séance du 15 juillet), vous transmettre la copie à peu près textuelle de la dépêche télégraphiée par M. le comte de Bismarck :

« Après que la renonciation du prince de Hohenzollern a

été communiquée officiellement au gouvernement français et au gouvernement espagnol, l'ambassadeur a demandé à Sa Majesté le roi, à Ems, de l'autoriser à télégraphier à Paris que Sa Majesté s'engageait à refuser à tout jamais son consentement, si le prince de Hohenzollern revenait sur cette détermination. Sa Majesté a refusé de recevoir de nouveau l'ambassadeur, et lui a fait dire par un aide de camp qu'elle n'avait pas de communication ultérieure à lui faire. (Mouvement.)

« Cette nouvelle du refus de recevoir notre ambassadeur n'a pas été dite à l'oreille des ministres; on l'a répandue dans l'Allemagne entière, les journaux officieux l'ont reproduite dans des suppléments, et, dans certains endroits, ces journaux ont été affichés sur les murs. Les ministres prussiens l'ont annoncée partout à leurs confrères : c'est le bruit de l'Europe. En même temps, le baron de Werther recevait un congé. Dans la nuit du 13 au 14, les mesures militaires commençaient en Prusse. »

Ce dernier renseignement n'est pas tout à fait exact.

La Prusse s'attendait si peu à l'insistance que mettait le gouvernement français à faire de cet incident un cas de guerre, qu'elle se considérait comme surprise par la France, exactement comme elle avait elle-même surpris l'Autriche en 1866. M. le colonel Stoffel, notre attaché militaire à Berlin, télégraphiait en effet à Paris que les Berlinois s'attendaient à voir « une armée française toute prête à franchir le Rhin. » M. de Bismarck, M. de Moltke étaient stupéfaits, perdaient un peu de leur sang-froid. « Le trouble règne dans les esprits, » écrivait M. Stoffel. Mais M. Ollivier ne disait pas vrai en affirmant que, dans la nuit du 13 au 14 juillet, les mesures militaires commençaient en Prusse. L'ordre de mobilisation n'arrivait que le 15 au matin; il s'étendait en revanche à toute l'Allemagne, et, vu l'urgence, la durée de la période de mobilisation était, pour chaque corps d'armée, à onze jours, le 15 juillet compris.

« Après vingt jours, comptés à partir du 15 juillet, ajoutait M. Stoffel (dépêche du 16), la Prusse aura, sur différents points de nos frontières, plusieurs armées de 100 à 120,000 hommes. »

Cependant la guerre n'était pas officiellement déclarée. Elle le fut le 15 juillet, au Sénat, par M. de Gramont; au Corps législatif, par M. Ollivier. Journée douloureuse, à jamais funeste, où M. Émile Ollivier, de sa voix gasconnante et de son geste devenu frénétique, nerveux, osa déclarer à la face du monde qu'il entrait *d'un cœur léger* dans les voies de la guerre. Du moins M. de Gramont, pâle, correct et froid, dressant sa haute taille, laissant tomber ses paroles avec une lenteur calculée, garda-t-il dans cette circonstance quelque chose d'une dignité théâtrale et composée. Mais M. Ollivier, fiévreux comme un mauvais joueur qui risque la partie suprême, parla au nom de la patrie livrée à son caprice inhabile, comme il eût plaidé un méchant procès. Pauvre France donnée en pâture à cet avocat sans idées, gonflé de vanité et de l'ignorance des vraies nécessités du présent !

Cette partie de la séance du vendredi 15 juillet mérite au surplus d'être conservée :

« M. ÉMILE OLLIVIER. De ce jour commence pour les ministres, mes collègues, et pour moi, une grande responsabilité ! (Oui ! à gauche.) Nous l'acceptons le cœur léger... (Vives protestations à gauche.)

M. BAUDIN. Dites attristé !

M. ESQUIROS. Vous avez le cœur léger, et le sang va couler !

M. OLLIVIER. Oui, d'un cœur léger, et n'équivoquez pas sur cette parole, et ne croyez pas que je veuille dire avec joie ; je vous ai dit moi-même mon chagrin d'être condamné à la guerre. Je veux dire d'un cœur que le remords n'alourdit pas, d'un cœur confiant, parce que la guerre que nous faisons, nous la subissons...

M. EM. ARAGO. Vous la faites ! »

Cette journée du 15 juillet mériterait de nous arrêter longtemps encore, mais nous avons déjà donné assez de développements aux origines de la guerre pour bien montrer de quelle façon elle fut déclarée et comment, sur quels prétextes l'empire jeta la France dans ce redoutable conflit. Au Sénat, M. Rouher avait ajouté quelques mots à la déclaration de M. de Gramont, et il en avait appelé à l'épée de la France. Les sénateurs aussitôt d'applaudir frénétiquement, sans se douter qu'ils applaudissaient leur propre chute et que le glas de la dynastie venait de sonner. Au Corps législatif, un homme dont on ne saurait partager toutes les idées, mais à qui nul ne contestera le patriotisme absolu, M. Thiers, qui n'ignorait ni la force de l'Allemagne ni le

dépourvu de la France, essayait vainement d'arrêter la
majorité poussée vers la guerre par le ministère. « Je
considère cette guerre, disait-il, comme une imprudence.
Le moment est mal choisi. » Et il demandait ce que tout
homme de sens devait réclamer à cette heure : la communication des dépêches qui prouvaient l'insulte faite à notre
ambassadeur. « Je suis certain, ajoutait-il, en s'adressant
à cette assemblée sourde, aveugle, ignorante et grisée, à
ces hommes qui, eux aussi, d'un cœur léger, jouaient le
sort de la France sur le coup de dé d'une victoire, *je suis
certain que vous regretterez votre précipitation.* »

Et la majorité :

— Allons donc! Allons donc!

Et M. de Piré, avec violence :

— Vous êtes la trompette antipatriotique du désastre!
Allez à Coblentz!

— Gardez vos leçons, ajoutait M. Jérôme David ; nous les
récusons!

Ainsi, tous ces serviteurs trop zélés de l'empire, tous
poussaient irrésistiblement à la guerre. Ils avaient peur que
les voix de la gauche ne fussent entendues, et ils les étouffaient. Ils redoutaient la parole aiguisée et compétente de
M. Thiers et ils la couvraient de leurs clameurs.

Tout devait apparaître d'ailleurs sous de victorieuses
couleurs, lorsque M. le maréchal Lebœuf, ministre de la
guerre, vint prendre la parole. Comment ne point compter
sur des succès, avec un homme qui parlait d'un ton aussi
ferme et avec une telle assurance? Il était prêt, on n'avait
qu'à marcher. L'entrée à Berlin semblait n'être plus qu'une
question d'étapes. Le succès oratoire du maréchal fut grand.
C'était, hélas! le seul qu'il dût remporter en cette sombre
campagne.

Dans la même séance, M. Buffet, revenant sur les objections de M. Thiers, demandait la communication de la
dépêche qui notifiait aux cours étrangères le refus du roi de
Prusse de recevoir notre ambassadeur.

La proposition de M. Buffet était repoussée par 164 voix
contre 83, sur 247 votants. Le Corps législatif tenait à s'engager le plus aveuglément du monde dans la plus terrible
guerre qu'eût encore supportée la France.

La séance était reprise, le soir, à huit heures et demie.

M. de Talhouët avait été nommé rapporteur des quatre projets de lois d'urgence.

Son rapport contient la déclaration suivante :

« M. le ministre de la guerre nous a justifié, en peu de mots, l'urgence des crédits demandés, et *ses explications catégoriques, en même temps qu'elles nous conduisaient à l'approbation des projets de lois, nous montraient qu'inspirées par une sage prévoyance*, les deux administrations de la guerre et de la marine se trouvaient en état de faire face, avec une promptitude remarquable, aux nécessités de la situation. (Applaudissements.)

« Votre commission a aussi entendu M. le garde des sceaux et M. le ministre des affaires étrangères. Des pièces diplomatiques nous ont été communiquées, et, sur ces textes, des explications très complètes et très nettes nous ont été fournies.

« Nous savions répondre au vœu de la Chambre en nous enquérant avec soin de tous les incidents diplomatiques ; nous avons la satisfaction de vous dire, Messieurs, que le gouvernement, dès le début de l'incident et depuis la première phase des négociations jusqu'à la dernière, a poursuivi loyalement le même but. » (Nouveaux applaudissements.)

Enfin, pour consommer l'événement, la loi accordant au ministère de la guerre un crédit de 50 millions était adoptée par 246 voix contre 10.

Cette fois, le danger était grand, et, chose navrante, la France ne s'en doutait point. Elle refusait de voir, de juger, d'entendre. L'empire savait bien ce qu'il faisait en parlant de la prétendue injure faite à l'honneur national d'un peuple si prompt à s'exalter et à bondir sous l'injure réelle ou imaginaire. Il avait déchaîné tous les instincts endormis, la fièvre belliqueuse, toujours prête à faire bouillir le sang du Français, l'ignorant dédain de l'étranger et — disons-nous nos vérités en face, — l'infatuation de soi-même, défaut tout français, et pernicieux défaut. « Le Rhin, il nous faut le Rhin ! » s'écriait-on. Et Karl Vogt pouvait assez finement remarquer que bien peu de gens en France, parmi ceux qui le réclamaient, savent exactement où il coule, où est sa source et où son embouchure. Mais tout était fini : l'appel aux armes était jeté. L'empire mettait en liberté *la Marseillaise*, demandant à la Répub'ique ses hymnes pour conquérir des lauriers à César.

A l'issue de la séance de jour du 15 juillet, on annonçait déjà que les troupes avaient reçu leur biscuit, les cartouchières et les effets de campagne. On répétait que, depuis *deux jours*, l'artillerie de la garde s'exerçait au maniement des mitrailleuses. Les officiers de la garde mobile recevaient leur ordre de départ. Le maréchal Lebœuf couchait au château de Saint-Cloud. On se répétait que l'activité la plus grande régnait dans les ports. Nul ne doutait que la France ne fût préparée à ce terrible duel. « Les soldats d'Iéna, disait *le Constitutionnel*, les soldats d'Iéna sont prêts. »

Napoléon avait compté que l'Allemagne se diviserait au moment de la déclaration de guerre faite par la France. Il espérait rompre le faisceau et avoir ainsi raison de la Prusse. C'était toujours le même aveuglement, la même illusion fatale. La France devait payer cher tout cela. Dès le 13, *la Correspondance provinciale* avait déclaré pourtant que 'Allemagne était prête à tout, et l'Empire français ne pouvait l'ignorer. Dès le 13, Bade et la Bavière avaient déjà répondu à la circulaire fédérale d'une façon qui satisfaisait M. de Bismarck. La Saxe hésitait, le Wurtemberg cherchait des détours, mais l'hésitation ne devait pas être de longue durée devant la menace française, devant « l'ennemi héréditaire » — l'*erbfeind* — pour parler comme eux.

« — Dès que j'aurai réuni tous les Allemands sous un seul gouvernement, avait dit M. de Bismarck après 1866, nous cimenterons à jamais leur union dans la lutte contre la France. »

L'Allemagne tout entière devait, en effet, marcher contre nous, et M. de Bismarck nous aliénait en outre complètement les sympathies de l'Europe en faisant publier dans *le Times* un projet de traité présenté par M. Benedetti à la signature du roi de Prusse, et où il était simplement question d'annexer la Belgique à la France. Les ministres français poussèrent les hauts cris, nièrent l'existence de ce traité. A quoi M. de Bismarck répondit que l'autographe même de M. Benedetti était visible, avenue des Tilleuls, à Berlin. L'Angleterre, la Belgique et la Suisse ressentirent vivement l'insulte de cette politique de la force que l'empire menait sournoisement.

La France était donc engagée dans cette guerre, non seulement sans alliance, mais, grâce à la politique de l'em-

M. LE DUC DE GRAMONT

pire, sans qu'elle pût même compter sur la sympathie des
nations. Elle attaquait et sur un mauvais prétexte.

Après les orateurs et les diplomates, la poudre — comme
disent les Arabes — allait parler.

CHAPITRE VII

État des esprits au moment de la déclaration de guerre. — L'Internationale et les ouvriers allemands. — Départ de Napoléon.
— Désordre dans l'administration militaire. — La France
grisée. — Affaire de Sarrebrück. — Combat de Wissembourg.
— Bataille de Frœschwiller (Reischoffen). — Bataille de Forbach. — Le soir du 6 août 1870.

La déclaration de guerre faite à la Prusse, l'agression
maladroite du gouvernement impérial, la politique immorale
du ministère français n'avaient point, il faut le reconnaître
à l'honneur des rares bons esprits qui gardèrent leur sang-
froid, passé sans qu'il s'élevât des protestations pour ainsi
dire du fond de la conscience humaine. Quelque funeste
action qu'ait eue l'empire sur la dignité et l'honnêteté, il
restait cependant encore des individualités fermes qui ne
consentaient pas volontiers à suivre les Bonaparte dans
leur suprême aventure, et qui protestaient au nom de la
France. De ce nombre fut un écrivain d'un style remarquable qui, non sans témérité, s'éleva contre cette guerre
rapide dans un écrit digne d'être lu par tous. C'était
M. Agénor de Gasparin, mort au lendemain du traité de
paix qu'il avait essayé d'éviter par deux fois à son pays:
avant la guerre et pendant la guerre.

D'autres, d'éminents penseurs, se réunissaient à Bâle pour
opposer à cette déclaration de guerre le double cri de la
paix et de l'humanité écrasée. C'étaient les membres de la
Ligue internationale de la paix et de la liberté, et parmi eux
la France comptait M. Edgard Quinet, M. Jules Barni,
d'autres de ses plus patriotes enfants. On répondit en
France aux gémissements alors impuissants de ces philo-

sophes pacifiques, en les appelant *Prussiens*. C'était alors, pour une certaine presse, l'injure à la mode, et il fallait bien peu de chose, — rester fidèle à son idéal de fraternité, de travail et de paix, — pour le mériter.

La France, et Paris en particulier, étaient pris d'une fièvre spéciale, et les mots mêmes changeaient de sens. Des ouvriers furent maltraités, sur le boulevard des Italiens, pour y avoir passé en criant : *Vive la paix! Vive le travail!* Les tribunaux mêmes s'en mêlèrent, et des citoyens furent condamnés à de la prison pour avoir proféré publiquement ce cri *séditieux : Vive la paix!* Au milieu du belliqueux concert des bonapartistes, qui réclamaient, par la plume de M. de Cassagnac, la guerre dans l'*intérêt de la dynastie*, au milieu du troupeau des gens toujours prêts à se laisser exalter par la fumée de la gloire, cette société dont nous aurons tant de fois l'occasion de parler, l'*Internationale*, adressa aux « travailleurs d'Allemagne » un manifeste, un appel, une protestation à laquelle les ouvriers allemands répondirent par une déclaration d'un ton vibrant qui ne répondait pas à la vieille haine conçue contre nous par la Prusse féodale :

« Travailleurs de France.

« Nous aussi nous voulons la paix, le travail et la liberté ! C'est pourquoi nous nous associons de tout notre cœur à votre protestation, inspirée d'un ardent enthousiasme contre tous les obstacles mis à notre développement pacifique et principalement par la guerre sauvage. Animés de sentiments fraternels, nous unissons nos mains aux vôtres, et nous vous affirmons, comme des hommes d'honneur qui ne savent pas mentir, qu'il ne se trouve pas dans nos cœurs la moindre haine nationale, que nous subissons la force et n'entrons que contraints et forcés dans les bandes guerrières qui vont répandre la misère et la ruine dans les champs paisibles de nos pays. »

L'empire avait cependant tout fait pour galvaniser le sentiment belliqueux dans les esprits les plus rebelles à l'idée de guerre. Après avoir, durant tant d'années, emprisonné, en quelque sorte, la *Marseillaise* comme factieuse, il faisait tomber subitement les barreaux et laissait l'air libre à ces chants des batailles républicaines. *Vous pouvez autoriser la chanson,* télégraphiait de Saint-Cloud, le 15 juillet.

le secrétaire particulier de l'empereur au ministre des beaux-arts, à Paris. *L'empereur me charge de vous le dire. Il sera sans doute bon que vous préveniez avant le préfet de police.* — Deux jours après, télégramme du ministre de l'intérieur aux préfets : *Vous pouvez laisser chanter la Marseillaise dans les cafés-concerts.* — Ainsi, l'empire entendait bénéficier de la fièvre de Rouget de l'Isle et osait prendre la succession des volontaires d'autrefois.

Napoléon était parti pour l'Italie accompagné de l'acclamation populaire qui oubliait, ce jour-là, l'homme de Décembre, pour ne voir que l'homme qui venait de déclarer — promesse à laquelle il manqua bientôt — que l'Italie serait libre des Alpes à l'Adriatique. Le jour où il était parti, jetant cette parole de liberté, n'avait guère ressemblé à son retour, au lendemain de Villafranca. La foule avait été beaucoup moins communicative en août qu'en mai 1859. Cette fois, en 1870, Napoléon n'osa même point partir avec solennité. Il semblait que l'empereur eût comme le pressentiment de l'avenir et la perception de l'épouvantable responsabilité qu'il avait prise.

On conte qu'au moment de se séparer de son fils, l'impératrice le mena aux Invalides et le fit s'agenouiller devant le tombeau du vainqueur d'Iéna. Si les morts entendaient, la poussière de Napoléon Ier eût tressailli, car jamais guerre ne fut plus follement engagée, et la souveraine qui priait l'avait plus que personne voulue, cherchée et réclamée. Le lendemain, Napoléon partait, accompagné de son fils. Il partait, comme à la dérobée, gagnant le chemin de fer de Strasbourg par le chemin de ceinture, et, encore une fois, comme s'il eût craint de se trouver face à face avec ce peuple français qu'il avait, durant dix-huit ans, osé appeler *son peuple.* Qui dira les pensées de ce rêveur, de ce chimérique et éternel songeur, au moment où il monta dans ce wagon qui l'emportait vers les sanglantes aventures? Lorsque la vapeur déchira l'air et que le train s'ébranla soudain sur la voie de fer, se dit-il qu'il s'acheminait une nouvelle fois vers l'exil, et qu'il y entraînait cet enfant pâle, assis à ses côtés?

Le train partit. L'empereur jeta un dernier coup d'œil à l'horizon, où était couché Paris, ce géant qu'il avait dompté, qu'il avait livré aux Corses, qu'il allait livrer aux Prussiens et qu'il ne devait plus revoir.

Avant de s'éloigner, après avoir reçu les vœux du Sénat et du Corps législatif, il avait adressé cette proclamation au peuple français :

« Français,

« Il y a dans la vie des peuples des moments solennels où l'honneur national, violemment excité, s'impose comme une force irrésistible, domine tous les intérêts et prend seul en main la direction des destinées de la patrie. Une de ces heures décisives vient de sonner pour la France.

« La Prusse, à qui nous avons témoigné pendant et depuis la guerre de 1866 les dispositions les plus conciliantes, n'a tenu aucun compte de notre bon vouloir et de notre longanimité. Lancée dans une voie d'envahissement, elle a éveillé toutes les défiances, nécessité partout des armements exagérés, et fait de l'Europe un camp où règnent l'incertitude et la crainte du lendemain.

« Un dernier incident est venu révéler l'instabilité des rapports internationaux et montrer toute la gravité de la situation. En présence des nouvelles prétentions de la Prusse, nos réclamations se sont fait entendre. Elles ont été éludées et suivies de procédés dédaigneux. Notre pays en a ressenti une profonde irritation, et aussitôt un cri de guerre a retenti d'un bout de la France à l'autre. Il ne nous reste plus qu'à confier nos destinées au sort des armes.

« Nous ne faisons pas la guerre à l'Allemagne, dont nous respectons l'indépendance. Nous faisons des vœux pour que les peuples qui composent la grande nationalité germanique disposent librement de leurs destinées.

« Quant à nous, nous réclamons l'établissement d'un état de choses qui garantisse notre sécurité et assure l'avenir. Nous voulons conquérir une paix durable, basée sur les vrais intérêts des peuples, et faire cesser cet état précaire où toutes les nations emploient leurs ressources à s'armer les unes contre les autres.

« Le glorieux drapeau que nous déployons encore une fois devant ceux qui nous provoquent est le même qui porta à travers l'Europe les idées civilisatrices de notre grande Révolution. Il représente les mêmes principes ; il inspirera les mêmes dévoûments...

« Dieu bénisse nos efforts. Un grand peuple qui défend une cause juste est invincible!   « NAPOLÉON. »

Enfin, en arrivant à Metz, devenu le quartier général impérial, il faisait afficher à ses soldats une proclamation où l'ironique destin souligne aujourd'hui cette phrase fatidique : *la guerre sera longue et pénible, hérissée d'obstacles et de forteresses.*

La population de Metz fit à Napoléon un accueil sans chaleur. Déjà, par un sentiment de patriotisme profond, qui n'était pas sans crainte, la foule, et l'armée avec elle, ne criaient plus *Vive l'Empereur!* mais : *Vive la France!* Un instinct secret, un filial serrement de cœur avertissaient tous les êtres que cette guerre dynastique allait devenir une guerre nationale, et que la destinée de la patrie appartenait au sort d'une journée de bataille. « Oui, avait dit cet écrivain qui se suicidait à New-York, en apprenant la déclaration de guerre, oui, avait dit Prévost-Paradol, la France payera de toute manière, du sang de ses enfants, si elle réussit, de sa grandeur et peut-être de son existence même si elle échoue, la série de fautes commises depuis le jour où le démembrement du Danemark a commencé sous nos yeux, depuis le jour où nous avons favorisé ce grand désordre avec la vaine espérance d'en tirer profit. » Et l'heure du payement venait de sonner. Autant qu'en 1793, il s'agissait de mourir ou de vaincre, et, en présence de ce dilemme terrible, l'empereur, effaré devant l'avenir, accablé sous la tâche entreprise, enfermé dans sa chambre à Metz, seul ou interrogeant ses généraux profondément inquiets ou sottement rassurés, passait ses journées à redouter le lendemain et, comme un homme dont la raison eût tout à coup baissé, à pleurer (on le vit pleurer) sur la redoutable aventure dans laquelle il venait d'entrer.

C'est que, dès les premiers jours de la déclaration de guerre, dès les premiers pas et les premières heures, la triste, la terrible, l'effrayante vérité apparut.

Nos forces étaient trop peu considérables pour lutter contre les armées alliées de l'Allemagne, car, au premier vent de guerre, à la première menace d'invasion française, les diverses nations germaniques n'avaient plus fait qu'un seul peuple, une seule armée.

Nous nous trouvions au début de la guerre avec 250,000 soldats tout au plus en face d'un million d'hommes, dont 600,000 au moins pouvaient sur-le-champ entrer en campagne et marchaient précédés et flanqués d'une artillerie de 1,500 canons. Pour leur tenir tête, pour faire

nombre, notre armée développait bien ses lignes le long de
la frontière, mais ce n'était là, pour ainsi dire, qu'un cordon
humain, sans profondeur et sans force, que la première
attaque sérieuse de l'ennemi devait fatalement briser. La
logique voulait qu'on massât, qu'on groupât en un ou deux
faisceaux notre armée et qu'on entrât en Allemagne avec
ce coin solide, ou qu'on maintînt cette armée sur la frontière
comme une phalange défensive ; mais il fallait bien avoir
l'air de couvrir toute notre ligne de l'est, il fallait faire mine
de pénétrer en Allemagne, comme on nous le promettait,
sur une étendue de plusieurs lieues. « Si les Français ne
sont pas devant Mayence avant le 25 août, avait dit M. de
Moltke, ils n'y seront jamais. » Sa prédiction ou plutôt sa
perception nette des choses se réalisait, et Bonaparte, qui
sentait bien la vérité d'une telle parole, se désolait à Metz,
tandis que l'opinion parisienne, fébrile, nerveuse, impatiente, répétait, comme le disait un des journaux qui la flat-
taient le plus : « Qu'attend-on ? Que fait-on ? Nous ne serons
jamais à Berlin pour le 15 août ! »

L'histoire, lorsqu'elle veut être juste, c'est-à-dire demeurer
l'histoire et non devenir le pamphlet, doit, en recherchant
les causes des événements humains, faire la part de chacun
des acteurs du drame. Or, il faut le dire, en juillet 1870, la
France même était atteinte de folie. Certes l'empire est impardonnable, criminel. Il a fait cette guerre par intérêt, et,
après l'avoir déclarée sottement, il l'a stupidement conduite.
Il n'était point préparé. Le budget de la guerre avait passé
en fumée. L'empire, en 1870 comme en 1814 et 1815, a
perdu la France. Deux empires, trois invasions ! C'est un
peu trop.

Mais la France aussi fut coupable. Non seulement elle
venait de donner près de huit millions de voix à l'empire,
et, par cet imposant suffrage, d'amnistier solennellement le
passé en engageant l'avenir, mais encore elle se laissait
entraîner par l'odeur de la poudre et ne conservait pas assez
de sens pour s'opposer aux belliqueuses entreprises de
l'empereur et de ses ministres. Rendons à chacun sa part
de responsabilité. Bonaparte a la sienne, et certes la plus
forte et la plus écrasante ; mais dans toute faute et dans
tout crime nés du despotisme, il y a deux coupables : le
despote qui en est l'instigateur ; la nation qui en est la complice. L'auteur de la *Servitude volontaire* l'a dit il y a trois

siècles : « Le tyran ne dure que parce que le peuple lui fait
un piédestal. » Ainsi ses entreprises ne sont possibles
qu'avec la complicité de ceux qu'il gouverne. Et certes, je le
répète, la France se laissa emporter par une fièvre belliqueuse, aveugle, déplorable, qui ressemblait fort à de la
complicité. Les cartons des Tuileries étaient pleins des délibérations des conseils municipaux de province, interrompant les affaires les plus urgentes de la commune pour
faire acte politique et adresser leurs félicitations, leurs acclamations à l'auteur de cette guerre. Coupable enivrement
que la nation a payé cher ! Parmi les adresses reçues, une
des premières (ô destinée !) fut l'adresse du conseil municipal de Wissembourg.

Wissembourg, le premier nom fatal de cette terrible
guerre !

Et, pendant ce temps, dans les campagnes, la fureur
bonapartiste s'alliait à je ne sais quels fauves instincts. La
brute s'éveillait dans l'homme, car, comme dit Channing,
le mal principal de la guerre, ce n'est pas la mort sous les
formes les plus affreuses, ce n'est pas le renversement des
cités, l'appauvrissement des nations, la famine, la peste :
c'est le mal moral, et la guerre est la concentration de tous
les crimes humains. Elle fait de l'homme une bête de proie.
N'allait-on pas voir, en effet, la terreur dans les esprits engendrer bientôt la barbarie dans les actes ? Ne vit-on pas
un député du centre gauche menacé de mort dans sa province, parce qu'il avait discuté, bien modérément cependant, les dernières actions de l'empire ? Ne vit-on pas,
hélas ! pis et plus horrible que cela : à Hautefaye, dans la
Dordogne, un malheureux jeune homme, M. de Moneys,
brûlé vif, parce que des paysans, foule hideuse, l'accusaient
d'avoir crié : *A bas l'empereur !*

Nos troupes avaient été divisées en huit corps d'armée :

1er corps : maréchal Mac-Mahon ;
2e   —   général Frossard ;
3e   —   maréchal Bazaine ;
4e   —   général de Ladmirault (à Thionville) ;
5e   —   général de Failly (à Bitche) ;
6e   —   maréchal Canrobert (à Châlons) ;
7e   —   général Félix Douay (à Belfort) ;
8e   —   (garde impériale) général Bourbaki.

Le maréchal Mac-Mahon était à Strasbourg avec l'armée d'Afrique; Frossard à Saint-Avold avec l'armée venant du camp de Châlons; Bazaine à Metz avec l'armée de Lyon; de Failly à Bitche; et Canrobert à Châlons formait le 6e corps, tandis que Félix Douay organisait le 7e à Belfort. La garde impériale (8e corps) était tantôt à Metz, tantôt à Boulay.

Encore une fois, le total de ces huit corps d'armée, fort incomplets, n'était pas comparable au chiffre redoutable de l'armée allemande.

La confédération du Nord seule mettait sur pied 389 bataillons d'infanterie, 300 escadrons de cavalerie, 200 batteries d'artillerie (1,200 pièces), 13 bataillons du génie, 13 bataillons du train, en tout 550,000 hommes, plus la réserve (180,000) hommes à peu près, sans compter les 200,000 hommes de la landwehr.

L'armée bavaroise fournissait 110,000 soldats, l'armée wurtembergeoise 36,700, l'armée badoise 26,600. Ces forces considérables furent tout d'abord groupées en trois armées: la première, sous le commandement du vieux général Steinmetz; la seconde, sous le commandement du prince Frédéric-Charles; la troisième avait pour chef le prince royal de Prusse.

Une autre armée, destinée à protéger les côtes (car notre flotte s'armait à Cherbourg pour opérer, disait-on, dans la Baltique), et commandée par le duc de Mecklembourg-Schwerin, comprenait les corps de Falkenstein, Lowenfeld, Bonin et Herwarth de Bittenfeld. Elle devait bientôt, comme les autres, entrer en France.

Tout d'abord, la fortune semble nous sourire.

Le 26 juillet, la campagne s'ouvrit par l'escarmouche de Niederbronn. Un officier d'état-major wurtembergeois, le comte von Zeppelin, suivi de trois officiers de dragons badois et de quelques cavaliers, s'étant avancés jusqu'au delà de Soultz, par Lauterbourg, furent surpris par un gros de chasseurs français et tués ou faits prisonniers, à l'exception de M. de Zeppelin qui nous échappait, emportant des renseignements sur les positions de nos troupes. Quelques jours après, les avant-postes français établis entre Forbach et Sarrebrück se rapprochaient de cette dernière ville, et le 2 au matin, après un mouvement de concentration commencé la veille, la frontière allemande était franchie, et nos

soldats renversaient le poteau rayé noir et blanc qu'ils rencontraient devant le bâtiment de la douane.

Sarrebrück était alors occupé par un bataillon du 40ᵉ régiment d'infanterie prussienne et trois escadrons de cavalerie,
avec quelques pièces d'artillerie. Un écrivain belge, dans un
livre rédigé au point de vue purement prussien, M. Lecomte,
nous apprend que, lorsque les avant-postes se rapprochèrent,
les Allemands « envoyèrent deux bataillons pour renforcer
celui qui se trouvait à Sarrebrück et, deux heues en arrière,
d'autres troupes furent rassemblées pour protéger la retraite
du petit corps. » Les Prussiens, certains d'être attaqués,
s'étaient rangés en bataille, sur la rive droite de la Sarre,
pendant que nous prenions position sur les hauteurs de la
rive gauche qui dominent la ville et la rivière. Nos batteries
balayèrent le vallon et, pour la première fois, les mitrailleuses, sur lesquelles Napoléon fondait toutes les espérances
de la campagne, firent entendre leur terrible craquement.
A onze heures, les bataillons français descendaient des hauteurs et ouvraient sur la ville un feu violent auquel répondaient les Prussiens, embusqués dans les maisons et la gare
Saint-Jean, et invisibles derrière leurs abris de pierres.
Pendant ce temps, un bataillon du 40ᵉ s'établissait au village
d'Arneval qu'il enlevait, et le 66ᵉ couronnait les hauteurs et
s'emparait du champ de manœuvres. Les Prussiens, débordés par le nombre, battaient en retraite sous le feu de notre
artillerie, et nous envoyaient une dernière décharge de fusées
percutantes. Ils avaient fait bonne contenance, et nos officiers louaient leur solidité et parlaient avec une certaine
admiration d'un colonel prussien qui, monté sur un cheval
blanc, avait, chassé par nos mitrailleuses, battu en retraite
au petit pas. Ce petit combat n'avait d'ailleurs d'autre importance que de redonner, comme on dit, du cœur au soldat,
qui s'ennuyait, inactif, dans les camps de la frontière, et de
faire prendre haleine à l'opinion impatiente.

Il avait, en outre, un véritable avantage stratégique; il
nous livrait des hauteurs qui pouvaient former, dans le
cas d'un prochain combat, des positions superbes et entre
autres ce champ de manœuvres qui dominait — et d'où
l'artillerie pouvait commander — la ville et l'horizon boisé
de Sarrebrück.

Le général Bataille s'était distingué dans cet engagement,
et nous n'avions eu que peu de pertes : 67 blessés et 6 tués

dont un officier, tout jeune, un sous-lieutenant, mort à son premier combat, tenant encore son épée de sa main qu'il avait gantée de blanc, comme pour un bal.

L'affaire de Sarrebrück était un petit avantage; l'empereur, qui désirait jeter rapidement à l'anxiété publique la nouvelle d'une victoire, grossit l'effet de celle-ci jusqu'à ridiculiser notre brave armée, habituée qu'elle était de vaincre en de vrais combats.

« Metz, 2 août, 4 h. 30 du soir.

« Aujourd'hui, 2 août, à onze heures du matin, les troupes françaises ont eu un sérieux engagement avec les troupes prussiennes.

« Notre armée a pris l'offensive, franchi la frontière et envahi le territoire de la Prusse.

« Malgré la force de la position ennemie, quelques-uns de nos bataillons ont suffi pour enlever les hauteurs qui dominent Sarrebrück, et notre artillerie n'a pas tardé à chasser l'ennemi de la ville.

« L'élan de nos troupes a été si grand que nos pertes ont été légères.

« L'engagement, commencé à onze heures, était terminé à une heure.

« L'empereur assistait aux opérations, et le prince impérial, qui l'accompagnait partout, a reçu, sur le premier champ de bataille de la campagne, le baptême du feu.

« Sa présence d'esprit, son sang-froid dans le danger ont été dignes du nom qu'il porte. L'empereur est rentré à Metz à quatre heures. »

Cela est triste, cela est navrant à dire, mais la dépêche prussienne était la seule vraie, et ramenait à sa réalité le rapport du général Frossard et le dithyrambe de l'empereur.

« Berlin, 3 août.

« *Nouvelles officielles.* — Hier, à dix heures du matin, le petit détachement qui se trouvait à Sarrebrück a été attaqué par trois divisions ennemies. La ville et la place ont été bombardées à midi par 23 pièces d'artillerie; à deux heures, la ville a été évacuée et le détachement s'est retiré. Nos pertes sont relativement peu considérables. Suivant le dire d'un prisonnier, l'empereur était arrivé devant Sarrebrück à onze heures. »

Les dépêches françaises n'étaient faites d'ailleurs que pour surexciter la fibre dynastique des Français. La présence du prince impérial à cet engagement était habilement exploitée et, dès le premier jour, le but césarien de la campagne se montre clairement. M. Meissonier était déjà arrivé à Metz pour peindre le tableau de ce premier combat. Il y a un mot, dans la langue du journalisme, pour exprimer le genre de commerce auquel se livraient l'empereur et les amis de l'empire, et ce mot est le mot *réclame*. Comment désigner autrement la publication de cette dépêche intime qui fut faite le lendemain par *le Gaulois?*

Dépêche particulière adressée à l'impératrice.

« Louis vient de recevoir le baptême du feu; il a été admirable de sang-froid, et n'a nullement été impressionné.

« Une division du général Frossard a pris les hauteurs qui dominent la rive gauche de Sarrebrück.

« Les Prussiens ont fait une courte résistance.

« Nous étions en première ligne, mais les balles et les boulets tombaient à nos pieds.

« Louis a conservé une balle qui est tombée tout auprès de lui.

« Il y a des soldats qui pleuraient en le voyant si calme.

« Nous n'avons eu qu'un officier tué et dix hommes blessés.

« NAPOLÉON. »

Mais, cette fois, les courtisans frappaient trop fort et, par conséquent, frappaient à faux. Cette mise en scène déplut. La France, malgré sa fièvre, sentait vaguement qu'il s'agissait, non de l'attitude de cet enfant devant les mitrailleuses, mais du sort même de la patrie. Ces soldats, pleurant d'émotion, choquèrent instinctivement comme une note criarde. On se dit que cet enfant était à plaindre, non à admirer, s'il gardait assez de sangfroid, à cet âge où la pitié et la faiblesse sont un charme et une vertu, pour voir couler le sang et mourir des hommes sans en être impressionné.

Paternelles exagérations auxquelles allait bientôt répondre le sort par l'écho du canon de Wissembourg et des fusillades de Forbach! Aujourd'hui, entre deux arbres, s'élève, sur le champ de manœuvres, une pierre placée là par

les Allemands, et où ils ont écrit : *Premier début de Lou-
lou*. C'est le nom ironique qu'ils donnent — assez lourdement, — à l'enfant qui ramassait les balles de Sarrebrück.

Deux jours après, la longue série des défaites commençait
par Wissembourg. La division Abel Douay, composée du
1er tirailleurs indigènes (turcos), du 74e de ligne, d'un bataillon du 50e et de deux régiments de chasseurs à cheval,
était arrivée, le 3 août, au soir, à Wissembourg, où elle
avait campé sur un terrain boueux, autour de grands feux.
Les soldats séchaient là leurs uniformes percés par la pluie.
Wissembourg, dont les fameuses *lignes* de fortifications rap-
pellent à la mémoire l'héroïsme de Hoche et des soldats de
la République, n'est point une ville forte, ou du moins ses
fortifications ne sont plus entretenues. Mac-Mahon n'avait
pas voulu commettre la faute d'envoyer de ce côté la division Abel Douay qui, seule, dans cette situation extrême,
placée en flèche, ne pouvait être secourue si elle était attaquée. On sait maintenant que cet échec terrible est dû à
l'insistance du général Ducrot, qui détacha en grand'garde
la division Abel Douay. Une sorte de fatalité devait s'attacher à ce nom de Douay. Dès le début de la guerre, le
bruit de la mort du général Félix Douay avait couru. Le
bruit mensonger ne devait être démenti bientôt que pour
donner place à cette nouvelle plus vraie, hélas ! de la mort
du frère, Abel Douay.

La division Abel Douay était partie le 2 de Haguenau.
Le 4 au matin, elle occupait le Geissberg, hauteur sud-
est de Wissembourg, et dominait la ville, en ayant devant
elle la Lauter, à gauche la route de Wissembourg à Landau
et les bois de Bergzabern, à droite le Bienwald, la forêt
profonde qui étend son ombre jusqu'au Rhin. Au point du
jour, le 4, ordre fut donné aux soldats de plier les tentes et
d'aller en reconnaissance au delà des lignes. L'artillerie était
en position, la cavalerie passa la Lauter et descendit le vallon.

On ne poussa pas très loin cette reconnaissance et, au
bout d'une heure, on rentra au camp. Sans nul doute, se
disait-on, l'ennemi n'attaquerait point ce jour-là. « Les uns,
raconte un témoin et un acteur de cette fatale journée,
M. Albert Duruy, soldat au 1er tirailleurs [1], commencèrent

---

1. Voyez ses *Souvenirs de campagne et de captivité* (*Revue des
Deux Mondes*, numéro du 1er juin 1871).

d'allumer du feu, les autres d'apprêter la soupe. Nous ne perdions pas de temps, car on nous avait prévenus que nous ne tarderions pas à nous mettre en route, et nous n'avions rien mangé depuis la veille à midi. Soudain un coup de canon retentit, puis deux, puis trois. Nous nous retournons : de ces mêmes hauteurs que nos régiments de chasseurs avaient négligé de reconnaître, une forte batterie de position tirait sur Wissembourg. Que faire ? Attendre les Prussiens ? Dans ce cas, Wissembourg était perdu. Les attaquer, c'est-à-dire abandonner nos positions, traverser la rivière et la vallée sous le feu de l'ennemi ? Nous étions bien peu nombreux pour tenter une pareille aventure. »

Nos forces s'élevaient en effet à 8,000 hommes d'infanterie et une brigade de cavalerie, soit 9,000 hommes. Nous avions devant nous l'armée du Prince royal tout entière. Cette armée, forte de 183,000 hommes, ne devait point être sans doute engagée dans sa totalité, mais la division Douay n'allait pas moins se battre *un contre huit* ou tout au moins *un contre cinq*.

Le 3 août, l'armée du Prince royal occupait les positions suivantes : le 5ᵉ corps (32,000 hommes) était à Billigheim; le 11ᵉ (32,000 hommes) à Rohrbach; le 1ᵉʳ corps bavarois (38,000 hommes) à Rulzheim; le 2ᵉ (32,000 hommes) à Bergzabern, et à Landau; les Bavarois et Wurtembergois, formant avant-garde de l'armée (42,000 hommes), étaient à Rheinzabern; les deux divisions de cavalerie (7,200 hommes) étaient à Mœrlheim. Dès l'aurore, le 4 août, ces troupes avaient commencé leur mouvement en avant; le 5ᵉ corps arrivait droit sur Wissembourg, comme pour attaquer de front le Geissberg, position formidable où nous étions établis; tandis que la division bavaroise de Von Bothmer, se divisant, devait, d'un côté, attaquer la ville, de l'autre tourner le Geissberg en se cachant dans les bois. A neuf heures du matin, le mouvement des Allemands était terminé, et leurs premiers coups de canon partaient des hauteurs de Schweigen.

Le général Douay, il faut lui rendre cette justice, improvisa, sous le feu de l'ennemi, un plan rapide de bataille. Il lança son artillerie sur la route de Wissembourg, et la mit en position sur l'autre rive de la Lauter, tandis qu'il disposait ses troupes en tirailleurs, sur un front de 2 kilomètres, de façon à ce que les projectiles de l'artillerie alle-

mande ne nous fissent essuyer que des pertes insensibles.
Nos soldats, les tirailleurs indigènes, s'étaient élancés au
pas de course sous les obus ennemis, et passant à Lauter,
sans brûler une cartouche, jusqu'au pied des hauteurs où se
tenaient tapis les Allemands. Dans leur élan irrésistible, les
turcos avaient même enlevé, à la baïonnette, une batterie à
l'ennemi; mais comment la conserver?

On nous arrête un instant pour reformer les lignes.
C'est comme un signal pour l'ennemi resté jusque-là invisible; une horrible fusillade éclate à la fois sur tout notre
front de bataille. Les vignes sont littéralement couvertes de
tirailleurs embusqués là depuis le matin, peut-être depuis
la veille. Ils tirent à genoux, cachés dans les feuilles, et, si je
ne me trompe, abrités derrière de petits monticules de
terre qu'ils ont eu le temps d'amasser.... Ils ont, par leur
position, un très grand avantage sur nous, qui restons sur
la route en plein découvert, sans rien pour nous défiler que
des arbres gros comme le bras et de rares tas de pierres[1]. »

Le combat continua cependant acharné, et cet ennemi
huit fois supérieur en nombre ne faisait point reculer cette
division qu'il labourait de ses obus, mais bientôt le général
Douay est tué, au moment où le 7ᵉ régiment des grenadiers
du roi de Prusse emporte le château de Schafenbourg;
Wissembourg, admirablement défendu par notre 74ᵉ de
ligne, est enlevé, les troupes du 11ᵉ corps prussien apparaissent déjà sur la droite : il faut battre en retraite. Le
général Pellé, qui commandait la brigade des turcos, prit
alors, Abel Douay étant mort, le commandement en chef.
Il fit mettre les drapeaux des régiments au centre de la
division décimée et, en bon ordre, ces braves, écrasés, mais
non vaincus, prirent sans déroute, prêts à combattre encore,
la route de Soultz, tandis que l'artillerie protégeait la retraite et ne laissait qu'un seul canon aux mains de l'ennemi.

Les Allemands, envoyant seulement quelques *schrapnells*
(obus à balles) à nos soldats, ne poursuivirent point le
général Pellé, qui, assombri, pâle et maigre, sur son cheval de bataille, se retirait avec ses braves. Mais les alliés
allemands passaient la Lauter et s'installaient à Wissembourg; c'en était fait! Sarrebrück avait son lendemain. La
Campagne du Rhin devenait brusquement la *Campagne de*

1 . *Souvenirs de campagne*, par A. Duruy.

France, et cette guerre de 1870 prenait soudain un nom
sinistre, terrible déjà, connu par tant de maux, déjà amené
par un Bonaparte : *l'invasion!*

Pour vaincre les 9,000 hommes de la division Abel
Douay, l'ennemi avait engagé, nous dit le rédacteur du
Spectateur militaire :

Le 5e corps.....	32,000 hommes.	
Le 2e corps.	32,000	—
La division bavaroise (Von Bothmer)....	16,000	—
En tout.....	80,000 hommes.	

En ne comptant que les troupes ayant absolument combattu, la division Douay lutta contre 40,000 hommes,
1 contre 5, nous le répétons. S'il est des défaites plus glo-
rieuses que des victoires, la bataille de Wissembourg, on
peut le dire, fut de celles-là! Le général Douay eut le tort,
sachant le nombre de l'ennemi, d'engager le combat! Dès
le 4, au matin, il pouvait se replier sur le gros corps d'armée. Mais, au moins, le général Douay sut-il mourir. Son
nom restera populaire. Au cimetière où il repose maintenant avec son jeune fils, et non loin de ses soldats, les habitants de Wissembourg portaient naguère, au jour anniversaire de la bataille, des monceaux de fleurs nouées de
rubans aux trois couleurs françaises.

Le combat victorieux de Wissembourg, que les dépêches
prussiennes appelaient elles-mêmes *un sanglant avantage*
(les pertes de l'ennemi, surtout en officiers, étaient graves),
ce combat livrait aux Allemands l'entrée de l'Alsace. Les
lignes étaient franchies. Pour se rendre à Strasbourg et à
Metz, nos ennemis avaient maintenant des routes tracées.
Deux jours après cette triste journée, Mac-Mahon essayait,
il est vrai, de leur disputer le passage; mais, cette fois
encore, nos troupes devaient succomber sous le nombre.

C'est à Woerth qu'eut lieu la rencontre nouvelle, et les
Français ont donné, sans raison, le nom de bataille de
Reischoffen à cette journée qui devrait s'appeler pour nous
Frœschwiller. C'est à Frœschwiller, en effet, que la résis-
tance de nos soldats fut le plus acharnée et le plus terrible.
Reischoffen ne marqua pour nous que la route de la
retraite.

Mac-Mahon s'était porté, le 4 août, à Haguenau. Napo-

LE MARECHAL LEBOEUF

léon venait de mettre à sa disposition le corps du général
de Failly (5ᵉ corps), et si M. de Failly eût fait diligence dans
la journée du 6 août, le maréchal eût peut-être pu arracher — ou tout au moins disputer — la victoire à l'ennemi.
Mac-Mahon voulait, le 7 août, se porter brusquement avec
le 5ᵉ corps, qui l'eût rallié, sur le flanc droit des Prussiens,
et il ne s'attendait pas à être attaqué le 6. Ce jour-là,
6 août, le général de Failly ne recevait, à Bitche, les ordres
du maréchal qu'à deux heures de l'après-midi. Mac-Mahon
disait dans sa lettre : « *En résumé, envoyez le plus tôt possible
une division à Philippsbourg, et tenez les autres prêtes à
marcher.* » Malheureusement, à l'heure où le général recevait cet ordre, l'action, engagée vers sept heures du matin,
était déjà compromise ; pis que cela, perdue.

Le maréchal avait pris position entre Langensulzbach
au nord, et Morsbronn au sud, dominant un terrain accidenté, raviné, boisé, coupé de houblonnières où il comptait
se défendre avec avantage. La 1ʳᵉ division (Ducrot) était à
Frœschwiller, la 3ᵉ (général Raoult) entre Frœschwiller
et Elsashausen, la 4ᵉ (Lartigue) en face le plateau de Gunstett, sa droite à Morsbronn. Une division du 7ᵉ corps, mis
comme le 5ᵉ à la disposition de Mac-Mahon, et qui était
arrivée dès le matin, fut placée en seconde ligne avec la
division Douay, devenue division Pellé, et qui avait combattu deux jours auparavant à Wissembourg. Que si le
maréchal Mac-Mahon avait eu les deux corps qu'on desti-
nait à renforcer le sien, ses forces se fussent élevées à
100,000 hommes et il eût pu combattre avec quelque proportion ; mais le 1ᵉʳ corps, diminué du 87ᵉ de ligne, laissé
à Haguenau, et des pertes subies le 4 août, ne s'élevait qu'à
37,500 hommes. Avec les 2,600 cavaliers de réserve et les
6,000 hommes de la 1ʳᵉ division du 7ᵉ corps, Mac-Mahon
pouvait opposer 46,000 hommes environ, et beaucoup
moins sans doute, aux 183,000 hommes du Prince royal,
dont 160,000 hommes étaient rendus sur le champ de bataille, soit un contre quatre à peu près. Mac-Mahon fut
brusquement attaqué, le matin, à sa gauche, par la division du 2ᵉ corps bavarois. Chose étrange, le grand état-
major prussien ne comptait pas, ce jour là, livrer bataille.
Il y eut du hasard jusqu'en cette victoire. Ce fut la division
Ducrot qui reçut le premier feu. Presque en même temps,
le 5ᵉ corps prussien attaquait la division Raoult, placée au

centre. Les Prussiens voulaient évidemment, tout en essayant d'enfoncer le centre, tourner notre gauche, et, dès
le début de l'action, leur attaque se dessina avec une
vigueur singulière. Le général Ducrot, par un brusque
changement de front, arrêta les mouvements de l'ennemi
et le repoussa même jusque vers Langensulzbach. Le combat commença admirablement bien pour nos armes, et le
corps bavarois du général Hartmann fut complètement
défait et rejeté jusqu'à Lembach. Par trois fois, du côté
de Wœrth, le 5e corps prussien, lancé à l'attaque, était repoussé par nos soldats. Quelle que fût la disproportion du
nombre, nous pouvions espérer que la journée serait à
nous. La relation officielle du grand état-major prussien
nous montre que, vers midi, le désarroi était si grand dans
l'armée allemande que le Prince royal donna l'ordre de
cesser le combat. L'obstination du général de Kirchbach
contraignit seule l'armée allemande à accourir tout entière. A quoi tient une bataille! Que si le général de Failly,
entendant le canon, eût envoyé du côté de Bitche à Wœrth
la division Guyot de Lespart qu'il détacha trop tard, Fræschwiller n'eût pas été une défaite. Mais il attendait des
ordres précis et, tandis qu'on écrasait le 1er corps, ses soldats demeuraient l'arme au pied. La division Lapasset,
partie trop tard, devait être arrêtée à Niederbronn et obli-
gée de combattre tout en battant en retraite.

Tandis que Mac-Mahon luttait sans renforts, les Prussiens, au contraire, en recevaient à tout moment. Tout à
coup, — il était une heure environ, les masses profondes
du IIe corps prussien apparaissent à notre droite, sur le
Gunstett; la division wurtembergeoise est avec lui, et ces
45,000 hommes attaquent d'une poussée formidable, notre
droite écrasée sous une pluie d'obus lancés avec une précision mathématique par une batterie de soixante canons.

Le maréchal Mac-Mahon sentit que la journée était perdue; et cependant, voulant résister jusqu'à la fin, espérant
aussi dans cette audace du Français, dans cette intrépidité
joyeuse des troupiers qui assurent parfois, au moment suprême, le sort de la bataille, il lança ses réserves en avant
et le combat redoubla d'acharnement et de fureur. Les
turcos, décimés à Wissembourg, s'élancèrent avec une âpre
envie de vengeance. « Nous partîmes en courant, dit le
témoin que j'ai déjà cité, et la baïonnette au canon. Les

tirailleurs (turcos) poussaient de grands cris et brandis-
saient leurs fusils au-dessus de leurs têtes. Nos officiers,
animés par cette course furibonde, mêlaient leurs voix à
cette clameur que le bruit du canon et le crépitement de
la fusillade dominaient à peine. C'était admirable de
fougue, d'élan désordonné; il y avait sur les visages de
ces hommes des éclairs de férocité, et, dans leurs yeux
démesurément ouverts, des rayonnements d'un jaune sombre qui les rendaient atrocement beaux. Les Prussiens,
surpris par l'impétuosité de notre attaque, demeuraient
hésitants malgré leur nombre. Vainement les officiers voulurent les pousser en avant; quand nous fûmes sur le point
de les atteindre, ils s'enfuirent pour éviter notre choc, et
ne s'arrêtèrent qu'après s'être mis à l'abri de leurs canons.
Nous les suivions de près; trois fois nous nous ruâmes
sur eux, trois fois nous fûmes ramenés en arrière par la
mitraille et contraints de nous replier en laissant 800 des
nôtres sur le carreau. »

Ce fut alors que, jugeant la bataille tout à fait perdue,
voyant sa droite débordée, et ce flot humain, ce flot noir
des Prussiens grossissant toujours, le maréchal Mac-Mahon
donna l'ordre à la division de cuirassiers du général Bon-
nemain, à ces mêmes turcos qui venaient de combattre et
au 3e zouaves, de couvrir la retraite, de contenir l'ennemi,
de le forcer à reculer peut-être pour permettre à l'armée
vaincue de traverser la Sauer et de battre en retraite.

L'histoire n'oubliera pas ces cuirassiers épiques, dignes
fils des cuirassiers de la Moskowa qui, avec Caulaincourt,
enlevaient la grande redoute et sabraient les Russes, fiers
descendants de ces cuirassiers de Milhaud qui, à Waterloo,
offraient leurs poitrines aux balles des *enfants rouges* de
Wellington. C'étaient le 8e et le 9e cuirassiers, de ces hommes
de fer, grands et forts, pareils à des géants sur leurs chevaux solides. Il leur fallait traverser le village de Morsbronn,
descendre dans le vallon, se reformer et recharger encore.
Dans le village, les Allemands embusqués tirent à bout
portant sur la trombe humaine qui passe. Des officiers allemands brûlent des cervelles en étendant du haut des fenêtres
leurs bras armés de revolvers qu'ils déchargent sans danger
sur ces cavaliers emportés. Au delà de Morsbronn, les batteries ennemies couvrent le vallon d'une pluie de fer. Les
cuirassiers ont à traverser des houblonnières où leurs sabres

et leurs casques s'enchevêtrent, où les obus des Allemands les écrasent. Qu'importe ! On les voit descendre sur cette terre qui frémit sous les pieds des chevaux. Ils s'engouffrent dans Morsbronn, ils atteignent le vallon, ils s'éparpillent, ils se reforment, ils chargent. Décimés, foudroyés, ils s'élancent encore et, tandis que l'armée s'éloigne, ils donnent, en se faisant tuer, le temps aux vaincus d'éviter la mort.

La légende, formée sur l'heure, de la charge des cuirassiers de Fræschwiller, est dépassée par la grandeur sublime de la réalité. Jamais l'attachement au devoir, le mépris de la mort, la rage de la défaite, l'amour frémissant du drapeau, n'engendrèrent sacrifice plus héroïque et plus digne d'effacer sous le rayonnement de son stoïcisme la douleur sans honte de la défaite.

Tout n'était pas fini d'ailleurs. La retraite avait encore ses drames terribles. « Quoique le signal de la retraite ait été donné, dit M. Émile Delmas, on se bat corps à corps dans Fræschwiller, dans les maisons, dans les jardins, derrière les clôtures, et beaucoup de soldats cernés dans les villages meurent les armes à la main, ou se font jour en désespérés à travers cette vague humaine dont les extrémités se rejoignent[1]. »... Un autre témoin de ces lugubres scènes, le commandant David, du 45e de ligne, tué plus tard à Sedan, et dont une main amie a recueilli les *ultima verba*, décrit ainsi l'affreux tableau que présentait alors cette armée si solide et si belle huit jours auparavant, la vieille et légendaire armée d'Afrique : « Tous les corps confondus forment une cohue sans nom ; l'ennemi a gagné du terrain, et ses projectiles, sifflant un grondement sinistre au milieu de cette foule, y creusent des sillons sanglants ; le terrain que nous traversons est couvert de mourants et de blessés. Ceux-ci, les plus malheureux, nous supplient de ne pas les abandonner et de les emporter. Que faire ? »

« Du reste, ajoute M. Delmas dans son livre, la poursuite est ardente. Notre arrière-garde s'arrête par intervalles pour tenir tête à l'ennemi et laisser le temps à notre artillerie de gagner quelque avance, au génie de défoncer les routes derrière elle, au moyen de profondes tranchées. A quelque distance de Reischoffen, l'artillerie française épuise sa der-

[1]. *De Fræschwiller à Paris, notes prises sur les champs de bataille.* (1 vol. in-18, chez Alphonse Lemerre.)

nière charge, que le maréchal a fait soigneusement réserver; car, s'il faut en croire les témoins oculaires, dès quatre heures du soir, quand sonna la retraite, les munitions manquaient. »

Le général en chef, pris d'un mouvement de désespoir et de rage, voulut se jeter au-devant d'une balle, et c'est alors que ses soldats eux-mêmes le retinrent, tandis que son escorte lui disait : « Pourquoi vous faire tuer ? Est-ce que nous refusons de mourir ? » Les simples soldats, ces enfants du peuple, dont le sang venait de couler, lui criaient, dans un tutoiement sublime : « Eh bien ! non, *tu n'iras pas ! Tu viendras avec nous !* »

Pâle, les vêtements troués, ayant tout fait pour ne point survivre à la déroute, Mac-Mahon, roulé par la retraite, désignait alors aux soldats Saverne pour point de ralliement. Huit lieues à faire encore après une telle journée ! Cette armée en lambeaux semblait errer, dans la nuit qui venait, à travers les chemins, comme des larves terribles. Elle laissait derrière elle ses blessés, ses bagages, six mille prisonniers, trente-cinq canons, six mitrailleuses, deux drapeaux et quatre mille hommes hors de combat. Le général Colson, chef d'état-major du maréchal, était mort; le général Raoult, commandant la troisième division, blessé grièvement, allait mourir. C'était plus qu'une défaite, c'était un désastre, l'anéantissement du corps le plus vigoureux de l'armée. Du moins, les soldats africains, les zouaves de Palestro, les tirailleurs de Turbigo, les fauves combattants du Mexique avaient fait sentir à l'ennemi la vigueur de leurs coups : on n'estime pas à moins de 16,000 hommes atteints par notre fer et notre feu le chiffre des pertes de l'armée allemande (les Prussiens en avouent 11,000 environ). Le Prince royal de Prusse rendit lui-même hommage à cette armée qu'il venait de vaincre ou plutôt de broyer sous le nombre.

Ce fut une journée doublement fatale pour la France que cette journée du 6 août 1870, où, on peut le dire, notre frontière de l'est tout entière fut en feu. L'armée allemande, ébranlée à la fois et en marche sur tous les points, prenait partout l'offensive, et tandis que Mac-Mahon était vigoureusement attaqué à Frœschwiller, tandis que de Failly, hésitant, demeurait de Bitche à Niederbronn et à Sarreguemines, attendant, inquiet, laissant partout le canon gronder, sans courir aux lieux des combats, le deuxième corps, celui de Frossard, était attaqué aussi entre Sarrebrück et Forbach, sans que Bazaine lui envoyât des forces suffisantes pour le dégager. « Qu'il gagne son bâton de maréchal tout seul, » disait Bazaine en parlant de Frossard.

La retraite fut dirigée, non par le général en chef Frossard, mais par le général Bataille. Aujourd'hui nous éprouvons une tristesse véritable à trouver, dans les récits officiels de nos adversaires, la constatation de nos fautes, et nous lisons avec une émotion profonde, dans la *Guerre franco-allemande de 1870-71*, rédigée par la section historique du grand état-major prussien, cet aveu décisif : « Il est à noter que la supériorité de l'ennemi (lisez : de l'armée française) eût été beaucoup plus grande encore si, au lieu de ce véritable *chassé-croisé de trois divisions en arrière du champ de bataille*, il avait eu lui aussi, le concours de toutes les forces qui pouvaient l'appuyer en temps et lieu. Cette tendance toujours prédominante chez les Allemands à joindre l'adversaire, cet esprit de camaraderie, de *solidarité des chefs et leur coutume de prendre l'initiative en temps opportun*, sont toutes choses qui paraissent ne pas avoir existé au même degré dans l'armée française. » Sentence cruelle et qui doit causer quelque remords à ceux qui l'ont méritée.

Avec Frœschwiller, nous perdions l'Alsace ; avec Forbach, la Moselle, et cela en même temps, en un jour, presque en quelques heures.

CHAPITRE VIII

État de Paris pendant les batailles de Frœschwiller et de Forbach. — Une fausse victoire. — Proclamation des ministres. — Arrivée des nouvelles de nos défaites. — Exaspération publique. — Proclamation de l'Impératrice. — Chute du ministère Ollivier. — Ministère Palikao. — M. Jérôme David, M. Clément Duvernois et M. Grandperret. — Affaire de la Villette dite des pompiers. — Armement des gardes nationales. — Le 15 août. — Dépêche de Longeville.

Les journées douloureuses et les défaites de nos soldats à la frontière devaient, on le conçoit, avoir à Paris un contre-

coup terrible. Qu'allait penser et faire une ville de deux
millions d'êtres humains, passionnée, impressionnable, ner-
veuse, à la nouvelle des échecs successifs et déjà bien difficilement réparables ? La malheureuse ville devait justement
passer par les phases les plus amèrement diverses, et, après
s'être follement élevée jusqu'aux espoirs les plus vastes,
retomber, comme du haut d'un roc, sur la dure réalité.

Tout d'abord la nouvelle de la défaite du corps d'Abel
Douay à Wissembourg avait retenti comme un coup de
glas inattendu sur cette ville chauffée à blanc. Une défaite !
quel étonnement et quel écroulement de rêves ! Ceux qui
n'avaient pas vu de près le désarroi de nos armées, et
n'avaient pu juger du manque de direction, de plan, de
commandement, ceux-là ne voulaient pas croire à la possibilité d'un échec. Cette prise trop réelle de Wissembourg
répondait brusquement à la prise fantastique de Sarrebrück.
Lorsqu'on examina la vérité, on put se consoler en songeant qu'après tout la défaite de ce corps d'armée était
glorieuse, et que rien n'était perdu parce qu'une division
s'était bravement fait décimer. L'espoir, au surplus, un
espoir profond, absolu, une indéracinable confiance devait
être le signe caractéristique de l'esprit français pendant
toute cette guerre. La torpeur qui s'étendit sur Paris au
premier jour de la nouvelle se changea bien vite en une
sorte de rage et en une certitude de revanche prochaine.

Le samedi, 6 août, tandis que Mac-Mahon luttait devant
Frœschwiller et que le corps de Frossard se battait sur la
Sarre, une nouvelle soudaine, et pour ainsi dire électrique-
ment répandue, courait Paris. Une dépêche annonçait que
l'armée de Mac-Mahon ayant attaqué l'armée du prince de
Prusse, l'avait écrasée, faisant prisonnier, après une journée
de bataille, le Prince royal avec 25,000 hommes de son armée.
En outre, Landau était pris. Il y eut, à la nouvelle de cette
victoire, comme une explosion d'enthousiasme. D'abord on
n'y voulait pas ajouter foi. On n'osait. Une sorte de secret
pressentiment retenait les plus confiants, mais, au bout d'un
moment, comment douter? La dépêche avait été lue et affichée à la Bourse. Elle était certaine sans être officielle. Et
tout Paris, pris du délire heureux, de cette fièvre de victoire
que nous avons eue au lendemain de Magenta et de Solférino,
se pavoisait soudain de drapeaux et s'emplissait de cris.
Après avoir douté, on se ruait vers une sorte de crédulité

magnétique. Par un beau soleil d'août, les cerveaux en
ébullition ne réfléchissaient plus, et l'on vit les boulevards,
les rues, les places encombrés de monde, emplis d'une foule
joyeuse, entonner cette *Marseillaise* des grands jours, qui ne
devait plus, hélas! nous mener à la victoire.

C'était une fièvre, et ce fut la dernière heure de véritable
joie qu'éprouva la grande ville. Aux fenêtres des maisons
les drapeaux flottaient avec leurs trois couleurs joyeuses.
Sur les pas des portes, on chantait. On arrêta des acteurs,
des ténors en renom, et, en plein air, on les fit entonner la
Marseillaise. Des gens du monde, leur chapeau à la main,
faisaient tout autour une quête pour les blessés, et les pièces
de monnaie tombaient tandis que mademoiselle Marie Sass
ou M. Capoul répétaient: *Amour sacré de la patrie!* Ainsi,
même dans sa joie, ce Paris, habitué à des mœurs théâtrales,
faisait d'une victoire nationale un spectacle, et sa joie
patriotique se traduisait, non par la joie sévère et grave
d'un triomphe sanglant, mais par le plaisir qu'on éprouve
en écoutant les virtuoses à la mode.

Paris devait, au surplus, voir bien vite tomber cet enthousiasme, et les drapeaux étaient à peine déployés que, vers
quatre heures de l'après-midi, des gens qui étaient allés
aux nouvelles parcouraient les rues, criant: « A bas les
drapeaux! » Il n'y avait pas, en effet, de victoire annoncée,
et cette fausse nouvelle, ainsi répandue, frappa la foule
d'une sorte de pressentiment lugubre. Après l'exaltation
joyeuse, vint l'abattement et la défiance. On se porta au
ministère, on demanda des nouvelles. M. Ollivier ayant
gardé pour lui, durant vingt-quatre heures, la nouvelle du
combat de Wissembourg, on était persuadé que le ministre
cachait encore au public quelque dépêche affligeante. La
vérité, c'est que le ministère, à cette heure, ignorait encore
tout. Et comment l'eût-il appris déjà? A Forbach comme à
Wœrth, la fortune des armes venait à peine de nous
échapper.

D'où partait cependant cette mensongère dépêche, cette
nouvelle de la prise de Landau par Mac-Mahon? Nul ne l'a
su. Le soir même du 6 août, la population parisienne irritée
l'attribuait à une manœuvre de Bourse, et le préfet de police Piétri, puis le lendemain le ministère apprirent au
public, par voie d'affiche, que l'auteur de cette manœuvre,
le coupable, *était arrêté*. Mais nul ne pouvait dire son nom.

Évidemment quelque spéculateur, faisant fond sur l'impressionnabilité de la foule, avait jeté cette nouvelle et joué, comme au tapis vert, comme devant une table de baccara, sur la fortune de la patrie. Paris en ressentit une colère sourde, et des cris de haine s'élevèrent contre ces boursiers qui ne voient, dans la ruine publique et dans les angoisses nationales, que des occasions de s'enrichir.

L'affiche du ministère était ainsi conçue :

« LE CONSEIL DES MINISTRES AUX HABITANTS DE PARIS.

« Habitants de Paris,

« Vous avez été justement émus par une odieuse manœuvre.

« Le coupable a été saisi, la justice informe.

« Le gouvernement prend les mesures les plus énergiques pour qu'une telle infamie ne puisse plus se renouveler.

« Au nom de la patrie, au nom de notre armée héroïque, nous vous demandons d'être calmes, patients et de maintenir l'ordre.

« Le désordre à Paris, ce serait une victoire pour les Prussiens.

« Aussitôt qu'une nouvelle certaine arrivera, de quelque nature qu'elle soit, elle vous sera immédiatement communiquée.

« Soyons unis, et n'ayons en ce moment qu'une pensée, qu'un vœu, qu'un sentiment, le triomphe de nos armes.

« 6 août 1870, à 6 heures.

« ÉMILE OLLIVIER, duc de GRAMONT, CHEVANDIER DE VALDROME, SEGRIS, général DEJEAN, amiral RIGAULT DE GENOUILLY, PLICHON, LOUVET, MAURICE RICHARD, DE PARIEU. »

Quels sont, se demandait-on après avoir lu cette affiche, les mesures prises par le gouvernement pour empêcher le retour d'un tel scandale ? La loi du silence, votée contre les journaux, cette loi qui défendait le récit des événements militaires, cette loi, cause de tous les troubles, était-elle abrogée ? Mais on avait à peine eu le temps de lire l'affiche, que la population de Paris était prise d'une angoisse plus grave.

Le soir, autour des ministères, devant les fenêtres de M. Ollivier, les rassemblements étaient nombreux, et tandis qu'on chantait la *Marseillaise* et les *Girondins*, on réclamait toujours des nouvelles. Tout à coup, vers neuf heures, le bruit se répand qu'une dépêche est arrivée au ministère de l'intérieur. Confirme-t-elle la nouvelle de la prise de Landau? Réduit-elle à néant toutes les espérances? La dépêche était celle-ci :

« Metz, 6 h. 35.

« On n'a pas encore de nouvelles du maréchal Mac-Mahon.

« Sur la Sarre, le corps du général Frossard a été seulement engagé et le résultat est encore incertain.

« On a bon espoir. »

De tels renseignements n'étaient point faits pour calmer l'anxiété publique, mais au contraire pour l'accroître. Ainsi, Frossard s'était battu et Mac-Mahon aussi sans doute. Mais pourquoi n'avait-on point à 6 heures du soir, après une journée de bataille, des nouvelles du maréchal? L'inquiétude, le pressentiment vague d'un échec s'emparaient de tous. Et, devant la grille du ministère de l'intérieur, dans la cour même, on se pressait, on attendait, on semblait décidé à passer la nuit, lorsque, vers une heure du matin, le ministre parut, M. Chevandier de Valdrôme, non plus tel que le 12 janvier, caracolant aux funérailles de Victor Noir, mais pâle, affaissé, et, d'une voix étranglée, il donna lecture de cette dépêche à ceux qui l'entouraient :

« *Le corps du général Frossard est en retraite. Pas d'autres détails.* »

Pas d'autres détails! C'était assez. La défaite s'acharnait après nous ou plutôt la faiblesse de nos combinaisons stratégiques, la mollesse du commandement, la nullité de Napoléon et de Lebœuf apparaissaient nettement, cruellement à la patrie. Encore Paris et la France ne connaissaient-ils pas toute l'étendue de nos désastres. Ils l'apprirent par une série de dépêches qui tombèrent l'une après l'autre sur la malheureuse nation au flanc déchiré, comme des larmes de plomb tombaient, dans certains supplices, sur la poitrine des torturés. On ne les a pas oubliées, ces dépêches qui emplirent la France de trouble, sinon de terreur, et montraient à quel point le sang-froid, la résolution,

la virilité avaient abandonné le chef de l'État, Napoléon, ce
carbonaro voulant jouer au général d'armée. Cette succession de dépêches pour ainsi dire haletantes témoignait,
dans l'esprit de l'empereur, d'une confusion, d'un affaissement complets. Ses télégrammes ressemblaient plutôt à des
bulletins publiés par un médecin sur la santé d'un malade
qu'à des nouvelles de guerre. Dès ce moment, cet homme,
on peut le dire, avait perdu le peu qui lui restait d'énergie,
et se laissait glisser sur cette pente de l'affaiblissement qui
devait, un mois après, aboutir à la capitulation de Sedan.
A bien lire ses dépêches, on s'aperçoit que le trouble le plus
profond l'a envahi. « *Tout peut se rétablir... L'ennemi a
cessé toute poursuite... La nuit a été calme.* » Est-ce donc
ainsi et sur ce ton effaré que doit parler un chef d'armée?
Déjà la volonté abandonnait ce débile rêveur dont le bras
retombait, impuissant à retenir longtemps le glaive.

Ces dépêches, lues et commentées les unes après les
autres, navrèrent Paris, lorsqu'en s'éveillant, après la fièvre
du 6 août, il se trouva face à face avec ces vérités sinistres.
La grande ville et la France après elle en furent stupéfaites.

Dès lors, l'intérêt du drame est à Paris, et c'est Paris
qui va, dès à présent, tenir les destinées de la patrie. Il
n'eut qu'un cri, après la stupeur première, et ce cri fut celui
que doit jeter tout citoyen devant le foyer menacé, l'honneur national compromis et la patrie en danger : *Aux
armes!* Et les faubourgs, et le peuple, et la bourgeoisie, toutes
les classes à la fois s'écrièrent : *Aux armes!* Ce fut un soulèvement de la conscience, le mot d'ordre du patriotisme.
Qu'on mesure le temps que laissa perdre le pouvoir du
8 août au 4 septembre, qu'on se rende compte de la somme
de résolution et de belliqueuse volonté qu'il détourna de
son but en rassurant, trompant, égarant l'opinion publique,
et on se dira, en toute sincérité, que, s'il fut criminel en
déclarant la guerre, il le fut doublement après ces premières défaites, en cachant la vérité à la nation, et en ne
lui donnant pas dès ce moment des armes pour se défendre.

A la première nouvelle des défaites, l'impératrice avait
compris qu'elle ne pouvait demeurer en villégiature à
Saint-Cloud. Elle vint à Paris, assembla le conseil des
ministres et lança la proclamation suivante, bientôt affichée sur les murs de la capitale :

« Français !

« Le début de la guerre ne nous est pas favorable, nos armes ont subi un échec.

« Soyons fermes dans ce revers et hâtons-nous de le réparer.

« Qu'il n'y ait parmi nous qu'un seul parti, celui de la France ; qu'un seul drapeau, celui de l'honneur national.

« Je viens au milieu de vous. Fidèle à ma mission et à mon devoir, vous me verrez la première au danger pour défendre le drapeau de la France.

« J'adjure tous les bons citoyens de maintenir l'ordre ; le troubler serait conspirer avec nos ennemis.

« <i>L'impératrice régente,</i>

« EUGÉNIE,

« Fait au palais des Tuileries, le 7 août 1870, 11 h. m. »

Cette proclamation produisit sur la foule l'effet de la dépêche fameuse où Napoléon annonçait que, devant Sarrebrück, son fils n'avait point tremblé. Elle déplut. Un sentiment presque unanime se manifestait devant les affiches, signées de ce nom, <i>Eugénie</i>. Chacun sentait qu'à cette heure suprême, devant cet ennemi triomphant, l'âme de la patrie n'était pas du côté de cette Espagnole qui parlait ainsi du drapeau de la France. Et puis, de toutes les lois qu'ont faites et détruites tour à tour les révolutions et les réactions, une seule loi semble être debout, non dans les codes, mais dans les cœurs français, c'est la loi salique. Nous ne consentirions pas volontiers à être gouvernés par une femme. Une seule fois, la France s'est incarnée dans une image féminine, et les fils des Francs saliens ont suivi l'étendard d'une femme, mais cette femme était Jeanne Darc.

En même temps que cette proclamation était affichée, trois décrets successifs étaient rendus : l'un convoquait pour le jeudi 11 août le Sénat et le Corps législatif, l'autre mettait Paris en état de siège, le troisième incorporait dans la garde nationale tous les citoyens valides de trente à quarante ans. Au premier décret, un décret fut immédiatement substitué qui ouvrait le 9 août la session extraordinaire du Sénat et du Corps législatif

Le ministère s'adressait ensuite « aux Français », puis « aux Parisiens », dans deux proclamations.

Le mardi 9 août, la foule était grande autour du Corps législatif, contenue par des lanciers, des soldats de la ligne et des zouaves. M. Baraguey d'Hilliers, commandant la place de Paris, devait, le lendemain, après ces précautions prises, céder son commandement au général Vinoy. Mais s'il y eût eu conflit ce jour-là, il en prenait pourtant la responsabilité.

Lorsque, au début de cette séance désormais historique du 9, M. Schneider lut le décret de convocation du Corps législatif pour la session extraordinaire :

« Napoléon, par la grâce de Dieu et la volonté nationale, empereur des Français... »

Une longue rumeur interrompit le président stupéfait. Il se redressa aussitôt, raconte un témoin, croisa les bras, déclara qu'il ferait son devoir envers et contre tous, et reprit la lecture du décret, mais en omettant, ce qui fut aussitôt remarqué, le nom de l'impératrice, cette signature qui avait surpris, lue au bas de la proclamation que le moment rendait tragique : *Eugénie*.

Puis M. Schneider donna la parole à M. le garde des sceaux.

Pâle, compassé, non plus fougueux et insolent comme autrefois, mais s'étudiant à imprimer à son maintien une dignité que l'émotion trahissait, que l'énervement décomposait, M. Émile Ollivier franchit les marches de la tribune. Livide à son banc, M. de Gramont, toujours élégant, mais avec un je ne sais quoi de défait dans la pysionomie, regardait son collègue qu'il n'avait pas l'air d'écouter.

« L'impératrice et le gouvernement, Messieurs, dit M. Émile Ollivier à la tribune, vous ont convoqués. Nous n'avons pas voulu attendre, pour vous réunir, que la situation de la patrie fût compromise... « (Murmures à gauche. Exclamations à droite.)

Le vieux M. de Piré, qui est venu s'asseoir à gauche, interpelle la majorité. Le président l'exhorte au calme.

M. Ollivier continue : il dit que la plus grande partie des corps d'armée n'ont été ni vaincus ni même engagés; que ceux qui ont été écrasés par le nombre ont montré dans le combat un héroïsme sublime... De tous les points de la salle partent les cris de : « Vive l'armée ! »

MM. Ferry, Favre sont debout et répondent aussitôt au ministre que c'est par sa faute que l'armée n'a pas vaincu.

M. Arago. Pour le salut de la patrie, que le ministre disparaisse!

M. Ollivier pâlit encore davantage, il se trouble, et reprend son discours d'une voix altérée :

«... Une ardeur non moins égale anime ceux qui ont combattu et ceux qui désirent combattre ; nous attendons une revanche prochaine... »

Puis il énumère les mesures qu'il réclame de la Chambre ; il est troublé et parle d'une armée de 450 *millions de soldats.*

Il se reprend brusquement et dit 450 mille. Ces menues observations ont été prises sur le vif par les auditeurs.

Tout à coup son œil se charge de haine ; il se tourne vers la gauche, et prononce lentement ces mots : « Aux ressources dont ils disposent, les Prussiens espèrent ajouter celles qui naîtraient des troubles dans Paris... »

La gauche tout entière se dresse aussitôt sur ses bancs et proteste.

— A l'ordre ! à l'ordre !

— C'est une basse et lâche calomnie !

— A l'ordre ! à l'ordre !

M. Ollivier affecte de demeurer calme devant ces interruptions qui le frappent au visage ; il essaye de sourire et poursuit sa lecture :

« Cette espérance ne se réalisera pas ; l'immense majorité de Paris conservera son attitude patriotique. »

Et, après avoir lu les projets de loi : « Nous ne sommes pas vaincus, ajoute-t-il, mais nous paraissons l'être.

«... Si la Chambre ne se place pas *derrière nous...* »

Un cri unanime de réprobation et de colère l'interrompt cette fois. Quoi! cet homme qui a perdu la patrie ose dire une telle parole? Oui, il a beau se reprendre, l'expliquer, elle a été prononcée. Il s'excuse. Il a voulu dire que la Chambre ne devait pas soutenir le ministère avec une arrière-pensée. Si elle n'a pas de confiance dans le cabinet, qu'elle le signifie par un vote. Il se retirera, prêt à servir le ministère qui lui succédera.

Mais les interruptions lui répondent :

— Plus de paroles, des actes !

— Non, nous n'avons pas de confiance en vous.

— C'est vous qui avez compromis la patrie !

Tout à coup, M. Jules Favre réclame la parole. N'est-ce pas lui qui doit demander, au nom de la gauche, la forma.

tion d'un comité de défense choisi dans l'Assemblée? Il
apparaît à la tribune, et le silence se fait brusquement. Alors
de sa voix amère et forte :

M. J. FAVRE. Nous ne nous préoccupons tous que de la
défense de la patrie, et c'est pour cela que, sans discours,
j'ai l'honneur de proposer à la Chambre deux résolutions.

« La première est relative à l'armement de Pa   : et à
l'organisation de la garde nationale. La seconde à l   fense
du sol de la France. Je les formule ainsi :

Considérant que l'ennemi a envahi le sol de la France;
que si notre armée est toujours debout et prête à le repousser, le devoir de chaque citoyen est d'unir ses efforts à ceux
de nos soldats, et que son droit est d'avoir des armes;

« Considérant que, de l'avis du ministre de la guerre,
l'étranger marche sur Paris;

« Et que, dans une telle situation, ce serait un crime de
refuser à chaque habitant de Paris le fusil qu'il réclame
pour défendre ses foyers (mouvements divers);

« Considérant que la population entière doit être armée,
qu'il faut organiser la garde nationale en lui donnant le
droit de nommer des officiers;

« La Chambre arrête que des fusils seront immédiatement
distribués dans les mairies à tous les citoyens valides, et
que la garde nationale sera organisée dans toute la France
d'après la loi de 1831. (Vive approbation à gauche et sur
d'autres bancs.)

« Tous, jusqu'au dernier, les Français sont disposés à
mourir pour repousser l'invasion étrangère (oui! oui!); mais
ce n'est pas assez. On vous a dit que l'heure des discours
était passée. Oui, mais elle est passée aussi l'heure des mé-
nagements qui perdent les assemblées et les empires.

« La vérité est que le sort de la patrie est compromis, et
que c'est là le résultat des fautes de ceux qui dirigent les
opérations militaires, et de l'insuffisance absolue du commandant en chef. (Très bien! à gauche. — Bruit.) Nous
sommes en face d'événements qui exigent non seulement
tous nos efforts, mais aussi toute notre sagesse. Il faut donc
que toutes nos forces militaires soient concentrées dans les
mains d'un seul homme, mais que cet homme ne soit pas
l'empereur. (Nouvelle approbation à gauche.) L'empereur a
été malheureux, il doit revenir.

« Ce n'est pas tout : si la Chambre veut sauver le pays,

Charge des cuirassiers à Frœschwiller.

8

elle doit prendre en main le pouvoir. (Applaudissements à gauche. — Rumeurs.)

« J'ai donc l'honneur de déposer une proposition aux termes de laquelle une Commission de quinze membres, choisis dans le sein de la Chambre, sera organisée pour repousser l'invasion étrangère. (Applaudissements à gauche.— Bruit prolongé.)

« Si vous persistez une minute de plus dans le déplorable système qui a compromis le salut de la France, *la France est perdue.* »

A ces mots, l'orage éclate. La gauche applaudit. La majorité demande le rappel à l'ordre. Les cris se croisent, les interpellations se succèdent ; les députés sont debout ; quelques-uns montent sur leurs bancs. On croirait revoir quelqu'une des séances orageuses des jours *caniculaires* de la Révolution, comme disait l'auteur du *Vieux Cordelier.* Et en réalité, jamais séance fut-elle plus solennelle que celle-ci?

— Le caractère essentiellement inconstitutionnel de la motion qui vient d'être faite, dit le président, exige que je proteste.

— Il s'agit, non de la Constitution, dit une voix ; il s'agit de sauver la patrie.

— Quoi que vous en disiez, vous ne ferez pas une révolution ! s'écrie M. Schneider.

Lorsque les gens d'un pouvoir parlent ainsi de la révolution qui doit les renverser, on peut affirmer que cette révolution n'est pas loin.

M. DE KÉRATRY : Je demande l'urgence pour la proposition de M. Jules Favre.

M. GRANIER DE CASSAGNAC : Je ne viens pas faire un discours dans les circonstances actuelles, mais je cède à l'impérieux commandement de ma conscience en apportant contre une telle proposition la protestation du citoyen et du député. Cet acte est un commencement de révolution... (Vive approbation à droite.)

Voix à gauche : De salut!

M. GRANIER DE CASSAGNAC :... Un commencement de révolution tendant la main à un commencement d'invasion. Les Prussiens vous attendaient. (Bruit prolongé à gauche.) Lorsque Bourmont, d'odieuse mémoire, vendit son pays, il ne fit rien de pire. Il était au moins soldat, tandis que vous, abrités derrière vos privilèges, vous proposez de détruire le gouvernement de l'empereur alors qu'il est en face de l'ennemi.

M. ARAGO : La patrie est en danger.

M. GRANIER DE CASSAGNAC : Nous sommes tous venus ici sous la condition du serment qui constitue notre caractère, notre inviolabilité. (Bruyantes interruptions à gauche.) Celui qui déchire son serment cesse d'être inviolable (le bruit continue), et si j'avais l'honneur de siéger sur les bancs du gouvernement, vous seriez tous ce soir livrés aux conseils de guerre !

La menace avait été jetée par M. Granier de Cassagnac frémissant, et peu s'en fallut que la gauche tout entière, se levant, n'allât demander au pays s'il entendait qu'on menaçât de mort ses élus.

Les cris d'indignation étouffèrent la voix du député du Gers et, dans un indescriptible tumulte, les députés de la gauche se lèvent tous, interpellant le président qui laissait ainsi injurier et menacer des représentants inviolables.

M. Jules Simon s'écrie : « Fusillez-nous donc, si vous l'osez ! »

M. de Gramont se met à rire.

Aussitôt M. Estancelin, M. Jules Ferry s'élancent de leurs places, accourent dans l'hémicycle, jusqu'au banc du ministre des affaires étrangères, et si près, dit un journal, qu'on croit un instant que M. Estancelin l'a souffleté. Mais vingt députés de la droite se sont déjà jetés entre M. de Gramont et les membres de la gauche.

L'ordre ne se rétablit point, mais l'orage se calme. M. Jérôme David, que l'on avait vu, en wagon, près de Forbach, pendant la journée du 6 août, signale « l'infériorité incroyable » où étaient nos soldats vis-à-vis de l'ennemi, et il s'écrie, condamnant lui-même le ministère, et, sans le vouloir, l'empire et le régime tout entier fait de gaspillage et de mensonge :

« La Prusse était prête, et nous ne l'étions pas ! »

M. Lebœuf, devant la commission, n'avait-il pas répondu pourtant à cette question : Etes-vous prêt ? « Oui, je suis cinq fois prêt, et ne le serai jamais davantage ! »

Donc M. Jérôme David, en visant le ministre de la guerre, atteignait directement l'empereur.

M. de Kératry succède à ces orateurs, apportant une proposition tendant à rappeler sous les drapeaux tous les citoyens libérés, non mariés ou veufs sans enfants, — des classes de 1858 à 1863.

La Chambre l'écoute, même lorsque, rappelant qu'après les défaites de Napoléon Ier, la France s'est chargée elle-même de ses destinées, M. de Kératry déclare que Napoléon III devrait ainsi « céder sa place au patriotisme de l'assemblée. »

Et n'était-ce pas, en effet, sinon le salut, au moins un moyen de salut? M. Schneider avait beau jeu à déclarer que la proposition de M. de Kératry, comme celle de M. Jules Favre, étaient inconstitutionnelles. A cette heure, que valait donc, et de quel poids pesait dans la balance une constitution qui, en maintenant l'empereur au pouvoir, perdait la patrie? *Salus populi suprema lex.* Il ne s'agissait plus d'une dynastie, il s'agissait de la France, et si Napoléon ne se fût pas surtout inquiété de son trône et du trône à léguer à son fils, sans nul doute il se fût sacrifié au salut de la patrie. *Le Times*, qui faisait alors une guerre acharnée à l'empire, après en avoir été, depuis la guerre de Crimée, le plus fervent soutien, rappelait justement, à cette date, qu'en 1814 une proclamation conçue en ces termes avait vu le jour à Fontainebleau :

« Les puissances alliées ayant proclamé que l'empereur Napoléon était le seul obstacle au rétablissement de la paix de l'Europe, l'empereur Napoléon, fidèle à son serment, déclare qu'il renonce pour lui-même et ses héritiers aux trônes de France et d'Italie, et qu'il n'est pas de sacrifice personnel, y compris celui de la vie, qu'il ne soit prêt à faire aux intérêts de la France. »

Rappeler ces paroles et cet acte de Napoléon Ier, c'était tracer la route et montrer l'exemple à Napoléon III. Mais celui-ci tenait à demeurer le chef d'un empire, dût-il entraîner avec lui, dans sa chute, ces millions de citoyens qui lui avaient si follement confié le soin de leurs destinées et de leur fortune.

Cette proposition était radicalement opposée à l'empire. M. Latour du Moulin en apporta bientôt une autre, dans cette séance du 9 août, radicalement opposée au ministère. L'ordre du jour qu'il voulait faire adopter déclarait que le ministère n'avait pas la confiance de la Chambre. On le repassa. Mais M. Clément Duvernois en introduit aussitôt un autre, moins direct, mais plus cruel. Ce nouvel ordre du jour était ainsi conçu :

« La Chambre, désireuse de soutenir un cabinet capable d'organiser la défense du pays, passe à l'ordre du jour. »

Voter un tel ordre du jour, demander un cabinet capable d'organiser la défense du pays, c'était déclarer que le ministère Ollivier était absolument incapable. C'était condamner M. Ollivier et ses collègues. Mis aux voix, l'ordre du jour est adopté à une grande majorité, et les coupables organisateurs de la guerre reçoivent ce premier châtiment d'une assemblée qui les acclamait jadis.

Quelques minutes après, M. Jules Simon passait sur la place de la Concorde. La foule faisait arrêter sa voiture, demandant, à grands cris, des nouvelles. « Citoyens, dit M. Simon, je voudrais avoir plusieurs bonnes nouvelles à vous annoncer. Je n'en ai qu'une. Le ministère Ollivier n'existe plus ! » Une immense clameur saluait aussitôt la chute de cet homme dont l'infatuation et l'orgueil, bâtis sur la sottise, avaient contribué à attirer sur nous l'invasion.

Ainsi s'écroulaient les ambitions, les ardents espoirs, les rêves de puissance de ce personnage médiocre dont le hasard, la destinée, le partage et la vanité avaient un moment fait un personnage. Vide et verbeux, plein de vocables et de périodes, ce rhéteur retombait soudain de la hauteur où le sort ironique l'avait placé, et M. Ollivier disparaissait, atome emporté par la tourmente qu'il avait lui-même déchaînée, comme disparaît le grain de sable qu'entraîne après lui l'avalanche.

Mais, l'atome disparu, l'avalanche grondait, menaçait et écrasait encore. Il fallait songer à l'arrêter.

Paris apprenait, le lendemain, que le comte de Palikao était chargé de composer le nouveau cabinet.

Lorsqu'on connut cette nouvelle, la pensée de bien des gens fut celle-ci : « L'empire médite un coup d'État. M. de Palikao sera à la fois le Morny et le Saint-Arnaud de la régence. » D'autres répondaient : « Il n'oserait. » On attendit, avant d'asseoir un jugement, la composition du ministère.

Le 10 août, la Chambre déclarait, au milieu des applaudissements de l'Assemblée et des tribunes, que l'armée avait bien mérité de la patrie.

Elle votait à l'unanimité :

la loi qui appelle sous les drapeaux à l'armée active tous les hommes valides de vingt à trente-cinq ans.

La même loi disposait que le crédit de 4 millions, accordé par la loi du 24 juillet 1870 aux familles des soldats de l'armée et de la garde mobile, est porté à 25 millions.

Les engagements volontaires et les remplacements dans les conditions de la loi du 1er février 1868, pouvaient être admis pour les anciens militaires jusqu'à l'âge de quarante-cinq ans.

Le général comte de Palikao annonçait ensuite la formation du nouveau ministère, ainsi composé :

Guerre, comte de Palikao; *Intérieur*, M. Henri Chevreau; *Finances*, M. Magne; *Justice et cultes*, M. Grandperret; *Agriculture et commerce*, M. Clément Duvernois; *Marine*, M. l'amiral Rigault de Genouilly; *Travaux publics*, M. le baron Jérôme David; *Affaires étrangères*, M. le prince de la Tour d'Auvergne.

C'était décidément un ministère non pas provocateur, mais résolu à tout faire pour sauver l'empire. M. Grandperret, y faisant face à M. de Palikao, en déterminait parfaitement le caractère, et, si j'ose me servir d'une expression dont l'empire avait fait, pour ses préfets, une expression officielle, je dirais que c'était un ministère à *poigne*. Mais, quoi qu'il fît, l'empire était condamné.

Le baron Jérôme David arrivait au ministère avec la colère la plus violente contre le ministère Ollivier et contre la gauche. Homme lige de l'empire, il ne voyait, il ne voulait voir que l'empire. Il était prêt à traiter la France comme un vaste bureau arabe pour la rendre ou la conserver à César. C'était lui qui, avec M. Clément Duvernois, avait porté au ministère Ollivier le coup décisif. Les retours de la politique tortueuse voulaient que ce fût justement M. Clément Duvernois qui, après avoir présenté M. Ollivier à l'empereur, après avoir joué son rôle dans cette comédie de Compiègne, dont la publication des *Papiers des Tuileries* nous a livré le secret, vint justement renverser celui qu'il avait contribué à élever.

M. Clément Duvernois représentait, il le dit lui-même dans une lettre à M. E. Ollivier, le général des *troupes fraîches* de l'empire. C'est pourquoi il n'avait point voulu, en décembre 1869, faire partie de ce cabinet du 2 janvier qui ne pouvait être, il le croyait, qu'un *cabinet mixte* ou un *cabinet d'inaction*. Nous avons vu que ce cabinet fut au contraire tout de mouvement, de fièvre, de névrose et de folie. « Que voulez-vous qu'aille faire ma jeunesse au milieu d'un personnel gouvernemental hésitant, timide, et qui croit que l'art de bien gouverner est l'art de bien dire sans rien faire?... Quand vous voudrez un gouvernement d'action, je serai votre homme, sans condition et sans délai. » Ainsi, puisque M. Clément Duvernois y entrait, le cabinet du 10 août allait être un *cabinet d'action*. Il le fallait certes, dans la situation épouvantable où se trouvait la France. Mais comment M. Duvernois et ses collègues entendaient-ils cette action?

M. Clément Duvernois, jadis adversaire acharné de l'empire et de l'idée impériale, en était devenu, nous l'avons vu, le défenseur, et, comme tous les néophytes, il apportait à son culte nouveau une ferveur plus grande, ou plutôt il gardait pour ses anciens compagnons de lutte une âpreté d'autant plus violente qu'il les connaissait mieux, par leurs qualités et leurs défauts, et qu'il avait plus longtemps combattu à leurs côtés. Nul plus terrible inquisiteur qu'un converti. Pour servir ce *gouvernement d'action* dont il parlait en décembre 1869, et dont il faisait partie en août 1870, M. Clément Duvernois était décidé à briser les obstacles, dût-il rencontrer devant lui d'anciens amis, radicaux comme M. de Fonvielle, ou libéraux comme M. Pessard. Le temps n'était plus où, dans sa haine du despotisme, M. Duvernois luttait contre l'empire et par la plume et par la parole, dans son journal ou à la tribune des conférences de la rue de la Paix. Vers 1866, alors qu'il faisait campagne à *la Liberté*, M. Duvernois, nous l'avons dit, inquiétait personnellement l'empereur, dont il prenait vigoureusement à partie la politique. Mais, depuis lors, quel changement! Peut-être le spectacle offert à M. Duvernois par le Mexique déchiré, et qu'il avait vu de près vers 1865, lui avait-il enlevé peu à peu la fleur de ses idées premières. Toujours est-il que l'ancien rédacteur de l'*Algérie nouvelle* et du *Courrier du dimanche*, abdiquant son passé, reniant ses premiers écrits, était devenu le favori et le serviteur d'un régime qu'il méprisait.

On l'avait vu fonder, avec le secours de la cassette impériale, un journal dynastique, *le Peuple* (plus tard devenu *le Peuple français*), journal dont l'influence était nulle, les dépenses fortes, et que l'historien de la *Guerre pour la frontière du Rhin*, M. Rüstow, appelle un *journal entretenu*.

Et c'était M. Duvernois, énergique, audacieux, d'une verve vigoureuse comme écrivain, viril et peu scrupuleux comme homme politique, c'était lui qui succédait à l'infatuation bourdonnante de M. Ollivier! On pouvait certes s'attendre à des *actes* de la part de ce défenseur du *gouvernement d'action*. Rendons-lui cette justice que, s'il n'eût pas hésité devant un coup d'État, il mit toute son activité de jeunesse au service de l'approvisionnement de Paris. Les marchés furent passés, marchés léonins où la part du lion était faite sans nul doute, mais, dans tous les cas, ils étaient passés rapidement, comme l'exigeaient les circonstances.

M. Duvernois était l'homme d'affaires du cabinet du 9 août, M. Jérôme David en était l'énergie, M. de Palikao y représentait la force, et M. Grandperret la justice, cette autre espèce de force entre les mains d'un gouvernement qui centralise, pour sa défense et sa garde personnelles, tous les pouvoirs.

Dans la séance du 11 août, M. de Kératry propose de nommer une commission d'enquête chargée de traduire à sa barre le maréchal Lebœuf.

La proposition est rejetée.

Le ministre de la guerre déclare, ce jour-là, que le maréchal Bazaine commande en chef l'armée du Rhin. — La chose était fausse. L'empereur commandait toujours et, à cause de lui, l'armée n'agissait point et perdait un temps précieux, irréparable, nous le montrerons en racontant les batailles autour de Metz.

Le 12, le général Palikao annonce à la Chambre que l'empereur a accepté la démission du maréchal Lebœuf, qu'avant quatre jours deux corps d'armée de 35,000 hommes chacun seront devant l'ennemi, et qu'enfin le maréchal Bazaine a été investi du commandement en chef de l'armée.

Le lendemain, c'est-à-dire dans la soirée du dimanche 14 août, une étrange nouvelle se répandit dans Paris et frappa la population de stupeur. Pendant l'après-midi de ce jour, vers trois heures et demie, une bande d'émeutiers armés de revolvers et de poignards avait tenté de s'emparer des fusils renfermés dans la caserne des pompiers située boulevard de la Villette, près du pont du canal. Il y avait eu résistance de la part de la sentinelle et du petit nombre d'hommes que contenait le poste. La sentinelle avait été blessée d'un coup de revolver, puis les insurgés s'étaient

répétés dans la caserne, essayant d'obtenir du lieutenant
Cottey qu'il livrât les chassepots. Au bruit de la lutte, les
sergents de ville d'un poste voisin étaient accourus et
s'étaient précipités l'épée à la main sur les envahisseurs.
Une mêlée s'était engagée dans laquelle plusieurs agents
avaient été atteints, dont l'un mortellement. La foule stupéfaite se tenait à distance. Maîtres du terrain, les insurgés
tentèrent de nouveau de s'emparer des armes des pompiers.
Ils échouèrent devant l'attitude énergique de l'officier et de
ses hommes. Cependant des renforts arrivaient. Les émeutiers, comprenant que la partie était perdue pour eux, se
dirigèrent vers Belleville, en appelant les citoyens aux
armes. Leurs cris ne rencontrèrent pas d'écho. Quelques-
uns d'entre eux étaient restés aux abords de la caserne. La
foule, revenant au sentiment de la réalité, les saisit, criant :
« Ce sont des Prussiens! » Ils furent pour la plupart très
maltraités, et la police eut grand'peine à les arracher à la
justice populaire.

Dans la soirée, en prévision de nouvelles tentatives, de
nombreuses patrouilles de cavalerie circulèrent dans les
faubourgs, mais la tranquillité ne fut troublée nulle part.
Ce coup de main était l'œuvre d'une poignée de révolutionnaires exaltés, appartenant au parti blanquiste, ainsi que
le démontrèrent les débats devant le conseil de guerre.

A l'issue de cette échauffourée, de nombreuses arrestations eurent lieu, et les principaux accusés furent traduits devant le conseil de guerre de la 1ᵉ division militaire siégeant sous la présidence de M. Boutier, colonel
commandant la 1ᵉ légion de gendarmerie.

Maladroite et coupable tentative qui permit à l'empire
d'exploiter la légitime haine qu'avait la patrie contre
l'étranger, en répétant que les Prussiens poussaient les émeutiers. D'ailleurs, encore une fois, les révolutions légitimes
ne s'accomplissent pas par des coups de mains. Elles sortent, comme Minerve, du cerveau de Jupiter, tout armées
de la conscience publique, et alors, mais alors seulement,
elles sont irrésistibles, parce qu'elles sont non seulement
la force, ce qui est peu de chose, ou l'audace, mais le
droit, ce qui est tout.

L'affaire des accusés de la Villette devait venir aux
audiences des 20, 23, 29 et 31 août, et nous ne nous arrêterons pas sur ce drame. Deux des accusés seulement,

Eudes et Brideau, paraissaient avoir pris une part active à l'organisation du complot ; Blanqui n'avait pu être arrêté [1].

Le conseil de guerre prononça les condamnations suivantes :

Eudes, Brideau, Drest, Cahen, Zimmermann, Brisset, peine de mort;

Saint-Hubert, Robidat, Mordac, dix ans de travaux forcés.

Lerin, Larregieu, cinq ans de détention.

Hamilhat, Bauvoust, Hildenbrand, Zingraff, Guillery, Baillet, acquittés.

Ce procès, que les désastres qui se pressaient ne permirent pas de terminer, — nombre de détenus attendaient leur jugement, — ne préoccupa que fort peu l'opinion publique, l'esprit de la France et son âme étaient à la frontière.

Lors des condamnations à mort, pourtant, il y eut quelques protestations. Michelet, George Sand, demandèrent qu'il fût sursis aux exécutions.

Ce n'était pas le seul drame particulier qui vint s'encadrer, pour ainsi dire, dans ce grand drame national où se jouait le sort de la France. Les condamnés de la Villette ne devaient pas être exécutés ; mais parlons, pour n'y plus revenir, d'un mort qui laissera son nom dans cette histoire, le nom d'un espion.

Le samedi 27 août, à six heures du matin, eut lieu, dans une des cours intérieures de l'École militaire, l'exécution de Charles de Harth, espion prussien, condamné à mort par le 2e conseil de guerre de la Seine, dans la séance du 22 août. Arrêté le 12 août, à Pouilly, près Gien, Harth avait avoué être officier prussien, et déclaré qu'il envoyait à son gouvernement des communications sur le mouvement des esprits en France, ainsi que des plans des préparatifs de défense des bords de la Loire.

Il s'était pourvu en révision. Le pourvoi fut rejeté le 26, et l'exécution fixée pour le lendemain. Le peloton d'exécution se composait de soldats du 42e de ligne. Harth montra une

1. Blanqui a publié dans son journal *la Patrie en danger*, en septembre 1870, le récit de cette affaire. Est-il besoin de dire que ce récit n'est qu'une longue apologie de la conduite de Blanqui et de ses lieutenants : Flotte, Granger, Eudes, etc. ?

fierté courageuse devant la mort, et refusa d'abord de se laisser attacher les mains et bander les yeux. Il n'y consentit que sur les instances du pasteur protestant qui l'accompagnait et le fit agenouiller. Après lecture du jugement, faite par le greffier, l'officier commandant le peloton donna le signal, et le condamné tomba. Il avait dix balles dans le corps. Au moment où allaient partir les coups de feu, il prononça lentement ces paroles : « Tirez... *für Vaterland!* » (pour la patrie!).

M. Gambetta interpella le ministère sur les désordres de la Villette, et, voulant dégager la responsabilité du parti républicain, et montrer au pays que les patriotes n'avaient point trempé dans cette échauffourée sanglante, il présenta une pétition demandant d'appliquer avec activité la loi sur les étrangers.

Mais la grosse question, la question capitale, vitale, du moment, c'était l'armement des gardes nationaux. Le gouvernement se défiait de ces gardes nationales que les despotismes appellent toujours trop tard à la défense du sol. Il fallait pourtant bien s'adresser à leur patriotisme. Le moment était venu. La nécessité l'exigeait.

Lorsque le premier empire, après avoir déchaîné sur la France l'épouvantable fléau de l'invasion, voulut essayer de lutter contre les masses ennemies, il fit, lui aussi, appel à cette force dont il se défiait, à cette réserve civique qui s'appelle la *garde nationale*. On sait que, mal armées, sans organisation et sans cadre, les gardes nationales de France surent, devant l'étranger, faire leur devoir. Elles furent héroïques au combat de Fère-Champenoise, et ce mot, l'héroïsme, dont on a tant de fois abusé, est le seul qui convienne à ces braves gens. Aux barrières de Paris, elle sut résister et résista. Après l'avoir épurée durant ses dix-huit ans de règne, le second empire, acculé dans ses derniers retranchements, fit tout à coup appel à la garde nationale. Le général d'Autemarre convoquait tous les chefs de corps, et le sénateur préfet de la Seine, M. Henri Chevreau, appelait à concourir aux travaux de terrassement et de maçonnerie tous ceux qui n'étaient pas appelés par le nouveau décret à faire partie de la garde nationale. Quant à ceux-ci, le commandant supérieur disait, en parlant de cette garde citoyenne, dont on médit quand, après n'avoir pas su l'utiliser, on veut la dissoudre : « Le dévoûment et le patriotisme dont elle a donné tant de preuves, ne se démentiront pas dans les circonstances que nous traversons. »

En effet, le dévoûment de ces soldats improvisés était absolu. On les voyait déjà faire l'exercice avec des bâtons, des cannes, des parapluies, tous pleins de foi et ne doutant pas de la victoire définitive. Mais si le tableau de ces patriotes était consolant, la capitale offrait d'autres aspects non moins superbes. On était pris d'une confiante ardeur en voyant défiler sur nos boulevards les bataillons vraiment admirables, l'air résolu, de l'infanterie de marine, et même en voyant arriver ces pompiers de village qui font silencieusement et fermement leur devoir, et qu'on raille peut-être parce que leur rôle est de sauver et non de tuer.

En revanche, Paris, en ces journées de crise, avait un aspect qui étonnait et, disons-le, navrait ceux qui, ayant vu de près les déroutes de notre armée du Rhin, pouvaient juger du peu d'effet que ces désastres avaient produit sur l'esprit public. Paris continuait à vivre comme par le passé, insouciant, tumultueux et gai. L'orgie de l'empire continuait. Quoi d'étonnant? le pouvoir cachait la vérité, la foule s'obstinait à ne point l'entendre. Mensonge en haut, illusion en bas. Paris était persuadé que les destins se lasseraient à nous être contraires, et il avait déjà remis toute sa confiance aux mains de deux hommes dont il eût cependant dû se défier, et qui s'appelaient, l'un Bazaine, l'autre Palikao. Hélas! ceux qui rassuraient le pays le trahissaient.

Mais, quelles que fussent les illusions de la nation et les habiletés du gouvernement, la situation de l'empire, pour tout esprit clairvoyant, était perdue. Les partis avaient désarmé devant l'ennemi, mais la France entière avait intimement condamné l'homme qui nous avait précipités dans ce gouffre. Qu'on se reporte à ces heures de souffrances, qu'on relise les journaux de ces mois où chaque jour pesait, dans notre histoire, du poids d'une année terrible. Les journaux dévoués à l'empire oubliaient, omettaient de parler de lui. Ils le rejetaient déjà comme un lest encombrant. Leur courroux était-il sincère? J'en doute. Leur déception était-elle feinte? Je le crois. Toujours est-il qu'ils n'eussent pas à ce moment osé défendre la politique impériale. Ils ne songeaient plus, disaient-ils, qu'à la France, et certes ils avaient raison, car la situation de la France était durement compromise. Quant à l'empire, on réglerait les comptes de la partie avec lui, plus tard, après la fuite de l'étranger.

Tel était l'état des esprits en France, le jour de cette fête césarienne du 15 août, où quelques rares lampions honteux brûlèrent seuls dans la nuit ; lumières vacillantes, plus semblables aux cierges du convoi funèbre qu'à l'illumination d'un anniversaire. Oui, et c'est là la vérité nette de la situation intérieure : dès le 15 août, l'empire était condamné.

Le matin de ce jour de fête impériale, où tombait jadis des mains de César la pluie des décorations et des amnisties, Paris reçut, comme présent, mais sans joie, la nouvelle d'un combat heureux.

Cette dépêche rassurante arriva après tant d'autres dépêches néfastes !

L'empereur à l'impératrice.

« Longueville, 4 h. 10 soir.

« L'armée a commencé à passer sur la rive gauche de la Moselle. Ce matin, nos reconnaissances n'avaient signalé la présence d'aucun corps ; mais lorsque la moitié de l'armée a eu passé, les Prussiens ont attaqué en grande force. Après une lutte de quatre heures, ils ont été repoussés avec de grandes pertes. »

CHAPITRE IX

Situation du pays après les premières défaites. — Le décousu est partout. — Retraite de Frossard sur Metz et de Mac-Mahon sur Châlons. — État de l'armée vaincue. — Napoléon quitte Metz et se rend au camp de Châlons. — Les *mobiles* à Châlons. — Aspect du camp. — Paris. — Le Corps législatif. — Déclaration de M. de Palikao. — Les nouvelles de Metz. — Nomination du général Trochu au gouvernement de Paris. — Mac-Mahon. — L'armée quitte Châlons.

A partir du jour où l'armée du Rhin et l'armée de la Moselle, battues à Froeschwiller et à Forbach [1], avaient été forcées de se mettre en retraite et d'abandonner à l'ennemi la frontière qu'elles n'avaient pu défendre après avoir voulu

---

1. Les Allemands disent *Wœrth* et *Spickeren*.

la franchir, il ne devait y avoir en France qu'un mot d'ordre
et qu'un cri. La patrie étant en danger, on devait décréter la
levée en masse et faire de tout homme valide un soldat.
Qu'avions-nous perdu, en effet, dans cette journée du
6 août? Une ligne d'opérations, soit, deux batailles à la fois,
et vingt-cinq ou trente mille hommes peut-être, tués,
blessés ou prisonniers. Mais qu'était-ce que cette saignée
douloureuse pour un grand corps puissant comme l'était ou
paraissait l'être la France?

D'un autre côté, l'empire se défiait, je l'ai dit, je le répète
et le redirai encore au courant de ce récit, l'empire se défiait de la nation. Il n'osait l'appeler franchement aux
armes, de peur que ce peuple ne vint, après avoir combattu
pour son indépendance, demander compte à l'empire de sa
liberté.

Alors on temporisa, on attendit et on mentit. M. de Palikao organisait bien, il est vrai, des régiments de marche,
et reformait une armée destinée à Mac-Mahon, mais, en
même temps, il entretenait dans le pays une confiance
funeste et il laissait au dépourvu des villes comme Verdun
et des départements entiers. Les dépêches officielles de ces
terribles journées d'août ont une éloquence sinistre, et leur
style laconique en dit plus long que les développements les
plus complets sur l'abandon où se trouvait la France.

Strasbourg est près d'être investi, les Vosges doivent être
défendues, et voici ce qu'écrivent presque en même temps
les préfets du Bas-Rhin et des Vosges :

Préfet du Bas-Rhin à Intérieur. — Paris.

Strasbourg, le 11 août 1870, 9 h. 70 m. matin.

Je manque d'argent pour faire soigner et nourrir nos
blessés dans les villages où ils ont été recueillis. Pouvez-
vous m'autoriser à faire traite de 80 ou 100,000 francs sur le
trésorier général pour compte de mon comité départemental,
et comme avance ou don au comité central présidé par
l'impératrice?

Préfet Vosges à Intérieur. — Paris.

Épinal, le 13 août 1870, 8 h. 5 m. matin.

Nous avons à Épinal, depuis douze jours, 4,000 gardes mobiles sans armes, mal payés, qui deviennent une cause d'inquiétude pour la population. Le gouvernement ne craint-il pas que cet élément de forces régulières ne soit enlevé par un mouvement subit de l'ennemi? Plus un seul soldat dans les Vosges, si ce n'est le corps de Mac-Mahon qui en traverse l'extrême nord. Pas argent à la recette générale.

Ainsi, — et non seulement à Épinal et à Strasbourg, — pénurie absolue d'argent, d'armes, de vivres, d'équipements, d'objets de campement, d'artillerie, de café ou de riz. Tout manque à la fois. Et la France est envahie. Et un million d'Allemands s'y précipitent et y débordent. Et la bataille prochaine va, selon toute probabilité, se livrer à quelques lieues de Paris, à Châlons, sur ce véritable champ de bataille où le sang des Huns a coulé sous la framée de nos ancêtres.

Le corps de Mac-Mahon et le corps de Failly battent, en effet, en retraite sur Châlons, tandis que Frossard se replie sous le canon de Metz et va rejoindre Bazaine, en même temps que Ladmirault quitte Thionville. Ce mouvement de retraite fut fait avec un certain ensemble apparent.

« La garde, les 2ᵉ, 3ᵉ et 4ᵉ corps descendent sur Metz, conservant jusqu'au dernier moment leur arrière-garde à Boulay.

« Le 1ᵉʳ corps se replie sur Saverne, où Mac-Mahon réunit ses régiments écrasés ; le 5ᵉ, séparé du reste de l'armée, se dirige vers Nancy.

« Mac-Mahon ne tarde pas à suivre la même direction. Tous deux ont pour but de couvrir la route qui mène à la vallée de la Marne et à Châlons.

« Mac-Mahon, épuisé, va jusqu'au camp. De Failly, dont une seule division a été partiellement engagée, s'arrête Vitry-le-Français.

« Canrobert s'est avancé vers Châlons avec son 6ᵉ corps, et, dépassant de Failly, il est allé rejoindre l'armée qui se concentre sous les murs de Metz. »

Voilà ce que nous apprenaient, vers le milieu d'août, les

journaux officiels et officieux. Mais la réalité était plus attristante que ne le donnaient à entendre les *reporters* bonapartistes. Frossard, après Forbach, avait à marches forcées gagné Puttelange, semant derrière lui ses armes et ses bagages. Rien n'était plus triste que la vue de cette armée, si solide quelques jours auparavant, maintenant délabrée et harassée. Le matin du dimanche 7 août, en passant par Sarreguemines, elle traînait douloureusement ses bataillons écrasés. On apercevait dans les régiments décimés les vides affreux de la défaite. L'ennemi marchant derrière nos troupes, on abandonnait, sur les rives de la Sarre, pour ne point embarrasser la marche du corps en retraite, des caisses de biscuits, des voitures de grains, l'approvisionnement presque tout entier du 5e corps (de Failly). Les conducteurs des voitures de réquisition emmenaient au galop leurs charrettes à travers les routes, fuyant l'approche des Allemands et emportant parfois des sacs d'avoine ou de blé sur leurs chariots. Ces lugubres cortèges de blessés, de soldats battus et de réquisitionnaires effarés, traversaient des villages paisibles, étonnés et en fête, car c'était le jour de la première communion des enfants. C'était un spectacle inoubliable et navrant que celui de tant de misères venant faire brusquement cesser tant de joie.

Pendant ce temps, Mac-Mahon se rabattait aussi, marchant en hâte vers Châlons. Il abandonnait cette ligne défensive des Vosges où il eût pu, au lieu de livrer bataille à Fræschwiller, attendre l'armée du Prince royal et lui disputer le passage, avec les renforts du corps Félix Douay et du corps de Failly. La précipitation de cette retraite fut si grande qu'on négligea de faire sauter le tunnel de Saverne. Or, si cet immense ouvrage eût été détruit, l'armée prussienne eût rencontré sur sa route et dès ses premiers pas un obstacle considérable, et nous gagnions ainsi un temps précieux. Mais le vertige s'était emparé déjà des esprits et nul ne gardait son sang-froid dans nos états-majors. On laissait le tunnel intact et on ne songeait qu'à regagner le camp.

La marche hâtive et désordonnée des deux corps de Mac-Mahon et de Failly s'effectua sur les directions suivantes :

LE GÉNÉRAL FROSSARD

DATES.	1er CORPS.	5e CORPS	OBSERVATIONS.
7 août.	Saverne	La Petite-Pierre.	
8 —	Sarrebourg.	Lixheim.	
9 —	Blamont.	Sarrebourg.	
10 —	Lunéville.	Avricourt.	
11 —	Bayon.	Lunéville.	
12 —	Haroué.	Bayon.	
13 —	Vicherey.	Charmes.	
14 —	Neufchâteau	Mirecourt.	Le 1er corps s'embarque en chemin de fer.
15 —	»	Neufchâteau.	
16 —	Châlons.	Rimaucourt.	
17 —	....	Chaumont.	Le 5e corps s'embarque en chemin de fer.
20 —	....	Châlons.	

Ainsi, le 20 août, les débris du corps de Mac-Mahon et le corps de Failly étaient réunis à Châlons. Mais dans quel état et après quelles journées de marche! Jamais une armée française n'avait présenté un tel aspect de désordre et d'indiscipline. L'âme de la patrie semblait s'être envolée avec la victoire. Ces fiers soldats, étonnés de la défaite, marchant sous la pluie, dans la boue, presque sans vivres, n'avaient plus que de l'amertume au cœur et des injures aux lèvres. Au moment de la lutte, un ordre inexplicable avait été donné aux soldats, l'ordre de déposer les sacs. On avait donc tout perdu, tout laissé. Plus d'abri contre l'eau du ciel, et comment faire la cuisine, comment vivre? On vit des soldats décharger leurs chassepots sur des volailles, en traversant les villages, et, après la guerre, faire la chasse. Quel spectacle!

Ainsi se repliait ou plutôt fuyait sur Châlons cette vaillante armée de Wissembourg et de Wœrth, dont la défaite avait fait une cohue. Les turcos dépenaillés marchaient à côté des cuirassiers épiques qui s'appuyaient sur leurs sabres et traînaient leurs bottes de cuir déchirées et leurs casques et leurs cuirasses bosselés par les balles. Enfin, l'armée parvint à Châlons. Mais il faut que le train des malheureux soldats s'arrête en gare pour laisser passer le train impérial, avec ses voitures, ses officiers de service et de bouche, ses batteries de cuisine. « Sept heures d'attente « pour vingt-cinq kilomètres, écrit l'officier que nous venons

« de citer [1], sept heures pour nos pauvres vingt-cinq kilo-
« mètres; mais devant nous marchait la maison ou plutôt
« la boutique impériale. » Ce mot énergique rend encore, à
distance, la fureur de cette armée affamée et condamnée à
attendre.

Napoléon n'était pourtant pas venu à Châlons par ce train
impérial. Après être demeuré à Metz assez longtemps pour
paralyser la retraite de Bazaine sur Verdun, retraite qui eût
pu facilement être exécutée pendant les jours qui suivirent
immédiatement la bataille de Spickeren, après avoir beaucoup hésité, se lamentant comme un être débile ou se reprenant à espérer sans cause, parce que le vieux général Changarnier venait lui apporter le concours d'une épée qui n'était
plus celle de la retraite de Constantine, l'empereur avait
enfin pris le parti de se retirer. Le 14 août, il adressait la
proclamation suivante aux habitants de Metz, proclamation
incroyable de vanité et d'aveuglement, et que les Messins
lurent à peine et d'un air glacé :

                           « 14 août 1870.

« En vous quittant pour aller combattre l'invasion, je
« confie à votre patriotisme la défense de cette grande cité.
« Vous ne permettrez pas que l'étranger s'empare de ce
« boulevard de la France, et vous rivaliserez de dévoûment
« et de courage avec l'armée.

« Je conserverai le souvenir reconnaissant de l'accueil
« que j'ai trouvé dans vos murs, et j'espère que, dans des
« temps plus heureux, je pourrai revenir vous remercier de
« votre noble conduite.

                                   « NAPOLÉON.

                « Du quartier impérial de Metz. »

Napoléon, à vrai dire, n'allait pas *combattre l'invasion*.
Redoutant d'être bloqué dans Metz, il fuyait, mais trop tard,
et après avoir terriblement compromis la défense nationale
et l'armée de la Moselle en ne faisant commencer le mouvement de retraite sur Verdun qu'à cette date du 14 août.
On pouvait, en effet, se retirer quatre jours plus tôt. Mais
l'armée n'ayant alors d'autre chef suprême que l'empereur,
il fallait attendre l'ordre de Sa Majesté. Et c'est ainsi que

1. *Froeschwiller à Sedan* (in-8, page 46).

les peuples sont sacrifiés aux hésitations, aux sottises et aux intérêts de leurs maîtres.

Encore une fois, l'inaction, l'effarement, l'inhabileté de L.-N. Bonaparte perdirent tout à Metz au commencement d'août, comme dans les Ardennes à la fin d'août, comme à Sedan au 1er septembre. Le pays ne doit pas l'oublier.

Parti de Metz le 14, l'empereur, accompagné de son fils, demeura à Longeville jusqu'au matin du 15, où un obus, venu d'une batterie prussienne cachée dans le bois, le salua de son explosion. Aussitôt, tandis que les chasseurs à pied fouillaient le bois, et que les chasseurs d'Afrique protégeaient la retraite, l'empereur s'enfuit au galop, coupant le long défilé de nos troupes en marche sur Gravelotte. Tandis qu'on se battait, autour de Metz, du 16 au 18, il gagnait Verdun, toujours sous bonne escorte, télégraphiant d'avance le nombre de couverts qui devaient l'attendre aux lieux où il comptait s'arrêter. A Verdun, il se jeta dans un wagon de troisième classe et arriva, presque incognito, à ce camp de Châlons, où déjà les soldats ne le saluaient même plus.

Le camp de Châlons était alors occupé par la mobile de la Seine, cette garde mobile tapageuse qui, au début de son installation, avait donné quelque inquiétude au maréchal Canrobert. Qui eût dit à ces jeunes gens turbulents et pris d'une certaine fièvre, d'un énervement nostalgique, qui leur eût dit que le pays allait bientôt compter sur eux pour sa défense, et que ce serait à eux, avant un mois, d'opposer à l'envahisseur ce que M. Ollivier appelait *un rempart de poitrines humaines?* Nul n'avait douté du courage de ces mobiles, dont les Allemands disaient dédaigneusement : « Ce sont des *collégiens,* » et il y avait dans ces jeunes gens le même esprit de rébellion et de bravoure qui animait les braves et turbulents conscrits de 1811.

L'aspect du camp était, vers la fin d'août, devenu bizarre par le mélange singulier des mobiles fashionables et des sordides combattants de Frœschwiller. Les tirailleurs indigènes regardaient avec étonnement ces soldats de vingt ans tout surpris eux-mêmes de coucher sous la tente et de manier le fusil. Les vaincus de Wissembourg contaient à ces conscrits imberbes comment on se bat et comment on meurt. Assez impressionnés tout d'abord par la vue de cette armée en déroute s'abattant sur le camp, les mobiles

s'étaient bientôt remis de leur émotion. Ils apprenaien
ainsi ce que c'est que la 'guerre, mais pour la première fois
ils la voyaient dans toute sa hideur.

Tandis qu'on exerçait ainsi, tant bien que mal, quelquefois avec des bâtons en guise de fusils, les mobiles de Châlons, et qu'on formait avec ce qui restait d'hommes disponibles, de compagnies de dépôt, de soldats venus de Rome
ou d'Afrique, l'armée destinée au maréchal de Mac-Mahon,
l'empereur se tenait, sombre et la plupart du temps solitaire, dans son logis de Courcelles. On le voyait parfois,
avec son fils, assis au fond du jardin et traçant quelque
plan ou quelque dessin sur le sable. Les cent-gardes, qui
veillaient sur lui, portaient les armes, et il leur adressait,
de sa voix lente, une parole d'encouragement. Bien des
intrigues gravitaient déjà autour du souverain. Après avoir,
dans les premiers jours de la campagne à Metz, éprouvé la
joie de se sentir libre de tout souci politique, puis l'angoisse
de la lutte prochaine, qui s'annonçait plus formidable qu'il
ne l'avait cru, il retrouvait à Châlons les mêmes soucis, les
mêmes problèmes plus formidables encore. C'était le sort
de sa dynastie qui se jouait.

M. Rouher s'était rendu à Châlons, voulant évidemment
faire signer à l'empereur, soit un acte d'abdication entre les
mains d'un régent, soit la composition d'un gouvernement
de régence. Nul ne le sait encore, mais les projets de proclamations et de décrets, retrouvés dans les papiers des
Tuileries et tracés de la main de M. Rouher, corrigés par
l'empereur, l'ordre d'annuler d'autres décrets dont l'histoire
n'a pas connaissance, tout indique une agitation et des projets politiques dans le sens que nous sommes forcé de
deviner. Le prince Napoléon, appelé sans doute comme
conseil, ne devait point dissimuler à son cousin la gravité
de la situation, pour peu qu'il s'exprimât avec lui avec la
franchise, ou plutôt le cynisme qu'il apportait dans les conversations avec ses amis.

A l'heure où la France anxieuse écoutait, attendait le
canon de Bazaine, à l'heure où Paris, se fiant à Palikao,
croyait à des victoires françaises devant Metz et comptait
sur Mac-Mahon, le prince Napoléon disait à un journaliste
qui rapportait l'entretien :

— Un miracle ne nous sauverait pas. La situation est

perdue, la France va nous congédier comme des laquais, et
nous ne l'aurons pas volé !

Puis, tandis qu'on se battait en France quinze jours avant
septembre, il prenait le train de Florence et promenait en
Italie son uniforme de général de division. Le roi Victor-
Emmanuel, le soldat de Palestro, envoya alors à son gendre
son tailleur Morandi, faisant sentir au prince Jérôme
Napoléon Bonaparte qu'il fallait au moins, loin des batailles,
se montrer en habit de ville et non en costume d'officier
français.

La France ne raisonnait pas comme le prince Napoléon,
et ni la France ni l'armée. Presque tous ces soldats,
vaincus à Frœschwiller, songeaient à la revanche et la
croyaient prochaine. Ils avaient la rage au cœur. Mais tout
leur paraissait encore bien mal organisé; intendance et
service des postes, tout manquait à la fois. Des officiers
ayant perdu tous leurs bagages en Alsace, ne pouvaient
recevoir le linge qu'ils demandaient chez eux. Cette armée
française était abandonnée à elle-même. Tout étant prévu,
disait-on, pour une campagne d'Allemagne, rien n'était
organisé pour une campagne de France. Il y a, dans notre
armée, 264 membres d'intendance assimilés du grade de
général à celui de *capitaine*, 500 officiers d'administration
des bureaux de l'intendance, 325 officiers d'administration
des hôpitaux, 325 officiers d'administration des subsistances,
80 officiers d'administration de l'habillement et du campement. Cette phalange galonnée fut parfaitement inutile.

Pendant ce temps, les armées allemandes envahissaient
méthodiquement notre pauvre pays, trouvant tout réglé
d'avance par leurs fourriers et tout fouillé par leurs uhlans.
Le lent, l'incessant défilé des bataillons prussiens frappant
de leurs lourds talons et comme d'un seul choc sur la terre
française, la file interminable des escadrons, des cavaliers,
des caissons d'artillerie aux roues d'un gris bleu, le flot
toujours renouvelé, ce fleuve d'hommes et de fer débordait
sur la Lorraine et sur l'Alsace, emplissant les routes, couvrant les ravins, occupant les villages. Les réquisitions pleuvaient, les pillages commençaient. On fusillait déjà les
paysans hostiles.

Le fils du roi de Prusse, le Prince royal, vainqueur à
Wœrth avait, après l'armée française, franchi le tunnel de
Saverne, et sa cavalerie, ses uhlans, toujours en avant, sui-

vaient de près nos soldats en retraite. Dès le lendemain de
nos premières défaites, quelques petites forteresses des
Vosges, la Petite-Pierre, Lichtenberg, étaient forcées d'ouvrir leurs portes; le 14 août, Marsal, un moment bombardée, capitulait et livrait à l'ennemi cinq cent douze prisonniers et soixante canons; Bitche n'avait pas été attaquée,
ni Thionville encore. Strasbourg était déjà, depuis le 10,
assiégée et presque investie par les Badois. Nous reviendrons sur les détails de cet investissement, lorsque nous
raconterons la première partie du siège. Contentons-nous,
à présent, d'indiquer la position des diverses armées allemandes, tandis qu'à Paris on s'abandonnait à la confiance
et qu'on formait l'armée de Châlons.

Nancy avait été abandonnée, occupée bientôt, et Frouard,
point de jonction des chemins de fer de Nancy à Metz et à
Toul, n'étant plus gardé, voyait bientôt les Prussiens,
habiles à profiter des voies ferrées, s'y établir après un
court engagement bravement livré par quelques zouaves et
un turco échappés à nos désastres. Le prince Frédéric-
Charles avait bientôt établi son quartier général à Pont-à-
Mousson, au moment où le général Steinmetz arrivait
devant Metz et où le Prince royal entrait à Nancy. Nous
laisserons Steinmetz et Frédéric-Charles livrer, autour de
Metz, les batailles du 14, du 16 et du 18 août, terribles rencontres dont la France ne savait rien que ce que lui en
disait M. de Palikao à la tribune, et qu'elle prenait pour des
victoires décisives; et nous indiquerons la marche du Prince
royal sur Châlons, où il comptait livrer bataille à Mac-
Mahon avant que l'armée du camp fût complètement
formée.

Cette marche fut rapide, comme toutes celles qu'exécuta,
malgré sa lourdeur, l'armée allemande. L'ordre, l'organisation et la force musculaire remplaçaient la légèreté. Quittant
Nancy, l'armée se dirigea sur Châlons et Paris. Dès le
19 août, la quatrième armée, faisant partie de l'armée du
Prince royal, et commandée par le prince de Saxe, s'était
déjà avancée vers la Meuse. Mais, à Paris, on ne s'en préoc-
pait guère.

A Paris, le Corps législatif élaborait force lois et décrets.
C'est vers lui que le pays, inquiet, frémissant, tournait les
yeux; c'est lui qui concentra pendant ces journées d'angoisses, où les nouvelles les plus contradictoires se heurtaient,

toute la vie politique de la nation. C'est de sa tribune que le nouveau ministre de la guerre, le comte de Palikao, — auquel, nous le répétons, le pays, oubliant le passé, faisait crédit de sa confiance, — daignait laisser tomber ces dépêches tronquées, ces renseignements incomplets qui endormaient la France, crédule jusqu'à l'aveuglement, qui ne devait se réveiller qu'au fond de l'abîme.

Plus intolérante qu'aux beaux jours de l'empire autoritaire, la majorité, sous prétexte de patriotisme, imposait silence à tous ceux des députés de la gauche qui, plus clairvoyants, demandaient des explications au gouvernement sur les faits de la guerre et la marche des armées.

Et toujours, d'ailleurs, la réponse était la même : « *Il y avait eu, non pas bataille, mais des engagements partiels qui, sans être un grand échec pour les Prussiens, n'étaient pas non plus une victoire pour nous.* » Puis venaient *les détails dans lesquels on ne pouvait entrer*; les dépêches qui, *sans être officielles, venaient d'une source ordinairement sûre, la gendarmerie*[1], et qu'on communiquait, sous le manteau, à quelques députés agréables. Et lorsque la nation, l'armée, confiantes en la valeur de Bazaine, l'appelaient au commandement suprême, et que le ministre de la guerre affirmait solennellement : *que l'armée considérable en formation pourra donner la main à l'armée du Rhin, et se trouver tout naturellement sous les ordres du maréchal Bazaine, le véritable, le seul général en chef de l'armée du Rhin*, le ministre trompait le pays et l'armée. A cette date, l'empereur avait conservé la direction des opérations, ainsi que le prouvent les dépêches trouvées aux Tuileries.

Les sanglantes batailles qui se livraient autour de Metz, et dont le résultat faisait l'objet des préoccupations générales, étaient annoncées à la nation, justement alarmée, en quelques mots vagues.

La France et l'armée de Châlons ne savaient, de l'armée de Metz, que ce qu'en disait M. Cousin-Montauban.

A la même époque, et bien que faussée, l'opinion publique, allant d'instinct à tous ceux que l'empire éloignait, remporta une victoire significative par la nomination du général Trochu au poste, créé pour la circonstance, de gouverneur de Paris. Mal vu en cour, le général Trochu était, disait-on, en pleine disgrâce. Aucun commandement important ne lui avait été offert au commencement de la cam-

pagne ; à grand'peine s'était-on résolu, le 12 août, à le charger de constituer à Châlons le 12ᵉ corps d'armée. Ce fut
le 17 août, au camp de Châlons, à la suite d'une conférence
tenue chez l'empereur, et sur les instances du prince Napoléon, traduisant en cela les vœux de la population parisienne, que la nomination du général Trochu au poste de
gouverneur de Paris fut décidée. L'empereur, quittant tout
commandement, devait sous peu venir le rejoindre, en même
temps que l'armée de Mac-Mahon se rabattrait sur Paris,
devenu le véritable centre de la résistance. L'impératrice et
les ministres en décidèrent autrement. On sait ce qu'il en
advint. Accueilli avec défiance, à son arrivée à Paris, le
général eut à soutenir contre le conseil de régence une
lutte de tous les instants qui augmenta sa popularité. Occupant le poste de gouverneur, il n'était jamais (tant on se
défiait de lui) appelé dans les conseils du gouvernement. Il
s'en consolait d'ailleurs en s'appuyant sur la garde nationale
et sur la garde mobile, qu'il avait fait revenir de Châlons et
qu'il passait en revue au camp de Saint-Maur, lui annonçant qu'elle allait être *appelée à défendre ses foyers.*

Sa proclamation aux habitants de Paris fut généralement
approuvée et fit littéralement sensation ; on y sentait un je ne
sais quoi de vibrant qu'on n'était pas habitué à rencontrer
chez les hommes d'épée. En la relisant aujourd'hui, que de
désillusions elle entraîne après elle!

Paris, commentant cette proclamation ou confiant dans
les déclarations du ministère, attendait plein d'illusions et
s'abandonnant à une sécurité fatale, tandis que les talus
des fortifications étaient mis en état de défense, qu'on
apportait sur les glacis des pièces de rempart et qu'on apercevait, pour la première fois, dans les rues, des camions
pleins d'obus qu'on dirigeait vers les forts. Puis c'était le
défilé des pompiers de province, appelés par le ministère et
venant de tous les points de la France apporter leur concours à Paris. Paris regardait cela comme un spectacle qui
ne devait, semblait-il, avoir jamais d'utilité. Tout à coup,
une affiche du *gouverneur* apprenait à la population qu'en
vertu de la loi, lorsque l'ennemi était à moins de trois jours
de marche d'une place, le commandant pouvait en éloigner
les étrangers et les gens sans moyens d'existence. Et, comme
M. Trochu exigeait l'expulsion de ces gens, il en résultait
que l'ennemi était arrivé à une distance moindre de « trois

journées de marche » de Paris. L'affiche du gouverneur était
apposée à la préfecture de police, où stationnaient de nombreuses bandes d'étrangers et de repris de justice, que le
reste de la ville l'ignorait encore. L'effet de la nouvelle ne
fut pas profond d'ailleurs. On était intimement persuadé
que l'armée du Prince royal (car c'était elle) n'arrivait
point jusqu'à Paris.

Elle devait, en effet, au lieu de continuer sa marche sur
la capitale, bientôt prendre la direction des Ardennes, afin
de rejoindre et d'attaquer par derrière l'armée de Mac-
Mahon décidément en marche vers Metz. Après avoir assez
longtemps résisté à la volonté impériale, écho des exigences
de M. de Palikao et de l'impératrice, Mac-Mahon s'était enfin
rendu. Il avait objecté que le mouvement était excentrique:
que l'amphithéâtre de Châlons était le meilleur terrain de
bataille qu'on pût choisir; que, dans le cas d'un échec, on
avait derrière soi Paris comme ville de retraite et comme
place de guerre. Mais l'empereur vaincu pouvait-il songer à
rentrer jamais à Paris?

Mac-Mahon céda. Un autre homme eût désobéi et
peut-être sauvé la France. Mais ce caractère de soldat a
les défauts de sa qualité maîtresse, de son mâle et fier
attachement au devoir. Dans un temps où chacun cherche
le salut de son amour-propre, Mac-Mahon eut le courage
d'immoler à l'esprit de discipline sa personnalité. Il eut tort
au point de vue public, il pouvait s'opposer à ce plan désas-
treux, mais sa nature n'a ni révoltes ni resistance : il obéit
et, en sacrifiant son renom de capitaine, il sauva du moins
son honneur de soldat. Son obéissance sans phrases n'alla
point cependant sans tristesse.

Il n'en est pas moins vrai, et l'histoire le prouve, que le
maréchal ne commandait point en chef, et qu'en dépit des
affirmations reitérées du ministre de la guerre, Mac-Mahon,
qui eût dû être le chef suprême, n'était que le lieutenant de
l'empereur. Oui, l'empereur, cet homme fatal, commandait
encore. Il commandait si effectivement, quoi qu'en dit alors
M. de Palikao, qu'on le voit ordonner, annuler des ordres,
conférer avec des chefs de service. Les dépêches publiées
dans les *Papiers des Tuileries* le prouvent surabondamment.

Le matin du 23 août Mac-Mahon quittait Châlons, et le défilé
de ses 120,000 hommes, de ses 400 canons et de 70 mitrailleuses
se déroulait, sous la pluie, par les routes détrempées et s'a-

cheminait lentement, silencieusement, par Berru, Époy et Pont-Faverger jusqu'à Betheniville. L'empereur était avec ces soldats qui marchent déjà joyeux parce qu'ils marchaient en avant. Enfoncé dans sa lourde berline, enveloppé dans un ample manteau noir doublé de rouge, il saluait, et ses traits, dit un témoin, n'exprimaient aucune inquiétude.

Au moment où l'arrière-garde quittait les baraquements de Châlons, elle mit le feu aux fourrages sans s'inquiéter si, le lendemain, la cavalerie n'en manquerait pas. On brûla aussi des débris de baraques et de tentes. La flamme claire rougit le ciel comme un grand feu de joie. Lorsque, venant de Vitry et de Châlons, les uhlans du Prince royal arrivèrent dans cette vaste plaine où la jeunesse de Paris, où les soldats qui portaient l'espérance et la fortune de la France avaient campé, ils n'y trouvèrent que la solitude, le désert et des cendres.

CHAPITRE XI

Retraite de l'armée sous Metz. — Hésitations de l'empereur. — État moral des officiers et de l'armée. — Changarnier à Metz. — Nomination de Bazaine. — Départ de Napoléon. — Bataille de Borny. — Bataille de Rezonville. — Bataille de Gravelotte.

Pendant que Mac-Mahon marchait vers Metz en se rapprochant, comme nous le verrons, de la frontière de Belgique, que faisait et qu'avait fait Bazaine? Nous avons vu que, tandis que Mac-Mahon et de Failly battaient en retraite sur Châlons, les autres corps d'armée se retiraient assez rapidement sous les canons de Metz. A l'exception du corps de Frossard, ils étaient tous intacts, mais déjà troublés par cette sorte de démoralisation singulière qui, partant de l'empereur et des généraux, s'étendait sur l'armée. La concentration des troupes sous Metz s'accomplit cependant avec assez de rapidité. Dès le 10 ou le 11 août, toute l'armée était rassemblée autour de la citadelle et prête, dès lors, à se rabattre sur Châlons et à aller rejoindre Mac-Mahon par la

route de Verdun qui était libre. On ne conçoit pas qu'à ce
moment cette manœuvre très simple, indiquée par la
logique, n'ait pas été rapidement exécutée. La France eût
eu alors, pour défendre les lignes de la Seine et de la Marne,
une armée puissante, et qui sait ce qui serait advenu de la
fortune de la patrie ? En laissant à Metz une assez faible garnison, on pouvait facilement défendre la place et on avait, en
rase campagne, des forces considérables au moins égales à
celles dont l'ennemi pouvait alors disposer.

Après les défaites de Forbach et de Wœrth, une sorte de
stupeur avait saisi la ville de Metz. Animée et vivante huit jours
auparavant, elle était brusquement devenue morne et silencieuse. On se mettait à l'œuvre cependant pour la défense.
Le général Coffinière de Nordeck, commandant la place,
faisait abattre les maisons bâties sur la zone militaire, couper
les arbres sur les routes, et ordonnait aux étrangers de
quitter la ville ou d'y réclamer un permis de séjour. On
achevait en hâte les travaux commencés et, pour tout
dire, à peine ébauchés, car, le conçoit-on ? l'empire avait
laissé une place de premier ordre comme Metz dans un
abandon inconcevable, et il la trouvait, au moment de la
déclaration de guerre, à peine armée.

Ceux qui entouraient l'empereur étaient navrés, lui se
désolait. Il se crut sauvé lorsqu'il vit venir à lui ce vieux
général d'Afrique, dont il dédaignait et refusait auparavant
les services, Changarnier, le héros de la retraite de Constantine, et qui est allé tristement finir sa carrière par la
capitulation de Metz. Changarnier se présenta, vêtu d'un
pantalon gris et d'une redingote, à la préfecture, où
logeait l'empereur. Il venait de la gare, à pied et mouillé
par la pluie. « Sire, dit le vieux soldat, quand on l'intro-
duisit, la France est en danger, je suis un vieux soldat : je
viens vous offrir mon expérience et mon épée. » La démarche était noble, mais on verra plus tard que Changarnier, après avoir vécu indépendant depuis dix-huit ans,
se laissa gagner à la cause bonapartiste et fut, à Metz, un des
partisans de la régence. Cette existence de soldat allait
finir piteusement dans une machination de parti.

Cependant l'avant-garde prussienne avait suivi de près notre
armée se repliant de Saint-Avold sur Metz par la Nied, brûlant des magasins et des fourrages, comme toujours, mais
comme toujours aussi laissant le chemin de fer intact. Une sortie

d'effacement spécial s'était emparé au surplus de l'état-major.

On n'avait plus qu'un espoir, un seul : il était dans le maréchal Bazaine. Oui, il faut bien le dire, à Metz, comme à Paris, on avait foi dans cet homme, qui tint, hélas ! entre ses mains le fragile espoir de la patrie, et qui le brisa comme verre.

La France et l'armée s'en remettaient à Bazaine de les venger de Frœschwiller et de Forbach.

Ce petit gros homme souriant, qui se montrait en paletot à l'hôtel de l'Europe, dans les derniers jours de juillet, et qui allait et venait les mains dans les poches, sans façon, et comme un tacticien sûr de lui-même, semblait fait, au surplus, pour inspirer la confiance. Le caractère de cette physionomie, c'est le flegme, non pas le sang-froid un peu raide de l'Anglais, mais l'indifférence légèrement gouailleuse du Français. Bazaine, on le devine au premier coup d'œil, ne s'émeut de rien. Il ira au feu avec cette sorte de bonhomie qu'il affecte, sans se soucier de risquer une balle ; il demeurera, par la même raison, éloigné du champ de bataille et couché sur un divan, pendant que ses soldats meurent, sans se soucier de faire son devoir. Alourdi par le bienêtre, indifférent aux cris poignants de la patrie, Bazaine est bien le type de ces généraux sceptiques qui, n'ayant jamais eu au cœur que le sentiment égoïste de l'avancement, ne savent ni se dévouer pour une cause compromise, ni se battre pour l'honneur lorsqu'une cause est perdue.

Quant à l'armée, c'était cette magnifique armée française, trop peu nombreuse, sans doute, mais formée de tout ce qui restait en France d'énergiques et solides soldats. Mal commandée, elle allait livrer à l'armée la mieux commandée du monde des combats gigantesques où elle disputa plus d'une fois et arracha la victoire à l'ennemi. Bien commandée, elle était capable d'accomplir des prodiges pareils à ceux de ses aînées.

Le général Steinmetz était arrivé devant Metz le 13. Le quartier général du roi était à Herny, et les troupes de Frédéric-Charles occupaient Pont-à-Mousson, tandis que l'autre armée prussienne, celle qui, sous les ordres du Prince royal, poursuivait Mac-Mahon, entrait à Nancy.

Le décret qui nommait le maréchal Bazaine commandant en chef de l'armée du Rhin est daté du 10 août. Mais, par suite de nouvelles difficultés intérieures, Bazaine n'en prit le commandement que le 13. Le maréchal n'empêcha donc pas l'armée d'opérer, dès le 10, son mouvement de retraite. « Il était, dit M. Mézières[1], gêné pour l'exécution de ses ordres par la présece et les velléités personnelles de l'empereur. » Le mouvement ne commençait donc que le 14, et ce jour-là, un dimanche, nos *interminables convois*, selon l'expression d'un officier supérieur, traversaient la Moselle. Chaque soldat pliait sous le poids des bagages. Les *impedimenta* alourdissaient la marche, cette marche qu'il fallait accélérer à tout prix, et M. Ch. Fay compare avec raison cette armée traînant ainsi ses fardeaux et ses bagages à l'armée de Darius.

A midi, l'empereur partait, quittait la préfecture, passant, escorté par les cent-gardes et un escadron de guides, devant la foule « triste et silencieuse »[2]. L'armée, vers quatre heures de l'après-midi, avait déjà traversé la Moselle, et la garde et le 3e corps se préparaient à se mettre en marche, lorsque l'ennemi, sortant tout à coup du bois de Colombey, accueillit nos avant-postes par un feu de mousqueterie et de mitraille. Ce furent les troupes du général Grenier que les Prussiens attaquèrent d'abord; bientôt repoussé, il revint à la charge, tandis que Ladmirault, pour maintenir la division Grenier, lance sur des hauteurs deux divisions de son corps d'armée soutenues par la réserve de son artillerie. La division de Cissey met sacs à terre, grimpe au pas de course la hauteur de Saint-Julien, et prend la place de la division Grenier.

La clef de la position était, pour les Prussiens, le bois de Mey que défendaient nos mitrailleuses, tandis que les batteries prussiennes ripostaient par leurs obus. Vers sept heures du soir, le bataillon du 64e de ligne, qui défendait le bois de Mey, attaqué par des forces considérables, battait en retraite, et ne put être rallié que difficilement sous le feu terrible des tirailleurs ennemis, maintenant établis dans ce bois. Mais, dès l'arrivée de la division de Cissey, le 20e bataillon de chasseurs à pied s'élance dans le bois de Mey et en déloge, après un vif combat, les Allemands qui se replient à leur tour, tandis que des masses de fantassins et de cavaliers ennemis, abritées jusqu'alors derrière Servigny, se montrent

(1) *Revue des Deux Mondes*, du 15 septembre 1871.
(2) *Journal d'un officier de l'armée du Rhin.*

brusquement et font vers notre gauche un mouvement menaçant. La division toute entière s'élance au pas de charge,
ouvre un feu violent à volonté, et arrête brusquement ce
mouvement tournant qui pouvait nous être fatal[1].

La nuit venait. Une partie du 3e corps entra alors en ligne
et repoussa les colonnes prussiennes qui semblaient vouloir
revenir au combat. L'ennemi, repoussé vers huit heures du
soir de Mey et de Servigny par une charge à la baïonnette,
se retirait en brûlant derrière lui ces villages. On le rejetait
encore de Mercy-le-Haut et de Mercy-les-Metz et on n'entendait plus, dans la nuit, que la canonnade échangée entre
les batteries allemandes et les batteries du fort de Queuleu.

C'était un succès, et Sarrebrück n'étant qu'une funèbre
plaisanterie, c'était le premier succès de la campagne. Les
soldats ne s'y trompaient pas. Ils regagnaient gaiement le
Ban-Saint-Martin, et Napoléon disait à Bazaine, en lui tendant la main, à Longeville : « Eh bien! maréchal, vous avez
donc rompu le charme[2]? » Ce qui n'empêchait point le roi
Guillaume de télégraphier à Berlin ces trois lignes mensongères :

« Combat victorieux à Borny sous Metz: les Français
sont refoulés *derrière* Metz. *Je me rends sur le champ de
bataille.*

« GUILLAUME. »

Le roi de Prusse et les écrivains prussiens ne disent point
la vérité lorsqu'ils prétendent que, le 14 août, le jour de ce
combat qui s'appela, pour Paris, la bataille de Longeville, et
pour Metz le combat de Borny ou de Pange, ils rejetèrent
les Français derrière Metz. Ni ce jour-là, ni plus tard, les
Français ne furent rejetés « derrière Metz ». La bataille de
Borny était un avantage pour nous; une partie des troupes
bivaqua sur le terrain conquis, et Bazaine pouvait profiter
de la journée en prenant l'offensive et en opposant toute son
armée aux forces prussiennes qu'il avait devant lui. Les
Allemands considèrent surtout la journée du 14 comme un
avantage pour eux « parce qu'ils ont retardé d'un jour la
marche de l'armée française. »

[1] E.-A. Spoll, *Campagne de la Moselle* (Bruxelles, 1871).
[2] *Journal d'un officier de l'armée du Rhin.*

Nous avions perdu 3,405 hommes tués, blessés ou disparus, tandis que les pertes des Prussiens étaient de beaucoup plus considérables. Un écrivain les évalue environ à 10,000 hommes.

Pourquoi Bazaine ne continua-t-il pas dans la nuit du 14 au 15 août et dans la journée du 15, son mouvement sur Verdun? Pourquoi fit-il, par son inaction, tourner contre nous un succès aussi évident? Nous devions, dès le soir du 14, avoir atteint le plateau de Gravelotte. Bazaine voulait porter son quartier général à Rézonville. Mais nous n'arrivions à Gravelotte que le 15. On perdait le temps en marches, contre-marches et inutiles arrêts.

Le 16 au matin, dès l'aube, l'empereur partait au galop, escorté par la cavalerie de ligne de la garde, puis par les chasseurs d'Afrique du général Margueritte. Bazaine s'attendait à être attaqué et prenait ses dispositions de bataille. Nos troupes bivaquaient, attendant l'arrivée des 3e et 4e corps, retardés dans leur marche par le combat de Borny. Quelle stupéfaction! Il nous avait fallu deux jours pour parcourir 14 kilomètres! En deux jours nous étions parvenus à Doncourt! Pendant ce temps, les Prussiens accéléraient leurs mouvements, et leur lourdeur méthodique arrivait à des résultats étonnants.

Le 16, à neuf heures du matin, le général von Alvensleben II, averti de l'arrivée de nos troupes d'avant-garde près de Vionville et de Tronville, envoie rapidement une division d'infanterie qui, gravissant le plateau qui domine la Moselle, refoule d'abord, en débouchant par les défilés de Gorze, la cavalerie des généraux de Forton et de Valabrègue, et dispute la position, nous enlève Tronville et Mars-la-Tour et combat jusqu'à l'arrivée de la division de cavalerie du duc de Mecklembourg-Schwerin.

Notre cavalerie, reculant jusqu'à Vionville, avait un moment jeté le désordre dans le corps Frossard. Les dragons fuyaient jusqu'à la maison de poste, près de l'état-major du maréchal Bazaine. Mais, presqu'au même instant, la division Bataille, prenant les armes, s'établissait en avant de Rézonville, ayant à sa gauche la division Vergé et à sa droite le 6e corps (Canrobert). Toutes les attaques des Prussiens sur ces lignes furent, de neuf heures à midi, pendant trois heures, vigoureusement repoussées: à midi et demi, ils se jetaient avec une vigueur nouvelle sur Vionville qu'ils vou-

LE GÉNÉRAL DE PALIKAO

laient décidément emporter, mais cette nouvelle attaque est un nouvel échec. Leur 3ᵉ corps, épuisé, avait subi, dans ces diverses attaques, les pertes les plus sanglantes. La cavalerie allemande, chargeant avec opiniâtreté, pour contenir nos troupes qui menaçaient de déborder les positions prussiennes, arrêta nos soldats, mais fut littéralement décimée, *presque anéantie*, dit un historien [1]. Mais elle avait donné le temps à deux nouveaux corps prussiens, le 9ᵉ et le 10ᵉ, d'entrer en ligne, et vers trois heures ces troupes fraîches, débouchant par les bois sur Vionville, enlevaient ce village, tandis qu'un feu terrible, foudroyant nos soldats, les contraignait à reculer.

Devant Rézonville, le général Bataille avait été blessé, et le 2ᵉ corps, après avoir soutenu bravement l'attaque, s'était replié, protégé dans sa retraite par le 3ᵉ lanciers et les cuirassiers de la garde. C'est à ce moment que, pendant une charge des hussards prussiens sur des pièces, que Bazaine faisait établir en batterie pour soutenir l'attaque de nos cuirassiers, l'état-major du maréchal fut enveloppé par les hussards. Il y eut un moment de désordre, et l'état-major de Bazaine mit l'épée à la main.

Maître de la route de Mars-la-Tour, après avoir enlevé Vionville, les Allemands portent tous leurs efforts sur le village de Flavigny. Là, dans ces environs, se livra un de ces combats qui sont comme la caractéristique de la campagne de 1870-71, un combat en plein bois, où l'on se fusille d'arbre en arbre, où les cadavres s'entassent sous la profondeur paisible des feuillées. Une batterie française, envoyant ses obus sur les Prussiens établis dans ce bois, infligea à l'ennemi de dures pertes. Le général von Buddenbrock voulut alors faire reculer cette batterie, mais, repoussé par nos troupes, il se retira, se bornant à riposter par une canonnade.

Ce n'était pourtant pas, on le sentait bien, l'attaque décisive des Prussiens que nous avions subie, cette dernière et redoutable attaque de l'ennemi lançant, vers la fin de la journée, comme à Waterloo, des combattants nouveaux sur nos soldats épuisés. Cette attaque vint se briser, au centre, contre la division de grenadiers de la garde placés entre les bois des Oignons et de la Jurée, et le 6ᵉ corps,

---

(1) F. Delaunay, *Histoire de la campagne de France*, t. I.

mais elle fut terrible à notre droite, et les Prussiens portèrent tous leurs efforts sur le corps Ladmirault qu'ils voulaient déborder. Là, notre artillerie causait aussi de terribles dommages à l'armée ennemie. Le général von Alvensleben. Il prend deux régiments de la division de cavalerie du général von Rheinbaben, des cuirassiers et des uhlans, et leur ordonne d'enlever à tout prix nos pièces.

« Ils s'élancent bravement, raconte M. Fay, chef d'escadron d'état-major, dans son *Journal d'un officier de l'armée de Rhin*, ils s'élancent à l'attaque de la position, traversent nos lignes, et, dès qu'ils sont parvenus sur la hauteur qui leur cachait la division de Forton, nous les voyons redescendre de toute la vitesse de leurs chevaux le long des bois de Vionville. L'occasion était des plus favorables pour notre cavalerie ; elle s'ébranle aussitôt en brandissant ses arbres ; notre brigade de dragons, puis le 7e cuirassiers pénétrèrent dans cette masse stupéfaite de cette rencontre inopinée ; deux escadrons du 10e cuirassiers la prennent en queue et la mettent dans une déroute complète... »

Les sabres de nos cavaliers avaient fait de larges plaies à ces régiments allemands, et ce fut un des épisodes les plus terriblement glorieux de la journée du 16. Le hasard y faisait sabrer justement le 7e cuirassiers prussien par le 7e cuirassiers français.

Ces charges brillantes de la cavalerie du général de Forton, — cette même cavalerie repoussée le matin, — dégageaient la droite de notre armée. Mais en outre les troupes de Lebœuf arrivant de ce côté et tombant sur le flanc gauche des Prussiens, complétèrent bientôt le succès que nous venions d'obtenir. Appuyés sur le village de Saint-Marcel, nos soldats délogeaient du bois voisin les ennemis qui s'y abritaient. Vers quatre heures, les Prussiens essayaient encore d'enfoncer nos positions, et, par Mars-la-Tour, dirigeaient sur notre extrême droite une attaque formidable. De ce côté, le général von Kraatz engageait toutes ses forces pour triompher de la division Grenier qui, depuis plusieurs heures, soutenait le feu des Prussiens. Mais précisément cette division venait d'être relevée par la division de Cissey, arrivée à marche forcée sur le champ de bataille, et lorsque les Prussiens, après avoir franchi le ravin qui les séparait de nous, déployèrent leurs tirailleurs,

nos soldats, s'élançant à la baïonnette, passent le ravin à
leur tour, abordent les fantassins de Prusse et, dans un
épique combat, détruisent le 16e régiment d'infanterie
presque tout entier, lui arrachent son drapeau et ne laissent que 160 hommes debout sur les 3,000 qui composaient
le 16e d'infanterie. Ce chiffre paraîtrait incroyable, s'il
n'était affirmé par les autorités les plus sérieuses. Pour
sauver l'infanterie que détruisent ainsi les baïonnettes
françaises, la brigade des dragons de la garde royale
prussienne s'élance, sabre haut, ébranlant le sol de ses
lourds chevaux. La division de Cissey se masse autour de
ses drapeaux, laisse pénétrer les dragons dans ses rangs,
puis, les fusillant presque à bout portant, les prend en
flanc et « les détruit presque complétement. »

Ainsi, à notre droite, nous avions tout à fait l'avantage.
Au centre, l'ennemi se maintenait dans sa position. Vers
cinq heures, il essayait de faire reculer par là notre armée,
et, après l'avoir canonnée pendant deux heures avec une
incessante furie, il lançait sur elle, après ses obus, ses cuirassiers et ses réserves. Notre 93e de ligne est mis en
désordre par les cuirassiers prussiens, on lui enlève son
drapeau et les cavaliers emmènent avec eux une pièce de
canon qu'ils nous ont prise, lorsque la cavalerie de Valabrègue, descendant au galop les hauteurs de Rezonville,
sabre les cuirassiers, leur reprend le drapeau du 93e et
ramène le canon qu'on nous a enlevé. Pendant ce temps,
l'ennemi redouble d'efforts sur notre gauche et tente de
s'emparer du bois des Oignons ; mais là, son élan est
arrêté par nos mitrailleuses dont le craquement incessant
fait rage, et qui fauchent les bataillons prussiens.

Une dernière charge de cavalerie prussienne sur notre
droite termina cette journée sanglante. La division de
Cissey contint, encore une fois, l'effort de l'ennemi, et l'aile
gauche prussienne battait en retraite vers sept heures et
demie du soir. On pouvait, poursuivant l'ennemi au delà de
la route de Verdun, lui arracher Tronville dont il s'était
emparé le matin, et le forcer ainsi à abandonner ce point
du combat que l'on a considéré à bon droit comme la clef
de la position prussienne. Mais il était trop tard. La nuit
venait et on n'entendait plus que cette canonnade suprême
de la dernière heure de combat qui est comme le râle de
la bataille. Une dernière charge des cavaliers du duc

de Mecklembourg était repoussée par les grenadiers de la garde, commandée par Bourbaki, et tout se taisait bientôt. Nous demeurions maîtres du champ de bataille et, quoi qu'ait pu dire ou écrire depuis l'ennemi, la journée du 16, qui restera dans l'histoire sous le nom de *bataille de Rézonville* ou de *Mars-la-Tour*, était pour nous une victoire.

L'armée prussienne avait perdu 17,000 hommes, et nous avions le même chiffre à peu près (moindre cependant) de tués, de blessés et de disparus. Mais les Allemands ont prétendu que, ce jour-là, l'armée française combattit tout entière, ce qui est faux. Nous ne pûmes guère engager que 120,000 hommes sur les 135,000 qui composaient notre armée, et, le soir, les forces mises en ligne par les Allemands s'élevaient au moins à 180,000 hommes. Ce qui rendit à la fois peu décisif et inutile notre succès dans cette journée du 16, ce fut la constante préoccupation qu'eut Bazaine, non pas de marcher en avant, mais de ne point se laisser couper de sa ligne de retraite sur Metz. Au lieu de risquer bravement, audacieusement une trouée par la route de Verdun ou de Briey, le maréchal se préoccupait surtout de savoir comment il se rabattrait sur la citadelle.

Dès la fin de la bataille du 16, le maréchal devait, ce semble, penser à poursuivre sa route et à profiter de la journée. Les officiers allemands reconnaissent eux-mêmes qu'avec un peu de vigueur, le commandant en chef de l'armée française pouvait s'ouvrir, soit par la route de Verdun, soit par la route de Briey, le passage qui devait le sauver. Encore une fois, je le répète, à la seule inspection, sur la carte, des positions premières occupées le matin par les deux armées et des positions occupées le soir, on voit clairement que la victoire nous restait. Or, que fait le maréchal? Croyez-vous qu'il avance, qu'il tombe sur l'ennemi sans lui donner le temps d'attendre des renforts? Point du tout. Le maréchal bat en retraite.

L'armée était stupéfaite et navrée. Elle savait que, du côté de Pont-à-Mousson, des renforts arrivaient à l'ennemi, et elle ne concevait point qu'on ne les attaquât pas dans leur marche. Battre en retraite après la journée du 16 lui paraissait une de ces impossibilités inexplicables que l'humeur française est immédiatement portée à appeler du nom de trahison. Lorsqu'il se dit *trahi*, le soldat n'entend pas toujours signifier qu'il est *vendu*, mais seulement qu'il est mal com-

manu... certes c'était le cas de cette vaillante armée de la
Moselle. « De direction générale, aucune, dit le général
Deligny ; de mouvements coordonnés, aucun ; de but précis,
aucun ! »

Ordre fut donné, le 17, à nos soldats, de se fortifier dans
leurs positions. Bazaine, qui pouvait attaquer le 17 au
matin, prévoyait, le 17 au soir, une redoutable attaque des
Prussiens. Le nombre des troupes allemandes, sans cesse
grossi par l'arrivée des corps en marche, s'élevait dans la
soirée du 17 à 200,000 hommes.

Du 14 au 18, Bazaine avait laissé s'accomplir la concentration formidable des troupes ennemies. L'armée allait
payer cher l'inactivité singulière de son chef.

La ligne de bataille des Français, le 18 août au matin,
avait l'énorme défaut d'être beaucoup trop étendue. Notre
gauche, formée par le 2e corps (Frossard), partait du
village de Rozérielles, s'étendant jusqu'au Point-du-Jour, et
ayant devant elle le 7e corps prussien, à demi blotti dans les
bois de Vaux, derrière les forges d'Ars-sur-Moselle. Le
centre, formé par les 3e et 4e corps, s'appuyait sur les
fermes de Moscou, Leipzick et la Folie, jusqu'à Montigny-la-
Grande. Le corps Canrobert (6e corps) formait la droite,
vers Amanvillers. C'était sur lui qu'allaient porter tous les
efforts de l'armée ennemie. A Gravelotte, le 18, comme à
Rézonville, le 16, les Prussiens eurent pour tactique de
tourner l'armée en enfonçant notre droite. Mais, cette fois,
malheureusement, le poids écrasant de leur nombre devait
l'emporter. Au surplus, comment Bazaine opposait-il à la
masse ennemie un front de bataille aussi étendu ? Pourquoi,
par quelle incroyable aberration ou par quel calcul laissait-
il la garde impériale derrière Lessy, abritée par le fort de
Plappeville, et si loin du champ de bataille ? Enfin, comment lui, chef d'armée, ne se trouvait-il pas sur le lieu de
l'action ?

Dès le matin du 18, notre armée, établie sur la ligne cul-
minante des hauteurs qui forment comme un long plateau
devant lequel se déroulent les deux routes qui vont à Verdun,
l'une par Conflans, l'autre par Mars-la-Tour, avec le village
de Gravelotte comme point d'intersection, nos soldats
voyaient défiler à l'œil nu, au-dessus de Gravelotte, des
masses de troupes prussiennes qui traversaient la route de
Verdun et semblaient disparaître dans les bois. « Tout le

monde, dit un témoin, officiers, soldats, voit ce mouvement;
mais dans l'état-major personne ne bouge, et ce sont des
officiers qui vont prévenir les généraux ! On fait distribuer
quelques instants après des outils, et nos soldats font rapidement trois lignes de tranchées-abris. » Cette fois, Lebœuf
et Frossard, l'organisateur de la défaite et le vaincu de Forbach, utilisent leurs connaissances spéciales. En peu de
temps, les positions pour les canons et les mitrailleuses
sont indiquées, et nos fantassins, postés dans les bois du
vallon, attendent l'ennemi, prêt à le recevoir par le feu de
leurs chassepots.

Vers midi, l'attaque se dessine sur la droite, puis, tout à
coup, vers Saint-Hubert et le Point-du-Jour, nos soldats
voient descendre de Gravelotte des masses noires d'infanterie prussienne. L'artillerie française envoie d'abord ses
obus dans ces tas mouvants de chair humaine, puis, l'ennemi avançant toujours, les mitrailleuses entrent en ligne,
et le carnage est épouvantable. Les mitrailleuses font
feu par-dessus la tête de nos fantassins, dont la mousqueterie s'unit à leurs décharges incessantes. L'artillerie
prussienne riposte avec sa vigueur et sa précision habituelles, et alors s'engage le long des lignes d'Amanvillers
une des plus terribles et des plus sanglantes batailles du
siècle.

Tandis que, sur notre droite, nos soldats tenaient en
échec le 7e corps prussien et que le Mont-Saint-Quentin
envoyait ses obus jusqu'à Ars où se massaient les réserves
ennemies, notre droite résistait aux attaques furieuses du
7e corps établi dans les bois de la Gusse ; mais les Allemands,
durant toute cette journée, par une manœuvre audacieuse
mais imprudente aussi, et qui eût pu leur coûter cher,
déplaçaient la plus grande partie de leurs forces pour les
jeter sur le corps de Canrobert. Une batterie foudroyante,
subitement démasquée à Saint-Ail, ouvrait bientôt les rangs
des soldats de Canrobert, et la garde royale et le 10e corps
prussien se précipitaient vers la plaie béante faite dans
cette masse humaine, tandis que les Saxons la prenaient à
revers. C'était le moment terrible de la journée. Vainqueurs
à gauche, peu entamés au centre, la bataille était à nous si
cette suprême attaque était repoussée. Elle l'eût été si la
garde, accourue de Plappeville, eût donné ce soir-là!
Chacun au surplus redouble d'âpre acharnement. Un

bataillon du 28ᵉ de ligne se laisse anéantir presque jusqu'au dernier homme dans le fossé qui lui sert de retranchement. Canrobert combat en soldat l'épée à la main, au premier rang, disant : En avant! à ses soldats qui n'ont pas besoin de son encouragement. Il résiste deux heures; pendant deux heures, avec 20,000 hommes décimé il dispute cette terre trempée de sang à plus de 80,000 ennemis. Il faut que M. de Moltke tire, à son tour, l'épée du fourreau et lance les Poméraniens à l'assaut des hauteurs que l'artillerie enfile vainement de ses obus. Nos soldats résistent toujours. Mais, à la nuit tombante, le lugubre cri, le hurlement joyeux des Allemands couronnant le plateau retentit sur ce champ de bataille, et nos soldats aperçoivent, redescendant vers Metz, le 6ᵉ corps écrasé qui se replie en désordre. L'artillerie de la garde, accourue, arrête l'élan des ennemis et les foudroie pendant que la division des grenadiers de la garde essaye, mais trop tard, de reprendre Saint-Privat et Sainte-Marie aux Chênes. Il est nuit. Tous ces petits villages embrasés, ces fermes incendiées projettent sur le champ de bataille leurs sinistres lueurs. Notre déroute est complète sur la droite, et pourtant les Allemands ne se risquent à bivaquer que jusqu'à Amanvillers, contenus encore par le corps Ladmirault qui se replie en combattant, tandis que deux corps d'armée, le 3ᵉ et le 2ᵉ, demeurent, pendant la lugubre nuit qui suit cette journée de carnage, maîtres de leurs positions, devant Gravelotte.

Ces deux corps ne se retirèrent que le lendemain matin où ils allèrent camper dans les vignes, derrière les forts de Plappeville et de Saint-Quentin.

Nos soldats s'étaient battus héroïquement, non pas en désespérés, mais au contraire en hommes qui espèrent la victoire. Et, pour la leur assurer, le commandement seul manqua. A cette heure même, le maréchal Bazaine, calme, indifférent, demeurait paisiblement entre les deux forts de Plappeville et de Saint-Quentin, à plusieurs kilomètres du combat! Peut-être trouvait-il qu'il avait assez exposé le chef de l'armée dans la journée du 16. Toujours est-il qu'il n'assistait pas à la bataille.

---

1. Fernand Delaunay, *Histoire de la campagne de France*, tome Iᵉʳ, p. 292.

En outre, et comme toujours, les munitions manquèrent. L'artillerie dut battre en retraite, n'ayant plus de projectiles. Dès quatre heures de l'après-midi, les fourgons étaient vides. Et pourtant cette armée, si mal commandée, si mal organisée, arrachait à son vainqueur cet aveu qui peut passer pour un amer titre de gloire : « Pas un trophée, pas un canon démonté ne restèrent entre nos mains.... Plus de 10,000 morts ou blessés prouvent l'acharnement de ce combat, qui dura neuf heures et dans lequel la vaillance des Allemands ne triompha qu'à grand'peine de l'opiniâtre résistance des Français[1]. »

Ce fut à propos de cette bataille glorieuse, mais funeste, et qui eût pu tourner à la défaite de l'ennemi, que M. de Palikao, ministre de la guerre, annonça au Corps législatif français, aux représentants de la nation que « *trois corps d'armée qui s'étaient réunis contre le maréchal Bazaine avaient été d'après des renseignements dignes de foi rejetés dans les carrières de Jaumont.* »

Le lendemain de la bataille de Gravelotte, Bazaine écrivait à Mac-Mahon « qu'il comptait toujours opérer son mouvement de retraite par Montmédy. » Mais, en même temps, il parlait de l'*investissement* de Metz dans une dépêche à l'empereur (20 août). Le 22, il télégraphiait au ministre de la guerre : « L'ennemi grossit toujours et paraît commencer à *nous investir.* » Il occupait, en effet, la voie ferrée reliant Metz à Thionville, interceptait la route de Paris, coupait les fils du télégraphe sur la route de Briey et détruisait les ponts de l'Orne, affluent de la Moselle. Ainsi le blocus commençait. Bazaine pouvait encore le rompre, mais il attendait, paraît-il, le secours de Mac-Mahon.

De cette sorte, vers la fin du mois d'août, la position des armées ennemies était celle-ci :

Bazaine, rejeté sous Metz, n'ayant pas su hâter sa marche le 14 et le 15 août, ou profiter de la journée du 16, se trouvait forcé de livrer un gigantesque combat pour rompre le cercle de fer qui l'étreignait.

Frédéric-Charles investissait étroitement la place de Metz dont il n'osait faire le siège, et préférait le blocus à l'assaut des ouvrages armés.

En Alsace, Strasbourg neutralisait la division badoise, qui bombardait sans pitié la malheureuse ville.

Mac-Mahon remontait vers l'Ardenne, voulant tomber

sur les derrières de l'armée de Frédéric-Charles, et donner la main à Bazaine après avoir troué les lignes d'investissement; mais il allait se heurter contre l'armée du roi, tandis que l'armée du Prince royal, arrivée à Châlons, repartait aussitôt, suivant Mac-Mahon de près et redoublant d'activité strictement réglée.

Sans entrer dans d'autres explications topographiques ou géographiques, nous croyons qu'on peut se rendre un compte exact de la situation respective des Allemands et des Français.

Pour nous, la situation n'était point désespérée, quoique compromise, si Mac-Mahon, fondant brusquement sur l'ennemi, ne s'attardait pas en chemin, et si Bazaine faisait, autour de Metz, craquer les lignes ennemies par un effort puissant et résolu.

Mais Mac-Mahon avait, outre cet obstacle, traîné à sa suite, l'empereur; et Bazaine, n'ayant pas su tirer parti de l'armée à Gravelotte et à Rézonville, avait déjà pris cette attitude molle, indécise, funeste, dont l'histoire lui demande un terrible compte.

Mais, je le répète, à l'heure dont nous parlons, au moment de ces marches des armées ennemies, à la veille de Mouzon, de Carignan et de Sedan, la France espérait toujours. Elle comptait sur Bazaine. Elle comptait sur Mac-Mahon. Et elle écoutait, certaine, hélas! que du côté de Metz et du côté de l'Ardenne lui viendrait bientôt un écho de victoire.

La déception devait être d'autant plus terrible, d'autant plus atroce et cuisante que l'illusion était forte et moins raisonnée. Mais les nations flagellées, comme les malheureux et les pauvres, ont besoin de mirages d'illusion et d'espoir. Le rêve (et cela console) leur fait oublier la réalité. Mais ce sont des rêves que nations et individus payent cher, comme tous les mensonges.

CHAPITRE XII

Jamais peut-être, dans l'histoire tourmentée de notre
France, une heure aussi solennelle n'avait sonné que celle
qui devait bientôt retentir comme un carillon de victoire ou
comme un glas funèbre. L'invasion étendait partout ses
maux dans nos provinces de l'est. Les rues de Strasbourg
n'étaient déjà plus que des ruines, et, tandis que le Corps
législatif déclarait que la capitale de l'Alsace avait bien
mérité de la patrie, les obus incendiaires et les bombes à
pétrole tombaient sur cette malheureuse ville que le Badois
Werder écrasait sous son artillerie. Phalsbourg aussi résistait et, tandis que quatre uhlans entraient à Nancy, la jeunesse de la cité lorraine combattait bravement à Toul et
repoussait les assauts des envahisseurs.

Cependant la fin d'août approchait et le dénouement ne
devait pas tarder à se faire attendre. Après ses tergiversations
et ses hésitations habituelles, Napoléon s'était décidé à
marcher sur Metz. Nous avons dit que cette marche était imprudente, mais, par son audace même, elle pouvait réussir
à la condition qu'elle fût rapidement exécutée et produisît,
sur les derrières de l'armée prussienne, l'effet d'un coup de
foudre. On conçoit que Mac-Mahon ayant, sur le Prince
royal en marche sur Châlons, une avance de plusieurs jours,
pouvait, passant sur la Meuse, tomber sur l'armée du roi
alors dans les Ardennes, tandis que Bazaine, sortant de Metz,

attaquerait furieusement l'armée de Frédéric-Charles. Ainsi
les deux armées prussiennes, attaquées à la fois par derrière et de front, pouvaient être battues, et il ne restait
plus ensuite que l'armée du Prince royal contre laquelle
lutteraient Bazaine et Mac-Mahon réunis, soit près de
280,000 hommes. Voilà le plan français, celui que M. de Palikao espérait voir réussir. Quant au plan prussien, il consistait à opposer l'armée de Frédéric-Charles à l'armée de
Bazaine, tandis que l'armée du Prince royal attaquerait
celle de Mac-Mahon, et que l'armée du roi de Prusse, placée
entre les troupes de son neveu et les troupes de son fils,
demeurerait prête à renforcer les unes ou les autres. En
dégageant la situation de tout détail de stratégie technique,
je crois bien indiquer le sens des opérations.

Pour accomplir son mouvement et essayer de débloquer
Metz, Mac-Mahon devait passer la Meuse, pousser sur Dun
et attaquer le roi de Prusse dans ses cantonnements; mais
ses hésitations firent qu'au lieu d'attaquer, il fut attaqué, et
qu'il perdit d'heure en heure l'avance qu'il avait sur le Prince
royal. En apprenant que plus de vingt-quatre heures étaient
perdues, M. de Palikao fut pris d'une sorte de désespoir, et le
général de Wimpffen affirme que le ministre de la guerre se
rendit chez l'impératrice en lui signifiant que, si l'ordre donné
au maréchal de se porter sur Metz n'était pas exécuté immédiatement, lui, M. de Palikao, ferait afficher par toute la
France que l'empereur était la cause des désastres futurs et
inévitables. C'est à M. de Palikao de confirmer l'allégation
du général de Wimpffen. Toujours est-il, c'est qu'en envoyant M. de Wimpffen à l'armée pour remplacer M. de
Failly à la tête du 5e corps, M. de Palikao le nomma en
même temps général en chef de l'armée de Châlons, au cas
où Mac-Mahon serait tué ou blessé grièvement, et qu'il
ordonna au général Vinoy de se mettre en marche avec le
13e corps pour appuyer le mouvement du maréchal sur la
Meuse, menacer les derrières de l'armée du prince royal,
en évitant toutefois de trop s'engager.

Il y a quatre-vingts kilomètres environ de Reims, point
de départ, à Dun-sur-Meuse. L'armée de Mac-Mahon en
faisait douze par jour environ, soit trois lieues, quatre au
plus. L'ennemi en faisait le triple. Cette lourde armée
allemande renouvelait sa fameuse et rapide marche de
flanc qui décida du sort de la journée de Sadowa. Enfin,

comme si le commandant français eût pris à tâche de
perdre l'avance qu'il avait sur le Prince royal, et comme
si le désordre extrême de l'armée devait être poussé à
l'extrême, le 5ᵉ corps (de Failly), qui formait l'avant-garde
et qui allait bientôt se trouver à l'arrière-garde, se heurta,
le 27 août, à une quatrième armée prussienne, formée en
hâte depuis le 19 août et qui, placée sous les ordres du
prince de Saxe, était composée de la garde prussienne, de
Saxons, du corps Alvensleben 1ᵉʳ et de deux divisions de
cavalerie. C'était à Buzancy. La cavalerie française, les chasseurs du général Brahaut, furent contraints de se replier
devant l'artillerie allemande placée dans les bois et balayant
la route. Le 5ᵉ corps rétrograda, devant ces forces supérieures, et campa, ce même soir du 27, à Châtillon.

Tous ces bois de l'Ardenne, ces chemins, ces sentiers
étaient occupés par l'ennemi ou sillonnés par ses coureurs.
L'armée française, on peut le dire, cheminait, sous le guet
de cent mille adversaires à l'affût, et, en quelque sorte, sous
la gueule de leurs canons. Le mouvement du général de
Failly sur Buzancy avait été repris par ordre de Mac-Mahon,
et les troupes repassaient, sous une pluie torrentielle, par
ces mêmes chemins déjà parcourus la veille. Que de temps
perdu! Quel désordre! C'était aux environs de Montmédy
sans doute que Mac-Mahon espérait opérer sa jonction avec
Bazaine. Le 28, le corps d'armée du général de Failly se
trouvait près de Nouart et de Bois-des-Dames, en route
pour Stenay; et, du côté du Chesne et de Buzancy, à l'endroit où l'on pouvait craindre de voir déboucher l'armée du
Prince royal, aucun corps d'armée n'avait été placé pour
arrêter l'ennemi. Le 29, tandis que, entre Vouziers et
Attigny, deux escadrons de hussards prussiens, mettant
pied à terre, enlevaient le village de Voncq; plus loin, à
Nouart, un combat malheureux nous était livré. C'est encore
l'artillerie prussienne qui, par sa précision, faisait reculer
nos fantassins et nous contraignait à regagner les hauteurs
d'où nos batteries canonnaient les troupes allemandes défilant à une lieue de nous sur cette route que nous voulions
suivre et que nous n'avions pu défendre, et, par Buzancy,
gagnant Stenay où devait se rendre le 5ᵉ corps (de Failly).

Ce corps, formant naguère notre avant-garde, se trouvait donc maintenant l'arrière-garde de l'armée. Le 7ᵉ
(Félix Douay) se trouvait en arrière, à droite, trop près de

Beaumont, appuyé sur le village d'Oches, à la lisière de la forêt de Dieulet. Le 1er corps (Ducrot) formait le centre et se trouvait à Raucourt; le 12e corps (général Lebrun, comprenant l'admirable division d'infanterie de marine du général de Vassoignes, était campé près du 1e corps et formait la gauche. Pour arriver à ce mouvement de concentration, l'armée française avait fait *huit lieues en trois jours.*

Le soir du 29 août, le général de Failly, traversant la forêt de Dieulet, s'était établi à Beaumont. Ses troupes n'y arrivèrent que pendant la nuit. Une partie avait combattu avec succès à Bois-des-Dames pour contenir l'ennemi qui menaçait, après l'engagement de Nouart, de poursuivre nos soldats à travers bois. L'arrière-garde du 5e corps (division de d'Abadie) ne prit son campement qu'à cinq heures du matin. Après une nuit sombre, ces soldats qui marchaient dans l'obscurité, las, sans distribution de vivres, virent se lever un jour pâle et triste qui devait être le jour fatal de la déroute de Beaumont.

A sept heures du matin, le maréchal Mac-Mahon, qui se rendait à Mouzon, traversa le camp de Beaumont. Il s'arrêta au quartier général et donna ordre à M. de Failly de marcher sur Mouzon. M. de Failly, dans sa brochure justificative sur les *Opérations et marches du 5e corps,* nous dit qu'à neuf heures les généraux divisionnaires et les chefs de service réunis purent se convaincre que l'ennemi ne suivait point la marche du 5e corps et continuait, au contraire, sa marche sur Stenay. Je ne veux pas faire remarquer que les généraux se réunissaient à *neuf heures,* deux heures après que Mac-Mahon eut donné l'ordre de marcher sur Mouzon : la fatigue excessive des troupes pouvait légitimer ce retard. Mais ce qui est sans excuse, c'est que sur la simple présomption que les Allemands marchaient sur Stenay, le général ordonna une *grande halte* et retarda jusqu'à *onze heures* pour la tête de colonne, *à midi* pour l'armée, le départ des troupes, afin qu'on pût passer l'inspection des armes et nettoyer les fusils.

Le premier obus prussien causa une stupeur dans le camp français. On court aux armes, on rompt les faisceaux, les bataillons se forment en hâte et se replient en désordre. L'artillerie allemande ouvre un feu continuel, écrasant, et une véritable pluie d'obus tombe au milieu de ces masses humaines qui sont les régiments français. Trois régiments de ligne, le 11e, le 46e et le 68e, suivis du 4e bataillon de chasseurs à pied, s'établissent aussitôt sur les hauteurs, et, ouvrant un feu à volonté, rejettent dans les Bois les Prussiens qui débouchent en avant du village. Des bois alors sortent des volées de mitraille, tandis que de nouveaux régiments ouvrent un feu terrible contre nos soldats. Et point d'artillerie pour répondre à l'artillerie allemande. Il a fallu harnacher les chevaux, atteler les pièces, les sauver d'abord avant de les mettre en position. Alors l'ennemi sort en foule, avec ses hurrahs habituels, des bois où il nous foudroie. Des bataillons français s'élancent à la baïonnette pour arrêter la marche des Allemands. Ceux-ci, n'attendant pas la charge à l'arme blanche, accueillent les nôtres par une fusillade épouvantable. Il faut reculer, battre en retraite. L'ennemi, sur la gauche de l'armée, tourne nos troupes et les rejette sur Mouzon. Le centre est enfoncé par les Bavarois. La retraite est une déroute. A travers les taillis passent les coups de sifflets des officiers prussiens, et les balles des tirailleurs, couchés derrière les arbres, jettent le désordre dans les rangs confondus de ce corps d'armée qui n'est plus qu'une foule.

Le soir vient. Un régiment de cavalerie, le 5e cuirassiers du 12e corps, s'élance, dans une charge à fond, sur l'ennemi qu'il veut contenir. L'artillerie allemande le mitraille. Quelques bataillons solides, un entre autres du 30e de ligne, protège la retraite, et, jusqu'à six heures du soir, paralyse par son attitude énergique, son feu multiplié, les dernières attaques de l'ennemi. Quand cette poignée de braves soldats, se relevant de leur position de tirailleurs à genoux, traversèrent la Meuse, le soir venu, ils n'avaient plus une cartouche. Les quatre-vingt-dix cartouches d'ordonnance étaient brûlées, et tous les coups avaient porté sur les colonnes ennemies, en pleine chair.

Pendant ce temps, le corps du général Félix Douay (le 7e) arrivait sur le champ de bataille, essayant d'arrêter le mouvement débordant des prussiens. L'infanterie de marine du 12e corps (Lebrun) défend aussi le passage de la Meuse, avec une intrépidité superbe; mais c'en est fait, la journée est perdue. L'armée tout entière reçoit l'ordre de se replier sur Sedan par Carignan et Brévilly, sur la rive gauche de la Chiers.

Déjà des régiments entiers, poussés par la défaite jusque

sur le territoire belge, avaient été forcés de déposer les armes entre les mains des soldats de ce peuple neutre dont le cœur battait au spectacle de l'écrasement d'une nation qui l'aime et qu'il aime ausssi.

Les routes étaient pleines de fuyards; des compagnies erraient, perdues dans les bois. Certains régiments du 5ᵉ corps n'étaient plus que des bandes. Le général de Wimpffen, venu d'Oran et arrivé ce même jour 30 août à Mézières, à huit heures du matin, se heurta contre cette cohue de soldats qui était justement le corps d'armée qu'on lui donnait ordre de commander. Qui sait si, arrivé trois jours plus tôt, le général de Wimpffen n'eût pas évité à l'armée le désastre de Sedan, en empêchant cette déroute de Beaumont?

Cette dernière défaite du général de Failly eût entraîné, je pense, sa destitution, alors même que le général de Wimpffen n'eût pas été désigné par le ministre de la guerre pour lui succéder dans le commandement du 5ᵉ corps. Celui-ci, vieux général d'Afrique et d'Italie, ancien colonel des tirailleurs algériens, commandant la province d'Alger, avait, au début de la guerre, demandé un commandement qu'on ne lui avait pas accordé. Réduit à suivre, de loin, les opérations militaires, il en avait maintes fois deviné le fatal résultat, et il en déplorait le début en en redoutant la chute, lorsqu'il fut mandé à Paris pour remplacer M. de Failly à la tête du 5ᵉ corps. Le général de Wimpffen était connu surtout alors pour sa bravoure superbe en Italie. Parti de Trecate, le matin de la bataille de Magenta, avec la brigade des grenadiers de la garde (2ᵉ et 3ᵉ régiments), il avait lancé ses soldats à l'attaque de Buffalora et, l'épée à la main, payant de sa personne, il avait été blessé en disputant pendant plusieurs heures la position à l'armée autrichienne.

M. de Wimpffen arriva à Sedan dans la nuit du 30 août avec les débris du 5ᵉ corps.

Napoléon n'était plus le flegmatique personnage de la veille. Les larmes qu'il avait déjà versées à Metz lui remontaient aux yeux.

— Mais, général, dit-il, expliquez-moi donc pourquoi nous sommes toujours battus, et ce qui a pu amener la désastreuse affaire de Beaumont?

Et il ajouta : — Hélas! nous sommes bien malheureux!

Il eût pu dire : bien coupables.

Le 3ᵉ zouaves perçant les lignes prussiennes après la capitulation.

11

La pauvre armée française laissait déjà 20 canons, 11 mitrailleuses et 700 prisonniers entre les mains de l'ennemi, et les Prussiens et les Saxons refoulaient encore nos soldats, par Carignan, jusqu'à Douzy et Villers, près de Sedan, tandis que vers Mézières l'armée du Prince royal leur coupait la retraite du côté de cette place forte, et que les Bavarois se massaient devant Bazeilles. Le soir du 31 août, notre armée était absolument entourée, et le cercle formé autour de Sedan était complet. Rien n'avait arrêté d'ailleurs la marche de l'ennemi, qui avait pu passer la Meuse sur des ponts minés que nous n'avions pas eu la précaution de faire sauter.

Bien Wimpffen dût commander un corps d'armée, il ne fut mis, ni par l'empereur ni par le maréchal, au courant des opérations qu'on allait tenter le lendemain.

Pour défendre la position de l'armée ou pour s'ouvrir un passage jusqu'à Mézières à travers les lignes prussiennes, le 7e corps (celui du général Douay) avait été placé devant ces grands bois de la Garenne qui couronnent de leurs taillis la hauteur la plus élevée du pays. De là-haut, on domine Sedan, qu'on aperçoit sur la gauche, enfoncé près de la Meuse; le calvaire d'Illy se dresse à la sortie du bois. Le 5e corps (Wimpffen) et le 1er (Ducrot), placés sur la hauteur qui domine le fond de Givonne, occupaient le centre, tandis que le corps du général Lebrun (12e) défendait la droite, et que l'infanterie de marine, postée à Bazeilles, s'apprêtait à disputer cette petite ville à l'ennemi.

Le 1er septembre, à quatre heures et demie du matin, par un temps de brouillard épais, l'action décisive qui devait si durement influer sur la destinée de la France s'engageait vers Bazeilles avec une intensité singulière. Les Bavarois, passant la Meuse, attaquaient l'infanterie de marine qui ripostait vigoureusement et avec un avantage marqué. En même temps, l'attaque se prolongeait vers Givonne. Les troupes du général Ducrot avaient à lutter contre des forces considérables, des fantassins appuyés par une forte réserve de cavalerie saxonne, et pliaient sous le feu de l'artillerie allemande, lorsqu'auprès d'un peuplier qu'on montre encore, un obus vint frapper le commandant en chef de l'armée, le maréchal de Mac-Mahon, enlevant la croupe de son cheval et lui labourant les reins. On emporta le maréchal, et, sur son ordre, le général Ducrot prit le commandement de l'armée. Le général de Wimpffen, qui avait en poche sa commission du ministre de la guerre l'appelant au commandement en chef, au cas où Mac-Mahon serait tué ou blessé, n'apprit qu'une heure plus tard que le général D ucrot commandait. Le général Ducrot voulait, joignant ses troupes à celles du général Douay qui combattaient en avant des bois de la Garenne, tenter une vigoureuse trouée sur Mézières en descendant des hauteurs et en se précipitant sur Illy. Il comptait enfoncer les corps d'armée prussiens massés devant le général Douay à Saint-Menges et à Flégneux ; mais le général de Wimpffen, averti que les forces de l'ennemi s'élevaient à plus de 80,000 hommes, voyant d'ailleurs que les troupes, au lieu de se lancer sur Illy, se rapprochaient instinctivement vers l'ancien camp, sous le canon de Sedan, fit acte de général en chef, montra sa nomination, donna ordre aussitôt au général Ducrot de reprendre ses positions, et envoya au général Lebrun, qui combattait à Bazeilles, toutes les troupes dont il put disposer pour accentuer le succès que nous obtenions sur notre droite.

Il était alors neuf heures du matin. De Wimpffen, parcourant le champ de bataille, rencontra l'empereur qui revenait des hauteurs de Bazeilles. Napoléon, un moment placé sous le feu de l'ennemi, avait eu là un officier d'ordonnance, le capitaine d'Hendecourt, tué non loin de lui. Mais il s'était bientôt éloigné de ce coin du champ de bataille où notre brave division d'infanterie de marine combattait héroïquement sous un feu meurtrier, et, lorsqu'il rencontra le général de Wimpffen, près du fond de Givonne, il allait pacifiquement déjeuner. Sa Majesté avait faim. Le général de Wimpffen, durant tout ce jour, ne devait manger *qu'une carotte arrachée d'un champ*, et des milliers de soldats n'allaient prendre aucun repas.

Toute préoccupation, comme celle du général Ducrot, dans cette journée, a été d'éviter une capitulation ; mais, en ordonnant la trouée sur Carignan, de Wimpffen attaquait un point beaucoup plus faible de l'ennemi, et rendait la réussite du mouvement plus probable. Il était d'ailleurs assez difficile de se mouvoir sur ce champ de bataille labouré d'obus, couvert de projectiles, balayé depuis le petit jour par 400 pièces de canon ennemies.

Wimpffen, éperdu, n'ayant pas un officier d'état-major à sa disposition (l'état-major de Mac-Mahon était, le croirat-on ? rentré à Sedan depuis le matin, à la suite du maréchal blessé), Wimpffen regardait, du haut de ces collines, le champ de bataille où l'ennemi allait nous envelopper. Partout, dans ces bois, sur ces coteaux, la mort, le désespoir, l'effarement, la défaite. Ducrot, repoussé de Givonne, se rapprochait des bois de la Garenne ; Douai, écrasé, restait sur ses positions balayées par l'artillerie allemande; le 5e corps combattait çà et là, désorganisé depuis Beaumont. Seul, le corps du général Lebrun avait l'avantage vers Bazeilles, ou du moins tous les efforts de l'ennemi n'avaient pu l'entamer, et les soldats de l'infanterie de marine, postés dans les maisons, refoulaient sous leur fusillade les Bavarois qui pliaient. Maison par maison, pierre à pierre, Bazeilles était défendue. Dans le parc, derrière le village, le massacre fut épouvantable. Il fallut envoyer aux soldats de Von der Thann des troupes de l'armée du prince de Saxe, le régiment prussien de Magdebourg, le 4e bataillon des chasseurs prussiens et une batterie nouvelle pour leur permettre de soutenir le combat.

C'était sur ce point que Wimpffen voulait échapper à l'ennemi. La route de Stenay pouvait nous être ouverte. Par Carignan on pouvait peut-être gagner Montmédy. Je n'en crois rien; qu'importe ! Le général donna ordre au général Lebrun de tenter contre tout espoir l'opération. Il lui enverrait bientôt toutes les troupes dont il pouvait disposer. Ordre est donné à Douay de couvrir le mouvement, à Ducrot de marcher sur la Moncelle, près de Bazeilles, à la division de Lespart (du 5e corps) de se lancer sur le même point. A la même heure, le général écrit à l'empereur, enfermé dans Sedan, ce billet qu'il fait porter en double expédition par deux officiers d'état-major.

« Sire,

« Je me décide à forcer la ligne qui se trouve devant le général Lebrun et le général Ducrot, plutôt que d'être prisonnier dans la place de Sedan.

« Que Votre Majesté vienne se mettre au milieu de ses troupes; elles tiendront à honneur de lui ouvrir un passage.

« Une heure un quart, 1er septembre.

                              « DE WIMPFFEN. »

Mais, à cette heure même, le général Douay pliait devant le feu de l'artillerie prussienne, et des tirailleurs prussiens, repoussés d'abord par nos soldats, commençaient à apparaître près du calvaire d'Illy, à la lisière des bois de la Garenne. Depuis onze heures, nos troupes avaient supporté avec un héroïsme furieux les décharges épouvantables des canons d'acier. Lorsque, l'artillerie prussienne ayant fini son rôle, l'infanterie s'ébranla pour enfoncer notre gauche, le général Ducrot, voulant l'arrêter, donna ordre au général de Margueritte, qui se tenait en réserve dans une clairière du bois avec sa division de cavalerie, de charger l'assaillant en balayant d'abord l'ennemi de front, puis le sabrant, en le prenant de flanc. Le général de Margueritte enleva ses cavaliers, et, chargeant à leur tête, dispersa les premières lignes ennemies et se heurta contre les fantassins postés dans des fossés ou derrière des haies et qui foudroyèrent, à cent cinquante pas, ces escadrons lancés au galop. Nos cuirassiers et nos chasseurs d'Afrique, broyés par le feu, tournent bride pour revenir bientôt à la charge. Ils se reforment, et s'élancent avec la furie superbe de leurs compagnons de Fræschwiller. Beaucoup avaient pris part à cette terrible bataille. On dit que, suivant le combat des hauteurs de Fresnois, le roi Guillaume, en voyant cette ligne blanche des cuirassiers français venir se heurter sans cesse, avec un acharnement superbe, contre la ligne noire des fantassins allemands et disparaître dans la fumée de la fusillade pour reparaître, brisée et éclaircie après la décharge, ne put s'empêcher de s'écrier, en parlant de ces soldats que les siens fusillaient presque à bout portant : « Oh! les braves gens ! »

Cette furieuse charge repoussée, l'infanterie prussienne aborda nos fantassins et, soutenue par une batterie de 4 qui avait gravi le coteau, elle emporta le calvaire d'Illy. C'est alors que M. de Galliffet, qui, après la blessure mortelle du général de Margueritte, avait pris le commandement de la division de cavalerie, s'élança de nouveau sur les assaillants et, dans une dernière charge, d'une bravoure désespérée, sabra les Prussiens qui foudroyaient ses héroïques cavaliers.

Après cet effort suprême, tout était dit de ce côté du champ de bataille. L'armée battit en retraite, sous les obus. Le général Ducrot, l'épée à la main, ramène ses soldats au feu par trois fois. Par trois fois, les projectiles ennemis sèment le massacre dans leurs rangs confus. Alors la rage s'empare des uns et l'effarement des autres. Tandis que de vieux officiers ramassent des chassepots pour se battre en soldats, leurs compagnies se débandent et se replient sur le vieux camp, dans la direction de Sedan. Ils se sentent vaguement abandonnés, livrés à une volonté hésitante. Ils n'ont vu, de-puis le matin, ni Mac-Mahon, qu'ils croient mort, ni l'empe-reur, qu'ils croient en fuite. Le désespoir les prend, et ils s'engouffrent, ils s'entassent dans les rues de Sedan, sur ses places, au pied de la statue de celui qui s'appelle Turenne.

La bataille était perdue, mais on pouvait encore sauver l'honneur. Oui, Napoléon pouvait, suivant le conseil mâle et désespéré de Wimpffen, rallier autour de lui ses derniers soldats, et, marchant sur Bazeilles, chercher à s'ouvrir un passage sur Carignan ; ou du moins, si cet effort était inutile, mourir en combattant un dernier combat.

Mais la réponse qu'il fit au billet du général de Wimpffen fut le drapeau blanc de la capitulation hissé sur les rem-parts. Pendant une heure, de Wimpffen attendit cette ré-ponse. Il avait, à la tête de 5 ou 6,000 hommes de troupes, fantassins de la marine, bataillons de zouaves, soldats du 41e de ligne, tenté un dernier effort, et, à travers bois, sous le feu de l'ennemi, franchi les jardins des environs de Gi-vonne, lorsque, ne trouvant pas de ce côté les troupes du 5e corps et le 12e (Lebrun) qu'il y cherchait, il se dirigea vers Balan, tout près de Sedan, comptant les y rencontrer. C'est là qu'il apprit par un officier de la maison de l'empereur que le drapeau blanc flottait sur les remparts. Alors une vigou-reuse et patriotique colère s'empara du général. On lui tend une lettre de l'empereur lui ordonnant de capituler : « Je ne reconnais pas à l'empereur le droit d'arborer le drapeau parlementaire. Je refuse de négocier. » Il ne lit même pas la lettre; il se précipite dans la ville, parvient jusqu'à la place de Turenne, et, s'adressant aux soldats de toutes armes qui sont là : — « Voulez-vous rendre vos armes, demeurer pri-sonniers? Non! suivez-moi, et ouvrez-vous un passage en bousculant l'ennemi! »

Malgré le drapeau blanc qui flotte et qui enlève la déci-sion au plus grand nombre, jetant le trouble dans cette armée, le général réunit cependant autour de lui près de 2,000 hommes de tous les corps, cavaliers, fantassins, hussards, zouaves, chasseurs à pied, turcos, auxquels se joignent des mobiles et jusqu'à de courageux habitants de Sedan, et cette poignée de soldats, préférant la mort à la défaite, s'en vont, traînant deux canons avec eux, sauver leur renom ou mourir. Beaucoup moururent en effet, parmi ces entêtés de leur propre gloire; mais, malgré le nombre, culbutant les Bavarois, ils s'emparèrent de Balan, où le curé fait le coup de feu avec ses paysans, chassèrent l'ennemi jusqu'au delà de l'église, et, attendant des renforts, se maintinrent là jusqu'au soir.

Vers six heures du soir, Wimpffen rentra à Sedan, navré, ayant refusé deux fois de se rendre auprès de l'ennemi pour traiter, comme le voulait Napoléon. En rentrant dans le petit hôtel où il était descendu, le général écrivit aussitôt une lettre où il donnait sa démission de commandant en chef. Il était sept heures et demie. Vers huit heures, l'empereur répondait :

« Général, vous ne pouvez pas donner votre démission, lorsqu'il s'agit encore de sauver l'armée par une honorable capitulation. Je n'accepte donc pas votre démission. Vous avez fait votre devoir toute la journée, faites-le encore. C'est un service que vous rendrez au pays.

« Le roi de Prusse accepte l'armistice et j'attends ses propositions.

« Croyez à mon amitié,

« NAPOLÉON. »

Le roi de Prusse avait, en effet, accepté la proposition, non pas d'*armistice*, mais de *capitulation* faite par l'empereur (qui n'avait aucun droit de la faire, étant déchu du commandement en chef). Napoléon lui avait adressé son aide de camp, le comte Reille, porteur de cette lettre historique, mais mensongère : « *N'ayant pu mourir à la tête de mes troupes, je dépose mon épée aux pieds de Votre Majesté.* » Le roi Guillaume avait alors envoyé à Sedan un lieutenant-colonel bavarois, grand, maigre et blond, portant des lunettes d'or, qui était le lieutenant-colonel de Bronsart.

C'est lui qui avait transmis au roi de Prusse l'offre de capitulation de Napoléon III.

Tout d'abord, M. de Wimpffen, bien décidé à ne point signer une capitulation au bas de laquelle Louis Bonaparte devait apposer son nom, voulut refuser d'entrer en pourparlers; mais, songeant au sort de la pauvre et admirable

armée qui, si mal conduite, venait de se battre avec un si
grand courage, il se décida à accepter la tâche doulo reuse
qui lui incombait. Il se rendit chez l'empereur. La cour de
la résidence était encombrée par les gens de la maison
impériale. Le général demande à parler à l'empereur. On
lui répond que cela est impossible, Sa Majesté étant *en conférence avec le prince impérial.* Or celui-ci était depuis deux
jours à Mézières. Le général se fâche, élève la voix. On l'introduit enfin auprès de Napoléon. Ici se place l'altercation
survenue entre le général Ducrot et le général de Wimpffen.
altercation que les deux acteurs ont l'un et l'autre contée de
façon différente. Il en ressort que Ducrot reproc ha violemment, avec exaltation, il le dit lui-même, à Wimpffen d'a-
voir arrêté son mouvement sur Mézières; mais s'il est vrai,
et nous l'avons vu, que les Allemands avaient occupé fortement cette ligne de retraite, la tactique du général de
Wimpffen était, je le répète, préférable.

Personne ne peut s'empêcher de plaindre ce malheureux
général de Wimpffen qui, n'ayant rien commis des fautes
de la campagne, arrivait juste à temps à Sedan pour terminer sa carrière militaire par cette douloureuse, par cette
sinistre capitulation, et que la colère des bonapartistes
devait poursuivre, après des années, à coups d'injures et
de calomnies.

M. de Wimpffen se rendit au quartier général allemand.
Il y trouva MM. de Bismarck et de Moltke. Le général de
Castelnau, aide de camp de l'empereur, l'accompagnait,
ayant pour mission de demander pour Napoléon personnellement les conditions les moins défavorables.

Pendant cet entretien, M. de Wimpffen se montra très
patriote et très digne, demandant pour ses troupes les conditions des garnisons de Mayence, de Gênes et d'Ulm.
M. de Bismarck s'en tint à cette dure condition : *L'armée
française déposera les armes et sera conduite en Allemagne.*
Froid, sévère et laissant tomber mot à mot ses paroles de
ses lèvres minces, le vieux de Moltke, ridé, crispé, implacable, ajoutait que sinon, le feu recommencerait le lendemain à six heures.

Dans cette importante occasion, M. de Bismarck formula
aussi les prétentions allemandes sur l'Alsace et la Lorraine,
réclamant Strasbourg, Metz et quatre milliards, et ceci
répond dès lors aux bonapartistes qui ont voulu depuis

faire croire au pays que la Prusse traitant avec l'empire n'eût exigé de lui aucune cession de territoire. Non seulement la Prusse voulait ce qu'elle a pris depuis, mais elle ne tenait pas à traiter avec le gouvernement impérial, dont elle prévoyait l'écroulement, comme il ressort formellement des paroles de M. de Bismarck.

Ce fut en vain qu'avec une sobriété militaire et avec un véritable sentiment de la patrie, M. de Wimpffen plaida devant ces rudes vainqueurs la cause de la modération dans la victoire. Il montra en pure perte un but chevaleresque à des gens inflexibles.

— C'est une erreur de croire que la France voulait la guerre, dit-il ; elle y a été entraînée par une agitation toute à la surface. Notre nation est plus pacifique que vous ne le pensez, car toutes ses aspirations ont été portées vers l'industrie, le commerce, les arts, et peut-être trop vers le bien-être et le luxe ; *ne la forcez pas à reprendre l'habitude de ses armes*. Si vous vous montrez modérés, si vous ne blessez pas sa fibre patriotique par une demande de cession de territoire, vous bornant à exiger une juste indemnité, vous pouvez être assuré que les deux pays vivront dans une paix sincère et durable.

Mais M. de Wimpffen ne put obtenir qu'une chose, c'est que le feu de l'artillerie de M. de Moltke ne commencerait qu'à neuf heures du matin au lieu de six heures ; trois heures de répit, c'était tout ce que l'état-major de l'armée allemande accordait à l'armée vaincue. On ne saurait être plus sec et moins généreux dans le succès que ceux qui ne nous ont jamais pardonné leurs défaites.

M. de Wimpffen rentra à Sedan rapportant ces conditions dernières. Des habitants de la ville le conjuraient de ne point signer cette capitulation. Arrivé dans la ville à une heure du matin, il entra dans la chambre de l'empereur. *L'empereur était couché.* Oui, couché, à l'heure où se débattait le sort de son armée, à l'heure où ces collines de Givonne, les bois de la Garenne, ces bords du ruisseau de la Moselle étaient pleins de râles, à l'heure où les Bavarois garrottaient des paysans et des femmes et fusillaient les habitants de Bazeilles, coupables d'avoir défendu leur coin de terre, leur patrie.

Napoléon promit au général qu'il partirait lui-même pour le quartier général, afin de demander au roi de

Prusse des conditions moins dures. Ce matin du 2 septembre, le conseil de guerre réuni signa la douloureuse capitulation de Sedan qui porte les noms des généraux de Wimpffen, A. Ducrot, Lebrun, F. Douay, Forgeot et Dejean. Le général Pellé, le combattant de Wissembourg, refusa de capituler.

L'armée, entassée dans la ville, houleuse, lourde de la boue du champ de bataille et du poids de la défaite, heurtait ses débris à travers Sedan. C'était, dit un témoin oculaire, moins une armée qu'un troupeau. Soudain un mouvement se fit dans cette masse. Une voiture parut, attelée à la Daumont. Un homme en tenue de ville s'y faisait voir, portant le grand cordon de la Légion d'honneur ; un frisson parcourut les rangs : c'était l'empereur. Il jetait autour de lui ces regards froids que tous connaissent. Il avait le visage fatigué ; mais aucun des muscles de ce visage pâle ne remuait. Toute son attention semblait absorbée par une cigarette qu'il roulait entre ses doigts. On devinait mal ce qu'il allait faire. A côté de lui et devant lui, trois généraux échangeaient quelques paroles à demi-voix. La calèche marchait au pas. Il y avait comme de l'épouvante et de la colère autour de cette voiture qui emportait un empire. Un piqueur à la livrée verte la précédait. Derrière lui venaient des écuyers chamarrés d'or. C'était le même appareil qu'au temps où il allait sur la pelouse de Longchamps assister aux courses du grand prix... Une voix cria : *Vive l'empereur!* une voix unique... Un homme s'élança au-devant des chevaux, et, saisissant par les jambes un cadavre étendu au milieu de la rue, le tira violemment de côté. La calèche passa...

Lorsque le 2 septembre, à dix heures du matin, le général de Wimpffen se rendit au quartier général prussien, il y trouva Napoléon III qui, n'ayant pas pu voir le roi, attendait que la capitulation fût signée pour obtenir cette entrevue que le roi Guillaume, dans une lettre à la reine, a racontée lui-même. La capitulation fut signée bientôt par M. de Wimpffen et M. de Moltke. L'armée tout entière était prisonnière. Les armes, les canons, les aigles appartenaient aux vainqueurs. La place de Sedan devait être livrée dans la soirée du 2 septembre. Les généraux et officiers qui s'engageaient, sur l'honneur, à ne point servir contre la Prusse pendant la campagne, étaient libres sur parole.

Tandis que ces batailles se livraient dans l'Ardenne, le maréchal Bazaine tentait de son côté, le 31 août et le 1er septembre, une sortie pour briser autour de Metz le cercle d'investissement. Lorsque nous conterons le blocus et la capitulation de Metz, nous dirons pourquoi cette sortie sur Servigny et Noisseville ne réussit point, et nous demanderons compte à qui de droit de la retraite inexpliquée de l'armée française.

C'en était fait de la force militaire de notre patrie. Le dernier espoir du pays venait d'être brisé comme verre. Napoléon Bonaparte semblait en prendre son parti. Le 3 septembre, à sept heures du matin, il prenait le chemin de l'Allemagne. En route, il eut aussi ce spectacle du champ de bataille horrible, et devant ces tas de cadavres, devant ces piles inconnus tombés pour son ambition personnelle, songea-t-il à cette parole prononcée jadis et que démentit tout son règne : *l'empire, c'est la paix?*

A la frontière de Belgique, un détachement de chasseurs belges, commandés par le général Chazal, remplaça l'escorte prussienne qui conduisait le captif. Napoléon coucha à Bouillon, dans un petit hôtel où, l'avant-veille, s'étaient déjà réfugiés des fuyards. Bouillon n'était déjà plus qu'un vaste hôpital de blessés, et le bourgmestre se multipliait pour les secourir. Le lendemain dimanche, 4 septembre, Napoléon quittait Bouillon pour aller prendre à Libramont le train qui devait le conduire à Verviers, puis, de là, à Aix-la-Chapelle et à Cassel.

Avant d'arriver à Libramont, il déjeuna dans un petit restaurant sur le bord de la route. Le nom de l'aubergiste, par un ironique hasard, est Ollivier.

La République était proclamée à Paris lorsque l'ex-empereur arriva à ce château de Wilhelmshœhe, près de Cassel, qu'on lui avait asigné pour résidence. Il était accompagné des généraux prisonniers comme lui, Félix Douay et Lebrun, ainsi que du général de Boyen, aide de camp du roi de Prusse.

Le soir, les appartements du château étaient éclairés a giorno. Quand il descendit de wagon, un tambour, accompagné de deux fifres, battit aux champs et la garde d'honneur présenta les armes. L'empereur se fit présenter les fonctionnaires présents, avec lesquels il s'entretint en langue allemande.

CHAPITRE XIII

Paris pendant les batailles de Mouzon et de Sedan. — Journée
du 3 septembre. — Séance de la Chambre. — La soirée. — Le
4 septembre. — La Chambre et la rue. — L'Hôtel de ville. —
La République est proclamée.

Pendant que l'armée française subissait à Sedan le
désastre complet dont nous venons de faire le récit, Paris
continuait à demeurer dans son état singulier de quiétude.
A vrai dire pourtant, son calme n'allait pas sans tristesse,
sans angoisse, et, pour nous servir d'une expression populaire, la ville sentait qu'il y avait *quelque chose dans l'air*.
Elle savait en effet qu'une grande bataille, la bataille suprême, était engagée dans l'Ardenne, et elle en attendait le
résultat avec une sorte de résignation fatidique ou de confiance apparente. Toutes les nouvelles qui parvenaient du
théâtre de la guerre, nouvelles officieuses et non encore officielles, étaient d'ailleurs absolument rassurantes.

Or, à l'heure où ces dépêches parvenaient en France,
tout était terminé et tout était fini, non pour le pays, mais
pour la dynastie; tout était perdu, même l'honneur.

Le pays d'ailleurs devait ignorer pendant deux jours
encore l'étendue de notre défaite, et le samedi matin
3 septembre, c'est-à-dire deux jours après la capitulation
de Sedan, Paris n'était pas instruit du drame épouvantable
qui venait de finir. Le conçoit-on? Les députés eux-mêmes
l'ignoraient.

Cependant le bruit d'une défaite complète, de la capitulation et de la captivité de l'empereur, se répandait peu à
peu dans le monde officiel.

Le samedi, 3 septembre, à l'issue de la séance de jour,
le Corps législatif fut convoqué pour une séance de nuit. Il
était une heure du matin, lorsque les députés entrèrent en
séance. Le moment était solennel. Un silence profond
régnait dans l'Assemblée, et l'on entendait, au contraire,

sur la place, sur le pont, sur les quais, le sourd bourdonnement de la foule, pareil au vent dans les peupliers ou au
mugissement de la mer.

Pâle, et d'une voix émue, le président Schneider déclara
à la Chambre « qu'une nouvelle douloureuse lui avait été
annoncée dans la soirée, et qu'il avait cru devoir convoquer aussitôt l'Assemblée. » Il donna ensuite la parole à
M. le ministre de la guerre, pour faire une déclaration à
la Chambre.

— Messieurs les députés, dit alors M. de Palikao, j'ai la
douloureuse mission de vous annoncer ce que mes paroles
de ce matin avaient pu vous faire pressentir, ce que j'espérais encore n'être qu'une nouvelle officieuse, et qui, malheureusement, est devenu une nouvelle officielle. L'armée,
après d'héroïques efforts, a été refoulée dans Sedan; elle a
été environnée par une force tellement supérieure, qu'une
résistance était impossible. *L'armée a capitulé* et l'empereur
a été fait prisonnier...

Après la déclaration du ministre de la guerre, le président de l'Assemblée propose qu'on remette au lendemain
la délibération qui doit suivre sur les mesures à prendre
devant un pareil événement, lorsque M. Jules Favre, se
levant, laisse tomber dans le morne silence de la Chambre
ces paroles lentes :

— Je demande la parole pour le dépôt d'une proposition.

— La parole, répondit le président, est à M. Jules Favre.

M. JULES FAVRE : Si la Chambre est d'avis que, dans la
situation douloureuse et grave que dessine suffisamment la
communication faite par M. le ministre de la guerre, il est
sage de remettre la délibération à midi, je n'ai aucun motif
pour m'y opposer ; mais comme nous avons à provoquer ses
délibérations sur le parti qu'elle a à prendre *dans la
vacance de tous les pouvoirs*, nous demandons la permission
de déposer sur son bureau une proposition que j'aurai l'honneur de lui lire, sans ajouter, quant à présent, aucune
observation.

« Nous demandons à la Chambre de vouloir bien prendre
en considération la motion suivante :

« Article 1er. — Louis-Napoléon Bonaparte et sa dynastie
sont déclarés déchus des pouvoirs que leur a conféré la
Constitution.

« Art. 2. — Il sera nommé par le Corps législatif une

commission de gouvernement composée de... » — Vous fixerez, Messieurs, le nombre de membres que vous jugerez convenable dans votre majorité — « ... qui sera investie de tous les pouvoirs du gouvernement, et qui aura pour mission expresse de *résister à outrance à l'invasion* et de chasser l'ennemi du territoire.

« Art. 3. — M. le général Trochu est maintenu dans ses fonctions de gouverneur général de la ville de Paris. »

— Je n'ajoute pas un mot, conclut M. Jules Favre. Je livre, Messieurs, cette proposition à vos sages méditations, et demain, ou plutôt aujourd'hui dimanche, à midi, nous aurons l'honneur de dire les raisons impérieuses qui nous paraissent commander son adoption à tout patriote.

Et l'orateur descendit au milieu des mouvements divers, ou plutôt du silence glacial de l'Assemblée.

Le 4 septembre, la séance du Corps législatif s'ouvrit à midi. Dès onze heures du matin, les abords du palais étaient barrés par des détachements de gardes de Paris, de garde nationale et d'infanterie de ligne. A partir du pont de Solférino, défense de longer le quai d'Orsay. Il fallait des cartes pour passer sur le pont de la Concorde. A une heure un quart, la séance est ouverte. M. Schneider préside, son grand cordon lui rayant la poitrine. M. de Kératry interpelle aussitôt, sur les dispositions militaires prises par l'autorité. M. de Palikao, qui répond par cette phrase au moins étrange dans de telles circonstances : « Vous venez vous plaindre que je vous fasse la mariée trop belle ! » Puis le ministre de la guerre propose aussitôt les modifications à apporter au gouvernement : *Un conseil de gouvernement et de défense nationale composé de cinq membres est institué. Les ministres sont nommés sous le contre-seing des membres de ce conseil. Le général comte de Palikao est nommé lieutenant général du conseil.* Ce compromis gouvernemental portait cette mention : *Fait au palais des Tuileries*; et cette signature : *Eugénie.* C'était là une façon d'instituer le gouvernement de la régente en ne point parlant de la *régence*, un mot qui, de l'aveu même de M. Dréolle (voyez son livre), *était mal choisi et résonnait mal*. D'ailleurs, dès ce moment même, la cause de l'empire était perdue. La Chambre tout entière, ou du moins l'écrasante majorité de la Chambre, se ralliait à l'idée de ce *gouvernement de défense nationale* que la gauche avait émise, au moment du péril.

Répondant à la proposition de M. de Palikao, M. Jules Favre réclame énergiquement l'urgence sur le projet qu'il a déposé pendant la séance de nuit. M. Thiers alors demande la parole. Il veut soumettre à la Chambre une autre proposition. Tout d'abord, il déclare que ses préférences personnelles étaient pour le projet de la gauche qui posait nettement la question en réclamant la déchéance; mais, dans l'intérêt de l'union entre les partis, il présente, au nom de plusieurs membres pris dans toutes les nuances de la Chambre, un projet ainsi conçu :

« Vu les circonstances, la Chambre nomme une commission de gouvernement de la défense nationale;

« Une constituante sera convoquée dès que les circonstances le permettront. »

M. Thiers avait, on le voit, et sur les instances de plusieurs députés de la droite, substitué à ces mots de son texte primitif : *Vu la vacance du pouvoir*, — ceux-ci : *Vu les circonstances...* C'était une concession. La suite des événements la rendit inutile.

Le président voulait consulter la Chambre successivement sur l'urgence des trois propositions. M. Gambetta insiste pour que la Chambre prononce l'urgence *en bloc*. La Chambre, consultée, vote l'urgence et le renvoi des trois propositions à une même commission. La séance est suspendue.

Tandis qu'on délibère, dans les bureaux, sur les propositions Palikao, Jules Favre et Thiers, la foule, massée sur la place de la Concorde, veut avancer sur le Corps législatif, et une compagnie de gardes nationaux, devant la grille, crie : *La déchéance!* en faisant signe à d'autres gardes nationaux, placés près du pont, de venir les rejoindre. Ceux-ci hésitent, puis se mettent en marche. Les gardes municipaux à cheval, postés à l'entrée du pont, sur le quai, tirent aussitôt leurs sabres. L'émotion est grande, instantanée. Le 6e bataillon de la garde nationale, bientôt suivi par le 8e, avance malgré les sabres nus, prêt à tout, et la foule, l'immense foule se presse derrière lui, résolue, impatiente. Rien ne résiste à ces débordements humains. Le peuple, à de certains moments, est un fleuve qui marche. Son inondation couvre tout. A la tête des gardes nationaux, les entraînant et leur montrant l'exemple, est M. Edmond Adam. Les gardes municipaux n'osent frapper. Voulaient-ils même frapper? Ils disparaissent, a-t-on dit, comme un îlot dans cette marée montante.

La foule envahit alors les escaliers, la cour, les couloirs de la Chambre.

Lorsqu'elle apparut, montrant, comme en prairial, comme en février, ses milliers de têtes dans les tribunes publiques, douze ou quinze députés tout au plus étaient dans la salle. M. de Palikao était assis au banc du gouvernement. Décomposé et blafard, le président Schneider se tient pourtant debout à son fauteuil, attendant le silence et le calme. « Mes chers et bons amis, dit M. Crémieux s'adressant au public des tribunes, vous me connaissez, je suis le citoyen Crémieux... Nous nous sommes engagés, nous, les députés de la gauche... » Une clameur immense l'interrompt : *Vive la République!* Des tribunes le même cri part, comme dans un nuage de poudre.

Dans l'une d'elles, on agite les vastes plis d'un drapeau tricolore.

M. Gambetta monte à la tribune aux côtés de Crémieux, et s'adressant au public, à la foule : « Citoyens, vous pouvez donner un grand spectacle : celui d'un peuple unissant l'ordre à la liberté. (Oui! oui! — Applaudissements.) Eh bien ! si vous le voulez, je vous le demande, je vous en adjure, que dans chaque tribune un groupe se charge d'assurer l'ordre. Puis, attendez en silence. La gauche s'est engagée vis-à-vis de la Chambre à faire respecter la liberté de ses délibérations. (Nouveaux applaudissements.) »

Le silence se rétablit pendant quelques instants; un certain nombre d'autres députés rentrent dans la salle. Ici, je veux laisser parler le procès-verbal.

M. LE PRÉSIDENT SCHNEIDER, s'adressant au public des tribunes: « Vous venez d'entendre une voix patriotique qui ne peut être suspecte à aucun d'entre vous. M. Gambetta vient de vous adresser, au nom de la liberté, de la sécurité du pays, des exhortations auxquelles je joins les miennes. Croyez-moi : en ce moment la Chambre est appelée à délibérer sur la situation la plus grave, dans un esprit de dévouement absolu au pays. Vous avez entendu l'honorable M. Gambetta. Je crois avoir, moi aussi, donné à la patrie, à la liberté assez de gages pour avoir le droit de vous adresser de ce fauteuil les mêmes recommandations.

« Comme lui, je fais appel à l'union, à la liberté; mais il n'y a de véritable liberté que celle qui est accompagnée de

Envahissement du Corps législatif (4 septembre).

l'ordre. (Applaudissements dans diverses tribunes, cris et bruits dans d'autres.)

(La plupart des députés qui étaient rentrés dans la salle la quittent en ce moment.)

M. GLAIS-BIZOIN paraît à la tribune et essaye de se faire entendre : Citoyens, dit-il, la déchéance va être prononcée par la Chambre ; veuillez attendre que la commission soit en mesure de la proposer.

M. GIRAULT. Citoyens, je fais aussi appel à votre patriotisme pour que le pays et la Chambre ne fassent qu'un contre l'ennemi qui approche... (La séance reste interrompue, de fait, au milieu de l'agitation.)

M. GAMBETTA. reparaissant à la tribune : Citoyens, veuillez m'écouter encore. Il est nécessaire que tous les députés présents dans les couloirs et dans les bureaux, où ils délibèrent sur notre proposition de déchéance, soient à leur poste pour que la Chambre puisse voter cette déclaration. Il faut que vous les attendiez dans l'attitude de la modération et de la dignité. Ils vont venir. (Applaudissements.)

Vous avez compris, et je vous en remercie, que l'ordre est la plus grande des forces. Gardez donc, je vous en conjure, le calme, le silence solennel qui conviennent aux habitants de cette grande cité menacée. Vous allez tout à l'heure entendre prononcer le résultat des délibérations de la Chambre, qui sera, il va sans dire, affirmatif dans le sens que vous désirez... (Approbation. — Bruit.)

A trois heures, la salle est tout à coup envahie par la porte du fond, qui fait face à la tribune des orateurs. Les députés, présents dans la salle, se lèvent et essayent de s'opposer à cet envahissement ; mais leurs efforts, qui retiennent un moment la foule, sont bientôt impuissants, et la salle est complétement envahie, des cris de : Vive la République ! se font entendre.

M. LE PRÉSIDENT : Toute délibération étant impossible dans ces conditions, je déclare la séance levée.

Il est trois heures.

Le président quitte le fauteuil : la foule couvre le bureau, se presse à la tribune et remplit complétement la salle.

M. Schneider se retirait, poursuivi par les huées ; M. de Palikao était déjà parti. D'autres fuyaient par les petites portes de l'hémicycle, rapidement, et M. Jérôme David seul, qui tint d'un témoin, gardait une attitude résolue et même

hautaine. A peine M. Schneider est-il parti que des jeunes
gens, se dégageant de la foule, escaladent la tribune, s'emparent du fauteuil présidentiel et agitent la sonnette, tandis
que des gardes nationaux, entrés par les portes latérales de
droite et de gauche, et qui ont déjà arraché les aigles de
leurs shakos, prennent possession du double escalier de la
tribune. M. Jules Ferry les repousse, ou plutôt, avec leur
aide, il chasse les jeunes gens assis au fauteuil, tandis que
M. Gambetta, M. Steenackers et M. de Kératry conjurent les
citoyens « non gardes nationaux » de s'écarter de la tribune.

— Est-ce que vous n'avez plus confiance en vos représentants ? s'écrie Gambetta.

— Si ! si ! Nous avons confiance en vous !

— Eh bien ! reculez quand je vous le demande et soyez
sûrs que nous allons prononcer la déchéance !...

— Et la République ! s'écrie la voix d'un citoyen.

Dans une agitation extrême, pendant un moment confus
et bruyant, Gambetta qui, depuis le matin, a lutté pour que
cette révolution inévitable et légitime soit aussi une révolution légale ; Gambetta qui, tout à l'heure, calmait l'effervescence sans cesse grandissante et grondante du peuple
pour donner à la Chambre le temps de prononcer cette
déchéance à laquelle elle consentait assurément ; Gambetta,
entraîné par la nécessité du moment, par la fatalité
absolue, et aussi par la justice de sa cause, se fait le porte-
voix de la conscience publique et, après être monté à la
tribune, accompagné de M. de Kératry :

— Citoyens, dit-il, — et le silence se fait, — attendu que
la patrie est en danger ;

Attendu que tout le temps nécessaire a été donné à la
représentation nationale pour prononcer la déchéance ;

Attendu que nous sommes et que nous constituons le
pouvoir régulier issu du suffrage universel libre ;

Nous déclarons que Louis-Napoléon Bonaparte et sa
dynastie ont à jamais cessé de régner sur la France !

A ces mots une explosion de bravos éclate, bientôt suivie
d'une salve d'applaudissements et d'une longue et bruyante
acclamation. Jules Favre monte à la tribune, applaudi à
son tour ; il demande au peuple du calme, il le conjure
d'éviter la guerre civile : « Pas de journée sanglante ! »

— Non, non, répondent des voix nombreuses, pas de
guerre civile ! Guerre aux Prussiens seulement !

Et des voix encore réclament, redemandent, répètent : Et la République ! la République ! Proclamez la République !

— La République, répond Jules Favre, ce n'est pas ici que nous devons la proclamer !

— Citoyens, ajoute Gambetta, allons la proclamer à l'Hôtel de ville !

Et, descendant de la tribune, tous deux s'en vont, suivis de la foule, à l'Hôtel de ville, où déjà le peuple attend la proclamation de cette République qui doit, se dit-il, être le salut de la patrie en 1871 comme elle le fut en l'an II.

Paris dès à présent n'appartient plus à l'empire. Le drapeau du château des Tuileries a été *amené*, comme celui d'un navire qui se rend. Accompagnée de M. de Metternich et de M. Nigra, l'impératrice a cherché un asile, en attendant qu'elle prenne le train qui doit la conduire en Belgique. La fille de Victor-Emmanuel, la princesse Clotilde, celle que l'Italie elle-même appelle la *victime de l'Italie*, demeure à son logis, n'ayant rien à craindre. Rochefort, prisonnier à Sainte-Pélagie, est délivré, conduit en voiture jusqu'à l'Hôtel de ville où son nom est bientôt joint à ceux des députés qui composent le Gouvernement né de la nécessité même, le *Gouvernement de la Défense nationale*. Alors, du haut du balcon de l'Hôtel de ville, ce grand nom, ce nom sacré de République tombe solennellement sur cette foule embrasée qui l'acclame. Les fenêtres, les toits, le campanile même sont envahis. Un citoyen plante un bonnet phrygien sur le drapeau à la place de l'aigle. Quelques-uns parlent d'arborer le drapeau rouge. M. Schœlcher et M. Gambetta tiennent virilement pour le drapeau tricolore. Sedan fait-il oublier Jemmapes, Valmy, Arcole, tant de gloire ? Non certes ! Le drapeau aux trois couleurs reste le drapeau de la France en deuil comme il fut celui de la France victorieuse.

Le Corps législatif s'était constitué en séance, d'abord dans la salle à manger de la présidence, puis, le soir, au même endroit. La première séance, fort courte, présidée par M. Alfred Leroux, eut pour but de voter sur la proposition de M. Thiers, qui fut adoptée, après des discours de MM. Thiers, Grévy et Dréolle, avec le texte primitif : *Vu la vacance du pouvoir.* — Ainsi, légalement, même par vote du Corps législatif, l'empire était déchu. La réunion délé-

gna, pour s'entendre avec les membres de la Chambre qui
siégeaient à l'Hôtel de ville, MM. Garnier-Pagès, Lefèvre-
Pontalis, Martel, Grévy, de Guiraud, Cochery, Johnson et
Barthélemy-Saint-Hilaire. Pour faciliter la conciliation, la
Chambre déclarait à ses délégués qu'on pouvait considérer
comme nombre provisoire le nombre de *cinq membres* devant composer la commission de gouvernement et de défense nationale.

Le soir, à huit heures, dans cette même salle à manger
de la présidence, M. Thiers, en l'absence du président et
des vice-présidents, s'asseyait au fauteuil, ayant à ses
côtés les secrétaires du Corps législatif. MM. Jules Favre et
Jules Simon entraient, apportant la réponse de l'Hôtel de
ville. Le gouvernement provisoire était déjà constitué « *par
l'acclamation populaire* » et se composait de MM. Emmanuel
Arago, Crémieux, Jules Favre, Jules Ferry, Gambetta, Garnier-Pagès, Glais-Bizoin, Pelletan, E. Picard, Rochefort et
Jules Simon, avec le général Trochu comme président du
gouvernement. « Nous ne pouvons rien changer, dit en
substance M. Jules Favre, à ce qui vient d'être fait. Si vous
voulez bien y donner votre ratification, nous vous en serons
reconnaissants. Si, au contraire, vous la refusez, nous res-
pecterons la décision de votre conscience, mais nous garde-
rons la liberté entière de la nôtre. » M. Thiers répondit
simplement, en disant : « Vous vous êtes chargés d'une
immense responsabilité. Notre devoir à tous est de faire des
vœux ardents pour que vos efforts réussissent. » D'autres
protestèrent, M. Dréolle, M. Buquet. « Paris! s'écria M. Pey-
russe, fait encore une fois la loi à la France! » M. Buffet
parlait de rédiger une protestation officielle; M. Thiers
l'arrête dans cette voie. « Soyons unis, et laissons à l'histoire le soin de juger.

« En présence de l'ennemi qui sera bientôt sous Paris,
ajoute-t-il, je crois que nous n'avons qu'une chose à faire :
nous retirer avec dignité. »

Ainsi fut évitée avec sagesse une division qui pouvait
être fatale, une guerre civile qui pouvait être sanglante. Et
la République, proclamée par Paris, était acceptée de fait
par la Chambre.

DEUXIÈME PARTIE

LE GOUVERNEMENT DE LA DÉFENSE
LA GUERRE NATIONALE

CHAPITRE PREMIER

Nouvelle phase de notre histoire. — La République à l'Hôtel de
ville. — Proclamation du gouvernement. — Les ministres.
M. de Kératry à la préfecture de police. — M. Étienne Arago
à la mairie de Paris. — La République en province. — La
circulaire de M. Jules Favre. — Rentrée des proscrits. —
Les mobiles de province. — La statue de Strasbourg. — La
revue du 14 septembre. — Départ de la délégation de Tours.
— Marche des Prussiens. — Paris est investi.

L'histoire de la révolution de 1870-71 entre, avec la République, dans une phase nouvelle. La cause de tous les
maux surgis jusqu'à ce jour a disparu. Une nouvelle ère
semble s'ouvrir pour la nation qui reprend confiance. Mais,
à bien considérer l'état de la patrie, même au lendemain

ce la journée du 4 septembre, l'empire, il faut le reconnaître, étend encore sa fatale influence sur le pays. Un peuple ne se débarrasse pas en un jour des vices, des virus inoculés par une corruption de vingt ans.

Il convient de s'arrêter un moment sur la façon dont la République avait été proclamée à l'Hôtel de ville. Le dimanche 4 septembre, après la séance tumultueuse du Corps législatif, les députés de Paris, quittant le Palais-Bourbon, s'étaient réunis à l'Hôtel de ville. Après une courte délibération, conseillée et inspirée par la clameur populaire, demandant autour d'eux et sur la place la République, ils firent ouvrir la porte de la salle où ils étaient assemblés.

Au milieu d'un silence profond, Gambetta lut alors ce qui suit :

RÉPUBLIQUE FRANÇAISE.

A ces mots, une acclamation retentit. Gambetta continue :

« Il est constitué, dit-il, un *gouvernement de la Défense nationale.*

« Ce gouvernement est ainsi composé :

« MM. Emmanuel Arago, Crémieux, Jules Favre, Jules Ferry, Gambetta, Garnier-Pagès, Glais-Bizoin, Eugène Pelletan, Ernest Picard, Rochefort, Jules Simon. »

Puis Gambetta ajoute :

« Citoyens, comprenez-nous : ce gouvernement n'est qu'un pouvoir de passage et de transition. Il n'a qu'un objet : défendre la nation contre l'envahissement de l'étranger. Après quoi, il disparaîtra, nous en prenons l'engagement solennel. »

Quelques-uns des citoyens présents réclamaient et criaient d'autres noms d'anciens représentants du peuple, de proscrits : Louis Blanc, Victor Hugo, Ledru-Rollin, Delescluze, etc.

Gambetta répondit que le gouvernement avait et devait avoir un caractère purement national, nullement politique : on avait simplement groupé les noms des députés de Paris déjà investis du mandat populaire, et que la démocratie avait pour ainsi dire choisis d'avance.

Jules Favre, Gambetta, Arago, Crémieux firent ouvrir ensuite les fenêtres.

Gambetta lut de nouveau au peuple assemblé sur la place la liste qu'il venait de lire au peuple pressé dans la maison commune. Puis, les membres du gouvernement de la Défense nationale se réunirent dans une petite salle voisine pour désigner les ministres et prendre les premières mesures que réclamait la gravité des circonstances.

A ce gouvernement de « Défense nationale » il manquait un chef militaire. Mais celui-là était désigné d'avance par l'opinion publique, qui le jugeait sur sa propre conduite et sur l'attitude prise par lui dans les derniers événements. C'était le général Trochu.

M. le général Trochu a raconté comment il avait été mis à la tête du gouvernement de la Défense nationale. Lorsqu'on vint le chercher pour lui offrir le commandement de la place de Paris, il mit des conditions à son acceptation. La République, par exemple, devait reconnaître les principes de la propriété et de la famille. Mais le général Trochu devait savoir que la République est précisément la meilleure gardienne de l'ordre social. Le nom de M. Henri Rochefort introduit dans le gouvernement nouveau donna bien quelques scrupules à M. Trochu. C'est le général qui le dit lui-même. Les scrupules s'évanouirent bientôt, et ces deux hommes, M. Trochu et M. Rochefort, allaient être précisément, au début du siège, les deux personnalités du gouvernement qui devaient le mieux se comprendre et se soutenir. Ceci est une vérité. Depuis, les événements les ont jetés l'un et l'autre à des pôles bien différents.

FRANÇAIS,

Le peuple a devancé la Chambre, qui hésitait. Pour sauver la Patrie en danger, il a demandé la République.

Il a mis ses représentants, non au pouvoir, mais au péril.

La République a vaincu l'invasion en 1792; la République est proclamée.

La Révolution est faite au nom du droit, du salut public.

Citoyens, veillez sur la Cité qui vous est confiée; demain vous serez, avec l'armée, les vengeurs de la Patrie!

EMMANUEL ARAGO, CRÉMIEUX, DORIAN, JULES FAVRE, JULES FERRY, GUYOT-MONTPAYROUX, LÉON GAMBETTA, GARNIER-PAGÈS, MAGNIN, ORDINAIRE, A. TACHARD, E. PELLETAN, ERNEST PICARD, JULES SIMON.

Citoyens de Paris,

La République est proclamée.

Un gouvernement a été nomé d'acclamation.

Il se compose des citoyens :

Emmanuel Arago, Crémieux, Jules Favre, Jules Ferry, Gambetta, Garnier-Pagès, Glais-Bizoin, Pelletan, Picard, Rochefort, Jules Simon, représentants de Paris.

Le général Trochu est chargé des pleins pouvoirs militaires pour la défense nationale.

Il est appelé à la présidence du Gouvernement.

Le Gouvernement invite les citoyens au calme ; le peuple n'oubliera pas qu'il est en face de l'ennemi.

Le Gouvernement est, avant tout, un Gouvernement de défense nationale.

Le Gouvernement de la Défense nationale,

EMM. ARRAGO, CRÉMIEUX, FERRY, GAMBETTA, GLAIS-BIZOIN, GARNIER-PAGÈS, PELLETAN, PICARD, ROCHEFORT, SIMON, général TROCHU.

Le gouvernement de la Défense nationale composait en en même temps son ministère comme il suit :

Ministre des affaires étrangères, Jules Favre. Ministre de l'intérieur, Gambetta. Ministre de la guerre, le général Le Flô, Ministre de la marine, amiral Fourichon. Ministre de la justice, Crémieux. Ministre des finances, Ernest Picard. Ministre de l'instruction publique et des cultes, Jules Simon. Ministre des travaux publics, Dorian. Ministre de l'agriculture et du comerce, Magnin. Le ministre de la présidence du Conseil d'Etat était supprimé. M. Steenackers était nommé directeur des télégraphes ; M. Rampont, directeur des postes.

Le gouvernement de la Défense nationale se trouvait, dès la première heure de son existence, dans une situation singulière. Gouvernement parisien, il avait contre lui les politiques de la province, qui n'allaient point manquer de lui reprocher son origine et de crier à la dictature de la capitale. Gouvernement républicain, il avait, par un destin assez injuste, contre lui les républicains inassermentés ou exilés, résolument campés dans leur *non possumus* démocratique, et qui, plus illustres que les hommes du 4 septembre, plus autorisés par leur passé, leurs malheurs ou leur gloire, reprochaient à leur tour aux gouvernants de l'Hôtel de ville de gouverner la France en vertu du serment prêté à l'empire. Et ce sophisme avait une certaine et fausse apparence de vérité qui, aux yeux de la population, pouvait, à un moment donné, enlever quelque peu de prestige au gouvernement de la Défense nationale.

Reconnaissons-le, d'ailleurs, à ce moment toutes ces défiances, ou ces reproches, ou ces aigreurs n'existaient encore qu'à l'état latent, et chacun comprenait qu'il fallait, en apparence du moins, se grouper autour du nouveau pouvoir.

Le gouvernement de la Défense avait choisi pour président le général Trochu; pour vice-président M. Jules Favre; pour secrétaire M. Jules Ferry. A titre de secrétaires adjoints, il appelait en même temps à lui, pour l'aider dans ses travaux, disait le *Journal officiel*, M. André Lavertujon et F. Hérold; puis, deux jours après, M. Dréo d'abord et Émile Durier. M. Clément Laurier était nommé directeur général du personnel et du cabinet au ministère de l'intérieur.

Dans ce gouvernement, composé des élus de Paris, un seul nom manquait : celui de l'homme qui avait, en remportant par le scrutin une éclatante victoire sur Émile Ollivier, porté un des coups les plus sûrs à l'empire, le nom à demi oublié déjà de ce tribun qui avait enthousiasmé le peuple de Paris en lui parlant d'honneur, le nom de Désiré Bancel. A cette heure, Bancel agonisait dans son pays de la Drôme, au logis maternel; et cette République tant désirée, il ne la saluait que d'un regard mourant.

Le premier soin du gouvernement fut de s'appuyer sur ces deux forces vitales du pays : l'armée et la garde nationale, forces qu'on croyait alors et pour jamais unies.

La proclamation *à l'armée* réclamait l'union, la proclamation *à la garde nationale* demandait l'ordre et le dévoûment.

Une des proclamations qui firent le plus d'effet sur le peuple de Paris fut celle de M. de Kératry, nommé préfet de police. M. de Kératry, député du Finistère, ancien capitaine de la contre-guerilla mexicaine, célèbre surtout par sa polémique avec M. Rouher, à propos des bons Jecker, et par son projet de manifestation légale au 26 octobre 1869, était presque inconnu de la population populaire de Paris. En revanche, il avait la confiance de la bourgeoisie. Il crut de son devoir de bien faire connaître ses sentiments aux

Parisiens, et afficha cette déclaration, contre-signée par un jeune avocat, ami de Bancel et ex-rédacteur de *la Marseillaise*, devenu secrétaire général de la préfecture :

RÉPUBLIQUE FRANÇAISE

PRÉFECTURE DE POLICE.

AUX HABITANTS DE PARIS,

Après dix-huit ans d'attente, sous le coup de cruelles nécessités, les traditions interrompues au 18 Brumaire et au 2 Décembre sont enfin reprises. Les députés de la gauche, après la disparition de leurs collègues de la majorité, ont proclamé la déchéance. Quelques instants après, la République était acclamée à l'Hôtel de ville.

La révolution qui vient de s'accomplir est restée toute pacifique : elle a compris que le sang français ne devait couler que sur le champ de bataille. Elle a pour but, comme en 1792, l'expulsion de l'étranger.

Il importe donc que la population de Paris, par son calme, par la virilité de son attitude, continue de se montrer à la hauteur de la tâche qui lui incombe, à elle et à la France.

C'est pour cette raison qu'investi par le gouvernement de pouvoirs dont on a tant abusé sous les régimes antérieurs, j'invite la population parisienne d'exercer les droits politiques qu'elle vient de reconquérir dans toute leur plénitude, avec une sagesse et une modération qui soient de nature à montrer à la France et au monde qu'elle est vraiment digne de la liberté.

Notre devoir à tous, dans les circonstances où nous sommes, est surtout de nous rappeler que la patrie est en danger.

Au moment où, sous l'égide des libertés républicaines, la France se dispose à vaincre ou à mourir, j'ai la certitude que mes pouvoirs ne me serviront que pour nous défendre contre les menées de ceux qui trahiraient la patrie.

Paris, le 4 septembre 1870.

Le préfet de police,
DE KÉRATRY.

Par le préfet de police :

Le secrétaire général,
ANTONIN DUBOST.

A la mairie de Paris siégeait un homme que le parti républicain avait appris à honorer, le vieux et digne frère de François Arago, Étienne Arago, dont la probité, le désintéressement et les convictions solides sont respectés de tous. Combattant de Juillet et de Février, carbonaro conspirant avec prudence, puis luttant en plein soleil avec courage, ami de Barbès, Étienne Arago apportait à l'Hôtel de ville la tradition de ce vieux parti républicain, avant tout patriote, et qui, prêt à la lutte éternelle, a pour l'argent un mépris égal à l'amour qu'il a pour son pays. Nul mieux que ce vétéran du parti, que cet ancien caissier des exilés, que ce probe et vaillant Étienne ne pouvait mieux représenter la municipalité du grand Paris.

Le maire de Paris choisissait ensuite, parmi les plus honnêtes représentants du parti républicain de Paris, négociants, professeurs, hommes de lettres, les *maires provisoires* des *vingt* arrondissements de Paris, maires dont le premier devoir, leur disait-il, était de veiller sans relâche à l'armement de Paris :

1ᵉʳ arrondissement, Tenaille-Saligny, avocat à la Cour de cassation ; — 2ᵉ arrondissement, Tirard, négociant ; — 3ᵉ arrondissement, Bonvalet, négociant ; — 4ᵉ arrondissement, Greppo, ancien représentant du peuple ; — 5ᵉ arrondissement, J.-B. Bocquet, ancien adjoint (remplacé bientôt par le docteur Bertillon) ; — 6ᵉ arrondissement, Hérisson, avocat à la Cour de cassation (nommé adjoint à la mairie centrale. Le sixième arrondissement fut administré par M. Albert Leroy) ; — 7ᵉ arrondissement, Ribeaucourt, docteur-médecin ; — 8ᵉ arrondissement, Carnot ; — 9ᵉ arrondissement, Raue (puis Gustave Chaudey) ; — 10ᵉ arrondissement, Turpin, négociant (n'accepta point, remplacé par M. O'Reilly) ; — 11ᵉ arrondissement, Léonce Ribert, professeur (remplacé bientôt par M. Mottu) ; — 12ᵉ arrondissement, Alfred Grivot, négociant ; — 13ᵉ arrondissement, Pernolet ; — 14ᵉ arrondissement, Leneveu, rédacteur du *Siècle* (remplacé par M. Asseline) ; — 15ᵉ arrondissement, Corbon ; — 16ᵉ arrondissement, Henri Martin ; — 17ᵉ arrondissement, François Favre, homme de lettres ; — 18ᵉ arrondissement, Clémenceau, docteur-médecin ; — 19ᵉ arrondissement, Richard, fabricant ; — 20ᵉ arrondissement, Braleret, commerçant.

En province, la République était accueillie avec la même

confiance et le même enthousiasme. Marseille l'acclamait
avec effervescence, mais sans troubles profonds; à Montpellier, à Tarbes, au Havre, à Valence, à Foix, à Nantes, la
joie, le sentiment de délivrance étaient les mêmes. Et partout l'ordre soudain, une certaine gravité imposée par la
nécessité douloureuse. Généralement les conseils municipaux de province se constituaient en commission ou nom-
maient un comité provisoire en attendant l'arrivée du fondé
de pouvoirs du nouveau gouvernement. Une dépêche arrivée
de Lille déclarait, au nom de la cité qui repoussa les Autri-
chiens en 92, que « la population de Paris avait bien mérité
de la patrie. »

Avec quel élan, quel confiant enthousiasme, quelle unanimité d'éloges on accueillit la circulaire fameuse du
ministre des affaires étrangères aux agents diplomatiques
de France, circulaire où M. Jules Favre, dans une heure de
patriotique sincérité que devait cruellement bafouer l'avenir,
faisait, à la face de la patrie, cette déclaration ferme qu'on
ne peut relire aujourd'hui sans tristesse : « *Nous ne céderons
ni un pouce de notre territoire, ni une pierre de nos forteresses.
— Une paix honteuse serait une guerre d'extermination à
courte échéance.* » Ah! certes, condamnée à la guerre, la
France devait combattre, combattre jusqu'à la mort, mais
elle devait combattre sans phrases. C'est la phrase qui a
compromis cette nation, toujours prête à faire des pro-
grammes qu'elle est trop souvent forcée de ne point tenir.
Le désespoir silencieux, la lutte sans fanfares valaient
mieux. Cela nous eût épargné les ironiques lendemains.

Le 5 septembre, Victor Hugo, proscrit volontaire depuis
décembre, rentrait en France. Il avait écrit qu'il serait le
dernier à demeurer sur la terre d'exil :

> « Et s'il n'en reste qu'un, je serai celui-là ! »

Le peuple se pressa sur son passage, envahit la gare du
Nord pour voir de près un homme qui avait tenu son serment. Au milieu des acclamations, un chirurgien s'avança
et dit à Victor Hugo : « J'ai là un train de malheureux
blessés ramenés des Ardennes. Demandez le silence à la
foule. Ces cris les font souffrir ou les éveillent. » Ces blessés
et ces acclamations, cette antithèse du proscrit affranchi et
de wagons pleins de sang représentait bien l'état de la

France, à cette heure. La joie de la délivrance était effacée par la douleur de la défaite.

Ceux des proscrits qui rentraient avec le grand poète, Edgar Quinet, Ledru-Rollin, Marc Dufraisse, apportaient à la France un dévoûment égal à celui de l'homme qui, dès son arrivée à Paris, disait au peuple : « L'union, concorde. *C'est par la fraternité qu'on sauvera la liberté.* » M. Louis Blanc, oubliant ses souvenirs personnels devant les malheurs publics, allait, par exemple, faire une visite à M. Jules Favre, qui jadis avait contribué à l'envoyer en exil. On ressentait comme un besoin de se grouper, et d'entrer, par le sacrifice, dans une vie nouvelle. Et rendons cette justice à la plupart des hommes illustres de la démocratie, tandis que bien des nouveaux venus, des combattants de la dernière heure, des impatients, se ruaient à la curée pour obtenir quelque place et s'irritaient si on ne la leur accordait point, tandis que (spectacle écœurant que réservent ces révolutions!) des valets du régime déchu se courbaient platement devant le régime vainqueur, eux, les anciens de la République, apportaient au gouvernement de la Défense leur concours, sans lui demander autre chose que la gloire de le conseiller. La scission, il est vrai, ne devait point tarder à se faire. Nous en expliquerons les causes cachées au moment venu.

Pour l'heure présente, tout souriait à la République nouvelle. M. Washburne annonçait que la grande République des États-Unis reconnaissait la République de France. Par delà l'Océan, les petits-fils de Washington saluaient les petits-fils de La Fayette. Depuis, les lettres louangeuses de M. Bancroft à M. de Bismarck et la circulaire du président Grant à ses agents diplomatiques nous ont montré que l'Amérique ne s'inclinait guère, en fin de compte, que devant le succès. Mais nous croyions alors très naïvement à son amour.

Cependant la province avait envoyé ses enfants à Paris. On les voyait, ces mobiles, à peine équipés, la plupart dans leurs costumes du pays : les Bretons, suivis de leurs recteurs, allant au combat comme au *pardon;* les Bourguignons, en blouses bleues, une croix rouge sur la manche ; les rudes gars d'Auvergne, le front couvert du large chapeau du paysan. Tous arrivaient fermes et résolus, avec un esprit de jeunesse et de force qui donnait confiance. C'était vraiment la France accourue au secours de Paris, tête et cœur de la France. Ceux de Paris, tous ceux qui pouvaient porter les armes, étaient déjà inscrits sur les contrôles et tous réclamaient des fusils. Nul n'osait déjà sortir sans uniforme, sans képi tout au moins. De ces képis, beaucoup n'avaient pas de numéros encore, beaucoup aussi étaient des képis d'ambulanciers; mais, on peut le dire, Paris tout entier était prêt à la lutte. Dans cette fièvre de la première heure, cette masse d'hommes, inhabiles à manier les armes, eût été déjà capable de quelque prodige et d'une journée de sacrifice, sinon de victoire.

Un souffle véritable et sincère de patriotisme parcourait les rues, passait sur les fronts, faisait battre les cœurs. On sentait qu'il fallait, dans ce grand naufrage, se rattacher à ce qui restait de la patrie et la défendre pour reconquérir le reste. On avait comme le besoin d'incarner dans quelque image palpable cette France martyre, sacrifiée par un despote. Alors, d'un élan, comme si la ville de Strasbourg bombardée personnifiait la France vaincue, on se rendait place de la Concorde, devant cette statue de Strasbourg qu'a sculptée Pradier dans la pierre. Le gouvernement de la Défense nationale avait inscrit ses noms à la première page d'un livre destiné à devenir le livre d'or de la cité d'Alsace, et à porter à Strasbourg les remerciements de Paris [1]. Chacun s'inscrivait à son tour sur le livre. Des bataillons entiers venaient apporter à Strasbourg leur hommage. Des couronnes, des drapeaux, des guirlandes, s'amoncelaient sur la statue, personnification de la patrie. Le soir, des verres de couleur illuminaient Strasbourg et lui faisaient comme une auréole. « Vous diriez, s'écriait alors M. Paul de Saint-Victor, la chapelle ardente de la ville martyre. » Et l'écrivain ajoutait : « La France se reconnaît dans Strasbourg; elle frémit d'admiration, elle tressaille de reconnaissance. La foi remonte à son cœur exalté par ce grand exemple. On ne doute plus des dieux auxquels on voit faire de tels sacrifices. Gloire à cette ville magnanime, illustre par la science et le courage! Muse cuirassée, guerrière qui veille aux remparts de la patrie, assise sur un canon, penchée sur un livre, elle se présente au monde appuyée d'une main sur la presse de Gutemberg, tenant de l'autre l'épée de Kléber et d'Uhrich. »

Dix jours après la révolution du 4 Septembre, le général Trochu passait, sur les boulevards, la place de la Concorde

et les Champs-Élysées, la revue des mobiles et de la garde
nationale parisienne, à la tête de laquelle venait d'être appelé, en remplacement du général de La Motte-Rouge,
M. Tamisier, ancien officier d'artillerie, nommé général. Ce
fut un jour superbe que ce jour de grande revue; les rues de
Paris retentissaient de cris, d'appels de clairons ou de bruits
de tambours. Ces bataillons, en rangs sur les boulevards,
avaient leurs fusils en faisceaux, puis manœuvraient avec
un certain ensemble. La place de la Concorde fourmillait
de fer. Acclamé et restant calme et grave, trop grave, le
général Trochu, à cheval, passait devant ces bataillons,
salué par la foule confiante, saluant d'un air élégant et
froid. Comme on croyait en lui! Comme on était confiant!
Quelle journée de fièvre, par ce beau soleil d'automne! On
eût dit quelque chose comme une rayonnante fête de Fédération, avec des scintillements d'armes et des frissonne-
ments de feuilles. « *Jamais*, disait dans son ordre du jour
le gouverneur de Paris, *jamais aucun général d'armée n'a eu
sous les yeux le grand spectacle que vous venez de me donner!... Préparez-vous à souffrir avec constance*, — ajoutait-
il. — *A cette condition, vous vaincrez.* »

Paris allait souffrir. Paris voulait souffrir. Il ne vainquit
pas cependant. Mais cette victoire promise, du moins il sut
la mériter, et Paris ne fut point le coupable.

Durant ce temps, les Prussiens avançaient. Leur marche
lente et mesurée n'en paraissait que plus sûre. Le 11 septembre, ils étaient à la Ferté, à six heures du soir. Ils arrivaient presque en même temps à Château-Thierry. Le lendemain, le sous-préfet de Meaux et le général Ryan quit-
taient Meaux devant eux et partaient pour Lagny, coupant
les télégraphes. Le gros des forces ennemies était à Crécy.
Le 11, les Allemands s'étaient présentés en même temps
devant Soissons, sommant la ville de se rendre, et le commandant de place répondait (menace que nous entendrons
tant de fois) qu'il se ferait plutôt sauter. Le 12, des uhlans
annonçaient à Provins, pour le lendemain, un corps de
20,000 hommes. Les Bavarois étaient à Vied, à Vaucouleurs,
dans la Haute-Marne. L'invasion grossissait, roulant partout
ses flots d'hommes et de chevaux. Le pont de Creil était renversé: les Prussiens arrivaient aux environs de Melun, souvent inquiétés par les francs-tireurs. Le 14 septembre, les
chemins de fer de l'Est et du Nord suspendaient leur service

L'EMPEREUR GUILLAUME

au départ de Paris. Le 15, un train de voyageurs était pris par les Prussiens à son arrivée à Senlis. Près de Chantilly, un autre train était assailli par des tirailleurs; ce même jour, enfin, le 15 septembre, à trois heures vingt minutes du soir, le gouverneur de Paris recevait cette dépêche datée de Vincennes :

« Les uhlans sont, en effet, entre Créteil et Neuilly-sur-Marne.

« A ce dernier point paraît être l'avant-garde de la colonne signalée ce matin.

« Informons et activons tout le monde. »

C'était le premier ennemi signalé presque en vue de Paris. On pouvait maintenant compter les heures qui séparaient la grande ville de l'investissement.

Il était, on le conçoit, de toute nécessité que le gouvernement de la République ne se laissât point tout entier bloquer dans la ville assiégée. Peut-être même eût-il mieux valu que Paris ne fût plus qu'une place forte, une simple citadelle soumise aux droits et aux nécessités sévères du siège. Le gouvernement eût agi hors de la capitale, si bien que, Paris succombant, c'était une place forte, non le gouvernement qui tombait. Le gouvernement préféra se scinder en deux. Il délégua à Tours deux de ses membres les moins actifs, M. Crémieux et M. Glais-Bizoin, que l'âge rendait inhabiles à soutenir une aussi redoutable situation. M. Clément Laurier les escortait, représentant le ministre de l'intérieur. C'était alors que M. Gambetta eût dû quitter Paris. Au lieu du long mois perdu par les deux vieillards, il eût plus tôt et plus fructueusement communiqué sa juvénile ardeur à la France. Mais il semblait, en envoyant le garde des sceaux, M. Crémieux, à Tours, que le gouvernement de Paris s'inquiétât surtout de garder à Paris ses forces vives.

Les réseaux de chemins de fer continuaient à être coupés autour de Paris. Le 16 septembre, la ligne d'Orléans n'allait plus que jusqu'à Athis. Le 17, un détachement prussien passait la Seine à Choisy-le-Roi. Le 18, des colonnes plus nombreuses traversaient le fleuve à Villeneuve-Saint-Georges. La ligne du Havre, la dernière qui fonctionnât, était coupée à Conflans.

Le 19 septembre, le *rapport militaire* signalait l'ennemi à Vitry, à Chevilly, à Clamart, à Bourg-la-Reine, filant par Meudon sur Versailles. Il était à Gonesse aussi, pointant sur

Saint-Denis. Des fusillades et des canonnades s'étaient çà et là engagées. Le réseau télégraphique de l'Ouest, le dernier qui permit de transmettre et de recevoir des dépêches, était coupé à une heure de l'après-midi. Les Allemands arrivaient par trois côtés à la fois devant la capitale. Deux corps bavarois, la division wurtembergeoise, le corps saxon, la garde prussienne, et quatre corps d'armée prussiens s'établissaient presque simultanément devant nos forts. Le soir, la garde républicaine rentrait à Paris après sa tournée extérieure, et prévenait que les trois ponts de Saint-Cloud, Sèvres et Billancourt venaient de sauter.

« Le public, ajoutait le *Rapport*, ne devra pas s'étonner s'il ne trouve plus de communications télégraphiques affichées ou insérées dans le *Journal officiel*. »

Plus de communications, plus de lettres, plus de dépêches, plus de nouvelles. Paris était supprimé du reste du monde. Une vie nouvelle commençait. Désormais la grande ville était investie.

CHAPITRE II

Retraite de Vinoy. — L'investissement de Paris. L'affaire de Châtillon (19 septembre). — L'anniversaire de la République. Escarmouches autour de Paris. — M. J. Favre à Ferrières. — Les prétentions et la haine de l'Allemagne. — Le combat de Chevilly. — État de Paris. — Les journaux. — Le dimanche 20 octobre : Toul et Strasbourg ont capitulé.

Paris était donc enfermé dans un cordon étroit « corseté de fer », comme disait alors un écrivain plus pittoresque que sensé. Et, pour défendre Paris, la garde nationale ne se trouvait pas encore organisée, les mobiles étaient à peine habitués à marcher au pas. Le gouvernement de la Défense nationale avait eu pourtant une heure de joie lorsqu'on lui apprit que le général Vinoy venait de réussir à se rabattre sur Paris, ramenant non seulement son corps d'armée de dix mille hommes, mais plus du double de fuyards échappés de Sedan et groupés autour de lui tant bien que mal. Cette

retraite de Vinoy partant de Mézières à la nouvelle d i désastre de Sedan pour regagner Paris à travers l'Aisne, par
Saint-Quentin et Soissons, puis Compiègne, fut une des
rares manœuvres de la campagne qui méritent les éloges
des tacticiens. La tâche n'était point facile de ramener, en
fuyant l'ennemi, ces troupes épuisées, démoralisées, sans
discipline, qui, tandis qu'il fallait marcher en silence et à
marches forcées, se plaisaient à tirer, sous bois, des coups
de feu aux perdreaux ou aux lièvres qu'on faisait lever. Et
les uhlans suivaient de près cette armée incapable de se
défendre ! Les Prussiens étaient là, presque sur les talons
de ces soldats à demi débandés. Pourtant, on évita l'ennemi, et, on peut le dire, on esquiva une nouvelle défaite.
Vinoy arriva sous Paris, ramenant tous ses canons. Ses
troupes, bientôt reconstituées, allait former le noyau de
l'armée parisienne. Il y avait là deux régiments complets,
intacts, le 31e et le 35e, que nous allons retrouver dans
chacun des combats futurs ; il y avait des zouaves et beaucoup de ces artilleurs qui furent, durant toute la campagne,
avant et après Sedan, à Paris comme en province, dignes de
tout éloge. A ces forces inespérées, la défense de Paris
pouvait ajouter, les plaçant en première ligne, ces canonniers et ces fusiliers marins qui sont maintenant devenus
légendaires pour leur courage et leur sang-froid.

Le 17 septembre, la division d'Exéa, du corps de Vinoy
(13e), avait eu avec l'ennemi un engagement où l'avantage
nous était resté, et on avait pu reconnaître que les troupes
allemandes engagées formaient l'arrière-garde d'un corps
qui se dirigeait de Choisy-le-Roi sur Versailles, contournant
les positions de Châtillon et de Clamart. Le 18, le général
Ducrot, qui, après la journée de Sedan, s'était échappé des
lignes prussiennes, occupait avec quatre divisions d'infanterie la ligne des hauteurs de Villejuif à celles de
Meudon. Il avait ordonné, le soir, une reconnaissance de
cavalerie qui nous apprit le mouvement considérable opéré
par l'ennemi.

Il s'agissait d'empêcher, si on le pouvait, les Prussiens de
continuer leur marche sur Versailles. Le 19, dès la pointe
du jour, le général d'Exéa quitte ses positions, et nos
troupes, massées en avant du fort de Montrouge, se
déploient bientôt pour soutenir le combat engagé entre les
francs-tireurs et les Prussiens.

Tous ces bois des environs de Sceaux, Bagneux, Clamart, étaient encore intacts. On n'avait pris ni la précaution de les brûler, ni celle de les abattre. Notre artillerie les fouillait, les canonnant avec vigueur, mais on pouvait croire que les Prussiens n'avaient point profité, cette fois, des abris naturels, car ils ne ripostaient pas. Ces taillis demeuraient silencieux. Puis, tout à coup, vers sept heures et demie, les canons prussiens répondent aux nôtres, tandis que des fusillades épouvantables accueillent nos soldats engagés, vers Bagneux, dans les clairières. Embusqués derrière les arbres, les Prussiens tiraient dans des masses humaines, et presque à bout portant. Le désordre fut grand. Des bataillons de mobiles s'entre-tuèrent un moment avec des compagnies du 116ᵉ de ligne, tandis que les zouaves, formés de débris des régiments des Ardennes, s'enfuyaient en désordre, pris d'une sorte de panique, jetant leurs fusils et entraînant, dans ce mouvement de recul précipité, la plus grande partie de l'armée.

Le régiment de cavalerie, composé de cuirassiers, de cara-biniers, de chasseurs, de gendarmes, régiment mêlé et qui, dans son amalgame pittoresque, donnait l'idée mélanco-lique du peu de forces qui restaient à la France, ce régiment tenta d'arrêter la déroute. L'artillerie, superbe pendant cette journée, tenait bon, ripostait aux obus allemands. Mais tout était vain. Les troupes pliaient. Pis que cela, on en vit revenir sur les forts, en rangs, sans avoir donné, et se ruant aux portes comme un troupeau. Du haut de la redoute de Châtillon, brusquement abandonnée par nous, l'artillerie prussienne envoyait ses projectiles sur nos régiments en désordre. Les Prussiens, par bonheur, tiraient un peu trop haut et n'atteignaient point les fantassins, dont ils eussent pu faire un terrible carnage. Beaucoup, sous les balles et les boulets, se couchaient, les laissant siffler sur leurs têtes.

Toute cette armée, ainsi repoussée sans avoir tenu devant l'ennemi, se retirait tumultueusement, tristement, sous le feu des forts de Vanves et de Montrouge. Des soldats éperdus entraient dans Paris, semant l'alarme, parlant du manque de vivres, de munitions On en vit jeter leurs car-touches dans la Seine. Le point de ralliement était le Champ-de-Mars. Tout le jour, les quais, la rue de Rivoli, les bou-levards de la rive gauche, presque toutes 'es rues furent sillonnés par des fuyards, porteurs de mauvaises nouvelles. La population se pressait aux portes, silencieuse, pâle d'anxiété, assistant à ce douloureux spectacle, nouveau pour elle : le retour des blessés.

« Ce n'est, après tout, qu'une affaire d'artillerie, disait le général Ducrot après le combat. Cela ne prouve rien. »

Il avait fait enclouer les canons abandonnés dans la redoute de Châtillon, mais ce point si important, cette situation admirable nous échappait. Déjà les Prussiens couronnaient le plateau et se mettaient à achever nos travaux ébauchés. Toute la plaine qui s'étend de Montrouge à Vanves, les routes qui la traversent étaient désormais commandées par l'ennemi, et la libre circulation du côté de Versailles lui était pour toujours assurée. Il occupait le lendemain, 20 septembre, Versailles et Corbeil.

Cette journée du 19 eût pu avoir sur les troupes et la population une influence plus malheureuse encore. Ce soir-là, Paris, qui jusqu'alors avait gardé une sérénité presque joyeuse, celle de l'espoir, se sentit, pour la première fois depuis les dernières semaines, saisi d'une sorte de pressentiment vague, mais sombre. La vérité semblait se dresser devant lui. Dans cette brume automnale des soirs de septembre, on entendait partout le canon gronder. Paris était comme enserré dans une ceinture de feu. Ces détonations sourdes emplissaient de leur grande voix le silence instinctif de la ville immense. Rien, point de bruit que ces canonnades lugubres, ou encore le *qui vive* d'une sentinelle ou le pas d'une patrouille. Dans les terrains vagues, les pelotons de gardes nationaux faisaient, malgré la nuit, l'exercice. Sur le pas des portes, les femmes groupées parlaient tout bas. On se sentait, cette fois, livré à cette chose épouvantable : la guerre ; à cette nécessité dure : le siège. Les femmes de Paris, moins heureuses que les femmes de Sparte, pouvaient, au loin, apercevoir la fumée du camp ennemi.

M. Gambetta, répondant à la fois aux émotions du public et au sentiment de sévère justice, qui voulait que les fuyards de Châtillon fussent punis, fit, dans la soirée, apposer l'affiche qui portait la proclamation suivante :

RÉPUBLIQUE FRANÇAISE.

Ministère de l'Intérieur.

Citoyens,

Le canon tonne. Le moment suprême est arrivé.

Depuis le jour de la révolution, Paris est debout et en haleine. Tous, sans distinction de classe ni de partis, vous avez saisi vos armes pour sauver à la fois la ville, la France et la République.

Vous avez donné, dans ces derniers jours, la preuve la plus manifeste de vos mâles résolutions; vous ne vous êtes laissé troubler ni par les lâches ni par les tièdes; vous ne vous êtes laissé aller ni aux excitations ni à l'abattement : vous avez envisagé avec sang-froid la multitude des assaillants.

Les premières atteintes de la guerre vous trouveront également calmes et intrépides, et si les fuyards venaient, comme aujourd'hui, porter dans la cité le désordre, la panique et le mensonge, vous resteriez inébranlables assurés que *la cour martiale, qui vient d'être instituée par le gouvernement pour juger les lâches et les déserteurs*, saura, efficacement veiller au salut public et protéger l'honneur national.

Restons donc unis, serrés les uns contre les autres, prêts à marcher au feu, et montrons-nous les dignes fils de ceux qui, au milieu des plus effroyables périls, n'ont jamais désespéré de la patrie!

Paris, 19 septembre 1870.

> *Le membre du gouvernement de la Défense nationale délégué au département de l'intérieur,*
>
> LÉON GAMBETTA.

Le général Trochu prenait, lui aussi, la parole, et déclarait, à propos de l'*inqualifiable panique* des zouaves, qu'il était « fermement résolu à mettre fin à de si graves désordres. » Tous les défenseurs de Paris, gardes nationaux gardes mobiles, troupes de garnison à Paris, avaient dès lors pour devoir de saisir les hommes isolés, soldats de toutes armes en état d'ivresse ou répandant la terreur dans la cité. Ces soldats arrêtés devaient être conduits à l'état-

major de la place, 7 place Vendôme, et traduits devant les
conseils de guerre. On vit de ces malheureux et misérables
soldats, ainsi promenés par les rues, la visière du képi
tombant sur la nuque, la capote retournée, et portant sur
le dos, comme un condamné sa sentence, ces mots : *lâche*
ou *déserteur*.

Cependant, autour de Paris, les petits combats se multipliaient çà et là, et nos jeunes troupes s'habituaient au
feu. Tandis que les Prussiens occupaient Bondy et massaient
au Raincy leur artillerie, le général de Bellemare, commandant à Saint-Denis, était contraint de laisser accomplir
à l'ennemi l'établissement de ses batteries à la butte Pinson,
pendant que notre batterie de Saint-Ouen protégeait la
presqu'île de Gennevilliers. Les forts de Montrouge, de
Bicêtre et d'Issy tenaient à distance les avant-postes prussiens. Mais, après le combat de Châtillon, les Allemands,
possesseurs de tout le terrain qui va des forts à Châtillon,
s'étaient avancés jusqu'à Villejuif et l'avaient occupé. La
position était certes excellente. Du haut de la montée de
Villejuif, la ville apparaît en quelque sorte à portée de
canon. Tout le quartier de la Maison-Blanche se découpe à
l'horizon, surmonté par des clochers qui émergent de l'en-
tassement de constructions. Le dôme du Panthéon dresse
hardiment sa coupole sur ces masses, et les Prussiens pouvaient apercevoir déjà la ligne de l'enceinte et l'entrée de
Paris. En revanche, ils se trouvaient directement sous le
feu de nos forts, et, à ce point de vue, la position pour eux
n'était point sans danger.

Du côté de Saint-Germain, l'ennemi, occupant Chatou,
établissait un pont à Port-Marly, et s'installait dans la
plaine du Vésinet. Devant Charenton, il se trouvait en
forces à Mesly et Mont-Mesly. Le côté de Paris le plus
menacé, le seul menacé, à vrai dire, c'était donc la Maison-
Blanche, et il importait d'enlever aux Prussiens la position
de Villejuif. On allait bientôt tenter l'entreprise, et le public
était encore sous l'impression de léger abattement, ou,
pour être plus juste, de tristesse accablée que lui avait
causée l'échec de Châtillon, lorsqu'un incident nouveau vint
rallumer soudain les colères, exaspérer les patriotiques fer-
veurs et ranimer les courages. Le *Journal officiel* du 22 septembre contenait la note suivante :

« Avant que le siège de Paris commençât, le ministre des

affaires étrangères a voulu connaître les intentions de la Prusse jusque-là silencieuse.

« Nous avions proclamé hautement les nôtres au lendemain de la Révolution du 4 septembre.

« Sans haine contre l'Allemagne, ayant toujours condamné la guerre que l'empereur lui a faite dans un intérêt exclusivement dynastique, nous avons dit : Arrêtons cette lutte barbare qui décime les peuples au profit de quelques ambitieux. Nous acceptons des conditions équitables. Nous ne cédons ni un pouce de notre territoire, ni une pierre de nos forteresses. La Prusse répond à ces ouvertures en demandant à garder l'Alsace et la Lorraine par droit de conquête.

« *Elle ne consentirait même pas à consulter les populations elle veut en disposer comme d'un troupeau.*

« Et quand elle est en présence de la convocation d'une assemblée qui constituera un pouvoir définitif et votera la paix ou la guerre, la Prusse demande comme condition préalable d'un armistice l'occupation des places assiégées, le fort du Mont-Valérien et la garnison de Strasbourg prisonnière de guerre.

« Que l'Europe soit juge !

« Pour nous, l'ennemi s'est dévoilé. Il nous place entre le devoir et le déshonneur ; notre choix est fait.

« Paris résistera jusqu'à la dernière extrémité. Les départements viendront à son secours, et, Dieu aidant, la France sera sauvée.

« Le ministre des affaires étrangères s'occupe de rédigé une relation détaillée de son voyage au quartier général prussien. »

Quelques-uns ont blâmé, avec une certaine amertume, la démarche de M. Jules Favre auprès du chancelier de la Confédération du Nord et du roi de Prusse. Il appartient à l'histoire, calme et apaisée, de rendre aux actions des hommes leur véritable physionomie. Eh bien, qui niera, de bonne foi, que la relation du voyage de M. Jules Favre à Ferrières à travers les lignes prussiennes n'ait enflammé plus d'un cœur et soulevé plus d'une généreuse colère, lorsqu'on la lut pour la première fois ? On a dit que le ministre des affaires étrangères était allé implorer la pitié du vainqueur. Non ! crédule et confiant, il était allé faire appel à sa justice. Qu'on relise, après des années, le rapport qu'il adressa, une fois de retour, à ses collègues ou plu-

tôt à la France : on n'y verra que ce qu'on y vit au moment
de l'apparition de cette pièce capitale devenue historique du
jour au lendemain : la douleur profonde du patriote, unie à
la faiblesse du diplomate.

L'entrevue de Ferrières n'aboutit pas et ne pouvait about-
tir. M. Jules Favre ignorait, en allant au quartier général
prussien, qu'il se rendait au-devant de nos ennemis les plus
implacables ; il ignorait que, depuis cinquante ans, cette
race dure et solide nourrissait contre nous une inextinguible
haine. A considérer cette entrevue sous son jour véritable,
ce ne sont pas deux hommes, ce sont deux systèmes, deux
civilisations, deux philosophies qui se rencontrent. Il semble
que l'hégélianisme réponde brutalement au sentimenta-
lisme. Waterloo n'avait pas étanché la soif de vengeance qui
tenait à la gorge les Allemands depuis Iéna. Un autre homme
que M. Jules Favre un homme qui eût un peu connu l'esprit
de l'Allemagne, son tempérament et surtout le tempérament
prussien, ne se fût pas étonné des réponses de M. de Bismarck, et surtout n'eût point parlé à un personnage aussi
pratique que M. de Bismarck le langage du sentiment.
M. de Bismarck fit à M. Jules Favre le tableau de la rivalité
séculaire de l'Allemagne et de la France. Selon lui, la volonté bien arrêtée de la nation française était d'envahir l'Allemagne et de lui arracher une partie de son territoire. Depuis Louis XIV jusqu'à Napoléon III, dit M. de Bismarck, les
tendances de la France n'ont point changé. Les paroles du
chancelier n'étaient d'ailleurs que la traduction polie et singulièrement affaiblie de tous les lieux communs haineux vo-
mis contre nous par cette littérature allemande atteinte de
gallophagie, et dont se moquait Henri Heine et s'irritait
Ludwig Bœrne.

Sous une forme plus diplomatique et plus hypocritement
polie, l'entretien de M. de Bismarck concluait aux mêmes
folies que le poème de Arndt [1]. M. Jules Favre se sentit à
la fois indigné et écrasé en présence de cet homme. Il n'a
pas craint de déclarer qu'il avait détourné ses yeux pleins de
larmes des yeux bleus et ironiques de M. de Bismarck. « Je

---

1. Arndt, dans un poème célèbre, *la Patrie de l'Allemagne*,
soutient que tout Français est un ennemi et que « la terre du
Teuton est partout où le clinquant des Welches disparaît au
vent de la colère. »

me détournais pour dévorer les larmes qui m'étouffaient...
« Plus tard, on a fait de ce moment de faiblesse et d'émotion un crime irrémissible à M. Jules Favre. « Est-ce que Danton pleurait ? » s'est-on écrié. Certes, il pleurait quand sa patrie était traînée sur la claie, et quand il voyait près de périr cette république à laquelle il donna son sang. Une légende arabe conte qu'au premier homme frappé par la douleur, le Créateur donna comme talisman deux gouttes de rosée. « Quand elles perleront dans les yeux, ton cœur, dit-il, sera soulagé. » Il y a plusieurs sortes de larmes, et beaucoup sont sacrées ; mais si les larmes d'un fils sur sa mère morte sont touchantes, qui osera nier qu'un patriote ait le droit de pleurer sur sa patrie près de mourir ?

Aussi bien, au moment où Paris lut le récit de l'entrevue de Ferrières, nul ne songea à trouver ridicules ces larmes, dont la satire devait s'emparer par la suite. On partageait non seulement l'indignation, mais l'émotion de l'homme qui venait de rencontrer un tel accueil chez notre implacable vainqueur. La publication du récit de l'entrevue fut un énergique stimulant pour la défense. Entre le déshonneur et la lutte, les plus timides, relevant le front, déclarèrent bien haut qu'il fallait combattre. Paris tout entier, manifestant sa pensée par les clubs, les journaux, les propos de la rue, devant les mairies, dans les groupes, n'eut plus qu'un mot d'ordre : Au combat !

La France était donc, une fois encore, contrainte à la guerre. Il fallait se battre pour le salut et et pour l'honneur. Comme si l'insolence prussienne devait appeler aussitôt une riposte de l'audace française, le lendemain du jour où Paris avait eu connaissance des prétentions d M. de Bismarck, la division Maud'huy, après avoir occupé, la veille au soir, le Moulin-Saquet et le village de Vitry, attaqua, dès l'aube du 23 septembre, le village de Villejuif, puis, à droite du village, la redoute en terre qui devait dès lors devenir célèbre sous le nom de *redoute des Hautes-Bruyères*. Les Prussiens, débusqués du cimetière de Villejuif, couvrirent bientôt la redoute et les positions que nous avions prises de projectiles, obus et boîtes à balles. Ils tiraient d'assez près, à 800 mètres. Plus d'une fois, nos artilleurs, arrivés sur la redoute, se retirèrent sous cette pluie de fer, mais pour revenir bientôt traînant leurs mitrailleuses, et pour arrêter par leur feu les

Prussiens, au moment où ceux-ci faisaient, essayant de reprendre leurs positions, un retour offensif. Ce redoutable combat d'artillerie, qui nous coûta des pertes insignifiantes, dut être sanglant pour les Prussiens, et, cette fois, l'avantage nous resta d'une façon incontestable. Jusqu'à la fin du siège, Villejuif et les Hautes-Bruyères, où l'on exécuta rapidement des travaux et des casemates, allaient demeurer en notre pouvoir.

Ce brillant combat, dont la portée fut aussitôt fantastiquement grossie par l'imagination publique, qui ne parlait de rien moins que de dix mille Prussiens tués ou blessés, rendit à l'armée une assurance qu'elle n'avait plus. L'artillerie des forts avait pris part à la lutte et soutenu nos colonnes avec succès. Le même jour, le fort de Nogent canonnait l'ennemi dans la direction de Bry-sur-Marne, et l'amiral Saisset, à la tête de fusiliers marins et des éclaireurs de la Seine (colonel Lafon), poussait une reconnaissance jusqu'à 400 mètres du Bourget, après avoir repoussé les Prussiens établis à Drancy.

N'était-ce point là le système qu'il fallait suivre, système d'escarmouches journalières, de petits combats continuels, d'attaques, de reconnaissances, de mouvements répétés et de harcèlement? Pourquoi le général Trochu ne suivit-il pas cette tactique inaugurée avec succès à Villejuif, et presque en même temps à Pierrefitte, par les soldats du général de Bellemare?

Jusqu'au 30 septembre, jour où eut lieu le combat glorieux, mais inutile, de Chevilly, les journées se passèrent ainsi en petites fusillades, en reconnaissances, et même en accalmies singulières. Le 30, au matin, nos troupes, massées dans la nuit derrière les forts d'Ivry, de Bicêtre et de Montrouge, s'ébranlèrent vers les villages de l'Hay, Chevilly et Thiais, qu'avaient crénelés les Prussiens. Tandis que la colonne du général Blaise (de la division Maud'huy) pénétrait jusqu'à Thiais, le général Guilhem, à la tête du 35e et du 42e de ligne, s'emparait de Chevilly, refoulant les Prussiens. La ligne de bataille s'étendait jusqu'à Creteil, où combattait la division d'Exéa. Le combat commençait, comme toujours, par un avantage, et on pouvait espérer que nous parviendrions à couper sur ce point les communications de l'ennemi avec Versailles, lorsque, devant les réserves profondes qu'il mit en ligne, il fallut céder, battre en retraite, perdre les positions si bravement conquises.

Le rapport officiel français estime les masses de l'ennemi à 30,000 hommes. En supposant que ce nombre ne soit pas exagéré, n'est-il point attristant de voir que nos troupes engagées n'avaient point de réserves derrière elles? « Mais les bonnes troupes manquaient, dira-t-on. Les jeunes troupes surent pourtant montrer qu'elles savaient combattre. Pendant que le 89° de ligne et le 15° bataillon de chasseurs à pied emportaient, maison par maison, le village de l'Hay, les mobiles de la Vendée recevaient vaillamment le baptême du feu. Devant Chevilly, le 35° de ligne avait marché en tête à l'attaque, et, repoussant les Prussiens de leur première ligne de fortifications, il allait emporter le parc du château qui formait la seconde, lorsque la retraite sonna. Les chasseurs d'Afrique protégèrent vaillamment cette retraite en chargeant l'ennemi.

Le général Guilhem était tombé dans la mêlée, au premier rang de ses soldats. Son frère ayant été réclamer son corps au camp prussien, les Allemands vinrent soigneusement remettre le cadavre, enfermé dans un cercueil couvert de fleurs. Cette affectation d'honneurs militaires rendus au vaincu est un des traits du caractère germain, à la fois implacable et servile. Quelques jours après, aux obsèques du général Guilhem, le général Trochu ne devait, par extraordinaire, dire que quelques mots :

« Messieurs, à l'heure présente, l'appareil de la mort n'a rien qui doive nous effrayer. Notre devoir, pour la plupart notre avenir pour tous est là... Les phrases de convention et de convenance seraient déplacées ; je ne dirai qu'un mot devant ce cercueil : le général Guilhem a bien vécu, il s'est bien battu et il est mort en brave. Messieurs, je le recommande à votre souvenir. »

Le résultat du combat de Chevilly n'était pas tout à fait négatif en ce sens qu'il donnait au soldat confiance en lui-même et lui prouvait que les Prussiens n'étaient pas invincibles. L'opinion publique prit d'ailleurs ces rencontres pour des victoires, et Paris s'habitua de la sorte au bruit du canon et à la vue du sang versé. L'attitude de la ville tout entière était d'ailleurs digne d'éloges. Paris semblait déjà retrempé et s'habituait à vivre ainsi dans son isolement superbe, sans plaisirs, sans joies, sans théâtres, mais non sans travaux et sans devoirs. De tout ce qui avait fait jadis

sa vie facile et gaie, rien ne restait. La vie frivole était devenue presque austère. Plus de spectacles : une ordonnance
de M. de Kératry, préfet de police, en avait exigé la fermeture. Rien ne restait à Paris de ses habitudes d'autrefois,
que les réunions publiques et les journaux; journaux d'ac-
tualité pour la plupart et de renseignements plutôt que de
doctrines. *Le Républicain, les Nouvelles, la Défense nationale,
le Peuple souverain* se vendaient dans les rues, annonçant
chaque matin ou chaque soir des événements fantastiques.
Il fallut défendre aux crieurs d'annoncer ainsi tout haut des
victoires qui n'existaient pas. D'autres feuilles, comme la
Patrie en danger, s'exerçaient à une critique fort acerbe.
M. Félix Pyat publiait un journal encadré d'un filet noir,
qu'il appelait *le Combat :* « Aujourd'hui l'arme, disait-il,
« demain l'outil! le sol avant la gerbe! la patrie avant la
« vie! la France avant tout! Même cri que nos pères! la
« France ou la mort. » — Avant peu, il allait substituer à
ce mot sacré : la France, le mot d'ordre nouveau : la Commune, et, s'adressant aux gouvernants de Paris, s'écrier:
« Nous la voulons, nous l'aurons avec vous ou sans vous,
« et, s'il le faut, contre vous. »

Cette menace répondait au décret du ministre de l'intérieur, M. Gambetta, qui, après la démarche de M. Jules
Favre à Ferrières, et en réponse aux prétentions prussiennes, avait répliqué en déclarant que la France acceptait
la lutte à outrance qu'on la contraignait à faire, et que
toutes élections municipales et pour l'Assemblée constituante étaient, en présence de la nécessité, suspendues et
ajournées.

Paris, d'ailleurs, malgré ces troubles en quelque sorte
cérébraux, était confiant et vraiment fait pour exciter l'admiration. Capoue ressemblait à Sparte. Il espérait, il se
fiait, ce grand Paris, à la destinée de la Patrie; il lui semblait que jusqu'à lui venait à travers le vent l'écho de Strasbourg qui résistait encore et de Metz qui devait résister
toujours. Phalsbourg, Toul, les villes assiégées, lui semblaient rayonner au loin, dans la flamme du combat. Il
défiait l'ennemi de les prendre, lorsqu'un soir, un dimanche, — c'est le dimanche, presque toujours, que, durant
cette guerre, les mauvaises nouvelles tombèrent sur Paris
comme des coups de foudre, — un dimanche, le 2 octobre,
il apprit que Toul avait été contraint de se rendre et que

Strasbourg, l'héroïque Strasbourg, la capitale, la tête et le cœur de l'Alsace, avait capitulé. Strasbourg prise, c'était une province tout entière qui passait aux mains du vainqueur. Cette image sinistre du drapeau à aigle noir remplaçant sur le vieux Munster bombardé le drapeau tricolore, apparut à tous les yeux. Vainement M. Gambetta promit à Paris l'honneur de la vengeance. Paris, ce jour-là, fut en deuil, morne, sombre et frappé.

CHAPITRE III

L'Alsace. — Blocus de Strasbourg. — Le général Uhrich. — M. de Beyer et M. de Werder. — Bombardement de la ville. — Le préfet de l'empire M. Pron. — Les délégués de Berne apportent des nouvelles. — La République. — M. Küss et M. Valentin. — La capitulation. — Coup d'œil sur la ville assiégée. — Résistance héroïque de Toul. — la garde mobile de Nancy. — Toul bombardée capitule.

En parlant de cette ville de Strasbourg, qu'il appelait *la clef de la maison* de son Allemagne, M. de Bismarck avait dit à M. Jules Favre, le 19 septembre : « La ville va tomber entre nos mains, ce n'est plus qu'une affaire de calcul d'ingénieurs. » Depuis le 12 août 1870, Strasbourg était investie ; elle était bombardée, écrasée depuis le 15 août. Depuis quarante jours, les obus pleuvaient sur les maisons en ruines, incendiant les monuments les plus admirables et broyant les êtres les plus innocents, jetant les cadavres d'enfants sur les décombres des chefs-d'œuvre anéantis. Quelle honte ! quelle stupidité carnassière ! La Prusse affirmait les droits qu'elle prétendait avoir sur l'Alsace, en couvrant cette Alsace de débris et de sang.

Depuis deux cents ans, Alsaciens et Lorrains formaient les plus solides soldats de nos armées. Ces braves gens donnaient leur sang pour cette France adoptée et chérie Lorsque le bruit du tambour français retentissait dans les rues de Strasbourg, lorsque passait un régiment jouant une marche française, aux jours de fêtes, les cris ardents de

Vive la France! retentissaient sous les vieilles arcades et sur la place Kléber, et si vigoureux que la sentinelle prussienne postée à Kehl eût pu, semblait-il, les entendre. Lorsque la guerre fut déclarée, en juillet 1870, l'Alsace entière fut debout. Tandis que la population demandait des armes, que le gouvernement lui refusait, les municipalités alsaciennes organisaient sur le passage de nos soldats, aux gares, à l'entrée des villes, des buffets où l'on versait de la bière, où l'on distribuait des vivres à ces régiments qui s'en allaient combattre pour la France. Il y avait, dans les acclamations qui accueillaient les troupes, une confiance absolue dans la fortune de nos armes et une haine invétérée pour l'Allemagne. Pauvres gens! ils avaient le pressentiment qu'il fallait haïr leurs bourreaux.

Après Wissembourg, après Wœrth, plus d'un habitant des villages alsaciens ramassa quelque chassepot, l'arracha des mains crispées d'un cadavre et fit le coup de feu contre l'étranger. On fusilla, comme assassins, ces humbles et hardis héros. La guerre a de ces pudeurs : on ne peut verser le sang ennemi qu'avec un uniforme sur le dos. Pour ce commerce hideux, il faut aussi une patente. Que de braves gens ne seraient point tombés, fusillés par les balles prussiennes, si le gouvernement de l'empire, plus soucieux de son intérêt que de l'indépendance du pays, n'avait refusé à tout citoyen d'un cœur viril le droit de combattre pour la défense de sa patrie !

Au moment où le désastre de Reichshoffen et de Wœrth condamnait la France à une campagne défensive et donnait le signal de l'invasion, Strasbourg, ville forte de premier ordre, n'était qu'imparfaitement armée, et n'avait, pour toute garnison, qu'un régiment de ligne, le 87e, quelques marins, des pontonniers et des mobiles. Un matin d'août, après la nuit terrible qui suivit Reichshoffen, les portes de Strasbourg virent s'engouffrer dans la ville une cohue sinistre de soldats vaincus, lignards, chasseurs à pied, artilleurs, turcos, tous boueux, sordides, sanglants et écrasés par le roulis affreux de la déroute. Cette foule, presque sans armes, de cavaliers démontés ou de fantassins juchés sur des chevaux harassés ou blessés, vint grossir l'effectif de la garnison. C'étaient 3,000 hommes à peu près de renfort, qui venaient s'enfermer dans la place. Strasbourg était donc défendue par des débris de régiments de ligne

M. JULES FAVRE

ou de bataillons de chasseurs à pied, cinq bataillons de régiments de marche, quatre bataillons de garde nationale mobile, des artilleurs de la ligne et de la mobile, une poignée de cavaliers, de douaniers et de gendarmes et 94 marins, dont 2 officiers. La garnison comptait, en outre et en tout, 1,970 chevaux. C'était trop peu pour une place de guerre de cette importance, car, parmi ces troupes, beaucoup étaient loin d'être suffisamment exercées. L'armement des remparts, les munitions de l'arsenal ne se trouvaient pas en état. Là, comme partout, éclatait l'épouvantable et criminelle incurie de l'administration impériale.

Le commandement de la place de Strasbourg avait été, après le départ du général Ducrot, appelé à la tête d'une division du 1er corps, confié au général Uhrich, un enfant du pays, né à Phalsbourg, ancien élève de Saint-Cyr, et qui, à travers l'Afrique et la Crimée, avait un à un conquis ses grades, jusqu'à celui de général de division. Lors de la campagne d'Italie, le général Uhrich commandait le 5e corps qui devait concourir à l'attaque du quadrilatère, et demeura inactif à cause de la paix de Villafranca. Depuis, il avait fait partie du cadre de réserve, et il n'en sortait que pour attacher son nom, en dépit des reproches qu'on ait pu lui adresser, à la glorieuse défense de Strasbourg.

Le 12 août 1870, jour où s'ouvrit le blocus de la ville, les ouvrages avancés n'étaient pas même garnis de canons : les arbres et les maisons, situés dans la zone militaire, étaient encore debout. Le côté sud de la place, que seule l'inondation garantit contre les travaux d'approche, était libre, sans eau [1]. Les hauteurs de Schiltigheim et de Hausbergen, qui dominent le front d'attaque du côté du nord, ne pouvaient être défendues, à cause du petit nombre de soldats dont disposait le gouverneur. Au surplus, avec la portée des canons prussiens, il eût été impossible de s'y maintenir longtemps. Strasbourg était donc condamnée au blocus, et un parlementaire allemand se présentait bientôt, sommant la ville de se rendre, sous peine d'être bombardée. Les habitants sourirent à cette menace, ne doutant pas de la prochaine victoire et de la délivrance, persuadés d'ailleurs que l'ennemi n'oserait mettre à exécution cette chose barbare : le

---

1. *Quarante jours de bombardement. Strasbourg.* Neuchâtel, brochure in-18.

bombardement d'une cité qu'il appelait, dans ses revendications, la *ville-sœur*.

Strasbourg, avec son enceinte bastionnée, sa citadelle, sa gare défendue par des ouvrages à corne casematés; Strasbourg, qui possède une fonderie de canons, un arsenal de constructions et un magasin du génie, pouvait, au surplus, défier l'assaillant, si, je le répète, les bastions eussent été entretenus et mis en état et les magasins et fonderie approvisionnés comme il faut. Il n'en était rien, et M. de Beyer, ministre de la guerre du grand-duché de Bade, qui commandait les troupes badoises envoyées devant Strasbourg, ne devait pas ignorer le dépourvu dans lequel avait été laissée la cité lorsqu'il la somma de se rendre. C'était le 9 août. Ce M. de Beyer (rendons justice à un ennemi, nous n'aurons pas souvent l'occasion de constater pareille humanité chez les Allemands), ce M. de Beyer adressait, en entrant en Alsace, une proclamation aux habitants, proclamation où il promettait de faire avec humanité cette horrible guerre. Eût-il tenu parole? Il tomba malade, dit-on, et fut remplacé par le dur et farouche M. de Werder, non plus Badois, mais Prussien, intraitable, amenant avec lui ses troupes de Haguenau, où le roi de Prusse avait établi déjà le gouvernement général de la province d'Alsace. Ce nom de Werder, les Strasbourgeois et les Français ne l'oublieront jamais. Nom de sinistre conquérant écrasant sous le fer et détruisant par le feu la cité qu'il prétend attacher pour jamais à l'Allemagne, comme un meurtrier qui prétendrait s'allier pour toujours à sa victime à demi morte.

Le 13 août, un premier obus tomba sur la ville. Il éclata au delà de la porte de Saverne, brisa un réverbère et blessa des ouvriers dans le faubourg. Mais ce n'était rien, et l'ennemi voulait saluer ironiquement, par un feu d'artifice de sa façon, la date napoléonienne du 15 août. Un homme représentait, à Strasbourg, le pouvoir civil, M. Pron, ancien préfet de la Manche, préfet du Bas-Rhin, et qui rêva, durant tout ce siège, un coup d'État nouveau, n'attendant que la nouvelle d'une victoire pour faire arrêter à Strasbourg les adversaires notoirement connus de l'empire.

M. Pron avait pris, à l'occasion du 15 août, une attitude hostile, déclarant qu'il était prêt à agir contre toute manifestation. Nul ne songeait pourtant à faire de politique. A Strasbourg, on ne songeait qu'à la patrie. On se sentait aussi sous la menace du canon prussien. La crainte vague n'était pas vaine. A onze heures et demie du soir, de ce derni-r soir de fête impériale, les obus allemands commençaient à tomber sur la ville. Des hauteurs de Hausbergen, à 3 kilomètres, les projectiles ennemis venaient s'abattre sur les toits, broyant des membres, écrasant, incendiant, et, dès ce lugubre début, tuant des femmes et des vieillards. A minuit, le feu cessait. Ce n'était là qu'un avertissement funèbre. Mais les victimes déjà étaient nombreuses, et Strasbourg savait ce qu'elle pouvait attendre du sauvage ennemi.

Dès lors, toutes les nuits, les Badois et les Prussiens continuèrent leur œuvre atroce. Canonner les remparts, c'était leur droit; incendier des maisons, assassiner la population civile, c'était un crime. Strasbourg d'ailleurs, après les premiers moments de stupeur, devint sublime sous cette pluie de bombes incendiaires. Des rues entières furent brûlées. La rue du Dôme, la rue de la Nuée-Bleue s'écroulaient sous les obus. Des incendies partout, partout des débris fumants et des cadavres. Pauvre Strasbourg! En vain Uhrich écrivait, par des émissaires porteurs de ces dépêches désespérées: « Strasbourg est perdue, si vous ne venez pas immédiatement à notre secours (27 août). » Il appelait à son aide le général Douay, qu'il croyait à Belfort, et qui, à cette heure, marchait, comme toute l'armée, vers l'entonnoir de Sedan. A la fin d'août, les bâtiments de la citadelle et de l'arsenal, le moulin, la bibliothèque, le musée étaient détruits. La bibliothèque, cette merveille, ce trésor de science allemande, ses 8,000 manuscrits, son fameux *Hortus deliciarum*, tout ce qui était le fruit de tant de travaux, la source de tant d'informations, le legs inappréciable des aïeux, la savante Allemagne a détruit cela! Elle a mis sa science à détruire des livres. Elle a eu son Werder pour imiter Omar. Ces pointeurs en lunettes de l'armée prussienne se plaisaient à détruire les monuments. Ils visaient bien, ils visaient juste. Chaque coup emportait un être aimé parmi les vivants ou un chef-d'œuvre légué par les morts.

O stupidité atroce de la guerre! Rage effroyable! Tuer des hommes, faire voler en éclats des pierres, détruire des parchemins et des tableaux! Il y a, dans l'homme, comme une bête fauve endormie qui s'éveille à de certaines heures. Uhrich, devant le forfait de Werder, répondit en incendiant Kehl. On hurlait de douleur des deux côtés du Rhin. Ces

Badois, enrichis par la France, faisaient payer à la France tout ce qu'ils avaient reçu d'elle. Cependant, la garnison de Strasbourg frémissait d'impatience sous ce bombardement. Elle voulait au moins voir de près l'ennemi. Le 16 août, elle tente une sortie du côté d'Ostwald ; le 29, elle sort encore. Courageusement, se ruant sur des masses profondes, des poignées d'hommes s'élançaient et ne rentraient que repoussés par des forces considérables. Jamais lutte ne fut plus inégale. Notre artillerie, absolument inférieure, nous laissait à la discrétion des Allemands, dont le feu ne ralentissait pas et qui, dès le 29, avaient ouvert leurs travaux d'approche. Deux jours après, deux parallèles étaient terminées. Le 11 septembre, la troisième était ouverte et l'ennemi couronnait les glacis. Quelques jours encore, le 20, à l'aube, la lunette n° 53 nous était enlevée par surprise. Bientôt les Allemands, nombreux, et n'ayant devant eux qu'une faible garnison, pouvaient donner l'assaut. Les remparts ne protégeaient plus la pauvre et fière Strasbourg.

Cependant la ville, passant par tous les espoirs et toutes les illusions des assiégés, comptait toujours sur la délivrance. Des bruits de victoires avaient couru bien des fois. Bien des fois aussi, au loin, les malheureux Strasbourgeois avaient cru entendre l'écho vengeur du canon français. On apprêta souvent (ô désillusion amère !) des drapeaux tricolores pour pavoiser les fenêtres à l'arrivée des *pantalons rouges*. Mais non, les jours passaient, le bombardement continuait, la maladie décimait la ville, le deuil et la douleur étaient les mêmes. Un jour pourtant, le 11 septembre 1870, des délégué de la ville de Berne ayant obtenu de M. de Werder de pouvoir arracher au bombardement les femmes et les vieillards qui voudraient les suivre, des Suisses, — fils mille fois bénis de cette humble et grane dRépublique helvétique qui a tendu à la France meurtrie sa loyale main et lui a prodigué ses consolations, ses secours, son or et ses larmes, — des délégués de Berne entrèrent à Strasbourg et apprirent à la ville assiégée tout ce qu'elle ignorait : Gravelotte, Sedan, Bazaine bloqué, Mac-Mahon défait, Bonaparte honteusement prisonnier à Wilhelmshœhe, la République proclamée à Paris, appelée comme un viatique par la nation frappée au cœur ! Quel écroulement de rêves et quel désespoir profond ! Pourtant, ce nom si grand de République fit son effet là comme ailleurs. On le salua avec ivresse. On se dit : C'est

le salut! Le préfet, M. Pron, fut déclaré déchu de ses fonctions, et la commission municipale appela à la mairie de la
ville le probe et savant M. Küss, républicain aimé, et qui
devait, lui, dernier maire de Strasbourg, mourir le jour
même où la française Strasbourg allait (pour combien de
temps?) être déclarée allemande.

M. Gambetta avait nommé maire de Strasbourg M. Maurice Engelhardt, avocat. La ville ne voulut reconnaître que
le docteur Küss. En revanche, elle acclama l'arrivée de son
nouveau préfet, M. Valentin, qui, au péril de sa vie, put
pénétrer dans Strasbourg. Déguisé en paysan, il était parvenu à entrer à Schiltigheim; là, à travers les soldats prussiens, sautant dans la tranchée, il arriva, recevant par derrière le feu des Allemands, par devant celui des Français,
jusqu'aux remparts, se jeta dans l'eau des fossés, aborda
sous les balles, et dit : « Je suis votre prisonnier. Menez-moi
de suite au général. » Une fois en présence du général
Uhrich, M. Valentin décout la manche de son habit, en retire le décret officiel qui le nomme préfet de Strasbourg, et
est installé à la préfecture. La légende s'empara de ce trait
d'un courage civique bien rare, et le nom de M. Valentin
sera, malgré son court passage dans l'administration du
département envahi et de la ville à demi ruinée, insépa-
rable de celui de Strasbourg.

M. Valentin arrivait d'ailleurs à Strasbourg pour voir
tomber cette héroïque cité. Chaque jour élargissait les plaies
sanglantes de la malheureuse ville. Le manque de vivres et
de munitions rendait la situation déplorable. Les légumes
frais étaient épuisés depuis un mois; on ne mangeait plus
de viande que celle de cheval. La santé de la population
s'altérait de jour en jour. « N'ayant pas assez de poudre, dit
M. A. Marchand (le Siège de Strasbourg), la garnison se voyait
réduite à remplir les grenades de sable, pour leur donner le
poids nécessaire ; naturellement ces projectiles ne causaient
que peu de mal à l'ennemi. »

L'assaut donné à Strasbourg avait été décidé par M. de
Werder. Il devait avoir lieu dans la nuit du 28 septembre.
« L'artillerie reçut des approvisionnements formidables en
projectiles de toute espèce, obus, shrapnels (obus à balles),
bombes et fusées incendiaires. La ville devait être bombardée
par toutes les batteries ensemble, pendant que les colonnes
d'assaut attaqueraient le corps de place.

« Les artilleurs reçurent l'ordre d'ouvrir un feu continu à
obus incendiaires. La ville de Strasbourg, une heure après
le signal de ce bombardement, n'eût plus été qu'une mer
de feu. » En tête de la colonne d'assaut devaient marcher
ces lourds et sauvages Poméraniens, que Saint-Quentin a
connus depuis, et que les Allemands appellent les *turcos de
la Prusse.*

Devant cette extrémité terrible, le général Uhrich se décida
à ce dénouement qui devait couronner tristement sa carrière de soldat : la capitulation. On l'en a blâmé. Il a répondu
par le chiffre des morts et le peu de ressources qui lui restaient. Ce soldat, il faut le reconnaître, avait strictement
fait son devoir. Les esprits équitables avoueront que la ruine
de Strasbourg ne pouvait servir qu'à la gloire du nom
d'Uhrich. Un ambitieux de renommée se fût fait un piédestal
des décombres de la cité. Strasbourg ayant bien combattu,
l'homme qui la commandait, le fils d'Alsace qui avait essayé
de la conserver à la France, crut que la ville pouvait, sans
déshonneur, capituler.

Le 29 septembre, au matin, la population de Strasbourg
trouvait deux proclamations affichées sur ses murailles,
l'une du général, l'autre du maire. A huit heures, la citadelle était occupée par les Prussiens, et nos soldats prisonniers sortaient, furieux et lamentables, par la porte Nationale.
Leur expression était la rage. Ils avaient jusqu'au bout
espéré la victoire, et, après avoir si vaillamment combattu,
la chute imméritée leur paraissait inique. Pauvres gens,
habitués à vaincre, tant de honte leur montait aux lèvres
après avoir brisé leur cœur !

Pendant ce temps, les Allemands et les Allemandes qui
étaient venus de la Souabe et du Wurtemberg, ou de la
Prusse, pour voir, de loin, brûler Strasbourg, ces curieux et
ces curieuses d'horreur, qui buvaient des chopes de bière et
croquaient des gâteaux de myrtiles à la lueur des flammes,
ceux-là pouvaient allumer des feux de joie. Leurs *frères
d'Alsace* leur étaient rendus, mais ils en étaient les Caïns.

Strasbourg était décimée. Au 21 septembre seulement,
les maisons détruites s'élevaient (chiffre officiel) à 304. Le

1. *La guerre d'Alsace. Strasbourg,* par M. A. Schneegans,
adjoint au maire de l'administration républicaine de Strasbourg
(Neuchâtel, in-18, p. 360).

faubourg de Pierre en comptait 47 à lui seul. Strasbourg ne comptait que 3,600 maisons ; en prenant la moyenne de la population, ces 300 maisons détruites laissaient sans abri 6,200 personnes. La population civile avait eu plus de 300 morts et près de 1,700 blessés. On a calculé que, si Paris avait souffert dans la même proportion que Strasbourg, on y eût compté, outre les soldats morts, 66,000 habitants blessés et 10,000 morts.

Or, en entrant musique en tête dans cette ville écrasée, le général commandant en chef de l'armée prussienne exigeait pour les officiers et employés, logés chez les habitants : 1º le matin, un déjeuner composé de café ou de thé, avec petit pain ; 2º un second déjeuner composé de bouillon et d'un plat de viande avec légumes ; 3º un dîner composé de soupe, deux plats de viande avec légumes ou salade, dessert ou café ; 4º pour la journée, deux litres de bon vin de table et cinq bons cigares. — Le bourreau était doublé d'un usurier teneur de livres.

Tandis que le général Uhrich allait à Tours se mettre à la disposition du gouvernement de la Défense nationale (il devait pourtant être prisonnier comme ses soldats), M. Edmond Valentin, le préfet républicain, était transporté en Allemagne et enfermé, avec son secrétaire particulier, dans la citadelle d'Ehrenbreitstein, gardé à vue par un geôlier condamné jadis en Angleterre pour assassinat commis sur un matelot, à bord d'un vaisseau allemand. C'est ainsi que les Prussiens font la guerre.

La chute de Strasbourg, la noble Strasbourg, Strasbourg que la France reprendra un jour ou plutôt qu'elle rendra à elle-même, l'écroulement de la cité vaillante n'entraînait pas la chute de l'Alsace, mais c'était comme le drapeau qui tombait. Strasbourg, c'est l'Alsace militaire comme Mulhouse est l'Alsace industrielle, comme Colmar est l'Alsace artiste. Mais, à l'heure où Paris apportait à la statue de Strasbourg des couronnes de deuil, Phalsbourg bombardée résistait encore. Schlestadt et Neuf-Brisach n'étaient point assiégées. Belfort se préparait à se défendre. En Lorraine Verdun, Thionville, sans compter Metz, gardaient encore le drapeau tricolore. Bitche devait le planter sur ses remparts jusqu'à la fin. Et tandis que Vitry-le-Français se rendait, que Laon capitulait et qu'un garde d'artillerie faisait sauter sa citadelle, tandis que Saint-Quentin résistait, Toul, une ville sans fortifications sérieuses, défendue par quelques braves soldats et par les mobiles de la Meurthe, Toul, assiégée par le grand-duc de Mecklembourg, repoussait, le 16 août, l'assaut tenté par les Prussiens, se laissait bombarder sans céder, exerçait ses mobiles au maniement des pièces d'artillerie et donnait à la France un exemple de courage et de patriotisme viril.

Ici, il faut rendre justice à la jeunesse de Nancy qui formait le gros de la garnison de Toul. On a assez raillé Nancy, la capitale lorraine, qui se laissait envahir par quatre uhlans. Nous publions plus loin, aux documents, la délibération du conseil municipal de Nancy qui réclame avec raison pour la fleur juvénile, pour les enfants de la ville l'honneur d'avoir contribué à l'héroïque défense de Toul. Il y avait aussi des mobiles de la Meurthe à Phalsbourg, et nous dirons plus tard comment Phalsbourg résista.

Durant la dernière quinzaine de septembre, des pièces de gros calibre, arrivées d'Allemagne, avaient été mises en position au nord de la ville de Toul, sur une crête du mont Saint-Michel, sur des hauteurs, en face du faubourg Saint-Epvre, au sud-ouest, et à Dammartin-lez-Toul, au sud-est. Rien de sérieux ne fut entrepris avant que les ouvrages eussent été aménagés avec ce soin qu'apportent à tout les Allemands; puis un bombardement concentrique des ouvrages commença par les batteries des pièces de 24 du 2e et du 4e régiment d'artillerie, appuyées par des troupes de la 31e brigade d'infanterie, formant partie d'un corps nouveau placé sous le commandement du grand-duc de Mecklembourg-Schwerin, et comprenant tous les corps qui se trouvaient entre les armées de Frédéric-Charles et du Prince royal, c'est-à-dire tous les corps d'invasion non engagés devant Metz.

Le feu continua sans que les assiégés y répondissent d'une manière efficace. Dans la soirée, le feu ayant éclaté en vingt-trois endroits, les instances des habitants auprès du commandant de la place engagèrent celui-ci à hisser le drapeau blanc et à réclamer une capitulation. L'offre fut immédiatement acceptée par le colonel Manteuffel, commandant le siège, et les vainqueurs entrèrent dans la ville le soir du 23 septembre, à sept heures. Les conditions furent les mêmes que pour Sedan, implacables.

Dans un conseil tenu à l'hôtel de ville, on avait résolu de

ne pas se rendre; mais les instances des citoyens qui craignaient une dévastation inutile de la ville prévalurent sur les résolutions suprêmes des autorités civiles et militaires.

« La garnison, dit un correspondant de journal anglais attaché au quartier général prussien, s'est trouvée ridiculement faible : 60 cuirassiers, 100 hommes de la ligne, 40 gendarmes et 2,000 gardes mobiles, et on n'y comptait pas un seul artilleur régulier. Le major Hack, un ancien officier de cavalerie, commandait la place. Les officiers prussiens étaient furieux de ce qu'une poignée d'hommes aient pu intercepter la route de Paris pendant six semaines. »

En même temps qu'il décrétait que la statue de Strasbourg serait coulée en bronze, le gouvernement de la Défense nationale décrétait aussi que la ville de Toul avait bien mérité de la patrie. Ainsi Toul a sa page hors de pair et digne d'admiration dans l'histoire de cette guerre, où le dévoûment, parfois ignoré, fut plus fréquent qu'on ne le suppose, et plus spontané souvent que la démoralisation infiltrée par l'empire ne pouvait le faire espérer. Spectacles consolants qui permettent à la France de relever le front et d'espérer, même après tant de hontes.

CHAPITRE IV

Siège de Paris du 1er au 25 octobre. — L'esprit public à Paris. — Première opposition au Gouvernement. — Les élections municipales. Floureus à Belleville. — Manifestation du 5 octobre. — Départ de Gambetta. — Manifestation du 8 octobre. — Démission et départ de M. de Kératry. — Combat de Bagneux. — Mort de M. de Dampierre. — Sortie du 21 octobre (la Malmaison). — État de Paris. — Nouvelle de la résistance de Chateaudun.

Paris assiégé s'était bientôt plié à la nécessité de sa dure situation. Une ville de deux millions d'hommes, bloquée, réduite à ses propres ressources, offrait au monde un des spectacles les plus étonnants qu'il puisse être donné à l'his-

toire de rencontrer. La question capitale des subsistances
préoccupait par-dessus tout les esprits attentifs. Dès le
début, pour ainsi dire, les privations se firent sentir, et la
viande de boucherie manqua. Rationnée à 100 grammes par
personne, dès le commencement d'octobre, cette viande
devait faire place bientôt à la viande de cheval, qu'on
s'occupait déjà de saler, et à tous ces mets hétéroclites
dont les Parisiens affamés devaient faire usage. Dès le 9
octobre, un poulet, la volaille étant une rareté absolue,
valait au moins vingt-cinq francs. Les légumes, arrachés
aux avant-postes par les maraudeurs et débités dans les
rues, sur les trottoirs, s'enlevaient comme des choses pré-
cieuses. Les plus élégants faisaient leur marché, en passant,
prenant ainsi des précautions contre les privations futures.

On ne saurait mieux se rendre compte de l'esprit qui animait une grande partie de la population de Paris qu'en
lisant le procès-verbal d'une démarche faite auprès du gouvernement par ce qu'on appelait le *Comité central républicain
des vingt arrondissements de Paris*. Ce Comité, composé de
délégués qui s'étaient pour la plupart donné un mandat à
eux-mêmes, commence à fonctionner dès les premiers jours
du siège, et nous allons le retrouver plus d'une fois mêlé
aux événements qui vont suivre et les faisant naître souvent.

Ce procès-verbal explicite nous dispensera de formuler le
programme du Comité.

COMITÉ CENTRAL RÉPUBLICAIN DES VINGT ARRONDISSEMENTS DE PARIS.

Les délégués des vingt Comités d'arrondissement de
Paris se sont réunis aujourd'hui, 20 septembre 1870, au
nombre de deux cent trente, à la salle de l'Alcazar. Le
bureau, sous la présidence du citoyen Lefrançais, a vérifié
les pouvoirs de ces délégués.

Ils ont été reconnus réguliers, après une discussion à
laquelle ont pris part les citoyens Longuet, Vallès, Ranvier,
Grenier, Vertut, Leverdays, Chemalé, etc.; les résolutions
suivantes, proposées par le citoyen Chassin, ont été adoptées, à l'unanimité pour les quatre premières, et à la majorité
des voix pour la dernière.

1. La République ne peut pas traiter avec l'ennemi qui
occupe le territoire.

II. Paris est résolu à s'ensevelir sous ses ruines plutôt que de se rendre.

III. La levée en masse sera immédiatement décrétée dans Paris et dans les départements, ainsi que la réquisition générale de tout ce qui peut être utilisé pour la défense du pays et la subsistance de ses défenseurs.

IV. La remise immédiate entre les mains de la Commune de Paris de la police municipale. En conséquence, suppression de la Préfecture de police.

V. L'élection rapide des membres de la Commune. Cette Commune se composera d'un membre à raison de dix mille habitants.

Il est arrêté que les résolutions ci-dessus seront portées par voie d'affichage à la connaissance de la population de Paris, et seront en même temps notifiées au gouvernement provisoire par une commission composée de vingt délégués choisis dans les arrondissements de Paris.

Il est encore arrêté par l'assemblée que chaque citoyen devra veiller en armes au maintien des affiches.

Les délégués se sont présentés à l'Hôtel de ville. Reçus par le citoyen Jules Ferry, représentant le gouvernement provisoire, ils lui ont donné lecture des résolutions prises, et l'ont interpellé sur les trois points suivants :

I. Le gouvernement provisoire a-t-il ou non l'intention de traiter avec la Prusse, ainsi que l'indiquent et la circulaire de Jules Favre, du 19 septembre, et un article de *l'Électeur libre*, du 21, portant pour titre *l'Armistice?*

A cette question, le citoyen Ferry a donné, tant en son nom qu'en celui du gouvernement, sa parole d'honneur que le gouvernement ne traiterait à aucun prix avec la Prusse, et qu'à la seule énergie de Paris serait confiée la mission de sauver la patrie et la République.

II. Le gouvernement provisoire accédera-t-il à la volonté populaire de supprimer la Préfecture de police et de remettre à la Commune de Paris le soin d'organiser la police?

Le citoyen Ferry a répondu qu'il ne pensait pas que le gouvernement eût le pouvoir de faire cette suppression, mais que d'ailleurs la municipalité de Paris, une fois constituée, agirait comme elle croirait devoir le faire.

III. Enfin, en ce qui concerne l'élection de la Commune de Paris, le citoyen Ferry a répondu qu'il ne pensait pas que les élections pussent être faites avant le 28. Quant au nombre des membres qui la devront composer, il pourra être augmenté, mais en conservant la répartition égale entre les arrondissements, sans tenir compte de la proportionnalité de leurs habitants.

En présence des observations du citoyen Ferry, relatives à l'élection de la Commune de Paris, les délégués ont jugé qu'ils pouvaient lui concéder ce point, surtout après la réponse si nette, si précise qu'ils avaient reçue quant à l'intention du gouvernement de poursuivre la guerre à outrance.

En foi de quoi, les délégués ont signé le présent procès-verbal.

Le décret de M. Gambetta, en reculant indéfiniment la date des élections pour l'Assemblée constituante et des élections municipales répondait, par une fin de non-recevoir, à des réclamations pareilles qui se renouvelaient presque chaque jour. M. Gambetta semblait accepter par là l'espèce de lutte qui ne pouvait manquer d'éclater entre la démocratie radicale et le gouvernement de l'Hôtel de ville.

Le foyer du mécontentement, c'était alors ce quartier de Paris que la bourgeoisie parisienne appelait avec un certain effroi et une certaine colère *Belleville*. A vrai dire, Belleville n'est pas plus qu'un autre lieu de Paris l'endroit factieux, comme on l'a dit, le Mont-Aventin où se cantonne habituellement l'émeute. C'est plutôt la partie de Ménilmontant, qui confine à Belleville, qui paraîtrait la plus exaltée. Les bataillons qui attaquaient l'Hôtel de ville au 22 janvier 1871 étaient, au surplus, des bataillons de Montrouge; ceux qui commencèrent la résistance à la veille du 18 mars étaient des bataillons de Montmartre. Au commencement du mois d'octobre, l'arrondissement de Belleville, administré par M. Braleret, était en quelque sorte commandé militairement par Gustave Flourens, élu chef du 63e bataillon, et qui, en outre, avait près de six mille citoyens sous ses ordres. Flourens, belliqueux, aimant naïvement à commander, avait réclamé pour lui un titre spécial. Ne voulant pas nommer de colonels dans la garde nationale, M. Trochu avait alors donné à Flourens le titre de major de rempart.

Tout d'abord, l'abnégation patriotique de Flourens avait été digne de tout éloge. Condamné à la déportation par l'empire, arrêté à Gex au moment où, sous un faux nom, il cherchait à rentrer en France, emprisonné, pris pour un maraudeur, pis que cela, pour un voleur, Flourens avait bientôt fait connaître son nom au juge d'instruction, lorsque celui-ci lui avait appris la proclamation de la République à Paris. Adressant une dépêche télégraphique à M. Henri Rochefort, Flourens était accouru. A la tête de ses bataillons, on l'avait vu, dans les premiers jours du siège, étouffant sous le sable l'incendie de pétrole allumé par accident aux Buttes-Chaumont. Il avait, un des premiers, recommandé la concorde, l'oubli de toute rivalité politique en face de l'étranger. Tout à l'armement de son bataillon, il avait établi dans Belleville des ateliers de couture où les femmes confectionnaient les vareuses de leurs époux et de leurs fils. On pouvait croire que Flourens ne mettrait plus son énergie qu'à une seule cause, celle de la défense, et n'écouterait pas, lui qui portait un jour un toast *à la génération nouvelle*, les rancunes des politiques d'autrefois.

Mais ce qui distinguait Flourens, c'était aussi l'impatience. Dès que ses bataillons furent armés, il voulut les lancer en avant. « Le sang, dit-il, nous bouillait dans les veines, la terre nous brûlait sous les pieds [1]. » D'instinct, il comprenait que Paris ne devait pas être passif, mais actif dans une occurrence aussi tragique. Seulement le bouillonnement même de son sang l'empêchait de se rendre un compte exact de la situation. Rien n'était perdu encore, et, jusqu'alors, on pouvait croire que le gouverneur de Paris ne se souciait point de livrer un combat avec la garde nationale, ne voulant utiliser cette force qu'à coup sûr et qu'après qu'elle serait suffisamment exercée. M. Trochu n'avait-il pas, dans une réunion de députés, quelques jours avant le 4 septembre, déclaré que, toute armée de secours lui manquant, il ne comptait plus que sur la garde nationale ?

Flourens, ne voulant pas attendre, était décidé à sommer le gouvernement d'agir. Dans la soirée du 4 octobre, il fut décidé, entre ses officiers et lui, que les cinq bataillons iraient, en armes, réclamer au gouvernement les dix mille chassepots laissés inutiles dans les magasins de l'État, la

---

1. *Paris livré*, p. 108.

levée en masse, la sortie immédiate contre les Prussiens *en nombre suffisant pour vaincre*, les élections municipales, le réquisitionnement et le rationnement de toutes les subsistances. Flourens avait averti lui-même, le matin, le gouvernement qu'il se présenterait ainsi devant lui. Les bataillons se rangèrent sur la place de Grève, tandis que les officiers montaient à l'Hôtel de ville où Trochu, Gambetta, Dorian, Garnier-Pagès, Pelletan, Jules Ferry et Étienne Arago les attendaient. Aux réclamations de Flourens, M. Dorian répondit, en homme de science pratique, que les chassepots mis en réserve étaient destinés aux soldats ou à la mobile, et devaient remplacer les armes qui se perdent ou se brisent ; que, pour en fabriquer d'autres, il fallait de l'acier, et qu'on n'avait plus d'acier ; que, pour appuyer des sorties, il fallait des canons, et qu'on en fabriquait ; puis le général Trochu appelant Flourens : *Monsieur le major*, lui reprocha paternellement — l'expression est de Flourens, — d'avoir abandonné le rempart. Flourens répondit en donnant sa démission, et ses officiers, parmi lesquels était M. Cyrille, la donnèrent après lui. « Eh bien, alors, moi aussi, répond M. Trochu, je donne ma démission. » Gambetta essaye de prouver que l'ajournement des élections municipales était une mesure rendue nécessaire par l'état de siège. Flourens maintenait sa démission. « Si le sang coule ce soir dans Paris, s'écria M. Jules Ferry, on dira que c'est vous qui l'avez fait couler ! » N'écoutant rien, pâle, résolu, Flourens sortit froidement de l'Hôtel de ville, et quand il parut, l'épée nue à la main, devant ses bataillons dont la musique, sur la place, jouait la *Marseillaise*, une acclamation retentit qui arracha ce mot à Millière, présent à cette journée : — « Allons, foule, applaudis, fais *un roi de Paris*, donne-toi un dictateur ! »

Flourens raconte qu'il emporta de son entretien avec les gouvernants de l'Hôtel de ville, cette persuasion « *qu'il faudrait, pour sauver Paris, en venir aux mains avec ces gens-là.* » La manifestation du 5 n'eut d'ailleurs aucun effet sur la population, qui n'était pas encore exacerbée et croyait fermement à un homme, ce qui était un tort, et à une idée généreuse, ce qui était juste. L'homme, c'était le général Trochu, dont le plan, disait-on, devait certainement sauver la France. L'idée, c'est que toute discorde était criminelle devant l'ennemi. La confiance dans le chef fut ébranlée avant la fin du siège, mais la soumission à l'idée de concorde anima jusqu'à la fin les cœurs des citoyens. Comme pour répondre à la manifestation de Flourens et de ses soldats, M. Gambetta faisait afficher d'ailleurs, dès le lendemain, cette courte et rassurante dépêche qui, malgré sa forme, produisit une vive et favorable impression.

« La province se lève et se met en mouvement.

« Les départements s'organisent.

« Tous les hommes valides accourent au cri de : *Ni un pouce de terrain, ni une pierre de nos forteresses; sus à l'ennemi! guerre à outrance!* »

Cette dépêche montrait à Paris la province sous un jour favorable, éloigné de la réalité. Nous aurons à décrire plus tard le désarroi ou plutôt l'inaction qui régnait alors en France, grâce à l'administration sénile de la délégation de Tours. Le gouvernement de Paris résolut d'adjoindre à MM. Crémieux, Glais-Bizoin et à l'amiral Fourichon un élément de patriotisme plus viril, et M. Gambetta monta dans le panier du ballon *l'Armand-Barbès*, disant en souriant : « C'est peut-être mon avant-dernier panier! » Il partit, laissant Paris au moment d'une crise intérieure que son patriotisme eût pu calmer; et certains de ses adversaires, entre autres Delescluze, ne virent dans ce départ que ce qu'ils appelaient une échappatoire du *fin Génois*. La vérité est que, malgré les nouvelles rassurantes données par la délégation de Tours, qui parlait de deux armées de 80,000 hommes en marche sur Paris, de la situation excellente de Bazaine à Metz, du magnifique équipement de nos soldats et des ressources de notre artillerie, il était temps qu'un homme vigoureux et jeune donnât à la défense nationale en province une impulsion qu'elle n'avait pas. Il faut regretter que M. Gambetta n'ait point quitté Paris dès le 7 ou le 8 septembre, organisant incontinent la guerre défensive. La France y eût gagné un mois, dont les heures valaient des semaines, le mois où l'agglomération des forces allemandes devant nos citadelles assiégées empêchait M. de Moltke de faire, avec les troupes considérables dont il disposa plus tard, la campagne de France.

M. Gambetta, remplacé au ministère de l'intérieur par M. Jules Favre, chargé de l'intérim, emportait, au nom du gouvernement de la Défense nationale, une proclamation aux Français, proclamation patriotique, à laquelle il ajouta

M. L. GAMBETTA

le tableau éloquent, mais un peu exagéré, de Paris, qu'il présentait comme un vaisseau immense, armé et garni de défenseurs jusqu'aux hunes. Ce tableau à la Barère dut au surplus agir sur l'imagination du peuple de France, et stimuler le patriotisme de la nation.

A peine M. Gambetta était-il parti, que les manifestations continuaient. Elles ne réussissaient jamais et n'aboutissaient même pas toujours. M. Blanqui, élu chef d'un bataillon de la garde nationale de Montmartre, après le 4 septembre, essayait d'organiser, le 7 octobre, une nouvelle manifestation contre l'Hôtel de ville, échouait dans sa tentative, et, soumis ensuite à la réélection, ne parvenait pas à être confirmé dans son grade par le suffrage de ses soldats.

Peu après, le commandant Sapia, du 110e bataillon, distribuait des cartouches à ses hommes, et les engageait, à son tour, à marcher sur l'Hôtel de ville. Les gardes nationaux eux-mêmes l'arrêtaient et le conduisaient à l'état-major de la place. M. Sapia fut acquitté par le conseil de guerre chargé de le juger.

C'était le 8 octobre que le commandant Sapia faisait appel à la guerre civile. Ce jour-là était la date choisie par les opposants pour organiser contre le gouvernement une manifestation imposante. Le *Journal Officiel* du 7 octobre ayant, par une note assez ferme, déclaré qu'en présence des sommations reçues et des menaces, il était de sa dignité et de son devoir d'ajourner jusqu'à la levée de l'état de siège les élections municipales, une affiche du Comité central des vingt arrondissements de Paris avait, en réponse à cette note, été placardée sur tous les murs de la ville, réclamant énergiquement la Commune de Paris. C'est sur ce mot mal interprété, mal expliqué, compris par bien peu de gens, exploité par beaucoup d'autres, qu'allait se livrer dans Paris une lutte tout intestine, dont nous suivrons et examinerons les phases. Pour le moment, tenons-nous-en aux manifestations extérieures de l'opposition et du mécontentement d'une partie de l'opinion.

Les opposants ne comptaient alors qu'une minorité assez faible, et ils s'aveuglaient tout à fait en espérant qu'ils pourraient entraîner à leur suite Paris entier. Il a fallu les souffrances des derniers mois du siège, l'exaspération irraisonnée qui suivit l'écroulement de toutes les illusions, pour que Paris ait laissé faire et même suivi le mouvement. Au 8 octobre, Paris, comptant sur la victoire et ne songeant qu'à la

défaite possible de l'ennemi, était sourd à toute parole de
sédition. Aussi bien, lorsque, à midi et demi, un rassemblement de cinq ou six cents citoyens vint crier devant l'Hôtel
de ville : Vive la Commune! leurs cris trouvèrent peu
d'échos. Une demi-heure après, le 84ᵉ bataillon de la garde
nationale (commandant Maurice Bixio, fils de l'ancien
ministre de la République de 1848), venait se ranger devant
le palais municipal et se déployer sur deux rangs le long
de la façade. Un moment, on put craindre une collision sanglante; mais, par bonheur, toute lutte fut évitée. Tout se
borna à des cris. Le général Trochu accourait, à cheval,
bientôt suivi du général Tamisier, commandant en chef la
garde nationale; la foule les acclamait, criant : Vive la République! tandis qu'après le 84ᵉ, des bataillons nouveaux
accouraient pour protéger l'Hôtel de ville. La manifestation
se termina par une revue. Sous un ciel brouillé, roulant des
nuages emportés d'où tombait la pluie, le gouvernement
parcourut les rangs des bataillons et, les officiers s'étant
rangés en cercle, M. Jules Favre, d'une voix haute, prononça
un discours ému qu'interrompait sourdement le bruit lointain de la canonnade engagée devant Paris :

Flourens n'était pas à la manifestation du 8 octobre. Mais,
dès le lendemain, poursuivi par son idée fixe, il écrivit une
lettre à Rochefort, l'adjurant, au nom de sa popularité, au
nom du salut commun, de donner immédiatement sa démission de membre du gouvernement. Ce fut à cette lettre
que M. Rochefort répondit par une déclaration rendue publique et imprimée en tête du *Rappel :* « Je suis descendu
*jusque dans les sous-sols les plus impénétrables de ma con-
science, et je suis remonté* en me disant que mon départ pourrait provoquer un conflit, et que provoquer un conflit,
c'était ouvrir une brèche aux Prussiens. »

Flourens fut déçu. Il n'entendait ni rien allonger, ni rien
ajourner. Un moment il fut question de l'arrêter, et, le 9 octobre, le général Tamisier lui signifiait qu'il n'avait plus à
commander qu'un seul bataillon, et qu'il devait quitter son
grade et son uniforme de major. Flourens conserva ses galons et songea dès lors à une manifestation nouvelle. Ce fut
au lendemain de ces incidents que M. de Kératry, donnant
sa démission de préfet de police, partit en ballon pour la
province avec une mission militaire. M. Ranc, dont l'administration avait été fort appréciée à la mairie du neuvième

arrondissement, partait à son tour. En se retirant, M. de Kératry, dans un mémoire au gouvernement, concluait à la suppression de la préfecture de police. Il en reçut, dans le *Combat*, les félicitations de M. Félix Pyat. M. de Kératry allait être remplacé à la préfecture de police par M. Edmond Adam, ancien représentant du peuple; et M. Ranc, à la mairie de la rue Drouot, par Gustave Chaudey, avocat, un des exécuteurs testamentaires de Proudhon.

Pendant que se passaient ces événements politiques, de petites opérations militaires étaient tentées autour de Paris. Le général Vinoy avait fait occuper, le 7 octobre, le village de Cachant-Devant-Thiais; à cette même date, la nuit, les marins du fort de Montrouge surprenaient l'escorte d'un convoi prussien, l'attaquaient à la hache d'abordage et à la baïonnette, et ramenaient ou brûlaient les fourgons. Le 8, une reconnaissance chassait l'ennemi de Bondy et occupait le village jusqu'au soir. Le général Ducrot essayait de rencontrer les Allemands à la Malmaison qu'il trouvait abandonnée. Devant Bezons, les éclaireurs de la garde nationale faisaient le coup de feu avec les tirailleurs ennemis. Le 10, le général Blanchard faisait occuper, en avant de Cachan, la maison Millaud et y établissait ses avant-postes. Le 12, des reconnaissances étaient à la fois dirigées, d'un côté, vers le plateau d'Avron, et de l'autre vers la Malmaison. Cette fois, à la bifurcation des routes de Bougival et de la Jonchère, nos soldats étaient arrêtés par une volée de mitraille, mais les canons du Mont-Valérien faisaient bientôt taire l'ennemi. Ce n'était rien d'ailleurs, ou peu de chose, et le général Trochu avait le tort, l'immense tort, de combiner, après de longues réflexions, des actions importantes, trop importantes pour être des reconnaissances, trop peu menaçantes pour être de grandes batailles, au lieu de faire chaque jour, chaque nuit, quelque attaque, tantôt sur un point, tantôt sur un autre, et de lasser, s'il était possible, d'inquiéter en tous cas, d'alarmer l'ennemi.

Au surplus, à ce moment du siège, les forces des Allemands massées sous Paris étaient assez faibles. Le général de Moltke n'avait alors à sa disposition que 160,000 hommes, 180,000 au plus, et le général Trochu pouvait facilement jeter sur un seul point de la périphérie un nombre au moins égal de combattants. Mais il fallait de l'énergie, de la décision, une volonté, une confiance que le général n'avait pas.

En ce sens, l'exaltation de Flourens eût été légitime s'il eût simplement voulu stimuler la direction militaire et non s'y substituer. Le général Trochu parlait, ergotait et n'agissait pas. Dans les conseils du gouvernement, à l'Hôtel de ville, dans ce salon où, jusqu'à une heure fort avancée de la nuit, s'élaboraient les projets de la défense, M. Trochu parlait sans cesse. Éloquent, disert, d'une parole claire, correcte et abondante, il semblait vouloir prouver à la majorité d'avocats qui l'écoutaient, qu'un général pouvait être orateur et grammairien. C'était Vaugelas général. Il citait aussi du latin. Ses discours avaient d'ailleurs une telle verve confiante, quasi gasconne, qu'ils entraînaient les esprits les plus opposés aux idées intimes du général Trochu. J'ai dit que M. Henri Rochefort subissait absolument le charme de cette parole militaire. En revanche, M. Gambetta avait sur M. Trochu une réelle influence, et l'on doit regretter sur ce point que le tribun n'ait pu peser directement sur les décisions du général. Il l'eût certainement éperonné et contraint d'agir.

Chose à noter, l'adversaire le plus décidé de M. Trochu, dans les conseils du gouvernement, était M. Ernest Picard. Partisan de la paix, regardant la victoire comme impossible, M. Picard n'en poussait pas moins M. Trochu à l'action. « Au moins, si vous faites la guerre, faites-la avec « énergie. » Ce gros homme perspicace et narquois, peu enclin aux héroïsmes de Saragosse, avait percé à jour le général et deviné ses hésitations sous sa faconde séduisante.

La faute du combat de Chevilly fut répétée au combat de Bagneux, le 13 octobre. Les mobiles et la ligne, non appuyés, montrèrent un courage inutile, et, après un avantage obtenu, n'en purent profiter. A neuf heures du matin, le général Vinoy fit attaquer Clamart et les positions de Bagneux et de Châtillon. Tandis que deux bataillons du 13ᵉ de marche et 500 gardiens de la paix mobilisés emportent Clamart sans coup férir, le général de Susbielle, avec le reste de sa brigade, attaque Châtillon par la droite, canonne la position, tandis que les forts d'Issy et de Vanves couvrent le plateau de leurs obus, puis lance ses soldats à l'attaque du village. Mais des barricades successives, une fusillade partant des maisons ralentit, sans l'arrêter, l'élan des troupes. Maison par maison, il faut enlever ces rues crénelées. Les assiégés se font assiégeants. Un coup de feu frappe le général à la jambe. Il demeure à cheval et commande toujours sa brigade. En même temps, les mobiles de la Côte-d'Or et un bataillon des mobiles de l'Aube, placés à gauche, attaquaient Bagneux et l'enlevaient à l'ennemi. Ces enfants se montraient, sous le feu, *aussi solides que de vieilles troupes.* (*Rapport* de Vinoy.) Là, tomba, à la tête du bataillon de l'Aube, le commandant de Dampierre, jeune, riche et fait pour vivre, un descendant de ce général de Dampierre, mort en combattant les Prussiens sous la première République, et enseveli au Panthéon avec son épée de combat, ses gants de buffle et sa dragonne en cuir.

Le commandant des mobiles de l'Aube, à l'entrée du village de Bagneux, voyait ses soldats hésiter.

— Allons, en avant, mes enfants! dit-il en s'élançant sous une grêle de balles.

Il tombe, frappé au ventre, mais le village est emporté! Ce digne descendant du vieux Dampierre avait trente trois ans.

Entre Bagneux et Châtillon, le 35ᵉ de ligne, que nous retrouvons dans toutes ces batailles avec son héroïque colonel, M. de la Mariouse, s'élançait, suivi d'un bataillon de mobiles bourguignons (Côte-d'Or), mais l'artillerie ennemie le décime. Eux aussi, sous le double feu des canons et de la mousqueterie, enlèvent les maisons une à une. Braves gens qui, au centre de l'action, cheminaient vers Châtillon sous une grêle de balles. Mais l'entreprise était trop hardie, et là, encore une fois, la réserve manquait. Vainement l'artillerie de la brigade La Chavrière faisait taire une batterie prussienne qui défendait l'extrémité de Bagneux. Pour compléter notre avantage, il eût fallu des troupes fraîches. Les troupes manquaient. On sonna la retraite. Nos soldats, après cinq heures de combat glorieux, arrêtaient encore l'ennemi qui voulait reprendre ses positions, et l'artillerie des forts de Vanves, Montrouge et Issy tenait les colonnes ennemies à distance. Le rapport officiel du général Vinoy constatait, pour consoler Paris de ce résultat négatif, que le résultat de la reconnaissance avait été atteint, l'ennemi ayant dû subir de fortes pertes, tandis que les nôtres étaient peu sensibles.

Effort perdus, courage vainement dépensé!

Ce même jour, les obus du Mont-Valérien incendiaient le

château de Saint-Cloud, qui servait, dit-on (les Allemands l'ont nié), d'observatoire à l'état-major ennemi. En six heures, tout fut consumé de ce château qui avait vu passer tant de gens, tant de choses, Bonaparte après Brumaire, Blücher après Leipzig, la reine Victoria après l'Alma, château d'où était partie l'impératrice au lendemain de Forbach, et où le prince de Hohenzollern était entré au lendemain de Sedan !

Le 14, les Prussiens demandaient un armistice pour l'enlèvement des morts du combat de Bagneux. Le général Vinoy affirme, dans son rapport, que nous n'avions guère perdu que trente hommes tués et quatre-vingts blessés. La demande de l'armistice prouverait qu'en effet les pertes des Allemands avaient été assez considérables. Paris avait vu ramener, en outre, quelques prisonniers bavarois, et rien ne mesure mieux l'état tout particulier de confiance et d'espoir absolu que la joie de cette grande ville à la vue de quelques Allemands traversant ses rues entre nos soldats ! Il oubliait, ce Paris, les cent mille Français prisonniers en Allemagne, pour ne voir que cette poignée de Bavarois ou de Saxons ! Plus tard, il se consolera de tout, lorsqu'après une action meurtrière, les gardes nationaux rentreront à Paris portant quelques casques prussiens au bout de leur fusil !

Jusqu'au 21 octobre, jour où le général Trochu fit tenter encore une sortie, il n'y eut, autour de Paris, que de minimes engagements. Le 21, une des opérations les plus importantes du siège fut dirigée par le général Ducrot, du côté de la Malmaison et de la Jonchère. Tandis que le général Vinoy faisait, entre Ivry et Issy, une démonstration offensive, le général Tamisier dirigeait une reconnaissance jusqu'à Villemomble. Entre Nogent et Joinville-le-Pont, il y eut aussi un engagement où se distinguèrent les carabiniers du capitaine Arnauld de Vresse et où l'avantage nous restait. Mais ce n'était rien, et l'affaire de Rueil et de la Jonchère devait prendre les proportions d'une bataille.

Le terrain du combat du 21 octobre fut à peu près le même que celui où devait avoir lieu, quelques mois après, l'affaire du 19 janvier. Les troupes d'attaque, disposées en trois colonnes, ou en trois *groupes*, comme dit le rapport du général Ducrot, devaient attaquer à la fois : les troupes du général Berthaut (3,400 hommes d'infanterie, un esca-

dron de cavalerie et vingt canons), la partie élevée de Rueil;
les troupes du général Noël (1,350 fantassins, dix canons), le
parc de la Malmaison et le ravin qui va de l'étang de Saint-
Cucufa à Bougival : les troupes du colonel Cholleton (1,600
hommes d'infanterie, un escadron de cavalerie, dix-huit bouches à feu), au centre, devant soutenir la colonne de droite
et celle de gauche. Les réserves sous les commandements
des généraux Martenot et Paturel, ne comptaient que
4,600 hommes d'infanterie, deux escadrons de cavalerie
et quarante-six bouches à feu. Ce n'était pas assez pour livrer une bataille. Et cependant, tel fut l'élan des troupes,
que les Allemands crurent un moment que la journée leur
échappait.

A une heure, l'artillerie ouvrait vigoureusement son feu
sur Buzenval, la Malmaison, Bougival et la Jonchère. Puis,
les colonnes des généraux Berthaut et Noël s'avançaient
vers la Malmaison, et la colonne Cholleton se portait sur
Buzenval. Le feu de l'artillerie s'arrête. Les troupes s'é-
lancent. Elles emportent les premières positions de l'ennemi,
contournent la Malmaison, gravissent les pentes de la Jonchère, pénètrent dans le parc et, là, sous bois, un combat
acharné se livre. Des maisons de ce village partent des
coups de feu. Des taillis les balles pleuvent. Quatre compagnies de zouaves (commandant Jacquot) sont acculées
contre le mur de la Malmaison et entourées par des forces
considérables. Un bataillon de mobiles de Seine-et-Marne
s'élance, les dégage, rétablit le combat. En avant de nos
lignes, les mitrailleuses ouvraient leur feu sur les troupes
ennemies. Sur toute la ligne de bataille, jusqu'à Montretout,
nous avions eu, au début, l'avantage. Les tirailleurs du
général Martenot avaient un moment même occupé la
redoute de Montretout, et les francs-tireurs de la 2ᵉ division,
commandés par le capitaine Faure-Biguet, se précipitant
dans le parc de Buzenval, étaient presque parvenus, en
combattant sous bois, jusqu'auprès du ravin de Saint-Cucufa.

L'attaque de nos troupes, le feu de notre artillerie,
avaient été, au début de l'action, si violents qu'une certaine
panique s'était répandue jusqu'à Versailles. Un journal
allemand, *Daheim* (numéro du 10 décembre 1870), a retracé
d'une façon pittoresque et sincère l'état des esprits au
quartier général prussien : les aides de camp galopant dans
les rues de Versailles, les blessés rapportés en disant :

« L'affaire va mal. » Frémissante, la population laissait éclater son espoir. Le bruit du canon de Ducrot semblait se rapprocher et se rapprochait en effet. Les Prussiens amenèrent alors des canons sur la place d'Armes et, leurs gueules enfilant les avenues de Saint-Cloud, de Paris et de Sceaux, on les chargea de *schrapnels* (obus à balles) devant la population. Les portes de la ville furent fermées. M. de Moltke monte à cheval et, suivi de dragons bleus, court au feu du combat. Bientôt le roi part à son tour, en voiture, escorté par des uhlans. Le Prince royal, M. de Blumenthal, son chef d'état-major, le comte de Cobourg, le prince L. de Bavière, etc., accouraient aussi et suivirent les phases de la bataille, d'abord des hauteurs de Beauregard, puis du haut de Marly. Les renforts envoyés en hâte aux troupes allemandes devaient fatalement annuler l'avantage marqué que venaient d'obtenir nos soldats. Les Allemands, écrasés, battus, pouvaient reprendre l'offensive. Un moment le général Von Kirchbach crut ne point pouvoir tenir plus longtemps sous le feu de nos canons. L'arrivée des 6e, 50e et 46e de la landwehr, du 5e corps, la présence de M. de Moltke anéantirent l'œuvre faite par nos quelques milliers de soldats.

D'abord, nos fantassins, mettant à profit la grande portée de leurs chassepots, augmentaient les distances qui les séparaient de l'ennemi et le fusillaient avec succès. Le 46e régiment prussien était littéralement décimé, lorsque le major qui le commandait, blessé lui-même, eut recours à une de ces ruses dont les Prussiens, ces Mohicans mathématiciens, usent souvent. Ordonnant à ses hommes de se jeter à terre, il ne laissa que quelques fusiliers debout. Nos soldats s'élancent à travers bois, croyant le passage libre, lorsque, à trois cents pas environ, « la terre devint vivante », selon l'expression du journal allemand, et mobiles et francs-tireurs (tirailleurs de la Seine) reçurent presque à bout portant la plus effroyable décharge.

Les secours envoyés aux Prussiens étaient trop considérables pour que le combat pût être maintenu. A la nuit tombante, la retraite commença. Les obus allemands poursuivaient nos colonnes. Près de la porte de Longboyau, une vive fusillade accueillait la batterie du capitaine Nismes, le tuait, jetait bas dix canonniers et quinze chevaux, et, malgré les efforts d'une poignée de nos soldats, deux pièces de quatre demeuraient aux mains de l'ennemi.

Paris prit cette sortie avortée pour une victoire. On lut tout haut, le soir, devant les mairies, le récit de la *reconnaissance offensive* conduite par le général Ducrot, et les groupes, heureux, répondaient en criant : *Vive la France!* Ce ne fut que le lendemain qu'on apprit la perte de deux canons, enlevés à nos artilleurs par le 50ᵉ régiment d'infanterie prussienne.

Cependant Paris, de plus en plus décidé à résister, ne faiblissait point moralement et voyait sans inquiétude, avec la fin d'octobre, approcher les premiers froids, les journées de brume, les nuits glacées. Les provisions diminuaient, l'hiver venait, le blocus continuait : Paris demeurait calme et stoïque, et ceux qui le virent alors peuvent déclarer qu'il n'y avait aucune fanfaronnade dans l'attitude de cette population résolue à souffrir jusqu'au bout. Le général Trochu avait rassuré et conquis la majorité des esprits en déclarant, dans un document public adressé au maire de Paris pour lui annoncer la formation prochaine des compagnies de marche de la garde nationale, qu'il avait son plan, qu'il le suivrait jusqu'au bout *sans le révéler*. Cet entêtement breton ne déplaisait pas. On croyait encore, on avait foi dans la valeur militaire de ce temporisateur éternel.

Presque en même temps, M. Trochu prenait une résolution destinée à lui donner, dans l'opinion publique, une attitude ferme; il supprimait ce qu'il appelait les vieux errements, et mettait pour les soldats la citation à l'ordre du jour de l'armée avant toute autre récompense.

Bientôt un décret du gouvernement, inspiré par lui, réservait la décoration de la Légion d'honneur à la récompense des services militaires et aux actes de bravoure et de dévoûment accomplis en présence de l'ennemi. Cette austérité, cette abnégation à la Marc-Aurèle semblait compléter la physionomie du général qui avait proclamé naguère la toute-puissance de la *force morale*. Cependant, le temps passait. La garde nationale n'était pas militairement organisée; la province, d'après les nouvelles reçues de Gambetta (18 octobre), avait sur pied une armée de 90,000 hommes. Gambetta parlait aussi, entre parenthèse, d'une dyssenterie de Frédéric-Charles et d'une *entreprise* des Prussiens sur Orléans. La vérité est qu'Orléans était pris et que Frédéric-Charles, devant Metz, n'avait jamais été malade. Où Gambetta disait le mot absolu de la situation, c'est lorsqu'il parlait de faire à la Prusse une guerre de *ténacité !*

Une nouvelle dépêche de Gambetta annonçait bientôt l'occupation d'Orléans. Le ministre de l'intérieur ajoutait que nos troupes couvraient Bourges et se préparaient à l'offensive.

Jusqu'au 25 octobre, les journées furent remplies par les discussions, les nouvelles, l'échange de renseignements contradictoires. On rationnait la viande à soixante grammes par personne, et, le 26, on allait la rationner à cinquante. Presque en même temps, M. Félix Pyat parlait des *orgies gastronomiques* des Turcaret de la Chaussée-d'Antin. A dire vrai, il y avait déjà un sentiment d'aigreur, de mécontentement latent. Il fallut la nouvelle de la prise de Châteaudun, de la résistance acharnée et sublime d'une petite ville sans défense contre l'étranger qui la bombardait en attendant qu'il la brûlât; il fallut l'annonce de cet héroïque fait d'armes, pour ramener les esprits vers ce qui était ou ce qui devait être l'unique souci de la situation cruelle : — la patrie, la résistance, la lutte intrépide, absolue, jusqu'au sacrifice, contre l'étranger.

Paris, isolé, bloqué, assiégé, déjà souffrant, attendait, écoutait et se demandait : *Où est la France ?* Lorsque ce nom retentit, *Châteaudun,* lorsque cette résistance fut connue, lorsque l'écho de cette lutte admirable vint frapper la grande ville attentive et déjà inquiète, alors Paris poussa, à cette nouvelle d'un deuil public, une clameur presque joyeuse, et il se dit : — La France se lève ! la France accourt ! la France est vivante, puisqu'elle sait mourir !

CHAPITRE V

La guerre en province. — Le général de La Motterouge. — Combat d'Orléans (11 octobre). Retraite de notre armée. — Les Prussiens à Dreux et à Ablis. — La guerre à l'allemande. — Résistance héroïque de Châteaudun (18 octobre).

La France savait mourir et combattre. Nous rencontrerons, lorsque nous parlerons des provinces du nord, un nom déjà glorieux à cette date du mois d'octobre, le nom de Saint-Quentin. Nous allons maintenant nous arrêter devant celui de Châteaudun.

Mais Châteaudun ne devait résister qu'après la prise d'Orléans. Orléans aussi vaut qu'on salue son sacrifice. Cette première défaite même, ce combat devant Orléans le 11 octobre ne fut pas sans gloire et il eut aussi ses martyrs.

Une dépêche arrivée de la province à Paris annonçait que l'armée de la Loire harcelait déjà l'ennemi. Les Allemands ne croyaient guère à l'existence de cette armée; cependant, à tout hasard, un corps d'armée, composé de Bavarois et de Prussiens, le général Von der Tann commandant en chef et le prince Albrecht de Prusse commandant la cavalerie, avait été chargé d'opérer sur la Loire et d'occuper Orléans, où les chemins de fer de Bretagne et du Midi ont leur point d'intersection; et l'on sait que les Allemands tiennent avec raison à occuper les *têtes de ligne*, et les regardent comme de véritables points stratégiques. La campagne de Bohème, en 1866, nous avait déjà fait connaître cette méthode employée avec succès par leurs généraux. Le 6 octobre, Von der Tann rencontrait à Toury, non loin d'Étampes, l'avant-garde de l'armée française. Le combat qui se livra fut toutau moins indécis, et les Français, obligés de se replier devant le nombre, n'en obtinrent pas moins un léger avantage, enlevant un troupeau de bétail à l'ennemi, qui revenait à Étampes, demandant du renfort au Prince royal. Notre armée de la Loire, que commandait alors, non plus le général de Polhès, mais le général de La Motterouge, était forte d'environ 20 à 25,000 hommes de troupes rassemblées, groupées en hâte, régiments de marche, mobiles, soldats de la légion étrangère, etc., et elle allait avoir à combattre 40,000 Allemands (39,000 disent les documents prussiens; d'autres documents parlent, au contraire, de 45,000 hommes).

Le général de La Motterouge, ancien adversaire heureux de M. Glais-Bizoin dans les Côtes-du-Nord, où il fut élu par 18,000 voix contre 12,000 données à son concurrent, a laissé dire que son ancien adversaire l'avait exposé, par ses ordres, à une défaite. Il n'en est rien. Le général de La Motterouge ne pouvait, il est vrai, songer à débloquer Paris, mais il pouvait défendre Orléans avec une ténacité plus méritoire. Le 10 octobre, l'armée allemande de Von der Tann, forte de 12 régiments d'infanterie, appuyés par 4 bataillons de chas-

seurs bavarois, et de 3 divisions de cavalerie, 2 régiments
d'artillerie et 2 bataillons de pionniers, prit l'offensive contre les Français. C'était à Artenay. Nous n'avions en ligne,
au début de l'action, que quelques compagnies de chasseurs à pied et la brigade de cavalerie de Longuerue. Le
général de Reyan, qui s'était battu à Toury le 6, envoie
aussitôt sa division secourir nos soldats. Jusqu'à deux heures
et demie de l'après-midi, nos troupes se maintinrent à Artenay, dans des positions bravement disputées. puis, devant
le déploiement des forces ennemies, battant en retraite,
elles se réfugièrent dans la forêt d'Orléans, laissant 3 canons et 2,000 prisonniers aux mains des Allemands. Vers
le soir, l'armée de Von der Tann, poursuivant sa marche,
ne se trouvait plus qu'à quelques lieues d'Orléans, et, à six
heures du matin, le 11 octobre, elle continuait son mouvement vers la ville.

Le général de La Motterouge eût, à coup sûr, pu lui disputer le passage. Il n'osa. Dans une lettre, rendue publique,
il a déclaré que la résistance lui avait semblé impossible.
Au surplus, la lutte, soutenue la veille pendant sept heures,
contre l'ennemi, lui paraissait suffisante pour l'honneur de
ce 15e corps qu'il commandait. Il donna l'ordre de battre
en retraite vers la Sologne, avec la Ferté-Saint-Aubin pour
point de ralliement.

Pour protéger la retraite, un bataillon du 39e de ligne, un
bataillon de marche, deux bataillons des mobiles de la
Nièvre, le 5e bataillon de la légion étrangère, deux compagnies du 8e bataillon de marche, 160 zouaves pontificaux et
le 27e régiment de marche demeuraient seuls, au nord d'Orléans, sur les routes de Chartres et de Paris, et devaient
défendre les Aydes et le faubourg Bannier. C'est à peu près
5,700 hommes qui vont se mesurer avec près de 40,000 ennemis, et nous diminuons ce dernier chiffre. Ces
5,000 hommes avaient, pour toute artillerie, 6 pièces de 4,
et l'ennemi disposait de 115 canons. Une poignée d'hommes
d'un côté, dix-huit régiments de l'autre, et la lutte s'engage.

Le combat avait commencé entre Saran et Cercottes. Il
se continua jusque dans les faubourgs où, maison par
maison, les Allemands durent emporter ce coin de terre.
Tous ces combattants, officiers et soldats, se multipliaient.
Le commandant Tricoche, avec ses six canons, ripostait aux
batteries ennemies, et, prodige presque inouï, les changeant

de place, tantôt les divisant, tantôt les réunissant, les ret-
tait hardiment en face, ici de 42 canons prussiens, là de
12 canons bavarois. (Témoignage de M. Boucher.) Un moment le feu de cette batterie, dont pas une pièce ne fut dé-
montée, arrêta l'élan des cavaliers prussiens du prince
Albrecht, puis, quand il fallut abandonner Saran, se replier
sur la gare des Aubrais, enfin dans les Aydes et dans Orléans
même, la résistance se fit plus acharnée, plus meurtrière et
plus héroïque.

Là combattit avec un courage superbe, le 5ᵉ bataillon de
la légion étrangère, commandant Arago, venu de Bourges
le matin. En quittant le boulevard de Rocheplatte, où il
était campé, le bataillon rencontra, près de la grille de
l'octroi, le général de La Motterouge, à cheval, sa calèche à
côté de lui. Le général suivait la retraite. Les soldats
allaient mourir.

Aux Aydes, derrière les clôtures et les haies, derrière
les maisons, partout se livre un combat acharné qui mérite
d'illustrer à jamais le 5ᵉ bataillon de la légion étrangère.
Tous ces braves, dont beaucoup, Belges, Espagnols, Autri-
chiens, Suisses, etc., mouraient avec joie pour la France,
firent leur devoir. Pâle et fier, le commandant Arago,
sachant bien qu'il s'agissait, non de vaincre, mais de vendre
chèrement la victoire, se tordait la moustache et disait:
« En avant! » — Il demeurait debout au milieu de la rue.
On l'engageait à se rapprocher des murailles. Arago remer-
ciait et demeurait à sa place de combat, sous les balles.

Le combat acharné se prolongea longtemps. Les femmes,
les enfants, l'instituteur des Aydes rampaient sous le feu
pour ramasser les blessés, les traîner dans les maisons. Il
était près de trois heures, et l'ennemi, toujours arrêté par
cette fusillade incessante, était tenu en échec. A ce moment,
une balle vint frapper au cou le commandant Arago : il
tomba foudroyé, face au danger, digne de son nom, et ses
soldats redoublèrent de fureur pour le venger.

Mais, à cette heure déjà, Von der Tann, irrité de la résistance de ces braves, faisait redoubler le feu de son artillerie.
Partout, ses soldats avaient rencontré l'acharnement le plus
viril. Aux Aubrais, les mobiles de la Nièvre s'étaient battus
comme des lions, dit le lieutenant-colonel Jouffroy, du 39ᵉ,
qui commandait en chef les défenseurs d'Orléans. Dans le
faubourg Bannier, le 39ᵉ fusillait les Bavarois, tandis que,

depuis la mort du commandant Arago, le capitaine de Mo-
ranev continuait à tenir les Aydes avec le bataillon décimé
dont il avait pris le commandement. La lutte d'ailleurs,
toujours héroïque, touchait à sa fin. Vers le faubourg Bannier, les Bavarois, en rangs serrés, accentuaient un mouvement tournant qui devait leur livrer ce terrain trempé de
sang, ces maisons auxquelles, dans leur rage, ils mettent le
feu en poussant des hurrahs. Vingt-huit maisons furent
consumées. Les soldats de Bazeilles continuaient leurs
exploits.

Et, malgré l'obscurité, malgré le flot grossissant des ennemis, çà et là, partout où il y avait un groupe de soldats, la
résistance continuait. La retraite sonnait et beaucoup de
combattants de la légion étrangère ne l'écoutaient pas. Ivres
de patriotique colère, ils se blottissaient derrière quelque
pan de muraille écroulée, dans les vergers ou les vignes, et
épuisaient sur les Allemands ce qui leur restait de cartouches. On vit cent cinquante hommes, au bois des Acacias,
protéger la retraite jusqu'à leur dernier coup de feu. Un
bataillon du 27e se battit avec un incroyable acharnement,
pendant huit heures, après être demeuré près de quarante
heures sans nourriture et sans repos. Sur les 5,700 défenseurs d'Orléans, plus de 2,000 étaient tombés ; la légion
étrangère seule sur 1,350 hommes perdait 600 soldats et
250 prisonniers. Mais l'ennemi savait ce que lui coûtait une
telle victoire, et le roi Guillaume avait beau, dans son télégramme à la reine Augusta, parler de pertes *proportion-
nellement peu considérables* que ses soldats avaient éprouvées
en refoulant « l'armée de la Loire » au delà d'Orléans, nos
combattants avaient fait payer cher leur défaite, et ce n'était
pas l'armée de la Loire, mais un détachement de cette
armée qui avait arrêté les Allemands depuis midi jusqu'à
la nuit.

Ajoutons que Von der Tann, pour accentuer sa victoire,
n'avait pas craint de faire bombarder, non pas seulement
les Aydes, où combattaient nos soldats, mais Orléans même,
une ville ouverte, et qui vit tomber les obus allemands
jusque sur la place du Martroi.

Une occasion allait être offerte aux deux nations française
et allemande d'affirmer, celle-ci sa rage sourde et fana-
tique ; celle-là son héroïsme et son patriotique dévoûment.
La petite ville de Châteaudun, qui, depuis des semaines,

s'était fait remarquer par son mouvement, son attitude, ses
velléités de défense, montra à la France et au monde comment quelques milliers de braves gens savent tenir en échec
toute une armée, pourvu qu'ils aient fait d'avance le sacrifice de leur vie. La défense de Châteaudun est un fait d'autant plus admirable, qu'il nous représente bien l'héroïsme
des humbles et des petits, l'héroïsme sans phrase, où, du
premier au dernier dans la cité, tout le monde a fait son
devoir. Elle fut toute civique, cette lutte de Châteaudun
contre l'ennemi et les défenseurs de la ville, gardes nationaux beaucerons, vendeurs de grains aux allures pacifiques,
francs-tireurs de Paris, de Nantes et de Cannes, tous étaient
de simples et vaillants citoyens.

Un moment, la ville de Châteaudun, menacée par des
ennemis nombreux, avait cru devoir abandonner ses projets de défense, et une affiche fut même apposée sur la
porte de l'hôtel de ville annonçant que les francs-tireurs et
les mobiles évacuaient la ville. On venait de recevoir la nouvelle de l'occupation d'Orléans par les Prussiens. On pouvait
croire que résister était folie. Mais la nouvelle de cette résolution pacifique fut mal accueillie par la population, décidée
à la résistance, et des uhlans s'étant montrés non loin du
chemin de fer, des ouvriers avaient couru sus, armés seulement de leurs outils. Cependant l'ennemi se rapprochait. Il
était à Varize et à Civry qu'il incendiait pour punir les habitants de leur résistance, tandis que Châteaudun se hérissait
de barricades faites de pierres sèches soutenues par des
abattis d'arbres et garnies de fascines et de sacs de terre. Le
18 octobre, un mardi, les guetteurs de Saint-Valérien signalèrent, vers midi, l'approche de l'ennemi. Le clairon retentit. Les gardes nationaux prennent leurs postes de bataille.
Les francs-tireurs, en avant de la gare, font les premiers le
coup de feu contre les hussards ennemis.

Châteaudun n'a, pour se défendre, que 600 francs-tireurs
parisiens, 115 francs-tireurs nantais, 50 francs-tireurs de
Cannes, des volontaires de Loir-et-Cher, et 300 gardes nationaux dunois. Pas un canon, pas un cavalier. En tout.
1,200 hommes au plus. Et contre eux marche une division
tout entière, la 22e division prussienne. Les documents allemands prétendent, et la dépêche officielle de M. de Blumenthal, datée de Versailles, affirme que les défenseurs de
Châteaudun étaient au nombre de 4,000. Encore une fois,

LE GÉNÉRAL UHRICH

ils n'étaient pas douze cents. La division prussienne, au contraire, était forte de 12,000 hommes, et disposait de 3 pièces de canon. Ce sont là des chiffres qui, mieux que toutes les réflexions, font ressortir la gloire du sacrifice de la petite et fière cité.

Que pouvaient faire, il est vrai, ces douze cents braves contre les masses toujours plus nombreuses des Prussiens? Les barricades, si vaillamment défendues, étaient condamnées à être enlevées. Le nombre des combattants était absolument hors de proportion. En négligeant l'artillerie, dont l'action fut si vive et si meurtrière, chacun des nôtres combattait un contre dix. M. de Lipowski, commandant des francs-tireurs, avait déjà fait sonner la retraite, lorsque, vers l'est de la ville, les Allemands, après un effort violent, emportent la position et font tourner les barricades les mieux défendues, celles de la rue de Chartres, puis celles de la rue Galante et de la rue d'Orléans. Alors, la nuit venue, refoulés de tous côtés, les défenseurs de Châteaudun se massent sur la place, et, noirs de poudre, exaltés par la lutte, superbes de patriotisme et d'ardeur, ils entonnent, sous le ciel rouge déjà des premiers incendies, les mâles couplets de la *Marseillaise.*

Ce chant superbe, ce spectacle grandiose, avaient glacé d'une certaine terreur les assaillants qui hésitent d'abord, puis envahissent la place, repoussant les défenseurs de Châteaudun dans les rues adjacentes, lorsque ceux-ci, pris d'une rage nouvelle, se précipitent sur cette place et, à la baïonnette, forcent les Allemands à reculer dans la nuit. La place est à nous de nouveau, et les Allemands l'attaquent encore. On se bat dans l'ombre, on se bat corps à corps. On se tue comme on se poignarderait, on s'égorge, et le flot noir des Prussiens court à travers les rues. La torche à la main, ils envahissent déjà les maisons conquises, ils pillent, volent et brûlent. Les derniers défenseurs de Châteaudun, en se repliant, font de tous côtés sur la place, où fourmillent les Prussiens, des décharges meurtrières : puis, combattant toujours, ils s'éloignent, tandis que les Allemands, voyant partout des ennemis, se fusillent entre eux, par méprise, dans l'ombre, à travers ces rues couvertes de morts. La retraite s'opéra par ce faubourg Saint-Jean, qui est le côté en quelque sorte inaccessible de Châteaudun.

Alors commença le pillage, l'atroce et honteux spectacle

de soudards brisant, broyant, brossant au pétrole, les portes et les murs, incendiant, insultant, hurlant. L'histoire enregistre là des choses horribles. Un paralytique fut brûlé vif sur sa paillasse allumée par des soldats ivres. Un vieux soldat fut tué pour avoir dit à des Bavarois : « Cela est sauvage! » Les généraux firent incendier l'hôtel où ils avaient pris, en riant, leur repas, et bu à leur sanglante victoire. Ils se donnaient le spectacle de l'incendie et de la dévastation. Ces hégéliens contemplaient ce fait : deux cent vingt-cinq maisons qui brûlent! Et ces logis étaient habités encore! Dans une seule cave, dix êtres humains périrent étouffés. Châteaudun brûlait. Châteaudun payait cher son dévoûment à la patrie, mais les cadavres allemands jonchaient ses rues, mais le sang allemand rachetait la ruine française. Trente officiers et près de deux mille hommes avaient été tués. Avec les Allemands, tout se paye. L'incendie ne suffisait pas, les réquisitions s'abattirent sur la ville. Il fallut nourrir, vêtir, couvrir ses bourreaux. Cela, après un pillage sans exemple. Les Dunois étaient décimés. Ils furent ruinés. Nul n'a laissé depuis échapper un murmure. Tous vivent, dans leur cité désolée, fiers de leurs désastres, relevant la tête, et ayant acheté cher le droit de se dire citoyens de la petite ville, mais sachant bien qu'on doit payer ce droit qui fait d'une cité vivante un exemple éternel.

Le gouvernement de Tours décréta que Châteaudun venait de bien mériter de la patrie. Le nom de *Châteaudun* fut célébré bientôt, même dans Paris assiégé. Les poëtes s'inspirèrent de son sacrifice. Le maire de Paris, M. Arago, donna le nom de *rue de Châteaudun* à la rue du Cardinal Fesch. M. Victor Hugo fit lire ses *Châtiments* au profit de la souscription des canons, demandant, dans une lettre superbe, que le premier des canons fût appelé *Châteaudun*. Enfin, les ennemis eux-mêmes s'inclinèrent devant l'héroïsme des défenseurs de la petite ville, et un historien et un acteur de ce drame rapporte les paroles du prince Charles à Varize : « Général, faites respecter ces francs-tireurs, ce sont des soldats de Châteaudun! »

CHAPITRE VI

Siège de Paris, du 21 au 31 octobre. — Opérations militaires. —
État de Paris. — Le Bourget. — Journées des 28, 29 et 30 octobre. — Glorieux combat des Français. — Annonce de la capitulation de Metz. — Le 31 octobre. L'Hôtel de ville envahi. —
Attitude du gouvernement.

Tandis que ces événements s'accomplissaient en province,
que Châteaudun donnait cet exemple, et que la France
envahie résistait, glorieusement en plus d'un endroit,
M. Thiers entamait, avec les puissances étrangères, des négociations qui ne devaient pas aboutir, mais qui permettaient du moins aux peuples, sinon au gouvernement, d'affirmer leurs sentiments de sympathie pour la France. A ce
moment de la guerre, la patrie était en droit d'espérer son
salut. Paris, à coup sûr, n'en doutait point et on le voyait
accepter les privations, déjà assez profondes, auxquelles il
était soumis.

Tout à coup, un avantage véritable, obtenu presque par
hasard, causa parmi les assiégés une véritable joie, bientôt
suivie de la plus cruelle déception.

Le Bourget, occupé depuis le 20 septembre 1870, est un
petit village, ou plutôt une grande rue de village, dont la
situation est fort importante pour une armée qui veut
investir Paris. Les forts de l'Est et d'Aubervilliers dominent,
il est vrai, ce point; mais, si l'assiégé l'occupe, il peut, par
là, rompre le point d'investissement de l'assiégeant. Dans
le cas actuel, l'établissement des Français au Bourget leur
permettait de menacer efficacement les batteries établies
par les Prussiens à Pont-Iblon et à Blanc-Mesnil. Le 28
octobre, à trois heures du matin, le général de Bellemare,
gouverneur de Saint-Denis, donna ordre à 300 francs-
tireurs dits de *la Presse*, conduits par le commandant Rol-
land, d'exécuter sur le Bourget une pointe hardie, un coup
de main qui réussit complètement. Surpris dans leur som-

meil, les Prussiens furent délogés du village. Ils sautaient par les fenêtres, et s'enfuyaient vers Pont-Iblon, tandis que les francs-tireurs ramassaient leurs équipements et leurs casques. Vers dix heures du matin, les Prussiens reçurent du renfort, essayèrent de réoccuper le Bourget, mais aux francs-tireurs de la Presse étaient venus se joindre quatre compagnies du 14e bataillon de mobiles de la Seine, et les Prussiens furent encore une fois refoulés sur Pont-Iblon. Vers midi, plus nombreux encore, et suivis d'artillerie, ils essayèrent de reprendre la position perdue. Nous avions reçu, de notre côté, pour renforcer nos troupes, deux demi-bataillons de régiments de marche (un demi-bataillon du 31e, un demi-bataillon du 28e) et le 16e bataillon de mobiles de la Seine. Ce dernier bataillon avait été mis en réserve. Nous n'avions, pour répondre à l'artillerie allemande, que deux pièces de 4 et une mitrailleuse. Durant cinq heures, l'attaque des Prussiens fut acharnée. Leurs obus tombaient sur le village, incendiaient les maisons. Leurs troupes n'avançaient pas. La nuit venue, l'ennemi battit en retraite, tandis que nos sapeurs du génie travaillaient à relever les murs des jardins.

Vers sept heures et demie, ce même soir du 28 octobre, les Prussiens essayèrent encore un mouvement offensif. Déployés en tirailleurs, ils tentèrent d'enlever la barricade qui défendait l'entrée du Bourget, et où se trouvait postée la 3e compagnie du 14e mobile (capitaine Forey). Ces braves jeunes gens laissèrent avancer l'ennemi à portée du chasse-pot: puis, brusquement, le mirent en déroute par une terrible décharge. La nuit semblait pourtant favoriser les projets des Allemands. Les grenadiers de la garde prussienne attaquaient aussi le Bourget vers la barricade du cimetière; mais, là encore, la résistance de nos mobiles l'arrêtait net, tandis que le 12e bataillon de mobiles (commandant Ernest Baroche), parti de Saint-Denis, arrivait dans le Bourget au pas de course. L'ennemi battait encore en retraite.

La nuit du vendredi 28 au samedi 29 se passa à travailler à quelques fortifications, malheureusement insuffisantes. Les voltigeurs du 28e de marche et le 12e bataillon de mobiles prirent position dans le village, et le lendemain matin, vers huit heures, le feu de l'artillerie prussienne recommençait avec une violence nouvelle. C'est un véritable bombardement que subit le Bourget, un bombardement continu, et quarante bouches à feu, pendant neuf heures, lancèrent leurs projectiles sur ces quelques maisons où se maintenaient intrépidement les 3,000 hommes qui les défendaient. Dans cette journée du 29, le Bourget reçut plus de 2,00 projectiles. Ce jour-là les Prussiens n'osèrent point se risquer à l'assaut des barricades. Ils nous écrasèrent à distance, mais inutilement. Les soldats et les mobiles décimés demeuraient à leur poste.

A la faveur de la nuit, les Allemands avaient massé aux alentours du Bourget des troupes considérables, appuyées par une artillerie plus nombreuse encore que la veille. De colonnes de cavalerie escortaient les fantassins. Ces masses noires défilaient ou avançaient silencieusement. Les forces de l'ennemi pouvaient s'élever à 15,000 hommes au moins. Il avait 48 canons. De notre côté, au contraire, l'effectif des défenseurs du Bourget avait diminué.

Vers sept heures, les deux pièces d'artillerie que nous avions, pour nous appuyer, furent attelées et emmenées au galop hors du Bourget. Sans doute, les artilleurs, devant la masse des Allemands qu'on apercevait à quinze cents mètres, jugèrent imprudent de laisser leurs pièces exposées aux entreprises de l'ennemi, mais toujours est-il qu'à l'heure où la petite troupe avait besoin avant tout de canons pour repousser l'attaque ou soutenir le choc des Prussiens, on lui enlevait les deux pièces de 4 dont elle pût disposer. A cette vue, il y eut dans les rangs une véritable panique. La manœuvre des Prussiens étant, bien évidemment, de cerner le Bourget, 1,500 hommes au moins s'échappèrent, avant tout combat, par la voie du chemin de fer. Ces malheureux, après une nuit de pluie glacée, pénétrés jusqu'aux os, n'avaient plus le sang-froid que demande la bataille.

Les Prussiens, tandis que leurs batteries de Garges et de Blanc-Mesnil ouvraient sur le Bourget un feu réellement écrasant, faisaient avancer leurs colonnes sur la droite et la gauche du village de façon à le cerner. Cinq batteries à la fois couvraient le Bourget d'obus et de mitraille et plus de 15,000 hommes (d'autres disent 25,000, je prends le chiffre le moins élevé) allaient attaquer les 1,600 Français qui occupaient le village.

Le bombardement avait commencé à sept heures et demie du matin. Au bout d'une demi-heure, le Bourget avait déjà reçu plus de 1,500 obus ou boîtes à mitraille. Les comman-

dants Brasseur (du 28ᵉ de marche) et Ernest Baroche
étaient parfaitement décidés à tenir jusqu'au bout, persuadés
que le secours attendu depuis deux jours arriverait enfin et
qu'on ne laisserait pas anéantir ainsi les défenseurs du
Bourget. Le commandant Baroche semblait pourtant ne
pas se faire illusion sur le résultat de la journée. On cite de
lui ces paroles à ses soldats : « Mes amis, c'est aujourd'hui
qu'il faut apprendre à se faire tuer ! »

A huit heures et demie, les Prussiens, jugeant que leur
furieuse canonnade devait avoir assez endommagé le village
et jeté le désordre parmi nos troupes, se hasardèrent à attaquer la première barricade, celle qui défendait le haut du
Bourget. Repoussés, ils se replient derrière leurs canons et
recommencent à nous mitrailler, lorsque, une heure après,
le régiment de la garde prussienne, Reine-Elisabeth, musique en tête, drapeau déployé, s'avança pour enlever la
barricade. Le lieutenant général von Budritzki, chargé par
le prince Auguste de Wurtemberg d'enlever le Bourget,
conduisait lui-même la colonne. Seul des officiers généraux
avec le général von Kanitz, il était à cheval. Ses troupes s'é-
lancèrent sur la barricade avec leurs hurrahs habituels,
mais la plus effrayante fusillade les attendait et, pour la
décrire, c'est à l'ennemi lui-même qu'il faut demander un
témoignage. Là, comme ailleurs, les dépositions allemandes
sont plus favorables à la France que les rapports oficiels
français :

On se battait, en vérité, pied à pied, avec une colère
sourde et un superbe acharnement. « J'ai vu, dit un témoin, « des mobiles debout, dépassant la crête du mur de ia
« moitié du corps, frapper de droite et de gauche avec la
« crosse, et balayer ainsi les baïonnettes ennemies. »
Cependant les pionniers allemands ouvraient des brèches,
l'ennemi attaquait impétueusement du côté de la gare.

Nos troupes, attaquées au nord, attaqués au sud, allaient se trouver prises entre deux feux. Elles n'en luttaient
qu'avec plus de rage. Maison par maison, pendant de
longues heures, le Bourget fut défendu par nos soldats et
arraché à leurs efforts. Il y avait du désespoir dans la résistance suprême de ces hommes. Cernés dans les maisons,
assaillis par des masses profondes, apercevant de tous cotés
ce *noir fourmillement* des Prussiens dont nous parlerons
encore tant de fois, il leur fallait ou se laisser égorger ou

rendre leurs armes maintenant inutiles. A midi, après une lutte de trois heures, nous avions déjà perdu, hors de combat, ou faits prisonniers, plus de 1,200 hommes.

Alors, dans l'intérieur du village, eut lieu le dernier et le plus glorieux épisode de ce sanglant et inégal combat. Vers l'église, le commandant Brasseur du 28e de marche se tenait avec une centaine de soldats et résistait énergiquement. De l'autre côté du Bourget, à droite, le commandant Baroche, faisant le coup de feu lui-même, avait rallié autour de lui une soixantaine d'hommes, décidés à tenir. Un lieutenant de francs-tireurs, M. Solon, avait encore dix de ses hommes avec lui. Un officier de mobiles, M. O. de Verte, commandait à trente-six des siens. Cette poignée de combattants ne voulait point se rendre. Opiniâtres, acharnés, ils voulaient brûler leur dernière cartouche, tenter la résistance dernière. M. Baroche, atteint par un éclat d'obus, demandait à ses soldats de tenir encore une demi-heure. « Il est impossible, disait-il, que, d'ici là, nous ne recevions pas du secours! » A ce moment, il veut donner un ordre, il descend de la maison où il combat. Près de la rue, devant la grille, une balle le frappe au cœur. Il tombe.

Cependant, l'héroïque commandant Brasseur ramassait dans les jardins les combattants épars, et voulait, dans une lutte suprême, les porter sur la barricade de la Grande-Rue. Une décharge épouvantable foudroie à ses côtés les hommes qu'il a ralliés. Ceux qui ne tombent pas s'enfuient. Lui, d'un pas lent, redescend la rue sous la mitraille, le képi traversé à une ligne du crâne, et s'enferme dans l'église avec sept autres officiers français et une vingtaine de voltigeurs. « Là, dit un écrit allemand, ces hommes se défen- « daient jusqu'à la dernière extrémité, et les grenadiers du « régiment Kaiser-Franz durent grimper jusqu'aux hautes « fenêtres de l'église et tirer de là sur l'ennemi, jusqu'à ce « que le peu d'hommes de cette brave troupe qui restaient « sans blessures, finissent par se rendre, » Le commandant Brasseur pleurait en donnant son épée. L'officier prussien, qui la prit, ne put s'empêcher de le louer pour son courage. Cette épée, d'ailleurs, le prince de Wurtemberg la renvoya au commandant prisonnier comme un hommage, et il fut permis à M. Brasseur, captif, de ne point saluer les officiers prussiens dans la rue.

Ainsi, l'ennemi reconnaissait quelle vaillance avaient

déployée nos soldats au Bourget. Ses pertes disaient éloquemment notre acharnement. Les Prussiens avaient perdu, dans ce dernier combat, deux colonels, un major, un porte-drapeau, trente-six officiers et plus de 3,000 hommes. M. F.-W. Heine écrivait dans le *Moniteur prussien* du 10 décembre que, « quoique habitué à voir des combats horribles, jamais il n'y en a eu de plus terrible qu'au Bourget; on peut sans mentir, ajoutait-il, dire que c'est là qu'a eu lieu un des plus sanglants combats qui aient été livrés sous les murs de Paris. »

Le dimanche soir, lorsque la nouvelle de la prise du Bourget se répandit, des groupes mécontents, irrités, pleins de fureur, se formaient sur les boulevards. On parlait haut, on vociférait, on accusait, on maudissait les chefs. Jamais Paris ne fut plus profondément exalté et, cette fois, plus justement. Par une fatalité singulière, ce même dimanche, le bruit se répandit que Metz, Metz l'invincible, Metz où commandait celui qu'on appelait *notre glorieux Bazaine*, Metz venait de capituler. Mais la nouvelle n'était pas connue de tous, et Paris s'endormit en n'ayant qu'une colère au cœur et qu'un nom sur les lèvres : le Bourget. Le lendemain, 31 octobre, il allait avoir deux noms à maudire.

A la nouvelle de la capitulation de Metz, des groupes se formèrent dans tous les quartiers, les commentaires les plus violents étaient échangés, et tout faisait prévoir que la journée ne se passerait pas sans une manifestation hostile au gouvernement.

A dix heures, le cabinet d'Étienne Arago renfermait des représentants de toutes les municipalités. Plusieurs membres proposèrent de se réunir de suite dans la salle du conseil municipal. Malheureusement, cette proposition ne fut pas adoptée, et la réunion fut ajournée à une heure de l'après-midi. Il fut décidé, en outre, pour éviter la confusion qui résulte naturellement d'une assemblée nombreuse, que les maires seuls, sans les adjoints, assisteraient à cette réunion. A une heure, chacun était exact. Le maire de Paris donna un exposé général de la situation, et chacun des maires fit connaître l'état des esprits dans son arrondissement. Il fut unanimement reconnu que les municipalités avaient besoin, en prévision des difficultés que la prolongation du siège allait faire naître, d'être investies d'une force morale que les élections pourraient seules leur conférer. Jusqu'à présent, cette question de l'élection des municipalités avait été écartée à cause de l'importance que donnerait aux nouveaux élus l'investiture du suffrage universel, si bien que le gouvernement, reconnu en ce moment par la France, mais n'ayant pas été élu, serait vis-à-vis des municipalités sur un pied d'infériorité. Beaucoup de maires provisoires, même parmi les plus avancés, s'étaient, M. Ranc entre autres, prononcés contre l'élection. Il fut reconnu, en outre, qu'il était indispensable de calmer l'irritation de la population au sujet de l'affaire du Bourget, en lui annonçant qu'il allait être procédé à une enquête sur les causes de ce désastre, et que les coupables seraient livrés à la justice. Enfin, il fut décidé que l'on inviterait le gouvernement à procéder à la formation de bataillons de garde nationale destinés à faire corps avec la troupe de ligne, et non pas composés seulement de volontaires, comme il en était question, mais de tous les hommes valides de vingt à trente-cinq ans.

Ces diverses propositions, formulées par le maire du deuxième arrondissement, M. Tirard, furent adoptées à l'unanimité et presque sans débat. Le bureau, composé du maire de Paris et de ses adjoints, fut chargé de porter les vœux de la réunion au gouvernement, qui était en permanence dans une salle voisine, et d'insister auprès de lui pour qu'il les adoptât.

Ce fut pendant cette conférence entre le maire de Paris accompagné de ses adjoints et le gouvernement que, malgré les efforts de quelques citoyens dévoués, les grilles de l'Hôtel de ville furent forcées, et que la foule immense qui stationnait sur la place, depuis plusieurs heures, envahit les cours, les escaliers et les diverses salles de l'édifice.

Les maires s'étaient dispersés en attendant le résultat de la conférence. Quatre d'entre eux, Henri Martin, Tirard, Carnot et Chaudey se trouvaient seuls dans la salle du conseil municipal au moment où elle fut envahie. Ils opposèrent une vive résistance à cet envahissement. Tirard, ceint de son écharpe, monte sur un banc et, à plusieurs reprises, harangue la foule avec une grande véhémence. Menacé un instant par quelques forcenés, ses collègues l'entourent et plusieurs citoyens, attirés plus par la curiosité que par un sentiment de désordre, se joignent à eux pour faire évacuer la salle. Déjà les plus intrépides lâchent pied et, avec cette mobilité particulière aux manifestations populaires, un décisif mouvement de recul ne tarde pas à se produire.

Malheureusement une nouvelle troupe d'envahisseurs, à la tête de laquelle se trouvent Flourens, Félix Pyat, Delescluze et Blanqui, pénètre par les portes vitrées auxquelles donnent accès les deux rampes de l'escalier en fer à cheval de la cour d'honneur. Un tumulte indescriptible règne dans la salle. Les banquettes sont escaladées, les pupitres brisés, les fenêtres volent en éclats, et c'est en vain que Flourens et ses amis réclament le silence pour lire les noms des membres d'un nouveau gouvernement.

Toujours à leur place, faisant tête à l'orage, Chaudey, Henri Martin, Tirard et Carnot, entourés de quelques citoyens dévoués, parmi lesquels se trouve Cernuschi, protestent avec énergie contre ces nouvelles violences, mais leurs voix se perdent dans le tumulte et ils sont obligés d'abandonner une lutte désormais inutile.

Pendant ce temps, dans les salles où se tenaient habituellement les membres de la Défense, d'autres scènes aussi tumultueuses avaient lieu et déjà le gouvernement se trouvait débordé et annihilé! Dès le matin de ce jour humide et triste du 31 octobre, la grande place de l'Hôtel de ville, cette vieille place de Grève qui a vu passer tant de révolutions et entendu tant de clameurs, était remplie de groupes bruyants qui, malgré la pluie, devenaient de minute en minute plus nombreux. Des bataillons arrivaient, la crosse en l'air, voulant plutôt protester contre les bruits d'armistice que combattre le gouvernement. D'autres, sur des drapeaux, avaient écrit leur programme : *Pas d'armistice! la Commune! la levée en masse!*

Rue de Rivoli la foule criait sous les fenêtres du gouverneur de Paris : *A bas Trochu! Vive la Commune! Des armes!* Vers onze heures les gardes nationaux, sans armes, entourent l'Hôtel de ville. M. Étienne Arago essaye de leur parler, ils n'écoutent point : M. Floquet lui succède, dit quelques mots dans ce tumulte, et disparaît à son tour. Enfin le général Trochu paraît, il fait un geste. Le prestige de l'uniforme est encore tel en France qu'on se tait aussitôt. Cette foule sent d'ailleurs qu'en dépit de tout cet homme tient le sort de la ville assiégée.

M. Jules Simon, à son tour, affirme la volonté du gouvernement de continuer la guerre et de résister jusqu'au bout, mais c'est vainement qu'il essaye de se faire entendre.

Il remonte dans la salle du Trône. La foule se précipite sous le portique que surmonte la statue d'Henri IV, et l'Hôtel de ville est envahi.

Rochefort se montre à la foule, pour essayer de l'arrêter, il est accueilli par les cris. « A bas Rochefort! Il est du gouvernement! Pas de Rochefort !

La salle où siège le gouvernement est occupée par la foule. Assis autour de la table, les membres du gouvernement gardent une digne attitude.

Il était deux heures. M. Ch. Ferry, frère du membre du gouvernement, était déjà sorti de l'Hôtel de ville pour appeler des bataillons au secours des gouvernants. M. Étienne Arago avait apporté à M. Jules Favre le résultat de la délibération des maires : et M. Favre, avec tout le gouvernement, avait accepté les élections. Ainsi, la nomination des magistrats municipaux était une chose convenue, acceptée, acquise, et M. Rochefort fut prié par ses collègues d'en donner la nouvelle à la foule.

Rochefort, le *populaire*, comme l'appelle Flourens, debout sur la table, essaye vainement de calmer l'effervescence de ce flot humain.

Il annonce que les élections municipales auront lieu le lendemain.

— Non! non! lui répondit-on aussitôt. Pas d'élections municipales! La Commune !

— Mais, citoyens, répond Rochefort avec un geste fait de haussement d'épaules, c'est la même chose !

Il comprend que ce serait en vain qu'il essayerait d'insister ; que la foule est irritée, furieuse et sourde. Il cherche à descendre de la table, lorsque tout à coup une sorte de houle le repousse busquement. C'est M. Lefrançais qui aide à tirer par les jambes Rochefort. Rochefort est forcé de descendre à terre et Lefrançais alors, prenant sur la table la place de membre du gouvernement, déclare que le gouvernement de la Défense nationale est déchu de ses fonctions. La foule crie bravo. Elle applaudit à la déchéance, lorsque, sur la table, apparaît à son tour, Gustave Flourens, botté, en costume de major, pâle, son visage égaré et rayonnant. Il annonce qu'il va lire les noms du nouveau gouvernement, dit Comité de salut public, et chargé de faire les élections de la Commune. En tête de la liste, Gustave Flourens a placé naïvement son nom, et ce nom, arrivant le premier sur ses lèvres, produit un singulier effet dans la foule. Les noms qu'il jette sont tour à tour acclamés ou contestés, Blanqui, Dorian, Félix Pyat, Louis Blanc, Victor Hugo, Mottu, Schœlcher, Ranvier, Martin Bernard, Malon, etc. Beaucoup réclamaient le fier Barbès, ignorant qu'il était mort. Le nom de Rochefort ne fut pas accepté.

Ce ne fut qu'à la troisième sommation de la foule que Flourens consentit à prononcer le nom de Dorian, puis il demanda que les membres du gouvernement donnassent leur démission par écrit. Cette exigence fut vivement applaudie et appuyée par la majorité de l'assistance.

Alors fut débattue la question de savoir si le gouvernement devait être retenu prisonnier. Ceux qui paraissaient être les chefs du mouvement dirent que les membres du gouvernement devaient être gardés à vue comme otages.

Vers sept heures, un grand mouvement se produisit dans la salle voisine, et bientôt parurent des gardes nationaux réclamant la délivrance du gouvernement. C'était le 106e bataillon (commandant Ibos) qui accourait. Le général Trochu fut enlevé par eux, malgré la résistance des envahisseurs. On lui ôta son képi de général, le remplaçant par un képi de garde national, et il gagna, escorté par ses officiers d'état-major, son hôtel, où il demeura un peu trop calme, donnant, affirme-t-on, deux heures à son dîner. La vérité est qu'il fut impassible et résolu devant toute menace, et qu'il peut parler de cette journée la tête haute. M. Ferry et M. Emmanuel Arago avaient pu suivre. Le flot se referma devant M. Jules Favre, M. Garnier-Pagès et M. Jules Simon, qui regagnèrent leur place. Ils avaient autour d'eux M. Magnin, le général Tamisier et le colonel Montagut, de l'état-major de la garde nationale. Le général Le Flô, apprenant que ses amis étaient retenus prisonniers, au moment où il gagnait la porte de l'Hôtel de ville, revint sur ses pas, et alla prendre sa place parmi le gouvernement prisonnier.

Pendant ce temps, raconte M. Jules Favre, le nouveau gouvernement paraissait s'organiser, non sans discussions violentes, dont le bruit parvenait jusqu'à moi, bien qu'il siégeât dans une salle voisine.

Vers neuf ou dix heures, M. Millière vint à moi, me proposant de donner ma démission, me promettant qu'à cette condition, la liberté me serait rendue.

« -- Vous pourrez même, ajouta-t-il, conserver votre

portefeuille jusqu'à ce que le nouveau gouvernement ait été ratifié par le vote populaire qui aura lieu après-demain.

« En s'adressant à moi, M. Millière s'exprima avec une parfaite convenance, ce qui me permit de lui répondre sur le même ton que j'étais son captif, qu'il pouvait disposer de moi à son gré, mais que je ne pouvais ni l'entendre, ni lui donner une réponse quelconque sur son insistance.

« A différentes reprises, des alertes ayant été données du dehors, une vive agitation se manifesta dans la salle. Les tirailleurs qui nous gardaient relevèrent et apprêtèrent leurs armes, mais sans nous coucher en joue. A la dernière scène, provoquée par l'arrivée de nos libérateurs, ce mouvement fut plus général, mais aussi plus désordonné. La plupart des orateurs invitaient à la médiation et à la prudence; ils rappelaient combien il serait criminel d'engager la guerre civile en face de l'ennemi. Lorsque les gardes nationaux qui nous délivraient firent irruption dans la salle, les tirailleurs de Flourens apprêtèrent leurs armes, mais sans intention de s'en servir. »

Dans le numéro du *Réveil* qui suivit cette tumultueuse journée, le vieux Delescluze s'éleva lui-même contre les violences du 31 octobre et contre les exaltés qui avaient fait d'une manifestation un coup de force, d'un mouvement, légitime au début, une émeute au dénouement. Que voulait Paris, le matin du 31 octobre? Protester contre la direction militaire qui laissait reprendre le Bourget, protester contre la nouvelle de l'armistice. Pas autre chose. La sanction de cette protestation, c'était l'élection des municipalités réclamées par les maires, accordées par le gouvernement. Mais lorsque les tirailleurs de Flourens et les partisans de Blanqui vinrent substituer ce que Delescluze appelle leur *dictature* aux conventions des maires, ils compromirent à jamais une journée dont le souvenir ne restera que comme celui d'une échauffourée tumultueuse et qui eût pu devenir sanglante.

En effet, vers le soir, le désordre fut grand dans cet Hôtel de ville livré à la foule, aux Italiens de Tibaldi, à des enfants traînant des fusils. Les traces des dégâts furent longtemps visibles dans ce palais municipal maintenant incendié. Spectacle attristant, les personnalités honorées du parti républicain étaient insultées par des anonymes et des inconnus. Étienne Arago arrachait son écharpe qu'on voulût lui enlever. Il entendait une voix ricanante qui lui disait, à l'oreille, parmi les clameurs de la foule : « Eh bien, c'est le *châtiment du 4 septembre !* » Ledru-Rollin, qu'on était allé chercher, n'éprouva, dès l'arrivée, d'autre sentiment que l'envie de retirer son nom de l'échauffourée. Il vit, dans une salle, Blanqui, écrivant, signant des ordres, *paperassant* (le mot est de lui), et sentit la journée perdue pour tout progrès. M. Dorian, refusant de suivre le mouvement, était prisonnier, gardé à vue dans le cabinet du maire, avec Étienne Arago. Les bataillons de Millière emplissaient les cours, comptant sur l'arrivée de renforts prochains. Dans chaque salle, une sorte de gouvernement fonctionnait, tandis que le bruit se répand dans Paris qu'un comité de salut public a été proclamé.

Le soir on s'arrache les journaux, on les lit sous la pluie, l'agitation est très grande sur toute la ligne des boulevards. Une réunion des officiers de la garde nationale est annoncée pour le soir même à huit heures, dans la salle de la Bourse.

M. Picard, mis en état d'arrestation comme ses collègues, était parvenu cependant à s'échapper le premier et à gagner le ministère des finances. Son premier soin fut de donner ordre qu'on battît la générale. Le colonel Munster, de l'état-major de la garde nationale, s'était immédiatement mis à la disposition du ministre des finances. Le général Schmitz, de son côté, s'était empressé de mettre quelques bataillons de la mobile à la disposition du seul membre du gouvernement en ce moment en liberté.

A sept heures, douze tambours, battant la générale et suivis d'un piquet de gardes nationaux en armes, parcouraient les boulevards. Dans les autres quartiers de Paris, elle était battue également. Les mobiles campaient sur la place de l'Opéra. Les bataillons de la garde nationale, au fur et à mesure de leur arrivée, se rangeaient en bataille sur la place Vendôme. Le 6e et le 171e campaient dans la cour vitrée du ministère des finances.

Le 106e bataillon, nous l'avons vu, était parvenu à délivrer deux des membres du gouvernement, le général Trochu et M. Jules Ferry. M. Picard, prévenu de cette nouvelle, est invité à se rendre à l'hôtel du gouverneur de Paris pour prendre part aux délibérations du gouvernement. Avant de quitter le ministère, M. Picard, du haut d'un escalier de la cour vitrée, adrese une courte allocution aux gardes nationaux. « Messieurs, leur dit-il, l'Hôtel de ville a été envahi, et, pour faciliter nos délibérations, les envahisseurs n'ont rien trouvé de mieux que de monter sur la table autour de laquelle le gouvernement a été réuni. Un gouvernement nouveau s'est installé à notre place. Je ne sais comment il sera accepté par vous, mais j'ai pensé que mon devoir m'appelait ici où se trouve placé notre patrimoine commun pour le défendre. J'y suis donc venu. »

Pendant toute la soirée, des députations se rendent chez le gouverneur de Paris. La foule qui stationne devant l'hôtel acclame le président de la Défense nationale. Le général se montre sur le perron et adresse quelques paroles aux membres des diverses députations. Dans la salle de la Bourse, les officiers proposent de nommer le commandant Rochebrune général de la garde nationale. Il décline cet honneur. « C'est à la Commune, dit-il, à nommer le général de la garde nationale. Nommons d'abord la Commune. — « La Commune est nommée, » s'écrie un interrupteur. Mouvement dans l'assemblée. Des cris répondent : « Elle s'est nommée elle-même ! Nous n'en voulons pas ! »

Et la générale est battue, tandis qu'on discute ainsi et qu'à l'Hôtel de ville les nouveaux et éphémères gouvernants vont et viennent, donnent des ordres et demandent à Flourens pourquoi les membres du gouvernement de la Défense nationale ne sont point déjà à Mazas.

Millière, Blanqui, Ranvier et Mottu, expédiaient cependant des ordres aux maires et des convocations urgentes à tous les chefs de bataillons *vraiment démocrates* (l'expression est de Flourens) ; et Delescluze était allé trouver Dorian pour l'engager à venir siéger parmi le Comité de salut public, lorsqu'on apporte tout à coup à Flourens cette nouvelle : par le souterrain qui fait communiquer l'Hôtel de ville avec la caserne Lobau, viennent de pénétrer deux bataillons de mobiles bretons. Une collision entre eux et les tirailleurs, qui occupent les portes de l'Hôtel de ville et viennent d'être tournés, grâce au souterrain, est imminente. Heureusement, Flourens eut la sagesse de traiter avec Dorian, « acclamé par le peuple » ; il convint avec lui de la date des élections : puis Dorian fit la paix avec l'officier de mobiles bretons.

Il était quatre heures du matin, lorsque se dénoua ainsi, sans effusion de sang, une aventure qui eût pu si facilement devenir terrible.

M. DE BISMARCK

CHAPITRE VII

Siège et capitulation de Metz.

Lorsque Paris apprit la nouvelle de la capitulation de Metz, son courroux fut d'autant plus grand que sa confiance avait été plus profonde. A l'heure où Strasbourg était tombée, l'impression éprouvée n'avait été que de la douleur ; la ville martyre paraissait depuis de longs jours condamnée. Metz, au contraire, semblait devoir résister et son armée paraissait pouvoir vaincre. Paris fut secoué par la colère en apprenant ce triste dénouement. Mais s'il eût connu alors les véritables phases, bien ignorées à cette époque, de la capitulation de Metz, il eût bien plus encore senti la rougeur lui monter au front et le courroux lui entrer au cœur.

Au lendemain de la gigantesque bataille du 18 août, — qui eût pu devenir une victoire pour nous si le maréchal Bazaine eût, nous le répétons, protégé sa droite (corps Canrobert) en mettant la garde en réserve derrière Saint-Privat la Montagne ou encore essayé de tomber, par sa gauche, sur les bagages des Prussiens qu'il mettait en désordre, l'armée française avait pris position autour de Metz et s'était retirée sous la protection des forts, tandis que l'ennemi commençait cet investissement qui devait nous conduire à la capitulation.

A peine avions-nous dessiné ce mouvement de recul, que les Prussiens s'occupaient à nous fermer les routes autour de Metz, coupant la voie ferrée de Thionville, le télégraphe de la route de Briey, détruisant les ponts de l'Orne, et enserrant la ville de Metz dans un cercle de positions difficiles à attaquer. Au nord, une partie de la plaine de Thionville était occupée par leurs troupes ; à l'est, toute la ligne de Vrémy à Ars-Laquenexy, en passant par les villages de Failly, Servigny, Noisseville ; au sud, ils tenaient Peltre et Ars-sur-Moselle ; à l'ouest, ils avaient pris les positions abandonnées par nous, Saint-Privat, Jussy, etc. C'en était fait :

le blocus commençait, le blocus de cette ville inexpugnable, le blocus d'une armée qui venait de livrer les plus
formidables batailles du siècle, et qui n'en ressentait
qu'un plus âpre désir de continuer la lutte. Au début du
siège, l'esprit de cette magnifique armée de Metz était en
effet excellent.

Mais, dès le lendemain de Saint-Privat, le maréchal, que
es Prussiens jugent dès lors comme incapable et comme un
homme dont le courage laisse autant à désirer que les
facultés (voyez la relation du grand état-major allemand)
prit cette attitude expectante, inerte, pleine d'une quiétude
dédaigneuse qu'il garda jusqu'à la fin du siège. Il a sous
la main une armée frémissante qui vient de montrer sa
valeur et qui demeure prête à tous les sacrifices, il a
210,000 hommes à sa disposition, en comptant la garnison
de Metz, la garde nationale, la garde mobile, près de
20,000 paysans réfugiés dans la ville et dont il peut faire des
ouvriers, des terrassiers. Il n'en tira aucun parti. Il se
laissait enfermer dans une zone restreinte autour des forts,
sans autres vivres ou fourrages que ceux des réserves de
l'armée. Il demeurait là, inactif, hésitant, ne sachant s'il
allait essayer encore de s'ouvrir la route de Verdun, ou s'il
attendrait que l'armée de Mac-Mahon fût formée pour la
rejoindre à travers les lignes prussiennes. On peut dire que
le maréchal Bazaine, dès ce moment, n'eut qu'une pensée,
une seule, celle de conserver libre d'une opération politique
future, l'armée qu'il commandait et qui venait de perdre
29,227 hommes dans les journées de Rézonville et de Gravelotte. Sachant bien que l'armée de Metz était la seule
force militaire réellement organisée qui restât encore à la
France, il voulait, en demeurant à sa tête, disposer plus
tard, et selon son gré, du sort de la patrie.

Cependant, le 22 août, Mac-Mahon, averti que Bazaine
allait essayer de se jeter par Montmédy sur la route de
Sainte-Menehould à Châlons, se met en marche, faisant
savoir à Bazaine que le mouvement en avant est commencé.
La dépêche, partie le 22, arriva au maréchal Bazaine dans
la journée du 23 août. Ici se place un incident qui a son
importance et qui met au grand jour la conduite du commandant en chef de l'armée de Metz. Cette dépêche, par
laquelle le maréchal de Mac-Mahon annonçait à son collègue
de Metz sa marche vers Montmédy, le maréchal Bazaine n'a

l'avoir reçue ; d'un autre côté, un colonel d'état-major affirme sur l'honneur, *non seulement l'avoir vue entre les mains du commandant en chef, mais en avoir reçu directement communication de ce dernier.*

La veille, 22 août, les troupes avaient reçu l'ordre de réduire les bagages, et, dès le 23, Bazaine pouvait commencer ses opérations vers Mac-Mahon. Le 26 seulement, *trois jours après,* il essayait, on va voir comment, de traverser les lignes prussiennes.

Dès le matin, la concentration des troupes s'opère sur la rive droite de la Moselle. Il pleut à torrents, une pluie diluvienne, mais, tout heureux de marcher en avant, les soldats rient sous l'ondée, narguent le mauvais temps et attendent, impatients, l'ordre d'attaquer. Un seul pont est préparé pour l'écoulement de cette grande armée. Il faut huit heures pour faire passer tous les régiments ; enfin, à trois heures, quelques bataillons sont seuls encore sur la rive du fleuve, lorsque, brusquement, un contre-ordre arrive. Il faut que les troupes reviennent sur leurs pas, rentrent dans leurs cantonnements, et marchent une partie de la nuit après avoir marché tout le jour.

Que s'était-il passé dans l'esprit ou les conseils des officiers généraux ? Vers midi, le général en chef avait fait appeler au château de Grimont tous les chefs de corps et tenu un conseil de guerre. « *Quand un général est possédé d'une idée énergique,* a dit à ce propos Changarnier au Corps législatif le 29 mai 1871, *il ne doit réunir ses lieutenants que pour leur donner des ordres.* » Bazaine leur demandait des conseils.

Une seule voix, faut-il le dire, s'éleva pour conseiller de marcher en avant et de faire une trouée immédiate. C'était celle du maréchal Le Bœuf. Responsable de tous nos désastres, cet homme, d'un talent militaire remarquable, mais rendu inutile par son humeur de courtisan, le maréchal Le Bœuf voulait du moins essayer de réparer son irréparable infatuation et sa criminelle assurance. Il en avait été de lui aux Tuileries comme de ces généraux dont parle le vieux Tavannes : « *Peu sert en France, dit-il, de sçavoir les batailles et assauts qui ne sçait la cour et les dames.* » Ce ministre de la guerre, pour plaire au maître et faire sa cour, avait déguisé la vérité. Il tâchait du moins, en couvrant sa poitrine de décorations, en s'exposant au feu, en allant de l'avant, d'ar-

racher au sort un trépas que le sort lui refusa. Ce jour-là,
il voulait à tout prix combattre.

On ne l'écouta point. On écouta le général de Coffinières,
gouverneur de Metz, qui demandait qu'on ne dégarnît point
la place de ses défenseurs, ce même général dont on connaît
la réponse à un habitant de Metz : « Vous avez *donc du
patriotisme, vous?* » Funeste conseil. La journée se passa.
Les troupes, étonnées, rentrèrent dans leurs bivouacs après
être demeurées vingt-six heures sous les armes et se demandant pourquoi on les en avait fait sortir. « Si nous
avions percé, dit encore Changarnier (mais trop tard), le
rideau peu épais que nous avions devant nous, nous aurions
eu dès le lendemain des nouvelles précises de l'armée du
maréchal de Mac-Mahon et, conformant notre marche à la
sienne, nous l'aurions ralliée deux jours avant qu'elle vînt
se jeter dans le gouffre. »

Du 27 au 30 août, tandis que l'armée de Mac-Mahon
combat dans les Ardennes, Bazaine demeure inactif. Il ne
se décida à agir que le 31, *à quatre heures de l'après-midi
seulement.* Alors, après une violente canonnade, lorsque les
batteries des forts Saint-Julien et de Belle-Croix eurent fait
taire et reculer les batteries ennemies, l'infanterie française,
tambour battant, s'ébranla, au pas de charge, avec une
ardeur singulière. Cette fois, dans cette journée, on sentit
vraiment passer dans l'armée, avide de combattre, l'âme de
la France. Les roulements des tambours empêchaient d'entendre le sifflement des balles. Dans toutes les âmes un
espoir, du courage dans tous les cœurs. On a exalté, dit le
témoin, le courage des troupes, on leur a annoncé que
« l'empereur est à Thionville avec 80,000 hommes. Il faut
enfoncer l'ennemi pour le rejoindre. » La magnifique cavalerie de la garde, massée en arrière, regardait avec une
admiration fiévreuse ces fantassins qui avançaient, intrépides et sûrs de vaincre, et se demandant si bientôt une
charge à fond de train n'allait pas écraser l'ennemi. On
pouvait tout faire de cette armée vaillante.

La ligne des tirailleurs ennemis est repoussée; à travers
les haies, les vignes, les fossés, on avance. La division Montaudon, dont le chef est blessé, enlève les villages de
Montoy et de Flanville. A huit heures, les troupes reçoivent
l'ordre de pousser sur Rétoufey. D'un autre côté, les troupes
du 4e corps avaient enlevé Servigny, tandis que le maréchal

Le Bœuf faisait emporter Noisseville à la baïonnette, se portant, par une affectation de témérité, aux points les plus dangereux, cherchant la mort et ne réussissant qu'à faire tuer ou blesser presque tout son état-major. Il était neuf heures, la nuit était venue. On ne se trouvait plus qu'à deux mille mètres environ de la position de Sainte-Barbe, objectif du mouvement et qu'il fallait envelopper et enlever. Nos troupes bivouaquèrent sur les positions conquises, tandis que le maréchal Bazaine, au lieu de demeurer au milieu de ses soldats, rentrait se coucher à Saint-Julien.

On n'a pas oublié que, le 18 août, tandis que le corps Canrobert était écrasé à Saint-Privat, le maréchal Bazaine déjeunait paisiblement chez le curé de Plappeville. C'est ce qui a fait dire au général Changarnier, en parlant du commandant en chef de l'armée de Metz : « Il a eu *l'insigne infortune* de ne pas assister à la bataille de Gravelotte. » Comment l'histoire nomme-t-elle les généraux qui ont de semblables *infortunes?*

Nous n'avions fait occuper la partie de Servigny que nous avions emportée que par quelques compagnies. A une heure du matin, l'ennemi, arrivant en forces, nous enlevait ce village, mais sans oser pousser au delà. Le lendemain matin, 1er septembre, le feu recommençait dès l'aube. On répondit vivement à la mousqueterie et à l'artillerie des Prussiens, mais les soldats étaient sans ordre. Nulle direction, nulle volonté ; des compagnies, des régiments, combattant, tiraillant sans savoir quel était le but du commandant en chef. Vers dix heures du matin, après être demeurées impassibles sous le feu meurtrier des obus ennemis, les lignes avancées de nos soldats se replièrent naturellement, sans désordre, sans que personne en eût donné l'ordre, mais simplement parce qu'elles comprenaient qu'on n'attendait rien d'elles et que leur résistance était inutile. Alors, reconduite par les projectiles ennemis, l'armée française, formant huit ou dix lignes de bataille, se replia lentement, au pas, et gardant, sous les obus qui parfois ouvraient ses rangs, l'attitude de soldats à la manœuvre. Un vide fait, il se refermait aussitôt et la marche continuait, sans accélération, sans trouble. Nul ne comprit quoi que ce fût à un tel mouvement, ni les généraux français, ni le prince Frédéric-Charles, qui l'avoua nettement plus tard. Tous les officiers de troupes, tous les généraux interrogés, répondirent invatiablement, raconte M. Deligny : « Nous nous sommes retirés, parce que nous avons vu tout le monde se retirer ! »

Le même jour, l'armée de Châlons était écrasée et Napoléon III arborait le pavillon parlementaire à Sedan.

Sans nul doute, Bazaine aurait eu immédiatement à ses trousses l'armée d'investissement ; mais il aurait pu lui tenir tête en rase campagne, avec une route devant lui, et non plus acculé sous le canon de la place de Metz. L'attitude du commandant en chef de l'armée du Rhin est sévèrement jugée par l'adversaire qui a si habilement profité de ses fautes.

A partir de cette inexplicable journée du 1ᵉʳ septembre, l'inaction du maréchal, qu'on avait pu prendre pour de la mollesse, devint coupable, et l'armée, qui venait d'enlever si brillamment des positions difficiles, l'armée, qui ne demandait qu'à combattre, ne fut plus occupée qu'à des travaux de terrassement ou à des démonstrations inutiles, où mouraient sans profit, sinon sans gloire, des centaines de braves gens. Du 1ᵉʳ septembre jusqu'à la fin du siège, commence un travail de tranchées et de redoutes qui élèvera autour de Metz un camp retranché inexpugnable. A quoi bon ? L'ennemi ne l'attaquera pas. Mais ce mouvement factice, ce labeur perdu, auront du moins (c'est sans doute ce que pensa Bazaine) l'avantage d'occuper l'esprit des soldats, de leur faire croire que la lutte est sérieuse et qu'ils sont encore des combattants, quand ils ne sont plus, eux, les héros de Gravelotte, que des spectateurs.

Le prince Frédéric-Charles était au courant de cette situation et avait pu juger le 31 août « le caractère » du maréchal. Les mécontentements de l'armée redoublèrent lorsqu'on apprit, à Metz, le 7 septembre, par des journaux allemands, et le 12, par un numéro du *Volontaire* du 9, la nouvelle de la capitulation de Sedan et la déchéance de l'empereur ; et les Prussiens résolurent aussitôt d'exploiter la démoralisation qu'ils supposaient devoir résulter pour l'armée de la nouvelle de cette catastrophe. C'est le soir que, par une « pluie torrentielle et au milieu d'un ouragan effroyable », ils bombardèrent le camp pour la première et la seule fois.

D'ailleurs, aucune communication officielle ne vint confirmer l'importante nouvelle qu'apportait le journal. Le maréchal Bazaine et le général Coffinières de Nordeck,

gouverneur de Metz, évitèrent soigneusement de parler de
tout ce qui pouvait avoir rapport à la reconnaissance du
gouvernement provisoire et des événements de Paris.

Seule, une proclamation du maréchal Bazaine à ses
troupes disait :

« Un gouvernement s'est constitué... Soldats, nous comptons sur toute votre énergie pour chasser l'ennemi du sol
français et *réprimer les mauvaises passions*. »

La nuance ne peut échapper, fait observer, à ce propos,
un témoin du siège, surtout lorsqu'on saura que, jusqu'au
dernier jour, les conseils de guerre ont jugé au nom de
l'empereur. Bazaine n'a-t-il pas déclaré, devant ses juges,
que « le gouvernement de la Défense nationale n'existait pas
pour lui. — La France existait toujours, » répondait alors
le président, et l'histoire ratifie l'énergique réponse.

A cette époque, au surplus, Bazaine dissimulait soigneusement ses desseins, et répétait à qui voulait l'entendre :
« qu'il ferait fusiller le premier qui parlerait de capitulation. »

Depuis longtemps, je le répète, et malgré ses assertions,
la conduite que le maréchal allait tenir dans la suite du
siège était décidée dans son esprit. Il voulait simplement
devenir l'arbitre du sort de la France, et c'est pourquoi, le
14 septembre, il n'hésita pas à entrer en relations avec l'assiégeant, et il écrivit une lettre au prince Frédéric-Charles.
Dans sa lettre, le maréchal feignait d'ignorer les événements
de Paris et de Sedan, et demandait au prince des renseignements que le lendemain celui-ci, dans une lettre fort
courtoise au « commandant en chef de *l'armée impériale
française* », lui fournit, en les dénaturant, les aggravant, les
amplifiant selon la méthode prussienne. Le prince s'offrait
en outre à continuer de tenir le maréchal au courant des
événements ultérieurs.

En même temps, connaissance était donnée au maréchal
d'un communiqué officiel adressé au *Journal de Reims*, et
dans lequel il était dit que le cabinet de Berlin ne pouvait
traiter de la paix qu'avec trois personnes, « l'empereur,
la régente ou le maréchal Bazaine. » C'était là une offre
directe; Bazaine eût volontiers accepté sans doute, mais il
redoutait une ruse, il attendit. Seulement, rapporte M. d'Andlau dans son livre définitif, le maréchal prit le parti en
même temps d'annoncer à ses généraux qu'il ne « tenterait

plus rien de sérieux au dehors, » se bornant à améliorer la défense.

Sur ces entrefaites, une sorte de personnage douteux, agent bonapartiste ou prussien, qui a disparu depuis le procès, un M. Régnier, déjà entré en relations avec l'impératrice, alors à Hastings, se présenta au maréchal Bazaine, l'invitant à traiter de la reddition de la place de Metz, afin de faire servir l'armée de la Moselle au *rétablissement de l'ordre*, c'est-à-dire de la dynastie impériale. Acteur énigmatique et vulgaire de ce grand drame, ce M. Régnier avait réussi à se faire donner par l'ex-impératrice, qui ne le connaissait point, une photographie signée du petit prince, et qui lui suffisait, à lui Régnier, pour se présenter à M. de Bismarck, comme le chargé d'affaires de l'impératrice, et à Bazaine comme l'homme de confiance de l'impératrice, agréé par M. de Bismarck. L'auteur du livre que nous avons déjà cité, *Metz, Campagnes et Négociations*, n'hésite pas à croire que ce M. Régnier, qui s'en est défendu depuis dans une brochure assez niaise, était un agent prussien.

« Si M. Régnier, écrit M. d'Andlau, n'était pas un agent prussien, le 14 septembre, le jour où il arriva à Hastings pour se présenter à l'impératrice, il le devint le 20 septembre, à Ferrières, quand il se mit aux ordres du comte de Bismarck pour servir les intérêts de l'Allemagne, contrairement à ceux de la France, et entraîner le maréchal Bazaine dans une voie où son armée serait devenue, pour ainsi dire, l'alliée des troupes prussiennes contre notre propre pays.

« Le 23, il eut avec le maréchal une première entrevue, qui se prolongea jusqu'à onze heures du soir, et dans laquelle il lui exposa sans doute le but de sa mission. On connaissait déjà le prétexte de son arrivée : le rapatriement des médecins luxembourgeois; mais il était évident qu'un pareil sujet n'exigeait pas une conversation aussi longue, à une heure aussi avancée pour les habitudes des camps, et que ce parlementaire mystérieux cachait sous son habillement bourgeois un personnage chargé d'une mission politique. »

L'armée de Metz fut inquiète lorsqu'elle apprit qu'à la suite de cet entretien, le général Bourbaki avait obtenu de quitter Metz pour se rendre auprès de l'impératrice. M. Régnier avait réussi à faire croire au général qu'on l'appelait à Londres, qu'il était de l'intérêt même de l'armée de s'y rendre. Bourbaki n'eut pas plus tôt quité Metz qu'il en éprouva une rougeur et une colère violentes. Lorsqu'il arriva en Angleterre, l'impératrice nia tous les arrangements dont il avait parlé, et le général s'aperçut trop tard qu'il était tombé dans un piège allemand. En effet, Bazaine avait, grâce à ce M. Régnier, perdu encore quelques jours d'un temps précieux. Vainement Bourbaki, se voyant berné, sollicita de l'ennemi la permission de rentrer dans Metz, de rejoindre ses soldats qu'il avait eu le grand tort de quitter, on lui refusa cette grâce. « Je suis donc perdu dans mon honneur de soldat ! » se dit avec effroi le général. Et, aussitôt, pour combattre encore, il se rendit à Tours pour se mettre à la disposition du gouvernement de la Défense nationale.

On était alors au 15 octobre environ. Depuis le départ de Bourbaki, l'opinion publique s'était montrée assez inquiète et défiante. Certaines choses inexplicables en apparence lui paraissaient malheureusement trop expliquées. Pour donner le change aux préoccupations, le maréchal ordonne, çà et là, quelques petites reconnaissances où les troupes engagées se montrent à la hauteur de leur réputation. Le 27 septembre, les soldats du général Lapasset prennent le village de Peltre, en délogent l'ennemi, enlèvent ses approvisionnements et ramènent des bestiaux, veaux, vaches, cochons et chèvres. Sans la trahison d'un espion, on prenait là aux Prussiens un troupeau de deux cents bœufs.

Pendant que la brigade Lapasset emportait Peltre, le 90e et le 60e de ligne s'emparaient du château de Mercy, massacrant les Prussiens qui s'y étaient retranchés. Sur d'autres points encore, à la Grange-aux-Bois, à Colomby, à Woippey, nos attaques étaient couronnées de succès. Vers ce dernier point, les voltigeurs de la garde, avec une alacrité superbe, enlevaient à la baïonnette le château de Ladonchamps, que nous devions conserver jusqu'à la capitulation, et, malgré le feu des batteries ennemies, s'emparaient des villages des Maxes, de Saint-Rémy, des Grandes et des Petites-Tapes, en faisant dans ces villages 800 prisonniers aux Prussiens. Puis, sous les décharges convergentes de 40 canons, ils se maintenaient jusqu'à la nuit sur ces positions brillamment emportées.

Et l'on rentra. « Cette opération, dit le général Deligny,

fut la dernière de la campagne. Les troupes de l'armée du Rhin ne franchiront plus désormais, en armes, les limites de leurs camps respectifs. Elles sont ensevelies vivantes et bien vivantes. Leur agonie date de cette époque. » C'est le rapport tout à fait capital du général Rivière, qui peut montrer combien le commandant en chef de l'armée du Rhin était résolu, dès longtemps, à ne point sortir de Metz et à conduire l'armée jusqu'au dénouement lugubre.

Tandis que les opérations militaires étaient nulles, les négociations politiques étaient entamées avec l'ennemi. Le 10 octobre, le général Boyer, premier aide de camp du général Bazaine *et son confident*, ajoute le général Deligny, partait pour Versailles, muni des pouvoirs nécessaires pour traiter de la reddition de Metz. Son départ était décidé depuis le 8, jour où le maréchal avait adressé aux commandants de corps un mémoire où, parlant de l'état critique de son armée, il affirmait notamment qu'il ne *restait plus en réserve que pour sept jours de vivres;* ce qui était faux. Le rouge monta au front de plus d'un lorsque apparut cette humiliante perspective de capitulation. Beaucoup proclamaient qu'ils mourraient à la tête de leurs troupes plutôt que de souscrire à des conditions humiliantes.

Le 17, dans la soirée, *sept jours après son départ*, le général Boyer revenait de Versailles, rapportant des nouvelles déplorables. Trompé par les Prussiens, dont il avait traversé les lignes dans une voiture du roi Guillaume, le général Boyer avait reçu de M. de Bismarck au quartier général de Versailles les renseignements les plus alarmants sur l'état de la France : Paris était livré à l'anarchie, le parti de Rochefort y attaquait celui de Trochu, le gouvernement de la Défense s'est sauvé de Paris en ballon, le drapeau rouge est arboré en province : pour sauver la France de ce désastre intérieur, l'armée de Metz doit assurer en France, protéger l'indépendance des votes, la réunion d'un corps législatif et la proclamation de la régence. M. de Moltke y consent, et si le maréchal Bazaine accepte les conditions, il est libre d'aller défendre *l'ordre* et de se faire le tuteur de la régence en abandonnant Metz à l'ennemi. Telles étaient les nouvelles désastreuses que rapportait, dans sa crédulité, le général Boyer. Lorsqu'il eut achevé cette fausse peinture de la situation intérieure de la France, il fut décidé par le conseil de guerre, à la majorité

de sept voix contre deux, que le général Boyer retournerait
à Versailles et de là se rendrait en Angleterre dans l'espoir
que l'intervention de l'*impératrice-régente* (Bazaine écrit le
mot dans son *rapport sommaire*) obtiendrait des conditions
plus favorables du roi de Prusse. Le 19 octobre, une communication, que le quartier général désavouait plus tard, mais
dont il profita, était, sous l'inspiration du maréchal, faite à
tous les régiments ; elle brillait par son écrasante fausseté :

Les nouvelles attristantes qu'elle contenait furent reçues
par l'armée avec un désespoir profond, morne, absolu. On
ne pouvait croire à tant de malheurs à la fois. Déjà les privations, la famine avaient singulièrement débilité, non pas
les courages, mais les corps. On avait vu des soldats
français se glisser jusqu'aux avant-postes ennemis pour
obtenir d'eux du riz, des pommes de terre. Ces héros devenaient maraudeurs. D'autres se nourrissaient de glands.
Sous les pluies torrentielles d'octobre, ces malheureux,
accablés, couchant dans la boue, laissaient le vent et la
bourrasque arracher leurs tentes, les emporter, et n'avaient
même plus l'énergie de les relever. Tout s'écroulait en eux
avec l'espoir de vaincre.

Le 24, le gouverneur militaire de la ville de Metz déclare,
mais un peu tard, au conseil municipal, qu'il n'y a plus de
vivres que jusqu'au 29 septembre ! On apprenait en même
temps, on se répétait tout bas qu'une lettre de Frédéric-
Charles annonçait la complète rupture des négociations,
sous prétexte que l'impératrice refusait tout arrangement.
Ainsi la vérité, la cruauté de la situation apparaissait dans
toute son horreur. Depuis un mois, au lieu de se battre,
Bazaine négociait. Soldat au repos, il s'était cru peut-être
un politique habile. Mais la ruse prussienne démolissait
brusquement toutes ses combinaisons de Machiavel soudard.
L'armée n'avait plus de pain, la maladie l'épuisait, la décimait. Il y avait dans la ville de Metz soixante-cinq ambulances municipales ou particulières, toutes étaient pleines.

Sur la proposition du maréchal Canrobert, le général
Changarnier, qui s'était durant le siège prononcé pour la
régence de l'impératrice, fut désigné pour la douloureuse
mission d'aller demander à l'ennemi ses conditions.

Le lendemain, le prince Frédéric-Charles envoya au-
devant de Changarnier deux de ses aides de camp. Il reçut
le général avec cette courtoisie, élégante, correcte et hau-

taine de ces vainqueurs. Il parla, du reste, de l'armée du
Rhin dans les termes de la plus haute estime. Changarnier
demanda que l'armée française, en rendant la place de
Metz, pût se retirer en Afrique avec armes et bagages. Mais
le prince Frédéric-Charles, quoique visiblement sympathique à l'émotion du général, ne lui donna pas même l'espoir de transmettre cette proposition à Versailles...

Lorsque, soixante heures après, le général Stiehle, chef
d'état-major de l'armée allemande et le chef d'état-major
de l'armée du Rhin, le général Jarras, muni des pleins pouvoirs du maréchal Bazaine, signèrent le traité dont les conditions étaient déjà connues et arrêtées ; le général Stiehle
offrit, en souvenir de la négociation de Changarnier, de
neutraliser un bataillon, de le faire sortir avec armes et
bagages, drapeau déployé, et de le renvoyer en Algérie.

Le général Jarras a depuis nié le fait dans une lettre
rendue publique, mais Changarnier continue à l'affirmer.

Au surplus, tout cela n'est rien, comparé à l'histoire de
la reddition des drapeaux, où nous retrouvons tout entier
l'ancien général en chef du Mexique, que bien des gens
ont considéré, pendant longtemps, comme la victime de son
obéissance aux ordres de son gouvernement[1].

A Metz, dans la ville, l'animation était grande. La Mutte,
la grosse cloche de la cathédrale, sonnait à toute volée.
C'était le tocsin. Des gardes nationaux, en armes, accouraient. On chantait la Marseillaise. M. Collignon, à cheval,
appelait les Messins à la résistance. On arborait enfin, au
lieu du drapeau impérial, maintenu par Bazaine, le drapeau de la République. Un bataillon de voltigeurs de la
garde avait été appelé et demeurait l'arme au pied. Il n'eût
certes point tiré sur la foule ; ces soldats demeuraient
mornes, silencieux, mordant leurs moustaches. Ils souffraient
horriblement. Le 29, au matin, le matin de ce jour où les
Prussiens devaient entrer dans Metz, la statue du héros mes-
sin Fabert fut couverte d'un voile noir.

Ils allaient donc entrer ? Metz l'inviolée, Metz la pucelle
allait entendre dans ses rues le bruit lourd des talons allemands et le galop des chevaux germains ? Le jour était

---

1. Bazaine osa faire transporter à l'arsenal, les drapeaux de
ses régiments, sous prétexte de les y brûler, en réalité pour les
livrer à la Prusse.

sinistre, jaune, pluvieux, boueux. A Metz toutes les portes closes. Les Allemands, musique en tête, entraient comme une houle humaine dans une ville morte. Fantassins, cavaliers, artilleurs, convoyeurs, équipages, défilaient musique en tête. Leur joie insultait à ce deuil silencieux et sombre des Lorrains conquis, livrés. Et, pendant que leurs bataillons lugubres envahissaient la cité, là-bas, hors des murs, les soldats français défilaient devant leurs ennemis.

En passant devant l'ennemi, plusieurs régiments, notamment le 62e, ont crié : « Vive la France ! » L'ennemi a salué.

Bazaine était déjà parti. Il dînait en famille, dans un château voisin. Le matin, il avait reçu, en réponse à une nomination de chevalier de la Légion d'honneur, accordée à M. Émilien Bouchotte, riche minotier, descendant d'un ministre républicain, qui avait rendu de réels services à l'armée et à la ville, les lignes suivantes : « *Je ne veux pas recevoir une décoration dont le brevet est signé de la même encre que la capitulation de l'armée et de celle de ma ville natale.*

CHAPITRE VIII

Le lendemain du 31 octobre. — La date des élections est reculée. — La Commune, les élections municipales. — M. Thiers à travers l'Europe, à Tours et à Versailles. — Rejet de l'armistice. — Paris s'organise militairement. — Nomination du général Clément Thomas au commandement supérieur des gardes nationales. — Nouvelle de la victoire de Coulmiers.

Paris, après la dramatique nuit du 31 octobre, s'éveilla sans trop savoir sous quel gouvernement il se trouvait. Il apprit à la fois le résultat de l'échauffourée, la délivrance des membres de la Défense nationale et la convocation des électeurs au scrutin pour la composition des municipalités.

La population parisienne était disposée à procéder sur-le-champ aux élections municipales. Pour les uns, ce vote représentait l'élection des municipalités demeurant dans leurs attributions ; pour les autres, il signifiait l'élection de la Commune, pouvoir politique, non pas subordonné, mais accolé au gouvernement de la Défense.

Ce gouvernement était encore contesté dans son origine, et les clubs, d'accord en cela avec les organes de la réaction, ne cessaient de récriminer contre le procédé révolutionnaire qui l'avait amené au pouvoir.

Les membres de la Défense nationale, au lendemain du 31 octobre, se trouvèrent donc placés devant cette difficulté : ou procéder aux élections et s'effacer alors devant les élus, ou, avant de laisser élire les municipalités par les citoyens, demander à Paris s'il entendait leur maintenir, par le vote, les pouvoirs qu'il leur avait conférés par l'acclamation.

Ils avaient décidé, pendant la séance de nuit, que les élections, promises pour le 1er novembre, seraient ajournées. Ce fut une faute. en ce sens que ce retard donnait à tout un parti l'occasion de déclarer que, le gouvernement manquant à sa parole, le vote à venir n'avait plus de signification. On pouvait fort bien, le jour même du 1er novembre, nommer des magistrats municipaux et maintenir au gouvernement ses pouvoirs.

Le retard apporté au scrutin provoqua, sur plus d'un point, un certain mécontentement. En ces temps de révolution, où les noms ont une signification nette, il n'est pas besoin de se concerter longtemps pour procéder à une élection. Et, cette fois, l'état de révolution se trouvait compliqué de l'état de siège. Il fallait donc agir et agir rapidement. Qui pourrait, il est vrai, blâmer le gouvernement d'avoir voulu légitimer son pouvoir avant de créer, dans la ville investie, un pouvoir nouveau et dont la couleur, à ce moment, était encore inconnue?

Le vote du 3 novembre devait donner au gouvernement de la Défense nationale une écrasante majorité. Il se décomposa ainsi :

Oui.   221,273
Non.   53,585

Le vingtième arrondissement donna un nombre considérable de non. Ce vote avait d'ailleurs une double signification; il raffermissait le gouvernement de la Défense et il ratifiait, en quelque sorte, les négociations commencées par M. Thiers, laissant le gouvernement libre d'accepter cet armistice contre lequel s'était manifestée, au 31 octobre, l'opinion publique. Les troubles qui avaient suivi la manifestation décidaient de ce revirement d'idées. Réfractaire à toute idée d'armistice, le matin du 31 octobre, Paris l'acceptait le 3 novembre. L'échauffourée de la place de l'Hôtel-de Ville en était la cause.

A ce sujet, le vote de l'armée de terre et de mer et de la garde mobile était symptomatique; il avait donné (sauf rectification) le résultat suivant :

         Oui.   236,623
         Non.   9,053

Le vote des sections de Paris et des populations réfugiées donnant :

         Oui.   321,373
         Non.   53,585

le résultat définitif, sauf quelques communes, se formulait ainsi :

         Oui.   557,996
         Non. . . . . : . . .   62,638

Le gouvernement, ces chiffres connus, adressa à la population la proclamation qui suit :

« Citoyens,

« Nous avons fait appel à vos suffrages.

« Vous nous répondez par une éclatante majorité.

« Vous nous ordonnez de rester au poste de péril que nous avait assigné la Révolution du 4 septembre.

« Nous y restons avec la force qui vient de vous, avec le sentiment des grands devoirs que votre confiance nous impose.

« Le premier est celui de la défense. Elle a été, elle continuera d'être l'objet de notre préoccupation exclusive.

« Tous, nous serons unis dans le grand effort qu'elle exige; à notre brave armée, à notre vaillante mobile, se joindront les bataillons de garde nationale frémissant d'une généreuse impatience.

« Que le vote d'aujourd'hui consacre notre union. Désormais, c'est l'autorité de votre suffrage que nous avons à fait respecter, et nous sommes résolus à y mettre toute notre énergie.

« Donnant au monde le spectacle nouveau d'une ville

M. BAZAINE

assiégée dans laquelle règne la liberté la plus illimitée, nous ne souffrirons pas qu'une minorité porte atteinte aux droits de la majorité, brave les lois, et devienne, par la sédition, l'auxiliaire de la Prusse.

« La garde nationale ne peut incessamment être attachée aux remparts pour contenir ces mouvements criminels. Nous mettrons notre honneur à les prévenir par la sévère exécution des lois.

« Habitants et défenseurs de Paris, votre sort est entre vos mains. Votre attitude depuis le commencement du siège a montré ce que valent des citoyens dignes de la liberté. Achevez votre œuvre ; pour nous, nous ne demandons d'autre récompense que d'être les premiers au danger et de mériter par notre dévoûment d'y avoir été maintenu par votre volonté.

« Vive la République ! Vive la France !

« GÉNÉRAL TROCHU, JULES FAVRE, GARNIER-PAGÈS, EMMANUEL ARAGO, JULES FERRY, E. PICARD, JULES SIMON, EUGÈNE PELLETAN. »

Le gouvernement eut alors, et beaucoup l'en blâmèrent, le soin d'affirmer sur-le-champ l'attitude qu'il comptait prendre. Il procéda par destitutions et par arrestations ; mais, trop modéré aux yeux des réactionnaires, il parut sévère hors de propos aux républicains qui, sans être partisans de la sédition, ne voulaient cependant pas de répression inutile. La majorité qu'il venait d'obtenir lui permettait, en effet, de ne plus songer à ce passé d'hier, quitte à réprimer sévèrement dans l'avenir tout ce qui pourrait troubler l'ordre dans la ville assiégée.

Les chefs de bataillon Gustave Flourens, commandant le 1er bataillon de volontaires ; Razoua, chef du 61e bataillon ; Goupil, chef du 115e bataillon, qui s'était installé dans le fauteuil du maire de Paris ; Ranvier, chef du 111e bataillon ; de Frémicourt, chef du 157e bataillon ; Jaclard, chef du 118e bataillon ; Cyrille, chef du 167e bataillon ; Levraud, chef du 204e bataillon ; Millière, chef du 208e bataillon ; Gromier, chef du 74e bataillon ; Barberet, chef du 79e bataillon ; Dietsch, du 190e bataillon ; Longuet, du 248e bataillon ; Chassin, du 252e bataillon, furent destitués. Tibaldi, Vésinier, Vermorel, Lefrançais furent arrêtés et gardés en prison. Ranvier, Jaclard, Bauer, Tridon furent arrêtés, puis relâchés ; Goupil parvint à s'évader. Félix Pyat demeura caché.

M. Edmond Adam, préfet de police, avait donné sa démission, voulant protester contre ces arrestations qu'il déclarait inutiles et peut-être nuisibles. Son secrétaire, M. Georges Pouchet, l'avait suivi dans sa retraite. Avec eux quittait la préfecture de police un personnage dont le nom allait, par la suite, devenir tristement fameux, Raoul Rigault, alors chargé du service qu'avait occupé l'agent Lagrange, sous l'empire. Limier par tempérament, policier par appétit, Raoul Rigault s'était déjà signalé au service du gouvernement, et il avait arrêté lui-même, après la manifestation du 8 octobre, avant-goût de celle du 31 octobre, un des organisateurs du mouvement, M. Vésinier, avec lequel il devait se rencontrer plus tard à la Commune de Paris. Raoul Rigault faisait de la police pour la police, comme d'autres font de l'art pour l'art.

Une autre démission devait suivre celles-ci, et M. Henri Rochefort, dont l'imprudente parole relative à la capitulation de Metz avait si fort contribué à éveiller la colère de Paris contre l'Hôtel de ville, M. Rochefort, qui prononçait cette parole alors que le gouvernement n'avait encore que des craintes et non des certitudes, M. Rochefort se sépara brusquement de ses collègues dont il craignait sans doute de partager bientôt les angoisses nouvelles et l'inévitable impopularité : il les appelait alors *des moutons enragés*.

Une fois le gouvernement maintenu dans ses pouvoirs, il fallut procéder à l'élection des maires et adjoints. Cette élection, fixée au 5 novembre, fut divisée en deux votes : le 5, on nomma les maires ; le 7, les adjoints. La discussion, dans les réunions électorales, porta surtout, hélas ! non pas sur les projets futurs des candidats, mais sur leurs opinions relativement aux événements passés. On vota, en réalité, pour ou contre les partisans de cette Commune, dont le nom arrivait comme un épouvantail. En général, le scrutin donna des résultats satisfaisants. L'élection la plus caractéristique fut celle du onzième arrondissement. Destitué par le gouvernement, M. Mottu qui, malgré les exhortations de M. Étienne Arago, s'était refusé à donner sa démission, avait été, nous l'avons vu, remplacé à la mairie du Prince-Eugène (ou du boulevard Voltaire) par M. Arthur de Fonvielle ; le suffrage universel le réintégra dans sa mairie.

De tous les maires élus, ce fut, lui, inconnu du public six mois auparavant, qui obtint le plus grand nombre de voix.

Une des élections les plus débattues et qui servit en quelque sorte de terrain de combat, pendant ces jours de lutte par le scrutin, fut l'élection du maire du neuvième arrondissement. Après le départ de M. Ranc pour la province, M. Gustave Chaudey avait été nommé maire de cet arrondissement, où l'idée républicaine comptait de nombreux adversaires. On opposa à M. Chaudey un avocat d'un rare mérite, honnête homme, mais dont les opinions se rapprochaient beaucoup plus du simple libéralisme que de l'idée nettement républicaine. Autour du nom de M. Desmarest se groupèrent les partisans de la monarchie, et M. Gustave Chaudey fut battu. Quelques jours plus tard, M. Étienne Arago nommait Gustave Chaudey adjoint à la mairie de Paris, en remplacement de M. Henri Brisson et de M. Charles Floquet, démissionnaires au lendemain du 31 octobre. Plus d'un blâma cette nomination qui appelait à la mairie centrale un homme que les électeurs d'une mairie d'arrondissement venaient de rejeter; mais M. Étienne Arago voulait justement par là répondre à l'élection de M. Desmarest par le choix de M. Gustave Chaudey, dont le nom signifiait nettement *République* et *Démocratie*.

Paris, cruellement surpris par la chute de Metz, troublé par les événements du 31 octobre, acceptait tout bas, non point la capitulation, dont le nom lui faisait horreur, mais bien cet armistice dont le général Trochu avait pris soin dans une proclamation aux *Gardes nationales de la Seine* d'indiquer les conditions :

« ... La proposition d'armistice, inopinément présentée par les puissances neutres, a été, disait-il, interprétée, contre toute vérité et toute justice, comme le prélude d'une capitulation, quand elle était un hommage rendu à l'attitude de la population de Paris et à la ténacité de la défense. »

Le général Trochu faisait remarquer ensuite combien les propositions d'armistice différaient des conditions précédemment faites par l'ennemi: quarante-huit heures de durée effective, point de ravitaillement, le gage d'une place forte, l'interdiction aux citoyens d'Alsace et de Lorraine de prendre part au vote.

Ce dernier point n'était malheureusement que pour la

forme, et la Prusse devait plus tard accorder aux Alsaciens et aux Lorrains ce droit de vote qui n'était que le droit d'assister en spectateurs au déchirement de leur patrie ou encore le droit de prendre part à leur propre suicide.

Paris, pendant plusieurs jours, crut donc à la possibilité d'un armistice honorable. Sur ce point encore, les mots ne semblaient pas clairs à la majorité de la population. Beaucoup, dans ce mot : l'*armistice*, ne lisaient que cet autre mot : la *capitulation*, et, tandis que les humbles, les petits, les naïfs, ceux qui aiment leur pays, s'en affligeaient, les autres s'en réjouissaient tout bas, affamés de ravitaillement. Il y eut, en ces heures troubles et sombres, des choses honteuses. Depuis que les vivres étaient rares, les épiciers, les charcutiers cachaient des provisions secrètes, accapareurs de denrées, Schylocks banals vivant de la détresse publique. Or, dès que la possibilité d'un armistice se fit jour, aux vitrines de ces marchands les denrées inconnues se montrèrent, du beurre, des œufs, des pâtés. Paris pouvant être ravitaillé, il fallait vendre en hâte les vivres mis en réserve. Quelle honte, cette spéculation hideuse, et de quel nom faut-il appeler ceux qui ramassent la fortune dans l'écroulement de la patrie, dans la souffrance, dans le malheur public?

Les réunions populaires protestaient contre l'armistice, et un homme se trouvait alors en butte aux attaques les plus acharnées des orateurs qui voulaient la guerre. C'était l'homme d'État illustre qui, après avoir tout haut déconseillé l'expédition désastreuse du Rhin, s'était attiré la haine des derniers serviteurs de l'Empire et, prudent, effrayé de l'avenir, avait tenté de laisser, au 4 septembre, retomber sur l'Empire le poids de cette terrible responsabilité. Patriote avant tout, absolu patriote, M. Thiers avait accepté du gouvernement de la Défense, au lendemain de la proclamation de la République, la mission spéciale de chercher à travers l'Europe des alliances à la France.

En quittant Paris, le chargé d'affaires de cette République française, dont il allait devenir le président, se rendait à Londres. Il y était reçu par Lord Granville, M. Gladstone et la reine. Du résultat de ses conversations avec les ministres anglais, rien n'a transpiré alors; le bruit avait même couru que le Foreign-Office avait repoussé poliment toute ouverture de la part de la République française

De Londres, M. Thiers s'était transporté à Saint-Pétersbourg où, dans une entrevue qu'il obtint du czar, il réussit à faire revenir le souverain de la Russie de sa prévention contre la nouvelle forme de gouvernement de la France.

— Pourquoi n'avoir pas confiance en la République française, lui dit-il, lorsque votre plus sûr allié est une République : la république américaine?

Le journal auquel nous empruntons ces détails affirme qu'Alexandre II sourit. Ce fut sa seule façon de nous venir en aide.

M. Thiers se rendit ensuite à Vienne, puis à Florence.

A ce moment l'Italie, notre ancienne alliée, avait environ 240,000 hommes de troupes solides. M. Thiers demandait un secours de 100,000 soldats destinés à opérer sous Lyon, de concert avec les 40,000 Français qui se trouvaient réunis dans cette ville.

Le plan de M. Thiers, a écrit M. Hector Pessard, bien informé sur toutes ces questions diplomatiques, ce plan était de ceux qui commandent l'attention. M. Thiers exposait à Victor-Emmanuel que l'armée italienne descendant des Alpes par des routes italiennes ou françaises, et s'appuyant sur une place de premier ordre, pouvait en toute sécurité opérer la diversion qu'on attendait d'elle.

« — De deux choses l'une en effet : ou les Prussiens, effrayés, marchaient sur Lyon, et, dans ce cas, ils devaient lever le siège de Metz et laisser libre de ses mouvements le maréchal Bazaine; ou bien, ils s'obstinaient à maintenir l'investissement de Metz, et, dans ce cas, quelle action n'aurait pas eue une armée excellente de 140,000 hommes, pouvant, dès le début de la campagne, tenter les opérations engagées plus tard par Bourbaki, et ayant, en tous cas, une ligne de retraite sûre, protégée par des places de guerre à peu près inexpugnables? »

« Il faut le dire, ajoute M. Pessard, le roi Victor-Emmanuel, entraîné par la patriotique éloquence de M. Thiers, ému au souvenir des dettes de gratitude contractées par l'Italie vis-à-vis de la France, approuva sans réserve les projets de M. Thiers. Mais, roi constitutionnel, pouvait-il prendre une résolution sans consulter ses ministres? Assurément non. Seulement, il dit à M. Thiers qu'il le ferait assister au grand conseil qu'il venait de convoquer, et que là, devant tous ses ministres et ses principaux généraux réunis, le représentant de la France exposerait lui-même ses raisons.

« Le roi Victor-Emmanuel tint fidèlement sa promesse. M. Thiers, introduit dans le conseil, y plaida pendant de longues heures la cause de la France et put croire un instant qu'elle était gagnée, car tous les militaires approuvèrent son plan. Les ministres seuls reculèrent. Selon eux, la nation italienne voulait la paix et le maintien d'une stricte neutralité. »

M. Thiers quitta Florence, attristé, et revint à Tours, auprès du gouvernement.

A Tours, après avoir rendu compte de sa mission, il attendit l'effet de la promesse que lui avait faite le czar d'obtenir du roi de Prusse un sauf-conduit qui lui permît de venir conférer avec le gouvernement de Paris des conditions d'un armistice pendant lequel la France nommerait une Assemblée nationale.

Le sauf-conduit fut accordé et M. Thiers se remit en route.

Dès son entrée à Paris, il allait voir le général Le Flô, puis il se rendait à l'hôtel des Affaires étrangères. Il exposait là le but de sa mission aux membres du gouvernement, et se retirait dans la chambre qui lui avait été préparée au palais du quai d'Orsay.

Le lendemain, il regagnait Versailles à travers les lignes prussiennes, et alors avaient lieu entre lui et M. de Bismarck ces entrevues qu'il devait faire connaître dans son rapport daté de Tours, 9 novembre, et que nous donnons plus loin in extenso [1].

On verra, par la lecture de ce document, que l'armistice proposé était plus qu'à demi obtenu lorsque la nouvelle de la journée du 31 octobre arrivant au camp prussien modifia aussitôt et totalement les dispositions de M. de Bismarck. Après avoir triomphé de plus d'une exigence du chancelier de la Confédération, M. Thiers croyait toucher au but poursuivi, lorsque M. de Bismarck, *inquiet et préoccupé*, lui annonça la constitution d'un nouveau gouvernement parisien. Dès lors, tout fut dit. M. de Bismarck allait exiger des conditions plus dures, refuser le ravitaillement, réclamer une

---

1. Voir aux *Documents complémentaires* cette pièce capitale.

position militaire dans Paris, un fort, plus d'un peut-être.
Les négociations étaient rompues, et la Prusse prenait,
une fois encore, devant le monde et devant l'histoire, la
responsabilité de cette *guerre à outrance* que conseillait
alors M. Guizot et que M. Gambetta allait exécuter lui-
même.

M. de Moltke, partisan de la guerre acharnée, triomphait,
et M. de Bismarck, dont M. Thiers disait, après ses entre-
tiens : *C'est un sauvage plein de génie*, comprenait que la
Prusse devenait responsable de tout le sang nouveau qu'on
allait verser. Mais le cuirassier diplomate ne devait pas
longtemps conserver de tels scrupules.

Le dimanche 6 novembre 1870, le *Journal officiel* publiait
la note suivante :

« Les quatre grandes puissances neutres, l'Angleterre, la
Russie, l'Autriche et l'Italie, avaient pris l'initiative d'une
proposition d'armistice à l'effet de faire élire une Assemblée nationale.

« Le gouvernement de la Défense nationale avait posé
les conditions, qui étaient : le ravitaillement de Paris et le
vote pour l'Assemblée nationale par toutes les populations
françaises.

« La Prusse a expressément repoussé la condition du ravitaillement ; elle n'a d'ailleurs admis qu'avec des réserves
se vote de l'Alsace et de la Lorraine.

« Le gouvernement de la Défense nationale a décidé, à
l'unanimité, que l'armistice ainsi compris devait être repoussé. »

Ce même jour, à midi, un envoyé du gouvernement français se rendait à Versailles, pour signifier le refus voté la
nuit précédente par les membres du gouvernement de la
Défense nationale des conditions imposées par la Prusse.

La population parisienne retrouva, avec la nécessité de
combattre, son énergie dernière. Elle s'était habituée à regarder l'armistice comme possible et sa vigueur paraissait
s'en être détendue ; mais, dès qu'elle se vit face à face avec
le devoir, elle se redressa et un souffle de patriotisme profond et vrai parcourut la grande ville. « Et maintenant,
aux armes ! » tel était le cri intérieur des consciences et le
mot d'ordre public des citoyens. On peut dire que la période
active du siège de Paris commença au lendemain du rejet
d'armistice.

Le jour où, dans la salle Saint-Jean, le maire de Paris, entouré de MM. Hérisson et Clamageran, ses adjoints, de M. Mahias, secrétaire général, de tous les maires de Paris et d'un certain nombre de maires des communes des départements de la Seine, Seine-et-Oise et Seine-et-Marne, proclama le résultat du scrutin des élections municipales, ce résultat fut accueilli par les acclamations de l'assistance qui se pressait dans la salle et par les cris répétés de : *Vive la République!*

Pour répondre à l'impatience de la foule répandue au dehors, MM. Hérisson et Clamageran, accompagnés des maires de Paris, se rendirent ensuite sur la place et, du haut de l'estrade qui y avait été dressée, annoncèrent le résultat du vote, au milieu des acclamations. Paris, à cette heure, ne doutait pas de son salut et de celui de la France.

La nomination du nouveau général de la garde nationale, M. Clément Thomas, avait été favorablement accueillie, excepté par ceux qui, dans le désastre de 1870, se souvenaient encore des luttes civiles de juin 1848.

Dès le premier jour, il avertissait ses soldats des qualités de discipline et d'abnégation qu'il n'allait point cesser de leur demander, d'exiger d'eux, pour le salut public et l'honneur de Paris :

Sa proclamation fut bien accueillie, et lorsque, sur la place de l'Hôtel de ville et plus tard sur la place Vendôme, le nouveau général passait en revue les troupes soumises à son commandement supérieur, on saluait ce vieillard robuste qui parcourait le front des bataillons, calme, droit sur la selle tigrée de son cheval, portant la main à son képi et inclinant sa tête blanche devant les soldats-citoyens.

Paris s'armait donc et se préparait à combattre, lorsqu'un matin, le 4 novembre, fut affichée une proclamation du général Trochu aux citoyens de Paris, à la garde nationale et à l'armée, proclamation mélancolique où le général parlait surtout d'abnégation, de souffrances, conseillait à tous de se serrer autour de la République, et poussait comme un *sursum corda* désespéré : « Élevons nos cœurs, regardons en face les difficultés, cramponnons-nous à toutes les formes de la résistance; si nous succombons, la Prusse succombera à son tour. » Tel était le résumé de ce long discours attristé, auquel la soirée de ce même jour devait répondre par une nouvelle inattendue et revivifiante.

Ce soir-là, Paris, enthousiasmé, ivre, fougueux, — désha-
bitué de la victoire, — salua de ses vivats une dépêche de
Gambetta à Jules Favre, annonçant que l'armée de la Loire,
sous les ordres du général d'Aurelles de Paladines (un inconnu), s'était emparée d'Orléans, le 10 novembre, après
une lutte de deux jours.

Orléans repris, les âmes y voyaient un présage : où Jeanne
d'Arc avait combattu l'Anglais, l'Allemand reculait.

CHAPITRE IX

État de la province avant l'arrivée de Gambetta. — Arrivée de
Gambetta à Tours. — Son influence sur la réorganisation
militaire. — Garibaldi en France. — Proclamation de Gambetta après la capitulation de Metz. — La levée en masse et la
mobilisation. — Formation de l'armée de la Loire. — Le général
d'Aurelles de Paladines. — La bataille de Coulmiers. — Les
Prussiens évacuent Orléans. — La France relevée.

La tâche entreprise par la République improvisée était
malheureusement disproportionnée avec les ressources
dont elle pouvait disposer. L'humble bon sens dira que, si la
France n'était pas préparée à la guerre en juillet, elle l'était
bien moins encore en septembre. L'empire la laissait sans
ressources, à la merci de l'ennemi. Pour résister, il fallait
tout inventer, tout créer, tout improviser. Lorsque, le
16 septembre, la délégation du gouvernement arriva à
Tours, il n'existait plus, dit M. de Freycinet dans son livre,
la Guerre en province, un seul régiment d'infanterie ni de
cavalerie; point d'artillerie; on ne comptait à ce moment,
— le croira-t-on? — dans toute la France, que *six pièces*
prêtes à entrer en ligne; « les autres manquaient de leurs
attelages, de leur personnel et beaucoup de leurs affûts. »
Et cependant un mois après une armée nouvelle pouvait
résister, comme nous l'avons vu, devant Orléans. La délégation de Tours ne s'était pourtant pas distinguée par son
activité et son énergie. Un témoin de l'installation de ces

vieillards dans la ville de Tours, M. Armand Rivière, nous a montré combien peu de prestige avaient les triumvirs Glais-Bizoin, Crémieux et l'amiral Fourichon, honnêtes gens écrasés sous leur tâche. Le pays demeurait paisible sous leur administration pacifique, et on ne sentait, dans les affaires, aucune impulsion, aucune direction mâle. Il fallut l'arrivée soudaine de Gambetta pour donner de l'énergie à cette délégation, qui semblait assister en spectatrice à l'invasion du pays.

Lorsque la France apprit que « Gambetta était arrivé », ce fut un frisson de confiance et d'ardeur par tout le pays. Le jeune tribun, venu de Paris, et que M. Deleseluze, toujours amer et sans doute jaloux, appelait le *fin Génois*, l'accusant de fuir la ville envahie, apportait à la patrie son ardeur, sa jeunesse, son audace et sa foi. La France en avait besoin. Encore quelques jours, et elle allait se trouver réduite à quelques places fortes et à quelques restes d'armée. Les forteresses assiégées et prises étaient : Strasbourg, Toul, Schelestadt et Wissembourg.

Allaient capituler ou avaient capitulé : Metz, Marsal, Sedan, Laon, Vitry-le-Français et Soissons.

Étaient assiégées et n'avaient pas capitulé : Paris, Phalsbourg, Mézières, Thionville, Bitche, Montmédy, Verdun et Neuf-Brisach.

Longwy, Carignan et Langres étaient, non pas assiégées, mais cernées.

Belfort était libre encore, ainsi que Lille, Givet, Besançon, Grenoble et Maubeuge.

L'armée de la Loire, battue à Arthenay et à Orléans, se reformait péniblement au fond de la Sologne. Dans l'est, l'armée du général Cambriels, réduite par le feu, la fatigue, *et surtout les désertions*, dit M. de Freycinet, se réfugiait à Besançon, abandonnant les Vosges. Aucunes troupes dans le Nord; dans l'ouest, de Chartres à Évreux, 30,000 gardes nationaux mobiles mal équipés, mal armés, sans canons, sans chevaux.

M. Gambetta, en dépit de tout, ne désespéra point du pays, et empêcha que le pays ne désespérât de lui-même.

Il prit la direction du ministère de la guerre et du ministère de l'intérieur, appela à la guerre un ingénieur alors inconnu, M. Charles de Freycinet, et le nomma son délégué.

On ne se doute pas de l'état désespéré dans lequel se

trouvait la patrie. Encore une fois, je le répète, tout manquait. Il n'y avait ni artillerie, ni munitions, ni fusils, ni
intendances, ni cartes même du pays. On parvint à se procurer un exemplaire de cette carte de l'état-major français
(dont étaient munis les officiers prussiens), on la reproduisit
par la photographie, et on en distribua 15,000 exemplaires
en quatre mois aux états-majors. On organisa un service
tout nouveau, le service des *reconnaissances*. On y centralisa
les renseignements fournis par les maires, les cantonniers,
les télégraphistes, les gardes forestiers. Chaque soir les
chefs de corps recevaient de la sorte une circulaire donnant
les positions exactes des corps allemands. Un bureau d'ingénieurs suivait la marche des armées sur la carte, un
autre bureau examinait les inventions, les découvertes,
souvent bouffonnes, excentriques, deux ou trois fois excellentes, sans doute.

Nous venons de dire que le pays manquait de fusils : une
commission d'armement, chargée d'accaparer les armes de
tous les marchés du monde, en livra en trois mois douze
cent mille. En même temps on tirait des arsenaux les pièces
de marine : à Nantes, à Saint-Étienne, au Creuzot, on
fabriquait des canons. Bientôt chaque département allait
être tenu de fournir autant de batteries d'artillerie qu'il
comptait de fois 100,000 habitants. A la fin de la guerre, le
ministère avait envoyé aux armées 1,100 pièces de canon.
Et les munitions? On en acheta, on en fabriqua. Le public
ignore, comme le dit M. de Freycinet, que la France s'est
trouvée à deux doigts de sa perte, par le manque d'armes
et de munitions, et que, plus d'une fois, « on a craint de
n'avoir pas les moyens de faire face aux prochaines batailles. » Pour fabriquer les cartouches de chassepot, par
exemple, les manufactures manquaient de papiers découpés.
On parvint à en fabriquer un million par jour à Angoulême.
On manquait absolument de capsules. « *En dehors de Paris
un seul homme en France, le sous-artificier Chalenay, en connaissait la fabrication. Sous la direction du colonel d'artillerie Michel, il organisa à Bourges une fulminaterie* [1]. » De
Bourges, on devait la transporter à Toulouse, devant l'approche de l'ennemi. C'était perdre du temps. L'administration fut un moment réduite à demander à Paris de lui

1. Ch. de Freycinet, *la Guerre en province*, page 57.

envoyer des capsules *par ballon*. Ainsi, voilà en quel état se trouvait la France après la chute de cet empire qui se vantait de l'avoir moralement et matériellement placée à la tête du monde, voilà quelles étaient ses ressources au début de la lutte gigantesque qu'elle continuait ou plutôt qu'elle subissait.

A partir du jour où Gambetta était venu, la période d'activité avait commencé pour la délégation. Ce jour même, tandis que le jeune tribun s'installait à la préfecture, un vieux combattant du droit, Garibaldi, apportait son épée à la France. Victor-Emmanuel n'avait pu obtenir que l'Italie nous donnât ses soldats; Garibaldi, essayant de payer la dette contractée par sa patrie à Palestro, à Magenta, à Solférino, Garibaldi, oubliant Mentana, nous apportait son nom. Il arrivait à Tours, le dimanche 9 octobre, quelques heures avant Gambetta. Le 12 octobre, il en partait, ayant obtenu, non sans quelque peine, paraît-il, le commandement des compagnies franches dans la région des Vosges. Les Espagnols aussi étaient venus à Tours, les députés Pablo y Angulo, Tutan, le vieil Orense et Emilio Castelar; ils allaient repartir bientôt. Avec eux, arrivait une légion américaine. On eût dit que les sympathies du monde allaient droit et franchement à notre patrie frappée au cœur. Mais non, l'Europe, le monde allait assister froidement à la lutte, et quelques individualités généreuses se mettaient seules à la disposition de la France envahie, payant les dettes que la civilisation d'aujourd'hui doit à cette initiatrice vaillante, généreuse, prodigue de son cerveau et de son sang, qui fut la France d'autrefois, et qui sera, nous le voulons, la France de demain.

Cependant, au milieu des travaux d'organisation, la nouvelle de la capitulation de Metz, dont le bruit avait déjà circulé tout bas, tomba brusquement, retentissante comme un désastre. Gambetta l'annonça au pays par cette proclamation *aux Français*, dont l'effet fut électrique :

RÉPUBLIQUE FRANÇAISE
Liberté, — *Égalité*, — *Fraternité*.

« FRANÇAIS, élevez vos âmes et vos résolutions à la hauteur des effroyables périls qui fondent sur la patrie. Il dépend encore de nous de lasser la mauvaise fortune et de montrer à l'univers ce qu'est un grand peuple qui ne veut pas périr et dont le courage s'exalte au sein même des catastrophes.

« Metz a capitulé. Un général sur qui la France comptait, même après le Mexique, vient d'enlever à la patrie en danger plus de cent mille de ses défenseurs. Le général Bazaine a trahi, il s'est fait l'agent de l'homme de Sedan, le complice de l'envahisseur, et, au mépris de l'honneur de l'armée dont il avait la garde, il a livré, sans même essayer un suprême effort, cent vingt mille combattants, vingt mille blessés, ses fusils, ses canons, ses drapeaux et une des plus fortes citadelles de la France, Metz, vierge jusqu'à lui des souillures de l'étranger.

« Un tel crime est au-dessus même des châtiments de la justice; et maintenant, Français, mesurez la profondeur de l'abîme où nous a précipités l'empire. Vingt ans la France a subi ce pouvoir corrupteur qui tarissait en elle toutes les sources de la grandeur de la vie.

« L'armée de la France, dépouillée de son caractère national, devenue sans le savoir un instrument de règne et de servitude, est engloutie, malgré l'héroïsme de ses soldats, par la trahison des chefs, dans les désastres de la patrie.

« En moins de deux mois, 220,000 hommes ont été livrés à l'ennemi; sinistre épilogue du coup de main militaire de décembre! Il est temps de nous ressaisir, citoyens, et, sous l'égide de la République, que nous sommes bien décidés à ne laisser capituler ni au dedans ni au dehors, de puiser dans l'extrémité de nos malheurs le rajeunissement de notre moralité et de notre virilité politique et sociale.

« Oui, quelle que soit l'étendue du désastre, il ne nous trouve ni consternés ni hésitants. Nous sommes prêts aux derniers sacrifices, et en face d'ennemis que tout favorise, nous jurons de ne jamais nous rendre. Tant qu'il restera un pouce du sol sacré sous nos semelles, nous tiendrons ferme le glorieux drapeau de la République française. Notre cause est celle de la justice et du droit. L'Europe le voit, l'Europe le sent; devant tant de malheurs immérités, spontanément, sans avoir reçu de nous ni invitation ni adhésion, elle s'est émue, elle s'agite. Pas d'illusions, ne nous laissons ni alanguir ni énerver, et prouvons par des actes que nous voulons, que nous pouvons tenir de nous-mêmes l'honneur, l'indépendance, l'intégrité, tout ce qui fait la patrie libre et fière ! Vive la France ! Vive la République, une, indivisible !

« *Les membres du gouvernement :*

« CRÉMIEUX, GLAIS-BIZOIN, GAMBETTA »

Quelques-uns, les intéressés, s'efforcèrent de croire que cette proclamation au peuple était une sorte d'insulte à l'adresse de l'armée ; M. Gambetta lança bientôt après cette proclamation à l'armée :

« Soldats !

« Vous avez été trahis, mais non déshonorés ! Depuis trois mois, la fortune trompe votre héroïsme. Vous savez aujourd'hui à quels désastres l'ineptie et la trahison peuvent conduire les plus vaillantes armées.

« Débarassés de chefs indignes de vous et de la France, êtes-vous prêts, sous la conduite de chefs qui méritent votre confiance, à laver dans le sang des envahisseurs l'outrage infligé au vieux nom français ?

« En avant ! vous ne lutterez plus pour l'intérêt ou les caprices d'un despote : vous combattrez pour le salut même de la patrie, pour vos foyers incendiés, pour vos familles outragées, pour la France, notre mère à tous, livrée aux fureurs d'un implacable ennemi. Guerre sainte et nationale, mission sublime, pour le succès de laquelle il faut, sans jamais regarder en arrière, nous sacrifier tous et tout entiers.

« D'indignes citoyens ont osé dire que l'armée avait été rendue solidaire de l'infamie de son chef. Honte à ces calomniateurs, qui, fidèles au système des Bonaparte, cherchent à séparer l'armée du peuple, les soldats de la République !

« Non ! non ! j'ai flétri, comme je le devais, la trahison de Sedan et le crime de Metz, et je vous appelle à venger votre propre honneur, qui est celui de la France !

« Vos frères d'armes de l'armée du Rhin ont déjà protesté contre ce lâche attentat, et retiré avec horreur leur main de cette capitulation maudite.

« A vous de relever le drapeau de la France, qui, dans l'espace de quatorze siècles, n'a jamais subi pareille flétrissure !

Le dernier Bonaparte et ses séides pouvaient seuls amonceler sur nous tant de honte en si peu de jours ! Vous nous ramènerez la victoire ; mais sachez la mériter par la pratique des vertus républicaines, le respect de la discipline, l'austérité de la vie, le mépris de la mort. Ayez toujours présente l'image de la patrie en péril ; n'oubliez jamais que faiblir devant l'ennemi à l'heure où nous sommes, c'est commettre un parricide et en mériter le châtiment.

« Mais le temps des défaillances est passé, c'est fini des trahisons ! Les destinées du pays vous sont confiées, car vous êtes la jeunesse française, l'espoir armé de la patrie ; vous vaincrez ! et, après avoir rendu à la France son rang dans le monde, vous resterez les citoyens d'une République paisible, libre et respectée.

« Vive la France !

« Vive la République !

> « *Le membre du gouvernement, ministre de l'intérieur et de la guerre.*
>
> « LÉON GAMBETTA. »

Ces proclamations avaient singulièrement surexcité l'ardeur de la nation et celle de cette armée qu'on reformait le plus activement possible en Sologne. Tandis que le gouvernement, à Paris, espérait la conclusion de l'armistice après le 31 octobre, Gambetta décrétait, le 3 novembre, la formation de 12 batteries de mitrailleuses de garde nationale mobile, dans les sept départements de Maine-et-Loire, Deux-Sèvres, Charente-Inférieure, Charente, Vendée, Gironde, Basses-Pyrénées, et, le 5, il ordonnait la levée en masse et la mobilisation de tous les hommes valides de vingt et un à quarante ans, mariés ou veufs avec enfants [1].

Cependant, l'armée de la Loire était formée en Sologne où se trouvait le 15e corps, sous le commandement du général d'Aurelles de Paladines et à Blois et à Bourges où se forma, dans la seconde quinzaine d'octobre, le 16e corps, placé le 2 novembre sous le commandement du général Chanzy. Bientôt le général d'Aurelles de Paladines allait être nommé commandant en chef de l'*armée de la Loire*, et le général Martin des Pallières le remplaçait à la tête du 15e corps. Cette armée, composée de régiments de marche, cavalerie ou infanterie, pris dans les dépôts, et de bataillons de gardes mobiles, portait tous les caractères d'une organisation hâtive. Ces jeunes troupes, équipées tant bien

---

1. Ces décrets, d'ailleurs, ne furent pas exécutés.

VON DER TANN

que mal, couvertes de vêtements insuffisants, n'en étaient pas moins animées d'un ardent désir de combattre. Et ; allaient bien le prouver.

Leur général en chef s'était d'ailleurs attaché à introduire dans les rangs une discipline sévère, inflexible : « Je suis parfaitement décidé, disait-il dans un ordre du jour, à faire passer par les armes tout soldat qui hésiterait devant l'ennemi. Quant à moi, si je recule, fusillez-moi. » Mis au cadre de réserve depuis 1868, à soixante-sept ans, petit, la moustache blanche, les cheveux légèrement relevés sur le front en une houppe argentée, et, lorsqu'il met sur son nez ses lunettes, prenant aussitôt l'apparence pacifique d'un bon commis aux écritures, le général d'Aurelles de Paladines a cependant une volonté et une énergie. Il avait réellement unifié l'armée disparate de la Loire. Général de brigade pendant la guerre d'Orient, puis divisionnaire devant Sébastopol, il était peu connu avant que la victoire de Coulmiers vînt s'attacher à son nom. Le délégué à la guerre, M. de Freycinet, lui reproche dans son livre de n'avoir pas marché plus tôt qu'il ne le fit contre l'ennemi, et d'avoir perdu huit jours avant de commencer son mouvement qui, de la sorte, eût mené l'armée française devant Paris avant l'arrivée des troupes de Frédéric-Charles.

Toujours est-il que, dans les derniers jours d'octobre, l'armée de la Loire avait commencé à se porter en avant. Le 15e corps, campé entre Argent et Lamotte-Beuvron, sur la rive droite de la Loire, passa le fleuve à Gien et à Beaugency, et opéra sa jonction avec le 16e corps, qui avait son quartier général à Marchenoir. Les Bavarois, établis sur la rive droite, de Saint-Péravy la Colombe à Meung, tenaient Baccon, Coulmiers et Huisseau-sur-Mauves, et couvraient ainsi Orléans, après avoir cherché à s'installer dans la forêt de Marchenoir.

Le 7 novembre, les premiers engagements eurent lieu en avant de Saint-Laurent des Bois, vers dix heures et demie du matin. Une colonne d'infanterie bavaroise, suivie de 2,000 cavaliers prussiens et soutenue par 10 pièces d'artillerie, se portait, pour reconnaître nos positions, sur la forêt de Marchenoir, lorsque des tirailleurs parvenant déjà à la lisière de la forêt, un bataillon de chasseurs à pied, le 3e, et les mobiles du Loir-et-Cher, postés à Saint-Laurent des Bois, se précipitèrent sur l'ennemi qui n'était plus guère

qu'à cinq cents mètres du village. Ces troupes vaillantes
étaient décidées à arrêter l'infanterie bavaroise. Elles
tinrent pendant deux heures, sous une fusillade acharnée,
puis la brigade Bourdillon, arrivant à Saint-Laurent avec
une batterie à cheval et un escadron de cuirassiers, les aida
à repousser l'ennemi qui battit en retraite sur Vallière. Au
moment où il évacuait encore ce village, un régiment de
nos dragons le cernait et y faisait prisonnière toute une
compagnie bavaroise.

Ce petit succès avait eu un résultat excellent sur le moral
de l'armée. Encouragés, nos soldats ne demandaient qu'à
se porter en avant. L'ennemi, fortement retranché dans les
villages et les bois qui défendent Orléans, nous attendait,
résolu à la défensive, avec une nombreuse artillerie. Ses
observatoires, établis dans les clochers et sur la tour de
Baccon, lui livraient le secret de nos mouvements en
plaine [1]. Le général von der Tann savait que, depuis trois
jours, le général Martin des Pallières marchait à la droite
d'Orléans. Il résolut donc de livrer bataille au corps de
d'Aurelles de Paladines devant Coulmiers, pour se retourner ensuite, s'il était vainqueur, contre Martin des
Pallières. La bravoure de nos soldats ne devait point le lui
permettre.

A huit heures du matin, après la soupe, les troupes de
d'Aurelles de Paladines se portèrent en avant avec un
entrain véritable. Elles avaient devant elles deux divisions
d'infanterie bavaroise, la division prussienne du comte
de Stolberg, et neuf régiments de cavalerie, en tout
30,000 hommes, au bas mot. D'Aurelles de Paladines, avec
sa droite, commandée par le général Martineau, son centre,
composé de la division Peitavin, chargée d'emporter
Baccon, sa gauche formée du 16e corps (Chanzy), et à côté
de Chanzy toute la cavalerie du général Reyau, voulait
enfermer les Bavarois dans un cercle de feu, devant Coulmiers, ou, s'ils se retiraient sur Orléans, les faire achever
par les 28,000 hommes de Martin des Pallières.

La bataille du 9 novembre se concentra en quelque sorte
dans le triangle formé par les villages de Huisseau-sur-
Mauves, Baccon et Coulmiers. Commencée par la lutte

1. Voyez le livre du général Chanzy : *la deuxième Armée de la
Loire.*

devant Baccon, elle devait se terminer à Coulmiers par la déroute de l'armée bavaroise.

Pendant que ces troupes enlevaient ce dernier village, les soldats de l'amiral Jauréguiberry, dont le sang-froid admirable était déjà populaire dans l'armée, et qui avait résisté, devant le village de Champs, avec un bataillon du 37°, contre un ennemi supérieur en nombre, les soldats de l'amiral, soutenus maintenant par de l'artillerie, couraient au pas de charge sur Ormeteau et sur Champs, et en débusquaient l'ennemi qui avait barricadé ces villages et qui y combattait derrière des créneaux.

C'en était fait. La journée était à nous ; journée d'ardente lutte, où l'antique furie française avait reparu, vaillante et pleine d'entrain. La nuit venait, et, dans le crépuscule de novembre, des lueurs s'allumaient et des obus passaient en sifflant. C'était notre artillerie qui poursuivait l'ennemi dans sa fuite. Le terrain, détrempé, défoncé par la pluie et la neige, empêchait à la fois la poursuite, et avait rendu plus longue la résistance des Allemands, dont les talons se clouaient au sol.

Les Allemands battaient en retraite sur Artenay, par Saint-Péravy et Patay. Nous leur avions fait, sans compter les blessés qu'ils abandonnaient, plus de 2,000 prisonniers, et une reconnaissance s'emparait bientôt, devant Saint-Péravy, d'un convoi de munitions et de deux pièces d'artillerie. Durant la nuit qui suivit la bataille, des cavaliers ennemis étaient audacieusement revenus chercher les canons bavarois embourbés et abandonnés, qu'il nous eût été facile de prendre et de garder.

Nous avions perdu environ 1,500 hommes dans cette bataille, qui nous semblait alors le présage de victoires nouvelles. Le colonel du 31° de marche, M. de Foulonge, avait été tué.

Le soir même, les têtes de colonnes de l'armée victorieuse arrivaient à Orléans. Dès cinq heures du soir, deux chasseurs, chargés d'éclairer la marche du général Martin des Pallières, s'étaient présentés à la porte Bourgogne. On les avait salués, acclamés, couronnés de lauriers [1]. A ce moment, les Bavarois évacuaient déjà la ville. Leurs bagages fuyaient vers Artenay, « dans le pêle-mêle d'une

1. A. Boucher, *Récits de l'invasion.*

fuite précipitée ». Déjà les Orléanais faisaient prisonniers dans les rues les Bavarois isolés qui s'y trouvaient. La pauvre ville d'Orléans, rançonnée, accablée de réquisitions, saignée à blanc, paraissait revivre. Elle revoyait les couleurs françaises, elle retrouvait la liberté. Lorsque l'armée française rentra dans Orléans, ce fut une heure d'immense et patriotique joie. On s'embrassait dans les rues. On respirait à l'aise ; on se sentait de nouveau dans sa patrie.

Le monde, attentif au terrible duel que la race allemande déclarait aux fils des Gaulois, se demandait alors si la fortune de la France n'était pas enfin revenue.

Et la France, semblable aux convalescents que ranime un sourire, la France blessée le croyait !

CHAPITRE X

Capitulation et résistance. — Lichtemberg. — Marsal. — L'explosion de la citadelle de Laon. — La résistance de Saint-Quentin. — Le 8 octobre. — M. Anatole de la Forge. — Soissons. — Siège et capitulation. — Siège de Verdun.

Pendant que ces événements s'accomplissaient sur la Loire, l'ennemi continuait à s'avancer en France, vers le nord et vers l'est, et si la résistance nationale n'avait pas à enregistrer de victoire, elle pouvait du moins s'enorgueillir de quelques faits d'armes isolés où se montrait encore l'antique valeur française.

Dans sa marche, l'ennemi n'avait guère rencontré que Strasbourg, Toul et Metz qui fussent capables de l'arrêter. Nous l'avons vu emporter trop facilement des forts et des forteresses qui, s'ils eussent été tenus en état, eussent certainement entravé sa course victorieuse. C'est Lichtemberg, le 12 août, défendue par M. Archer, sous-lieutenant au 96° de ligne, c'est Marsal, le 4 août, où M. Leroy, capitaine de l'état-major des places, commandait à 512 hommes. Ces petites places, depuis longtemps *déclassées*, comme on dit, par le génie, n'étaient plus en réalité que « des nids à bombes », elles ne pouvaient soutenir un long siège. Ces capitulations-là ne sont pas de celles que des poignées d'hommes, une compagnie ou un bataillon, pouvaient longtemps empêcher. Cependant on avait trouvé soixante canons à Marsal, mais dans quel état! Vitry-le-François s'était rendu le 25 août, avec seize canons et neuf cents hommes, aux troupes allemandes.

Le 8 septembre, l'ennemi, victorieux à Sedan et poursuivant sa marche sur Paris, arrivait devant Laon, où commandait le général Thérémin. Un parlementaire prussien s'était déjà montré, le mercredi 7 septembre, dans la soirée, sommant la place de se rendre. On l'avait congédié, son grade ne l'autorisant pas à traiter de cette reddition. Mais le lendemain se présentait, les yeux bandés, à la citadelle, le colonel von Alvensleben, qui annonçait au général Thérémin le bombardement de la ville au cas où elle ne capitulerait pas. Le maire de Laon expédia aussitôt au ministère de la guerre une dépêche ainsi conçue :

« L'armée du grand-duc de Mecklembourg entoure Laon et somme la place de se rendre. Si la reddition n'est pas effectuée demain avant dix heures du matin, Laon subira le sort de Strasbourg [1]. »

Dans la nuit arrivait la réponse du ministère de la guerre : « Agissez devant la sommation selon les nécessités de la situation. » Le général et le préfet, M. Ferrand, s'occupèrent alors de rédiger un programme de capitulation. Il paraît que la situation de la ville de Laon ne lui permettait point de se défendre : de toutes parts elle offre son flanc aux coups de l'ennemi. Pendant ce temps, un corps de 45 à 50,000 hommes menaçait Soissons, dont les portes du moins ne devaient point tomber sans combat.

Dès le matin du lendemain, vendredi 9, la garde nationale de Laon rapportait ses armes à l'hôtel de ville. M. de Chezelles, chef du bataillon de mobiles de Laon, partait pour Eppes, où il allait régler les conditions de la capitulation avec le duc de Mecklembourg.

« Aux termes de la capitulation, raconte M. Édouard Fleury, les mobiles, *laissés libres sur parole de ne pas servir contre l'Allemagne pendant la durée de la guerre, après avoir déposé leurs armes* (leurs armes vierges), défilaient et sortaient de la citadelle. Le duc et le général causaient

---

1. Voyez les *Éphémérides de la guerre dans l'Aisne*, par M. Ed. Fleury.

auprès de la table où ils allaient signer la capitulation. »
Tout à coup, une détonation effroyable retentit : c'est la
poudrière qui saute. Le magasin à poudre, la caserne, tout
un quartier de Laon, le faubourg de Vaux, sont ruinés,
lézardés comme par un tremblement de terre. L'explosion
formidable a semé partout ses débris. Le duc de Mecklembourg est contusionné à la jambe, le général Thérémin a
reçu deux blessures profondes à la tête. Dix officiers de
mobiles ont été tués, neuf autres blessés sous les décombres, deux cents autres malheureux ont été écrasés, plus
de cent cinquante autres sont blessés grièvement. Les
Prussiens n'ont perdu qu'un officier d'artillerie et trente-
deux sous-officiers et soldats; huit officiers et soixante-trois
hommes ont été blessés en même temps. En tout, quatre
cent soixante victimes environ : trois cent soixante Français, quatre-vingt-dix à cent Allemands. Ce fut dans la ville
un effroi et un effarement suprêmes.

« Quand on revint de la stupéfaction, ajoute M. Fleury à
qui nous empruntons ces détails, on assista à une scène
terrible. Les Prussiens fusillaient les mobiles qui fuyaient,
ils les poursuivaient par les rues et jusque dans les maisons.»
Le duc de Mecklembourg, courant sous la pluie, s'écriait
qu'il allait infliger à cette ville un châtiment dont on se
souviendrait *dans mille ans*. Le colonel von Alvensleben fort
heureusement plaida la cause de la cité. D'ailleurs, le
nombre des cadavres français n'indiquait-il point que ce
n'était point avec préméditation qu'on avait attiré, pour l'y
anéantir, l'ennemi dans la citadelle ? Nos malheureux
mobiles avaient plus souffert que les Allemands.

Le préfet n'en était pas moins arrêté, et le général Thérémin, transporté à l'Hôtel-Dieu, était gardé à vue. Mourant, il était considéré comme prisonnier.

L'explosion de la citadelle de Laon n'était cependant
point l'œuvre du général, pas plus que celle de M. Ferrand,
le préfet. Elle avait pour auteur un seul homme, du nom
d'Henriot. Garde d'artillerie dans la citadelle, Henriot
n'avait pu sans doute supporter l'idée de voir entrer
l'ennemi dans ces murailles qu'il eût voulu défendre.
Affolé, exaspéré, il conçut et accomplit ce que les Allemands
allaient bientôt appeler un *crime français* et ce qu'une dépêche
affichée à Paris nous présentait comme la protestation et
le sacrifice d'une garnison qui ne voulait point se rendre.

Les Allemands n'ignoraient pas pourtant que la garnison de Laon se rendait sans combat. Le garde Henriot, enseveli sous les décombres, avait accompli inutilement le crime d'un patriotisme sauvage et qui frappait surtout des Français. Reconnu innocent par le conseil de guerre prussien, le général Thérémin mourait bientôt de ses blessures, et, les autorités prussiennes de Laon demandant à lui rendre les honneurs militaires, la famille refusa.

Telle est, dans sa triste vérité, l'histoire de l'explosion de la citadelle de Laon, qui ne fut ni un *ignoble forfait*, comme l'ont répété les Allemands, ni un acte d'*héroisme antique*, comme nous l'avons cru un moment. Ce drame terrible jeta cependant un véritable effroi en Allemagne. Notre prudent ennemi se demandait si les dangers de ce genre n'allaient point, en France, se multiplier à chacun de ses pas. Certes, s'il y eût eu dans la défense plus d'initiative privée, plus de violence et plus de haine, les Allemands eussent rencontré bien d'autres obstacles en chemin.

Chaque fois qu'on se redressa devant eux, ils éprouvaient des échecs. Nous avons raconté le dévoûment de Châteaudun, nous allons raconter celui de Saint-Quentin.

M. Anatole de la Forge, nommé préfet de l'Aisne par le gouvernement de la Défense nationale, avait transporté le siège de la préfecture à Saint-Quentin, le chef-lieu, Laon étant occupé par les Prussiens. Homme d'une bravoure éprouvée, d'un talent viril et d'un caractère sympathiquement chevaleresque, l'historien de la *République de Venise* voulait agir, devant l'invasion, en suivant l'exemple de Manin, son héros. M. de la Forge était disposé au sacrifice et au dévoûment républicain. Dès son arrivée, il avait fait connaître à la commission municipale son programme, qui tenait dans un mot : *Résistance*.

Dès ce moment la ville se préparait à la défense : on faisait sauter les ponts, on construisait des barricades, la garde nationale était pleine d'ardeur. Le 7 octobre, le bruit se répandit que les Prussiens, ayant quitté Laon, se dirigeaient sur Saint-Quentin. Vers minuit, on crie aux armes, on bat la générale, les gardes nationaux vont, sous la pluie, à leurs postes respectifs. C'était une fausse alerte, mais le lendemain devait être fiévreux pour la cité. Une barricade, partant de l'ancienne maison du receveur de la navigation et allant sur le quai du port Gayant en couvrant l'octroi détruit le pont qui mène à la ville et qu'on avait coupé ; barricade colossale faite d'arbres et de chevaux de frise, les murs de brique près la gare étant crénelés.

Le 8 octobre était jour de marché ; la ville paraissait remuante comme à l'ordinaire. Le temps était sombre, froid.

A dix heures, le tocsin se mit à sonner à grande volée. On battait la générale. Les Prussiens étaient à 2 kilomètres de la ville. Favorisés par la brume et cachant leur marche à travers les bois, ils étaient arrivés aux portes du faubourg sans être aperçus.

Les boutiques se ferment précipitamment, les hommes courent prendre leurs fusils et se portent aux lieux de rassemblement. La générale redouble ! Le lugubre tocsin sonne de plus en plus. On entend déjà la fusillade, c'est la première barricade du faubourg qui est attaquée.

Le préfet, M. Anatole de la Forge, arrive alors un revolver d'une main, un épée de l'autre ; il encourage les hommes : « Allons, mes enfants, au devoir ! » Les gardes nationaux se portent aux meurtrières de la barricade, et tirent sur les Allemands, qui avancent en bon ordre : leur cavalerie occupe les hauteurs du Mesnil, leur infanterie est placée plus bas. Sous la fusillade, les Allemands se replient dans les petites rues transversales. Le feu continue. Les Prussiens tombent, mais ils n'abandonnent pas l'attaque. Ils reviennent à la charge avec fureur. Pendant deux heures on tire de part et d'autre. Quelqu'un parla un moment de se rendre. Le préfet demande aux gardes nationaux qui l'entourent s'ils y consentaient ? *Comment ça*, répond l'un d'eux, *tout seulement qu'on commence à s'échauffer !*

Il était deux heures, les Prussiens enlevaient leurs morts et leurs blessés, ils semblaient abattus.

Bientôt ils allaient faire sonner la retraite et se retirer en incendiant un moulin, à défaut d'autre demeure.

Le lendemain, M. Anatole de la Forge, le héros de cette journée, blessé à la jambe sur la barricade si bien défendue, adressait à la ville et à ses défenseurs la proclamation que voici :

« Le préfet du département de l'Aisne, délégué de la Défense nationale,

« Félicite la garde nationale, les pompiers et les francs-

tireurs de Saint-Quentin de leur vigoureuse résistance.
Jamais vieilles troupes n'ont montré au feu plus de sang-
froid et de décision que les vaillants défenseurs de la ville
dans la journée du samedi 8 octobre 1870.

« Cette date prendra place dans l'histoire de la cité, à
côté de la glorieuse défense de 1557. La France, si douloureusement éprouvée, verra que les citoyens de la ville de
Saint-Quentin, VILLE OUVERTE, n'ont pas dégénéré, et qu'ils
reçoivent aujourd'hui l'invasion prussienne comme leurs
pères ont reçu jadis l'invasion espagnole.

« Honneur donc aux gardes nationaux, aux pompiers, aux
francs-tireurs ; ils ont tous, ainsi que la population de
Saint-Quentin, bien mérité de la Patrie.

« À Saint-Quentin, en l'hôtel de la Préfecture, le 9 octobre 1870.

« ANATOLE DE LA FORGE. »

Saint-Quentin, ville ouverte, qui osait ainsi donner
l'exemple aux cités bastionnées, devait payer cher son courage. Le 21 octobre, le colonel von Khalden, à la tête de dragons et de Mecklembourgeois, arrivait, féroce et dur, réclamant
la capitulation immédiate, menaçant de piller, de brûler,
de fusiller le préfet, imposant, réquisitionnant, exigeant
la remise de toutes armes, jusqu'aux cannes à épée, dans un
délai de deux heures ; cela sous peine de mort. Une vingtaine
de voitures de réquisition suivaient cette armée aux types
slaves, hideux et farouches, mangeant, tout en demeurant
à cheval, des harengs saurs en les croquant par la tête, et
prenant à pleines mains, dévorant du lard cru. La commission municipale fit bravement son devoir. Elle fut un
moment menacée de la prison, et les conseillers attendaient
sur la place le départ pour l'Allemagne. On paya. De pauvres
gens, des femmes apportaient leurs économies, *deux francs,
trois francs*, les quelques sous possédés et cachés[1].

Trois jours après le 8 octobre, où Saint-Quentin avait eu,
selon le mot de M. Gambetta dans son discours au banquet
pour l'anniversaire de la défense de cette ville, *la volonté de
mourir plutôt que de céder*, trois jours après, le 11 octobre,
un parlementaire prussien se présentait devant Soissons, à
la porte de Reims, et demanda à M. de Noue, lieutenant

1. Voyez la *Guerre nationale*, chez Al. Lemerre.

colonel de l'état-major des places, qui commandait la ville, quelles étaient ses intentions. M. de Noue répondit, comme auraient dû répondre tous les commandants de place, qu'il *s'ensevelirait sous les murs de la ville plutôt que de se rendre.* Il n'avait guère, pour défendre Soissons, qu'un dépôt du 15ᵉ de ligne, un bataillon de mobiles et trois batteries de l'artillerie des mobiles du Nord. On était dans cette ville qui subit, en 1814, trois heures de pillage, disposé à combattre.

Soissons apprenait presque en même temps que l'état-major d'un corps prussien était à Vailly. L'attaque approchait, et la garnison très résolue et la population opposaient ensemble une honorable résistance aux envahisseurs. Dans les premiers jours du siège on eut absolument l'espoir de vaincre. Les assiégés ont de ces chimères. Il semblait que ce ne fût là qu'une épreuve de courte durée. On s'enivrait de ces mensonges consolants qui ont conduit jusqu'à la plus amère déception la malheureuse France. « On annonçait, par exemple, dit l'*Argus* du 18 septembre, la marche vers Soissons du maréchal Bazaine, qui, débloqué de Metz, grâce à vingt-cinq mille Kabyles et à Abd-el-Kader, pourchassait l'armée prussienne à la tête de cent quarante mille hommes. On se répétait que Bazaine se dirigeait sur Lappion, au nord-est de Sissonne, où *il avait commandé des vivres.* » Nous les connaissons, hélas! pour les avoir éprouvées, ces angoisses de l'assiégé qui font voir dans un mirage, au Strasbourgeois monté sur le Munster, les Français qui approchent, angoisses qui font entendre au Parisien bloqué, privé de nouvelles, l'écho du canon de l'armée de la Loire.

Les volontaires de la garde nationale de Soissons faisaient, le plus souvent possible, des sorties. Ils débloquaient, par exemple, le 21 septembre, les canonniers volontaires de Soissons que l'ennemi entourait, et ce jour-là, comme le dit un témoin, « si, au lieu d'être deux cents, ils avaient été deux mille, ils eussent pu occuper les hauteurs avec de l'infanterie et des pièces de campagne, et jamais peut-être Soissons n'eût été pris. »

Il l'eût été sans doute, mais plus tard.

Soissons ne devait se rendre, au surplus, qu'après trente-sept jours de siège et un bombardement en règle. Dès les premiers jours, des femmes étaient tuées. « Depuis trois jours, écrivait un assiégé à la date du 29 septembre, la garrison assiste à un spectacle grandiose et triste en même temps. Les faubourgs brûlent sur un long parcours. « Le 12 octobre, le bombardement commençait et atteignait bientôt le *summum* d'intensité. Les Prussiens avaient établi sur les monts de Presles quarante-cinq pièces de gros calibre, correspondant à nos pièces de 24 rayées, et foudroyaient la ville. La manutention et l'hôpital brûlaient dès le second jour. Il y eut alors des choses tristes. On doit les signaler pour les flétrir. *Le capitaine des pompiers donna sa démission, disant que ses hommes n'étaient point faits pour éteindre les incendies ou le feu de l'ennemi.*

Saint-Jean était criblé de projectiles. Durant trois jours et trois nuits le bombardement continua. Le troisième jour, les pertes s'élevaient à huit millions. Le conseil municipal, établi en permanence, demande qu'on se rende. Une brèche de 30 à 40 mètres était pratiquée déjà au bastion 3. Comment repousser l'assaut? 22,000 Prussiens étaient là contre 4,000 gardes mobiles ou fantassins du dépôt, soldats depuis un mois ou deux. Soissons se rendit le 16 novembre. « Elle s'était défendue *opiniâtrément*, » disent eux-mêmes les ouvrages inspirés par la Prusse. On y fit prisonniers 99 officiers, et 4,633 soldats avec 128 canons. Les Prussiens s'emparèrent d'une grande quantité de munitions et de vivres, et d'une caisse contenant 92,000 francs.

Six jours après, tombait une place forte d'Alsace, Schelestadt, ville de 10,000 habitants, autrefois chef-lieu du département du Bas-Rhin, arrosée par l'Ill, entourée de prairies et de bois, et dominant le chemin de fer qui relie Strasbourg à Belfort. Schelestadt était assiégée par la division de la landwher de réserve aux ordres du général von Schmeling. Ce général, entré en Alsace, après avoir passé le Rhin en bac, à Neuenbourg, le 1er et le 2 octobre, avait envoyé d'abord un détachement sur Mulhouse, ville industrielle, riche et qu'on pouvait rançonner; puis il avait marché sur Neuf-Brisach, qu'il avait bombardée dans la nuit du 7 au 8 octobre, sans que M. de Kerner, lieutenant-colonel, commandant de place, eût voulu se rendre. Von Schmeling fit alors venir de Strasbourg des pièces de siège et se porta vers Schelestadt; le commandant M.de Reinach de Foussemagne, chef d'escadron, sommé de se rendre et à qui on demandait ses conditions, répondit d'abord fièrement : — « Mes conditions, ce sont mes canons! » C'était le 9 octobre.

Le 20, le général von Schemling, ayant reçu des renforts d'artillerie, commença le feu contre la ville; dans la nuit du 22 au 23 octobre, la première parallèle était ouverte à six cents pas à l'est de la place, et, dès le 23, au matin, 32 pièces de canon couvraient Schelestadt de leurs projectiles. M. de Reinach était contraint, et assez tristement, à arborer le drapeau parlementaire. Il y eut ce jour-là des scènes douloureuses. Les soldats se révoltèrent et pillèrent. Quelle honte! trois bataillons prussiens firent la police dans Schelestadt rendue. Aussitôt recommença le bombardement de Neuf-Brisach, qui devait succomber le 16 novembre. La ville fut mal défendue, le fort Mortier, qui la domine, ayant été contraint de capituler. Il n'avait (toujours l'incurie impériale!) que *six pièces de canon*. Les Allemands — ceci n'est pas à la gloire des défenseurs de Neuf-Brisach — ne comptèrent dans ce siège que huit morts et dix-huit artilleurs blessés. Les Prussiens firent à Schelestadt 2,000 prisonniers et 5,000 à Neuf-Brisach.

Il est temps de se consoler de ces capitulations avec un tableau plus digne de la renommée de la France. Au surplus, à l'heure même où Schelestadt tombait, et Neuf-Brisach après elle, Phalsburg arborait encore héroïquement le drapeau tricolore, Thionville n'était point prise, et Bitche, l'invaincue, défiait les Bavarois qui la cernaient. Belfort allait bientôt à son tour résister fièrement à l'ennemi. Nous raconterons, à son heure, cette glorieuse histoire. Pour le moment, arrêtons-nous devant Verdun qui va succomber, la veille même du jour où les Allemands seront vaincus à Coulmiers, et saluons la résistance superbe et peu connue de cette ville.

Verdun défendue par mille hommes de troupes régulières, deux mille quatre cents mobiles et quatorze mille gardes nationaux inhabiles, fut attaquée le 24 août par une armée saxo-prussienne (quinze mille hommes), qui pouvait s'appuyer encore sur un corps aussi considérable demeuré non loin de Verdun, à Haudainville. L'armée assiégeante était commandée par le prince Georges de Saxe. — Dès le matin, ses troupes, prenant position sur les collines qui entourent la ville, étaient prêtes à tenter l'assaut. La réserve demeurant massée dans les bois, une colonne s'approcha forte d'environ cinq ou six mille hommes. Les tirailleurs ennemis, à travers les haies des jardins, s'avancèrent jusqu'à portée de fusil des murailles. Notre mous-

queterie les força de reculer, et notre artillerie eût presque
en même temps écrasé deux fortes colonnes qui s'avançaient,
marchant de front, mais, le croirait-on? les *pièces n'étaient
pas chargées*, et les officiers qui commandaient les bastions
n'avaient pas encore reçu les clefs des poudrières de rempart. La fusillade de nos tirailleurs suffit heureusement à
arrêter les colonnes prussiennes, et les força à battre en
retraite. C'est alors que se présenta un parlementaire allemand, chargé de sommer la place de se rendre. Les conditions étaient douces, comparées surtout aux conditions
prussiennes d'habitude. Le général Guérin de Waldersbach,
commandant la place, cœur intrépidement français avec
son nom germain, rejeta ces propositions. Aussitôt l'artillerie prussienne ouvrit un feu violent, et « plus de deux
mille cinq cents obus furent lancés sur Verdun. »

Mais cette fois les « vierges de Verdun » n'allèrent pas au
quartier général prussien offrir au vainqueur des dragées.
Sur ce point, 1870 effaça le souvenir de 1792. La population
tout entière, décidée à la résistance, n'eut aucune faiblesse
devant cette pluie de fer, et on compta bien des partisans,
des éclaireurs volontaires, qui, la nuit, ne craignirent pas
d'aller enclouer les canons allemands.

Le matin du 24 août, à neuf heures, les officiers prussiens
avaient dit : « Nous déjeunerons à Verdun. » Le soir,
repoussés par nos soldats, ils se vengèrent en bombardant
la ville. Ils avaient laissé devant Verdun près de huit cents
morts.

Et Verdun, résolue à se défendre jusqu'à l'épuisement
de ses forces, redoublait d'énergie. Ses gardes nationaux
servaient les pièces; les vieillards, « des avocats, des no-
taires », traînaient la brouette, tandis que le génie rasait
les bâtiments qui gênaient le tir, et que les femmes et les
enfants, au fond des caves, dont on avait garni les soupiraux « de fascines et de fumiers frais », faisaient de la
charpie.

L'investissement de Verdun cessa d'être complet d'ailleurs, au moment où l'armée allemande tout entière se
réunit pour écraser à Sedan l'armée de Châlons que l'empereur conduisait fatalement, absolument, aveuglément à la
défaite. Après Sedan, des milliers de fuyards (deux mille
quatre cents hommes) échappés au désastre, artilleurs, fantassins turcos, se réfugiaient, affamés, dans Verdun, et

apportaient aux assiégés, à qui ils demandaient asile, le secours de leurs bras.

Quelques semaines après, Verdun était attaquée de nouveau. Cette fois, le 26 septembre, au point du jour, l'ennemi prenait pour objectif la citadelle et les casernes. L'artillerie française riposta vigoureusement à l'artillerie prussienne, et dans ce duel elle eut le dessus. Les batteries allemandes furent éteintes après trois heures de combat. Ce fut alors que, renonçant à l'assaut et à la canonnade, les Allemands s'en tinrent à un blocus complet, tandis que nos artilleurs faisaient feu sur les redettes lorsqu'ils parvenaient à les apercevoir.

Octobre venu, le général Botzner, qui commandait devant Verdun, fut remplacé par le lieutenant général von Gayl, officier d'artillerie, vrai Prussien, dur comme fer. Le 13, le 14 et le 15 octobre un bombardement commençait, mais impétueux, épouvantable, effréné; le feu dura cinquante-six heures. Et, comme toujours, les incendies, les écroulements, les sinistres fracas de ces jours d'agonie, les flaques de sang dans les rues, la mort des innocents et des faibles.

Lorsque Verdun eut reçu des milliers d'obus, alors on voulut répliquer à la force par le courage.

Et la garnison répondit à son tour au bombardement par une sortie victorieuse: le 28 octobre, les batteries prussiennes étaient, à la même heure, sur tous les points à la fois, démontées, les affûts brisés et les munitions détruites[1]. Tout à coup, la pauvre ville assiégée apprit que Metz avait capitulé, que l'armée de Bazaine était prisonnière et que cent mille Prussiens à la fois et l'immense matériel de siège réuni devant Metz allaient être dirigés sur Verdun. Quel écrasement! quel anéantissement complet de toutes les espérances! A quoi bon lutter? à quoi bon combattre? L'artillerie de Metz et de Strasbourg réduirait facilement en poudre les remparts de Verdun. La grande cité, Metz, entraînait Verdun dans sa chute. Le général commandant Verdun proposa de rendre la ville et demanda les conditions à l'ennemi. Ce fut le roi Guillaume qui répondit :

« En présence de l'héroïque défense de Verdun, disait-il, je suis disposé à accepter des conditions exceptionnelles. »

1. *Siège de Verdun*, par un assiégé, page 21.

« On traita donc, dit l'auteur du *Siège de Verdun*, sur les bases posées par nous. »

La fière capitulation de Verdun est la condamnation de la capitulation de Sedan et de la reddition de Metz.

Le 9 novembre, les troupes prussiennes entraient dans Verdun, sans tambour, trompette ni musique. Les rues étaient désertes. La défaite, ici, avait sa fierté et sa grandeur.

CHAPITRE XI

Paris après la victoire de Coulmiers. — Le sergent Hoff. — Les *queues* à la porte des boulangeries et des boucheries. — Admirable attitude des femmes parisiennes. — Fabrication des canons et des munitions. — Les pigeons voyageurs apportent à Paris des dépêches privées. — Les ballons. — M. Jules Ferry remplace M. Étienne Arago à la mairie centrale. — Cherté croissante des vivres. — Les clubs. — Positions des troupes allemandes autour de Paris. — Préliminaires de la sortie: Reconnaissances et diversions. — Les marins et la garde nationale enlèvent la Gare-aux-Bœufs de Choisy-le-Roi (29 nov.). — Retard dans le passage de la Marne. — Bataille de Champigny (ou de Villiers) : Première journée (30 nov.). — Combat d'Épinay. — Les hostilités sont suspendues pendant la journée du 1er décembre. — 2 décembre: Retour offensif de l'ennemi. Deuxième journée de bataille. — Les troupes repassent la Marne (3 déc.). — Communication de M. de Moltke au général Trochu, relative à la reprise d'Orléans par les Allemands.

La nouvelle de la victoire de Coulmiers avait produit à Paris l'effet qu'elle produisait en même temps dans toute la France, et il semblait qu'une ère nouvelle s'ouvrait pour notre pays. Volontiers eût-on dit au général d'Aurelles de Paladines le mot qui a été prononcé, assure-t-on, par l'empereur parlant à Bazaine, le lendemain du combat de Borny : « Vous avez rompu le charme. » Le charme rompu, il fallait, l'instinct populaire le sentait, agir enfin et profiter de la fortune, ou plutôt de l'état de mâle énergie qui avait succédé au refus d'armistice, et de l'état de con-

M. JULES FERRY

fiance véritable r.éo du succès de l'armée de la Loire. Le jour
où l'Hôtel de ville avait été envahi, le 31 octobre, on avait
entendu le général Trochu prononcer ces paroles que nous
avons rapportées : « Et dire qu'il ne me fallait plus que
quinze jours pour tout sauver! » Ces quinze jours étaient
déjà passés et, sauf quelques petits engagements d'artillerie
ou quelques expéditions hardies, mais de minime importance, on n'avait eu encore à enregistrer aucun fait qui
parût annoncer une action décisive.

Cette période d'attente et de préparation, pendant laquelle le gouverneur de Paris combina sa sortie de la fin de
novembre, eut cependant ses héros et ses faits d'armes. Un
sergent du 107e d'infanterie, devenu célèbre depuis lors, le
sergent Ignace Hoff, se faisait remarquer par une intrépidité vraiment extraordinaire. « Accompagné d'un garde
mobile, disait le *rapport militaire* du 9 novembre, il s'est
approché à vingt pas d'une sentinelle prussienne, l'a tuée
et a tué également un soldat ennemi accouru au secours de
son camarade. Le sergent Hoff a déjà tué environ trente
Prussiens, et a reçu la croix de la Légion d'honneur, en
raison de ses nombreux actes de courage. » Le 12 novembre, au matin, le capitaine de Niverlée, officier d'ordonnance du général Ducrot, à la tête de quelques volontaires,
pénétrait dans Saint-Cloud jusqu'à la place de l'Hospice, et
enveloppait audacieusement une patrouille ennemie. Les
Prussiens opposant une résistance énergique, cinq étaient
tués sur place et le sixième ramené prisonnier, blessé de
deux coups de baïonnette. De côtés et d'autres, les éclaireurs ou francs-tireurs se distinguaient ainsi par de petites
expéditions, tandis qu'autour de Paris, les ouvrages avancés, les redoutes et les forts, inquiétaient de leur mieux les
travaux de l'ennemi. Paris, on peut le dire, était enveloppé
d'une ceinture de feux. Nuit et jour, il faisait entendre son
tonnerre, et la cité, qui s'endormait au bruit du canon, se
réveillait au même bruit. On eût dit que l'air était chargé
de détonations et de salpêtre, et chaque citoyen s'était
habitué à cette vie nouvelle, dure, pénible, pleine non seulement d'angoisses, mais de réelles souffrances, mais remplie aussi d'un profond sentiment d'espoir et du sentiment
joyeux que donne le devoir accompli.

Paris, à ce moment, offrait un des spectacles les plus
émouvants et les plus beaux qu'on puisse jamais rencon-

trer dans l'histoire. Quoi qu'on ait pu dire et quelle qu'ait été ensuite la chute de tous ces vastes espoirs, à cette heure de résistance suprême, Paris, qu'on essaye de calomnier aujourd'hui, Paris fut sublime et supporta, sans se plaindre, l'accumulation de maux que lui réservait le sort. Il souffrait déjà de cette famine qui devait l'amener lentement à la capitulation. Point de vivres en assez grande abondance, et chacun forcé de conquérir, par une longue attente, par de longues et mortelles heures de queue à la porte des boulangers et des bouchers, le peu de pain noir et de viande de cheval que distribuaient les municipalités. Les femmes là furent surtout admirables. Levées avant le jour, les pieds dans la boue ou la neige, elles attendaient, se pressaient devant les boulangeries, arrachaient littéralement le pain du mari et des enfants. On avait distribué des cartes de boucherie où se trouvaient marqués les jours de distribution de viande. Quelquefois, au lieu de viande fraîche, on distribuait (dure déception) de la viande salée ou des harengs. La douleur alors était grande, car il faut avoir traversé ces mois cruels où l'estomac délabré réclamait des fortifiants, pour comprendre quelle influence le physique peut avoir sur le moral et quelle chose effroyable cela peut être qu'une telle ville, l'immensité de Paris réduite à d'insuffisantes rations.

Mais ce qui ajoutait encore à la situation unique de la capitale assiégée, c'était cet isolement, cette privation de toute communication avec le monde, qui faisait de Paris comme un gigantesque radeau de naufragés perdus en pleine mer. Cette ville, d'où rayonnait naguère une vie intense et capiteuse, se trouvait maintenant emprisonnée dans ses propres murailles et ne vivait que de sa vie propre. Tout son mouvement étonnant et qui suffit parfois à donner le branle à l'univers, se dépensait sur place, et jamais le nom de *cuve* que le poète des *Iambes* donna à Paris, ne lui convint mieux qu'en cette période douloureusement glorieuse.

La cuve bouillonnait. On y fondait des canons, on y fabriquait des essieux, des caissons, des cartouches, des obus. On y travaillait pour la France. Certes chacun, dans Paris, se croyait destiné à périr et, ceci soit dit sans phrase, ne s'en souciait guère. Ce qui navrait l'âme de tous, c'était l'absence de nouvelles, depuis le déchirement de la séparation dernière. Cet isolement poignant faisait de Paris quelque chose comme un géant mis au secret. Mais de même que Paris envoyait par ballons sa parole et ses secours à la province, de même aussi la province adressait ses nouvelles par des pigeons voyageurs qui apportaient, sous leurs ailes, dans des tubes presque imperceptibles, des milliers de dépêches imprimées en caractères microscopiques sur un papier plus léger que la pelure d'un oignon. Bientôt, grâce à cette invention, chacun des défenseurs de Paris put adresser, moyennant un franc, quatre questions à ses parents ou amis de la province. Ceux-ci purent de même répondre par *oui* ou par *non*. Et ce fut merveilleux, ces dialogues à travers l'espace, cette science venant protester, en pleine guerre barbare, contre le blocus et la mort. Les dépêches photographiées et réduites sur une feuille de collodion étaient, à l'arrivée, projetées sur un mur par un appareil éclectrique grossissant, et l'invisible, l'imperceptible, était aussitôt réimprimé et distribué à tous.

Cependant de petits changements intimes avaient eu lieu dans l'administration de la ville de Paris. M. Jules Ferry, membre du gouvernement, était délégué à la mairie centrale, en remplacement de M. Étienne Arago qui venait de donner sa démission. MM. Clamageran, Hérisson et Chaudey, adjoints au maire de Paris, étaient maintenus dans leurs fonctions. « M. Étienne Arago, disait le *Journal officiel*, a lui-même pensé que la mairie centrale n'était plus compatible avec la situation nouvelle, et le gouvernement a dû se passer d'un citoyen excellent, républicain également attaché à la liberté et à l'ordre, et qui demeure dans les nouvelles fonctions qu'il va remplir, en parfait accord d'opinion et de sentiments avec le gouvernement de la Défense. » Les *nouvelles fonctions*, dont parlait la note de l'*Officiel*, étaient le poste de commissaire général des monnaies, auquel M. Arago était appelé bientôt en remplacement de M. Pierre Clément, décédé. Mais la démission de M. Arago devait suivre immédiatement sa nomination à ce dernier poste.

M. Jules Ferry, qui lui succédait, arrivait à l'heure difficile, au moment où les vivres se faisaient plus rares, l'alimentation et le chauffage plus difficiles, et où l'hiver, qui fut rude, allait commencer. Le nouveau maire allait avoir à supporter le courroux des souffrants et la calomnie des réacteurs. C'était le moment où, malgré les réquisitions des bêtes à cornes, la viande manquait déjà ou semblait devoir manquer. On mangeait alors, chose inattendue, de l'âne, du mulet, des rats, des chats, des chiens. La *Lettre-Journal de Paris* donne, à cette date, quelques prix de ces viandes montées tout à coup au rang de *mets de grand luxe*. Au 20 novembre, l'âne et le mulet valaient de 6 à 8 fr. le kilogramme; une oie se payait de 25 à 30 francs; une paire de lapins, 30 francs; le jambon, quand il s'en trouvait, 16 francs le kilogramme; une carpe, 20 francs; le boisseau de pommes de terre, ramassées sous le feu des Prussiens par des maraudeurs, femmes ou enfants, 6 fr.; un chou, 1 fr. 50; le beurre frais, 40 fr. le kilog. Et bientôt ces prix, déjà exorbitants, allaient augmenter dans des proportions étranges, si bien que deux mois après ils étaient devenus improbables.

Il y avait alors à Paris une quinzaine de clubs environ où l'on entrait en payant, soit cinq sous, soit dix sous. Les présidents et les assesseurs de ces clubs étaient en quelque sorte à demeure dans leur établissement. On citait parmi les lieux de réunion, Valentino, les Folies-Bergères, le club de la Vengeance, l'Alcazar, le Casino-Cadet, le Pré-aux-Clercs, l'Élysée-Montmartre, le club Favié (à Belleville), le club des Mille et un Jeux (rue de Lyon), de l'École-de-Médecine, du Collège de France, du passage Raoul, de la Reine-Blanche, des Porcherons, de la Réunion (aux Batignolles), des Montagnards (boulevard de Strasbourg), de la Fidélité (rue de la Fidélité). Là, la lave du volcanique Paris s'écoulait, souvent brûlante et embrasée, trop souvent chargée de détritus et de scories.

Les clubs contenaient, jusque dans son exagération et ses hyperboles, le sentiment public. « Pourquoi n'agit-on pas? Pourquoi ne sort-on pas? Pourquoi ne combat-on pas? » Telle était en somme l'éternelle question de tous, question qui devenait aussitôt récrimination en passant par les clubs.

Les troupes allemandes formaient autour de Paris un cercle immense d'investissement. A voir leurs lignes enserrer étroitement, sur un si vaste espace, une ville si considérable, on ne peut s'empêcher d'éprouver un sentiment à la fois étonné et attristé. Il fallait une audace singulière aux Allemands pour se risquer à une telle entreprise, et, chose cruelle à reconnaître, cette audace, autrefois la qualité maîtresse de notre race gauloise, nous fit complètement défaut toute la campagne, et assura, au contraire, un grand avantage à l'ennemi. Ses écrivains militaires nous ont depuis fait connaître que nous pouvions en octobre rompre sa ligne d'investissement devant Paris ; mais, à l'époque où nous sommes parvenus dans cette histoire, il nous fallait jouer notre carte de salut sur la tentative de jonction de l'armée de Paris avec l'armée de la Loire à travers les lignes prussiennes.

Autour de Paris, les troupes allemandes occupaient, à la fin de novembre, les positions suivantes : la landwher de la garde se tenait, en partant de Louveciennes, jusqu'à Chaton sur la ligne du chemin de fer, appuyant sa droite sur le 5e corps allemand qui tenait Bougival, la Celle-Saint-Cloud, Saint-Cloud et les hauteurs jusqu'à Sèvres et Meudon. De Meudon à Bourg-la-Reine par Clamart, Châtillon et Bagneux, était établi le 2e corps bavarois ; le 6e corps allemand occupait l'Hay, Chevilly et Choisy. A partir de la Seine jusqu'à Noisy-le-Grand, Paris était investi par les Wurtembergeois, Bonneuil, Noisy-le-Grand, Ormesson, Chennevières, Champigny, Villiers, étaient à eux. De Champs à Aunay-lès-Bondy la ligne était occupée par les Saxons, tenant Gournay, Gagny, Livry. Au Bourget, à Dugny, au Blanc-Ménil, bref, d'Aunay à Épinay-Saint-Denis, la garde prussienne était cantonnée, sa droite rejoignant le 4e corps allemand qui s'appuyait, à son tour, sur la landwher de la garde. Ainsi, partout des troupes, et le cercle d'investissement n'avait, sur aucun point, une solution de continuité. En revanche, nous gardions l'avantage de pouvoir jeter en moins de temps sur un point donné un plus grand nombre de troupes, les renforts des Prussiens devant décrire, pour arriver, une circonférence autrement grande. Nous pouvions, de la sorte, espérer rompre la ligne ennemie, ou, pour mieux dire, leurs lignes, car ils avaient depuis septembre établi autour de Paris trois lignes d'ouvrages en quelque sorte concentriques et dont les derniers étaient justement les plus redoutables. Mais que ne fait-on pas, encore un coup, avec l'abnégation et la foi ?

Cette confiance superbe qui transporte les montagnes et accomplit les prodiges, il faut malheureusement reconnaître que le gouverneur de Paris ne la possédait pas. Dès le commencement du siège, dès avant le désastre de Sedan, on l'avait entendu déclarer que la défense de Paris était une *héroïque folie*. Il avait, depuis, maintes fois répété son mot. Dans une réunion de notables, à la veille du siège, quelqu'un lui demandant ce qu'il restait à faire en présence de ces lugubres prévisions, le général Trochu avait répondu : « Ce qu'il nous reste à faire ? De l'*humus* pour les générations futures ! » Cet esprit de sacrifice pouvait paraître avoir sa sublimité au point de vue chrétien, il était fatal au point de vue militaire.

Le général Trochu avait cependant fini par obéir à l'opinion publique, et, au lendemain du 31 octobre, il avait enfin préparé une sortie qui devait avoir lieu, dans le principe, par la Seine, du côté de la presqu'île de Gennevilliers. De cette façon l'armée, opérant la trouée, se fût jetée du côté du Havre et de Rouen, et M. Trochu nous a appris dans son discours du 14 juin 1870 à l'Assemblée nationale que, de ce côté de Paris, l'ennemi, rassuré par la ligne défensive qui s'étend d'Argenteuil à Chatou, n'avait accumulé aucune troupe sérieuse. Cette sortie par la Normandie eût, en outre, donné cet avantage qu'en cas de réussite elle empêchait l'ennemi de se ravitailler avec les ressources normandes. Mais le général Trochu affirme que la nouvelle de la victoire de Coulmiers, ainsi qu'une dépêche de Gambetta qui annonçait l'arrivée future et certaine de l'armée de la Loire dans la forêt de Fontainebleau, le 6 décembre, cette victoire et cette dépêche obligèrent Trochu à modifier son plan. N'avait-il pas écrit d'ailleurs à Gambetta : « Frappez où vous voudrez et l'on vous ouvrira. » Gambetta et l'armée de la Loire frappaient du côté de Fontainebleau. Trochu se mit en devoir de lui ouvrir de ce côté.

La fin du mois de novembre s'était passée à préparer cette sortie décisive, et il faut reconnaître que l'armée avait été mise sur un excellent pied. Paris eut confiance lorsqu'il vit défiler, par la rue de Rivoli et les quais, le dimanche 27 novembre, ces longues files de caissons, de canons, de mulets chargés de bagages, et que précédaient ou suivaient des soldats à l'air résolu, fantassins, mobiles, soldats du génie, fusiliers marins, etc. Le lendemain, la ville trouvait affichées sur ses murailles des proclamations qui produisirent un effet admirable et dont l'une surtout, celle du général Ducrot, provoqua littéralement l'enthousiasme.

Le soir du 28 novembre, les opérations projetées commençaient par une diversion dans la presqu'île de Gennevilliers. De nombreuses batteries de mortiers, de fusées et d'artillerie, établies à proximité des ponts d'Argenteuil et de Bezons, jetaient, par leur feu ouvert à six heures un soir, le trouble dans ces positions que l'ennemi occupait fortement. L'incendie se développait sur plusieurs points; le feu, commencé avec une grande intensité pendant une partie de la soirée, reprenait à minuit, et nos troupes se logeaient dans l'île de Marante et au Pont-aux Anglais, où elles établissaient des retranchements.

Au lever du jour, une forte reconnaissance avait été faite sur les positions de Buzenval et sur les hauteurs de Boispréau.

Du côté du sud, le général Vinoy, appuyé par une artillerie considérable, faisait un mouvement en avant contre l'Hay, Thiais et la Gare-aux-Bœufs de Choisy-le-Roi. L'affaire était vive. La garde nationale, la garde mobile et la troupe combattaient côte à côte.

Le 106e et le 116e bataillons de la garde nationale, commandants Ibos et Langlois, aidés de nos marins, prenaient possession de la Gare-aux-Bœufs, avec un entrain et une bravoure admirables et revenaient, sous le feu des forts, ramenant des prisonniers.

L'attaque contre l'Hay et Thiais avait pour but de faire croire aux Prussiens que l'objectif de l'armée française était de s'emparer de Choisy-le-Roy; de cette façon, on faisait se concentrer l'ennemi sur ce point, tandis qu'à Nogent, on pouvait passer la Marne presque sans combat ou du moins avec plus de facilité. Malheureusement l'opération, d'une audace très heureuse, ne réussit point à cause d'une crue subite des eaux, dit la rumeur publique, mais en réalité, parce que les ponts de bateaux, qui devaient être jetés sur la Marne dans la nuit du 28 au 29 entre la presqu'île de Joinville et Nogent-sur-Marne, n'étaient pas tous prêts. Conçoit-on ce manque de précautions et était-il donc écrit que, jusqu'à la fin, nos chefs supérieurs commettraient les mêmes erreurs, retomberaient fatalement dans les mêmes fautes?

Il fallut ajourner l'attaque jusqu'au lendemain, si bien que l'ennemi eut vingt-quatre heures pour préparer sa défense avec la certitude d'être attaqué dans la presqu'île de Joinville le-Pont, puisqu'il voyait les troupes se masser dans le champ de manœuvres de Vincennes et qu'il avait pu entendre toute la nuit les trains de chemins de fer de ceinture et le bruit de l'artillerie défilant sur les routes[1].

1. Viollet-le-Duc, *Mémoire sur la défense de Paris*, p 29.

Le mercredi, 30 novembre, par un temps clair, sous un ciel limpide, l'action s'engagea dès le matin. Les deux premières divisions, Blanchard et Renault, passèrent les ponts et chassèrent l'ennemi jusqu'aux premières pentes de Champigny, tandis que la redoute de la Faisanderie et les batteries établies près de la boucle de la Marne envoyaient leurs obus dans les lignes allemandes. En même temps, la division Susbielle traversait Créteil et gravissait les coteaux de Mesly et de Mont-Mesly. Ce fut à des Wurtembergeois, bientôt soutenus par des Saxons et des Prussiens, que se heurtèrent nos premières troupes. L'ennemi plus faible en nombre d'ailleurs, à ce moment de la journée, céda bientôt. La division Susbielle avait emporté Mont-Mesly, lorsque le général wurtembergeois, arrivant avec ses troupes, appuyées par la brigade du Trossel, du 2ᵉ corps allemand, contraignit nos soldats à abandonner leur conquête. Ces colonnes allemandes, agitant avec des hurrahs leurs fusils au-dessus de leurs têtes, avaient décontenancé les mobiles de la Vendée et de l'Ain, qui se replièrent alors sur Créteil sous le feu de la redoute de Gravelle, entraînant avec eux les soldats du 42ᵉ. Les mobiles avaient perdu la plupart de leurs chefs et le général Ladreit de la Charrière était tombé, à trente mètres des Prussiens, en criant : En avant! Ancien soldat d'Afrique et d'Italie, le héros de Ponte di Magenta et de la Casa Nuova était sorti du cadre de réserve pour combattre devant Paris. On l'a vu, à Châtillon, le 19 septembre, essayer de rétablir le combat sous les projectiles ennemis. A Mont-Mesly, il tenait son képi au bout de son sabre, lorsqu'une balle lui brisa la main droite; une seconde balle allait lui fracasser la cuisse gauche et le général Ladreit de la Charrière devait mourir trois jours après en prononçant cette parole sublime :

« Si nous avons une armée qui sait mourir, la France est sauvée ! »

Pour lui, il donnait l'exemple. Il mourait de la mort du brave.

Tandis que la division Susbielle abandonnait Mont-Mesly, les Allemands, attaqués à Champigny et à Villiers, supportaient difficilement le choc de nos soldats.

Les hauteurs de Villiers, de Cœuilly et de Chennevières, où les Allemands, repoussés, nous attendaient, étaient cependant dures à enlever. Ces positions dominent, sur ces

coteaux boisés, la plaine et les villages étagés au versant,
Bry-sur-Marne et Champigny. Neuilly-sur-Marne et le village de Bry avaient été emportés par nos troupes. A Bry-
sur-Marne, un combat acharné nous livrait, maison par
maison, le terrain, et les zouaves, se montrant cette fois à
la hauteur de leur réputation, allaient effacer le souvenir
de Châtillon en luttant avec une bravoure admirable sur
les coteaux et dans les vignes. En même temps, Champigny
était enlevé et nous eussions pu, maîtres de la plaine, rejoindre par Cœuilly et Chennevières la division Susbielle,
qui formait notre droite si son mouvement de recul n'avait
laissé Mont-Mesly, et, avec Mont-Mesly, la route de Versailles
entre les mains des Allemands.

Vers trois heures de l'après-midi, les artilleurs de la division Susbielle reprenaient position dans la plaine, les mobiles se reformaient à la lisière du bois de Vincennes,
tandis que sur les coteaux de la Marne la fusillade et la canonnade, effroyablement nourries, continuaient leur œuvre.
On apercevait postées, massées derrière les maisons, derrière les haies, nos troupes, le chassepot armé, tandis que
nos canons, gagnant du terrain après chaque décharge, les
artilleurs poussant eux-mêmes les pièces, balayaient devant
eux l'ennemi. Les mitrailleuses firent de l'ennemi un assez
grand carnage. Des fumées blanches, rayées d'éclairs de
flamme, sortaient de ces taillis où, furieuse, s'agitait la
rouge tuerie.

Pied à pied, on emportait, on enlevait ces coteaux couverts de vignes aux pampres racornis, et où pendaient encore quelques grappes à demi gelées que cueillaient nos
soldats tout en combattant. On arrachait lambeau par lambeau à l'ennemi cette terre française rougie de sang. On
gagnait du terrain de minute en minute, lorsque vers quatre
heures et demie, au moment où nos bataillons arrivèrent
sous les murs du parc de Villiers, dont les Prussiens avaient
fait une redoute, lorsque les mobiles et la troupe attaquèrent en face la première maison blanche de Cœuilly, à
droite de la route, sur la hauteur, et se portèrent à l'entrée
de Chennevières, une fusillade tellement furieuse, écrasante, improbable, éclata sur ces crêtes, comme une traînée de poudre qui s'enflamme, un feu tellement meurtrier
nous accueillit, qu'il fallut laisser aux Prussiens l'asile fortifié qu'ils venaient de choisir pour éviter nos baïonnettes

et nos boulets. D'ailleurs, la nuit venait, cette nuit rapide des jours de novembre. Le soleil se couchait, et sanglant, derrière Châtillon, rougissant de ses derniers reflets les coteaux pleins de morts, incendiant de ses rayons les vitres brisées des logis et enveloppant comme d'une caresse mélancolique la Marne où passaient arborant le drapeau blanc à croix écarlate, les bateaux-mouches chargés de blessés.

Pendant que se livrait cette bataille sur la Marne, la brigade Lavoignet, soutenue par la division de cavalerie Bertin de Vaux, s'avançait, pour faire diversion, dans la presqu'île de Gennevilliers, occupait Drancy et pénétrait jusqu'à Groslay. Dans l'après-midi, la brigade Henrion, malgré les canons ennemis, s'emparait du village d'Épinay que l'ennemi avait fortifié, et cette prise d'Épinay devait faire croire à M. Gambetta que l'armée de Paris avait forcé les lignes ennemies jusqu'à *Épinay-sur-Orges*. A Épinay, le 135e, deux compagnies de matelots fusiliers et les 1re, 2e et 10e bataillons de mobiles de la Seine faisaient des prodiges de valeur et ramenaient soixante prisonniers, des munitions et deux pièces nouveau modèle qui n'étaient, je crois, que deux fusils de rempart. Le commandant Saillard, du 1er mobiles de la Seine, un diplomate devenu soldat, recevait à Épinay trois blessures et devait en mourir glorieusement.

Du côté de la Marne, on passa la nuit à Bry et à Champigny, dans les maisons dont l'ennemi avait fait son logis. Devant nos avant-postes, on creusait une tranchée qui permettait, croyait-on d'arrêter un retour offensif de l'ennemi. En se retirant de Champigny, les Saxons, qui l'occupaient, et qui jusqu'alors avaient respecté les meubles et les tableaux, s'étaient mis à tout briser. Dans le froid glacial, sous une lune pâle et frileuse, nos troupes, blotties le long des maisons, campées dans la plaine, se réchauffant au feu des arbres coupés, abritées sous les branches sèches des gourbis, attendaient le lendemain, tandis que sur la terre dure ceux des blessés qu'on ne relevait point se tordaient, la gelée mordant leurs plaies vives.

La journée du lendemain se passa sans combats. On peut s'en étonner, mais M. Rüstow, dans son histoire de la *Guerre des frontières du Rhin*, en donne l'explication en mettant ce retard au compte de la réorganisation immédiate que réclament, après un tel combat, des troupes improvisées comme l'étaient les troupes françaises. Il n'en est pas moins vrai que nous attendîmes un peu impatiemment l'attaque de l'ennemi qui, après avoir réuni sous le commandement du général Fransecky des forces considérables entre la Seine et la Marne, sur la ligne de Villeneuve à Champs, résolut de rejeter le 2 décembre l'armée de Ducrot sur la rive droite de la Marne.

Vers sept heures du matin, le 2 décembre, par un froid très vif, les Saxons marchèrent sur Bry tandis que les Wurtembergeois attaquaient rapidement Champigny. Nos troupes, qui avaient passé la journée du 1er à enterrer les morts, à se fortifier dans Champigny, se croyaient à l'abri d'un coup de main et furent tout d'abord surprises. Tandis que les mobiles se retiraient avec quelque désordre vers la plaine, quelques compagnies du 35e défendaient le terrain avec un magnifique acharnement et permettaient aux renforts d'arriver bientôt. Une autre colonne allemande, sortant des bois de Villiers, essayait, au même moment, de repousser nos troupes sur Bry et de les précipiter dans la Marne. De ce côté, l'ennemi nous avait repris déjà une redoute chèrement disputée et achetée l'avant-veille à prix de sang. Nos troupes, devant cette trombe humaine, pliaient. Mais le général Ducrot, dont les chevaux demeuraient bridés et sellés depuis la veille, accourait bientôt au galop; Trochu arrivait, l'artillerie du plateau d'Avron qu'on occupait depuis deux jours tonnait, formidable, écrasant l'ennemi. On avait devant soi, disait le général Trochu lui-même après l'action, cent mille hommes accourus de Versailles, portés en masse sur ces coteaux, cent mille Prussiens, Bavarois et Saxons, que nos canons, encore une fois, et l'irrésistible élan de nos jeunes troupes forcèrent à reculer. Échelonnés le long de la Marne, campés, les fusils en faisceaux, le pain de munition planté dans la baïonnette, l'aspect solide et résolu, des bataillons de gardes nationales, frémissants d'impatience, écoutaient le canon et demandaient à marcher.

A quatre heures, l'ennemi était repoussé et battu, forcé à se retrancher de nouveau. On mettait à profit l'expérience, on crénelait aussitôt Champigny, dont on n'avait, il est vrai, emporté, repris maison par maison et barricade par barricade que la moitié; les prisonniers saxons disaient que 150,000 Prussiens se massaient, à cette heure, dans les bois de Cœuilly. On donna ordre à nos troupes d'allumer de grands feux pour faire croire à l'ennemi que nos forces étaient plus considérables encore. Le général Trochu, l'air heureux du résultat de la journée, de cette lutte héroïquement soutenue, passait à cheval, suivi de son état-major, salué par les troupes, dans la plaine qui fait face à Joinville. Ducrot, atteint au cou par un éclat d'obus, contusionné mais non blessé, prenait un peu de repos, dans son logis de Poulangis, près du pont de Joinville. Il n'était point mort, mais il avait repoussé l'ennemi et on l'avait vu, au premier rang, poussant son cheval vers les Allemands, briser son épée dans la poitrine d'un soldat saxon. Ce fait peu connu et authentique prouve que, si le général ne mourut pas, il fit tout du moins pour mourir. Nous pouvons lui rendre cette justice au point de vue militaire, nous aurons plus tard, répétons-le, assez de réserves à faire sur son rôle politique. A ses côtés était mort un de ses officiers d'ordonnance, M. de Néverlée, l'intrépide capitaine qui enlevait une patrouille prussienne jusque dans Saint-Cloud.

Nous avions à déplorer aussi la perte du commandant des éclaireurs parisiens, M. Franchetti, qui, riche, heureux, avait repris l'épée dont il se servit en Italie et qui, emporté du champ de bataille, allait expirer bientôt en laissant un nom à jamais illustre et honoré.

Partis sans couvertures pour être plus agiles, après avoir passé dans le froid la journée du 1er décembre et la nuit du 1er au 2, il fallut que ces soldats supportassent l'horrible et dure gelée de la nuit du 2 au 3 décembre. Cette nuit fut cruelle. La bise coupait les visages, prenait les hommes aux doigts et aux oreilles. On ne pouvait demeurer là, sans abri, dans un pays dévasté.

La retraite avait déjà commencé dans la nuit, des mobiles ayant été dirigés sur le fort de Nogent. L'ordre officiel fut donné par le général Trochu dans la journée du 3. Ainsi, on repassait la Marne. On était vaincu après deux jours de victoires. On campait dans le bois de Vincennes après avoir campé devant l'ennemi. On reculait. Quel écroulement!

Tous les efforts avaient donc échoué? L'armée française avait perdu 6,030 hommes dont 414 officiers (environ un officier pour 14 hommes), les Allemands avaient éprouvé des pertes plus considérables encore; 10,000 cadavres des deux races allaient reposer dans cette terre gelée, et rien n'était changé dans le sort de Paris. Le blocus continuait. Le général Ducrot rentrait vivant et vainement victorieux.

Tout d'abord Paris ne put croire que c'en était fait de son grand espoir ; il ne douta pas que les opérations militaires ne fussent continuées sur un autre point. Sans doute l'attaque vers Champigny n'était qu'une feinte. On allait se battre ailleurs bientôt, et les assiégés, ne doutant pas que l'armée de la Loire ne fût proche, continuaient à attendre fermement l'arrivée prochaine des soldats d'Aurelles de Paladine.

Tout à coup, le soir du 6 décembre, la population parisienne eut connaissance, par voie d'affiches, d'un échange de lettres entre le général de Moltke et le général Trochu. Le chef d'état-major prussien avait jugé utile d'informer le gouverneur de la reprise d'Orléans.

Voici l'affiche :

Le gouvernement de la Défense nationale porte à la connaissance de la population les faits suivants :

Hier au soir, le gouvernement a reçu une lettre dont voici le texte :

« Versailles, le 5 décembre 1870.

« Il pourrait être utile d'informer Votre Excellence que l'armée de la Loire a été défaite hier près d'Orléans, et que cette ville est réoccupée par les troupes allemandes.

« Si toutefois Votre Excellence jugera à propos de s'en convaincre par un de ses officiers, je ne manquerai pas de le munir d'un sauf-conduit pour aller et venir

« Agréez, mon général, l'expression de la haute considération avec laquelle j'ai l'honneur d'être votre très humble et très obéissant serviteur.

« *Le chef d'état-major,*

« COMTE DE MOLTKE. »

Le gouverneur a répondu :

« Paris, 6 décembre 1870.

« Votre Excellence a pensé qu'il pourrait être utile de m'informer que l'armée de la Loire a été défaite près d'Orléans et que cette ville est réoccupée par les troupes allemandes.

« J'ai l'honneur de vous accuser réception de cette communication, que je ne crois pas devoir faire vérifier par les moyens que Votre Excellence m'indique.

« Agréez, mon général, l'expression de la haute considé-

ration avec laquelle j'ai l'honneur d'être votre très humble
et très obéissant serviteur,

« *Le gouverneur de Paris,*

« GÉNÉRAL TROCHU. »

Mais la confiance était si grande que personne n'ajouta
foi à la communication de M. de Molke. On y vit une de ces
ruses dont les Allemands sont coutumiers et par lesquelles
ils essayèrent jadis de tromper les défenseurs de Mayence.

Orléans était en effet repris; et l'armée de la Loire était
défaite. Les Prussiens menaçaient d'occuper Rouen, et le
gouvernement de Tours se repliait maintenant sur Bordeaux.

CHAPITRE XII

L'armée de la Loire après Coulmiers. — Inaction. — Les Prussiens se concentrent. — Premiers engagements. — Nouvelles de l'armée de Paris. — L'armée de la Loire prend l'offensive. — Combat de Villepion (1er décembre). — Confiance de l'armée. — Bataille de Loigny (2 décembre). — Les Bavarois à Goury. — Combat de Poupry. L'armée bat en retraite. — Bataille d'Artenay (3 décembre). — Les Allemands reprennent Orléans. — L'armée de la Loire forme deux armées. — Chanzy, commandant de la 2e armée, opère sa retraite sur le Loir. — Combat de Josnes. — Retraite sur Vendôme.

Longtemps encore, lorsqu'on agitera cette émouvante
question de savoir si nous pouvions, malgré l'acharnement
de la fortune et notre infériorité matérielle, triompher de
l'invasion allemande, longtemps on se demandera pourquoi,
au lendemain de la bataille de Coulmiers, qui ouvrait
au général d'Aurelles de Paladines la route de Paris par
Étampes et Pithiviers, l'armée de la Loire demeura dans
les positions qu'elle venait de conquérir et ne s'efforça point
par un mouvement audacieux, qui paraissait en même
temps un acte de prudence, d'arriver sous les murs de la

capitale avant que l'armée du prince Frédéric-Charles, rendue disponible par la capitulation de Metz (28 octobre), vint apporter son secours aux Allemands battus. Le général d'Aurelles se contentait de couvrir Orléans, de surveiller l'ennemi, de le harceler par des pointes en avant, comme celle qu'on fit jusqu'à Vialon où le prince Albrecht de Prusse fut contraint de fuir, abandonnant sur sa table le plan de campagne à lui envoyé par le grand-duc de Mecklembourg; ou bien encore le général faisait couper par de larges fossés, intercepter par des blocs de pierre la forêt d'Orléans, mais de marche en avant et de mouvement rapide vers Paris il n'était pas question. Le général d'Aurelles de Paladines, dans le livre relatif à ces événements qu'il a publié, argue du peu de cohésion de ses troupes, de l'état de son matériel de guerre, de l'équipement de ses légions. Il venait cependant, avec ces mêmes bataillons, de culbuter une armée compacte, l'armée victorieuse de Bazeilles, et on peut dire que la faculté d'oser, faculté qui jadis était la qualité de notre race, manqua au général d'Aurelles de Paladines comme au plus grand nombre de nos généraux; M. d'Aurelles de Paladines *n'osa* point, et, contraignant ses soldats à demeurer pendant de longues et mortelles journées dans des campements boueux, il usa dans une stérile attente leur énergie qui ne demandait qu'à se dépenser dans l'action. Pendant ce temps, le prince Frédéric Charles s'avançait des bords de la Moselle aux bords de la Loire, il envoyait d'abord des renforts à Werder qui combattait dans l'Est; puis, à marches forcées, il gagnait Pithiviers par Troyes, Sens, Nemours et Puiseaux. Il établissait son quartier général à Pithiviers le 21 novembre. Depuis onze jours le général d'Aurelles n'avait pas avancé d'une lieue. A ce moment même, von der Thann, concentré à Étampes, recevait des secours de l'armée cantonnée autour de Paris, et le grand-duc de Mecklembourg menait à Chartres ses troupes. Au lieu de 40 ou 50,000 hommes que l'armée française avait devant soi quinze jours auparavant, c'était maintenant plus de 120,000 hommes et près de 400 bouches à feu.

L'armée de la Loire, sous les ordres du général en chef d'Aurelles de Paladines, comprenait cinq corps d'armée : le 15e, commandé par le général Martin des Pallières, et qui couvrait Orléans; les 18e et 20e corps, sous les ordres du général Bourbaki, récemment arrivé de l'armée du Nord

LE GÉNÉRAL STEINMETZ

qu'il commanda un moment (ces corps formaient la droite
de l'armée de la Loire et se concentraient en avant de la
forêt d'Orléans, par la route de Pithiviers) ; enfin, à la gauche de l'armée, les 17e et 18e corps, sous les ordres des
généraux Chanzy et de Sonis. Une division de cavalerie,
établie à Saint-Lyé, reliait l'aile droite à l'aile gauche. Une
série d'épaulements, de retranchements, d'ouvrages défendus
par de grosses pièces de marine formaient, en outre, en
avant d'Orléans une ligne défensive que les marais de la
Conie, impraticables en hiver, rendaient plus solide encore.
L'attitude du général d'Aurelles était donc l'expectative. Il
renonçait à l'attaque. Au contraire, il attendait l'assaut de
l'ennemi. On sait que le soldat français, heureux lorsqu'il
marche en avant, n'aime que les combats de ce genre : la
patience n'est pas une de nos vertus.

Au surplus, puisque l'armée de la Loire avait donné aux
armées allemandes le temps de se réunir, le moment n'é-
tait pas éloigné où celles-ci prendraient l'offensive. Le général de Sonis, qui marchait entouré de ses éclaireurs algériens, Kabyles combattant pour la France, en était déjà
venu aux mains le 25 novembre, à Yeures, avec les Allemands et les avait repoussés jusqu'au delà de Brou. Mais,
averti que le grand-duc de Mecklembourg s'avançait sur
Châteaudun, le 17e corps se replia, suivi de près par de fortes
reconnaissances de l'ennemi.

Le 29, l'armée de Mecklembourg forçait à la retraite
le général Digard et les francs-tireurs Lipowski, placés sur
notre flanc gauche, et, dès le lendemain, le plan de l'ennemi apparut clairement, lorsque les avant-postes de Patay
aperçurent le défilé de l'armée du grand-duc de Mecklembourg qui, après avoir menacé le Mans durant les derniers
jours, revenait au contraire du côté de Frédéric-Charles
pour opérer de concert avec lui contre notre armée et attaquer notre gauche.

Nous venions déjà, sur notre droite, d'éprouver la force
de l'ennemi en des combats glorieux, comme celui de
Ladon, ou acharnés comme celui de Beaune-la-Rolande.
Mais ces combats nous coûtaient cher. Cette aile droite de
notre armée était d'ailleurs la plus pauvre en équipements
et la moins disciplinée. Elle était composée de troupes rassemblées depuis peu, et sa bravoure ne pouvait suppléer à
son organisation. Le corps d'armée du général Crouzat,

venant de Gien, passant par Montargis et par Ladon, qui
venait d'être brûlé et pillé, se trouvait, le 28 novembre,
après le combat de Juranville-sur-Maizières, en face de
Beaune-la-Rolande. Ce corps, où se trouvaient des zouaves,
des troupes de ligne, les mobiles du Loiret, des Deux-
Sèvres, pouvait certes canonner Beaune, en déloger les
Prussiens, et déjà l'artillerie se préparait à incendier la
ville et à fouiller les bois de la vallée avec des obus à balles.
Deux heures après, l'armée fût entrée dans Beaune, fortifiée,
barricadée, et comme imprenable pour l'infanterie. Le
général Crouzat ne consentit pas au bombardement. De cinq
minutes en cinq minutes, il fit envoyer un obus sur Beaune-
la-Rolande, et, après avoir, en quelque sorte, averti les
Prussiens qu'on allait donner l'assaut, il jeta ses troupes
sur le village, à l'arme blanche.

Nos soldats s'élancèrent bravement, chassant les Allemands, les battant dans les bois et dans la vallée qu'ils emplissaient, les poursuivant d'un même élan, jusque dans
Beaune ; mais là, à quatre heures du soir, arrêtés par les
barricades, les ouvrages construits depuis longtemps et les
maisons crénelées, force leur fut de s'arrêter. A ce moment
même, les Prussiens, qui tout à l'heure se disposaient à lever
le camp, recevaient un renfort de trois régiments brande-
bourgeois, flanqués d'une nombreuse artillerie.

Nous avions cependant des canons aussi. Il se mettaient
décidément en ligne, mais trop tard, à quatre heures du
soir seulement, de petites pièces de 4, et les batteries ne
comptant que quatre pièces. Depuis sept heures du matin,
cette artillerie, placée loin de Beaune, à l'arrière-garde,
était inactive, les officiers ne recevant pas d'ordre, et assis
sur les prolonges, mangeant du poulet, tout en écoutant le
bruit d'un combat dont ils eussent fait un triomphe. En une
heure de temps, lorsqu'ils entrèrent en bataille, ils eurent
foudroyé les maisons où se blottissaient les Prussiens. Mais,
je le répète, il était trop tard. La journée ne nous appartenait plus. Les attaques à la baïonnette devenaient inutiles, impossibles. Le nombre des ennemis croissait à tout
moment. Il fallut battre en retraite. A neuf heures du soir,
on s'éloignait, le soldat mécontent et maugréant, car il avait
en quelque sorte touché du doigt la victoire. En effet, on
pouvait ce jour-là arriver jusqu'à Pithiviers où les Allemands entassaient leurs approvisionnements. Mais il était

dit que cette campagne serait, jusqu'à la fin, marquée du même cachet fatal. Jusqu'au matin, dans la nuit, le froid et la boue, le 20ᵉ corps d'armée continue de reculer. Il recule ainsi jusqu'à Saint-Loup, jusqu'au pont de Jargeau, et le général Crouzat n'en télégraphiait pas moins que l'affaire de Beaune-la-Rolande était une victoire. Disons, il est vrai, que le Prince Frédéric-Charles n'avait pas cru conserver sans danger la position de Beaune, et qu'il l'avait abandonnée pendant la nuit, après avoir incendié les maisons[1].

En présence de l'attitude menaçante de l'ennemi, il fallait prendre un parti rapide et décisif. Le gouvernement de Tours venait de recevoir la nouvelle de la sortie de Ducrot, et, à cause de cette erreur géographique qui faisait prendre le village d'Épinay sous Paris pour celui d'Épinay-sur-Orges, il croyait déjà que l'armée parisienne avançait rapidement.

Dans l'après-midi du 30 novembre, une dépêche de Tours annonçait à M. d'Aurelles de Paladines le départ de M. de Freycinet, délégué du ministre de la guerre pour le quartier général. A neuf heures du soir arrivait M. de Freycinet, accompagné de M. de Serres. Il conseillait, il commandait une action générale qui, décisive quinze jours auparavant, était plus douteuse aujourd'hui, à cause de l'accumulation des forces allemandes. Il s'agissait de porter en avant, d'un mouvement, les 16ᵉ, 17ᵉ, 15ᵉ, 20ᵉ et 18ᵉ corps sur Pithiviers, de battre les Prussiens par ces efforts combinés et de marcher à la rencontre de Ducrot qui, à n'en pas douter (cruelle illusion, hélas!) avait, devant Paris, percé les lignes prussiennes. On se donnerait la main à Pithiviers. Les généraux d'Aurelles de Paladines, Chanzy et Borelle hésitèrent un moment, puis, deux heures et demie après, convaincus que Ducrot tenait la campagne, ils se résolurent à marcher de l'avant. Le 17ᵉ corps (Martin des Pallières) couvrirait Orléans, au besoin soutenu par le 21ᵉ (général Jaurés) à peine constitué, mais déjà en ce moment à Vendôme. Le 15ᵉ corps, pivotant autour du 16ᵉ, remonterait vers la gauche, et le 17ᵉ servirait de réserve au 16ᵉ. On allait combattre dans de vastes plaines, dans un pays coupé de bois où s'abritait l'ennemi. Du haut d'observatoires artificiels ou du sommet des clochers, les Allemands pourraient facilement observer les mouve-

1. Ch. de Freycinet, *la Guerre en province.*

ments de nos troupes. Tout était à notre désavantage. Nous n'avions guère que 280 canons à opposer à la formidable artillerie allemande, et, parmi nos corps d'armée, le 15ᵉ seul était absolument solide. Mais, à cette heure de confiance, l'armée, enthousiasmée par la nouvelle des victoires (qu'elle croyait complètes) de Ducrot n'eût pas hésité à se jeter sur un ennemi deux fois plus nombreux. L'illusion pouvait nous être une force. On la mit en toute hâte à profit.

L'armée de la Loire allait maintenant attaquer. Atteinte à l'aile droite, depuis Beaune-la-Rolande, elle voulait frapper l'ennemi de son aile gauche. Le plan de bataille était celui-ci : marche du 16ᵉ corps sur Janville et Toury, le 17ᵉ corps le suivant de près et, le 2 décembre, mouvement concentrique des 15ᵉ, 18ᵉ et 20ᵉ corps, se portant ensemble et à leur tour sur Pithiviers.

À dix heures du matin, le 1ᵉʳ décembre, tout le 16ᵉ corps, avec ses trois divisions (1ʳᵉ division, Jauréguiberry ; 2ᵉ Barry ; 3ᵉ Morandy) était en marche. Le brave amiral Jauréguiberry, dont le journal la *République française* a pu dire naguère qu'il rappelait la grande figure de l'amiral Coligny, avait pour objectif le village de Terminiers. Le général Barry devait s'établir entre Terminiers et Sougy, et le général Morandy se dirigeait vers la droite du village de Sougy. Mais, dans sa marche, l'amiral Jauréguiberry, apercevant sur sa gauche un mouvement menaçant de l'ennemi, se porte vers Guillonville. L'artillerie bavaroise était postée entre Gommiers et Terminiers. Elle couvre d'abord nos troupes de ses obus, mais l'amiral fait avancer ses batteries qui ripostent, puis lance sur Gommiers ses chasseurs qui emportent d'assaut le village. Guillonville est en même temps évacué par l'ennemi. Terminiers va l'être bientôt. Maintenant, c'est une autre ligne de villages, c'est Faverolles, Villepion, Nonneville, qu'il faut enlever après Gommiers. L'amiral lance de ce côté le 37ᵉ de marche et le 33ᵉ mobiles. Ces braves régiments, faisant un feu d'enfer, criblent l'ennemi et le forcent à reculer. « En une heure, dit M. Auguste Boucher, à qui nous empruntons quelques-uns de ces détails, les mobiles de la Sarthe brûlaient 8,000 cartouches ; le soir, le 3ᵉ bataillon du 37ᵉ en avait brûlé 49,281. » Il fallut bien que devant cette impétueuse attaque, les Allemands cédassent le terrain. Sa droite, tout entière, enfoncée, se replia sur Orgères, à la nuit tombante, entrainant dans sa défaite M. de Tann et son état-major.

En même temps, Villepion était enlevé à la baïonnette par la 2e brigade qu'électrisait cet homme dont la bravoure est depuis ce temps légendaire dans l'armée, l'amiral Jauré-guiberry. « Il faut le chercher là où le feu est le plus fort, » disent les soldats. Son petit cheval, dont le trot le fait sau-tiller, est avec son cavalier partout où le danger passe. Calme, souriant, intrépide, l'amiral a, même sous les balles, une bonne parole pour ses soldats. Il leur donne la confiance et leur communique l'alacrité quasi joyeuse, l'activité ner-veuse de son tempérament brusque. Toute sa division mérita le lendemain d'être mise à l'ordre du jour de l'armée. Lui mérite de demeurer à l'ordre du jour de l'armée.

La ligne entière de l'ennemi était enfoncée et ses positions enlevées nous restaient victorieusement. Ces combats du 1er décembre, qui prirent le nom de combat de Villepion, donnaient à l'armée une absolue confiance.

L'armée de la Loire en ressentit un espoir profond. Lorsque, à neuf heures du matin, le général de Sonis, qui commandait le 17e corps, offrit au général Chanzy de le soutenir : « Soyez sans crainte, répondit Chanzy, nous cou-cherons ce soir à Toury. » Chefs et soldats maintenant ne croyaient plus qu'à la victoire. Cette fois, il s'agissait pour le 16e corps de gagner Janville après avoir enlevé à l'ennemi Orgères, Loigny, Lumeau, Poupry, toute une nouvelle ligne de défense. L'ennemi, au contraire, croyait que l'objectif des Français était non pas de s'efforcer de gagner du terrain, mais d'envelopper et d'écraser l'armée du grand-duc de Mecklembourg pour se retourner vers Frédéric-Charles et le combattre. Les Bavarois, massés entre Orgères et Tanon, leur centre à la Maladrerie, attendaient le choc de nos troupes, tandis que von Treskow et la 17e division prus-sienne s'avanceraient vers Lumeau et que la division du général von Wittich (la 22e) nous disputerait Poupry, prête à nous tourner au besoin. A droite de l'armée du grand-duc la cavalerie du prince Albrecht, manœuvrant vers Cormain-ville, essayerait de nous prendre à revers.

Lorsque l'armée française s'ébranla pour attaquer les positions ennemies, il n'y avait qu'une pensée et qu'un cri dans ses rangs ; « A Paris! Nous allons à Paris! » Sous ce clair soleil d'hiver, sur la terre durcie par la gelée, les soldats marchaient sûrs de vaincre. Von der Tann, s'apercevant que nos troupes ne marchent pas sur Orgères, mais passent entre Loigny et Lumeau, envoie, pour les arrêter, sa première brigade au château de Goury. Le château et le parc, fortifiés, arrêteront, en effet, un moment la marche de la division Barry. Mais les braves soldats qui la composent n'hésitent guère et se précipitent de nouveau, au pas de course. La 1re brigade bavaroise, serrée de près, décimée par les mitrailleuses, va céder sous peine d'être (le mot est d'un témoin allemand) *anéantie ou prisonnière*, lorsque von der Tann envoie en hâte sa deuxième brigade pour contenir notre attaque. Deux régiments allemands se jettent dans le parc, ouvrent un feu meurtrier sur nos troupes, qui, sans abri, égarées, se troublent et se replient sur Loigny. L'amiral Jauréguiberry envoie aussitôt la brigade Bourdillon rétablir le combat. Le 39e de marche et le 3e bataillon de chasseurs font des prodiges; un quart d'heure après leur arrivée, von der Tann était obligé d'envoyer la 3e et la 4e brigades de ses troupes au secours des deux autres. Dans le château de Goury, le général Rudolf von der Tann, frère du général en chef, crie aux Bavarois qu'il faut vaincre ou mourir. Il les excite, il leur promet le secours des deux autres brigades. Celles-ci, se déployant dans la plaine, sont littéralement décimées par les canons du général Bourdillon, cachés au ras de terre. Elles se blottissent, éperdues, derrière les créneaux de Goury.

Le général von der Tann était à demi vaincu, et l'inquiétude la plus profonde l'envahissait; il avait demandé à ses trois brigades un dernier effort, que nos soldats avaient repoussé avec une ardeur superbe que l'écrivain allemand appelle un mouvement *furieux;* l'armée bavaroise était comme perdue, lorsque, vers deux heures de l'après-midi, une *forte et claire canonnade* se fit entendre à la gauche de Goury. Les Prussiens de la 17e division accourent. Leurs tirailleurs se répandent déjà dans la plaine. Les brigades écrasées, les débris de l'armée de von der Tann poussent de formidables hurrahs. La victoire que nous tenions va nous échapper.

Pendant ce temps, la division Morandy était devant Lumeau, aux prises avec les troupes de von Treskow. Le 40e de marche et le 71e mobiles (régiment de la Haute-Vienne) avaient supporté avec aplomb les projectiles des

batteries de Lumeau, mais notre artillerie, sur ce point,
était trop faible. Nous devions être fatalement repoussés.
Nos troupes débandées iront se replier bientôt dans une
fuite précipitée jusqu'à Terminiers, et laisseront sept canons
entre les mains des Allemands. D'autres, parmi lesquels
beaucoup de mobiles limousins, se ralliant à Écuillon, dis-
puteront ce village aux Prussiens et le reprendront trois
fois, après l'avoir perdu, pour ne laisser à l'ennemi que des
murs croulants et embrasés. Vainement, pour arrêter la
déroute de ce côté, le général Chanzy, descendant du
clocher de Terminiers, d'où il suivait les phases de la
bataille, exhorte ses soldats, les ramène, les menace. Ces
troupes démoralisées n'écoutent plus. Le général alors
place une batterie de 12 à Terre-Noire, en deçà du grand
chemin de Chartres à Orléans, et contient sous ses obus les
Prussiens qui s'arrêtent. Notre centre enfoncé n'existait plus,
et, devant Goury, nos soldats, débordés par la 17e division
prussienne, reculaient, mais en faisant face à l'ennemi. Les
mobiles de la Sarthe furent particulièrement résolus et
fermes, et dispersèrent bravement la cavalerie du prince
Albrecht, lancée sur eux à toute bride. Deux fois cette
cavalerie, qui voulait nous tourner, fut repoussée, et on ne
peut dire quel eût été le résultat de la bataille si, comme le
dit l'amiral Jauréguiberry dans son rapport, notre 1re division eût été appuyée par une démonstration de la cavalerie
sur la gauche. Mais le général Michel, qui conduisait les
cavaliers, avait reculé, lui, ce même homme qui guidait au
combat les cuirassiers de Frœschwiller.

Peu à peu, nous revenions ainsi, vers quatre heures, aux
positions conquises la veille, et d'où l'armée était partie, si
confiante le matin même, pour marcher à des conquêtes
nouvelles. Le 39e de marche et les mobiles de la Sarthe,
postés à Villepion qu'ils ont ordre de garder, arrêtent les
Bavarois qui veulent emporter cette position. A ce moment,
le général de Sonis apparaît, suivi de ses spahis. C'est le
17e corps qui arrive, c'est la victoire qui revient. Nos soldats
tressaillent d'allégresse, et, devant la canonnade effroyable
qui éclate sur la droite, les Bavarois hésitent, et Jauréguiberry a un moment l'idée de les refouler jusqu'à Orgères.
Mais il lui faut des canons. Il en demande au 17e corps. Un
commandant les refuse. Lorsque le général de Sonis les
accorde, il était trop tard.

Cependant, on se battait toujours devant Loigny. Notre artillerie était insuffisante, les fusils ripostaient aux canons. Le 3e chasseurs, le 75e mobiles, le 39e de marche, écrasés, broyés, épuisent avec un acharnement magnifique leurs cartouches, et tiennent tête aux canonniers, aux fantassins et aux cavaliers ennemis. Toute cette brigade Bourdillon, admirable en ce moment, se couvrit de gloire dans ce désastre. Les charges des cavaliers, poussées avec rage, étaient reçues avec une impassibilité superbe. La nuit venait pourtant. Les forces de l'armée française se réduisaient, de minute en minute. On ne se battait plus, vers la gauche, qu'entre Loigny et Villepion, et, sur la droite, à Poupry. Mais, encore une fois, le général Gaston de Sonis était là, et on savait de lui ce mot : « En partant pour l'armée, je me condamne à mort ! » Il amenait avec lui cette poignée héroïque de volontaires de l'Ouest, qui, arborant un étendard sacré, n'en combattaient pas moins pour la République et pour la France, et que guidait au premier rang le colonel Athanase de Charette. Les petits-fils des émigrés de Coblentz combattaient du moins, cette fois, pour la patrie, et, pour être juste, la patrie doit reconnaître qu'ils versèrent bravement leur sang pour une cause qu'avaient méconnue leurs pères.

Les volontaires de l'Ouest, campés à Patay, furent lancés vers le terrain du combat, et ils arrivaient, suivant le général de Sonis, aux environs de Villepion, lorsqu'un obus éclate, sans le blesser, auprès du général et le couvre de terre : — « Vive la France ! » s'écrie de Sonis, debout sur ses étriers. Il lance son cheval vers Loigny et entraîne avec lui les zouaves de Charette, suivis des mobiles des Côtes-du-Nord, des francs-tireurs de Tours et des francs-tireurs de Blidah. Ces derniers, les francs-tireurs algériens et tourangeaux, allaient, sans qu'on ait mis en lumière leur courage, partager la gloire que nul n'a refusée aux volontaires de l'Ouest. Cette troupe marche bravement, calme, bien ordonnée, sous les obus ennemis. Ils donnent honte au 51e de marche, tapi dans un repli de terrain, qui refusait tout à l'heure d'avancer, et dont quelques hommes maintenant suivent les zouaves de Charette et les francs-tireurs de Tours et de Blidah. M. de Verthamon fait flotter au vent la bannière blanche qui teindra bientôt de sang rouge sa pieuse couleur. On approche de Loigny. L'ennemi est caché dans le petit bois du village. On s'avance sans tirer.

M. de Sonis, l'épée haute, s'élance, et on arrive à la lisière
du bois d'où la fusillade éclate, terrible, brisant la cuisse au
général de Sonis qui tombe, foudroyant M. de Verthamon
qui tend son étendard à Jacques de Bouillé, jetant à terre le
lieutenant-colonel de Troussures qui sera, tout à l'heure,
achevé, assommé à coups de crosse par les vertueux et
humanitaires Allemands.

Mais le bois était emporté de front par les zouaves, sur
la droite par les mobiles des Côtes-du-Nord. On est entré
dans le village, on s'y bat corps à corps, on s'y fusille avec
un acharnement épouvantable. Il faut, à travers les rues
incendiées, se tracer un passage vers l'église et le cimetière
où deux bataillons du 37e se défendent opiniâtrément depuis
de longues heures, sans se rendre, sans céder, attendant
qu'on les dégage. C'est en vain. Les Bavarois et les soldats
de von Treskow se pressent dans Loigny, arrivent par
bataillons épais. Il faut céder. M. de Charette ordonne la
retraite. Il tombe à son tour, blessé d'une balle à la cuisse.
Sur 300 hommes qu'il a conduits à Loigny, 198 sont restés
sur le champ de bataille. Sur 14 officiers, 4 seulement sont
sans blessures. Les zouaves ont abandonné Loigny après cet
effort admirable, ils regagnaient Villepion et Patay, et
dans Loigny embrasé, dans Loigny en flammes, le 37e de
marche, qui la veille, au combat de Villepion, avait enlevé
Nonneville, le 37e de marche, envoyé dans Loigny par les
ordres de Jauréguiberry, tenait intrépidement, et se débattait, héroïque, dans ce brasier.

Malgré les attaques incessantes de l'ennemi, ces deux
bataillons du 37e n'avaient pu être réduits, et, après avoir
soutenu derrière les épaulements, derrière les maisons et
les arbres un combat acharné de mousqueterie, ils s'étaient
retranchés dans le cimetière et les maisons voisines et,
luttant contre les 90e et 76e régiments de la division von
Treskow, ils attendent, tout en luttant, qu'on vienne les
délivrer. Loigny est en flammes, le flot des ennemis est
pressé, indomptable. Le 37e tient toujours. Il fallut que,
dans la fumée des maisons dévorées par l'incendie, les fusiliers mecklembourgeois se jetassent de tous côtés dans le
cimetière, entourant ces braves d'un cercle de feu pour que
la lutte prît fin. Depuis cinq heures le 37e luttait sans espoir, mais non sans honneur. Alors, musique en tête, à
travers les rues embrasées et parsemées de cadavres de

Loigny, les Prussiens entrèrent triomphants. Notre défaite était achevée.

Dans cette journée du 2 décembre, 5,000 Allemands avaient été mis hors de combat, nous avions à déplorer la perte de près de 7,000 soldats, morts, blessés ou prisonniers, et l'ennemi nous avait enlevé onze canons. Cette journée, que Gambetta, dans sa dépêche du 3 décembre, ne donnait que comme ayant déterminé un *temps d'arrêt* dans le mouvement du 17e corps, devait être irréparable.

Il fallut abandonner tout mouvement offensif et ne plus songer qu'à se défendre derrière les lignes fortifiées d'Orléans. Le 3 décembre, l'armée de Frédéric-Charles, réunie à celle du grand-duc de Mecklembourg, concentrée de Chevilly à Toury, avec un front de bataille formidable, attaqua furieusement notre centre et notre gauche, tandis que 8,000 hommes tenaient en respect nos 18e et 20e corps entamés depuis Beaune-la-Rollande. Cette bataille prit le nom d'Artenay, où Frédéric-Charles avait, ce jour-là, son quartier général.

Cette fois, par un temps affreux, dans la neige, sous le vent d'ouest qui sifflait violent et glacé sur ces plaines dégarnies d'arbres, on se battit. L'armée allemande avait marché une partie de la nuit, et elle était arrivée devant Artenay.

« Artenay, dit un écrivain allemand, village de quelques centaines d'habitants, est situé dans une plaine plate, sans bois ni forêts, sur une petite éminence. Le village était fortement barricadé ; on jugea dès lors opportun de faire agir l'artillerie. Il était dix heures lorsque le général donna l'ordre à l'artillerie réunie de canonner Artenay. Soixante pièces entourèrent en demi-cercle le village et dirigèrent un feu terrible sur lui.

« Les Français se retirèrent devant ce feu écrasant d'artillerie, de sorte que les troupes s'emparèrent d'Artenay sans obstacle digne de mention. Il était juste midi quand Artenay fut pris, mais on ne pouvait songer à manger. On continua en avant sans s'arrêter.

« La ligne entière s'avança en dehors d'Artenay et prit une nouvelle disposition d'attaque pour déloger l'ennemi, qui s'était fortifié dans les fermes de Chevilly et dans les replis de ce village. On se trouvait ainsi en face de la force principale de l'ennemi, et un violent combat s'engagea.

Près du moulin d'Anvilliers, qui se trouve sur une colline dominant la contrée, se trouvait une batterie ennemie qui commandait le pays adjacent et la route principale. Les fermes d'Arblay et de Lagrange regorgeaient d'infanterie qui les défendait vaillamment. Au milieu de la route se trouve le petit village de Croix-Briquet, où se trouvait le gros de l'ennemi. Il y avait là près de 60,000 hommes dans les fermes, le moulin à vent, derrière Croix-Briquet et les petites parcelles de bois, qui recevaient avec force fusillade les troupes à mesure qu'elles se présentaient. De grands fossés garnissaient les deux côtés de la route, et de grosses pièces de marine de 24 envoyaient leurs terribles boulets de calibre jusque dans les rangs des colonnes d'attaque de la réserve.

« L'artillerie dut entreprendre à nouveau de frayer un chemin aux troupes d'infanterie. Elle prit position près de Château-Anvilliers, et attaqua la position ennemie par le flanc. La ligne ennemie dut céder devant la terrible canonnade de trente pièces. Les obus frappaient avec une effroyable précision les positions fortifiées des Français. Un grand nombre furent tués ; les autres prirent la fuite. Le 2e bataillon du 86e régiment se précipita alors à l'assaut du plateau du moulin d'Anvilliers. Conduit par le major Ziémann, le bataillon avança avec le calme et la précision d'une manœuvre d'exercice. Quoique mitraillé des hauteurs par l'ennemi, il ne broncha point, et, malgré ses pertes, il s'élança en lançant des hourras, et au bruit de la charge des tambours, sur la position ennemie. L'ennemi n'attendit pas à la baïonnette le bataillon, mais se précipita en fuite rapide du haut du plateau dans Chevilly. La ligne entière s'avança alors, chassant l'ennemi devant elle, le canonnant constamment de notre artillerie et le refoulant de toutes les positions. La position principale qu'il occupait était prise et gagnée. Les hauteurs d'Anvilliers, les fermes de Lagrange et d'Arblay tombèrent aux mains de notre infanterie.

« A trois heures, l'ennemi était en pleine retraite. Déjà des masses de bandes de fuyards se ruaient en désordre sur Orléans. Ils traversèrent la ville et les ponts de la Loire en jetant l'alarme et se plaçant sur l'autre rive en disant : « Nous ne sommes pas assez en force, les Prussiens arrivent. »

Il y avait, autour d'Orléans, des pièces de marine que

les servants, en se retirant, eurent le soin d'enclouer. La gare d'Orléans était défendue par des fossés profonds, par un bastion armé de huit pièces de siège ; les poudrières étaient pleines de poudre et d'obus. On ne défendit pas ces positions; cette armée, encore si nombreuse, lutta avec moins d'acharnement qu'en octobre, la poignée héroïque de zouaves de Charette défendant le faubourg des Aydes. Toute notre ligne, il est vrai, était enfoncée et forcée. Sous la neige qui leur fouettait le visage, les Allemands avaient enlevé Cercottes, les bois, les canons de notre artillerie.

Et, repoussant l'armée de la Loire, l'ennemi rentrait à Orléans. Le spectacle fut lugubre. Des femmes en deuil parcouraient les rues, cherchant les traces de leurs fils, de leurs frères, de leurs maris. La voie publique était jonchée de cadavres d'hommes et de chevaux.

Par le froid glacial qui régnait, les mobiles prisonniers venaient demander à pouvoir se réchauffer aux feux des Prussiens. Ceux-ci firent ouvrir les magasins pour se procurer des gants, des camisoles de flanelle, des cartes topographiques et tous les objets indispensables.

On enferma dans la cathédrale des prisonniers qui, pressés par le froid, mirent le feu à toutes les chaises de l'église. Ces bûchers allumés au milieu du temple produisaient une épaisse fumée au milieu de laquelle les soldats s'agitaient comme des ombres fantastiques. Tout à coup, le bruit assourdissant des conversations de cette multitude fut interrompu par le son de l'orgue, qui se mit à jouer... une gigue, tandis que les prisonniers cuisaient leur repas sur le feu allumé dans la nef.

Cependant l'armée de la Loire en déroute se battait jusqu'à Vierzon. La retraite ressemblait de ce côté à une fuite. Pourtant on se retournait encore, et on faisait tête aux uhlans. Mais le flot des fuyards, les bandes affolées entraînaient les plus braves. A Vierzon, des soldats effarés, prenant les trains d'assaut, ont été écrasés sous les wagons; d'autres, montant éperdus sur la locomotive en marche, se sont broyé le crâne contre la voûte des tunnels. Leur cervelle avait jailli et rougi la brique. Du côté de Chanzy, la retraite du moins fut glorieuse et plus digne du vieux renom français.

L'armée française avait perdu dans les quatre journées de batailles livrées autour d'Orléans, plus de 2,000 morts.

10,000 prisonniers, 77 canons et 4 canonnières; mais les pertes des Allemands dépassaient de beaucoup les nôtres. Le seul corps du grand-duc de Mecklembourg avait eu, dans la journée du 2 décembre, 3,200 hommes tués ou blessés, chiffre officiel. Il fallut bien que ces pertes considérables donnassent à réfléchir au commandant en chef allemand, car il pouvait poursuivre notre armée, et il ne le fit pas. Le général d'Aurelles de Paladines avait été, à la suite des échecs subis, relevé de son commandement, et un officier, inconnu jusqu'alors, célèbre aujourd'hui, lui succédait. C'est le général Chanzy. Nos soldats battaient en retraite, les uns sur Vierzon, les autres sur Blois et Chambord; d'autres sur Vendôme ou Bourges. On vit des groupes de soldats, de fuyards, marcher hâves, effarés. Pour arrêter une telle retraite et une telle démoralisation, il fallait une volonté dure et une foi profonde.

C'est là surtout, c'est alors que M. Gambetta se montra vaillant et résolu. La délégation, devant l'approche des Prussiens, avait été forcée de quitter Tours pour se réfugier à Bordeaux. Gambetta suivit l'armée, la refit, la retrempa, donnant du cœur aux généraux, ramenant au combat les traînards des grandes routes, insufflant à ces malheureux soldats écrasés, gelés, meurtris, un peu de sa flamme ardente, allant, venant, se multipliant avec une admirable ténacité et une dépense prodigieuse de juvénile énergie.

A une telle armée, aussi abattue, il fallait des généraux résolus. Le général Chanzy en était un. Jeune encore (il avait quarante-sept ans alors), la figure sympathique, militaire et française, il avait toute la vigueur du tempérament ardennais. D'abord mousse, puis saint-cyrien, officier de zouaves, chef de bataillon à Solferino, lieutenant-colonel en Syrie, colonel en Afrique, partout il s'était distingué et affirmé. A Coulmiers il avait contribué pour sa bonne part au succès de la journée. Il enlevait, à la tête du 16e corps, les fortes positions occupées à Patay par l'armée ennemie. Mais c'est surtout aux jours cruels de la retraite, par son sang-froid, sa présence d'esprit, son impassibilité et sa résistance, qu'il devait s'illustrer. Gambetta pouvait dire avec raison qu'un tacticien s'était révélé.

Sa retraite, où pendant plus d'un mois presque chaque jour il livra bataille à un ennemi supérieur en nombre, qu'il arrêta presque toujours et qu'il battit quelquefois, a

pu être surnommée par l'étranger la *retraite infernale*. C'est
au général lui-même qu'il a appartenu de la raconter [1].

À Josnes, le 8 décembre, il attaquait le grand-duc de
Mecklembourg, que le général Camon avait combattu la
veille. C'était devant Poisly et Cravant. Il repoussa les Prussiens, qui, le lendemain, sortaient de Beaugency en masses
profondes. Tous ces villages qui environnent la ville, Cravant, Ourcelles, Villejouan, virent des combats terribles où
l'armée d'Artenay montra qu'elle existait encore. A ces
combats glorieux, le général Chanzy avait donné le nom de
bataille de Josnes : « *N'oubliez pas que vous êtes les soldats
de Josnes!* » disait-il à son armée, la veille de la bataille du
Mans. Le général Trochu a écrit qu'une bataille n'est jamais perdue, mais *qu'on la croit perdue*. Chanzy réussissait
à donner le mirage et la certitude de la victoire à ses soldats repoussés, mais qui, tout en cédant le terrain, infli-
geaient de dures pertes à l'ennemi.

Cette armée de la Loire, maintenant séparée en deux
tronçons, l'un reformé à Bourges, sous Bourbaki, l'autre,
demeuré entre les mains de Chanzy, devait encore inquiéter
l'ennemi. Nous réservons l'histoire de l'armée de Bourges
et de Bourbaki. Pour l'armée de Chanzy, elle se retira sur
la ligne du Loir après avoir essayé de se maintenir dans la
vallée de la Loire, combattant entre la forêt de Marchenoir
et le fleuve, couvrant la route de Tours, sans cesse attaquée, sans cesse au combat. Le nombre de ces engagements
glorieux est de quinze au moins et celui de Villorceau ou
de Josnes (le 8 décembre) avait été presque une victoire.
« Toutes les fois, dit le général, que nous étions parvenus à
portée de la mousqueterie des Allemands, ils avaient été
forcés de reculer devant la vigueur de nos fantassins, et la
supériorité du chassepot. » Le lendemain, Gambetta arrivait
auprès de Chanzy, annonçant que la délégation de Tours
se portait à Bordeaux et approuvant la retraite sur Vendôme que Chanzy ne commença qu'après avoir constaté
que la première armée, celle de Bourbaki, n'était pas encore
en état de secourir la deuxième armée.

Chanzy avait écrit de Josnes à Bourbaki :

« Nous nous battons depuis onze jours, et nous tenons
ici, depuis le 6, contre le gros des forces ennemies. Les

1. Voy. son livre *la Deuxième Armée de la Loire*.

Prussiens menacent Blois et Tours, et cherchent à tomber sur le flanc de mon armée. Une marche de vous sur Blois peut me dégager de cette situation critique. Je vous demande instamment de le faire : prévenez-moi. »

Malheureusement Bourbaki n'était pas en état de marcher sur Blois.

On résolut donc de battre en retraite sur Vendôme (10 décembre). Le 12, la retraite commençait. Le général Barry, qui tenait Blois, reçut l'ordre d'y résister jusqu'à la dernière extrémité, pour empêcher que l'armée ne fût tournée par sa droite. « Le temps était si mauvais, dit le général Chanzy dans son livre. Une pluie torrentielle qui tombait depuis le matin avait fait fondre la neige et produit le dégel. Le terrain était partout très glissant sur les chemins, le sol trop détrempé pour que les chevaux et les voitures pussent passer dans les champs. Comme fatigue et comme souffrance pour les hommes et pour les animaux, cette journée du 12 décembre fut une des plus pénibles de la campagne. Néanmoins la marche put s'effectuer avec assez de régularité et, le soir, tous les corps étaient établis exactement sur les positions qui leur avaient été assignées. »

Nous reprendrons plus tard l'histoire de la *deuxième armée de la Loire* à partir de Vendôme jusqu'au Mans. Contentons-nous de dire maintenant, avec le général Chanzy, à propos de cette opération si bien conduite : « En résumé, cette retraite de la deuxième armée des lignes de Josnes sur Vendôme, dans les conditions de mauvais temps, de fatigues et de dangers dans lesquelles elle s'était effectuée, faisait le plus grand honneur aux troupes. Elle en avait assez imposé à l'ennemi pour qu'il n'eût pas osé l'inquiéter et profiter des chances qu'il avait de détruire cette armée, s'il avait su les mettre à profit. »

NAPOLÉON III

CHAPITRE XIII

Aux espérances si durement brisées qui avaient fait tressaillir la France pendant les premiers jours de décembre
succédèrent, durant ce sombre mois, les déceptions et les
épreuves les plus amères. Partout, on peut le dire, le sang
coula, et partout la patrie française fut frappée et blessée.
Au nord, dans l'est, dans le centre, dans les forêts des
Vosges et sur les bords de la Loire, la guerre s'exacerbait
avec un redoublement de cruauté. La Normandie était
occupée et la Bretagne menacée. L'Alsace ne résistait plus
qu'avec Phalsbourg qui allait succomber, Belfort qui semblait invincible, Bitche qui devait demeurer invaincue.
Thionville, bombardée, avait amené son pavillon depuis le
24 novembre.

Comme Verdun, après une vive résistance, mais que le
commandant en chef eût rendue plus vive encore s'il se fût
modelé sur le souvenir du général Hugo, Thionville était
contrainte à la chute par la capitulation de Metz. Jusqu'au
13 novembre, la place qui, onze mois durant avec Wimpfen,
s'était défendue jadis contre l'Autrichien, plus longtemps
encore avec Hugo en 1814 et 1815 contre le Prussien, avait
tenu en respect et même à distance le corps assiégeant.

Mais, une fois Metz rendue, la 14e division du 7e corps d'armée allemand, sous les ordres du général von Kamecke, investissait étroitement Thionville et, après avoir en trois jours établi seize batteries (85 canons), occupé les villages environnants et fait quelques rapides travaux d'approchement, commençait impétueusement un de ces bombardements farouches, que les Prussiens se vantent d'avoir remis en usage. Vainement le commandant de place, M. Turnier, colonel de l'état-major des places, avait demandé à M. von Kamecke de laisser les enfants et les femmes quitter la ville. Comme toujours, la réponse avait été que la présence des enfants et des femmes hâterait la capitulation. Le bombardement dura deux jours. Il fut implacable, sinistre. L'hôtel de ville et l'hôpital même n'étaient point épargnés. Puis, dans la nuit du 24 au 25 novembre, Thionville se rendit. Les Prussiens y trouvèrent 200 canons et 4,000 prisonniers.

Phalsbourg, qui devait succomber le 12 décembre, avait tenu dix-sept semaines. La fière petite ville ne se rendit que lorsqu'elle n'eut plus de vivres. Le brave soldat qui commandait la place pouvait affirmer qu'il n'avait pas capitulé; ni le blocus ni le bombardement n'avaient intimidé la faible garnison et les habitants. Cinquante-sept maisons avaient été détruites. Les Phalsbourgeois, habitués aux bombes, eussent résisté s'ils avaient eu du pain. Le roi de Prusse, pour honorer la garnison, dont la résistance avait été si profondément virile, permit aux officiers de garder leurs épées.

Cependant, à cette même heure, Montmédy et d'autres places encore faisaient bonne contenance devant l'ennemi qui les assiégeait. Du côté des Vosges, presque chaque jour voyait un combat entre les Allemands et les Français. Garibaldi, dont les opérations militaires méritent une place à part, combattait avec acharnement entre Autun et Dijon. Cette dernière ville, tombée au pouvoir des Prussiens en octobre, leur était déjà disputée par les Garibaldiens. Le 19 novembre, le fils de Garibaldi, Ricciotti Garibaldi, avait surpris les Prussiens qui, au nombre de mille environ, occupaient Châtillon-sur-Seine, dans la Côte-d'Or. L'ennemi, rejeté hors de la ville, perdait 120 hommes et laissait 167 prisonniers. Il fit bientôt, revenant en force, payer cet exploit de Ricciotti aux habitants, dont il mit les demeures au pillage. Le 26 novembre, les Garibaldiens,

essayant de reprendre Dijon, s'avançaient un moment jusqu'à la place Darcy; l'artillerie allemande les repoussait.
Quelques jours plus tard, à Châteauneuf (Côte-d'Or), l'ancien aide de camp du général Clinchant, M. Cremer, nommé
général, surprenait, le 3 décembre, une colonne prussienne
et, dans le combat, la 1re légion mobilisée du Rhône se dis-
tingua par sa tenue et sa martiale vigueur. Les grenadiers
badois et les dragons du général Keller, au nombre de près
de 7,000 hommes, appuyés par trois batteries d'artillerie,
furent repoussés par nos jeunes troupes. Le lendemain de ce
brillant combat en Bourgogne, Rouen se rendait aux Allemands. Les troupes du général Briand, qui la gardaient, se
retiraient sur le Havre. Dieppe allait être occupée bientôt
par Manteuffel.

Les opérations du général Cremer et de Garibaldi étaient,
on le voit, heureuses, et l'ennemi redoutait assez la petite
armée qui venait, à Autun et à Châteauneuf, de lui prouver
sa force. Cremer, posté maintenant à Nuits, dans une position qui eût été formidable si le jeune général eût pu occuper
les véritables points défensifs, comme la Chaux et Concœur,
fut attaqué par une armée nombreuse. Les forces dont il
pouvait disposer étaient disproportionnées avec celles que
mettait en ligne l'ennemi. Les légions du Rhône, un bataillon de la Gironde, le 32e de marche, 12,000 hommes en
tout, avec 24 bouches à feu, allaient tenir contre les
25,000 hommes et les 60 canons du général Werder. Le soir
du 17 décembre, le colonel Bourras, venu à Nuits, avait
offert ses soldats au général Cremer, qui lui donna l'assurance de pouvoir se suffire avec les troupes dont il disposait.

Le combat fut rude devant Nuits. Ce ne fut que devant le
nombre et comme sous le poids de l'ennemi qu'on abandonna le terrain. Le 32e de marche lutta en désespéré et les
légions du Rhône se mesurèrent corps à corps avec l'ennemi
dans les tranchées du chemin de fer. A trois heures et demie
les munitions étaient épuisées et le commandant Clot, qui
avait pris le commandement de la 1re légion vers deux heures, au moment où tombait mortellement frappé le colonel
Celler, demandait vainement au général Cremer les caissons
de cartouches en réserve au parc d'artillerie. Les cartouches
n'arrivant pas, on battit en retraite. La nuit était venue ; les
obus allemands tombaient déjà sur la ville. Mais, si nous
perdions Nuits, le plateau de Chaux, vainement attaqué par

les ennemis, nous restait et nous assurait la liberté de la
retraite, soit sur Beaune, soit sur Autun. Du côté de ce
plateau, toutes les attaques de l'ennemi avaient été victorieusement repoussées. A 8 heures du soir, le général Cremer n'en était pas moins réduit à donner l'ordre d'abandonner cette magnifique position.

La bataille de Nuits nous coûtait 1,200 hommes environ,
dit M. de Freycinet, mais l'historien de la 1re légion de mobilisés du Rhône porte à 1,200 pour sa légion seule le total
des pertes. On évalue à 4,000 le nombre des Allemands mis
hors de combat, et, parmi les nombreux officiers blessés, on
citait le général von Glümer et le prince Guillaume de Bade.
Gambetta déployait alors une activité admirable et que les
partis les plus divers lui ont reprochée depuis. Les esprits
extrêmes ne lui ont point pardonné sa juste rigueur contre
les excès ; les rétrogrades lui ont fait un crime de ses sévérités contre les généraux irrésolus. M. Félix Pyat devait
attaquer en lui le ministère de l'intérieur, M. d'Aurelles de
Paladines devait blâmer en lui le ministre de la guerre.
Gambetta, devant des circonstances inouïes, procédait en
effet par mesures graves.

Le général Kersalaün était destitué (27 novembre) pour
avoir abandonné Évreux. La démission de MM. de Kératry et
Curé-Kérisouët était acceptée ; le général Gougeart prenait
le commandement de l'armée de Bretagne.

En même temps treize camps d'instruction, créés par un
décret de la délégation du gouvernement de la Défense nationale, en date du 26 novembre 1870, étaient organisés à
Saint-Omer, Sathonay, Pas-des-Lanciers, Montpellier, Toulouse, la Rochelle, Bordeaux, Mérers, Clermont-Ferrand,
Cherbourg ou Sortosville, Conlie (près du Mans), en Bretagne et au Havre. Tous ne devaient point servir, et quelques-uns d'ailleurs étaient mal situés, entre autres le camp
de Conlie. Mais ces créations témoignaient d'une ardente et
généreuse activité.

Tandis qu'en province l'invasion faisait des progrès quotidiens, dans Paris la situation devenait, pour les assiégés,
de plus en plus grave. Chaque jour voyait diminuer les ressources dont pouvait disposer la défense. A la tentative de
sortie du côté de la Marne avait succédé une période d'inaction vraiment trop prolongée. Il semblait que Paris, réduit
à se tenir sur l'expectative, attendait patiemment que la

famine eût fait son œuvre. La population parisienne, déjà affaiblie par mainte privation, réduite à une nourriture insuffisante, voyait approcher avec effroi le moment où les vivres manqueraient.

L'armée se trouvait, depuis les combats du 30 novembre et du 2 décembre, désorganisée et il fallait procéder en quelque sorte à sa reconstitution. Le 1er corps de la 2e armée fut dissous et la division de Malroy, dont les pertes avaient été sérieuses, fut en partie dirigée sur la 3e armée; la 2e division (de Maudhuy) passa au 3e corps de la 2e armée et la 3e division (Faron) fut versée dans la 3e armée. L'armée de Ducrot ne compta plus dès lors que six divisions d'infanterie et une assez faible division de cavalerie.

Cependant l'armée était réorganisée, ses cadres reformés et le gouverneur de Paris n'agissait pas. Il préparait, il est vrai, une expédition qui était mieux faite que les précédentes pour nuire à l'ennemi, mais qui, engagée trop peu à fond, ne réussit pas plus que les précédentes. Sortant, cette fois, par le nord de Paris, le général Trochu semblait vouloir répondre par une opération militaire aux mouvements de l'armée de Faidherbe qui combattait vers Amiens; il paraissait, du moins, essayer d'envelopper les bois de Bondy, en attaquant à la fois le Bourget et la Ville-Évrard, de se diriger ainsi sur Chelles, puis, se retournant vers Montfermeil, de jeter l'armée ennemie, brusquement coupée, hors de ses retranchements. Chelles et Gournay une fois en notre pouvoir, nous avions intercepté le chemin des convois prussiens. Cette opération, bien conçue, fut mollement exécutée.

Dès le 20 décembre, les Allemands étaient d'ailleurs parfaitement avertis qu'ils allaient être attaqués bientôt. Les portes de la ville étaient fermées depuis le lundi 19, et, en outre, dans l'après-midi du 20 novembre, l'amiral La Roncière déployait ses troupes dans les environs d'Aubervilliers, et Ducrot portait les siennes à droite, vers Bobigny. La garde prussienne, se mettant aussitôt sur la défensive, massait sa 1re division au Blanc-Mesnil, sur la route de Gonesse à Aunay, tandis que la 2e se tenait prête à l'appuyer. Les avant-postes allemands allaient de Pierrefitte au Bourget, par Stains.

Dans la nuit du mardi 20 au mercredi 21, tandis que le canon des forts tonnait, on battait le rappel dans les rues de

Paris, et les bataillons de marche de la garde nationale allaient prendre, au dehors, leurs postes de bataille. Au petit
jour, les voitures d'ambulance, massées à l'angle de la rue
de Flandre et du canal de l'Ourcq, partaient, en suivant la
route de Flandre, pour un des lieux du combat. L'action était
déjà engagée, du Mont-Valérien à Nogent, avec Stains, le
Bourget, Drancy, Bondy, Neuilly-sur-Marne et la ville-Évrard
pour points principaux. Le général Ducrot commandait à
Drancy, et Vinoy du côté de la Marne. Le gouverneur dirigeait l'ensemble des opérations.

L'attaque de Stains, faite bravement à la baïonnette par
les mobiles de la Seine, qu'on lançait contre des murailles,
montra qu'on pouvait beaucoup espérer du juvénile courage
des troupes. Mais là, comme au Bourget, l'artillerie canonna pendant trop peu de temps, et l'ennemi reçut nos
soldats par des salves de mousqueterie qui les rejetèrent
dans leurs lignes. Le Bourget était attaqué, en même
temps, à six heures du matin, sur sa droite, par un bataillon
de marins, renforcé d'un détachement du 138e de ligne,
sous les ordres du capitaine de frégate Lamothe-Tenet et,
de face, par le 131e, précédés des francs-tireurs de la presse.
Les marins, avec cette intrépidité que cette rude guerre a
faite légendaire, eurent bientôt enlevé le cimetière, et, la
carabine en bandoulière, la hache à la main, ils s'élancèrent sur les maisons comme à l'abordage. Tandis que quelques-uns d'entre eux emmenaient au fort les cent prisonniers de la garde prussienne qu'ils venaient de faire, les
autres poursuivaient de rue en rue les Prussiens jusque
près de l'église, au centre même du village. Il aurait fallu
que l'attaque, dirigée au même moment par la route dite
de Lille, et qui va d'Aubervilliers au Bourget, aboutît, pour
que ces braves matelots arrivassent à se maintenir dans les
maisons si bravement conquises.

Malheureusement, les francs-tireurs de la presse et le 131e,
fusillés du haut des maisons et du fond des caves, après
avoir traversé le chemin de fer, emporté les premières
maisons du Bourget et pénétré dans la Grande-Rue, avaient
dû se replier sous une pluie de feu, de balles et de boulets.
C'est alors qu'on fit venir, pour démolir le grand mur blanc
du Bourget notre artillerie de réserve. Placées à gauche de
la route, en avant de la fabrique démolie, où l'on avait
transporté les premiers blessés, et à peu près à la hauteur

de la suiferie, nos batteries ouvrirent sur le Bourget un
feu terrible ; les obus éclataient derrière la muraille blanche contre laquelle étaient venus se heurter nos soldats;
dans le parc, l'ennemi avait établi, lui aussi, ses batteries
qui ripostaient aux nôtres. L'objectif de nos artilleurs était
à la fois le mur et l'église. Dans cette atmosphère chaude
et rouge de la canonnade, les yeux fixés sur le Bourget, où
chaque coup de canon crevassait une muraille, les mobiles,
massés derrière la suiferie, attendaient, prêts à marcher, le
signal de l'attaque. Les drapeaux des ambulances de la
presse flottaient dans la fumée. Nul ne croyait en ce moment que le combat pût être fini.

La lutte continuait en effet à Drancy. De ce côté, les mitrailleuses françaises tenaient en respect les colonnes prussiennes et les faisaient reculer. Là encore nos soldats occupaient Groslay, tandis que le fort de l'Est contraignait à se
taire les batteries ennemies de Pont-Iblon et de Blanc-Mesnil. Sur la droite, pendant le même temps, le général Vinoy
enlevait vigoureusement Neuilly-sur-Marne, la Ville-Évrard
et la Maison-Blanche. Protégé par l'artillerie de marine du
plateau d'Avron, il s'approcha même de Chelles, dont les
batteries étaient aussi réduites au silence et qu'on eût pu
assurément attaquer et peut-être enlever avec un peu d'audace. Le feu du plateau d'Avron protégeait en effet notre
infanterie. Mais on n'osa se risquer et, le soir venu, on s'en
tint à ces minces avantages.

Le général Noël, tandis qu'on attaquait le Bourget, avait
fait sur Montretout, Buzenval et Longboyau, une démonstration qui nous assura la possession de l'île du Chiard.
C'était peu de chose, tandis qu'au Bourget nos pertes
avaient été grandes. Nous avions surtout à déplorer la mort
de beaucoup de ces marins qui se montraient plus que personne dignes de la vieille gloire française. Maîtres d'une
partie du Bourget, ils s'étaient battus comme des lions
avant d'en sortir. On avait vu un enseigne de vaisseau,
M. Caillard, cerné dans une maison avec quinze de ses
hommes, forcer les Prussiens à démolir les murailles pour
triompher de leur résistance. Les marins postés, blottis et
fortifiés dans les maisons arrachées à l'ennemi, demeurèrent
là trois heures, attendant qu'on les secourût. Chaque fois
qu'un tirailleur prussien se montrait de leur côté, les fusiliers répondaient par un coup de carabine. A un moment

donné, entendant des cris, ils espérèrent que c'était la troupe de ligne qui accourait.

Un des officiers, M. Bousset, sort la tête pour regarder. Deux balles au front l'étendent raide. Ce n'était pas la ligne. Presque en même temps, des obus, des obus d'Aubervilliers, des obus français, tombent sur les toits du Bourget et les crèvent. Les marins descendent dans les caves et font feu par les soupiraux. Mais alors les Prussiens arrivent en masse. Il faut battre en retraite. Ces intrépides trouent des murailles, passent à travers des brèches ainsi faites; et, poursuivis par la canonnade et la fusillade prussiennes, beaucoup parviennent à regagner les lignes françaises, quelques-uns en suivant le ruisseau gelé de la Molette.

La journée était inutile, c'est-à-dire perdue, et le rapport militaire mettait cet insuccès sur le compte d'une *brume intense très gênante pour l'action de notre artillerie*, brume qu'en vérité nous n'avons pas aperçue sur le terrain de l'action, et qui n'existait que dans l'imagination des chefs.

Le lendemain du jour où l'on entamait cette campagne, tant de fois désastreuse, du Bourget, une note officielle annonçait à la population que la journée du 21 décembre n'était que le commencement d'une série d'opérations. « *A l'heure où nous écrivons*, ajoutait la note, *le général, gouverneur de Paris, a réuni les chefs de corps pour se concerter avec eux sur les opérations ultérieures.* » Malheureusement rien ne sortit de ce concert d'officiers.

Un événement inattendu et tragique, une surprise que la plus vulgaire prudence pouvait éviter, montra bientôt quelle était l'incurie éternelle de nos chefs. Depuis le 21 décembre nous occupions, comme nous l'avons dit, la Ville-Évrard, et nous n'avions pas pris le soin de faire fouiller de fond en comble les maisons où nous nous étions établis. Dans la nuit du 21 au 22, vers minuit, le général d'artillerie Blaise, entouré de ses officiers, se réchauffait à un grand feu allumé à quelques pas de la Ville-Évrard. On devisait sur les événements du jour et les probabilités du lendemain. Tout à coup les sons perçants d'une corne prussienne mettent en émoi la petite troupe du général. On court aux armes, quand une décharge, dirigée par des mains invisibles, vient jeter la mort dans nos rangs. Les officiers tombent, et, parmi eux, le général Blaise, tué sur le coup et presque à bout portant. Les Saxons avaient été vraisemblablement oubliés dans les caves de Ville-Évrard, et ils tiraient par les soupiraux. Les caves furent aussitôt cernées et la plupart de ces hommes massacrés.

Le corps du général, dont une balle avait traversé la poitrine, fut transporté au Grand-Hôtel. Le général Blanchard vint le soir même revoir une fois encore le visage maintenant muet de son compagnon d'armes. Il avait les larmes dans les yeux. « Pauvre ami ! » dit-il, puis, en tordant sa grosse moustache grise : « Voilà, avec Guilhen, le second que me tuent ces misérables ! »

Le général Blaise, né à Saint-Michel, était parti comme engagé volontaire et avait gagné tous ses grades à la pointe de l'épée.

L'expédition avortée le 21 décembre ne démontrait donc qu'une fois de plus le peu de vigilance des chefs supérieurs. En revanche, elle avait mis en lumière la ferme attitude de ces gardes nationaux que quelques troupiers appelaient dédaigneusement les *à outrance* ou les *trente sous*. Avant peu, les gardes nationaux allaient montrer leur courage. Et le 26, trois bataillons de gardes nationaux chassaient les ennemis du parc de la Maison-Blanche : l'artillerie de la garde nationale envoyée au plateau d'Avron allait y recevoir bravement le baptême du feu.

Ces exemples de dévoûment et cette bonne contenance des gardes nationaux devant l'ennemi, font oublier les rares cas d'indiscipline que l'on eut à relever contre les citoyens armés durant la longue période du siège. Le 6 décembre, par décret du gouvernement de la Défense, le bataillon dit des tirailleurs de Belleville était dissous, et Flourens, qui l'avait organisé, se faisait arrêter dans des circonstances qui le faisaient appeler par M. Delescluze, dans le *Réveil*, « l'enfant terrible de la démocratie ».

La garde nationale devait prouver en toute fierté que ses chefs avaient raison de lui demander du sacrifice et de la discipline. Une partie de son artillerie avait été envoyée à Rosny et au plateau d'Avron. Ce plateau, que nous occupions depuis plus de vingt jours, avait été à peine mis en état de défense. Les marins, postés là, y avaient construit des abris; mais, par une impardonnable négligence, M. le colonel Stoffel qui, dans ses *rapports* sur l'organisation militaire de la Prusse, avait fait preuve d'une si grande clairvoyance et qui commandait l'artillerie au plateau d'Avron, n'avait rien tenté, rien essayé pour mettre cette formidable position à l'abri d'un bombardement. Pas une casemate, pas un ouvrage fortifié. Les Prussiens pouvaient canonner ce point facilement. Le 24 décembre, le général Trochu se contentera de déclarer que la *terre est toujours rebelle au maniement de la pioche*. Mais si, à la fin de décembre, la gelée rendait les travaux difficiles, en était-il de même vers le commencement du mois et fallait-il laisser passer tant de jours dans une impardonnable inaction ?

Le 27 décembre, à sept heures du matin, l'ennemi démasquait brusquement contre la partie nord du plateau et contre les forts de l'est, de Noisy à Nogent, de fortes batteries de siège, composées de pièces à longue portée. Trois batteries au Raincy, trois batteries à Gagny, trois batteries à Noisy-le-Grand, trois batteries au pont de Gournay faisaient feu sur Rosny, et les soixante-seize canons prussiens envoyaient de toutes parts des obus qui, rasant le plateau, nous firent essuyer des pertes vraiment sensibles. Un peu moins violent dans la matinée du 28 décembre, le feu des Allemands devenait très vif dans l'après-midi et la soirée. Nos pièces de marine ripostaient, tirant de Bondy, près du canal, et les canons des forts prenaient part à ce duel formidable d'artillerie. Mais nos pièces, moins puissantes que les canons Krupp, durent renoncer à faire feu, et le plateau fut abandonné pendant la nuit. Nous ramenions en arrière des forts, et à peu près intactes, les 74 pièces d'artillerie qui s'y trouvaient, et l'ennemi, dans son télégramme officiel du 30, prétend néanmoins avoir trouvé, le 30, sur le plateau d'Avron, de grandes quantités de munitions d'artillerie et deux pièces de 24 enclouées. Il est vrai qu'il estime à 17 le nombre de nos officiers tués ou blessés pendant ce bombardement, ce qui est exagéré. Il n'en est pas moins vrai que nos postes avancés étaient évacués et que nos forts ne pouvaient riposter aux énormes canons allemands. Durant ces rudes journées, où la mort était reçue bravement sans pouvoir être rendue, où le péril était partout, l'excitation du combat nulle part, l'artillerie de la garde nationale et les gardes nationaux, envoyés hors Paris, supportèrent en soldats l'épreuve de cette pluie de fer. Le contre-amiral Pothuau, commandant la 3ᵉ division du corps de la rive gauche, le général de Beaufort, commandant la 3ᵉ division de la rive droite, le vice-amiral Saisset dans leurs rapports au gouverneur de Paris, constatant comme d'un même accord « le bon esprit, la fermeté de caractère », « le sang-froid et la solidité », « la discipline » de ces combattants improvisés marchant comme de vieilles troupes.

Ainsi l'année 1870 finissait sur cette canonnade, prélude du bombardement de la cité. Paris qui, pour l'an nouveau, allait en don de joyeuse année recevoir, distribués par les mairies, des haricots, du chocolat, de l'huile, Paris (ce grand enfant devenu un héros) était prêt à tout subir. Il trouvait encore, dans sa détresse, des bravos pour ses poètes, des sourires et de l'argent pour ses pauvres.

CHAPITRE XIV

Les forteresses du nord après la capitulation de Metz. — Bourbaki, général en chef de l'armée en formation dans le nord. — Ses hésitations. — Il est remplacé par le général Faidherbe. — Premiers engagements. — Combat de Villers-Bretonneux. — Prise d'Amiens par les Prussiens. — Composition de l'armée du Nord. — Reprise de Ham par l'armée du Nord. — Bataille de Pont-Noyelles. — Bataille de Bapaume. — Bombardement et reddition de Péronne. — Capitulation de Mézières et de Rocroi.

La campagne du Nord, qui mit en pleine lumière et donna plus que de la réputation, mais de la gloire, au général Faidherbe, se divise en deux phases distinctes : la première comprend la période de formation avec Bourbaki, puis avec le général Farre; dans la seconde, l'action commence, vigoureuse avec le général Faidherbe, et, à travers des combats heureux et des victoires, nous conduit jusqu'à la funeste bataille de Saint-Quentin (19 janvier). Nous n'irons, dans le présent chapitre, que jusqu'à la chute de Péronne, en groupant autour de l'histoire de l'armée du Nord le récit des sièges de certaines villes du nord et du nord-est qui capitulèrent entre la fin de novembre 1870 et le commencement de janvier 1871.

Après la capitulation de Metz, la 1re armée allemande eut pour mission d'observer et de cerner les forteresses du nord : le 7e corps assiégeait Thionville, le 8e se dirigea sur la Fère, le 1er vint se placer devant Mézières. La Fère se rendit le 27 novembre. Le général von Manteuffel poussa droit alors sur Amiens, ayant sous ses ordres le général von Gœben. Il voulait disperser cette armée du Nord dont le commandement avait été confié à Bourbaki et qui ne comptait guère alors que vingt mille combattants.

Le général Bourbaki avait été nommé, par Gambetta, général en chef de l'armée en formation et qui devait opérer entre les quatre places fortes du nord. Bourbaki arriva à Lille et descendit dans un hôtel de la rue Esquermoise. Il avait eu le tort de s'entourer d'un état-major composé d'officiers connus par leur bonapartisme. Il était inquiet, hésitant, troublé, s'agitant, se désespérant de la lenteur avec laquelle se formait son armée. Dans sa violence et sa colère il voulait frapper un grand coup, mais frapper à coup sûr. Il sentait que sa réputation en dépendait. Après l'aventure de Metz et son voyage en Angleterre, il avait besoin de s'affirmer par quelque action d'éclat.

Il trouva que son armée n'était point suffisante. Il n'osa se lancer ainsi sur l'ennemi. Désolé, il partit et Faidherbe devait être son successeur. Bourbaki était appelé (18 novembre) au commandement du 18e corps d'armée, à Nevers, et il prenait congé de la population lilloise par une proclamation finissant ainsi : *Sur tous les points de notre chère patrie, les cœurs doivent battre à l'unisson, la même pensée doit nous animer tous : lutter pour chasser l'étranger!* En attendant l'arrivée de Faidherbe, le colonel du génie Farre, qui avait organisé l'armée, en prit le commandement avec le titre de général.

Lille était administrée par M. Testelin, commissaire général de la Défense pour les quatre départements du nord, démocrate éprouvé, dont l'honnêteté et le civisme à la fois bienveillant et ferme s'imposaient au pays, et par le préfet, M. Pierre Legrand, actif, énergique, dévoué à son œuvre, tout entier à la cause de la patrie et de la liberté. Mais la tâche était difficile. Point d'armes. Les 20,000 chassepots que contenait l'arsenal avaient été expédiés sur Paris. Il ne

restait guère que quelques hallebardes et des mousques
datant des Espagnols. Les caissons d'artillerie de l'armée
du Nord étaient les vieux caissons, en forme de cercueil,
de la vieille armée française de 1815.

Pourtant, à force d'énergie et de foi, on avait mis sur pied,
armé et équipé les 20,000 hommes qui, au moment où Amiens
fut menacé par Manteuffel, se mirent en marche pour défendre cette dernière ville. Le 23 novembre, les avant-postes
français rencontraient la cavalerie allemande d'avant-garde.
On se battit à la Quesnel. Le 27, la rencontre devint, à Villers-
Bretonneux, une bataille considérable. Nos troupes tinrent
avec énergie jusqu'à quatre heures contre les forces considérables, entre la Selle et la Somme. Ce ne fut qu'à la fin du
jour, à l'heure *psychologique* où les Prussiens font conver-
ger tous leurs efforts et lancent des troupes fraîches sur
leurs adversaires lassés, que les mobiles lâchèrent pied.
L'artillerie, dont les batteries comptaient des pièces de 12
et de 4, n'avait presque plus de munitions. On se retira, en
désordre, sur Corbie. C'était une épouvantable déroute. La
hideuse panique s'en mêlait. Le lendemain, M. Testelin
prenait un arrêté enjoignant à tous les régiments de mobiles de refaire les élections de leurs officiers. Deux jours
après, la citadelle d'Amiens était prise, et une légende, dont
je n'ai pu vérifier la source et l'exactitude, veut que cette
citadelle ait été défendue par un seul homme, le commandant, qui, se multipliant, tirant lui-même le canon, allant
d'une pièce à l'autre, aurait arrêté l'ennemi durant plusieurs heures. Frappé à mort, les Prussiens l'auraient enterré dans la citadelle même avec les honneurs de la guerre.

Les Allemands se sont étonnés de n'avoir pas vu de cavalerie française à l'affaire de Villers-Bretonneux. C'est que
l'armée du Nord n'eut jamais de cavalerie, tout au plus
quelques éclaireurs, une poignée d'hommes. Cette malheureuse journée entraîna non seulement la perte d'Amiens,
mais celle de Rouen. Disons bien vite que, moins d'un mois
après, cette même armée du Nord, réorganisée, reprenait
l'offensive. Cette fois elle avait à sa tête le général Faidherbe,
arrivé d'Afrique, où, dès le 5 septembre, il proclamait la
République, et décidé à tenir tête, coûte que coûte, aux
envahisseurs.

Le 22ᵉ corps, formant l'armée du Nord, était, sous les
ordres de Faidherbe, porté à trois divisions :

1re division, général Lecointe.

1re brigade, colonel Derroin; — 2e brigade, lieutenant-colonel Pittié.

2e division, général Paulze d'Ivoy.

1re brigade, colonel du Bessol; — 2e brigade, lieutenant-colonel de Gislain.

3e division, amiral Moula.

1re brigade, capitaine de vaisseau Payen; — 2e brigade, capitaine de frégate de Lagrange.

L'artillerie avait été considérablement augmentée. Point de cavalerie, je l'ai dit; et, sur 30,000 hommes, peut-être 10,000 seuls de solides soldats.

C'est avec cette petite armée que Faidherbe résolut d'empêcher les Prussiens de prendre le Havre qu'ils menaçaient, et d'arriver jusqu'à la mer à travers la Normandie conquise. Le général ne voulait accomplir qu'une diversion puissante, et il réussit plus d'une fois à la rendre victorieuse.

Une des premières opérations de l'armée du Nord fut la reprise de Ham par les troupes du général Lecointe dans la nuit du 10 décembre. Attaquée le soir, la citadelle capitula vers deux heures du matin. C'est le seul exemple de capitulation que nous ait offert l'ennemi durant la dernière guerre. A Ham, nous fîmes 210 prisonniers, dont 12 officiers ou ingénieurs.

Deux jours après, les Allemands voyaient avec étonnement reparaître devant les murs de la Fère cette armée du Nord qu'ils croyaient avoir détruite à Villers-Bretonneux. Le 23 décembre, Manteuffel se décida à attaquer nos troupes. Ce fut à Querrieux, Pont-Noyelles et Daours. Faidherbe avait choisi pour champ de bataille les hauteurs qui bordent la rive gauche d'un petit ruisseau, la Hallue, affluent de la Somme. Ordre avait été donné à nos troupes de ne résister que faiblement dans les villages. On se canonna d'abord par-dessus les maisons, puis, à la baïonnette, nos soldats délogèrent l'ennemi après lui avoir infligé des pertes et enlevé des prisonniers. Ces jeunes troupes, qui n'avaient, pour se soutenir, que du pain gelé, attendirent un retour offensif de l'ennemi jusqu'au lendemain deux heures. L'armée coucha sur le champ de bataille par un froid de 4 degrés au-dessous de zéro, et ne rentra dans ses cantonnements qu'après avoir bien constaté que l'ennemi ne revenait pas à la charge. Comme toujours, à Pont-Noyelles, les marins furent audacieusement intrépides. Les Prussiens s'attribuèrent la victoire, comme ils devaient le faire après Bapaume, mais le doute n'est point permis.

Cependant Péronne était toujours cernée et les Prussiens bombardaient la ville, lorsque, le 2 janvier, Faidherbe attaqua de nouveau l'ennemi. C'était à Bapaume, cette ancienne forteresse dont les remparts avaient été démolis sous Louis-Philippe pour servir d'étude de siège au duc d'Orléans. Après un combat acharné commencé à cinq heures du matin et terminé à sept heures du soir, combat où constamment nos troupes avaient repoussé l'ennemi, Faidherbe put télégraphier cette dépêche qui nous causa, à nous, assiégés de Paris, une si grande joie lorsque nous la connûmes :

« Aujourd'hui, 3 janvier, bataille sous Bapaume, de huit heures du matin à six heures du soir ; nous avons chassé les Prussiens de toutes les positions, de tous les villages. Ils ont fait des pertes énormes, et nous des pertes sérieuses.

« FAIDHERBE. »

La veille, 2 janvier, des combats partiels avaient eu lieu devant Bucquoy, où la division Derroja entrait sans coup férir. Une brigade de la division du Bessol, s'apprêtant à tourner le bois d'Achiet-le-Grand, avait fait reculer l'ennemi sur Achiet. Toute la division s'engagea à sa suite dans la route qui traverse le taillis et déboucha en face du village. Nos tirailleurs, dès qu'ils apparurent, se virent accueillis par une vive fusillade partant des premières maisons. Deux de nos pièces de 12 prirent position sur les hauteurs, à gauche de la route qui va d'Ablainzeville à Achiet, tandis qu'une batterie de 4 se plaçait à la droite. La canonnade s'engagea alors, mais l'artillerie de l'ennemi, par exception, était inférieure en nombre à la nôtre, qui ne tarda pas à la faire taire. En ce moment, nos tirailleurs gravissaient la chaussée du chemin de fer et se précipitaient dans le village. L'ennemi lâcha pied. On le poursuivit jusqu'au delà de Biefvillers en lui faisant une trentaine de prisonniers. Le mouvement avait été appuyé par deux bataillons de la Somme et de la Marne qui s'étaient déployés entre Achiet-le-Petit et Achiet-le-Grand.

Le 3 janvier, toutes les troupes étaient sous les armes, à

MONSEIGNEUR DUPANLOUP

cinq heures du matin. A six heures, la division du Bessol fournit une reconnaissance dans la direction d'Ervillers, que l'ennemi avait évacué. A huit heures, des colonnes prussiennes se montrèrent dans la plaine d'Ervillers, en avant de Bapaume. La division du Bessol reçut seule le premier choc. Établie sur un plateau complétement nu, elle engagea un court combat d'artillerie, dont le résultat fut de mettre en fuite quelques escadrons de cavalerie. Les tirailleurs ne tardèrent pas à se joindre, et la fusillade était déjà fortement engagée quand arriva la division Derroja. Elle prit place à droite, et commença immédiatement un changement de front, la droite en avant.

Le mouvement était très prononcé lorsque la division du Bessol se porta à son tour vers Biefvillers. Le 1er bataillon du 43e prit le pas de course, et, après une fusillade des plus vives, débusqua violemment l'ennemi, qui perdit beaucoup de monde dans sa retraite.

De son côté, le général Derroja lançait un bataillon sur Grevillers. Ce village fut rapidement occupé, pendant que la 1re brigade (lieutenant-colonel Aynès) pressait la marche pour exécuter un mouvement tournant vers Bapaume.

Il était onze heures; nous avions déjà refoulé l'ennemi à 6 kilomètres.

Vers onze heures et demie, l'armée prussienne semblait en pleine retraite, mais à midi elle tenta un retour offensif. Trois colonnes parurent soudain sur la crête du ravin en face de Bapaume, et s'avancèrent dans le plus grand ordre et serrées en masse. Notre mousqueterie les força bientôt à déployer des tirailleurs et à s'arrêter. Le 1er bataillon du 43e et trois compagnies du 20e chasseurs défendirent à outrance les premières maisons de Biefvillers. La possession de ce village, situé sur une hauteur, était nécessaire en ce moment, car toute notre artillerie était descendue dans le ravin et en gravissait péniblement les pentes.

Le village de Biefvillers était donc un point important, la clef de la position au centre, aussi fut-il vigoureusement attaqué. Une première attaque ayant échoué, les Prussiens se retirèrent, puis revinrent encore à l'assaut, protégés par plusieurs batteries. A midi et demi, la division Derroja débordait déjà le village d'Avesnes-lez-Bapaume, et gagnait, pied à pied, avec une ténacité remarquable sur la droite de notre ligne.

A une heure, la divison du Bessol arrivait sur les crêtes
de Biefvillers, et, sans s'y arrêter, lançait ses tirailleurs sur
les positions successives que défendait l'ennemi.

La nuit venue, les troupes bivouaquèrent à Biefvillers,
Grevillers, Favreuil. Le lendemain, l'ennemi avait abandonné la ville sans combat.

Cette bataille faisait le plus grand honneur aux troupes
de l'armée du Nord. Dans son livre sur la *Campagne de
l'armée du Nord*, le général Faidherbe affirme qu'une partie
des troupes prussiennes engagées se débanda et se retira en
désordre sur Amiens. Nos pertes s'élevaient à 1,319 hommes
tués ou blessés et 800 disparus. Celles de l'ennemi durent
être plus considérables.

Le lendemain de la journée de Bapaume, nos troupes,
fatiguées par les combats des derniers jours et par le froid
et les marches, prirent leurs cantonnements autour d'Ha-
melincourt, où un jour de repos leur fut accordé.

Les Prussiens contestèrent à Faidherbe sa victoire de
Bapaume comme ils l'avaient fait pour celle de Pont-
Noyelles.

Il n'en est pas moins vrai que le général von Gœben dé-
grada des officiers allemands coupables d'avoir *fui* devant
l'ennemi. Cependant Péronne, bombardée, était rendue.
Faidherbe décidait que le commandant de la place serait
traduit devant un conseil de guerre « pour rendre compte
de la reddition de cette place, lorsque ses défenses étaient
intactes et qu'une armée de secours était à cinq ou six lieues,
manœuvrant pour le dégager. » La ville, bombardée, tandis
que les fortifications demeuraient intactes, témoignait une
fois de plus de la barbarie prussienne, de cette méthode
nouvelle, inconnue des peuples civilisés, qui consiste à frapper
les êtres désarmés pour arracher une capitulation aux combattants. Faidherbe protesta, mais vainement, comme protestèrent tous nos généraux.

Après la journée de Bapaume, Faidherbe pouvait marcher
droit sur Péronne et dégager la place, mais il usa de prudence, et ce fut, cette fois, une erreur.

Ce corps d'armée, fort de 30,000 hommes environ, ne
comptait en réalité qu'un tiers de troupes régulières, de
régiments formés d'épaves ou des compagnies de dépôt, mais,
fort heureusement, avec d'excellents cadres d'officiers, un
tiers de mobiles et un tiers de mobilisés. J'ai énuméré et

classé là les hommes disponibles selon leur valeur. Ses troupes étaient excellentes; les mobiles, seulement passables au début de la campagne, finirent par devenir bons à la fin de la guerre; les mobilisés furent toujours médiocres. Mais encore Faidherbe sut-il s'en servir utilement. Grâce à lui, les mobilisés eurent leur rôle dans la bataille, et, au lieu d'être un embarras pour l'armée, comme le sont d'ordinaire les troupes mal aguerries qui constituent des foules et non des régiments, les bataillons de mobilisés devinrent des auxiliaires tout trouvés. Leurs baïonnettes figurèrent au loin la réserve de l'armée, et, comme les Prussiens ont l'habitude de conserver pour leur réserve et de n'engager qu'à la dernière extrémité leurs meilleures troupes, ils crurent toujours que Faidherbe agissait de même et que les bataillons qu'il réservait ainsi étaient des bataillons d'élite.

Ainsi, tandis que l'élan des soldats, leur solidité, et, à certains moments, la vigueur des mobiles, forçaient l'ennemi à reculer, les Prussiens croyaient que non seulement ils avaient à lutter contre ceux-là qui les attaquaient, mais encore contre des troupes, bien autrement disciplinées, qu'ils apercevaient au dernier plan. Cette réserve, qui leur paraissait si redoutable, ne l'était donc qu'à distance. Cela seul explique pourquoi Faidherbe, vainqueur à Bapaume et à Pont-Noyelles, devait battre en retraite dès le lendemain pour aller se *refaire* dans une place forte. Les meilleures troupes, en effet, étaient atteintes, tandis que les Prussiens recevaient des renforts. Capable de vaincre, son armée n'était pas assez compacte, à coup sûr, pour profiter de la victoire. Le soir de la bataille de Bapaume, une canonnade, quelques centaines d'obus eussent suffi pour déloger les Prussiens de leurs positions devant Péronne; mais, outre qu'il fallait bombarder non seulement les avancées de l'ennemi, mais les faubourgs de la ville, à quoi cet avantage nouveau aboutissait-il? L'ennemi battu doublait son effectif durant la nuit, et était prêt à prendre, le lendemain, sa revanche.

Péronne rendue était commandée par M. Garnier, de l'état-major des places. La citadelle tombait le 10 janvier, cinq jours après Rocroi, huit jours après Mézières.

A cette date, Longwy, ravitaillé par la Belgique, Paris bloqué, Bitche investie et Belfort bombardée tenaient encore.

CHAPITRE XV

Bombardement des forts. — Les obus tombent dans la ville. —
Proposition de Delescluze. — Physionomie de Paris pendant le
bombardement. — Bombardement des hôpitaux et des musées.
— M. Jules Favre et la conférence de Londres. — La dernière
sortie. — Préparatifs militaires. — Proclamation du gouvernement. — Bataille de Buzenval (19 janvier). — Dépêches
officielles. — Admirable attitude de la garde nationale.

Avec l'année 1871, commence l'empire d'Allemagne
réédité et tiré, tout poudreux, du fond du moyen âge. Le
César germanique teignait maintenant sa pourpre dans un
sang nouveau.

Le bombardement des forts de Paris, commencé à la fin
de décembre 1870, fut continué par les Prussiens avec une
certaine intensité pendant les premiers jours de janvier 1871.
Tout d'abord les projectiles ennemis ne causaient que peu
de dommage sur ces forts et sur les villages environnants;
mais les obus devinrent, vers le 3 janvier, assez fréquents et
assez bien dirigés. Sur le seul fort de Nogent il tombait, ce
jour-là, 600 obus. Le rapport officiel français sur cette
journée affirme que nul effet, sauf de légers dégâts, ne fut
produit par ces projectiles : un seul homme fut blessé légèrement. Ce même jour, le commandant des éclaireurs de la
Seine, Poulizac, tentait en avant de Groslay une petite expédition qui réussissait : un poste de soldats prussiens de la
garde était surpris, quelques-uns de ses hommes tués et six
ramenés prisonniers. L'Avenir national disait alors, avec
raison, que c'était par des opérations semblables, si minimes
qu'elles fussent, qu'on devait fatiguer, inquiéter sans cesse
l'ennemi et tenir nos soldats en haleine. Le 4 janvier,
Montreuil, Bondy, tous les forts de l'est étaient canonnés
avec vivacité. Le fort de Nogent recevait, cette fois, plus
de 1,200 obus. Bientôt ce bombardement allait redoubler
d'intensité et les Prussiens mêmes ne devaient plus se con-

tenter de lancer leurs obus sur nos positions fortifiées, ils allaient traiter Paris comme ils avaient traité Strasbourg, Belfort et Mézières, et faire payer à la population civile la résistance des défenseurs militaires.

Issy, Vanves, Montrouge, — que le général Trochu craignait de voir bombardés dès le 15 septembre, — furent couverts d'obus dans la journée du 5 janvier. Des pièces de gros et de petit calibre faisaient feu à la fois et on recueillait sur nos positions bombardées des obus qui n'avaient pas éclaté et qui mesuraient 22 centimètres de diamètre et 55 centimètres de hauteur. Depuis le 29 décembre, les casemates du fort de Rosny étaient traversées; de huit heures du matin à six heures du soir près de 2,000 projectiles s'étaient abattus sur l'enceinte, l'escarpe et la contrescarpe. Nos redoutes des Hautes-Bruyères et du Moulin-Saquet avaient en même temps leur part de projectiles, mais c'est ce jour-là que Paris allait recevoir le baptême du feu.

Ce n'était pas seulement le bombardement des forts du Sud qui commençait, c'était aussi celui de Paris lui-même. Des obus tombaient, pour la première fois, le 5 janvier, dans le quartier Saint-Jacques, mais sans y porter le moindre trouble et le moindre effroi. Que si les Prussiens avaient espéré terrifier la population par cette nouvelle rigueur, ils se trompaient étrangement. Paris bombardé demeurait insensible, ou plutôt il se montrait pour ainsi dire joyeusement fier du nouveau danger qu'il courait. Il y eut bien un moment de panique, puis la curiosité prit le dessus, et, tandis que les habitants des quartiers où tombaient les obus gagnaient l'intérieur de Paris, les pauvres gens en traînant sur un haquet ou une voiture à bras leurs matelas et leurs hardes, les autres, au contraire, allaient assister, comme à un spectacle, au bombardement de Montparnasse et de Montrouge.

Paris avait reçu déjà environ 200 bombes, dont quelques-unes brisaient les pierres des tombes dans le cimetière Montparnasse. Du côté d'Auteuil, le bombardement était violent aussi, et les projectiles ennemis y faisaient des dégâts considérables.

A ce moment, l'ardeur du combat qui animait les Parisiens était à son comble, et il faut avouer que jamais Paris ne fut si irrité contre l'Allemagne qu'à cette heure *psychologique* du bombardement. Cette irritation rejaillissait même

jusque sur le gouvernement de la Défense. Déjà, à la fin de
décembre 1870 le 30, dans la réunion des maires que présidait M. Jules Favre, Delescluze avait lu contre le gouverneur de Paris et ses collègues un réquisitoire foudroyant,
contre lequel avaient protesté deux de ses collègues, MM. Dubail et Vacherot. La catilinaire de Delescluze permit du
moins à M. Tirard de réclamer pour les maires, moralement
responsables devant leurs électeurs, le droit de participer
plus intimement à la défense. Delescluze devait laisser
passer quelques jours avant de revenir à son projet, mais
le 4 janvier, dans une nouvelle réunion des maires, récapi-
tulant une fois encore les fautes de la défense de Paris, il
conclut en demandant, au nom du salut de la patrie, *l'adoption immédiate et sans réserve* des mesures ci-après :

« Démission des généraux Trochu, Clément Thomas et
Le Flô ;

« Renouvellement des comités de la guerre et rajeunissement des états-majors ;

« Renvoi au conseil de guerre des généraux et officiers
de tout grade qui prêchent le découragement dans l'armée ;

« Mobilisation successive de la garde nationale parisienne ;

« Institution d'un conseil suprême de défense où l'élément
civil ne soit plus subalternisé à l'élément militaire ;

« Intervention directe et permanente de Paris dans la
question de ses propres affaires si intimement liées aux
intérêts de la défense ;

« Enfin, adoption *de toute mesure de salut public*, soit
pour assurer l'alimentation de Paris, soit pour adoucir les
cruelles souffrances imposées à la population de Paris par
l'état de siège, et aussi par la regrettable incurie du pouvoir. »

A la fin de cette proposition, d'abord tardive, ensuite peu
pratique, que l'auteur retira lui-même bientôt et qui finit
par être définitivement écartée, Delescluze s'écriait : « *Et
surtout, pas de manifestations violentes! Ce n'est pas le désordre qui doit présider au salut de notre noble cité et de la
République*. A Paris, qui, depuis quatre mois a donné de si
merveilleux exemples de son esprit politique, de montrer
de nouveau que *le droit n'a pas besoin du secours de la
force* quand il a pour lui la conscience de deux millions
d'hommes. » En ajoutant ce sage avertissement à son mé-

moire, Delescluze faisait tout au moins preuve de patriotisme, et s'il partageait et accueillait les idées des adversaires les plus acharnés des hommes du 4 Septembre, au moins déconseillait-il absolument l'émeute, l'emploi de la force et le désordre en face de l'étranger.

La provocation du parti extrême n'eut aucune influence sur le cours des événements et ne fut suivie d'aucune exécution. Les quelques signataires de cette pièce, arrêtés à la suite de l'affichage, devaient être acquittés un mois plus tard par le conseil de guerre. Il n'y eut d'autre incident politique, durant les journées qui suivirent, que la démission de la commission administrative du vingtième arrondissement, nommée par M. Jules Ferry pour administrer cet arrondissement, privé de ses élus, MM. G. Flourens, Millière, Lefrançais et Ranvier, poursuivis au lendemain du 31 octobre, ce dernier, frappé de plus d'incapacité politique. Le 8 janvier, Delescluze, maire du dix-neuvième arrondissement, et ses adjoints, MM. Charles Quentin et Émile Oudet, adressaient aussi leur démission au gouvernement, qui l'acceptait, et nommait une commission administrative pour le dix-neuvième arrondissement comme pour le vingtième.

L'insouciance parisienne était toujours la même, malgré le sang que les obus faisaient couler. On se précipitait sur les éclats d'obus à peine refroidis; on les vendait. Un commerce nouveau naissait de ce désastre. L'obus chaud se vendait 4 fr. 25, l'obus froid 3 fr. 50. Le prix du débris de bombe variait entre 50 centimes et 2 francs. Il fallut, pour éviter les graves accidents amenés par cette recherche curieuse, que le *Journal officiel* publiât une note interdisant de ramasser les obus entiers.

Pourtant, la mort, l'horreur, le deuil étaient partout. L'hôpital de la Pitié était criblé de bombes dans la nuit du 8 au 9 janvier. Les Prussiens prenaient pour point de mire l'asile de nos malades, ou les usines où étaient établis les moulins à blé. L'institution de Sainte-Périne, à Auteuil, était frappée de projectiles. Des hauteurs de Châtillon et de Meudon, les Prussiens frappaient ce qu'il y avait, dans Paris, de monuments ouverts aux malades ou consacrés à la science. Tandis qu'on mettait en sûreté les prisonniers allemands dans des abris casematés, leurs artilleurs canonnaient la ville. C'était la nuit surtout qu'ils faisaient feu. Dans cette nuit du 8 au 9 janvier, où la Pitié était atteinte la partie de la ville, située entre Saint-Sulpice et l'Odéon, recevait un obus par chaque intervalle de deux minutes. L'église de Saint-Sulpice, la Sorbonne, le Val-de-Grâce étaient frappés. Une école de la rue Vaugirard avait quatre enfants tués et cinq blessés par un seul projectile. La cervelle de ces petits êtres rejaillissait contre la muraille. C'était hideux.

On évacuait le musée du Luxembourg. Les médecins de l'hôpital des Enfants-Malades protestaient contre cette artillerie qui venait frapper des innocents dans leurs lits. L'Académie en avait appelé au monde civilisé; les représentants des puissances neutres, présents à Paris, allaient adresser bientôt une protestation contre ces faits de guerre, horribles dans leur inutilité.

Après avoir frappé les enfants, les Prussiens frappaient les fleurs. Les fameuses serres du Muséum d'histoire naturelle, qui n'avaient point de rivales dans le monde, et dont les Allemands sans nul doute étaient jaloux, furent anéanties.

Sur ces entrefaites, arrivait à Paris la convocation de M. Jules Favre, ministre des affaires étrangères de France, à la conférence qui allait s'ouvrir, à Londres, pour réviser le traité de 1856 et régler les affaires d'Orient. Paris s'étonna que l'Europe pût s'occuper de Constantinople et de la mer Noire alors que la question d'Occident, la lutte de la race germanique, intéressait bien autrement le monde tout entier. Il en est des peuples malheureux comme des malades, qui croient naïvement que l'inflexible nature prendra le deuil s'ils succombent. Tandis que la France périssait ou semblait périr, l'Europe continuait de vivre. L'invitation de lord Granville faite au ministre des affaires étrangères à Paris de se rendre parmi les plénipotentiaires, équivalait à une reconnaissance de la République française. M. Gambetta le comprenait bien ainsi, et il adjurait M. Jules Favre, qui hésitait, de se rendre à Londres. « L'Europe vous veut, l'Europe vous réclame! » lui écrivait-il. Jules Favre, en présence du bombardement de Paris, refusa de quitter la ville et de se séparer de ses collègues. Il n'usa point du laissez-passer que lui adressait M. de Bismarck. C'était une faute politique.

Le bombardement continua, avec des redoublements de fureur et des accalmies sans cause, pendant les journées qui suivirent. De temps à autre les Prussiens essayaient de nous surprendre, comme ils le firent dans la nuit du 13 au 14 janvier, où ils furent repoussés devant la suiferie et refoulés sur le Bourget. A la boucle de la Marne, devant Champigny, les tirailleurs ne cessaient d'inquiéter l'ennemi, mais les combats les plus violents étaient ceux que livrait notre artillerie. Le bombardement imposait des sacrifices sanglants aux défenseurs des forts. Que de marins payèrent de leur vie leur résistance ! Le fils de l'amiral Saisset fut frappé à mort. Chaque jour les Prussiens établissaient de nouvelles batteries. Leurs dépêches avouent que le feu de nos artilleurs leur coûtait un certain nombre de soldats et surtout d'officiers. Ce bombardement sinistre était combattu également par les municipalités, qui ouvraient des logis dans Paris aux habitants des arrondissements couverts d'obus. Les *réfugiés* accouraient dans les logements vides. D'autres, comme à Montrouge, se logeaient dans des caves humides. Une population hâve et effarée se blottissait dans les caveaux du Panthéon et couchait à côté des tombeaux. Le spectacle de cette foule entassée dans cette ombre funèbre avait quelque chose de fantastique. Les Prussiens bombardaient aussi le Panthéon. Ils criblaient, justement, dans Paris, les quartiers de la science et de la pauvreté. Un étranger, un Anglais, le noble Richard Wallace, fils adoptif de lord Hertford, touché de tant de maux, provoquait une souscription patriotique en faveur de tant de victimes et donnait généreusement *cent mille francs* qu'il versait aussitôt dans le Trésor public. Que ce nom de Richard Wallace soit salué à jamais par les pauvres et les souffrants !

Cependant le moment approchait où Paris allait tenter ce dernier effort, cette décisive opération qui devait, croyait-il, lui livrer la route de Versailles. Depuis les conseils de guerre tenus le 30 décembre et le 1er janvier, et auxquels avaient assisté les généraux Vinoy, de Bellemare, Tripier (du génie), Guiod (artillerie), Clément Thomas (garde nationale), Chabaud-Latour, les amiraux La Roncière Le Noury, Pothuau, Saisset, il avait été décidé qu'une suprême bataille serait livrée, et, dit le *Journal officiel :*

« ... Le conseil avait été unanime dans l'adoption des mesures qui associaient la garde nationale, la garde mobile et l'armée à la défense la plus active. Ces mesures, ajoutait la *note* officielle, exigeront le concours de la population toute entière. Le gouvernement sait qu'il peut compter sur son courage et sa volonté inflexible de combattre jusqu'à la délivrance. Il rappelle à tous les citoyens que, dans les moments décisifs que nous allons traverser, l'ordre est plus nécessaire que jamais. »

L'opération à tenter avait été plusieurs fois débattue. Un moment il avait été question de lancer la garde nationale et l'armée de ligne à l'assaut du plateau de Châtillon et des batteries ennemies. On trouva ce projet presque irréalisable et on y renonça. Presque à cette même date, des ingénieurs offraient de pénétrer, par les catacombes, jusque sous ce plateau et de le faire sauter, ensevelissant dans son gouffre une partie de l'armée prussienne attirée là par une démonstration armée de notre part, une feinte attaque. Ce terrible moyen fut aussi écarté. Mais il fallait agir pourtant. Plus que jamais l'opinion publique se déclarait pour l'action. Des bruits vagues et insensés de trahison avaient couru. On disait, dans Paris, que le chef d'état-major du général Trochu, le général Schmitz, avait été arrêté. Les clubs répétaient que les généraux allemands, *déguisés en curés*, avaient assisté aux conseils de guerre, et la population crédule ajoutait foi à ces légendes. Il fallut que le gouvernement démentît officiellement ces bruits absurdes. Mais le meilleur moyen de faire cesser tous ces bruits, c'était d'agir. M. Trochu lui-même le sentait bien, lorsque, à ceux qui lui conseillaient d'agir contre les exaltés de la politique, il répondait : « Le moindre succès nous vaudrait mieux que la poursuite la plus résolue. » Et comment, puisqu'il sentait si bien cela, n'essayait-il pas plus souvent de vaincre en combattant? Pour comprendre tel qu'il est le général Trochu, il faut bien se persuader qu'avant d'être soldat, il est chrétien. Sa conscience, disait-il, lui défendait d'envoyer sans résultat à la mort des citoyens qui étaient des pères de famille et des époux. Lorsqu'on l'aiguillonnait, dans les conseils du gouvernement, pour le décider à prendre l'offensive, il répondait avec une sincérité désespérée : « Mais ce sera un massacre, ce sera (c'était son mot) un *immense excidium*. » Il s'ensuivait que sa charité chrétienne condamnait des femmes et des enfants à mourir de faim pour empêcher que des hommes résolus tombassent sous les balles prussiennes. Le gouverneur épargnait la vie de ses soldats et laissait bombarder les êtres débiles et les malades. Ce déplorable calcul a été fatal à la défense de Paris. Le pire des généraux est un général timide et dévot.

Au moment de prendre la direction du gouvernement de Paris, dès le mois d'août, alors que, de son avis même, il ne restait rien à faire devant l'invasion triomphante que de l'*humus* pour les générations futures, le général Trochu déclarait que, l'armée de Mac-Mahon étant, à son avis, perdue, son seul et véritable espoir et celui de Paris gisaient dans la garde nationale. Plus tard, à la tribune de l'Assemblée nationale, M. Trochu devait rabaisser injustement les mérites de cette garde nationale qu'il vantait si bien alors. La vérité est que la garde nationale demanda toujours à marcher et que, sauf quelques exceptions assez rares pour que le général Clément Thomas les ait citées, toute la garde nationale fit vaillamment son devoir. Après bien des retards, bien des tâtonnements, cette garde nationale, armée de fusils à tir rapide, avait été enfin, le 10 décembre, trop tard à coup sûr, nous l'avons dit en son temps, formée en régiments de marche et non plus seulement en bataillons. Les 260 bataillons composaient 59 régiments de quatre bataillons chacun environ, commandés par des chefs de bataillon, promus au grade de lieutenant-colonel. Presque tous ces régiments, dans la journée du 17 janvier, reçurent l'ordre de se tenir prêts à partir dans la journée du 18. La grande sortie si souvent réclamée par la population, *la trouée*, comme on disait, allait enfin être essayée.

Le 18, Paris tout entier était sur le qui-vive, empli des appels du clairon et du tambour. La veille, un adjoint de la mairie du troisième arrondissement, M. Cléray, était parti en ballon pour aller porter à Gambetta la nouvelle de cette sortie. La place de l'Hôtel-de-Ville fourmillait de baïonnettes. Les régiments se massaient, sac au dos, portant leurs vivres de campagne, chantant un refrain alors populaire dans Paris, et dont le refrain était celui-ci : *A deux sous tout le paquet!* Cette foule, gaie, résolue, heureuse, sûre de vaincre, monta allègrement l'avenue des Champs-Élysées. Ces régiments de garde nationale devaient agir de concert avec un régiment de ligne, et de la sorte faire brigade avec les soldats. Ces bataillons, avec leurs capotes taillées dans tous les draps trouvés à Paris, bleu de ciel, noirs, gris ou verts, avaient à la fois un aspect singulier, multicolore et vraiment martial. La garde nationale, ou

peut le dire sans fortanterie, n'avait qu'une âme ce jour-là
et un désir, celui de vaincre. Chacun de ces braves gens
avait fait, en partant, le sacrifice de sa vie.

La sortie qu'on allait tenter, cette fois, avait pour objectif
Versailles. Les cent mille hommes qui y prendraient part
seraient divisés en trois corps, le général Ducrot commandant l'aile droite, le général de Bellemare guidant le
centre, et le général Vinoy l'aile gauche. Les trois corps,
enveloppant les positions prussiennes, de Montretout à
Longboyau, devaient à la fois repousser et enserrer l'ennemi.
Le général Trochu, prenant le commandement en chef de
l'armée active, investissait pour la circonstance le général
Le Flô, ministre de la guerre, du gouvernement de Paris.

Dans la nuit du 18 au 19 janvier, les troupes étaient massées, les unes au rond-point des Bergères, les autres au bas
du Mont-Valérien, attendant, dans cette glaise détrempée
qui alourdissait la marche en se collant aux talons, le signal
d'attaque que devaient donner des fusées tirées du haut du
fort. Le bruit de l'artillerie, le bourdonnement des gardes
nationaux devaient avoir, ce semble, averti les Prussiens,
déjà à demi instruits par la fermeture des portes, qu'une
attaque se préparait. M. de Bismarck, parlant des gardes
nationaux, a dit depuis à M. Jules Favre dans les
entr'actes des conférences relatives à la paix : « Oh ! ce sont
des combattants très braves, *très crânes* (textuel). Mais,
quand ils vont au feu, ils sont si heureux d'y aller, qu'ils
nous en préviennent une heure d'avance. » Ce n'est point
d'ailleurs la joie bruyante des gardes nationaux qui donna
à l'ennemi le temps de se mettre sur ses gardes. Un inqualifiable retard ne permit de commencer qu'à huit heures du
matin une action qui devait être entamée déjà à six heures,
avant le jour. Nous pouvions avoir, avant l'aurore, enfoncé
les premières lignes ennemies, mais la rencontre des équipages d'artillerie empêchait l'infanterie, déjà alourdie par
le terrain défoncé, de marcher rapidement. Sur la droite, le
corps de Ducrot, d'abord arrêté par d'autres colonnes françaises, allait être canonné par des batteries du 5e corps
allemand, établies dans la presqu'île d'Argenteuil. La malchance ou l'incurie nous poursuivait ainsi jusqu'à la fin de
la campagne.

Nous avons expliqué, tout à l'heure, brièvement, le plan
qui avait présidé à cette attaque des positions allemandes.

L'armée était partagée en trois colonnes principales, composées de troupes de ligne, de garde mobile et de garde nationale mobilisée incorporée, ainsi que nous l'avons dit, dans les brigades. Celle de gauche, sous les ordres du général Vinoy, devait enlever la redoute de Montretout, les maisons de Béarn, Pozzo di Borgo, Armengaud et Zimmermann. Celle du centre (général de Bellemare) avait pour objectif la partie est du plateau de la Bergerie, et devait, par conséquent, aborder de front l'attaque du mur de Buzenval, où la dynamite devait nous ouvrir des brèches. La colonne de droite, commandée par le général Ducrot, devait opérer sur la partie ouest du parc de Buzenval, en même temps qu'elle devait attaquer Longboyau, pour se porter sur le haras Lupin.

Toutes les voies de communication ayant accès dans la presqu'île de Gennevilliers, y compris les chemins de fer, avaient été employées pour la concentration de ces forces considérables, concentration difficile, allait dire bientôt le général Trochu, et comme l'attaque devait avoir lieu dès le matin, la droite, qui avait un chemin extrêmement long (12 kilomètres) à parcourir au milieu de la nuit, sur une voie ferrée qui se trouva obstruée, et sur une route qu'occupait une colonne d'artillerie égarée, ne put parvenir à son point de réunion qu'après l'attaque commencée à gauche et au centre.

Bellemare et Vinoy étaient entrés en action dès huit heures du matin. Les gardes nationaux, avec un ordre admirable, s'ébranlant au cri de « *Vive la République!* » montèrent, à travers les échalas que faisaient sauter les balles, et dans la terre détrempée, ceux de Vinoy vers la redoute de Montretout, ceux de Bellemare vers le long mur blanc du parc de Buzenval, où les Prussiens attendaient, derrière les arbres. Cet élan fut superbe. On montait sous les balles la côte rapide. On tombait, on mourait.

A onze heures du matin, la redoute de Montretout et les maisons indiquées plus haut avaient été conquises sur l'ennemi, qui laissait entre nos mains 60 prisonniers. Le général de Bellemare était parvenu sur la crête de la Bergerie, après s'être emparé de la maison dite du Curé, mais, en attendant que sa droite fût appuyée, il dut employer une partie de sa réserve pour se maintenir sur les positions dont il s'était emparé. Les hommes demeuraient là, solides au feu, tiraillant, faisant feu *au juger* dans ces bois d'où sortait la mort et tirant sur la fumée qui montait derrière les branches sèches.

Pendant ce temps, la colonne du général Ducrot entrait en ligne. Sa droite, établie à Rueil, fut canonnée, nous l'avons dit, de l'autre côté de la Seine par des batteries formidables contre-battues par l'artillerie qu'elle avait à sa disposition et par le Mont-Valérien.

L'action s'engagea vivement à onze heures sur la porte de Longboyau, où l'avant-garde rencontra une résistance acharnée, en arrière de murs et de maisons crénelés qui bordent le parc. Plusieurs fois de suite, le général Ducrot ramena à l'attaque les troupes de ligne et la garde nationale, sans pouvoir gagner du terrain de ce côté.

Les colonnes du centre et de l'aile gauche auraient dû peut-être redoubler à ce moment d'audace et de rapidité, mais il faut avouer que le retard de la colonne de droite les mettait, sur les positions bravement enlevées par elles, dans une situation difficile. Durant cinq heures, ces gardes nationaux, étonnant les troupes de ligne, demeurèrent au feu sans broncher. Le général Noël, qui les regardait combattre du haut du Mont-Valérien, s'écriait (témoignage d'un témoin auriculaire): « Ils vont vraiment bien, ces cadets-là! » j'atténue l'expression un peu trop soldatesque du général. Mais, pendant qu'ils luttaient ainsi, devant ce mur et dans ce bois maintenant plein de cadavres, tandis que Bellemare essayait d'enlever la Bergerie, qui nous livrait la route de Versailles, les réserves de la 10e division allemande avaient le temps de se réunir à Garches, et lorsque nos troupes attaquèrent de ce côté, les Allemands résistèrent avec acharnement. Leur 9e division se concentrait aussi, après midi, à la ferme de Jardy, au nord de Versailles, et, à quatre heures du soir, elle quittait Jardy et marchait avec impétuosité sur Garches et Montretout. Nous n'avions pu guère dépasser Garches et Vaucresson lorsque les réserves allemandes arrivèrent sur nos soldats fatigués par la nuit passée en longs préparatifs et par la lutte qui durait depuis le matin.

« Vers quatre heures, dit le *Rapport officiel* français, un retour offensif de l'ennemi entre le centre et la gauche de nos positions, exécuté avec une violence extrême, fit reculer nos troupes. » Ce ne fut pas une retraite pourtant, car ces

mêmes soldats se reportèrent en avant vers la fin de la
journée. La crête fut encore une fois conquise, mais la nuit
arrivait, et l'impossibilité d'amener de l'artillerie, pour
constituer un établissement solide sur des terrains défoncés,
arrêta nos efforts. Il y avait cependant de l'artillerie, et en
nombre considérable, entre le pont de Neuilly et le rond-
point de Courbevoie. M. Viollet-Leduc offrait de transporter
ces pièces à bras d'hommes, en une heure, avec le concours
de sa légion du génie auxiliaire. Les militaires n'accep-
tèrent pas.

Dans cette situation, et avec ce manque de virilité de la
part du commandant en chef, il devenait dangereux
d'attendre, sur ces positions si chèrement acquises, une
attaque de l'ennemi. Les troupes étaient épuisées par douze
heures de combat ; on se retira alors en arrière, dans les
tranchées, entre les maisons Crochard et le Mont-Valérien.

Les gardes nationaux évacuèrent, vers huit heures du
soir, cette redoute de Montretout qu'ils avaient enlevée et
ces crêtes qu'ils avaient si vaillamment gravies et emportées.
Les Allemands n'envoyèrent que de rares obus aux colonnes
qui redescendaient la hauteur, et bruyantes, emmêlées,
regagnaient Rueil par la route de la ferme de Fouilleuse, à
travers les convois de blessés et les chars embourbés. « Il
nous eût fallu perdre six cents hommes pour vous poursuivre, » a dit depuis un officier allemand. C'était pitié de
voir ces bataillons épars de braves tout satisfaits d'avoir fait
leur devoir et en même temps désespérés de l'avoir fait
vainement. Les gardes nationaux gardaient encore dans la
retraite une tenue que n'avait plus la troupe. Ils se vengeaient
par des lazzis. Ils étaient prêts à continuer la route. Les
soldats, ceci soit dit sans nulle exagération, les considéraient,
après les avoir tant raillés pour leurs *trente sous*, avec une
sorte de fraternel respect.

La journée n'en était pas moins douloureuse et nos pertes
étaient grandes. Les Allemands et l'historien Rüstow les ont
fort exagérées en les portant à 7,000 hommes tués, blessés
ou prisonniers. Les dépêches alarmantes du général Trochu
leur donnaient, en apparence, raison. A la vérité ils ne
firent dans cette affaire que 700 ou 800 prisonniers tout
au plus.

Paris avait appris avec une joie profonde les premiers
résultats de la journée, et à l'heure où, les canons du

M. BENEDETTI

bombardement se rallumant dans le crépuscule, les troupes
redescendaient en files sombres les pentes qu'elles avaient
gravies le matin, à l'heure où les routes de Rueil étaient
couvertes de soldats débandés, la ville croyait, hélas ! à la
plus grande victoire, à la seule affaire décisive du siège.
Les dépêches officielles publiées pouvaient lui laisser, il est
vrai, cet espoir.

On lisait, on commentait avec allégresse celles qui suivent :
« Demain, se disait-on, nous serons à Versailles. »

Pauvre Paris, qui allait s'endormir encore dans la confiance pour s'éveiller déçu et désespéré !

Le lendemain, les dépêches du général Trochu arrivées
durant la nuit apprenaient la vérité stricte : nous avions
abandonné les positions conquises.

La vérité ne se fit jour que peu à peu, et Paris alors sut
avec une stupeur profonde que son dernier espoir était
anéanti. Le général Trochu parut perdre le calme nécessaire à un chef d'armée, et une de ses dépêches effarées,
publiée par mégarde alors qu'elle était seulement confi-
dentielle, jeta la consternation dans la cité. La voici dans
toute sa netteté alarmée :

Gouverneur à général Schmitz, au Louvre.

Mont-Valérien, 20 janvier 1871, 9 h. 30 matin.

« Le brouillard est épais. L'ennemi n'attaque pas. J'ai
reporté en arrière la plupart des masses qui pouvaient être
canonnées des hauteurs, quelques-unes dans leurs anciens
cantonnements. Il faut, à présent, parlementer d'urgence à
Sèvres pour un armistice de deux jours, qui permettra l'enlèvement des blessés et l'enterrement des morts. Il faudra
pour cela du temps, des efforts, des voitures très solidement
attelées et beaucoup de brancardiers. Ne perdez pas de
temps pour agir en ce sens. »

Non seulement cette dépêche semait le trouble dans la
population, mais encore elle était terriblement exagérée, et
nous n'avions pas besoin de tant de brancardiers pour enlever nos morts. Les Prussiens, dans la matinée du 20 janvier, firent jusqu'à trois appels de clairon pour nous offrir
une trève de quelques heures, avec faculté d'enlever nos
morts et même nos blessés gardes nationaux. Nos clairons
ne répondant point, ils firent transporter nos blessés à

Marnes, et la trève ne fut conclue que vers deux heures, et par hasard. C'est alors qu'un aide de camp du général von Kameeke dit à celui qui écrit ces lignes : « Nous avons admiré l'élan de vos *nouvelles troupes de ligne.* » Les nouvelles troupes de ligne étaient simplement les gardes nationaux parisiens mobilisés ou volontaires.

Ils avaient fait leur devoir en toute virilité et en toute conscience. Leurs rangs avaient été troués par les balles, labourés par les obus. Beaucoup avaient versé leur sang pour la cause de la France. Pas un n'avait reculé au moment de la charge. Les morts, cette fois, ces morts qu'on rencontrait, roulés dans leur capote grise ou brune, un portefeuille ou un portrait-carte de femme, de fiancée ou d'enfant à leurs côtés, vieillards et jeunes gens, étaient de simples citoyens armés et tombés pour la patrie. C'était, non plus seulement la France militaire, mais la France civile, la France artiste, la France publiciste, la France bourgeoise, la France peuple qui tombait et ouvrait ses veines. Paris est fier de ce jour meurtrier; il a raison. Une telle rosée de sang lave les taches et efface la boue.

La patrie avait à pleurer, il est vrai, plus d'un cœur vaillant ou d'un brillant cerveau. Un jeune homme, un maître, le peintre Henri Regnault, coloriste puissant, qui promettait et donnait déjà une gloire nouvelle à son pays, l'auteur maintenant immortel de la *Salomé*, tombait, peut-être frappé par la dernière balle, au moment où, la retraite étant ordonnée, il voulait tirer un dernier coup de feu. On retrouva, deux jours après, son corps au visage ensanglanté et sur lequel étaient collées des feuilles mortes, et on le reconnut à cette inscription cousue à sa capote brune : *Regnault, peintre, fils de Regnault de l'Institut.* Le père, le chimiste, le vieux savant, directeur de la manufacture de Sèvres, était gardé par les Prussiens comme otage. Le fils, volontaire au 16e régiment de Paris, était tué. Henri Regnault a payé cher la gloire de donner par le martyre, à son nom, cet éclat qu'il lui eût assuré par son admirable talent.

D'autres tombèrent en même temps que lui : le lieutenant-colonel de Rochebrune, colonel du 19e régiment de Paris (140e, 48e, 190e et 214e bataillons), était frappé d'une balle au moment où, levant son sabre, il s'écriait : « *En avant!* » C'était ce Rochebrune qui, avec Langewicz, avait combattu si vaillamment à la tête de l'insurrection polonaise. L'ancien commandant des *zouaves de la Mort*, le défenseur de la Pologne, était tué par une balle polonaise. Seveste, un jeune comédien du Théâtre-Français, lieutenant dans les carabiniers parisiens, recevait une balle dans la cuisse, et, comme on l'apportait tout sanglant, enveloppé de linges, à l'ambulance de la Comédie-Française : « Je viens, dit-il, jouer une fois encore la dernière scène des *Fourberies de Scapin*. » On l'amputa, et Seveste mourut décoré sur son lit d'agonie, comme son commandant, le pianiste Pérelli, blessé et expirant comme lui.

Oui, cette fois, c'est bien le sang de Paris qui coule. Un autre succombe, le vieux marquis de Coriolis, volontaire à soixante-sept ans, solide et superbe, affirmant sa noblesse par son agonie.

Le lendemain, les Prussiens, croyant que nous allions continuer notre attaque, avaient massé des forces considérables dans les bois, et s'apprêtaient à continuer la lutte ; mais nos troupes rentraient dans leurs cantonnements, les soldats affaissés, je le répète, les mains dans leurs couvertures de peau de mouton, tendues sur leurs poitrines en manière de tablier, les gardes nationaux étonnés, très glorieux d'eux-mêmes, las d'ailleurs, un peu étourdis du fracas de la veille, mais fermes et solides.

« Le soir, quand je vis notre aile gauche plier, je fis porter sur le plateau un bataillon de la Vendée accompagné de gardes nationaux. Là les gardes nationaux ne surent plus distinguer où était l'ennemi, et tirèrent sur nous-mêmes. Voilà le danger des troupes qui manquent d'organisation hiérarchique et régulière. C'est pourquoi j'ai résisté à ramener devant l'ennemi ces masses armées, dont la petite éducation avait produit les effets que je viens de vous dire. »

Que quelques gardes nationaux aient tiré sur nos troupes, cela peut arriver ; la ligne, à Forbach, a bien tiré par méprise sur un bataillon de chasseurs à pied, et à Buzenval même, notre artillerie faisait encore feu sur le parc alors que les gardes nationaux y avaient pénétré. Ce qui est hors de doute, c'est l'*incomparable bravoure* déployée par la garde nationale dans *cet effort du désespoir*. Ce qui est hors de doute aussi, c'est l'inutilité de cette trouée dernière. On ne pouvait, d'un seul bond, aller à Versailles. M. Viollet-Leduc le dit et l'explique fort bien dans son livre sur la *Défense de Paris* :

« Instruit par la première affaire de la Malmaison, qui

jeta un instant l'alarme au quartier général de Versailles,
l'ennemi, dit-il, avait bien reconnu l'importance pour lui de
conserver les hauteurs de Saint-Cucufa, et y avait accumulé
les obstacles, en profitant des moindres mouvements de
terrain, des murs existants, des bois... Si, par aventure,
nous fussions parvenus à faire brèche dans ce mur (du parc
de Buzenval) et à y précipiter une colonne d'attaque, il
n'est pas douteux que cette colonne, engagée dans le cirque
de Saint-Cucufa, eût été vigoureusement accueillie par l'artillerie de campagne que les Prussiens avaient pu mettre en
batterie, dans une position dominante, le long du mur nord
des Haras. Cet emplacement excellent franchi, — chose difficile, — nous trouvions d'autres pièces en retraite balayant
tout le plateau... en supposant que notre gauche eût pu
parvenir à Villeneuve-l'Étang et tourner cette belle position.

Qu'elle n'ait pas délivré la ville, précipité les Prussiens
dans la Seine, tendu la main à la province, la garde nationale de Paris n'en a pas moins, dans cette bataille du 19
janvier, bien mérité de la patrie. Les vaincus ont aussi leur
livre d'or et, à cette même heure, Faidherbe perdait, sans
ternir sa renommée, la bataille de Saint-Quentin. La victoire
appartient au sort. Le courage seul appartient à l'homme.
Ce n'est point faillir que bien tomber. Et ces morts nous
consolent de l'affaissement des vivants.

CHAPITRE XVI

L'armée de la Loire après sa retraite sur Vendôme et sur le
Mans. — Combats sur la Loire et sur l'Huisne. — La bataille
du Mans. — Retraite sur Alençon et sur Laval. — Combat
d'Alençon. — L'armée du Nord après Bapaume. — Bataille de
Saint-Quentin. — L'armée du Nord bat en retraite et se concentre sous les places fortes. — Les Prussiens en Normandie.
— Rouen.

Le lendemain de la bataille de Montretout et Buzenval,
des dépêches arrivaient à Paris, annonçant à la fois le succès de l'armée de Bourbaki à Villersexel et la défaite de

l'armée de Chanzy au Mans. On ignorait encore la bataille de Saint-Quentin, livrée le 19 janvier et perdue par l'armée de Faidherbe. La guerre touchait à sa fin. Il était dit que tous nos efforts seraient vains, toutes nos espérances anéanties une à une. Après cette retraite très prudente et très belle qu'il avait conduite au lendemain du désastre d'Orléans, le général Chanzy s'était retiré, en combattant presque chaque jour, sur Vendôme et de là sur le Mans. Là, dans cette position excellente, tête de ligne de cinq voies ferrées, au centre d'un pays accidenté, coupé de haies, propre à cette rude guerre défensive que les *chouans* avaient faite jadis avec un si aveugle acharnement aux soldats de la République, le général pouvait attendre, avec l'espoir sérieux de la repousser, l'attaque de l'ennemi. Il s'était établi là vers la fin de décembre, par une température glacée, une neige épaisse couvrant le sol, avec cette armée si cruellement éprouvée depuis le 2 décembre, décimée par la petite vérole, pleine de blessés et de fiévreux. Les ambulances, les hôpitaux du Mans étaient encombrés.

Tout d'abord, quel que fût l'état de délabrement de la deuxième armée de la Loire, devenue en réalité l'armée de la Sarthe et de l'Huisne (un des affluents de la Sarthe), les Allemands semblèrent renoncer à l'idée de la poursuivre plus avant. Ils s'arrêtèrent un moment devant les nouvelles opérations à tenter dans l'ouest. D'ailleurs, l'autre armée de la Loire, réunie à Bourges, sous le commandement de Bourbaki et lancée en ce moment vers l'est, les préoccupait vivement. Ils faisaient pourtant des démonstrations fréquentes, comme, par exemple, celle du 20 décembre, où une dizaine de mille hommes repoussèrent les troupes du général Ferri Pisani et menacèrent Tours, en lui lançant quelques obus qui atteignirent une douzaine de personnes.

Pendant ce temps, l'armée de la Loire se réorganisait et travaillait à se retrancher fortement. Elle surveillait aussi les mouvements de l'ennemi en le tenant, comme dit le général Chanzy, à distance. Chanzy avait formé deux colonnes mobiles; la première, commandée par le général de Jouffroy, marchait sur Château-Renault pour couvrir le chemin de fer du Mans à Tours ; la seconde, ayant à sa tête le général Rousseau, marchait par la Ferté-Bernard et Nogent-le-Rotrou pour nettoyer le pays et éclairer le général en chef. Les Allemands avaient alors pour objectif de tourner

notre armée par la vallée du Loir et de couper la ligne
ferrée.

Ce fut, jusqu'au 10 janvier, une suite de combats, souvent
honorables, sur l'Huisne et le Loir et au sud-est du Mans.
M. Gambetta, toujours emporté par sa patriotique confiance,
adressait des dépêches au général Chanzy où, le conjurant
de redoubler d'activité : « Vous avez décimé les Mecklembourgeois, disait-il, les Bavarois n'existent plus; le reste de
l'armée est déjà envahi par la lassitude. Persistons et nous
renverrons ces hordes hors du sol, les mains vides. » La
lassitude de l'armée allemande n'était malheureusement pas
aussi complète que le croyait le jeune et vaillant ministre,
et on pouvait dire des Bavarois ce que le roi Guillaume
disait de nos mobiles dans une dépêche officielle : « *Il en
reste toujours trop.* » Gambetta, qui télégraphiait à la même
époque environ que les Allemands avaient perdu 500,000
hommes depuis leur entrée en France, pensait que ces
moyens étaient utiles pour galvaniser l'énergie des chefs
souvent démoralisés et de la nation prête à abdiquer. Mais
Chanzy n'avait pas besoin de tels coups de fouet.

Avec les premiers jours de l'année 1871, les attaques de
l'ennemi contre les troupes de l'armée de la Loire semblèrent recommencer. Le 2 janvier, les Allemands essayaient
en vain d'entamer les avant-postes du général de Jouffroy,
qui gardaient leurs positions. Sur la rive gauche du Loir,
où le général de Curten harcelait sans cesse l'ennemi, une
reconnaissance de notre cavalerie s'avançait jusqu'à 7 kilomètres de Vendôme, et ramenait des prisonniers. « L'ennemi, disait alors Chanzy dans une dépêche, fait de nombreux mouvements entre Vendôme et Blois, et il paraît
inquiet. » Le Perche lui appartenait cependant, et il n'y était
nullement troublé dans ses opérations. Le 6, les Allemands
attaquaient avec une certaine vigueur les généraux de Curten et Cléret à la Fourche.

Vers onze heures du matin, le combat s'engageait dans
la région de Saint-Cirq, de Villeporcher et de Villechauve
(Loir-et-Cher).

La colonne Jobey, refoulée d'abord de ses positions, ayant
reculé jusqu'à Neuville, le général de Curten se porta immédiatement à son secours, prit l'offensive à son tour,
réoccupa toutes les positions dont l'ennemi s'était emparé,
et refoula celui-ci au delà de Saint-Amand, où les nôtres

entrèrent à la nuit. Les pertes de l'ennemi, tant en tués qu'en blessés, paraissaient assez considérables. Il perdit aussi beaucoup de provisions. Nos pertes étaient légères.

Le général de Joulfroy, accouru vers deux heures et demie, avait puissamment contribué au premier succès de cette journée, qui semblait devoir nous rester, lorsque, attaqué sur ses positions, il dut se replier sur Savigny et Espca devant des forces considérables et s'établir devant Saint-Calais. En avant de Nogent, 12,000 Allemands environ, venus de Chartres et de Bonneval, avaient repoussé le général Rousseau, auquel ils prenaient trois canons. Seul, le général de Curten demeurait maître de la position du côté de Saint-Cyr et de Saint-Amand.

Le 7, l'attaque des Allemands se renouvelait sur plusieurs points. C'étaient les armées réunies de Frédéric-Charles et du grand-duc de Mecklembourg qui, décidées à en finir, redoublaient de vigueur et se précipitaient en nombre sur nos troupes. L'amiral Jauréguiberry, le héros de Villepion et de Loigny, mandé en hâte vers Château-du-Loir, allait prendre le commandement de toutes les forces réunies sur les deux rives du Loir (16e et 17e corps). Le 8, les attaques continuaient sur l'Huisne et sur le Loir. Les Allemands, avec des troupes venues du pays beauceron, de la direction de Paris et de la vallée de la Loire, continuaient à nous inquiéter, voulant attirer notre armée en dehors de ses fortes positions du Mans. Le général Chanzy devinait fort bien cette tactique dont il donnait le secret au général Bourbaki, dans une dépêche datée du 9 janvier :

« Le duc de Mecklembourg, après avoir concentré ses forces sur l'Eure et tiré des renforts d'un contingent venu d'Allemagne, cherche à descendre l'Huisne, nous refoulant sur le chemin de fer de Chartres au Mans, et menaçant celui du Mans à Alençon. Le prince Frédéric-Charles, après quelques démonstrations sur Gien et la rive gauche de la Loire, a réuni son armée entre Vendôme et Blois et nous menace par Saint-Calais, où il est de sa personne, et par la vallée du Loir, par laquelle il est disposé à tourner nos positions et à couper la ligne ferrée du Mans à Tours. Il est évident que le but de l'ennemi est d'en finir avec l'armée de la Loire, soit en l'attirant en dehors de ses positions, soit en la bloquant sur ses positions. »

C'était à la veille de la bataille du Mans que Chanzy s'exprinait ainsi. Le 9 janvier, la fatigue des troupes était extrême, le temps extrêmement mauvais. « Les hommes étaient mouillés sans pouvoir se sécher. « L'ennemi se concentrait. Chanzy, sentant bien que le moment du dernier effort approchait, donna ses instructions, montra les Allemands descendant l'Huisne vers le Mans par la route de Saint-Calais, par celle de Montoir au Grand-Lucé. « Si l'ennemi s'avance aussi effrontément, dit-il, c'est, il est pénible de l'avouer, parce que nous ne lui opposons nulle part une résistance sérieuse, alors que nous disposons partout de forces au moins égales aux siennes. » Il essayait de souffleter les Français déchus, en leur montrant du moins la honte. Le 9 janvier, on s'était battu dans la neige. Le soir, le quartier général allemand était à Bouloire. Le 10, entre Ardenay et la petite ville d'Yvre autour de l'auberge de Saint-Hubert, nos troupes, attaquées par le centre des Allemands, pressées de tous côtés, battirent en retraite sur ce que Chanzy appelait dans sa dépêche « les positions définitives qui leur avaient été assignées d'avance. »

L'action avait été des plus vives à Montfort, à Champagne, à Parigné-l'Évêque, à Jupillé et à Changé. Sur ce dernier point, la brigade Ribel, après une vive résistance de plus de six heures, avait dû abandonner le village à l'ennemi, qui l'occupait à la nuit.

Nous avions fait dans cette journée des pertes sensibles ; mais l'ennemi avait plus souffert que nous, de l'aveu des prisonniers faits sur plusieurs points. Dans une brigade prussienne, celle à laquelle appartient le 35e fusiliers, le général Rothingier avait été blessé, le major tué, l'adjudant de brigade tué, ainsi que l'adjudant de régiment et plusieurs officiers.

La lutte allait continuer encore le 11 et le 12 janvier. Les hauteurs situées à droite de la route du Mans, et qui la dominent. presque entièrement, furent défendues par nos troupes avec *opiniâtreté*, selon les Prussiens eux-mêmes.

L'ennemi nous avait attaqués le 11 sur toute la ligne. L'amiral Jauréguiberry se maintenait solidement sur la rive droite de l'Huisne ; le général Colomb se battait pendant six heures avec acharnement sur le plateau d'Auvours ; le général Gougeard, qui eut son cheval percé de six balles, montrait la plus grande vigueur, et les troupes de Bretagne, qui devaient bientôt donner le signal de la déroute, contrituaient d'abord vaillamment à conserver cette position importante.

Au-dessous de Changé et sur la route de Parigné-l'Évêque nous nous maintenions encore malgré les efforts de l'ennemi. Nous couchions sur toutes nos positions, lorsque, à la tombée de la nuit, les mobilisés de la Bretagne, chargés de conserver l'importante position de la Tuilerie, se débandèrent tout à coup, se retirèrent en désordre et laissèrent les Prussiens s'y établir. C'était notre centre qui se trouvait coupé, et de cette façon s'écroulait, par suite d'une folle terreur de troupes désordonnées, un plan de bataille conçu et jusqu'alors heureusement exécuté. Les dépêches de Chanzy qui annoncent cette panique sont navrantes.

« Le Mans, 12 janvier, 9 h. 40, matin.

« Notre position était bonne hier au soir. La panique d'une partie des mobilisés de Bretagne, à la Tuilerie, a été le signal de la débandade. Sur toute la rive gauche de l'Huisne, les troupes se sont dispersées.

« Le vice-amiral Jauréguiberry déclare que la retraite est impérieusement commandée sur les autres positions. Les généraux déclarent qu'ils ne peuvent tenir. Le cœur me saigne; je suis contraint de céder. »

« Le Mans, 12 janvier, 12 h. 45, soir.

« Vous connaissez les événements. Je veux organiser la retraite de façon à établir mes divers corps d'armée à Laval, pour m'y reconstituer et reprendre les opérations. »

Et, après avoir tenté de faire reprendre la Tuilerie par les zouaves de Charette qui gravirent avec résolution la montée, Chanzy se décida à abandonner le Mans, où le général Voigts-Rheitz, commandant le 10e corps allemand (aile gauche de l'armée), entra bientôt, échangeant dans les rues de la ville quelques coups de feu avec les débris de l'armée vaincue et quelques braves hommes du peuple. Nos troupes étaient parties en chemin de fer, laissant à la gare 200 wagons et des voitures pleines de fourrages, farine, café, sucre, riz et cognac. « Le Mans, dit M. O. Lecomte, forme sous ce point de vue le pendant de Sarreguemines, où les Allemands prirent également des quantités énormes d'approvisionnements. »

Alors commencèrent pour le Mans les *illustres pillages*. bris de portes et de boutiques, réquisitions, le cortège éternel de la victoire farouche.

Des habitants furent chassés de leur logis, forcés de coucher dans les rues. Et, pendant ce temps, la retraite de Chanzy continuait vers le Poitou.

L'armée toute entière, malgré sa mauvaise fortune, n'en avait pas moins, par sa résistance et son opiniâtreté, bien mérité de la patrie, et le général Chanzy pouvait dire plus tard aux soldats de l'armée de la Loire : « Vous avez tenu tête aux armées les plus nombreuses et les mieux commandées de l'Allemagne... L'ennemi lui-même s'honorera en nous rendant justice. »

Le camp de Conlie, près du Mans, fut enlevé le 14 par les Prussiens. Il y restait des armes et des munitions. C'était là que les mobilisés des cinq départements de Bretagne s'étaient exercés, et, malgré l'organisation bien incomplète, avaient fait leur apprentissage de soldats. A la fin, la variole sévissant sur les malheureux qui l'occupaient, le camp avait été évacué. Chanzy se retirait sur Alençon et sur Laval. Devant Alençon, un combat honorable fut livré, qui permit à Chanzy d'opérer plus facilement sa retraite.

On vit là les francs-tireurs de Paris combattre à la baïonnette en chantant comme à Châteaudun la *Marseillaise* et en poursuivant l'ennemi en pleine nuit. » Les lâches seront châtiés, les braves seront récompensés ! « avait dit ardemment le préfet, M. Antonin Dubost. — Il n'y eut point de lâches] à Alençon.

L'armée de la Loire et l'armée du Nord étaient les deux grands espoirs de Paris assiégé. L'armée de la Loire venait de prouver qu'elle était digne de la France lorsqu'elle livrait à l'ennemi ces quotidiennes, ces incessantes batailles qui, comparées à celles de la campagne de Bohême en 1866, n'étaient, selon le mot d'un officier allemand, qu'un *jeu d'enfants*.

L'armée du Nord, elle aussi, a bien mérité du pays.

Nous l'avons laissée victorieuse, au lendemain des combats de Pont-Noyelles et de Bapaume. Péronne était tombée, et Faidherbe, après les combats des premiers jours de janvier, rentrant dans le quadrilatère du Nord, allait tenter une suprême bataille. Manteuffel était parti pour l'est, maintenant le général von Gœben commandait. Le 17 janvier, à six heures du matin, une colonne française conduite par le colonnel Innard entrait à Saint-Quentin, dont les Prussiens étaient partis, et ramassait des traînards allemands demeurés là malgré l'évacuation de la ville. On versa aux soldats le vin d'honneur à l'hôtel de ville. On se crut délivré. Le 18, arriva Faidherbe venant d'Amiens. L'enthousiasme était à son comble. On criait, on répétait : « Vive Faidherbe! » Et lui calme et grave :

— Non, répondait-il, ne criez pas : « Vive Faidherbe! » criez : « Vive la France! »

Le 18, on se battait du côté de Vermand, et les Prussiens étaient repoussés. Le soir, devant la commission municipale, Faidherbe, *digne comme un stoïcien* (le mot a été dit par M. Malezieux, président de la commission), disait froidement à peu près ce qui suit :

« Demain je donnerai ou plutôt j'accepterai la bataille. Gambetta l'ordonne et il faut faire une diversion, car Paris tente une sortie (c'était, on le sait, la sortie de Buzenval). Mon armée est une masse, mais une masse faible. Je serai battu, mais battu glorieusement. Les Prussiens pourraient nous repousser en deux heures ; je les arrêterai toute la journée. »

Le 19, au matin, les Prussiens attaquaient et jusqu'à 3 heures de l'après-midi, moment où entrèrent en ligne des masses ennemies venues de la Fère, de Laon, de Paris, nos soldats résistèrent bravement et avec certains avantages. Ils combattaient dans la neige, la boue collant aux pieds, les talons enfonçant dans la glaise : ce temps boueux était le même à Montretout et à Saint-Quentin. Le combat fut presque tout entier d'artillerie et livré dans un vaste espace. Sur ces coteaux ou plutôt ces plaines aux ondulations légères, la canonnade faisait rage.

Le vice capital des positions de Faidherbe, c'était la situation prise sur les deux rives de la Somme. Son armée se trouvait, pour ainsi dire, *à cheval* sur les deux côtés du canal de Saint-Quentin et la rivière, c'est-à-dire partagée en deux, divisée par les marais qui rendaient ses mouvements difficiles et la communication des régiments entre eux, et même des officiers d'ordonnance, presque impossible d'une rive à l'autre. Comment, en effet, se mouvoir dans les marais? Comment manœuvrer sur cet impraticable terrain et entre ces deux cours d'eau? A dix heures et demie du matin, la bataille commençait ; l'armée française, formée

en demi-cercle, tenait, en s'appuyant sur Saint-Quentin,
tout le terrain qui va de Mesnil-Saint-Laurent à Rocourt.
Les batteries, fortement établies entre Neuville-Saint-Amand
et Gauchy, à droite, allaient battre bientôt à gauche, lorsque la bataille changea de terrain, le bois de Savy où, durant cette journée du 19, les pertes des Prussiens furent
considérables.

L'armée allemande, puissante, soutenue par une cavalerie nombreuse (Faidherbe, manquant absolument de cavaliers, pouvait à peine disposer de deux escadrons), cette
armée, dont le nombre s'augmentait d'heure en heure,
occupait Seraucourt, Essigny-le-Grand, Cérisy, et n'engageait qu'avec une prudente avarice ses réserves accumu-
lées le long des routes de la Fère et de Chauny. En outre,
prêt à soutenir ses fantassins qui combattaient à Itancourt,
ou ses batteries qui tonnaient devant Urvillers, le général
von Gœben abritait derrière les maisons de ces villages des
régiments entiers de dragons ou de chasseurs à cheval
prêts à charger. Ces masses sombres de cavalerie apparaissent sur le plan de la bataille comme de formidables
menaces, et semblent dissimulées derrière les villages
comme autant de pièges.

Faidherbe se tenait à Rocourt, suivant les mouvements
de cette longue bataille.

Le 22e corps français, placé à l'aile droite de l'armée,
résistait avec une fermeté grande à l'ennemi. Malheureusement, le 19e régiment allemand, nous attaquant vers
l'aile gauche, parvint à déborder les soldats qui défendaient
la gare, et s'empara de ce point décisif. Le 23e corps allait
bientôt se mettre en retraite et entraîner avec lui le 22e qui
se battait avec tant d'énergie.

Durant tout le jour, au surplus, l'ennemi avait reçu de
divers points des renforts importants. Ils arrivaient de la
Fère ou de Laon, ou même de Paris. Des régiments descendaient de chemin de fer pour entrer en ligne. C'est
encore là un exemple de l'étonnante organisation militaire de la Confédération. Nous avons vu qu'à Spickeren
(Forbach) les Allemands avaient fait de même. Cette entrée
en ligne de troupes fraîches, vers la fin de toutes ces terribles journées, est un des triomphes de leur tactique. Le soir
de la bataille de Saint-Quentin, les troupes ennemies qui
occupèrent la ville venaient de sortir de wagon. Elles con-

trastaient étrangement par leur tenue correcte, la propreté de leurs armes, fusils luisants, bottes cirées, avec les autres régiments allemands, engagés depuis le matin.

Notre artillerie, placée au Moulin de Tout-Vent, avait fait un grand carnage des ennemis. Elle devait, lorsque la bataille fut perdue, contenir encore les assaillants

Le soir de ce jour funèbre, les soldats fuyaient, traversaient Saint-Quentin par la place de l'Hôtel-de-Ville ou par le faubourg Saint-Jean, poussés par les Prussiens et s'arrêtant encore pour tirer leurs derniers coups de feu. Quelques-uns, au bas de la rue d'Isle, ébauchèrent une barricade, à l'endroit où la garde nationale s'était défendue le 8 octobre, mais la résistance était inutile, impossible. Les bataillons fuyaient pêle-mêle, c'était, sur la place et dans les rues, le défilé hideux, l'égrènement ou le torrent de la déroute. On jetait ses équipements, on jetait ses armes, on buvait en hâte quelque verre de vin que tendait une main sortant d'une porte entr'ouverte, on changeait de vêtements, on se cachait, on se blottissait dans les caves. Les blessés tombaient parfois inanimés sur le pas des portes.

La nuit était venue. L'armée s'écoulait vers Cambrai. Encore une fois l'ennemi entrait dans la ville. Le sabot de ses chevaux retentissait sur la grande place. Ordre d'allumer des lumières, lanternes ou bougies, aux fenêtres des maisons; on tirerait sur chaque maison qui resterait sombre. Ordre de livrer les armes, de dénoncer les soldats réfugiés. Réquisitions partout. Dans toutes les maisons, des blessés et des mourants, les hôpitaux encombrés, la collégiale pleine de prisonniers entassés, six mille malheureux mobiles, mobilisés, artilleurs ou soldats de la ligne étouffant dans les chapelles, couchés sur les dalles, accroupis contre les piliers, cette foule hurlant et grouillant dans les profondeurs gothiques du chœur.

Le général von Gœben adressait alors au roi cette dépêche :

Roupy, 19 janvier.

« L'armée du Nord du général Faidherbe a été battue devant Saint-Quentin, après sept heures de combat. Jusqu'à ce moment, le nombre des prisonniers non blessés est de 4,000. Nous avons pris en outre deux canons.

« DE GŒBEN. »

Cette bataille de Saint-Quentin pouvait amener la destruction totale de l'armée du Nord. L'ennemi n'osa point poursuivre Faidherbe. Le vainqueur, qui avait 5,000 hommes hors de combat, se contentait de ramasser nos traînards : nous avions perdu 3,000 hommes.

L'armée se mit en retraite vers les places du Nord et se cantonna autour des villes de Cambrai, Douai, Valenciennes, Arras et Lille. « Elle se réorganisa rapidement, dit le général Faidherbe dans son livre et, dès le 10 février, elle eût été susceptible de se représenter en ligne avec un effectif presque égal à celui qu'elle avait à Saint-Quentin. »

L'armée, battue, chantait encore *Mourir pour la patrie*. D'autres soldats, en montrant leurs rangs clairsemés, disaient avec bravade : « *Voilà ce qui reste des chasseurs à pied !* »

L'ennemi eut, dans les journées des 18 et 19 à Vermand et à Saint-Quentin, environ 5,000 hommes hors de combat et nous environ 3,000 seulement. Cela tient à ce que nos coups portaient sur des masses de troupes doubles des nôtres. Grâce aux traînards qu'il ramassa sur les routes le 20 et le 22, il dut tenir entre les mains, le surlendemain de la bataille, plus de 6,000 prisonniers, la plupart mobiles ou mobilisés, mais la moitié se sauva et rejoignit les corps au bout de quelques jours.

Le 20, un détachement prussien arriva à la suite de nos colonnes jusqu'aux portes de Cambrai et somma en vain la ville de se rendre. Une autre troupe alla bombarder Landrecies et en fut repoussée par l'artillerie de la place. Les ennemis se retirèrent ensuite vers Saint-Quentin, et l'armistice, proclamé le 29 janvier, les maintint bientôt dans la limite du département de la Somme.

Ce qui prouve que le général von Gœben savait très bien que, dans cette quatrième bataille, il n'avait pas encore réduit l'armée du Nord à l'impuissance, c'est que, dans un ordre du 22, chargeant les généraux de division von Kummer, von Burnekow et von den Gœben d'observer Cambrai et Arras, il leur indique les lignes de retraite vers Amiens et Péronne dans le cas où ils seraient *pressés par l'armée française*.

Les Prussiens, qui prétendent nous avoir enlevé des pièces d'artillerie de campagne, ne s'emparèrent que de trois ou quatre petits canons de montagne placés en position au faubourg d'Isle.

C'était la Normandie, — un grenier d'abondance, — qu'il fallait maintenant disputer à l'envahisseur. Les Prussiens ont avoué depuis que, s'ils n'eussent pas rencontré la grasse et riche Normandie pour se ravitailler, ils eussent été très empêchés. On devait donc à tout prix leur arracher cette province. Et l'armée de Normandie, levée par Estancelin, ne pouvait-elle du moins disputer son pays à l'invasion? Elle était forte et nombreuse. Mais elle se comporta devant les Prussiens comme jadis l'armée normande soulevée par Buzot, le député girondin, et commandée par Puisaye, se comporta devant l'armée de la Convention. La Normandie, ou plutôt Rouen, car Gisors, Vernon, Étrépagny livrèrent, non sans gloire, de petits combats à l'ennemi, ne se défendit point comme on pouvait l'espérer.

Un écrivain rouennais a, depuis, montré que Rouen, stratégiquement parlant, n'était pas *défendable*. A première vue pourtant, le cercle de collines qui l'entoure et la protège, Saint-Aignan, Mont-Fortin, la côte de Neufchâtel, Sainte-Catherine, Canteleu, semblent former des fortifications naturelles. La vieille cité des Rollon, des Alain Blanchard et des Montgommery, étonna la France par sa résignation assez peu stoïque.

Mais l'histoire plus calme prononce avec plus de sang-froid ses verdicts. Le conseil municipal, paraît-il, ce conseil municipal sur lequel le peuple exaspéré allait faire feu, la municipalité rouennaise voulait bravement résister. On raconte même que le général Briand, qui trouvait la position devant Rouen intenable, eut la faiblesse de prendre « l'engagement formel d'arrêter ses troupes à Tancarville et de s'y défendre énergiquement. » La générale devait être battue le 5 décembre, à quatre heures du matin, pour appeler les gardes nationaux aux armes. Mais tout à coup le général, revenant sur cette décision et ne jugeant pas possible la résistance, donna l'ordre à ses troupes de battre en retraite sur Honfleur et le Havre. Cette retraite fut désastreuse. Les vivres manquaient. Le froid était cruel. Des hommes furent gelés en chemin. Le 5 décembre, le général Manteuffel avait occupé Rouen.

Cependant l'armée de Briand était arrivée au Havre. Les Havrais se disposaient à une résistance acharnée.

VICTOR HUGO

Briand, remplacé par Mouchez, s'était rendu à Cherbourg. Il y eut encore de ce côté des combats heureux, puis des rencontres moins favorables. Les Prussiens envoyaient de Rouen des renforts. Après un engagement sanglant sur les ruines du château de Robert le Diable, affaire où se montrèrent vigoureux et hardis les mobiles de l'Ardèche, nos troupes qui opéraient dans la bouche de la Seine, débloquées de la forêt de la Londe par des troupes ennemies très supérieures, avaient été forcées d'évacuer Bourotheroulde et rejetées sur Honfleur et Pont-l'Évêque. Nul autre combat ne devait plus être livré, et l'armistice allait être signé.

Il ne restait plus debout, de toutes nos citadelles assiégées, que Paris, Bitche et Belfort : Paris affamé, Bitche invincible, et cette ville de Belfort qui résistait depuis si longtemps aux bombardements et aux assauts, avec le colonel Denfert-Rochereau pour chef de place. C'était pour délivrer Belfort, pour forcer les armées à lever ce siège et, en même temps, pour menacer leurs communications avec leur pays, que l'armée de Bourbaki, réunie et formée à Bourges, avait été dirigée sur notre frontière de l'Est : c'est pour sauver Belfort, pour intimider l'Allemagne, pour tenter une diversion virile, que cette entreprise avait été tentée.

CHAPITRE XVII

Premiers combats dans les Vosges. — Le général Cambriels. — Combat sur l'Olgnon. — Garibaldi. — Son arrivée à Tours. — Il prend le commandement de l'armée des Vosges. — L'ennemi marche sur Dijon. — Défense de Dijon. — Le corps de Treskow met le siège devant Belfort. — Le colonel Denfert-Rochereau. — L'armée de l'Est. — Bourbaki. — Werder. — Batailles de Villersexel et d'Héricourt. — Retraite. — Les garibaldiens occupent Dijon évacué par l'ennemi. — Les Allemands sont repoussés après trois jours de combat. — Le drapeau du 61e régiment prussien.

Pendant les derniers jours du siège de Strasbourg, les francs-tireurs, unis aux gardes mobiles, avaient maintes

fés attaqué les Allemands et inquiété leurs communications. Lorsque la ville fut rendue, les troupes assiégeantes
prirent d'abord un peu de repos, puis l'ennemi forma un
nouveau corps d'armée, le 14°, de 50,000 hommes environ,
commandé par le général de Werder. Ce corps d'armée
était destiné à opérer spécialement dans les Vosges méridionales. Une division de réserve devait en outre cerner
Schlestadt et Neuf-Brisach.

Dès le 1er octobre, Werder détachait une colonne mobile
composée de 5 bataillons, 2 escadrons et 12 bouches à feu,
sous les ordres du général-major von Degenfeld et l'envoyait fouiller les montagnes et disperser nos troupes.
D'abord empêchée dans sa marche par les obstacles naturels,
chemins détruits, abatis jetés en travers des routes, la
colonne n'en parvint pas moins à passer les Vosges après
une série de petits engagements. Le 5 octobre, à Raon-l'É-
tape, au confluent de la Meurthe et de la Plaine, un combat assez meurtrier livrait le passage aux troupes allemandes. Le général von Degenfeld recevait en même temps
de Werder l'ordre de marcher sur Épinal et de considérer
sa colonne comme l'avant-garde du 14° corps. Werder
quittait, à son tour, Strasbourg le 6 octobre et passait les
Vosges. Ce même jour, Degenfeld remontait le cours de
la Meurthe afin d'occuper Saint-Dié. A peine se mettait-il
en marche que des troupes françaises, venues de Rambervilliers et de Bruyères, et commandées par le général Peitavin, attaquaient brusquement son flanc droit. Degenfeld
s'arrêtait aussitôt et un combat sanglant se livrait qui dura
sept heures, sept heures de lutte acharnée. Nous battions
en retraite le soir, mais nous avions du moins empêché
l'ennemi d'arriver ce jour-là à Saint-Dié. Nous perdions
environ 700 hommes sur le champ de bataille et 600 prisonniers. Les Badois accusèrent de leur côté 382 hommes
tués et blessés et 22 officiers.

Deux jours après, le 8 octobre, les colonnes de Werder
descendaient à Saint-Dié et à Épinal, sous les ordres des
généraux Keller et Laroche du Jarry (un nom français,
sans doute le descendant d'une de ces familles que la révocation de l'édit de Nantes par Louis XIV a contraintes à l'exil
et faites allemandes). Le 9, Werder, concentrant ses troupes,
mettait son quartier général à Raon-l'Étape. Jusqu'au 20
octobre, il y eut, entre les troupes badoises et nos avant-

postes ou les détachements de notre armée des Vosges, alors commandée par Cambriels, une série de petits engagements à Rambervilliers, à Bronveulières, à Arnould, à Épinal. Il nous fallait toujours céder devant les colonnes allemandes disciplinées.

« Werder ne pouvait espérer, en marchant ainsi, prendre Besançon qu'il allait rencontrer sur sa route, mais il voulait, du moins, rejeter sur cette ville les troupes postées sur les bords de l'Oignon. Cambriels attendait en effet les Allemands avec deux divisions. Sa résistance commença aux environs des villages de Rioz et d'Étuz qu'il disputa à l'ennemi. La brigade du général von Degenfeld, engagée seule, eut quelque peine et quelque mérite à maintenir le combat jusqu'à ce que la brigade du prince Guillaume de Bade et celle du général Keller vinssent à son secours. A l'arrivée de ces troupes nouvelles, nos soldats furent contraints de céder, malgré une résistance que les historiens allemands qualifient d'*opiniâtre*. Le brave général Cambriels, refoulé au delà de l'Oignon et chassé du village d'Auxon-Dessus, se retira, désespéré, sur Besançon, où il arriva dans un état d'esprit qu'une profonde blessure reçue à la Côte expliquait suffisamment. Quant à Werder, ne pouvant espérer de prendre Besançon par surprise, il se retournait immédiatement vers Gray, sur la Saône. Le 21 octobre, il s'y trouvait avec la plus grande partie de ses troupes, et il envoyait aussitôt à l'ouest et au nord-ouest, sur les pentes méridionales du plateau de Langres, des troupes chargées de balayer cette partie de notre pays, afin de couvrir le flanc gauche de Frédéric-Charles qui, à ce moment, devait marcher de Metz sur Troyes. « Ces déta-« chements, dit le colonel Rüstow, livrèrent plusieurs petits « combats ; ils firent beaucoup de prisonniers dans la popula-« tion, les campagnes, et *fusillèrent militairement une foule de* « *gens qui défendaient leur pays.* » Ainsi Werder et ses soldats faisaient un crime aux braves gens qui s'armaient spontanément pour la patrie. Disputer sa maison, son bien, la vie de sa mère ou de son enfant à l'envahisseur était chose punie de mort.

Au moment où le général Cambriels, revenu à Besançon, déclinait devant le préfet du Doubs, M. Ordinaire, et M. A. Grévy, commissaire du gouvernement, la responsabilité d'entreprendre une opération quelconque avec les troupes qu'il avait sous ses ordres et sur lesquelles, disait-il, il ne pouvait compter, un homme dont la réputation emplit le monde de bruit et souvent d'étonnement, le général Garibaldi était arrivé à Besançon, apportant à la France le concours désintéressé de sa loyale épée.

Dès les premiers jours de la lutte franco-prussienne, mais surtout au lendemain de la révolution de septembre, d'anciens compagnons d'armes de Garibaldi avaient songé à réclamer du général l'appui de son nom et de sa gloire. Garibaldi, enfermé à Caprera et surveillé par le gouvernement italien, avait aussitôt répondu à M. Bordone, un de ses anciens officiers en Sicile : « Si je puis sortir de ma prison, je serai avec vous. » M. Bordone, ancien pharmacien à Avignon, qui a depuis raconté ces divers incidents, résolut d'amener Garibaldi en France. L'entreprise n'était point facile, deux canonnières italiennes cuirassées gardaient le canal de la Moneta et celui de la Madalena, par lesquels le général pouvait sortir de son île. En outre, des carabiniers royaux campaient à peu de distance de son habitation. M. Bordone, après s'être assuré le consentement du gouvernement de Tours à l'arrivée de Garibaldi, n'en partit pas moins pour la Corse, et de là pour Caprera, où Garibaldi répondit à sa demande en lui montrant son bâton : « Vous « le voyez, cher Bordone, ce que vos amis appellent ma « vaillante épée, n'est plus maintenant qu'un bâton ; mais, « tel que je suis, je me mets tout entier à la disposition de « la République française, et je partirai dès que vous vien- « drez me chercher. »

Un riche habitant de Marseille avait mis à la disposition du général un yacht, la *Ville-de-Paris*, qu'il possédait en propre. Ce fut sur ce yacht que Garibaldi, descendu de son habitation sur la plage, comme en promeneur, prit passage, amené dans une yole par Bordone. Débarqué à Marseille, Garibaldi fut reçu avec enthousiasme ; puis, le 8 octobre, un train spécial l'emmenait à Tours où, reçu à la gare par M. Gent seul, il lui fallut, « à travers la ville, gagner, dans « un quartier perdu, un petit logement sans meubles, devant « la porte duquel, malgré le froid et la pluie, il fut obligé de « stationner pendant plus d'une heure, car on n'en trouvait « pas la clef. » Telle est la *réception splendide* que Tours fit à Garibaldi, réception si fort blâmée par les journaux réactionnaires qui s'indignaient de voir un israélite, M. Crémieux, et un archevêque, celui de Tours, accourir au-devant de l'ennemi de la papauté. Garibaldi était navré, non par orgueil blessé, mais attristé plutôt de tant d'oubli.

Ce même jour, Gambetta arrivait justement à Tours, et bien des gens virent comme un heureux présage dans cette coïncidence qui réunissait en même temps le vieux général et le jeune tribun. Celui-ci ne fit offrir tout d'abord à Garibaldi que le commandement d'un détachement de volontaires rassemblées à Chambéry. Garibaldi répondit qu'il repartirait pour Caprera le lendemain matin. La lettre où, tout en remerciant la France, il faisait connaître cette décision, fut remise à M. Gambetta, qui répondit : « Mais enfin, que le général me donne le temps de lui trouver quelque chose de convenable. »

Ce que Gambetta offrit à Garibaldi, ce fut le commandement de tous les corps francs de la zone des Vosges, depuis Strasbourg jusqu'à Paris, et d'une brigade de garde mobile. Le général accepta. Garibaldi reçut sa commission et partit pour Dôle, où son armée devait être réunie, avec le chef d'escadron Basso pour secrétaire particulier, et M. Bordone pour chef d'état-major avec le grade de général.

Ces corps francs aux costumes divers, pittoresques, au point de l'être trop ; feutres retroussés, plumes au vent, bottes au mollet, composés de héros dont le cœur battait bravement sous des costumes d'opéra-comique ; ayant à leur tête des audacieux et des braves, mais traînant un peu trop d'inconnus avec eux, quelques pillards (d'ailleurs sérieusement punis, chassés des régiments, rayés des cadres) ; ces bataillons hybrides retrouvaient sous le feu la communauté d'action et d'élan ; ils avaient, pour ainsi dire, une unité, une pensée, une âme dans Garibaldi.

Lorsque les premières troupes que devait commander Garibaldi furent réunies, le général Cambriels, qui ne semblait voir qu'avec une espèce de mécontentement la présence du soldat italien à l'armée des Vosges, ne mit pas une grande activité à coopérer avec elles. S'il faut en croire le général Bordone, les francs-tireurs garibaldiens, tout d'abord assez peu sympathiques aux populations, étaient quelque peu négligés de l'administration elle-même. Le chef d'état-major passait en effet son temps à réclamer des cartouches qu'on lui refusait de tous côtés. L'armée de Garibaldi s'était cependant montrée utile déjà, et devant Mont-Rolland elle tenait, quelque peu nombreuse encore, l'ennemi en respect.

Cependant, tandis que Werder s'avançait sur Gray, il détachait les deux brigades badoises (prince Guillaume de Bade et Keller), et les faisait marcher sur Dijon, sous le commandement du général von Beyer. Le 30, celui-ci commençait son mouvement sur Dijon, qui était évacué par les Français depuis le 28, sur la demande des autorités de la ville. Mais, tandis que les Allemands avançaient, les ouvriers de Dijon s'étaient portés à la préfecture, demandant à grands cris que Dijon fût défendu. Le préfet s'engagea à défendre la ville, et des troupes furent immédiatement appelées de Beaune, d'Auxonne et de Langres, tandis que les gardes nationaux mobilisés de Dijon et les mobiles de la Côte-d'Or se mettaient à la disposition du général Fauconnet, commandant de place. Les Badois devaient rencontrer, à Magny-Saint-Médard, la première résistance. Les faubourgs de Dijon, Saint-Nicolas et Saint-Pierre, furent crénelés, les hauteurs de Saint-Apollinaire garnies de soldats. Malheureusement, le colonel Fauconnet fut mis hors de combat dans l'après-midi, et, à trois heures, les Badois attaquaient de près les faubourgs. Des fautes stratégiques graves avaient été commises par le comité de défense, notamment par M. Lavales, et la seule destruction du pont de Pontailler donna, par exemple, un grand avantage à l'ennemi.

La défense de Dijon fut bravement soutenue dans les faubourgs. Les Allemands, tenus en respect par notre infanterie et refoulés plus d'une fois, se replièrent enfin sous le feu de l'artillerie, et von Beyer aima mieux bombarder cette ville sans autres fortifications que les restes de ses vieux remparts que de l'emporter d'assaut. A sept heures du soir, sur sept points différents. Dijon brûlait. Les obus incendiaires faisaient l'œuvre que n'avait pu accomplir l'infanterie badoise. Le général von Beyer arrêta le bombardement et, dans la nuit, Dijon capitula. Les troupes françaises avaient évacué la ville. Dijon était condamné à nourrir 20,000 soldats allemands et à payer 500,000 francs de rançon. Le général de Beyer entra dans la ville à la tête de ses soldats, tandis que Werder renvoyait ses troupes de Gray sur Vesoul pour combattre nos francs-tireurs qui devenaient inquiétants.

« Le général de Werder fit alors, à l'ouest des Vosges, —

ce sont les propres expressions de l'historien Rüstow, — une guerre telle qu'il avait à peu près appris à la faire au Caucase contre des *bandes insaisissables*, d'après le langage militaire actuel de l'Europe, *contre le peuple*, d'après le langage militaire de l'avenir. » Ce jugement discret du colonel suisse en dit long sur la façon de combattre du général prussien.

En même temps que Werder menait cette campagne, la division de Treskow, du 14ᵉ corps d'armée allemand, recevait ordre d'assiéger et d'enlever Belfort. Cette place, petite ville de 7,500 habitants, dont les fortifications datent de Vauban, est surtout admirablement défendue par sa citadelle, la Roche, qui, faisant saillie, se présente comme un inexpugnable château fort, terrible et menaçant. Deux ouvrages nouveaux, le fort des Barres et celui des Perches, ajoutent à la valeur militaire de cette place. Du haut des Perches apparaît cette fameuse *trouée de Belfort*, porte ouverte sur l'Allemagne, et par Belfort, en effet, une armée peut facilement se jeter en pays ennemi.

L'homme qui commandait à Belfort et à qui la France doit d'avoir conservé ce coin d'Alsace, restera célèbre. C'est le colonel Denfert-Rochereau.

Lorsque nous voulons connaître la valeur de nos hommes de guerre, demandons-la à nos ennemis. Ceux qu'ils haïssent bien, ceux-là méritent notre affection. Et certes, Denfert et Belfort sont deux noms que les Allemands ne prononcent point sans colère. Lorsque, le 4 novembre, le général von Treskow écrivit avec une politesse extrême et affectée à Denfert, en priant ce *très honorable* et *très honoré* commandant de livrer Belfort « pour éviter à la population du pays les horreurs de la guerre, » l'Allemand dut voir bientôt à qui il avait affaire, lorsque le colonel lui répondit que « le seul moyen d'éviter à Belfort les horreurs d'un siège, c'était la retraite de l'armée prussienne. »

Denfert, en effet, ne fit pas comme Bazaine. Il resta fort peu en communication avec l'assiégeant. Remarquant, pendant le siège, que les parlementaires prussiens inspectaient, à l'abri du drapeau blanc, les fortifications, il déclara qu'il n'en recevrait plus. M. de Treskow devait s'en venger en refusant à une députation suisse ce que Werder avait autorisé à Strasbourg, la sortie des femmes et des enfants.

En 1814, Belfort ne s'était rendu aux Bavarois qu'après l'abdication de Napoléon. En 1815, Lecourbe s'y maintint presque sans soldats et sans vivres. En 1871, on peut dire que Denfert ne l'a rendue que pressé par la nécessité politique. Le 10 novembre pourtant, les lignes d'investissement s'établaient à 4 kilomètres autour de la ville; le 16, les ouvrages allemands étaient déjà à 1,300 mètres. Dans la nuit du 16 au 17, 3,000 hommes sortaient et bouleversaient tous les ouvrages. Mais du 18 au 30, les Prussiens ouvraient deux parallèles. Le 2 décembre, leurs batteries, établies sur le côté du Sablert, commençaient le bombardement, et, le 6, l'État-major prussien télégraphiait à Berlin : *Belfort peut tenir encore cinq jours au plus.* Deux mois après, Belfort tenait encore.

Nous raconterons plus loin ce siège de Belfort dont nous tenons, dès à présent, d'indiquer l'importance et la résistance virile. C'est autour de ce point que vont, pendant de longs jours, pivoter les opérations des armées de l'Est. Werder, voulant occuper Auxonne, avait abandonné Dijon. Les troupes garibaldiennes l'occupèrent alors, mais les Allemands allaient leur reprendre la ville le 14 novembre, puis, partant de ce point, se diviser en deux colonnes, l'une marchant sur Nuits, l'autre sur Dôle. Un détachement des troupes de Werder, composé de uhlans et de hussards et d'un bataillon de la landwehr, détachement qu'il avait envoyé du côté de la Seine vers l'armée de Frédéric-Charles, devait être surpris, dans la nuit du 19 au 20 novembre, par les garibaldiens de Ricciotti Garibaldi et attaqué et repoussé, rejeté hors de Châtillon avec de grandes pertes.

Cet échec exaspéra les Prussiens contre l'armée garibaldienne. Il fallait décidément compter avec elle. Le coup de main du fils de Garibaldi, Ricciotti, affirmait l'audace des hommes enrôlés sous celui que l'Allemagne appelait l'oncle ou le *condottiere*. Werder avait maintenant devant lui les quatre brigades de l'armée des Vosges, composées d'éléments fort bizarres, je le reconnais, mais très énergiques.

L'armée des Vosges comptait à peu près 12,000 hommes, nous dit le colonel Rüstow, quoique le chef d'état-major la porte à 50,000 combattants. A l'aile droite de cette armée, du côté de Beaune, une nouvelle armée vint se placer sous le commandement de l'ancien capitaine aide de camp du général Clinchant, M. Cremer, devenu général. C'est ce corps d'armée à qui nous avons vu perdre la bataille de Nuits, d'ailleurs si bien disputée.

Après cette bataille (18 décembre), l'ennemi ne put cependant poursuivre l'armée de Cremer en retraite. La cavalerie badoise, essayant de nous prendre en queue, avait été repoussée par nos fantassins. Deux jours auparavant, devant Langres, un détachement français avait attaqué les régiments allemands qui surveillaient la ville et avait été repoussé.

Peu avant la bataille de Nuits, Garibaldi avait essuyé un petit échec, mais qui n'était point sans gloire.

L'affaire de Pâques et de Prénois (26 novembre), que les Prussiens ont enregistrée comme une victoire décisive, donne mieux que toute autre une idée exacte de Garibaldi, de sa façon de combattre, audacieuse et chevaleresque. Les troupes de Garibaldi occupaient les bois devant le village de Pâques, sur la gauche de Dijon, au delà de Plombières, lorsque les Prussiens résolurent de les attaquer et de les débusquer de leurs positions. L'artillerie prussienne couvrait les hauteurs de Prénois et fouillait la forêt de ses obus, lorsque Garibaldi, à cheval, partit des bois de Lantenay, guidant les colonnes de Menotti à l'assaut de la rampe abrupte qui monte à Prénois. Disposés en tirailleurs, les francs-tireurs ouvraient leur feu sur les batteries prussiennes et les bataillons allemands, lorsqu'avec une poignée de chasseurs du 7e, suivis de guides garibaldiens, le chef d'escadron Canzio et le capitaine Baudet s'élancèrent sur les pièces allemandes que leurs servants emmenèrent aussitôt. Prénois était emporté, et, au tomber de la nuit, les troupes garibaldiennes enlevèrent encore le village de Darois. Les Prussiens se rabattaient sur Dijon. C'est alors que Garibaldi, se tournant vers son chef d'état-major : « Eh bien, colonel, dit-il, allons-nous souper à Dijon ? — Allons à Dijon. » On se remet en marche. La nuit était venue. Ordre fut donné aux hommes de ne pas tirer un seul coup de fusil, d'attaquer toujours à la baïonnette. On arriva ainsi à 4 kilomètres de Dijon, Garibaldi, en voiture, à la tête de cette armée de volontaires et de mobiles des Alpes et des Pyrénées. Le général, tout en cheminant, fredonnait une vieille chanson française :

A nous Français, à nous des fers ! aux armes !

Arrivé devant Talant, Garibaldi, debout devant sa voiture, répétait à ses soldats, à mesure qu'ils défilaient :

... Allons, enfants, du courage et pa ... coup de fusil! »
Les carabiniers génois, placés en avant-garde, abordèrent
furieusement les avant-postes prussiens et les éventrèrent
à la baïonnette. Puis le clairon sonna la charge et Garibaldi
reprit sa chanson, à voix haute cette fois :

Aux armes, aux armes, aux armes !

Les troupes entrèrent à Dijon au pas gymnastique et pénétrèrent en ville jusque dans les maisons de la place d'Arcy ;
mais une panique vint jeter le trouble dans cette troupe
surprenant ainsi cette cité morne, sans lumière. Les
décharges des Prussiens se firent entendre, foudroyantes, et
Garibaldi dut battre en retraite après son audacieux exploit.

Mais les Allemands ne furent pas moins stupéfaits de tant
d'audace, et le journal d'un témoin raconte ainsi cette aventure, digne d'un roman : « Samedi soir, à huit heures, il y
a eu une terrible alerte à Dijon ; 3,000 hommes des forces
de Garibaldi, en trois colonnes, se sont avancés jusqu'aux
portes de la ville ; une des trois colonnes a fait 1,100 prisonniers sans tirer un coup de fusil ; une deuxième, entre
Talant et Fontaine, a égorgé 4 à 500 ennemis, s'est avancée
jusque derrière le cimetière, massacrant les postes avancés.

« Quelle panique chez les ennemis, qui, se croyant attaqués par 30,000 hommes au moins, couraient, fuyaient
dans toutes les directions. C'était un désordre, une confusion indescriptible. Les coups de pistolet, de sabre,
pleuvaient sur les curieux que le vacarme attirait sur leurs
portes, et plusieurs personnes ont été blessées. »

Garibaldi, repoussé de la sorte devant Dijon, allait
prendre sa revanche à Autun, quelques jours après, le
1er décembre. Les Prussiens, menaçant Autun déjà,
commençant à lancer des obus sur la ville, le général,
posté dans Autun, repoussa l'ennemi qui déjà occupait les
premières maisons du faubourg, l'obligea à changer la position de ses batteries et le força enfin de se replier en hâte
sur le bois de Vesons, « refoulé, dit M. Bordone, par toutes nos
troupes cachées jusque-là dans la forêt de Planaise. » Cette
journée n'en était pas moins interprétée par les Prussiens
comme un fait d'armes glorieux, et ils annonçaient officiellement *la défaite de Garibaldi*, qui venait de perdre 400 morts
ou blessés.

Nous arrivons ainsi, en racontant ces incidents divers, à la deuxième quinzaine de décembre. L'armée de la Loire était alors, on s'en souvient, à la suite des combats devant Orléans, coupée en deux tronçons : l'un, resté sous le commandement de Chanzy, et manœuvrant dans le Perche; l'autre, à Bourges, commandé par Bourbaki. Depuis le mois d'octobre, le gouvernement de Tours voulait tenter, dans l'est, un grand mouvement très audacieux et très imprévu : il s'agissait de marcher sur l'Alsace, de couper le chemin de fer de Strasbourg à Paris, et, par conséquent, les communications de l'armée allemande, et de menacer, au besoin, par le grand-duché de Bade, l'Allemagne elle-même. Cette opération, en octobre, eût peut-être rencontré le succès et sauvé la France. Malheureusement, à cette date, le gouvernement de Tours ne s'inquiétait que de débloquer Paris. Ne croyant point que la capitale résisterait si longtemps et craignant de la voir tomber tout à coup, c'était de son côté que la délégation provinciale dirigeait tous ses secours. Que si elle eût cru possible un siège de cinq mois, elle eût en hâte commencé la campagne de l'Est qui, excellente en octobre, était très problématique en décembre.

Conçue avec audace, cette opération n'en inquiéta pas moins profondément l'Allemagne qui se vit de nouveau directement menacée. Ceux de nos officiers qui étaient alors prisonniers en Allemagne ont pu juger des angoisses des populations au delà du Rhin. L'armée de Bourbaki, lorsqu'elle marcha sur Belfort, les effraya autant que l'armée de Mac-Mahon lorsqu'elle fut concentrée à Strasbourg. L'Allemagne laissa d'ailleurs échapper le secret de ses craintes lorsque la plupart des villes, toutes les villes allemandes, pour mieux dire, décernèrent au général Werder le droit de cité à la suite de ses victoires et le proclamèrent le sauveur de la patrie. Un moment le bruit se répandit au delà du Rhin, comme dans Paris, que Bourbaki était entré dans le grand-duché de Bade. Ce fut une panique chez les vainqueurs, une fièvre d'espoir chez nos prisonniers, fièvre et panique malheureusement de peu de durée.

Bourbaki, dont l'armée comprenait les 15e, 18e et 20e corps, quitta vers la fin de décembre les environs de Nevers pendant que le 24e corps d'armée française (armée de Lyon, général Bressolles) prenait le chemin de fer de Lyon à Besançon et remontait vers le nord. Au même moment,

Garibaldi et Cremer étaient chargés de couvrir les mouvements de l'armée de l'Est. Ils devaient, s'avançant par Dijon, couper le chemin de fer de Strasbourg à Paris, tandis que Bourbaki, après avoir débloqué Belfort, accomplirait, ce que redoutait si fort l'Allemagne, une diversion sur la rive droite du Rhin.

Le 25 décembre, Werder fut averti du mouvement de nos troupes. Il n'avait avec lui que 45,000 hommes, et une armée de 100,000 hommes marchait vers lui et allait l'attaquer. Aussitôt, établissant ses soldats sur une ligne fortifiée devant Belfort, il utilisa les obstacles naturels que lui fournissaient les accidents de terrain, les montagnes, les torrents de cette partie de la France. En outre, la température combattait pour les Allemands et contre nous.

Cependant, tandis que Garibaldi occupait Dijon, évacué par les Badois, l'avant-garde de l'armée de Bressolles (24e corps) était déjà aux prises avec les Allemands, et, à travers la neige, les soldats de Bourbaki s'avançaient péniblement sous le ciel froid vers Belfort qui résistait toujours.

Ces malheureux mobiles, et surtout ces mobilisés armés et équipés en hâte, allaient au combat, par ces rudes nuits d'un hiver sinistre, dans un équipage inquiétant. Mal vêtus, pauvrement couverts d'étoffes sans consistance, on les logeait, on les couchait comme au hasard, dans des bâtiments aux fenêtres sans vitres, sur des bottes de paille, sans toiles, sans couverture, avec moins de soin qu'on n'en prendrait pour des troupeaux. Leurs casernes? des fabriques abandonnées ou des maisons neuves, à peine bâties. Leurs vêtements? il fut presque partout le même, pantalon et vareuse d'un tissu léger, mal cousu, les boutons tombant, les habits se déchirant et s'effiloquant. On croirait qu'on a calomnié les fournisseurs en disant qu'ils ont fourni des souliers garnis de carton. Cela est vrai cependant. Des gens ont condamné de pauvres diables à marcher avec de telles chaussures, dans la boue, dans la neige. Les misérables *soldats pieds nus, sans pain*, de Béranger, ont été, en 1870, les soldats de notre armée. Le *Times* disait de ceux qui spéculaient sur ces détresses : « Il n'y aura jamais de potence assez haute pour pendre ces fournisseurs. »

La campagne de l'Est devait cependant s'ouvrir pleine de promesses pour nous. La bataille de Villersexel, dont Bourbaki et Werder se disputèrent le résultat dans leurs bulle-

tins, fut une victoire pour nos armes. Cette journée du
9 janvier semblait présager des jours de succès. Il faisait
beau, de la neige partout, mais une température suppor-
table. On se battit bien. Seul, un bataillon corse se débanda,
laissant tuer son commandant, le lieutenant-colonel Parent.
On enleva des positions en chantant. On bombarda les Prussiens, on les brûla dans le château. On avançait. Le soldat
français ne demande qu'à marcher en avant.

Le 15 janvier, après s'être battu le 13 à Arcey, et avoir fait
étape à Aibre, on établissait le quartier général à Trémoins.
Alors commençaient ces rudes batailles entre Montbéliard
et Belfort qui devaient, on l'espérait, hélas! débloquer
Belfort. Batailles terribles. Werder avait devant lui des
troupes nombreuses, mais ses positions étaient formidables
et en quelque sorte inexpugnables. S'appuyant à la frontière
suisse, longeant le ruisseau la Lisaine, son centre était
Héricourt. Il avait hérissé de canons de siège, protégés par
des levées de terre, toutes ces positions. Les Prussiens
mêmes, creusant la terre, dissimulaient sous des branchages
et de la neige des trous où tombèrent nos soldats. L'armée
française attaqua résolûment. Les assiégés de Belfort entendaient cette furieuse canonnade qui les faisait tressaillir
d'espoir. On se battit tout le jour, on emporta plus d'une
position, on prit Chenelier en repoussant la droite de Werder.
Le soir, lorsque l'ombre interrompit le combat, impossible
d'allumer du feu. Il fallut coucher dans la neige. On grignota
un peu de pain, du lard, rien de plus. On cassait à coups
de sabre le vin gelé. Et le lendemain la bataille recommençait plus formidable, un duel d'artillerie. Mais que pouvaient
nos canons de campagne contre les pièces de 24 et les
énormes obus des Prussiens?

Montbéliard avait été pris par nous, moins le château,
l'ancienne citadelle qui domine la ville et où un détachement allemand du colonel Zimmermann se maintint malgré
nos efforts.

Pendant la nuit du 15 au 16, et le matin du 16, dans le
brouillard, Bourbaki avait pourtant rapproché ses troupes
des positions allemandes. Lorsqu'il lança sa principale
attaque sur Héricourt, le feu de la mousqueterie de nos
soldats décimait les Allemands, mais sans pouvoir rompre
leurs lignes et leur arracher leurs positions. Le général français voulut alors tourner l'aile droite de Werder par le

village de Fratier, mais sur ce point nos troupes, surprises dans la nuit par la brigade Keller, furent repoussées. La victoire se brisait, pour ainsi dire, dans notre main comme une arme mal trempée.

Le lendemain 17 janvier, Bourbaki, dans sa fureur, attaqua encore avec énergie toute la ligne allemande de Thagey à Montbéliard. Ses efforts vinrent se briser contre la formidable artillerie badoise. Les malheureux assiégés de Belfort qui, de loin, voyaient sur les hauteurs les canons français se mettre en batterie allaient bientôt voir disparaître cette sorte d'apparition vengeresse. Tout espoir s'écroulait. Bourbaki apprenait, le soir du 18 janvier, que l'avant-garde du général Bressolles venait d'être battue, et, désespéré, accablé, il ordonnait la retraite.

Le 18, cette retraite, qui devait devenir si funèbre, commençait; on se battait à l'arrière-garde, on repassait à Aibre, à Arcey, que les Prussiens occupaient dès que nous les avions quittés, et cette lugubre déroute, la plus sombre de la campagne, se continuait à travers les défilés, les gorges où les chevaux glissaient, mouraient, où les convois s'égrenaient tristement, où les cadavres s'engloutissaient silencieusement dans la neige.

Le 19 janvier, le jour même où Trochu livrait ce simulacre de combat devant Buzenval et Montretout, le jour où Faidherbe se défendait devant Saint-Quentin, Werder se mettait en marche pour poursuivre les Français, tandis que Manteuffel accourait pour lui prêter main-forte.

Pendant ce temps, que faisaient les deux divisions qui devaient couvrir la marche de Bourbaki ? La division Cremer, qui venait de combattre vaillamment devant Belfort, était chargée de couvrir la retraite de la réserve d'artillerie du 18ᵉ corps sur Besançon. Après avoir livré les combats de Villers-la-Ville et de Dannemarie, elle se rabattait sur Pontarlier. Quant à Garibaldi, il accomplissait les ordres qui lui étaient donnés, et se maintenait *inébranlablement* (c'était le terme de l'ordre reçu) à Dijon. Établi dans cette ville, Garibaldi avait avec lui 10,000 ou 15,000 hommes environ. Le général a dit depuis qu'il ne pouvait guère compter que sur 2,000 hommes. Un détachement prussien, commandé par le général Kettler, attaqua Dijon le 21 janvier. Le général Bordone porte à plus de 70,000 soldats le nombre des Allemands qui devaient attaquer Dijon; il y a évidem-

ment exagération. Le chef d'état-major de Garibaldi ajoute
que, par une manœuvre habile, on réussit à isoler les corps
prussiens les uns des autres, de telle sorte que l'attaque qui
aurait pu avoir lieu sur trois points à la fois, en un jour,
fut divisée en trois journées pendant lesquelles Garibaldi eut
successivement raison de chacune d'elles.

Le matin du 21 janvier, le général Bosak-Hauké annonçait à l'état-major la marche de deux fortes colonnes allemandes sur Dijon. Il se disposa à les arrêter, et les fran-
sins résistaient vaillamment à l'ennemi, lorsque les batteries
établies à Talant et à Fontaine achevèrent de jeter le désordre dans les rangs allemands. Garibaldi, à côté des
pièces, suivait le mouvement de la bataille. Le feu des
canons prussiens, inférieur au nôtre, se ralentit et, à la
nuit, l'ennemi se retirait du champ de bataille, fusillant des
paysans et des ambulanciers en attendant qu'il brûlât
(chose horriblement vraie) un officier de francs-tireurs.

Garibaldi était rentré à Dijon, acclamé par la population,
lorsque, dans la nuit, un notaire de Messigny (village situé
sur la route de Langres) vint, muni d'un laissez-passer
prussien, l'engager à abandonner Dijon sous peine de voir
la ville bombardée le lendemain à huit heures. Garibaldi
écouta le notaire en le regardant profondément de son œil
bleu, puis, doucement :

— Dites à celui qui vous a remis ce sauf-conduit, que je
l'attends, et que, s'il ne vient pas, j'irai le chercher.

Le 22, l'attaque des Allemands était encore renouvelée et
vers quatre heures de l'après-midi l'ennemi reculait encore.
Mais la journée du 23 devait marquer la victoire décisive
des troupes garibaldiennes. Renforcées des mobiles de la
Haute-Savoie, les 4e et 5e brigades de l'armée des Vosges
résistèrent à l'ennemi qui venait de recevoir du renfort et
attaquait Dijon, non plus du côté de Talant, mais du côté
de Fontaine. Le château de Pouilly, qui fut, dans cette bataille, pris et repris trois fois, marque le point central de la
lutte. Ce fut là qu'un officier garibaldien, arrosé de pétrole,
fut brûlé vif par les Poméraniens. Les Allemands perdirent
là un drapeau, celui du 61e régiment (8e Poméranien) qu'on
retrouva sous un tas de cadavres, à côté du sixième porte-
enseigne tué pendant la journée.

Depuis ce jour, les Allemands ont voulu faire croire que
leur attaque sur Dijon n'était qu'une feinte destinée à

PRINCE ROYAL DE PRUSSE

donner le change à Garibaldi, à l'empêcher de s'opposer à la marche des troupes que Manteuffel envoyait à Werder. Les troupes de Kettler, défaites devant Dijon, n'auraient donc rempli que l'office de *rideau*, comme on dit en terme militaire. Mais, en dépit des assertions allemandes, on peut affirmer que des troupes ne se laissent point écraser durant trois jours de suite pour masquer une manœuvre, et on peut répondre que le meilleur moyen d'inutiliser Garibaldi, c'eût été de le vaincre. Or, les Prussiens ne l'ont pas fait.

CHAPITRE XVIII

Paris après Buzenval. — État des esprits. Fermentation populaire. — Le général Vinoy remplace le général Trochu dans le commandement en chef de l'armée de Paris. — Coup de main sur Mazas. Flourens et les autres détenus politiques sont délivrés. — Exaltation croissante des esprits. — Journée du 22 janvier.

Le triste résultat de l'affaire du 19 janvier montra enfin à Paris la dure vérité dans toute sa profondeur. C'en était fait, la dernière heure du siège avait sonné. Les vivres épuisés ne pouvaient plus fournir de ressources ; la suprême sortie, misérablement conçue par les chefs, avait échoué malgré le courage des gardes nationaux et des soldats. Toutes les fautes, toutes les incuries, toutes les faiblesses de la défense de Paris apparaissaient à la lueur de la dernère canonnade et se résumaient dans un nom désormais funèbre : *Buzenval.* Tout accablait à la fois les assiégés, l'écroulement de leurs espérances au dedans, la cruauté des nouvelles venues du dehors. En même temps que le *Journal officiel* publiait la dépêche alarmante du général Trochu réclamant des brancardiers, il donnait, comme avec dessein, la longue et désespérante suite des dépêches du général Chanzy relatives à la déroute du Mans, et bientôt Paris allait apprendre que le général Bourbaki n'avait pas été plus heureux que Chanzy.

La douleur de la ville assiégée fut profonde. On n'eût

jamais cru possible un pareil désastre. Quoi ! c'était pour en
venir là qu'on avait supporté tant de douleurs, qu'on s'était
disputé des morceaux de pain noir et cailllouteux, qu'on avait,
bûche à bûche, arraché du chantier un peu de bois pour se
réchauffer avec peine, qu'on avait anxieusement attendu les
nouvelles que portaient à travers les lignes de pauvres diables décidés à tout braver ; c'était pour cela que deux
millions d'êtres humains s'étaient voués, corps et âme, à la
même idée patriotique, résister ; c'était pour se trouver
face à face avec un tel lendemain que le gouvernement
promettait encore, la veille, la victoire à ce peuple ivre du
besoin de combattre ? Qu'on s'imagine le déchirement de
tous les cœurs lorsque chacun d'eux sentit que le dénouement approchait, le plus sombre de tous, la chute de Paris
entraînant à coup sûr la chute de la France. Paris souffrait
tant qu'il se laissait aller à ne plus même écouter le bruit
des obus qui tombaient sur ses murailles.

Mais bientôt, à cette sorte de résignation fatidique, la
colère fit bientôt place, et on sentit passer dans l'air cette
électricité qui annonce les orages populaires. Le mot de
Commune, qui signifiait, pour la masse, revanche et direction meilleure, revenait maintenant sur les lèvres, dans
les clubs.

Le 21 janvier, le gouvernement de la Défense décidait
que le commandement en chef de l'armée de Paris serait
désormais séparé de la présidence du gouvernement. Le
titre et les fonctions de gouverneur de Paris, que portait
le général Trochu, étaient supprimés, et le général de division Vinoy était nommé commandant en chef. Le général
Trochu n'en conservait pas moins la présidence du gouvernement, mais, n'étant plus gouverneur de la ville, il tenait
de la sorte cette solennelle promesse officiellement affichée
quelques jours auparavant sur les murs de la cité : *Le gouverneur de Paris ne capitulera pas.* Quelle que fût la somme
d'illusion que les plus crédules eussent jusqu'à la fin conservée, ce dénouement fit sur la population tout entière le
plus déplorable effet.

Le général de Bellemare, à qui, le 31 octobre, le gouvernement avait fait offrir le commandement en chef de Paris,
fut pressé par Trochu, au lendemain de Buzenval, d'accepter
le commandement militaire de Paris. Devant la déclaration
du gouvernement, qui avouait que sous peu de jours Paris

allait mourir de faim, M. de Bellemare refusa. Il n'eût voulu, dit-il, commander que pour continuer la lutte. Le général Vinoy accepta, quoiqu'il sût bien que tout était fini.

Tandis que le gouvernement délibérait et prenait la décision d'appeler au commandement de Paris le général Vinoy, la prison de Mazas, où se trouvaient réunis plusieurs détenus politiques, entre autres Gustave Flourens, était forcée par une petite colonne de gardes nationaux qui avaient formé ce dessein, le matin même du 21, à l'enterrement de Rochebrune. Cette colonne se composait de cent trente hommes, qui, après avoir réquisitionné des tambours, s'avancèrent, le drapeau rouge en tête, vers la prison. Le poste de gardes nationaux qui faisait le service de Mazas était occupé par une trentaine d'hommes. Quatre gardes entrèrent dans le poste et le surprirent; la colonne avança, ses tambours battant la charge. Des délégués montèrent déclarer au directeur de la prison qu'il était inutile pour lui de résister et qu'il devait rendre, tout de suite, le citoyen Flourens, illégalement détenu. « Le directeur ayant voulu refuser, on le menaça de mort, nous apprend Flourens lui-même dans son *Paris livré* (p. 201), et on l'obligea à céder à la force. » Ceci se passait le samedi, 21 janvier, vers minuit. Flourens, averti par ses amis, attendait dans sa cellule, tout prêt à partir. Une fois maître de la prison, Flourens fit ouvrir les cellules des autres détenus politiques, Léo Meillet, Henri Bauer, le docteur Pillot, Demay, etc., sortit de Mazas, sauta en selle et, à la tête de sa petite troupe, monta à Belleville où il reprit, au nom de la Commune, possession de la mairie du vingtième arrondissement, dont il avait été nommé maire-adjoint. « Il envoie alors, raconte-t-il encore, au nom du peuple, ordre aux chefs de bataillon de l'arrondissement de prendre position sur le boulevard de Puebla. Il voulait, dès qu'il aurait eu ces bataillons à sa disposition, s'emparer, avec l'un de l'état-major de la garde nationale, avec les autres, de l'Hôtel de ville et de la Préfecture de police. Il était temps encore de tout sauver, ajoute-t-il, réorganiser l'armée révolutionnairement en trois jours, puis marcher aux Prussiens et vaincre, cela était possible. » Nous verrons, plus tard, au moment où Flourens lui-même marchera sur Versailles, que le résultat était difficile à obtenir; mais l'esprit bouillant d'un patriotisme ulcéré, le jeune et ardent chef de légion ne voyait devant lui à cette heure aucun obstacle. Il avait trop de cette foi dont les autres n'avaient pas assez.

Un télégramme du commandant du 2° secteur devait affirmer, le lendemain, que, durant cette nuit de l'occupation de la mairie du vingtième arrondissement par les gardes nationaux de Flourens, il aurait été pris sur les provisions de la mairie *deux mille rations de pain.* Flourens s'en défend absolument, et raconte qu'avec vingt francs pris dans sa bourse, il avait fait acheter du pain à ses hommes et distribuer, contre réquisition signée de lui, un morceau de pain et un verre de vin. « Ils étaient cent hommes, dit-il, et rien de plus ne fut pris à la mairie. »

De tous les chefs de bataillon qu'avait mandés Gustave Flourens, un seul se rendit à l'appel, et encore sans son bataillon, déclarant que toute tentative d'action serait stérile. Flourens, abandonnant ses projets de lutte, licencia sa petite troupe, et, selon sa propre expression, rentra en maison sûre. Le commandant du 2° secteur fit reprendre possession de la mairie du vingtième arrondissement. Cependant, rendez-vous avait été donné par les clubs, pour le lendemain, midi, sur la place de l'Hôtel-de-ville. Les gardes nationaux étaient invités à se rendre en armes, suivis de leurs femmes, qui prostesteraient « contre le rationnement du pain et les autres mesures destinées à affamer le peuple. » On s'était séparé dans les réunions aux cris de: *Vive la Commune!*

Le lendemain, une proclamation du commandant en chef de la garde nationale, où le général Clément Thomas déclarait *qu'il était temps* de réprimer certaines tentatives, allait être affichée, lorsque contre-ordre vint de l'Élysée, où l'état-major de la garde nationale était installé, et Clément Thomas substitua à cette première proclamation celle-ci, qui ne fut affichée que le 22 janvier, vers midi :

A LA GARDE NATIONALE

« Cette nuit, une poignée d'agitateurs a forcé la prison de Mazas et délivré plusieurs prévenus, parmi lesquels M. Flourens.

« Ces mêmes hommes ont tenté d'occuper la mairie du vingtième arrondissement et d'y installer l'insurrection.

« votre commandant en chef compte sur votre patriotisme pour réprimer cette coupable sédition.

« Il y va du salut de la cité.

« Tandis que l'ennemi la bombarde, les factieux s'unissent à lui pour anéantir la défense.

« Au nom du salut commun, au nom des lois, au nom du devoir sacré qui nous ordonne de nous unir tous pour défendre Paris, soyons prêts à en finir avec cette criminelle entreprise !

« Qu'au premier rappel, la garde nationale se lève tout entière, et les perturbateurs seront frappés d'impuissance.

> « *Le commandant supérieur des gardes*
> *nationales,*
>
> « CLÉMENT THOMAS,

« Paris, ce 22 janvier 1871. »

A l'heure où cette proclamation était affichée, le conflit, annoncé par les clubs, allait douloureusement éclater. A trois heures du matin, dans la nuit du 21 au 22 janvier, le commandant supérieur de Paris avait télégraphié aux commandants des secteurs : « Tout annonce pour demain, « dès le matin, une journée grave. Ayez vos hommes prêts « de bonne heure, le plus tôt possible, et tenez-les à notre « disposition. » A sept heures, le général Vinoy télégraphiait au général Blanchard de donner immédiatement l'ordre aux trois bataillons de mobiles du Finistère de rentrer dans Paris : un bataillon s'arrêterait avenue d'Italie, à hauteur du secteur, les deux autres iraient s'établir dans les bâtiments neufs de l'Hôtel-Dieu. Pendant ce temps, le général d'Exéa surveillerait Belleville et les troupes du général Courty, venues de Puteaux, aux Champs-Élysées, attendraient les événements et les ordres.

Mais les auteurs de la journée du 22 janvier, qui sont-ils ?

C'était un dimanche, un de ces dimanches spongieux, humides, de janvier, où la boue des pluies précédentes emplit encore les rues mal séchées ; un temps couvert et orageux, qui pouvait faire espérer que les nerfs parisiens, après s'être excités, se calmeraient. Le matin, la place de l'Hôtel-de-ville n'offrait pas un aspect bien animé, et ce ne fut guère que vers midi que quelques groupes vinrent stationner devant le palais municipal. Il y avait loin de l'animation que présentait au 31 octobre cette même place de Grève à l'aspect qu'elle prenait ce matin du 22 janvier. Ce n'était plus la même effervescence unanime, mais quelque chose de plus sombre et de plus résolu. Les rares gardes nationaux qu'on apercevait, le fusil sur l'épaule, étaient évidemment venus, cette fois, pour combattre. L'Hôtel de ville était occupé par ces mobiles bretons que l'opinion parisienne désignait comme les gardes du corps du général Trochu. Un instant, devant une manifestation de la foule, les baïonnettes des mobiles apparurent aux fenêtres de l'Hôtel qui demeurèrent fermées à partir de ce moment. Le colonel commandant l'Hôtel de ville avait fait retirer les mobiles. L'officier de paix Bressaud télégraphiait alors (1 heure 40 de l'après-midi) au chef de la police municipale : « La tentative faite par les gardes nationaux pour s'emparer de l'Hôtel de ville paraît, quant à présent, avoir échoué. » (Voyez ces dépêches dans les rares livraisons des *Papiers du gouvernement du 4 septembre*, publiés par une commission d'enquête nommée par la Commune de Paris, avril 1871.) Vers une heure et demie, il ne restait, sur la place, qu'environ trois cents gardes nationaux armés. Un autre détachement, après avoir défilé devant le palais, allait se masser vers l'Hôtel de ville, du côté du quai. La rue de Rivoli voyait, de minute en minute, passer de petits groupes qui allaient se joindre à un bataillon, qui, placé du côté de la rue de Rivoli, sur la place, attendait, l'arme au pied. A cette même heure, une dépêche du préfet de police au ministre de l'intérieur avertissait qu'on battait, disait-on, la générale aux Batignolles, avec l'adjoint B. Malon pour directeur du mouvement.

Il n'y avait guère, en dépit de tout, sur la place de l'Hôtel-de-ville, que des curieux, des passants, des femmes aussi, et, çà et là, quelque personnalité honorée du parti républicain, Martin Bernard, l'ami de Barbès, M. Edmond Adam, préfet de police démissionnaire après le 31 octobre, venus là pour voir si vraiment l'agitation était si vive et si dangereuse. A côté d'eux passait, tenant sa carabine par le canon et la portant sur l'épaule, M. Pilotell, en uniforme d'artilleur de la garde nationale, et M. Tony Révillon, en vareuse noire, entrait à l'Hôtel de ville à la tête d'une députation que recevait l'adjoint au maire de Paris, Gustave Chaudey. Le commandant de l'Hôtel de ville, M. Vabre, colonel de la garde nationale, et M. de Legge, commandant des mobiles du Finistère, parlementaient, placés derrière la grille de l'Hôtel, devant les portes fermées, avec des gardes nationaux qui demandaient énergiquement, violemment, à entrer.

Introduite auprès de Chaudey, la députation, composée de six délégués, que conduisait M. Révillon, demanda au représentant de la municipalité que le gouvernement, se rendant aux vœux de la population, exprimés par le manifeste de l'*Alliance républicaine*, se démit de ses fonctions et cédât enfin la place à la Commune. Il était bien tard et, sans nul doute, l'adjonction d'éléments énergiques et nouveaux au gouvernement, bonne au 31 octobre, était malheureusement inutile au 22 janvier, quand il ne restait plus à Paris que pour quelques jours de pain. Peu après, une nouvelle députation fut introduite.

— La défense a été mal conduite, s'écria un des délégués, lieutenant de la garde nationale, dont le nom n'est point connu, il ne nous faut plus des généraux semblables à ceux que nous avons vus à l'œuvre, il nous faut des Hoche et des Marceau!

— Où les trouverez-vous? demanda Gustave Chaudey.

— Je suis là, répondit l'orateur, moi, si vous voulez!

Peu après, ce même jeune homme, pâle et l'air fiévreux, redescendait de l'Hôtel de ville, et, grimpant à un des lampadaires de la place, annonçait à la foule que la députation venait de réclamer énergiquement à Chaudey la démission du gouvernement de la Défense. La foule, houleuse, mais non menaçante encore, acclamait alors l'orateur; on agitait des chapeaux, des képis, on criait *bravo* à ce mot de démission. Deux officiers de la garde nationale arrivaient à cheval et parlaient aussi à la foule. La première députation avait disparu. On affirme que ses membres étaient allés rejoindre des coreligionnaires politiques, parmi lesquels on a cité Blanqui, attendant tout près de là l'issue du mouvement dans l'appartement d'une maison voisine, situé rue de Rivoli, aux abords de la place, appartement loué tout exprès sous le prétexte d'offrir un punch à des gardes nationaux des bataillons de marche.

Jusqu'à ce moment, tout était parfaitement légal et rien n'eût fait supposer, pour un œil peu exercé, qu'il dût y avoir effusion de sang. Tout à l'heure, pendant que la dé-

putation était reçue à l'Hôtel de ville, un détachement
de gardes nationaux venant de la rive gauche, armés et
vêtus de capotes de couleurs diverses, quelques-uns en
blouse, avait débouché sur la place, par le pont Notre-Dame,
et portant la crosse en l'air. En les apercevant, le bataillon
rangé près de la rue de Rivoli se mit à applaudir en criant :
« Vive la République ! » — « Mort aux traîtres ! » répondaient
les nouveaux venus.

La place avait fini par se remplir d'une foule évidemment irritée contre l'indécision de Trochu et la mollesse
des gouvernants, mais ne voulant point la guerre civile,
lorsque tout à coup, par la rue du Temple, arrive, baïonnettes au bout du fusil et tambours battant la charge, un
bataillon ou plutôt deux ou trois cents hommes des compagnies de guerre du 101e bataillon de la garde nationale, et
ce flot armé s'ouvre un passage comme un torrent. Les
guidons rouges flottaient au-dessus de leurs baïonnettes
comme des oriflammes. Ces hommes se rangèrent devant
la grille de l'Hôtel de ville par un mouvement rapide, puis,
tout à coup, sans hésitation, un coup de feu part de leurs
rangs, tiré par un garde, le genou en terre (on affirme qu'il
se nommait Pompon). Aussitôt, partant du groupe des
gardes nationaux, les coups de feu se succèdent.

Des officiers de mobiles se trouvaient, avons-nous dit,
derrière la grille, les portes et les fenêtres de l'Hôtel étant
fermées. L'un d'eux, l'adjudant-major Bernard, est grièvement blessé aux deux bras et à la tête.

Les fenêtres de l'Hôtel de ville s'ouvrent rapidement et la
fusillade répond aux détonations qui partent de la place. La
foule s'enfuit, éperdue. Dans la boue jaune et délayée par
une petite pluie perçante qui tombait comme une bruine,
des gens s'affaissaient, — spectacle que je revois encore
— quelques-uns pour ne plus se relever. Et la fusillade continuait. Elle partait des encoignures des rues qui font face à
la place, des angles du quai de la rue de Rivoli ; elle partait surtout des fenêtres de deux maisons voisines du bâtiment de l'Assistance publique. Le feu des assaillants était
dirigé contre les fenêtres du premier étage de l'Hôtel de
ville, dont tous les carreaux furent brisés.

Cette fusillade détestable alternait, farouche, stupide,
avec le bombardement de Paris par les Prussiens, en ce
moment plus furieux et plus précipité. Dans les maisons des

quais, la foule effarée se pressait en gémissant, des femmes,
des enfants pleuraient, les uns maudissant Trochu, les
autres Flourens. — Les mobiles, lancés sur les gardes nationaux déployés en tirailleurs, chargeaient sur la place et
dans les rues voisines.

Au bout de quelques minutes, l'arrivée des gardes républicains mettait en fuite les gardes nationaux. Une vingtaine
de ceux-ci avaient été faits prisonniers dans les maisons
d'où la fusillade était partie. Ce triste combat n'avait pas
duré plus de vingt minutes. Le capitaine du 101e fut arrêté.
Il y avait cinq morts et dix-huit blessés.

Bientôt les quais se garnissaient de troupes, la place de
l'Hôtel-de-ville se hérissait de fer. On battait la générale
dans les rues. Le général Clément Thomas, pâle comme un
mort, accourait, au galop de son cheval, suivi de son état-
major. On voyait, chose lugubre, les voitures d'ambulance,
les chirurgiens aux brancards blancs croisés de rouge, relever des cadavres, ramasser des blessés, non plus devant
l'ennemi, non plus sous le fusil prussien, mais dans Paris,
au cœur même de la cité bombardée, en pleine guerre, sous
le redoublement des coups de feu du canon Krupp.

C'est sur Gustave Chaudey, qui ne commanda point le feu,
que les vaincus ont fait retomber la responsabilité du sang
versé, le 22 janvier. Nous avons, pour défendre la mémoire
de Chaudey, le témoignage de M. Étienne Arago, présent à
l'Hôtel de ville, mais sans caractère officiel, au moment de
la lutte. La dépêche de M. Cambon à M. Jules Ferry que publia la Commune et où il est dit que l'avis de Chaudey est
qu'on envoie *des renforts pour balayer la place* ne signifie
pas que l'adjoint au maire ait ordonné de charger la foule.
La fusillade, partie de l'Hôtel de ville, n'est point le fait de
Chaudey. Elle répondit à l'attaque du détachement du 101e
et du 207e, et les mobiles ne firent feu qu'affolés et comme
au hasard. Quelques-uns pleuraient et se voyaient perdus.
Les estafettes de la gendarmerie, de planton dans la grande
salle des huissiers, prirent alors les chassepots de quelques-
uns de ces mobiles et tirèrent du haut des fenêtres. A ce
moment, le secrétaire de M. Ferry, le jeune M. Robinet, fils
de l'ancien maire du sixième arrondissement, se jetait dans
les bras d'Étienne Arago et s'écriait devant ces horribles détonations : « Quel malheur! C'en est fait! la République est
perdue! »

Tandis que ce drame se déroulait sur la place de l'Hôtel-de-ville, un autre épisode de l'insurrection avait lieu, non loin de là, au parc d'artillerie de la garde nationale. Ces faits, peu connus, nous sont certifiés par M. Siebecker. Vers dix heures du matin, le lieutenant-colonel Juillet Saint-Lager reçut, du commandant du poste du parc Notre-Dame, l'avis que les bataillons de Flourens descendaient sur l'Hôtel de ville. Il fit aussitôt sonner dans tous les quartiers, fit doubler le poste et se rendit immédiatement au parc d'artillerie, accompagné du capitaine adjudant-major Girard, des batteries sédentaires, et du capitaine adjudant-major Édouard Siebecker, des batteries de guerre, arrivé une heure auparavant, porteur de dépêches. Le parc était dans une grande agitation, la plupart des hommes étaient hostiles et les officiers n'étaient pas encore arrivés. Aussitôt que les premiers coups de feu se firent entendre, les assaillants et les curieux, refoulés vers le parc, dont la porte heureusement était gardée par le lieutenant Plassant, crièrent à travers les grilles qu'on assassinait les patriotes. A cette nouvelle, les canonniers poussèrent les cris de : « Aux pièces! aux pièces! sur l'Hôtel de ville! »

MM. Juillet Saint-Lager, Girard et Siebecker s'avancèrent hardiment sur les mutinés, les sommèrent de se tenir derrière les canons et déclarèrent qu'on passerait sur leurs cadavres avant de sortir un seul canon du parc.

Il y avait là soixante pièces d'artillerie, dont la mise en batteries sur l'Hôtel de ville pouvait amener les plus grands désastres; cinq pièces avaient déjà été chargées à mitraille.

Ce fut un brouhaha effroyable! Quelques hommes, plus audacieux que les autres, s'avancèrent menaçants vers M. Juillet, l'insultèrent; l'un d'eux allait le frapper, lorsque le colonel porta la main sur son revolver. Les autres allaient prêter main-forte à leur camarade; mais, s'apercevant que les capitaines adjudants-majors entouraient leur lieutenant-colonel le revolver au poing, ils reculèrent. Dès lors la partie était gagnée; plusieurs canonniers s'étaient déjà joints à ces trois officiers, d'autres officiers accouraient à leur tour au parc pour garder les pièces; une demi-batterie de guerre, relevée la veille du fort de Rosny, entrait à son tour, et tous les vrais patriotes, officiers et canonniers, jurèrent solennellement que leurs canons ne serviraient que contre l'ennemi.

On frémit en songeant aux malheurs irréparables qui auraient pu arriver, si, triomphant de l'énergique résistance
ces trois hommes, les mutinés avaient apporté à l'insurrection le secours de soixante pièces de canon. Le soir même,
le Comité central, qui existait déjà, prononçait sur la place
du Parvis la condamnation à mort du lieutenant-colonel
Juillet Saint-Lager et des capitaines Siebecker et Girard. La
nuit se passa sans incident, et tous les officiers de l'artillerie
de la Seine, qui ne se trouvaient pas devant l'ennemi, tinrent
à honneur de garder leurs pièces jusqu'au lendemain.

Le lendemain de cette triste journée de janvier, le gouvernement de la Défense nationale adressait à la population
de Paris la proclamation suivante :

« Citoyens,

« Un crime odieux vient d'être commis contre la patrie
et contre la République.

« Il est l'œuvre d'un petit nombre d'hommes qui servent
la cause de l'étranger.

« Pendant que l'ennemi nous bombarde, ils ont fait
couler le sang de la garde nationale et de l'armée sur lesquelles ils ont tiré.

« Que ce sang retombe sur ceux qui le répandent pour
satisfaire leurs criminelles passions.

« Le gouvernement a le mandat de maintenir l'ordre,
l'une de nos principales forces en face de la Prusse.

« C'est la cité tout entière qui réclame la répression
sévère de cet acte audacieux et la ferme exécution des
lois.

« Le gouvernement ne faillira pas à son devoir. »

L'affaire du 22 janvier allait permettre au gouvernement
de conduire le siège de Paris jusqu'à son lugubre dénouement. L'effet produit sur la population par la fusillade de
la place de l'Hôtel-de-ville avait été déplorable. Mais ceux-
là mêmes qui blâmaient la violence des assaillants n'eussent pas volontiers défendu un pouvoir dans lequel on
n'avait plus confiance. Le gouvernement faisait tout à coup
preuve d'une énergie tardive. Il portait de deux à quatre
le nombre des conseils de guerre, et décrétait qu'ils pourraient statuer sur les attentats contre la paix publique.

disons à sa louange qu'il n'avait pas jusqu'alors cru se
prémunir lui-même contre les tentatives armées contre les
lois.

Ce n'était pas tout.

« Considérant que, à la suite d'excitations criminelles
dont certains clubs avaient été le foyer, la guerre civile
avait été engagée par quelques agitateurs désavoués par la
population tout entière;

« Qu'il importait, — ce sont les propres termes du décret, — d'en finir avec ces détestables manœuvres qui,
dans les circonstances actuelles, étaient un danger pour
la patrie, et qui, si elles se renouvelaient, entacheraient
l'honneur, irréprochable jusqu'ici, de la défense de Paris, »
le gouvernement décrétait la suppression et la fermeture
des clubs. Il supprimait en outre, par un décret connexe,
le journal de Delescluze, le Réveil, et celui de M. Pyat, le
Combat, qui, disait-il, constituaient un danger public par
leurs excitations à la guerre civile.

Cette œuvre faite, le gouvernement se crut sauvé. Il
croyait se délivrer de ses adversaires, et ne voyait pas qu'il
grandissait tout à coup leur influence et leur crédit. La
rigueur sert, le plus souvent, non pas à ceux qui en font
usage, mais à ceux qu'elle atteint. Au surplus, elle était
intempestive.

CHAPITRE XIX

Les officiers supérieurs, consultés par le gouvernement et les
maires, se prononcent à une grande majorité pour la cessation de la lutte. — Premiers bruits de la capitulation. — Les
négociations sont engagées. — Note du gouvernement annonçant les négociations. — M. Jules Favre à Versailles. — Les
bases de la convention d'armistice.

Paris, pris par la faim, souffrant, menacé de manquer
de pain, avec sept jours, huit jours, dix jours peut-être de

cette pâte brune, faite de chènevis, de pâte et d'avoine qui appelait du pain, Paris n'en voulait pas moins résister, malgré le sort. Le bilan de la mort était pourtant considérable. Du 14 au 21, le chiffre des décès s'était augmenté de 4,305 à 4,888.

Dans une réunion tenue le samedi 21, au gouvernement, et à laquelle les maires assistaient, les chefs supérieurs de l'armée avaient déclaré qu'il était impossible de prolonger davantage la résistance, et qu'il fallait songer à capituler. C'est dans cette réunion que le général Trochu fit une longue conférence sur l'organisation de l'armée de l'ancien régime et qu'il s'étendit fort longuement aussi sur l'inconvénient des armées jeunes, mal encadrées. Il fit part à l'assemblée du peu d'espérance que lui faisaient concevoir les opérations de nos armées de province, et ajouta qu'il regrettait que le mouvement de Bourbaki dans l'Est eût été si tardif. Il était persuadé toutefois qu'à ce moment, le siège de Belfort était levé. Après avoir déclaré que l'affaire de Buzenval avait été entreprise pour donner satisfaction aux gardes nationaux qui se plaignaient de n'avoir pas été suffisamment utilisés, il termina en offrant sa démission de général en chef de l'armée de Paris (il ne fut donc pas destitué, comme il le dit dans son discours à l'Assemblée) et en insinuant que les municipalités allaient être appelées à jouer un rôle plus actif et qu'elles auraient à participer aux négociations relatives à la capitulation. Les maires protestèrent énergiquement contre cette tâche qu'on prétendait leur imposer. Ayant été tenus constamment à l'écart dans les décisions prises jusqu'à ce jour, ils déclinèrent toute responsabilité dans les événements douloureux qui se préparaient. M. Tirard, maire du 2e arrondissement, condamna vigoureusement l'inactivité dans laquelle la garde nationale avait été maintenue, affirmant que sa participation tardive aux opérations militaires était une lourde faute suffisamment démontrée par son énergique attitude dans la journée de Buzenval. Beaucoup des assistants civils de la réunion pensaient qu'il était impossible de capituler sans tenter un dernier et suprême effort; M. Emmanuel Arago demandait une sortie *formidable et désespérée*. Après diverses propositions, on se sépara sans conclure et il fut décidé qu'une réunion aurait lieu le lendemain, au ministère de l'instruction publique, et dans laquelle on entendrait des officiers supérieurs de divers grades. Le lendemain, 22 janvier, à l'heure même où se passaient les tristes événements de la place de l'Hôtel-de-ville, plusieurs officiers supérieurs, des membres du gouvernement et des maires de Paris, s'assemblaient au lieu indiqué, sous la présidence de M. Jules Simon. Après un rapide exposé du ministre, chacun des officiers présents fut appelé à faire connaître son opinion sur la possibilité et les chances de succès d'opérations militaires ultérieures. Cette séance solennelle mérite qu'on la raconte en tous ses détails. Elle est pénétrante comme un glas.

Sur l'observation du général Lecomte et ainsi qu'il est d'usage dans les conseils de guerre, la parole fut donnée aux officiers suivant l'ordre hiérarchique, en commençant par les grades les moins élevés. MM. Bourgeois, chef d'escadron, Warnett et Vasseur, colonels, se montrèrent absolument opposés à une grande action, qu'ils considéraient comme devant être désastreuse, et dans tous les cas stérile au point de vue du résultat à atteindre. Manque de cohésion de l'armée, confiance insuffisante des soldats dans leurs chefs, nouveaux pour la plupart, tels furent les obstacles sérieux qu'ils signalèrent. Tout en rendant hommage à la valeur déployée par la garde nationale dans la journée du 19 janvier et à son élan, ils constatèrent sa grande inexpérience et déclarèrent ne pas pouvoir compter sur la solidité dans une grande bataille. Ces trois officiers manifestèrent leur préférence pour les petites attaques simultanées et souvent réitérées, à la condition toutefois qu'on se maintînt dans les positions conquises, afin de ne pas décourager l'armée par ces retraites inexplicables et aussi de familiariser les officiers avec le terrain sur lequel ils opèrent.

Le colonel Boulanger, d'accord avec ses collègues pour repousser toute idée d'une grande action, se sépara d'eux sur la question des petits engagements, qui eussent été excellents au début, mais qui lui semblaient trop tardifs.

Le colonel Colonnieu se montra hostile aux petites sorties. Une opération gigantesque, bien conduite et sans rien laisser au hasard, eût pu réussir, selon lui. Il la déclara impossible à tenter dans les circonstances présentes et bonne seulement à amener l'écrasement de l'armée; car, en supposant que l'on parvînt à franchir la double ligne

ennemie, les troupes, exténuées par la lutte, auraient à soutenir le choc de la cavalerie prussienne.

Les colonels de Brancion et Germa, de la garde nationale, critiquèrent amèrement la direction des opérations
dans la journée de Buzenval. « Aujourd'hui, il n'y a plus
qu'à se faire tuer pour l'honneur, » dit le colonel de Brancion en terminant, tandis que le colonel Germa déclara
toute capitulation impossible, tant qu'une vigoureuse sortie
n'aurait pas été tentée sous la direction de nouveaux chefs.

Vint le tour du général Lecomte. C'était alors un officier
peu connu et estimé de ceux-là seuls qui l'approchaient.
Il examina la situation des armées de province, trop éloi-
gnées pour nous secourir en temps utile, et rappelant qu'il
était Lorrain, et que par conséquent nul ne désirait avec
plus d'ardeur que lui la défaite de l'ennemi, il déclara que
l'état actuel des choses imposait une prompte capitulation.
En présence de la famine à courte échéance, les petits combats ne pourraient qu'affaiblir l'armée sans utilité et entretenir la population dans la pensée d'une prolongation possible de résistance, alors qu'il fallait au contraire l'amener
à envisager avec résignation la douloureuse extrémité à laquelle nous en étions réduits. « Pas d'efforts inutiles, dit en
terminant le général Lecomte, traitons avec l'ennemi tandis
que nous avons encore la main sur le pommeau de l'épée. »
Après ce discours, que le général prononça en proie à une
profonde émotion (un moment il pleura), et qui produisit
sur l'auditoire une impression des plus vives, le colonel
Colonnieu et divers officiers reprirent la parole et confirmè-
rent leurs précédentes déclarations. « Et pourtant, dit
M. Colonnieu, si l'on veut mourir, je suis prêt à marcher à
la tête du premier bataillon et à me faire tuer. » Après
quoi, la séance fut levée. Ce court résumé ne donne qu'une
imparfaite idée de la physionomie de cette réunion.

On sentait que la vie de ceux qui parlaient ne comptait
pour rien dans l'opinion qu'ils exprimaient et qu'ils en
avaient fait le sacrifice. Ce n'était plus le patriotisme irréfléchi des premiers jours du siège, mais bien un sentiment
poignant de la réalité qui, dominant la situation, commandait à tous la résignation et le devoir, dictait les résolutions
et courbait les plus braves et les plus indomptés sous le
joug de l'inexorable nécessité.

Le secret de ces délibérations ne fut point livré au public

DE MOLTKE

mais il transpira pourtant dans la ville assiégée pendant les jours qui suivirent le 22 janvier.

A partir de ce moment, Paris, qui devine avec une pénétration singulière tout ce qui le menace et tout ce qu'il redoute, Paris ne douta plus que l'heure déchirante ne fût venue. Il comptait avec une anxiété singulière les coups de canon qui l'atteignaient et, comme Lincoln durant la guerre de sécession, il s'écriait avec joie à chaque détonation : « Nous vivons encore puisqu'on nous tue. »

Le bombardement continua, en effet, jusqu'au 26 janvier, à minuit. Ce jour-là, il était convenu que le feu cesserait à l'heure dite des deux parts. Les pourparlers étaient commencés et les représentants de la presse, convoqués au ministère de l'intérieur, furent priés de calmer l'opinion déjà si exaspérée. On leur montra la nécessité inévitable et ils s'inclinèrent patriotiquement malgré leur douleur.

Presque en même temps, le gouvernement, averti que Flourens et ses amis voulaient tenter une nouvelle manifestation, leur envoya M. Dorian, le seul membre du gouvernement qui eût conservé encore quelque popularité. M. Dorian monta à Belleville et trouva Flourens, Millière, etc., réunis. Le projet nouveau des amis de Flourens, — nous tenons ce détail de M. Dorian lui-même, — consistait, non plus à attaquer l'Hôtel de ville par la force, mais à s'emparer *chimiquement* des ministères, au moyen du feu au besoin. M. Dorian ne fit que sourire de la menace et adjura Flourens et Millière de renoncer à toute aventure de ce genre : « Le pain va manquer, dit-il, des négociations sont entamées, vous pouvez tout faire échouer et vous condamnez ainsi toute une population aux horreurs de la faim. — C'est bien, répondit Millière, nous ferons taire notre ressentiment. » — Et Flourens, tendant la main à M. Dorian : — « Citoyen Dorian, je vous aime comme un fils. Le gouvernement a bien fait de vous envoyer vers nous. C'est pour vous donc, pour vous que nous renonçons à continuer la lutte avec le gouvernement qui livre Paris. Nous attendrons. » M. Dorian rapporta cet entretien au gouvernement de la Défense nationale.

Le soir du 26 janvier, les artilleurs prussiens, avides de nous porter les derniers coups, mirent à profit les heures qui leur restaient et, avec une cruauté inouïe, ils redoublèrent de vivacité dans leur tir, comme s'ils eussent regretté de ne pouvoir tout écraser, et comme s'ils eussent voulu faire le plus de victimes possible. De dix heures à minuit, ce fut un bombardement formidable, désespéré, furieux, meurtrier, inutile. Treize personnes furent tuées, assassinées, on peut le dire, gratuitement. Puis, à minuit, le feu cessa, et un grand silence, solennel et sinistre, succéda aux grondements incessants des quatre derniers mois.

Paris fut attristé, lorsqu'il n'entendit plus le canon. Il éprouva, à coup sûr, plus de terreur le jour où le bombardement cessa que le jour où il fut commencé. Il lui semblait que ce silence glacial était celui de la mort. Et c'était bien, en effet, celui de la mort de nos espérances. La fumée de la dernière gargousse brûlée, a-t-on dit justement, emportait notre dernier espoir.

Le lendemain, plus d'un lut, à travers ses larmes, cette note poignante du *Journal officiel* :

« Tant que le gouvernement a pu compter sur l'arrivée d'une armée de secours, il était de son devoir de ne rien négliger pour prolonger la défense de Paris.

« En ce moment, quoique nos armées soient encore debout, les chances de la guerre les ont refoulées, l'une sous les murs de Lille, l'autre au delà de Laval, la troisième opère sur les frontières de l'Est. Nous avons dès lors perdu tout espoir qu'elles puissent se rapprocher de nous, et l'état de nos subsistances ne nous permet plus d'attendre.

« Dans cette situation, le gouvernement avait le devoir absolu de négocier. Les négociations ont lieu en ce moment. Tout le monde comprendra que nous ne pouvons en indiquer les détails sans de graves inconvénients. Nous espérons pouvoir les publier demain. Nous pouvons cependant dire dès aujourd'hui que le principe de la souveraineté nationale sera sauvegardé par la reunion immédiate d'une assemblée ; que l'armistice a pour but la convocation de cette assemblée ; que, pendant cet armistice, l'armée allemande occupera les forts, mais n'entrera pas dans l'enceinte de Paris ; que nous conserverons notre garde nationale intacte et une division de l'armée, et qu'aucun de nos soldats ne sera emmené hors du territoire. »

Ainsi donc il fallait traiter ! Ainsi l'épée brisée était impuissante entre les mains de la France ! Écroulement de tous nos songes ! M. Jules Favre s'était rendu à Versailles et, lorsqu'il parut devant M. de Bismarck, le chancelier lui dit ce mot : « *Je vous attendais.* »

Alors commencèrent les humiliations et le vainqueur énuméra les conditions de l'armistice. Ces forts, si fièrement défendus par les marins, il fallait les livrer ; il fallait le donner les canons, il fallait subir la loi brutale ! En moment, M. de Bismarck réclama des otages, afin de s'assurer de l'occupation des forts et craignant, par exemple, qu'Issy, Vanves, Montrouge, ne fussent minés. — Ces otages entreront les premiers dans les forts et y demeureront disait le chancelier, jusqu'à ce que les troupes allemandes s'y soient complètement établies, après avoir visité les casemates. Or, ces otages, que M. Jules Favre refusa, étaient les maires de Paris d'abord, puis les journalistes. Le ministre des affaires étrangères fut stupéfait. Des journalistes ! Mais quels journalistes ? — « Vingt pris au hasard, répondit M. de Bismarck. Sa Majesté l'empereur est indigné contre la presse française tout entière qui l'a calomnié et insulté. »

On fit pourtant comprendre au roi de Prusse que cette demande était à la fois barbare et insensée. Mais, comme on reconnaissait bien là ces gouvernants qui ont procédé, durant toute cette campagne, par l'arrestation des journalistes libéraux, en Allemagne aussi bien qu'en France, et qui faisaient conduire les écrivains, à pied, dans la neige, les menottes aux mains, le pistolet aux tempes et la crosse aux reins, jusqu'au fond des forteresses !

Sous le coup de la menace de capitulation qui pesait sur Paris, l'*Union républicaine centrale* se réunissait, les clubs étant fermés, sous la présidence de M. Dupont (de Bussac) avec Charles Beslay pour assesseur, et examinait la question de savoir si nous avions des subsistances nécessaires pour prolonger la résistance.

Des orateurs, malheureusement mal informés, affirmaient que l'intendance militaire avait trois mois de vivres pour 250,000 hommes, à 750 grammes de pain par jour et par homme, ce qui faisait vingt jours de vivres : 1° pour 400,000 soldats ou gardes nationaux à 750 grammes ; 2° pour deux millions de Parisiens à 300 grammes. De plus, disait-on, le ministère du commerce avait déclaré avoir les vivres de *neuf jours* pour la population civile et l'armée. De son côté, l'assistance publique possédait la valeur de deux jours de vivres. Ce qui faisait un total de *trente et un jours* de vivres pour Paris et ses défenseurs, sans compter aproximativement dix jours qui pourraient être ajoutés par les perquisitions que l'on faisait si imparfaitement tant à Paris que dans la banlieue. C'était, hélas! des illusions encore, auxquelles la vue soudaine des provisions avarement cachées jusque-là par les épiciers et brusquement mises en montre donnaient quelque apparence de fondement.

L'Union examinait ensuite la question de la défense. Un ancien capitaine d'artillerie, destitué par le coup d'État, ancien représentant du peuple, M. Jean Brunet, alors en vogue à cause de ses articles militaires du *Siècle*, interrogé par l'assemblée, expliquait que, selon lui, dès l'origine la défense avait été conduite d'après une vue fausse. Paris, au lieu d'être condamné à une défense inerte, au lieu d'attendre son salut du secours des armées de province, aurait dû prendre une offensive continuelle qui aurait fatigué l'ennemi, et qui aurait permis, au bout de quelques jours, de frapper avec 200,000 hommes un grand coup qui aurait rompu l'investissement et permis de prendre à revers les positions de l'armée prussienne. Ces vérités tardives frappaient l'assemblée, qui demandait alors à M. Brunet s'il prendrait sur lui l'exécution de ce plan, et s'il croyait encore possible de le faire réussir : « Oui, répondit Jean Brunet, et je suis prêt à en prendre l'engagement sur ma tête. »

La proclamation suivante, publiée par le *Journal officiel*, était affichée le matin du 28 janvier sur tous les murs de Paris :

« Citoyens,

« La convention qui met fin à la résistance de Paris n'est pas encore signée, mais ce n'est qu'un retard de quelques heures.

« Les bases en demeurent fixées telles que nous les avons annoncées hier :

« L'ennemi n'entrera pas dans l'enceinte de Paris;

« La garde nationale conservera son organisation et ses armes;

« Une division de douze mille hommes demeure intacte; quant aux autres troupes, elles resteront dans Paris, au milieu de nous, au lieu d'être, comme on l'avait d'abord prop·sé, cantonnées dans la banlieue. Les officiers gardent leur épée.

« Nous publierons les articles de la convention aussitôt que les signatures auront été échangées, et nous ferons en même temps connaître l'état exact de nos subsistances.

« Paris veut être sûr que la résistance a duré jusqu'aux dernières limites du possible. Les chiffres que nous donnerons en seront la preuve irréfragable, et nous mettrons qui que ce soit au défi de les contester.

« Nous montrerons qu'il nous reste tout juste assez de pain pour attendre le ravitaillement, et que nous ne pouvions prolonger la lutte sans condamner à une mort certaine deux millions d'hommes, de femmes et d'enfants.

« Le siège de Paris a duré quatre mois et douze jours; le bombardement un mois entier. Depuis le 15 janvier, la ration du pain est réduite à 300 grammes; la ration de viande de cheval, depuis le 15 décembre, n'est que de 30 grammes. La mortalité a plus que triplé. Au milieu de tant de désastres, il n'y a pas eu un seul jour de découragement.

« L'ennemi est le premier à rendre hommage à l'énergie morale et au courage dont la population parisienne tout entière vient de donner l'exemple. Paris a beaucoup souffert; mais la République profitera de ses longues souffrances, si noblement supportées. Nous sortons de la lutte qui finit retrempés pour la lutte à venir. Nous en sortons avec tout notre honneur, avec toutes nos espérances, malgré les douleurs de l'heure présente; plus que jamais nous avons foi dans les destinées de la patrie.

« Paris, le 28 janvier 1871.

« *Les membres du gouvernement.* »

La nouvelle des conditions de l'armistice avait irrité ceux qui ne se résignaient pas facilement à livrer Paris. Des groupes nombreux se formaient sur les boulevards, à Montmartre, à Belleville, à la Villette. On parlait de résister malgré le gouvernement, de se joindre aux marins, de se mettre sous le commandement de l'amiral Saisset, d'occuper les forts et de les défendre. Des femmes demandaient aux hommes s'ils se résigneraient si facilement à capituler.

Des artilleurs de la garde nationale avaient inscrit sur des bannières : *Ne rendons pas les forts!*

L'agitation augmenta dans la nuit du 27 au 28. On alla aux mairies. Le tocsin fut sonné, notamment à l'église Saint-Laurent, où un lieutenant et quelques hommes avaient pénétré. Le colonel Piazza, du 36e régiment de la garde nationale, et le commandant Brunel, élus au club des Montagnards (concert du *Gaulois*, boulevard de Strasbourg), l'un général en chef, l'autre chef d'état-major, prescrivaient au commandant du 14e bataillon, posté à l'Hôtel de ville, de faire armer et réunir toute la garde nationale aux divers secteurs pour les occuper, emprisonner les amiraux, prendre les magasins à poudre, les télégraphes, et organiser une dernière sortie. Les ordres partaient du café des *Deux-Hémisphères*, en face l'église Saint-Laurent. Dans la nuit, des gardes nationaux parcouraient les rues, frappant aux portes, appelant par les rues noires leurs compagnies aux armes. Et, tandis que le clairon sonnait le rappel, le lugubre tocsin continuait.

Brunel et Piazza furent arrêtés, le lendemain matin, boulevard Voltaire, à leur quartier général. Le lieutenant-colonel sous-chef d'état-major de la garde nationale, M. de Mortemart, dit dans un rapport officiel, en parlant de Piazza, dont plus d'un témoin affirma depuis la bravoure devant le conseil de guerre : « Une note, trouvée à la préfecture de police, signale le nommé Piazza comme ayant, en 1869, sollicité un emploi de la faveur des ministres de l'empire. » M. de Mortemart a pris la responsabilité de cette révélation.

Cette affaire fut le dernier effort de résistance et, pour ainsi dire, le dernier mouvement, la dernière secousse de Paris à l'agonie. La grande forteresse allait crouler. Il y eut bien encore des protestations isolées de commandants ou d'officiers de la garde nationale, de marins, de soldats, de francs-tireurs, le marin Salicis, le commandant Poulizac, etc.; protestations publiées par les journaux; il y eut, à l'Élysée, où l'état-major de la garde nationale, primitivement à la place Vendôme, avait été transporté, une manifestation des officiers des gardes nationaux réclamant une sortie encore. M. Clément Thomas leur répondit que l'honneur était sauf, que la garde nationale avait payé sa dette à la patrie, et qu'on élèverait par souscription un monument à l'endroit même où côte à côte on avait enterré les morts

inconnus de Montretout et de Buzenval. Paris, pour défendre
son vieux renom, n'avait plus à compter que sur la justice
de l'histoire.

Le 29 janvier, à dix heures du matin, les défenseurs de
Paris durent évacuer les forts et les avant-postes. « Sur la
demande de l'amiral La Roncière, les forts occupés par la
marine ne furent pas rendus directement à l'ennemi par
leurs commandants. Ce fut l'officier de l'armée, faisant
fonction de commandant de place, qui servit d'intermé-
diaire. » À peine abandonnait-on les cantonnements, dit un
témoin, que, débouchant des tranchées ennemies, les colonnes allemandes s'avancèrent comme de longs serpents
noirs. Le drapeau de deuil, l'aigle noir de Prusse allait
remplacer sur nos remparts l'étendard tricolore. Les Prussiens, Bavarois, Saxons ou Wurtembergeois, les soldats de
la Confédération entraient, l'arme au bras, dans ces retranchements auxquels ils n'avaient osé donner l'assaut. Leurs
cuivres jouaient orgueilleusement des airs de triomphe. Le
spectacle de cette humiliante prise de possession dura de
onze heures à trois heures de l'après-midi.

C'est en poussant des hourrahs que les Prussiens pénétrèrent sur les ponts-levis, et, à peine entrés, ils hissèrent
immédiatement leur drapeau. Pour empêcher toute occasion de conflit, on avait donné sévèrement, à toutes les
portes de Paris, la consigne de ne laisser sortir personne,
fût-on muni d'un permis ou d'un laissez-passer.

Les bruits populaires, répandus dans Paris, parmi les
groupes qui stationnaient sur les boulevards, devant la
porte Saint-Denis ou la mairie de la rue Drouot, affirmaient
que l'amiral Saisset, dont les Prussiens avaient tué le fils,
voulait faire sauter le fort qu'il commandait. Il n'en fut
rien ; mais dans le fort de Montrouge, où trois capitaines de
frégate avaient déjà été tués par les obus prussiens, un
quatrième, M. Larret de Lamalignie, capitaine de frégate,
commandant en second du fort, et qui jusqu'alors avait
échappé aux obus ennemis, se brûla la cervelle, la dernière
heure venue, pour ne pas voir, lui vivant, son fort occupé
par les ennemis. Tombé avec une balle dans la tête et une
dans la poitrine, et transporté à l'ambulance de la marine,
il expira bientôt, victime de sa patriotique et sublime
douleur. Le capitaine Larret était, je crois, originaire du
Limousin.

Paris, réduit par la faim, commençait, comme on disait alors, à se *ravitailler*. Les chemins de fer étaient coupés, la Seine obstruée, le ravitaillement fut long. La cité de Londres envoya à titre de don pour deux millions de denrées qui furent distribuées par les municipalités. La ville était lugubre. On pillait, aux Halles, les boutiques des revendeurs qui spéculaient sur la faim. Les Prussiens aux barrières vendaient, quelle honte! des vivres aux Parisiens. Les uniformes des gardes nationaux avaient comme disparu dans les rues; on rentrait, comme de lugubres *accessoires* devenus inutiles, les sacs, les équipages, les brancards tachés de sang. On rencontrait, errant par bandes, désarmés, accablés, sordides, les soldats et les mobiles de province. Toute discipline semblait avoir cessé. Paris, le 30 janvier, enveloppé d'un brouillard intense, jaune et malsain, avec ses toits ourlés de neige, semblait porter le deuil de sa chute. Une espèce de manteau de plomb tombait en même temps sur les épaules et sur les âmes. Pourtant (consolation amère!) le drapeau aux trois couleurs flottait encore sur la cité abattue. Et on pouvait se dire encore que le vaisseau de la ville de Paris n'avait pas amené son pavillon.

Déjà on s'occupait des élections futures. Les candidats partaient pour la province, s'échappaient de Paris, munis de laissez-passer signés à la fois par l'état-major français et par l'état-major prussien. Les gens de la banlieue se précipitaient dans Paris, apportant des vivres. Les Parisiens s'échappaient, naïvement étonnés de voir du pain blanc dans les auberges de village. De nouveaux journaux paraissaient: le *Mot d'ordre*, de M. Henri Rochefort; le *Vengeur*, de M. Félix Pyat, qui succédait au *Combat*. Les 12,000 hommes de l'armée de Paris que le vainqueur laissait, par la convention, à la disposition du gouvernement étaient comme fondus, noyés dans la garde nationale, nombreuse et bien équipée. Nul ne faisait attention à la clause dernière de l'article 2 de cette convention qui condamnait pourtant toute une armée à la destruction et une ville assiégée à la chute:

« Les opérations militaires sur le terrain des départements du Doubs, du Jura et de la Côte-d'Or, ainsi que le siège de Belfort, se continueront *indépendamment de l'armistice....* »

Paris traitait ainsi pour toute la France. Faute impardonnable dont nous verrons les conséquences. Mais, à cette heure, tout semblait étouffé sous l'immense fracas de la capitulation de Paris.

La chute de la capitale marque le point suspensif, funèbre de la guerre franco-allemande. Là s'arrête le drame le plus douloureux dont la France ait jamais été le théâtre. La Prusse triomphe, le militarisme s'impose, la nation française est vaincue par l'armée allemande. Est-ce pourtant la fin de la lutte entre les deux peuples ou, pour mieux dire, entre les deux races, la race latine, avec tous ses défauts que rachètent les plus sympathiques qualités, la race saxonne, avec toutes ses qualités que gâtent les plus haïssables défauts ? Non, le duel n'est point terminé. Le dénouement de 1871 n'est qu'une halte. La lutte continue et durera longtemps. Peut-être se déplacera-t-elle, changera-t-elle de terrain, et la verrons-nous se terminer dans le domaine des idées. C'est le secret de l'avenir. Mais la lutte n'aura point de fin que la nation française ne se lave de tant d'abaissement et ne rachète tant de honte.

CHAPITRE XX

La France se retrouve. — Antagonisme de Paris et de la province. — La nouvelle de la capitulation arrive à Bordeaux. — Continuation des hostilités dans l'Est. Le général Clinchant remplace Bourbaki dans le commandement. — La retraite en Suisse. — Belfort résiste encore. — Les derniers jours du siège. — Le colonel Denfert. — Bitche. — La guerre est terminée.

La capitulation de Paris, qui allait remettre en présence les uns des autres les assiégés de la capitale et les combattants de la province, devait aussi faire ressortir davantage les différences d'idées, d'opinions, et, si je puis dire, de température patriotique qui existaient entre compatriotes séparés les uns des autres depuis de longs mois. Durant le siège de Paris, une population de deux millions d'êtres humains avait été comme mise au secret, éloignée du reste du monde. Hommes, femmes, enfants vivaient d'une vie nouvelle sur cet immense radeau qui s'appelait la grande cité. Point de nouvelles, point de consolations, point de secours. On savait vaguement, au moment de la capitulation, que 118,000 (chiffre officiel) de nos soldats étaient prisonniers en Allemagne, que toute l'armée de Bourbaki, moins le corps de Bressolles, s'était, disait-on, réfugiée en Suisse, et que Belfort, vaillamment défendue par le colonel Denfert, résistait encore. C'était tout ; c'était assez, hélas ! Lorsque l'armistice fut conclu, Paris se précipita avidement vers la vérité ignorée.

Jamais, je crois, peuple ne ressentit une émotion pareille à celle qui agita la France lorsque après la capitulation de Paris et la conclusion de l'armistice, il fut donné au pays coupé en deux tronçons, à Paris isolé de la France, et à la France décapitée de Paris, de se retrouver, de se serrer dans une étreinte que la comunauté des souffrances eût dû rendre fraternelle, et que la rivalité de la province et l'exaspération de Paris rendirent aigre et douloureuse. Après tant de jours de lutte, après des mois de souffrance et de séparation, on allait donc reprendre la vie commune, jeter un regard sur cette chère France qu'on ne connaissait plus, apprendre enfin, apprendre la vérité tout entière sur ce qui s'était passé dans le pays durant le blocus.

La province surprise, irritée de la capitulation de Paris, ne pardonnait point un tel dénouement à ce long siège. Les uns, qui eussent voulu la paix, même honteuse, reprochaient, le croirait-on ? à Paris d'avoir, par sa résistance, fait durer la guerre ; les autres, partisans de la guerre à outrance, lui faisaient un grief d'avoir, par sa chute, rendu la paix nécessaire. Tous étaient vaguement jaloux de ce Paris dont les dépêches officielles avaient si longtemps et si haut célébré les louanges et dont, par exemple, M. Clément Laurier disait, dans une de ses dépêches : « Paris est magique, régénéré, antique. Si quelqu'un osait y parler de capitulation, il serait fusillé sur place. Paris peut tenir largement jusqu'à la fin de février. »

Or, Paris succombait avant la fin de janvier et la province, déçue, le Midi surtout, ne lui pardonnait pas cette déception. Gambetta, dans ses dernières dépêches au gouvernement de Paris, s'était d'ailleurs fait l'écho des senti-

ments d'une partie du pays [1]. Le soir du 27 janvier la délégation de Bordeaux communiquait aux journaux, relativement à la capitulation de Paris, la note suivante :

« Bordeaux, 27 janvier, à quatre heures.

« La délégation du gouvernement est informée par ses
agents à l'étranger que le *Times* publie, sur la foi de ses
correspondants, que des négociations avaient été entamées
entre Paris et Versailles au sujet du bombardement de
Paris et d'une prétendue reddition éventuelle de la capitale.

« La délégation du gouvernement n'accorde aucun crédit
à ces allégations de correspondants du *Times*, car il est
impossible d'admettre que des négociations de cette nature
et de cette importance aient été entamées au préalable. Les
ballons arrivés jusqu'à présent n'ont fait prévoir rien de
semblable.

« Un ballon est signalé aujourd'hui près de Rochefort
sans qu'on sache encore s'il a atterri. Aussitôt que de nouvelles dépêches lui seront parvenues, le gouvernement s'em-
pressera de les faire connaître.

« Le directeur général délégué.

« C. LAURIER. »

Trois jours après, le 30 janvier, à une heure, l'affiche
suivante paraissait sur les murs de Bordeaux :

GOUVERNEMENT DE LA DÉFENSE NATIONALE

« La délégation du gouvernement établie à Bordeaux,
qui n'avait jusqu'ici sur les négociations entamées à Versailles
que des renseignements fournis par la presse étrangère, a
reçu cette nuit le télégramme suivant, qu'elle porte à la
connaissance du pays dans sa teneur intégrale :

Versailles, 28 janvier, 11 h. 15 m. du soir.

M. Jules Favre, ministre des affaires étrangères,
à délégation de Bordeaux.

« Nous signons aujourd'hui un traité avec M. le comte de
« Bismarck.

« Un armistice de vingt et un jours est convenu.

« Une assemblée est convoquée à Bordeaux pour le
15 février.

« Faites connaître cette nouvelle à toute la France : faites
exécuter l'armistice, et convoquez les électeurs pour
le 8 février.

« Un membre du gouvernement va partir pour Bordeaux.

                         « JULES FAVRE. »

« Un décret qui sera ultérieurement publié fera connaître
les mesures prises pour assurer l'exécution des dispositions
ci-dessus.

             « Pour copie conforme :
                         « C. LAURIER. »

L'Assemblée que le pays allait nommer devait être appelée
à décider si la guerre serait continuée. Dans sa ferveur
patriotique, M. Gambetta tranchait par avance la question :
il voulait encore, il voulait toujours la guerre. Les désastres
pourtant étaient aussi complets que possible et imposaient
au pays une résignation douloureuse et une morne et profonde tristesse.

L'aspect désolé, ruiné de la France envahie plaidait cruellement en faveur de la paix. Les réquisitions avaient épuisé
le pays, les batailles l'avaient comme éventré. Sur les routes
de l'Orléanais, à travers la Beauce, la terre piétinée, les
villages effondrés, les maisons incendiées, les murs crénelés,
les haies brisées, les fossés creusés, les squelettes de chevaux blanchissant dans la plaine, les vols funèbres de
corbeaux présentaient les spectacles éternels des désola-
tions qui tant de fois, depuis août, depuis Forbach, s'étaient
offerts aux regards ; les scènes cruelles et les vestiges de
l'invasion apparaissaient sur une terre désolée, que les cultivateurs, un peu attardés, à cette heure, se décidaient timi-
dement à labourer.

Après Orléans, jusqu'à la Motte-Beuvron, où se trouvaient,
du côté du midi, les avant-postes prussiens, le paysage était
farouche, la terre en friche, les plaines peuplées de corbeaux. Il semblait que, dès le Loiret, commençait la
Sologne ; ce pays abandonné par la main de l'homme faisait
peur. De temps à autre, aux murailles des fermes, des
traces de balles ou d'obus apparaissaient. C'est la guerer

qui avait passé là! Et ces mêmes tableaux se retrouvaient du côté du Mans, vers le nord, à l'est, partout, excepté dans le Midi, qui ne connaissait de la guerre que ses féroces et lointaines ardeurs.

Le jour même de la signature de l'armistice, nos armées semblaient, il est vrai, retrouver du côté de Blois, comme un regain de victoire. A l'heure même où Paris succombait, le général Pourcet, marchant sur Blois, emportait le faubourg de Vienne, chassait les Prussiens qui, battus, faisaient sauter le pont reliant le faubourg à la ville. Mais ce petit avantage était malheureusement effacé par l'accumulation de désastres qui fondaient en ce moment sur notre armée de l'Est.

Grâce à l'ignorance où se trouvaient les signataires français de l'armistice de l'état de nos armées du dehors, il avait été stipulé, à la demande de M. de Bismarck, qu'en dépit de la convention du 28 janvier les opérations militaires se continueraient, *indépendamment de l'armistice*, dans les départements du Doubs, du Jura et de la Côte-d'Or. En outre, le siège de Belfort serait continué par les Allemands. Conçoit-on que M. Jules Favre ait consenti à signer une telle clause et que, l'ayant fait, il n'ait point, en annonçant l'armistice à la délégation de Bordeaux, fait connaître cette restriction imposée par l'ennemi? Le télégramme de M. Favre disait, nous l'avons vu : « *Un armistice de vingt et un jours est convenu, faites-le exécuter.* » Il en résulta que l'ordre fut donné à Garibaldi et à Bourbaki, comme à tous les généraux, de cesser les opérations militaires, et que cet ordre fut suivi par nos chefs, tandis que les armées prussiennes, instruites des conditions stipulées à Versailles, continuèrent, malgré les protestations de nos généraux, leurs opérations vers Besançon et Dijon, et même vers le Havre, qu'elles menaçaient sérieusement, et que le général Loysel était chargé de couvrir.

L'ignorance dans laquelle le gouvernement de Paris laissa, pendant deux jours, les autorités militaires, est, convenons-en, un des griefs les plus graves que lui adresse l'histoire. Les Prussiens étaient décidés à anéantir notre malheureuse armée de l'Est, qui leur avait causé une certaine inquiétude et, chose triste à reconnaître, pour arriver à ce but, ils trouvèrent une aide involontaire dans l'impardonnable oubli de notre ministre des affaires étrangères.

Après l'échec complet d'Héricourt, le général Bourbaki, menacé maintenant par les troupes de Manteuffel, venues en chemin de fer par détachements et qui occupaient la gare de Mouchard, point central de toutes les communications de notre armée, Bourbaki s'était replié sur Besançon tandis que l'ennemi, s'emparant du plateau de Bondeval, manœuvrait pour couper à nos troupes toute communication avec Lyon. Les francs-tireurs de Bourras essayaient de défendre Blamont, mais, par tous les défilés, les Prussiens nous débordaient. Il n'y avait qu'à battre en retraite. Le général Cremer, se rabattant sur Besançon, livrait deux combats à trois jours de distance, à Villers-la-Ville, le 20 janvier, à Dannemarie, le 24. Les marches étaient horriblement pénibles, les vivres manquaient. Le général Bressolles, chargé de défendre avec le 24e corps les défilés du Lomont, n'ayant plus de provisions, se repliait déjà sur Pontarlier.

Les soldats épuisés de Bourbaki se massaient autour de Besançon. Il fut un moment question de s'arrêter dans cette place et de s'y défendre. Au conseil de guerre, tenu à Château-Farmé, Cremer, qui avait un moment voulu enlever, par une surprise de nuit, l'artillerie allemande, Cremer voulait résister dans Besançon. Mais les munitions manquaient et Bourbaki répondit en faisant connaître l'état des vivres : on n'en possédait que pour sept jours. Après sept jours, il eût fallu capituler. La retraite sur Pontarlier fut donc aussitôt décidée. Mais, pendant les trois jours de repos forcé que les troupes de Bourbaki avaient pris sous Besançon, les soldats de Werder, franchissant les défilés du Lomont, abandonnés par Bressolles, prenaient position le long de la frontière de Suisse et, pour un peu, coupaient tout à fait à notre armée le passage en Suisse, notre dernier espoir de salut matériel.

Ce fut alors que Bourbaki, effaré de sa défaite, reculant devant la responsabilité suprême, désolé et éperdu, voulut tenter d'abord de se jeter, à la tête d'une poignée d'hommes, sur les Prussiens; puis, haussant les épaules : « Et s'ils ne me tuent pas, dit-il, s'ils me cassent seulement une jambe, je serai inutilement estropié et on dira peut-être que j'ai passé à l'ennemi ! » Alors il arma un pistolet et se frappa au front. Le bruit de sa mort se répandit., mais le général n'était que blessé. Le commandement de l'armée de l'Est échut alors au général Clinchant, qui commandait le 20e corps après avoir, à l'armée de Metz, commandé une brigade. Bourbaki l'avait désigné lui-même pour son successeur.

Le général Clinchant, officier distingué, brillant, était aimé de ses soldats depuis le Mexique, où il avait eu Cremer pour aide de camp. Jeune encore et énergique, il essaya de réunir, au delà de Pontarlier, devant Mouthe, les débris, les bandes affamées de l'armée de l'Est. C'était le 28 janvier. Attaqué à Chaffois et à Mouthe, le général Clinchant, apprenant la nouvelle de l'armistice, laissa occuper, sur la route de Lyon à Mouthe, des positions importantes qu'il eût certainement défendues s'il eût été informé que l'armistice ne regardait aucunement notre armée de l'Est. Voyant que Manteuffel continuait les hostilités, Clinchant lui dénonça l'armistice, et télégraphia en même temps à Bordeaux.

« Pontarlier, 30 janvier, 5 h. 35.

« *Clinchant à guerre.*

« Je n'ai pas encore de réponse officielle du général Manteuffel, mais d'après une lettre apportée par un parlementaire prussien pendant une conférence près de Frasne, il paraîtrait que le général Manteuffel ne voudrait pas reconnaître cet armistice pour l'armée de l'Est, disant qu'il ne concerne que les armées du Nord et de Paris. »

Peu après, comme Manteuffel lui apprenait que l'armistice ne le concernait pas, le général voulut au moins sauver son matériel et les débris de son armée. Il télégraphiait alors à la délégation :

« Verrières-Françaises, 1er février.

« *Général Clinchant à guerre.*

« Tout ce que vous écrivez à J. Favre, je l'ai tenté près de Manteuffel. Il m'a refusé suspension d'armes de trente-six heures pour que le gouvernement puisse élucider la question. L'ennemi ayant continué les hostilités malgré nos protestations et menaçant de couper ma retraite même vers la Suisse, ce qui entraînerait la perte de l'armée et de tout le matériel, j'ai dû me rendre à la dure nécessité de franchir les frontières.

M. JULES SIMON

« Le matériel a presque effectué son passage à l'heure qu'il est. Le général Billot couvre la retraite avec trois divisions du 18ᵉ corps. Je vous enverrai aujourd'hui le texte de la convention que j'ai conclue avec la Suisse.

« *Signé :* CLINCHANT. »

Le 1ᵉʳ février, une convention signée entre le général Clinchant et le général suisse Herzog permettait à l'armée française de se réfugier sur le territoire helvétique avec armes et bagages. 85,000 hommes, 11,000 chevaux, 3i pièces de canon furent ainsi sauvés. Cremer avait fait enclouer son artillerie qu'il avait été forcé d'abandonner. Chère petite république suisse, plus grande dans ton œuvre d'humanité que d'autres dans leurs insolents triomphes, quelle reconnaissance tout cœur français ne te doit-il pas! Les petits furent les plus grands, d'ailleurs, en cette épouvantable aventure. Comme la Suisse, la Belgique, après Sedan, s'était montrée admirable et fraternelle.

On dit que les Suisses veulent élever à Neufchâtel une colonne commémorative de l'entrée de nos troupes sur leur territoire. Cette colonne devrait être faite du bronze ami des canons français.

Pauvre armée en lambeaux, pauvres soldats en haillons! Lorsque les Suisses les virent, pâles, exténués, mourants, tous pleurèrent. Une immense pitié s'empara de ces cantons qui se saignèrent pour fournir vivres, argent, vêtements aux vaincus et aux exilés. Quelles plaies et quelles douleurs roulait cet immense flot de l'armée en déroute ! Des fourgons de fiévreux, des voitures de malheureux aux pieds gelés. Des femmes se précipitaient sur ces hommes et, de leurs mains, lavaient, réchauffaient ces pieds glacés. Elles donnaient tout. Le gouvernement suisse avait demandé 15 millions ; — le seul canton de Zurich en apporta en quelques heures 27, la Suisse entière 106. Il fallait par jour 30,000 pains de 3 livres, 150 bœufs, 600 quintaux de paille, 500 quintaux d'avoine. On trouva, on donna tout cela. Et quand de pauvres blessés disaient à des paysans aussi misérables qu'eux: «Mais vous, vous ne gardez rien, pas de provisions pour vous, » — les braves gens de Suisse répondaient : « Ne craignez rien, Dieu y pourvoira ! »

Savez-vous ce que fut la Suisse tout entière pour cette France vaincue? Elle fut une nourrice, elle fut une mère.

Que la Suisse soit bénie dans ses citoyens, et dans ses enfants à venir !

Pendant ce temps, le 18ᵉ corps, celui du général Billot, avait été chargé de couvrir la retraite. Une arrière-garde, postée au col de la Cluse et aux environs du fort de Joux, protégeait, avec la plus grande bravoure, le défilé de l'armée et défendait pied à pied les derniers échelons du Jura. On ne lira pas sans intérêt, disait alors le *Journal de Genève*, le récit suivant que nous adresse l'un des acteurs de ce petit drame militaire, qui s'est terminé par une retraite d'une hardiesse toute chevaleresque :

« La retraite de la première armée et le défilé de l'artillerie et des bagages sur les Verrières ont été couverts, le 1ᵉʳ février, par la réserve générale et par le 44ᵉ de marche, du 18ᵉ corps. L'action s'est engagée vers onze heures au col de la Cluse et a duré jusqu'à la nuit. On se fusillait à vingt pas, près de la cabane du chemin de fer qui marque le tournant du col. La lutte a eu un caractère particulier de ténacité qui a justifié le cas que le général Clinchant faisait de cette réserve qu'il avait formée et sur laquelle il comptait.

« L'armée du général Manteuffel, engagée presque entièrement dans la trouée de Pontarlier et sur les crêtes, a perdu une centaine de prisonniers et plus de cinq cents hommes tués ou blessés. Le terrain, au tournant du col, était couvert de cadavres prussiens.

« Le général Palu de la Barrière, qui commandait la réserve générale, n'est pas entré en Suisse. Il s'est jeté, le 2 février, dans les montagnes du Jura avec onze officiers et une troupe composée d'hommes du 33ᵉ de ligne, du 26ᵉ de marche et de l'infanterie de marine. Pendant le jour, ce débris d'un corps de 9,000 hommes s'établissait dans des positions très fortes où, malgré son petit nombre, il pouvait résister, et où ses lignes de retraite étaient toujours soigneusement observées. Pendant la nuit, la colonne usait de ruse et défilait en vue des factionnaires ennemis, à 400 mètres souvent du gros des troupes prussiennes. Les hommes, enrhumés, étouffaient leur toux. Les marches forcées, les chemins impraticables, les amoncellements de neige, la privation de sommeil ne lassèrent pas le courage de cette petite troupe qui, après huit jours de dures fatigues et bien des chances diverses, put déboucher sur la vallée de

la Valserine. Leurs armes, qu'ils conservèrent, leur restaient comme un drapeau. »

Vers trois heures, le feu cessa du côté des Prussiens. Les
Français s'arrêtèrent en même temps, par instinct. Un officier supérieur allemand se détache alors et s'avance. Le
général Robert en fait autant et, lorsque ces deux hommes
sont l'un près de l'autre : « Général, dit le Prussien, vous
êtes cernés, il ne vous reste plus qu'à vous rendre. — Pardon, Monsieur, répondit simplement le général Robert, il
nous reste encore à mourir honorablement. »

Le feu recommença avec furie, et ce fut peu après que le
colonel fut blessé à mort. A huit heures seulement, l'arrière-garde du 18ᵉ corps entrait en Suisse.

Pendant qu'en dépit de l'armistice, notre armée de l'Est
était ainsi rejetée sur la Suisse, Belfort continuait à être
impitoyablement bombardée. Ce siège de Belfort est une
des pages les plus belles pour nous et les plus consolantes
de l'histoire de cette douloureuse guerre. Nous avons vu les
efforts qu'avait tentés Bourbaki pour débloquer la ville.
Belfort, dès le 10 novembre, était investie à quatre kilomètres
autour de sa citadelle ; le 16, les ouvrages allemands étaient
déjà à 1,300 mètres. Dans la nuit du 16 au 17, 3,000 de nos
soldats faisaient une sortie et bouleversaient, il est vrai,
tous les ouvrages. Mais, du 18 au 30, les Prussiens ouvraient
deux parallèles. Le 2 décembre, leurs batteries, établies
sur la côte de Salbert, commençaient le bombardement, et,
le 6, l'état-major prussien télégraphiait à Berlin : *Belfort
peut tenir cinq jours au plus.* Deux mois après, Belfort tenait
encore.

Vers la fin de janvier, le 26, les Prussiens, établis devant
les Perches qu'ils voulaient prendre et de là bombarder le
château placé sur le roc, se risquèrent à enlever la position
de vive force. L'assaut fut livré pendant la nuit : à huit
reprises consécutives, les bataillons de la landwehr désignés
revinrent à la charge; à huit reprises, l'attaque fut repoussée. Un seul bataillon défendait les Perches; il eut une trentaine d'hommes mis hors de combat. Au lever du jour, l'ennemi, décimé, battit en retraite, abandonnant ses blessés
sur le champ de bataille. Les Allemands ont dit que l'assaut
fut renouvelé le 8 février. Cela n'est pas exact. Ils n'occupèrent les Perches que parce que leur artillerie, bouleversant
nos canons, nos travaux, rendait la position intenable.

Belfort donc résistait victorieusement, défiant le bombardement et les assauts. Les Allemands laissaient autour de ces murailles des morts par monceaux. Et la population tout entière était vraiment héroïque. Elle haïssait la Prusse. Elle espérait la victoire. Ces deux forces la soutenaient pendant les longs jours de siège, où nulle nouvelle que de faux bruits de victoires impossibles qui rendaient la réalité plus sinistre, n'entrait dans la ville. Le maire, M. Ményy, se multipliait avec un courage digne de tout éloge. Le colonel Denfert, que des gens ont osé appeler un *colonel de casemates*, dirigeait, ordonnait toutes choses. Un matin de janvier, quelle fut la joie, quelle fut l'ivresse de la pauvre ville! Denfert avait envoyé à toutes les batteries de la place un ordre ainsi conçu : *Tirez à blanc jusqu'à la nuit, en signe d'allégresse, cinq coups par pièce. L'armée française s'avance*[1]. En effet, on entendait, là-bas, du côté d'Héricourt, le canon, les mitrailleuses, les feux des tirailleurs. Les Français! C'étaient les Français! Quelle fièvre! « Le bruit se rapproche. Les nôtres ne reculent donc pas! » On comptait les heures aux battements de son cœur. Le soir, la bataille cessait pour reprendre le lendemain 16 janvier, plus furieuse. Ce jour-là, — quelle émotion! — on aperçoit du haut de la Miotte les batteries françaises installées au mont Vaudois. L'action se rapproche. Le bruit court que les Prussiens enclouent déjà leurs canons. Un bataillon sort aussitôt de Belfort, se porte sur Essert et décime les artilleurs allemands. Cependant le soir vient, et Belfort n'est point délivrée. Le 17, après une nuit d'anxiété, le bruit semble s'éloigner. On n'entend plus le canon. Que se passe-t-il? Ce ne sont plus que des escarmouches. La pluie tombe, froide, mêlée de neige fondue.

Quelles angoisses! Les Français seraient-ils repoussés? Ils sont repoussés, hélas! et la lugubre retraite de Bourbaki commence, et bientôt Denfert recevait du gouvernement l'ordre de rendre Belfort, dont la reddition permettait la prolongation de l'armise.

Le 18 février, à midi, le colonel sortait, à la tête de la dernière colonne de la garnison de la ville qu'il avait si bien défendue. Comme le capitaine du navire en détresse, le gouverneur, après avoir tant fait pour prolonger la résistance, être demeuré dans cette *casemate*, comme le dit Changarnier, casemate où palpitait du moins l'âme de la

ville qui eût été rendue si le colonel eût été tué, le gouverneur quittait son bord le dernier.

Avec Belfort tomba une autre forteresse d'Alsace, devant
laquelle les Allemands étaient venus échouer et qu'ils
avaient punie en brûlant, rasant en quelque sorte la ville.
Cette forteresse, que les Prussiens n'ont pas prise, c'est
Bitche que défendait le 51ᵉ de ligne. Les écrivains allemands
nomment eux-mêmes ce siège un *insuccès*.

Ils eurent un moment la tentation d'employer les gros
canons de Metz contre cette héroïque petite ville qui se
défendit pendant *sept mois*. — Sept mois de siège, de lutte,
d'espoir, de courage, et cela pour aboutir à la reddition,
fière, il est vrai, comme on en peut juger par cette clause:

« La garnison de Bitche sortira immédiatement de cette
place avec les honneurs de la guerre. Elle emportera avec
elle ses armes, bagages, matériel, et les archives s'y rapportant à la forteresse même. La garnison sera transportée
en chemin de fer à Lunéville, et de cette ville au delà des
districts occupés par l'armée allemande. »

Après Bitche, il ne restait plus en Alsace et en Lorraine
une seule place sur laquelle flottât le drapeau tricolore.

CHAPITRE XXI

Caractère des élections. — Dissentiment entre le gouvernement
de Paris et la délégation de Bordeaux. — Proclamations de
Gambetta. — Intervention de M. de Bismarck. — Démission
de Gambetta. — Élections parisiennes. — Élections de province. — M. Thiers. — L'Assemblée se réunit à Bordeaux. —
Première séance. — Le gouvernement de la Défense nationale
et les ministres déposent leurs pouvoirs entre les mains de
l'Assemblée. — Démission de Garibaldi. — M. Grévy est élu
président de l'Assemblée. — M. Thiers est nommé chef du
pouvoir exécutif de la République française. — Composition
du nouveau ministère. — L'Assemblée nomme une commission chargée de négocier avec la Prusse. — Négociations à
Versailles. — État moral de Paris. — Le Comité central. —
Manifestations sur la place de la Bastille. — Fédération de la
garde nationale. — Le bruit de l'entrée prochaine des

Prussiens se répand. — Les préliminaires de paix sont signés.
— Le gouvernement annonce à la population parisienne
l'entrée des Prussiens. — Attitude des journaux. — L'entrée
des Prussiens. — Aspect de la ville et des quartiers occupés.
— L'Assemblée ratifie les préliminaires de paix. — Les
Prussiens évacuent Paris. — La séance de l'Assemblée. — Les
députés alsaciens. — M. Conti. — L'Assemblée vote la
déchéance de l'empereur et de sa dynastie.

Les élections des députés à l'Assemblée nationale, d'abord
annoncées pour le 5 février 1870 à Paris, et le 8 en province, puis fixées au 8 février pour toute la France, allaient
mettre tout à fait en lumière ou, pour dire juste, à nu, les
différences d'opinions, le chaos des idées, la débâcle même
des esprits.

En réalité, l'Assemblée n'était nommée que pour traiter
avec la Prusse. Le débat, dans les élections départementales,
ne porta que sur un point. Doit-on, oui ou non, traiter avec
l'ennemi? Et comme, dans l'esprit des populations de la
campagne, des paysans, les candidats républicains semblaient personnifier plus que tous les autres le parti de la
guerre, — ce qui n'était point toujours juste, — les paysans
votèrent, en général, sans réfléchir autrement, pour les
candidats qui paraissaient leur apporter la paix. La lutte,
dans la plupart des départements, on ne le niera point, eut
lieu sur ce seul terrain. Sur un seul point, les électeurs se
trouvèrent d'accord, c'est lorsqu'il s'agit de repousser les
candidats bonapartistes.

Quant à Paris, il vota, je le répète encore, contre le gouvernement dans lequel il avait eu une si grande confiance
au lendemain du 31 octobre, et qui avait fini par la capitulation. La bourgeoisie, irritée de ce dénouement, froissée,
navrée de voir s'écrouler ses rêves, abandonna la partie ou
se tourna du côté de ceux qui lui avaient signalé les premiers la faiblesse du gouvernement. Chose bizarre, plus
d'un comité conservateur porta sur ses listes des noms
comme ceux de Félix Pyat ou de Delescluze. On les voulait,
pour ainsi dire, récompenser de nous avoir prédit nos
malheurs! Au fond, l'anarchie intellectuelle et morale était
évidente. Paris n'avait plus que des nerfs; toute sa raison
était devenue de la colère. D'ailleurs, dégoûtés et attristés,
bien des gens avaient hâte de s'enfuir, de retrouver, hors

de ces murailles dégarnies de canons, une femme, des enfants dont on ignorait le sort. Pendant ce temps, les comités fonctionnaient. L'un était composé de républicains modérés et de parlementaires orléanistes, et siégeait au Grand Hôtel sous la présidence de M. Dufaure; son mot d'ordre apparent était la fusion des partis sous le drapeau républicain, et ce comité plaçait, par un étrange compromis, sur la même liste, un homme qui a écrit les *Misérables*, et un autre qui a voté l'expédition de Rome. Ce comité s'appelait *Comité libéral républicain*. Pas un d'ailleurs n'eût osé arborer le programme de la monarchie. D'autres s'appelaient *Comité central républicain*, *Comité radical*, *Comité catholique*, *Comité de la Chambre fédérale des associations ouvrières*, de l'*Association internationale des travailleurs*, de l'*Alliance républicaine*, de l'*Union républicaine*, des *Défenseurs de la République*. La liste des candidats de ces quatre comités fusionnés fut celle qui, à la dernière heure, emporta la majorité [1].

Une complication nouvelle, née d'un décret de M. Gambetta, vint un moment montrer dans toute son étendue ce qu'on pourrait appeler la *dualité* de la France.

Ce décret, signé de tous les noms de la délégation de Bordeaux, était ainsi conçu :

« Article 1er. Ne pourront être élus représentants du peuple à l'Assemblée nationale les individus qui, depuis le 2 décembre 1851 jusqu'au 4 septembre 1870, ont accepté les fonctions de ministre, sénateur, conseiller d'État et préfet.

« Art. 2. Sont également exclus de l'éligibilité à l'Assemblée nationale les individus qui, aux assemblées législatives qui ont eu lieu depuis le 2 décembre 1851 jusqu'au 4 septembre 1870, ont accepté la candidature officielle, et dont les noms figurent dans les listes des candidatures recommandées par les préfets aux suffrages des électeurs et ont été au *Moniteur officiel* avec les mentions :

« Candidats du gouvernement ;
« Candidats de l'administration ;
« Candidats officiels.

1. Au dernier moment, les délégués de l'*Association internationale* protestèrent contre cette fusion, à laquelle ils se déclarèrent étrangers. Ils publièrent d'ailleurs une liste différente, patronnée également par la *Chambre fédérale des associations ouvrières*.

« Art. 3. Sont nuls, de nullité absolue, les bulletins de vote portant les noms des individus compris dans les catégories ci-dessus désignées.

« Ces bulletins ne seront pas comptés dans la supputation des voix.

« CRÉMIEUX, GAMBETTA, GLAIS-BIZOIN,
FOURICHON. »

Ce décret, juste dans son essence, avait un grand tort, c'est qu'il donnait à des gens, que le suffrage universel repoussait, le droit de crier à l'illégalité et à l'arbitraire. Il avait un bien autre danger encore, celui d'attirer l'intervention de l'ennemi vainqueur jusque dans nos affaires du gouvernement intérieur et d'amener une humiliation nouvelle, M. de Bismarck apparaissant tout à coup pour diriger jusqu'à nos élections.

Voici, en effet, les deux lettres que le chancelier de l'Empire allemand expédiait en même temps de Versailles, l'une (qu'on remarque la suscription) à *Son Excellence* M. Jules Favre, l'autre à *Monsieur* Léon Gambetta :

A son Excellence monsieur Jules Favre, ministre des affaires étrangères du gouvernement de la Défense nationale de Paris.

Versailles, le 3 février 1871.

« On me communique d'Amiens le contenu d'un décret émanant de la délégation du gouvernement de la Défense nationale de Bordeaux qui exclut formellement de la faculté d'être nommés députés à l'Assemblée tous ceux qui ont servi l'empire en qualité de ministres, sénateurs, conseillers d'État ou préfets, ainsi que toutes les personnes qui ont figuré comme candidats du gouvernement au *Moniteur* depuis 1851. Un extrait de la circulaire se trouve joint en copie.

« J'ai l'honneur de demander à Votre Excellence si Elle croit que l'exclusion décrétée par la délégation de Bordeaux est compatible avec les dispositions de l'article 2 de la Convention, d'après lequel l'Assemblée doit être *librement élue.*

« Permettez-moi de vous rappeler les négociations qui ont précédé la Convention du 28 janvier. Dès le début, j'exprimai la crainte qu'il serait difficile, dans les circonstances présentes, d'assurer la liberté entière des élections e des prévenir toutes tentatives contre la liberté des élections. Inspiré par cette appréhension, à laquelle la circulaire de M. Gambetta semble donner raison aujourd'hui, j'ai posé a question, s'il ne serait pas plus juste de convoquer le Corps législatif, qui représente une autorité légalement élue par le suffrage universel. Votre Excellence décline cette proposition en me donnant l'assurance formelle qu'aucune pression ne serait exercée sur les électeurs, et que la plus entière liberté resterait assurée aux élections.

« Je m'adresse à la loyauté de Votre Excellence pour décider si l'exclusion prononcée en principe par le décret en question contre des catégories entières de candidats est compatible avec la liberté des élections, telle qu'elle a été garantie par la convention du 28 janvier. Je crois pouvoir espérer avec certitude que ce décret, dont l'application me paraîtrait se trouver en contradiction avec les stipulations de la Convention, sera immédiatement révoqué, et que le gouvernement de la Défense nationale apportera les mesures nécessaires pour garantir l'exécution de l'article 2, en ce qui concerne la liberté des élections. Nous ne saurions reconnaître aux personnes élues sous le régime de la circulaire de Bordeaux les privilèges accordés aux députés à l'Assemblée par la convention d'armistice.

« Veuillez agréer, Monsieur le ministre, etc., etc.

« *Signé:* BISMARCK. »

A M. LÉON GAMBETTA. — *Bordeaux.*

Versailles, le 3 février 1871.

« Au nom de la liberté des élections stipulée par la convention d'armistice, je proteste contre les dispositions émises en votre nom pour priver du droit d'être élus à l'Assemblée des catégories nombreuses de citoyens français. Des élections faites sous un régime d'oppression arbitraire ne pourront pas conférer les droits que la convention d'armistice reconnaît aux députés librement élus.

« *Signé :* BISMARCK. »

Le gouvernement de Paris, prévoyant que des complications pourraient survenir à Bordeaux, y avait d'ailleurs envoyé déjà un de ses membres, chargé de ses pouvoirs, M. Jules Simon. A la lecture de ce décret de la délégation,

M. Jules Simon avait d'abord protesté [1], et un moment il avait été question de le faire arrêter, lorsque, le 5 février, MM. Emmanuel Arago, Garnier-Pagès et Pelletan arrivaient à Bordeaux, apportant un décret signé des membres dui gouvernement de la Défense, qui annulait le décret de Bordeaux et maintenait, dans leur intégrité, les décrets datés de Paris, du 29 janvier 1871, et portant l'éligibilité de tous les citoyens non privés de leurs droits civils. A ce décret M. Gambetta répondit par une démission. Ceux-là mêmes qui l'accusent le plus vivement doivent reconnaître qu'il ne céda qu'à une pensée patriotique. Il descendit du pouvoir, pour éviter toute complication nouvelle qui, en pareille circonstance, n'eût point manqué d'ajouter en France la guerre civile à la guerre étrangère.

Bientôt le résultat des élections fut connu et, tandis qu'en province la légitimité et la monarchie obtenaient des élections inespérées, à Paris le radicalisme absolu triomphait, et la liste bizarre et mêlée qui sortait du scrutin dénotait bien l'effarement des esprits.

De tout le gouvernement de la Défense nationale, M. Jules Favre seul était nommé à Paris.

En province, M. Jules Favre était élu dans quatre départements, l'Aisne le Rhône, l'Ain et Seine-et-Oise; M. Jules Simon passait dans la Marne, et M. Pelletan dans les Bouches-du-Rhône; M. Picard dans la Meuse; M. Emmanuel Arago dans les Pyrénées-Orientales; M. Jules Ferry dans les Vosges; M. le général Trochu passait à la fois dans la Loire, le Morbihan, la Vendée, les Côtes-du-Nord, les Bouches-du-Rhône et le Tarn; M. Gambetta était élu dans dix départements, le Bas-Rhin, la Meurthe, la Moselle, le Var, la Côte-d'Or, les Bouches-du-Rhône, Seine-et-Oise, à Oran et à Alger; Garibaldi était nommé à Nice, à Alger, dans la Côte-d'Or et dans la Loire. La Haute-Marne et la Manche envoyaient à l'assemblée le prince de Joinville; la Loire y députait le duc d'Aumale; la Corse seule avait élu des bonapartistes, entre autres l'ex-sénateur, secrétaire de l'empereur, M. Conti.

---

1. « Mutiler le suffrage universel, disait-il, c'est renoncer au principe républicain. Je ne puis ni le dois. » Sa lettre se terminait par un éloquent appel à la concorde, « au nom de la patrie déchirée, au nom de l'honneur. »

Mais le plus grand succès électoral était acquis à l'homme dont le coup d'œil prévoyant avait signalé à l'empire, lors de l'entrée en campagne, les dangers d'une telle aventure. Devenu populaire parce qu'il avait voulu la paix, après avoir été traité d'agent prussien pour ce même fait par les journaux bonapartistes, M. Thiers était élu dans plus de vingt départements. Son nom signifiait clairvoyance et patriotisme. On lui tenait compte de ses avertissements et de ses discours passés. Exempt de responsabilité dans la première comme dans la seconde partie de la guerre que le pays venait de soutenir, il était tout désigné pour accepter la tâche de liquider cette lourde situation, et son nom était alors le seul qui eût une véritable influence sur les chancelleries étrangères et même sur l'ennemi avec lequel il fallait traiter.

L'Assemblée nationale devait se réunir à Bordeaux, devenu, pour un moment, la capitale de la France.

Le 13 février elle siégea pour la première fois et, dès cette séance préparatoire, elle laissa percer l'esprit qui devait l'animer jusqu'à la fin. Tandis que les députés de Paris arrivaient, pleins encore de la fièvre du siège, la majorité se présentait animée contre la grande ville et contre les idées qu'elle représentait, d'un sentiment d'hostilité étroite et de rancune vraiment injuste.

Le président, M. Benoist d'Azy, doyen d'âge, donna lecture d'une lettre de Garibaldi qui déclarait renoncer au mandat de député dont l'avaient honoré plusieurs départements, puis M. Jules Favre monta à la tribune pour déposer les pouvoirs du gouvernement de la Défense nationale entre les mains des représentants du pays. En même temps, chacun des ministres déposa également sa démission. Pendant cette séance, Garibaldi, qui, par mesure de santé (les députés l'ignoraient sans nul doute), reste toujours couvert, avait gardé son chapeau de feutre, et quelques mots avaient été prononcés en sourdine : A bas le chapeau ! lorsque, à la fin de la séance, après s'être entendu traiter de partisan de la guerre parce que la guerre lui rapportait, après s'être vu accuser de ne s'être jamais battu, le général demanda la parole : ce fut alors, sur les bancs de la majorité, un indescriptible désordre, un bruit assourdissant, une sorte de duel d'injures que domina un moment la voix perçante d'un jeune méridional cravaté de blanc et qui, se penchant

sur le rebord de la loge qui servait de tribune aux journalistes, jeta à la droite cette appellation qui fit fortune,
majorité rurale !

Cet interrupteur était un avocat de Marseille, dont le
nom se retrouvera bientôt sous notre plume et qui devait
avoir une tragique destinée. Il s'appelait Gaston Crémieux.

Cependant Garibaldi, calme, grave, descendait l'escalier
du théâtre, et, acclamé par la foule, passait devant les
gardes nationaux dont les tambours battaient aux champs
et qui lui présentaient les armes. Puis il gagna l'hôtel de
Nantes, d'où il ne sortit que pour partir pour Caprera.

Cet accueil injuste de l'Assemblée fit à Paris, où l'incident arriva grossi par la distance, le plus déplorable effet.

Le 14, le 15 et le 16 février, l'Assemblée procédait à la
vérification des représentants élus, réservant l'élection des
princes d'Orléans. Le 17, M. Grévy était nommé président
de la Chambre à une grande majorité, 519 voix sur 538.
M. Jules Grévy, du Jura, était surtout connu et respecté
pour son amour du droit, de la légalité, de la justice. Combattant de 1830, il avait toujours, à travers nos diverses
assemblées politiques, montré cette modération ferme,
intelligente et prévoyante qui fait le véritable homme politique, l'homme du gouvernement. Sa fameuse *proposition*
qui eût mis l'armée, le pouvoir entre les mains de la représentation nationale et non du président de la République,
eût empêché le coup d'État de Louis Bonaparte. On lui
savait gré, depuis longtemps, de cette proposition désormais historique à laquelle les événements de Décembre
avaient durement donné raison. Élu en 1868 député du
Jura, réélu en 1869, hostile à la guerre de 1870, partisan
acharné de la légalité pendant les diverses phases de la
lutte, M. Grévy représentait bien, pour l'Assemblée,
l'homme de la loi et du droit. A ce titre, les suffrages des
représentants allèrent justement à lui.

Dans cette même séance, une proposition signée d'un
certain nombre de députés demandait à la Chambre de
nommer M. Thiers *chef du pouvoir exécutif de la République
française, président du conseil des ministres.* Cette proposition
fut adoptée le lendemain 18, à l'unanimité. L'extrême
gauche s'abstint de voter. Immédiatement après le vote de
l'Assemblée, les ambassadeurs d'Angleterre, d'Italie et
d'Autriche venaient apporter à M. Thiers, au nom de leurs

cours, la reconnaissance du gouvernement que la Fra...
s'était donné. Peu de jours après, pareille reconnaiss...
était faite par la Russie, la Suisse, l'Espagne, le Portug...,
la Belgique et la Turquie.

La République de fait existait de droit.

Le ministère que formait aussitôt M. Thiers était ain...
composé :

Affaires étrangères.	M. Jules Favre ;
Intérieur.	M. Picard ;
Justice.	M. Dufaure;
Guerre.	Le général Le Flô ;
Marine.	Vice-amiral Pothuau ;
Commerce.	M. Lambrecht ;
Travaux publics.	M. de Larcy ;
Instruction publique. . . .	M. Jules Simon.

L'Assemblée chargeait MM. Thiers, Jules Favre et E. P...
card de se rendre à Versailles pour traiter avec M. de Bis...
marck. Les trois négociateurs seraient accompagnés d'un...
commission de quinze membres ainsi composée : MM. B...
noist-d'Azy, Teisserenc de Bort, de Mérode, Deseilligny,
Victor Lefranc, Laurenceau, Lespérut, Saint-Marc Girardin,
Barthélemy Saint-Hilaire, d'Aurelles de Paladines, La Ro...
cière Le Noury, Pouyer-Quertier, Vitet, Batbie et Saisset.
L'Assemblée ne donnait aucun mandat impératif à se...
commissaires. Elle s'en rapportait à la sagesse des négo...
ciateurs et s'ajournait jusqu'à leur retour.

Mais, avant de partir, M. Thiers prononçait, comme chef
du pouvoir exécutif, une allocution où il exposait son programme politique et où l'on applaudissait de patriotiques
sentiments : « Le pays, disait-il, doit être d'autant plus
aimé, d'autant mieux servi qu'il est plus malheureux ; » —
puis, adjurant l'Assemblée de renoncer aux questions irri-
tantes, de songer à pacifier, organiser, relever le travail :
« Consacrons nos forces à la conclusion rapide d'une paix qui
ne sera acceptée que si elle est honorable. » Le fait de l'acceptation de ce programme par l'Assemblée prit le nom de
Pacte de Bordeaux.

Le 19 février, l'Assemblée nommait une commission chargée de l'éclairer sur l'état des forces militaires de la France.
Cette commission partagea les études dont elle avait à s'occuper en trois branches principales : *le personnel, le maté-*

riel, *les services administratifs*, et chacune de ces divisions
fut confiée à une sous-commission. Le rapport, terminé dès
le 26, fut présenté à l'Assemblée par l'amiral Jauréguiberry.
La place nous manque pour reproduire les points principaux de ce document peu connu et dont les chiffres ont une
navrante éloquence. Disons seulement que le héros de Villepion et de Loigny, Jauréguiberry reconnut lui-même qu'il
fallait traiter, qu'il fallait subir le joug, baisser le front, se
courber. Quelle âpre douleur et quelle génération sacrifiée
que celle qui subit de telles destinées! Mais comment, dans
quelles conditions allait-on traiter?

M. de Bismarck avait déjà affirmé, dans une note diplomatique, que la France ne serait pas diminuée parce que
sur 38 millions d'hommes, elle en perdrait 700,000. Il se
montra aussi sévère, aussi raide dans les négociations de
Versailles que dans ses notes diplomatiques. Les exigences
de l'Allemagne étaient extrêmes au début des négociations
et dépassaient toute prévision. M. Thiers fut forcé de disputer pied à pied, et comme par lambeaux, l'Alsace et la
Lorraine que les Allemands revendiquaient tout entières.
Au début, les Prussiens avaient demandé, comme indemnité
de guerre, *dix milliards*. Le chiffre paraîtra exagéré, impossible; il est pourtant exact. Ainsi l'Allemagne prétendait
nous ruiner tout à fait. Depuis, cette population allemande,
pauvre et rapace, a fait un grief à M. de Bismarck de n'avoir
pas exigé les dix milliards.

Au point de vue du territoire, M. de Bismarck demanda,
au début, la Lorraine, avec Metz et Nancy, notre colonie de
Pondichéry, une partie de notre flotte; en outre, un traité
de commerce et l'entrée à Paris sans conditions. M. Thiers,
indigné, répondit que la Prusse voulait donc continuer la
guerre, puisqu'elle demandait à la France des choses que
jamais négociateur français ne consentirait à signer. Cette
première entrevue entre M. Thiers et M. de Bismarck avait
duré quatre heures. La seconde dura neuf heures, et
M. Thiers plaida énergiquement la cause de la France. Pour
éviter l'entrée des Prussiens à Paris, M. de Bismarck demandait la cession définitive de Belfort. M. Thiers n'accepta
pas. Les Prussiens réclamèrent, nous l'avons dit dans le
précédent chapitre, l'occupation de Belfort pour consentir à
prolonger l'armistice de quinze jours.

Lorsqu'il s'agit de discuter l'indemnité, M. Thiers ayant

refusé les dix milliards, M. de Bismarck demanda sept milliards cinq cents millions, se basant, pour soutenir sa réclamation, sur le revenu de la France et produisant des chiffres auxquels M. Thiers opposa vigoureusement les siens. La discussion un moment s'envenima. M. de Bismarck fit alors appeler deux banquiers allemands qui se trouvaient là tout prêts et qui essayèrent de prouver que le chancelier prussien avait raison. M. Thiers essaya de leur démontrer leur erreur ou plutôt leur mauvaise foi et, à bout d'arguments, écœuré et irrité, il déclara que, pour lui, les négociations étaient rompues.

M. de Bismarck le rappela alors et l'indemnité fut abaissée de sept milliards cinq cents millions à cinq milliards. Enfin, les demandes de colonies et d'une partie de la flotte furent tout aussi radicalement repoussées que la question de Nancy et de la Meurthe.

A la fin, les préliminaires de paix furent signés sur les bases de la cession de l'Alsace, moins Belfort, d'une grande partie de la Lorraine, y compris Metz, et le payement de cinq milliards d'indemnité. Un milliard au moins payé en 1871, le reste de la dette acquitté dans l'espace de trois ans. Après la ratification de ces préliminaires, les troupes allemandes devaient quitter l'intérieur, les forts de la rive gauche de la Seine, puis l'Orne, le Calvados, la Sarthe, l'Eure-et-Loir, le Loiret, le Loir-et-Cher, l'Indre-et-Loire et l'Yonne, plus tous les départements du N.-O. jusqu'à la rive gauche de la Seine. Après le premier versement d'un demi-milliard, la Somme, l'Oise, les parties des départements de la Seine-Inférieure, Seine-et-Oise, Seine-et-Marne situées sur la rive droite de la Seine, ainsi que les forts de la rive droite seraient évacués.

« Après le payement de deux milliards, ajoutait le traité, l'occupation allemande ne comprendra plus que les départements de la Marne, des Ardennes, de la Haute-Marne, de la Meuse, des Vosges, de la Meurthe, ainsi que la forteresse de Belfort avec son territoire *qui serviront de gage pour les trois milliards restants.* »

▸ Une clause du traité voulait que les troupes françaises se retirassent derrière la Loire et qu'elles ne pussent dépasser le fleuve avant la signature du traité de paix définitif.

On remarquera cette clause qui fut bientôt annulée de fait, lors des événements de la Commune.

LE GÉNÉRAL FAIDHERBE

La plus humiliante condition était l'entrée des Prussiens à Paris. Cette ville, condamnée à tant de souffrances, allait connaître un dernier affront.

Paris, depuis quelques jours, depuis le 24 février surtout, était en proie à une indescriptible émotion. La garde nationale, inquiétée par les bruits du désarmement, était agitée et manifestait tout haut ses craintes, son mécontentement. Le Comité central, composé des comités de vigilance des vingt arrondissements de Paris, apparaissait déjà et semblait vouloir diriger la population. Le 8 février, une affiche était apposée contenant un réquisitoire contre le gouvernement de la Défense, et concluant à la mise en accusation de ce gouvernement par la prochaine Assemblée; « laquelle devra demander la guerre et donner sa démission plutôt que de traiter des conditions de paix. » L'affiche était signée : *Pour le comité, le président :* Raoul Rigault; *les assesseurs :* Lavalette et Tanguy; *le secrétaire :* Henri Varlet. Mais ce n'était, après tout, qu'une affiche électorale contenant un programme et les noms des candidats. Il fut décidé plus tard, dans les réunions publiques, que de grandes manifestations auraient lieu, le 24 février, sur la place de la Bastille. A deux heures, trois mille personnes, des députations nombreuses portant des couronnes se pressaient autour de la colonne de Juillet. Les 206e, 65e et 137e bataillons de la garde nationale étaient arrivés des premiers. Avec la foule, des soldats et des gardes mobiles prenaient part à la manifestation. Les couronnes s'amoncelaient autour de la colonne. A chaque couronne apportée, les clairons, installés au faîte du monument, sonnaient aux champs et la foule poussait de grands cris : « Vive la République ! » Le 25, à midi, un marin montait sur le faîte et couronnait le génie de la Liberté; puis, peu à peu, sur la colonne de Juillet, cette colonne qui rappelle à tous le retour du drapeau tricolore, on arborait le drapeau rouge.

Pendant ce temps, sur le conseil de M. Chalain (de l'Internationale), des gardes nationaux du quinzième arrondissement rédigeaient un appel adressé aux divers bataillons parisiens, les invitant à nommer des délégués qui prendraient part à une réunion où l'on devait discuter un projet d'association de tous les bataillons, association pour laquelle ils avaient adopté la forme fédérative. Cette réunion, qui était la deuxième (une première réunion avait été convoquée le 15 février) eut lieu au Waux-Hall, le 24 février. Là fut adoptée à la grande majorité la résolution que voici :

« La garde nationale proteste, par l'organe de son Comité central, contre toute tentative de désarmement et déclare qu'elle y résistera au besoin par les armes. »

Puis on avait décidé qu'on résisterait à l'entrée des Prussiens à Paris.

La ville, qui se ravitaillait péniblement et recevait les secours en vivres que lui avait fraternellement adressés la cité de Londres, prévoyait avec effroi et surtout avec horreur l'entrée possible des Prussiens dans Paris. C'était moins la lutte sanglante qu'elle redoutait que la présence même de l'étranger.

Les Prussiens eux-mêmes pendant l'armistice continuaient, autour de Paris, leurs déprédations, et, dans toute la partie de la France qu'ils occupaient, leurs réquisitions. Ils accablaient la ville de Saint-Denis, qu'ils appelaient le petit Paris, de demandes d'argent. Ils faisaient pis. Ils brûlaient Saint-Cloud, méthodiquement, savamment, laissant, comme une suprême et haineuse injure, leurs excréments sur les débris inondés de pétrole. Ils ont eu beau nier, depuis, cette dévastation organisée et officielle, insérer dans leur Moniteur officiel de Seine-et-Oise la liste des objets d'art sauvés par leurs soldats ; le brasier éteint de Saint-Cloud les accuse, cette ruine barbare et préméditée les maudit. Sur quelques rares maisons restées debout dans la ville incendiée, on a relevé des inscriptions tracées en allemand, comme celle-ci : Cette maison sera respectée jusqu'à nouvel ordre, 28 janvier. Jacobi, major général. Cette simple phrase accuse et condamne à jamais l'autorité prussienne coupable d'un aussi cruel et d'un aussi inutile forfait.

Lorsque le bruit se répandit de l'entrée prochaine des Prussiens, l'émotion de Paris fut à son comble.

Le 26 février, la foule enleva, le soir, les pièces de canon du parc d'artillerie de la place Wagram, rapprochée de l'endroit par où les Prussiens devaient entrer ; les gardes nationaux voulaient, disaient-ils, porter ces canons place Royale, hors de la vue de l'ennemi. On tirait les pièces à bras, on battait le rappel, on prenait les armes. Une fièvre intense faisait palpiter toutes les artères de la cité. Le soir, la réunion publique de la Marseillaise avait résolu d'opposer

la force à l'entrée des Prussiens, et elle attendait les ordres
du Comité central, qui siégeait place de la Corderie-du-
Temple.

Dans la nuit du dimanche 26 au lundi 27, sur la nouvelle
de l'entrée des Prussiens, près de 50,000 gardes nationaux
se rendaient dans les Champs-Élysées, prêts à défendre
l'avenue contre l'ennemi. Un coup de feu, un seul, eût
amené une boucherie. C'était une fausse alerte. L'ennemi
n'entra pas. Ce ne fut, en effet, que le 26 que fut signée
entre M. de Bismarck et MM. Thiers et Jules Favre la prolongation de l'armistice qui portait pour condition : *La
partie de la ville de Paris, à l'intérieur de l'enceinte comprise
entre la Seine, la rue du Faubourg-Saint-Honoré et l'avenue
des Ternes, sera occupée par les troupes allemandes, dont le
nombre ne dépassera pas 30,000 hommes.* Le lendemain, le
gouvernement expliquait à la population de Paris cette
nécessité.

Ainsi, les Allemands allaient venir ! L'attitude de la ville
fut, dès cette heure, belle et résignée. La grande Babylone,
comme disent les Allemands, ressembla à une martyre.

Les journaux de toutes nuances signèrent, d'un même
accord, la résolution suivante :

« Au moment où l'entrée des Prussiens dans Paris est officiellement annoncée, les directeurs des journaux soussignés,
confondus dans un même sentiment de patriotisme, croient
devoir insister de nouveau auprès de la population parisienne pour qu'elle conserve, en face de la situation cruelle
qui lui est faite, le calme et la dignité que les circonstances
commandent impérieusement.

« Ils ont résolu, pour leur part, de suspendre la publication des feuilles qu'ils dirigent pendant l'occupation
prussienne. »

La plume se taisait devant le sabre ennemi.

L'heure pénible, effrayante, approchait. Le mardi 28,
dans l'après-midi, une affiche non signée, émanant de l'initiative privée, adjurait tous les citoyens d'avoir le plus
grand calme. Le *Comité central de la garde nationale*, après
avoir excité le peuple à prendre les armes pour s'opposer à
l'entrée de l'ennemi, déclarait dans une proclamation se
ranger à l'avis de la majorité de la population et renoncer
à toute tentative de résistance.

Cependant la place de la Pépinière vit se produire une

manifestation significative. Nous laissons ici la parole à
l'amiral La Roncière le Noury qui l'a décrite dans son inté-
ressant ouvrage, *la Marine au siège de Paris* :

« Lors de la manifestation populaire du 28 février, des
groupes, grossissant vers le soir, s'accumulèrent devant
l'École militaire et surtout devant la caserne de la Pépinière,
conviant les marins à prendre part à un banquet préparé
à la Bastille. A l'École militaire, les tentatives de la foule
sont infructueuses. A la Pépinière, les grilles de la caserne
sont brisées par les émeutiers, auxquels nos marins, réunis
à leurs postes, leurs officiers en tête et dépourvus d'armes,
ne peuvent opposer aucune résistance sérieuse. La foule
se précipite dans l'intérieur de la caserne et se jette au
milieu de leurs rangs. Malgré les exhortations de leur
commandant, quelques marins sont entraînés. Mais ceux-ci
même ne tardent pas à comprendre le rôle qu'on veut
leur faire jouer, et, à l'appel du soir, il n'y a que huit
absents sur 1,800 hommes. »

Dans la soirée, les groupes étaient moins nombreux dans
les rues. Une angoisse poignante étreignait tous les esprits,
tant on redoutait les effroyables malheurs que pouvait faire
naître l'effervescence des exaltés. La nuit cependant fut
calme.

Le lendemain matin, le temps était froid et sec. Peu de
monde dehors. Les édifices publics, la Bourse même, étaient
fermés. Toutes les boutiques (excepté celles de provisions
de bouche, ouvertes le matin), tous les cafés et restaurants
avaient clos leurs portes. Une affiche jaune, adressée *aux
Parisiens*, recommandait le calme.

Tous les bataillons de la garde nationale se tenaient
sous les armes dans leurs quartiers respectifs, leurs guidons
portant un nœud de crêpe à la hampe. Les drapeaux noirs
flottaient aux mairies et à beaucoup de fenêtres ; les
drapeaux tricolores étaient voilés de crêpe. Çà et là des
inscriptions : *Fermé pour cause de deuil national* ou *Fermé
pour cause de deuil public*.

Sur le boulevard, à la hauteur du nouvel Opéra et de la
rue de la Paix, ainsi qu'à toutes les voies donnant accès sur
la place de la Concorde et aux Champs-Élysées, un cordon
de gardes nationaux empêchait de passer toute personne
revêtue d'un uniforme ou même d'une partie d'uniforme,
képi ou pantalon à bande rouge. On s'arrachait le *Journal*

officiel, le *Cri du peuple* de la veille et la *Patrie en deuil,* de Gromier.

Les éclaireurs du corps d'occupation, commandés par le général de Kamecke, débouchèrent sur le rond-point de l'Étoile à huit heures trente-cinq minutes, et cela, après avoir pris les plus minutieuses précautions contre une attaque possible. De neuf à dix heures de fortes avant-gardes prirent possession des Champs-Élysées, mais l'entrée du gros des troupes ne se fit que vers trois heures, après la revue que passa le roi à Lonchamps. Dans l'après-midi, le soleil se montra. La physionomie de Paris apparut, hélas! sensiblement différente de celle du matin. La population, emportée par une curiosité malsaine, et sachant que l'entrée de l'ennemi n'avait occasionné aucun désordre, se décida à sortir.

La rue Royale était barrée au milieu par des caissons d'artillerie et la plupart des curieux s'arrêtaient là. Quelques-uns, en très petit nombre, traversaient nos lignes et s'aventuraient sur la place de la Concorde et dans les Champs-Élysées. Dans la rue et le faubourg Saint-Honoré, de fortes patrouilles de chasseurs d'Afrique et de gendarmes à cheval allaient et venaient. Le jardin des Tuileries était désert, et de plus, grâce à la fermeture des grilles et à de grandes draperies tendues aux portes, la place du Carrousel était complétement isolée de la ville. Les vainqueurs, parqués dans leur zone, regardaient, étonnés, la grande ville indomptée dont les monuments superbes se profilaient à l'horizon. Ceux qui se montraient aux fenêtres étaient hués. Tous les gamins de Paris étaient accourus aux Champs-Élysées et poursuivaient de leurs lazzis les lourds soldats prussiens. On fouetta des femmes accusées d'avoir souri à l'ennemi. De malheureuses honnêtes femmes qui avaient le tort d'habiter les quartiers occupés, ou peut-être d'être curieuses, subirent le même sort que les rôdeuses. La férocité de la population commençait à se faire jour.

On remarqua beaucoup que les officiers allemands avaient tous des costumes neufs, et que tous tenaient à la main un plan de Paris. Leurs soldats, affreusement sales, faisaient la cuisine en plein vent, pendant que les bruyantes fanfares de leur musique militaire étaient accueillies par les huées et les sifflets des spectateurs.

Les statues de pierre de la place de la Concorde, voilées

de noir par des mains inconnues, ne virent pas la souillure
de Paris. L'arc de triomphe de l'Étoile avait été barricadé
et obstrué de telle façon que les Allemands n'y purent défiler. Le monument triomphal resta vierge de cette souillure.

Le soir, Paris prit l'aspect prodigieux, étrange d'une ville
endormie. De lumières nulle part, de rares passants, ni
omnibus ni voitures. Le pas d'une patrouille qui retentissait, sonore et rythmé, dans le lointain, et le « Qui vive? »
des sentinelles venaient seuls rompre le morne silence qui
planait sur la capitale. La longue ligne des boulevards,
noire et sombre, portait le deuil de la cité. Paris fut superbe dans sa souffrance.

Il demeura occupé jusqu'à l'acceptation des préliminaires de paix par la Chambre. Alors la nasarde du gamin
de Paris accompagna le vainqueur qui sortait, furieux d'avoir
si piteusement triomphé.

Dans la journée du 2, une clause verbale de la convention
qui stipulait le droit pour les Allemands de visiter, par
détachements et sans armes, le Louvre et les Invalides,
faillit faire éclater le conflit tant redouté entre la population et les soldats ennemis. La présence d'officiers prussiens
sur la colonnade du Louvre et aux fenêtres du musée produisit une émotion indescriptible. Quelques soldats ayant
pénétré à cheval et en armes dans la cour du Carrousel, le
général Vinoy saisit avec empressement ce prétexte pour
prévenir le général de Kamecke que, les termes de la convention étant violés, il s'opposait à ce que la visite du Louvre
continuât, et il l'informait en même temps qu'il ne répondait pas de la tranquillité de la ville si le droit de visite
aux Invalides était maintenu. Sur ces représentations, le
général prussien y renonça. La visite du Louvre, commencée vers midi, n'avait duré que deux heures et demie.

La paix devait être votée le 1er mars 1871. La veille, au
début de la séance, M. Thiers avait rendu compte brièvement du résultat de sa mission et demandé à la Chambre
l'urgence : « Les ratifications, dit-il, seront le signal du
retour de nos prisonniers et de l'évacuation d'une grande
partie de notre territoire, Paris compris. » Puis M. Barthélemy Saint-Hilaire avait lu les conditions de la paix et
on avait laissé aux députés une carte où se trouvait bien
exactement délimité ce qu'on arrachait, ce que la conquête
dérobait à la France.

Le lendemain, il fallut voter sur le projet de loi que voici :

PROJET DE LOI.

« Le chef du pouvoir exécutif de la République française propose à l'Assemblée nationale le projet de loi dont la teneur suit :

« L'Assemblée nationale, subissant les conséquences de faits dont elle n'est pas l'auteur, ratifie les préliminaires de paix dont le texte est ci-annexé et qui ont été signés à Versailles, le 26 février 1871, par le chef du pouvoir exécutif et le ministre des affaires étrangères de la République française, d'une part ;

« Et, d'autre part, par le chancelier de l'Empire germanique, M. le comte Otto de Bismarck-Schœnhausen, le ministre d'État et des affaires étrangères de S. M. le roi de Bavière, le ministre des affaires étrangères de S. M. le roi de Wurtemberg, et le ministre d'État représentant S. A. R. le grand-duc de Bade ;

« Et autorise le chef du pouvoir exécutif et le ministre des affaires étrangères à échanger les ratifications. »

C'était le 1er mars 1871 ! Date sinistre et navrante qui restera dans notre souvenir comme un des jours néfastes de l'histoire de cette noble France, condamnée par la destinée à la douleur et à la honte.

C'est le 1er mars 1872 qu'une Assemblée française a voté, le couteau prussien sur la gorge, l'amputation, la séparation de l'*Alsace* et d'une partie de la *Lorraine*, le démembrement de la patrie, la fin de cette unité française que nos pères de 92 avaient cimentée de leur sang. Vous êtes morts, héros d'il y a cinquante ans ; vous êtes tombés, mais dignes et fiers, sur les champs de bataille ou sur l'échafaud, pour que vos fils, après avoir subi vingt ans de despotisme, s'inclinent devant six mois d'invasion triomphante, et pour que la Prusse que vous battiez, la Prusse maintenant victorieuse, impose à la patrie que vous aimiez jusqu'à la rage, la honte et la plaie du plus affreux traité de notre histoire.

Au début de la séance, M. Victor Lefranc, rapporteur de la commission des Quinze, expose les cruelles nécessités de la situation qui nous met dans l'obligation d'apposer la signature de la France au bas de ce traité douloureux. Il

conclut, en exprimant sa confiance dans l'avenir et demandant l'adoption du projet de loi. M. Edgar Quinet rejette
les conditions de la Prusse, et déclare que l'Assemblée doit
repousser le traité de paix, parce qu'il détruit à la fois le
présent et l'avenir de la France. Après lui, M. Victor Hugo
prend la parole. « L'empire, dit-il, a commis un double
parricide : le premier en 1851 et le deuxième en 1871. » Il
montre Paris saigné aux quatre membres, fier comme Rome,
stoïque comme Sparte, et chargeant ses représentants de
voter contre le démembrement de la patrie. Puis, évoquant
l'avenir, il montre l'heure où la France ressaisira la Lorraine
et l'Alsace. « Est-ce tout ? s'écrie-t-il emporté par les ressou-
venirs de son livre *le Rhin*, est-ce tout ? Non, elle ressaisira
Trèves, Mayence, Coblentz, Cologne, toute la rive gauche du
Rhin. » (Murmures.) Elle criera : « C'est mon tour ! Allemagne, me voilà. Sommes-nous ennemis ? Non ! Je suis ta
sœur. Les peuples ne feront plus qu'un seul peuple, une
seule république unie par la fraternité.

« Soyons les États-Unis d'Europe, la liberté et la paix
universelle. Et que la France dise à l'Allemagne : Nous
sommes amies. Je n'oublierai pas que tu m'as débarrassée
de mon empereur, moi je viens te débarrasser du tien. »
(Mouvement.)

C'était le discours d'un poète. M. Louis Blanc allait prononcer ensuite un discours d'homme d'État.

« Il est impossible, dit-il, que sur certains points nous ne
soyons pas tous, comme Français, complètement d'accord.

« Qui de nous pourrait ne pas désirer passionnément la
fin des maux qui déchirent notre pays, et qui de nous pourrait se plaindre de les voir finir par une paix durable, c'est-
à-dire juste, attendu qu'il n'y a ici-bas de vraiment durable
que la justice ! (Marques d'approbation.) La paix, telle que
je viens de la définir, est-elle celle qu'on nous propose ? »

Et l'orateur repoussait la paix.

Bien d'autres discours encore éloquents et passionnants
allaient être entendus ; Millière, de sa voix claire et mordante, en appelait à l'avenir, disant : « Je proteste contre
le prétendu traité qu'on nous impose et je revendique pour
la France le droit de le déchirer aussitôt qu'elle le pourra ! »
M. Georges, député des Vosges, offrait encore le sang de
tous ses compatriotes à la patrie ; le général Changarnier
s'écriait : « On ne tue pas une nation. Napoléon Ier a voulu

détruire la Prusse. Aujourd'hui, nous payons les crimes de Napoléon Ier. » M. Keller tout à coup demanda la parole au nom de l'Alsace.

« Celui qui devait parler à ma place, dit-il au milieu d'une inexprimable émotion, le maire de Strasbourg, le doyen de notre députation, à l'heure où je parle, se meurt de douleur et de chagrin ; son agonie est le plus éloquent des discours. (Mouvement.) Notre honneur à nous reste entier ; pour rester Français, nous avons fait tous les sacrifices, et nous sommes prêts à les faire encore : nous voulons être Français, et nous resterons Français, il n'y a pas de puissance au monde, il n'y a pas de signature, ni de l'Assemblée ni de la Prusse, qui puisse nous empêcher de rester Français. »

Puis, après avoir comparé l'Alsace à un navire dont on céderait non seulement le bois, le fer, mais l'équipage, la chair et l'âme des matelots :

« Je n'ai pas, à l'heure qu'il est, s'écrie-t-il, la prétention de changer les dispositions trop arrêtées dans un grand nombre d'esprits ; seulement j'ai tenu, avant de quitter cette enceinte, à protester, comme Alsacien et comme Français, contre un traité qui, à mes yeux, est une injustice, un mensonge et un déshonneur, et si l'Assemblée devait le ratifier, d'avance j'en appelle à Dieu, vengeur des justes causes, j'en appelle à la postérité qui nous jugera les uns et les autres, j'en appelle à tous les peuples qui ne peuvent pas indéfiniment se laisser vendre comme un vil bétail ; j'en appelle enfin même à l'épée de tous les gens de cœur qui, le plus tôt possible, déchireront ce détestable traité. »

Après avoir, aux applaudissements de la gauche, jeté ces derniers mots avec vigueur, M. Keller descendait de la tribune lorsque M. Thiers, passant devant lui pour y monter, lui dit : « Donnez-nous les moyens ; » — puis, M. Keller ne répondant point : « Alors, il ne faut pas nous donner des paroles ! »

A la tribune, le chef du pouvoir exécutif de la République résume alors, avec une émotion qui parfois va jusqu'aux larmes, la situation douloureuse où la France est placée. Sa parole simple et nette, cette éloquence sans phrases, bourgeoise et pratique, s'impose par l'évidence des faits et des chiffres. Il montre l'organisation militaire de la France brisée, les soldats pleins de bravoure, mais, depuis Sedan et Metz, absolument privés de cadres d'officiers ; sur 120 régi-

ments que possédait la France au début de la guerre,
110 entre les mains de l'ennemi.

Au programme de M. Louis Blanc : la *guerre au couteau*, à
l'espagnole, il oppose la question de savoir comment un
pays désorganisé peut lutter contre des armées régulières.
« Ce n'est pas, ajoute-t-il, la faiblesse de la France que je
viens plaider devant vous. Je mourrais plutôt que de la plaider.
Je veux conserver l'espérance... Ce n'est pas la France qui
est brisée, qui est impuissante, c'est son organisation qui,
par suite d'une imprudence sans égale, a été détruite dès
le début de la guerre. »

Enfin, parlant de ses déboires en présence du vainqueur,
essayant de ramener le pays au culte simple de la clarté, il
conjure l'Assemblée de renoncer aux mots, d'étudier les
faits, d'apprendre : « J'ai fait valoir, dit-il mélancolique-
ment, les considérations de l'avenir, les haines implacables
qu'on allait soulever dans le cœur d'une grande nation.
Mais, Messieurs, je sais le dire, la victoire n'est pas toujours
plus sensée que la défaite. »

Douloureuse séance! L'Alsace et la Lorraine, par la voix
de leurs représentants, s'écriaient : « Un même pacte nous
unit! La France monarchique nous avait acquis! Mais nous
nous sommes librement donnés à la France de 89 et de 90;
donnés à vous, et nous ne nous reprenons pas! Gardez-
nous! Défendez-nous! Nous avons du sang à verser pour
vous! Faut-il nous ouvrir les veines? Allons, un signe, un
mot, frères, frères de France, les Alsaciens, les Lorrains,
les paysans des Vosges sont prêts! »

Tour à tour, cependant, on supplia et menaça; la majorité de l'Assemblée nationale vota l'abandon de l'Alsace et
de la plus grande partie de la Lorraine : 546 voix contre
107 répondirent : « Vous n'êtes plus des nôtres, la fatalité
nous sépare. Nous nous courbons sous le talon prussien.
Tout est dit, tout est fini. Adieu! »

Ah! que la patrie payait cher les années de hontes, d'affaiss-
sement et de courtisanerie qu'elle a traversées, qu'elle
payait cher ces vingt ans de césarisme et d'empire! Elle a eu,
du moins, le courage de jeter hors la loi, comme on le jetterait à la voirie, le gouvernement qui lui a trop longtemps
pesé sur la poitrine. Elle a voté d'acclamation, d'un cri sorti
du cœur même de la patrie, la déchéance de l'empereur et
de la dynastie impériale, et elle l'a votée, comme par un

instinctif et irrésistible mouvement de justice, deux heures
avant de voter la perte passagère de la Lorraine et de
l'Alsace. Elle a voulu, eût-on dit, flétrir le criminel avant
d'expier le crime. Elle a marqué au front le coupable avant
d'accepter la responsabilité de la faute. C'est M. Conti qui l'a
voulu.

M. Bamberger, député de la Moselle, venait de s'écrier
qu'un seul homme était capable de signer un tel traité, c'est
Napoléon III, dont le nom sera éternellement cloué au pilori
de l'histoire. Les bravos unanimes de l'Assemblée lui répondaient, lorsque M. Conti s'élance à la tribune. Il veut parler,
on l'interrompt: un épouvantable bruit s'élève.

« Dans un débat si douloureux, si poignant, dit-il, je ne
m'attendais pas à ce qu'il y eût place à des diversions passionnées, à des allusions blessantes pour un passé auquel
se rattachent un certain nombre d'entre vous qui, comme
moi, ont prêté serment à l'empire. »

Jamais peintre, jamais habile metteur en scène ne rêva
un pareil tableau. Toute l'Assemblée, debout, soulevée par
un mouvement irrésistible de la conscience révoltée ; sept
cents représentants vociférant, agitant leurs chapeaux,
fiévreux, indignés, résolus, et criant : *Déchéance!* A la tribune, impassible et livide, le lorgnon sur le nez, maigre, à
la fois sinistre et comique comme un tortionnaire de *Conseil
des Dix* d'opérette, M. Conti, bravant la juste colère de l'Assemblée, et demeurant glacé et immobile devant cet orage;
les cris se croisant, se heurtant, les invectives passant par-
dessus la tête du secrétaire intime pour aller atteindre le
maître : *Hors la loi le Deux Décembre! Plus de lâche! plus de
traître!*

La fureur augmentant, les vociférations devenant farouches, les poings crispés, les yeux injectés : *A bas les Bonaparte!* Et tout à coup, dans ce tumulte, dans cette foule
et cette tempête, un front se dressant, comme par hasard,
à la tribune, à côté de la maigre face de M. Conti, un visage
apparaissant, rouge, sanguin, la barbe et les cheveux
blancs, le visage de Victor Hugo, l'auteur de *Napoléon le
Petit*, à côté du secrétaire de l'homme de Sedan et du Deux
Décembre, et comme si le même cri partait de toutes les
poitrines, on entendait sortir, jaillir des lèvres ce mot:
Châtiments! Voilà le Châtiment!

Alors M. Bethmont propose de clore l'incident en votant

formellement la déchéance de Napoléon III. La séance
interrompue est reprise et M. Target donne lecture de la
proposition suivante :

« L'Assemblée nationale clôt l'incident et, dans les circonstances douloureuses que traverse la patrie, et en face de
protestations et de réserves inattendues, confirme la déchéance de Napoléon III et de sa dynastie, déjà prononcée
par le suffrage universel, et le déclare responsable de
la ruine et du démembrement de la France. »

Les acclamations alors sont unanimes. M. Gavini, député
de la Corse, essaye de prononcer quelques mots, mais les
protestations redoublent et M. Thiers monte à la tribune. Il
demande qu'on proteste contre le passé qui se redresse, et la
proposition Target est mise aux voix. Tous les députés se
lèvent, d'un élan spontané. On applaudit partout. A la
contre-épreuve, quatre ou cinq députés se lèvent seuls et
l'Assemblée applaudit encore.

A la fin de cette poignante séance, M. Grosjean, député
de l'Alsace, monte à la tribune, et, d'un ton très simple
et très digne :

« Messieurs, dit-il, je suis chargé par tous mes collègues
des départements de la Moselle, du Bas-Rhin et du Haut-
Rhin, présents à Bordeaux, de déposer sur le bureau, après
en avoir donné lecture, la déclaration suivante :

Les représentants de l'Alsace et de la Lorraine ont
déposé, avant toute négociation de paix, sur le bureau de
l'Assemblée nationale, une déclaration affirmant de la manière la plus formelle, au nom de ces provinces, leur volonté
et leur droit de rester fr ançaises.

« Livrés, au mépris de toute justice et par un odieux abus
de la force, à la domination de l'étranger, nous avons un
dernier devoir à remplir.

« Nous déclarons encore une fois nul et non avenu
un pacte qui dispose de nous sans notre consentement.
« Très bien ! très bien !)

« La revendication de nos droits reste à jamais ouverte à
tous et à chacun dans la forme et dans la mesure que notre
conscience nous dictera.

« Au moment de quitter cette enceinte, où notre dignité
ne nous permet plus de siéger, et malgré l'amertume
de notre douleur, la pensée suprême que nous trouvons au
fond de nos cœurs est une pensée de reconnaissance pour

ceux qui, pendant six mois, n'ont pas cessé de nous défendre, et d'inaltérable attachement à la patrie dont nous
sommes violemment arrachés. (Marques d'émotion et applaudissements.)

« Nous vous suivrons de nos vœux et nous attendrons,
avec une confiance entière dans l'avenir, que la France
régénérée reprenne le cours de sa grande destinée.

« Vos frères d'Alsace et de Lorraine, séparés en ce
moment de la famille commune, conserveront à la France,
absente de leurs foyers, une affection filiale, jusqu'au jour
où elle viendra y reprendre sa place. (Nouveaux applaudissements.) ·

« Bordeaux, le 1ᵉʳ mars 1871.

> « *Signé :* L. CHAUFFOUR, E. TEUTSCH, PR. ANDRÉ,
> OSTERMANN, SCHNÉEGANS, E. KELLER, RABLÉ,
> MELSHEIM, BŒLL, TITOT, ALBRECHT, ALFRED
> KŒCHLIN, V. REMY, A. SCHEURER-KESTNER,
> ALP. SAGLIO, HUMBERT, KUSS, RENCKER, DES-
> CHANGE, BŒRSCH, A. TACHARD, TH. NOBLOT,
> DORNÉS, ED. BAMBERGER, BARDON, LÉON GAM-
> BETTA, FRÉDÉRIC HARTMANN, JULES GROS-
> JEAN. »

Cette lettre lue, les députés de l'Alsace et de la Lorraine
quittèrent cette Assemblée française où leur place est marquée encore et sera réoccupée un jour.

TROISIÈME PARTIE

LA PRÉSIDENCE DE M. THIERS — LIBÉRATION DU TERRITOIRE

CHAPITRE PREMIER

Les manifestations de la place de la Bastille. — *Le Comité central.* — *Le Comité général républicain.* — La Fédération répu blicaine de la garde nationale. — Proclamation du *Comité central.* — Nomination du général d'Aurelles de Paladines au commandement en chef de la garde nationale de Paris. — L'Assemblée veut *décapitaliser* Paris. — La loi sur les échéances et l'absence d'une loi sur les loyers augmentent le mécontentement de la population parisienne. — Le gouvernement des buttes Montmartre. — Suppression de six journaux radicaux. — Condamnation à mort par contumace de Flourens et de Blanqui (Affaire du 31 octobre). — Le 18 mars. La foule a soif de sang. — Assassinat des généraux Clément Thomas et Lecomte. — Le gouvernement et l'armée évacuent Paris dans la soirée. — Le Comité central reste maître de la situation.

La paix était signée. La France, réduite à traiter, s'avouait vaincue. La patrie humiliée se demandait si elle pourrait jamais effacer la souillure faite à son honneur, et tandis qu'elle baissait le front devant sa honte, les nations étonnées de la résistance opposée par un peuple sans organisation à une armée formidable, les nations, frappées d'un sentiment d'admiration réelle et de sympathie, se tournaient vers nous, trop tard, il est vrai, pour nous sauver, mais assez tôt pour nous consoler. En Europe, des sociétés se fondaient pour fournir aux cultivateurs de France les grains qui leur manquaient pour ensemencer la terre. Les Anglais souscrivaient pour offrir à nos pauvres quelques soulagements.

Au lendemain de tous les maux subis, la patrie, effarée, accablée, mettait la main sur ses blessures saignantes encore et semblait s'efforcer de retenir le peu de vie qui restait dans son sein. Paris, au contraire, était fiévreux, irrité, désespérément humilié de la reddition, et il semblait se consoler depuis le 24 février par des manifestations autour de la colonne de la place de la Bastille.

L'organisation fédérative de la garde nationale, après s'être montrée au moment de l'entrée des Prussiens, semblait maintenant désagrégée. Le but apparent de la fédération n'existait plus, puisque les Prussiens s'étaient éloignés. Le Comité central ne donnait plus signe d'une existence permanente. Ce fut alors qu'à l'instigation de ceux des membres de l'*Association internationale des travailleurs* qui faisaient partie du Comité central de la garde nationale, une nouvelle assemblée générale des délégués des compagnies fut convoquée pour le 3 mars.

A partir de ce moment, les membres des comités d'arrondissement se mirent constamment en rapport avec le Comité central, et l'organisation était achevée, lorsque les délégués apprirent qu'une autre organisation parallèle avait pris naissance dans la garde nationale sous ce titre: *Comité fédéral républicain*. Ce groupe, composé dans le principe des chefs de bataillon disposés à s'occuper de la question de la solde de leurs hommes, avait fini par s'occuper aussi de politique.

Un de ces aventuriers étranges, sortis on ne sait d'où, Raoul du Bisson, dit comte du Bisson, ancien légitimiste, ancien aide de camp du maréchal Bourmont, cousin du docteur Conneau, protégé par la cour impériale, signant des livres ennuyeux de ce titre imprévu : Du Bisson, *félix*;

LE GÉNÉRAL MANTEUFFEL

d'*Abyssinie*, bonapartiste au moins de relations, et qui devait bientôt porter le titre de général et caracoler, la poitrine bardée de cordons multicolores, avait été élu président de ce *Comité fédéral républicain*, qui tint sa première séance chez Lemardelay. Dans cette séance, trois délégués du Comité central, les citoyens Arnold, Bergeret et Vinol, chargés par leur comité de s'entendre avec le Comité fédéral, n'eurent point de peine à faire comprendre l'inconvénient, pour la garde nationale, d'une double direction. Une commission dite de *fusion* fut alors nommée avec M. Raoul du Bisson pour président, et la fusion eut lieu, en effet, quelques jours après.

Le 3 mars, la Fédération républicaine de la garde nationale publiait ses statuts, élaborés par le Comité central. Elle revendiquait pour la garde nationale le droit absolu de nommer *tous ses chefs et de les révoquer*. Elle entendait procéder immédiatement à toutes les réélections, et le citoyen Boursier engageait alors les délégués à mettre à l'étude la question que voici : *Dans le cas où le siège du gouvernement viendrait à être transporté ailleurs qu'à Paris, la ville de Paris devrait se constituer immédiatement en République indépendante.* La forme républicaine était placée par le Comité « au-dessus du suffrage universel, qui est son œuvre. »

On ne peut guère comprendre la portée de la proposition de Boursier qu'en se reportant à la date à laquelle elle était faite. Paris, sortant, à son honneur, de la dure et longue épreuve du siège, s'attendait, il faut le rappeler, à un tout autre accueil qu'à celui qui lui était alors réservé par la province. Navré dans son patriotisme (je parle de la grande majorité saine et excellente de la population), Paris se voyait encore calomnié dans ses actes, inquiété dans ses droits. Les représentants de la province prétendaient, disait-on, lui enlever son titre de capitale, comme si Paris, capitulant devant les Prussiens, avait aussi capitulé devant la France. L'Assemblée de Bordeaux, souverainement injuste, semblait s'attacher à surexciter l'amour-propre bien naturel de la grande ville. Les soupçons, les défiances, les récriminations de la province rendaient plus vive encore et plus acerbe l'exaspération de Paris, de ce Paris énervé par le siège, malade, ayant vécu depuis des mois de toutes les fables, de toutes les chimères, de ce Paris convalescent dont la France, ingrate, paraissait se détourner brusquement.

Les inqualifiables attaques de l'Assemblée donnèrent une puissance inattendue aux fédérations des bataillons. On avait entendu, à Bordeaux, un député de la majorité crier à un député de Paris, le colonel Langlois, fidèle à son devoir pendant le siége : « *Allez à Charenton !* » La rivalité s'accentuait chaque jour et par la faute de l'Assemblée qui semblait trembler devant l'idée de regagner Paris.

Aussi, combien habilement le Comité central de la garde nationale exploitait cette situation ! A peine reconstitué, le 4 mars, il faisait acte d'existence en publiant une proclamation à la garde nationale, signée de tous ses membres :

RÉPUBLIQUE FRANÇAISE
Liberté, Égalité, Fraternité.
COMITÉ CENTRAL DE LA GARDE NATIONALE.

« Le Comité central de la garde nationale, nommé dans une assemblée générale de délégués représentant plus de 200 bataillons, a pour mission de constituer la fédération républicaine de la garde nationale, afin qu'elle soit organisée de manière à protéger le pays mieux que n'ont pu le faire jusqu'alors les armées permanentes, et à défendre, par tous les moyens possibles, la République menacée.....

« Il proteste contre toutes les imputations qui tendraient à dénaturer l'expression de son programme pour en entraver l'exécution. Ses actes ont toujours été signés ; ils n'ont eu qu'un mobile, la défense de Paris. Il repousse avec mépris les calomnies tendant à l'accuser d'excitation au pillage d'armes et de munitions, et à la guerre civile.....

« Quand la convention relative à l'occupation fut officiellement connue, le Comité central, par une déclaration affichée dans Paris, engagea les citoyens à assurer, par leur concours énergique, la stricte exécution de cette convention.

« A la garde nationale revenaient le droit et le devoir de protéger, de défendre ses foyers menacés. Levée tout entière spontanément, elle seule, par son attitude, a su faire de l'occupation prussienne une humiliation pour le vainqueur.

« Vive la République !

« Paris, le 4 mars 1871. »

Les paroles contenues dans cette affiche semblaient absolument modérées et les sentiments en étaient légitimes; mais, à vrai dire, le Comité, par son existence même, et avec la force considérable dont il disposait, constituait déjà un gouvernement de fait placé à côté et même en face du gouvernement de droit. Le premier des signataires de la proclamation, M. Arnold, dans une lettre à l'*Opinion nationale*, se défendait de faire partie « *d'un gouvernement* ». « Nous ne sommes pas plus un gouvernement, disait-il, que tel groupe d'écrivains défendant une même cause... En un mot, la garde nationale forme une grande famille, et le Comité central constitue son grand conseil de famille. »

Le général en chef de la garde nationale n'était pas élu encore, mais des généraux d'arrondissement existaient déjà. Dans le quatorzième arrondissement, un dessinateur-lithographe, nommé Henry, commandait et portait ce titre. Un ouvrier fondeur, jeune et d'une singulière énergie, Duval, avait sous ses ordres les gardes nationaux du treizième arrondissement et établissait son quartier général à *son secteur*, avenue d'Italie, 76. Les soldats, errant à travers Paris, désarmés, assistaient à cette formation d'un pouvoir nouveau; quelques-uns, comme les mobiles du 10e bataillon, allaient même jusqu'à arrêter et menacer leur commandant, comme ils le firent, rue de Laval.

Montmartre était déjà armé de canons, lorsque, dans la nuit du 8 au 9 mars, la moitié des canons d'ancien modèle qui garnissaient, au nombre de vingt-six, le petit tertre entourant la mairie des Gobelins, furent emmenés sans tumulte, dans le bâtiment de l'école des Frères du quartier de la Maison-Blanche, rue du Moulin-des-Prés. Le transport se fit avec précaution : on craignait d'attirer l'attention des mobiles et des soldats qui campaient dans les baraquements des environs, mais qui, après tout, n'eussent peut-être point défendu les pièces. Le lendemain l'affiche suivante était apposée sur les murs de l'arrondissement.

FÉDÉRATION DE LA GARDE NATIONALE

ÉTAT-MAJOR DU 13e ARRONDISSEMENT.

« Gardes nationaux du treizième arrondissement,

« Vous nous avez choisis pour vous représenter auprès du Comité de la fédération de la garde nationale, au moment où l'on vous imposait pour général en chef d'Aurelles de Paladines.

« Le général a été destitué de son commandement par Gambetta, après la prise d'Orléans par les Prussiens. Pourquoi???...

« Il importe de préciser notre programme. Le voici :

« 1. *La République est au-dessus du droit des majorités, en conséquence nul n'a le droit de la mettre en discussion;*

« 2. *Nous voulons que nos chefs supérieurs, général et état-major, soient pris dans la garde nationale et nommés par elle;*

« *La garde nationale ne doit dépendre que d'elle-même.*

« 3. *Nous voulons que le pouvoir militaire soit subordonné au pouvoir civil. Citoyens hors de service, nous dépendons de la municipalité. Citoyens armés, nous devons appuyer la municipalité, dans les mesures qu'elle peut prendre pour la sécurité et l'indépendance de tous, et nous ne faillirons pas à notre devoir.*

« Citoyens, on parle de pillage d'armes et de munitions, *calomnie!* On nous amena des canons et nous les entourons de nos faisceaux pour empêcher qu'on les tourne contre nous. C'est notre droit.

« Oui, nous voulons être forts pour empêcher l'effusion du sang, en vertu de cet axiome : « Pour avoir la paix, il faut être prêt à la guerre, » car, tant que le gouvernement armera, nous devons rester armés nous-mêmes.

« Citoyens, nous ferons tous nos efforts pour arriver à l'union fraternelle qui seule peut cicatriser les plaies de la patrie.

« *Le chef de la Commission du*
XIIIᵉ arrondissement,

« E. DUVAL. »

Le gouvernement avait bien sans doute, depuis quelques jours, protesté contre tous ces actes par une affiche de M. Picard; mais, à cette heure, la population de Paris, après tant de promesses si cruellement démenties, après la catastrophe de la reddition, cette population, en proie au désespoir et à l'énervement, n'avait certes aucune envie de seconder le ministre de l'intérieur. Elle abandonnait à sa fortune bonne ou mauvaise le gouvernement, qui, à la veille du 18 mars, était impuissant à contenir toutes les passions soulevées comme à fleur de peau. Le bruit courait chaque jour à Bordeaux, dans les couloirs de l'Assemblée, que la guerre civile était déchaînée dans Paris. Trois des députés de Paris, qui remplissaient en même temps les fonctions de maires, MM. Henri Martin, Tirard et Clémenceau, furent même mandés par M. Picard, pour aviser à prendre quelques mesures dans la situation présente. Les municipalités de Paris avaient été réunies, le 6 mars, au ministère de l'intérieur. D'accord avec le ministre, M. Picard, on convint que les maires consacreraient tous leurs efforts à décider la garde nationale à rendre les canons qu'elle avait enlevés pour les parquer et les garder. En ce qui concernait le dix-huitième arrondissement (Montmartre), dont la position stratégique et le nombre des canons préoccupaient particulièrement l'autorité, la municipalité ne doutait pas d'arriver à ce résultat, à la condition d'agir avec beaucoup de prudence, un grand esprit de modération, et de ne rien cacher à la garde nationale de ses démarches aussi bien que des désirs du gouvernement. M. Picard déclara qu'il s'en rapportait absolument au maire et à ses adjoints, et qu'il était décidé à ne rien faire sans leur assentiment et sans leur concours.

Ce résultat fut, un instant, sur le point d'être obtenu. Les délégués d'un bataillon de la garde nationale de Montmartre apportèrent le 11 mars, à la mairie, une déclaration dans laquelle se trouvait la phrase suivante :

« Le 61e bataillon, certain d'être en cela l'interprète de toute la garde nationale du dix-huitième arrondissement, offre de rendre, sans exception, les canons et les mitrailleuses à leurs véritables possesseurs, sur leurs réclamations. »

Cette déclaration fut envoyée par la municipalité en trois originaux revêtus des signatures, à M. le ministre de l'intérieur, à M. le général commandant la garde nationale de la Seine, et à M. le membre du gouvernement de la Défense nationale, délégué à la mairie centrale.

Ce dernier était M. Jules Ferry qui, apprenant la nomination du général d'Aurelles de Paladines au commandement des gardes nationales de Paris, avait télégraphié à M. Jules Simon, à Bordeaux : « D'Aurelles est arrivé, c'est un grand point. Je ne crois plus au péril. » Le péril n'était pourtant pas écarté parce que le vainqueur de Coulmiers, qui, pour les Parisiens, était surtout le vaincu d'Orléans, prenait le commandement des gardes nationaux. Ce choix était mauvais, le général n'étant point populaire. Une lettre provocatrice du général Cluseret, datée de Bordeaux, et publiée par les journaux parisiens, aviva les méfiances en parlant injustement de l'*ineptie* ou de la *trahison* du soldat de Coulmiers. « Il n'y a pas, s'écriait Cluseret, il n'y a pas un *honnête homme* en France, qui puisse servir sous les ordres d'un Paladines. »

Malgré cette provocation à l'indiscipline, bien des chefs de bataillon s'étaient rendus à l'état-major de la garde nationale, et même le général d'Aurelles avait réussi à conquérir la confiance d'un certain nombre. Ce qu'on redoutait le plus en lui, c'était un adversaire de la République ; ses antécédents autorisaient le soupçon. Mais, un matin, les chefs du bataillon du 2ᵉ secteur (Belleville, Ménilmontant, Charonne), plus ceux des dix bataillons du troisième arrondissement se rendirent auprès de lui. Les chefs de bataillon étaient au nombre de cinquante, accompagnés de M. Bonvalet, maire du troisième arrondissement.

M. d'Aurelles de Paladines commença par s'excuser de n'être pas dans la tenue de général de la garde nationale. Puis il s'adressa individuellement à chaque chef de bataillon, s'informant avec soin de l'état moral des hommes. Il commença par le colonel Bondonneau, commandant du 58ᵉ, officier de la Légion d'honneur, qui affirma que la garde nationale tout entière était prête à assurer son concours au gouvernement, s'il prenait l'engagement de maintenir la République.

— Messieurs, dit le général de Paladines en se tournant vers une statuette de la Liberté qui se trouvait dans la pièce, je suis un vieux soldat qui n'a jamais, entendez-vous bien ? *jamais* manqué à sa parole. Eh bien, je vous donne ma parole d'honneur que, si j'ai accepté la lourde tâche que m'a confiée la République française, c'est que je veux la défendre et la maintenir comme vous. La République est le seul gouvernement honnête qui puisse nous tirer de l'impasse où nous sommes, et je lui suis absolument dévoué. »

Sur ce point donc, l'autorité et la garde nationale pouvaient réussir à s'entendre, et la défiance qu'avait fait naître la nomination du général commençait à se dissiper, lorsque l'attitude de l'Assemblée de Bordeaux vint faire renaître les justes susceptibilités de Paris. Paris était bien véritablement, comme il le craignait, menacé de ce que les représentants de la province appelaient une *décapitalisation*. L'Assemblée, encore un coup, lui gardait on ne savait quelle rancune jalouse. Elle le redoutait ou elle l'enviait; peut-être aussi y avait-il, en elle, de ces deux sentiments à la fois.

Les démissions successives de plusieurs députés de Paris devaient avoir, au point de vue politique, un tort considérable. Ces députés n'allaient pas pouvoir, en effet, défendre la grande cité. En outre, les démissions grossissaient la légitime émotion que ressentait Paris, à qui l'on déniait maintenant le titre de capitale. Ce fut d'ailleurs l'erreur de la partie avancée de la représentation de Paris, elle ne lutta point pour la République, elle abandonna la partie. Elle crut naïvement que son départ amènerait la dissolution de l'Assemblée. Elle n'apporta, elle aussi, à Bordeaux, comme la droite de la Chambre, qu'un âpre désir de représailles. Lorsque Delescluze et Millière demandèrent, par exemple, la mise en jugement des gouvernants du 4 Septembre, ils servirent à souhait les haines de la réaction qui allait, dès ce moment, s'acharner sur cette date et accuser, les uns le gouvernement de Paris, les autres la délégation de Tours et de Bordeaux sous Gambetta.

D'un autre côté, en menaçant Paris de n'être plus la capitale de la France, la majorité de l'Assemblée encourageait virtuellement Paris à revendiquer sa liberté absolue. Elle engageait elle-même le combat. Elle s'étonna plus tard d'avoir récolté la tempête, et cependant elle avait littéralement semé le vent. M. Thiers, chef du pouvoir exécutif d'un gouvernement qui, par la nécessité de la situation plus encore que par le consentement des partis, s'en tenait au provisoire depuis ce qu'on avait appelé le *pacte de Bordeaux*, M. Thiers qui se déclarait, dans l'intimité, le partisan « d'une République *habitable*, » était résolu sans doute à forcer la main à l'Assemblée pour la décider à retourner à Paris. Mais la commission nommée pour discuter la question, s'étant prononcée, par l'organe de M. Beulé, son rapporteur, pour le transfert de l'Assemblée à Fontainebleau, la Chambre, malgré la harangue très éloquente de M. Louis Blanc, qui défendit Paris au point de vue moral, et le discours convaincant de M. Thiers qui plaida sa cause au point de vue pratique, résolut de se transporter à Versailles et s'ajourna au lundi 20 mars 1871.

Mais, comme s'il était dit qu'elle n'éviterait pas une faute, dans cette même séance où elle refusait de rentrer à Paris, où sont les ministères, les services publics, et aussi où bat le cœur même du pays, l'Assemblée vota une loi sur les échéances qui devait irriter profondément les commerçants parisiens, si fort éprouvés par la guerre. Ce qu'il fallait voter alors, c'était une loi sur les loyers, celle que proposait Millière, et non une loi sur les échéances ; ou, si on votait celle-ci, il fallait tenir compte des observations spéciales de M. Ducuing qui démontrait que forcer les négociants à payer trop vite, c'était en condamner un grand nombre à la faillite. Vain avertissement. Cette Assemblée de gentils-hommes ou de gros propriétaires s'inquiétait médiocrement de l'industrie. Elle décida que les effets de commerce sous-crits avant ou après la loi du 13 août 1870 et venant à échéance après le 12 avril 1871, ne jouiraient d'aucune prorogation de délai et seraient exigibles d'après les règles du droit commun. En outre, elle décréta que les effets de commerce échus du 13 août au 13 novembre seraient exigi-bles *sept mois*, date pour date, après l'échéance inscrite aux titres *avec les intérêts depuis le jour de cette échéance.* Or, c'était le 13 mars que l'échéance tombait, et la loi allait être seulement promulguée ce jour-là. « Du 13 au 17 au matin, il y eut dans Paris, dit M. Yriarte, près de *cent cinquante mille protêts* à un moment où il était à peu près impossible à un homme d'honneur de faire face à ses engagements. L'Assemblée reconnut bientôt, mais trop tard, l'impar-donnable faute qu'elle avait commise. »

Ce qu'elle devait voter, c'était une loi sur les loyers, cette loi que réclamait la nécessité même, et qui, non votée, mettait plus de cent mille petits ouvriers, mar-chands, chambrelans, à la merci d'une dette qu'on les avait, pendant le siège, autorisés à ne point payer. L'a-veugle Assemblée ne comprit pas la situation. Elle s'a-liéna Paris tout entier et le gouvernement allait se trouver bientôt terriblement isolé quand il allait faire appel à la force.

Les comités de la garde nationale, qui siégeaient dans la salle de la *Marseillaise*, rue de Flandre, ou rue Basfroi, et qui s'étaient mis en rapport avec les représentants des

fédérations ouvrières, siégeant place de la Corderie-du-
Temple, étaient maintenant très puissants dans Paris.
En dehors de cette fédération et du Comité central,
un comité spécial s'était formé à Montmartre qui se chargeait plus particulièrement de la défense de l'arrondissement et avait fait placer, sur les buttes, dans les tranchées, des canons tournés vers la ville. Un ex-commandant
des cavaliers de la République, Dardelles, avait été nommé
commandant en chef des forces de Montmartre. Le Comité
qui siégeait rue des Rosiers, nº 6, était présidé par Lan-
dowski, frère du membre de l'Internationale Landeck. En
même temps, une réunion de citoyens de Montmartre votait
au contraire, dans la salle Robert, qu'on devait rendre
les canons au gouvernement. Les gardes nationaux qui
émettaient ce vœu, appartenaient au 61e bataillon: ils
furent, disent lés auteurs de l'*Histoire de la révolution du 18
mars*, « unanimement blâmés. »

Les comités de la garde nationale disposaient alors
d'une artillerie vraiment considérable : 417 pièces.

Le chiffre est, pour ainsi dire, formidable; mais, à tout
prendre, cette artillerie pouvait, d'un moment à l'autre,
par suite d'une transaction, revenir à l'autorité, et déjà les
gardes nationaux se lassaient de passer des journées et des
nuits à monter la garde autour des canons. La question de
la solde, qui les inquiétait bien un peu, pouvait être résolue.
On proposait d'ouvrir dans chaque mairie une sorte de re-
gistre où patrons et ouvriers eussent inscrit leurs demandes,
et tout ouvrier rentré à l'atelier eût renoncé à la solde.
D'autre part, le général d'Aurelles de Paladines proposait
que chaque bataillon de la garde nationale de Paris fût
préposé, à tour de rôle, à la garde des canons, et que ce fût
la garde nationale elle-même qui les escortât quand on les
enlèverait. La situation en était là lorsque, le dimanche 12
mars, au matin, un arrêté paru à l'*Officiel* décréta la suspension de six journaux: le *Vengeur* (de Félix Pyat), le *Cri
du peuple* (de Jules Vallès), le *Mot d'ordre* (rédacteur en chef
Henri Rochefort, qu'on avait un moment cru mort à Bordeaux d'un érysipèle), le *père Duchêne* (de Vermersch), la
Caricature (de Pilotell) et la *Bouche de fer* (sorte d'imitation
de la *Lanterne*, entreprise par Paschal Grousset). La plupart de ces journaux affectaient, il faut le reconnaître, un
air de menace qui dépassait étrangement les bornes de la

discussion sensée. La *Caricature*, par exemple, n'hésitait pas à menacer certaines gens de la guillotine. D'autres provoquaient directement à l'insurrection. Mais la suspension n'en était pas moins inopportune, maladroite, et cette mesure, blâmée par la grande partie de la presse, nuisit encore à l'autorité du gouvernement.

Une autre cause d'irritation était encore venue agiter Paris. Les conseils de guerre avaient prononcé les condamnations des inculpés dans l'affaire du 31 octobre et, à la fin des débats, Gustave Flourens et Blanqui avaient été condamnés par contumace à la peine de mort. Cet arrêt, qu'on n'eût pas exécuté, car les peines prononcées par contumace sont toujours plus lourdes que celles qu'on prononce contre les accusés présents, cet arrêt exaspéra la population faubourienne. Blanqui et Flourens publièrent aussitôt des réponses à cette sentence, et le pouvoir en reçut une nouvelle atteinte. Cependant, malgré toutes ces causes de conflit, les gardes nationaux ne montaient plus la garde dans leurs parcs d'artillerie qu'avec lassitude, et on vit un moment où le comité de Montmartre eut quelque peine à décider les gardes sédentaires du 125e bataillon à relever ceux du 142e qui, depuis quarante-huit heures, se morfondaient autour des mitrailleuses.

Mais le jour approchait où le chef du pouvoir exécutif, fidèle à la promesse donnée par lui à l'Assemblée, voulait prouver aux députés, lorsqu'ils se réuniraient à Versailles, le lundi 20 mars, que l'ordre n'avait pas été troublé, que les menaces des canons n'existaient plus, et que, pour répondre à un représentant de la droite, la Chambre pourrait délibérer sans craindre *les canons de l'ennemi ou les pavés de l'émeute*. M. Thiers tenait à apporter cette nouvelle à l'ouverture de la séance, et certes il en avait le droit. Aussi bien une tentative fut-elle faite pour s'emparer des canons par surprise.

Cinq ou six cents personnes étaient réunies dans une salle, rue de Charonne, pour traiter différentes questions d'intérêt général importantes. La présidence de la réunion avait été décernée à Millière, représentant de Paris. M. Mottu, maire du onzième arrondissement, venait d'expliquer à l'assemblée, après une interpellation, les *motifs très graves* qui l'avaient obligé à interdire pour son arrondissement toutes les réunions publiques ouvertes précédemment dans les salles d'écoles. Tout à coup, plusieurs personnes font irruption dans la salle et y provoquent une certaine agitation en annonçant que des gardes municipaux viennent de se présenter place des Vosges et ont voulu s'y emparer des canons de l'artillerie de la garde nationale. « Les sentinelles, ajoute-t-on, ont dû croiser la baïonnette pour les contraindre à se retirer. » Beaucoup de citoyens présents se lèvent et se disposent à partir. Millière arrête l'effervescence, et les gardes nationaux de la place des Vosges, après avoir reçu du renfort, veillèrent avec plus de soin sur les canons en criant aux curieux : « Passez au large ! » Le lendemain, les pièces de la place des Vosges étaient transportées rue Basfroi et à Belleville.

Cette tentative avortée sur un point devait être suivie d'une opération d'ensemble dont le plan fut concerté le 17 mars, à une heure du matin, dans un conseil de guerre tenu au Louvre. Les 40,000 hommes de l'armée de Paris, répartis en quatre divisions, aux ordres des généraux de Susbielle, Faron, Barry et de Maud'huy, devaient agir simultanément, et, tandis qu'on occuperait les boulevards et les lignes stratégiques, enlever les parcs et les arsenaux établis dans Paris sur *dix-sept points* différents. Le général de Susbielle, ayant sous ses ordres les généraux Lecomte et Paturel, devait enlever Montmartre, et le général Faron s'emparer de Belleville avec le général La Mariouse.

Le matin du 18 mars, les troupes, mises en mouvement, commençaient leurs opérations. Au point du jour, le général Lecomte, tournant Montmartre par le cimetière du Nord et la rue Marcadet, gravissait cette pente, tandis que le général Paturel prenait de front les buttes par les boulevards extérieurs. Les deux colonnes se rejoignirent autour des canons. Les gardes nationaux étaient surpris et enveloppés. Il n'y avait eu qu'un échange de rares coups de feu, tirés par les gardes nationaux, disent les rapports officiels, par les gendarmes et les gardiens de la paix, placés en tête de la colonne, disent les historiens du mouvement. Les gardes nationaux faits prisonniers furent enfermés rue des Rosiers, nº 6, dans la maison occupée par le Comité, puis le général Lecomte fit procéder au recensement des pièces d'artillerie et à la destruction des retranchements. Il attendait les chevaux d'attelage pour faire enlever les canons. Les chevaux n'arrivaient pas. La troupe, le croira-

-ton? demeura ainsi pendant quatre heures, l'arme au pied, attendant ces attelages. Pendant ce temps, Montmartre éveillé prenait les armes. On battait le rappel dans les rues. Des femmes accouraient, et, montant de la place Saint-Pierre où s'amassait la foule, s'approchaient des soldats, tantôt les insultant, tantôt les conjurant de ne point tirer sur le peuple. Ces soldats, ceux du 88e de marche, venus de province, démoralisés par la défaite, respectueux et inquiets devant les Parisiens, semblaient hésitants déjà. Se voyant entouré par la foule, et sentant sa situation compromise, le général Lecomte veut commander à ses chasseurs à pied de s'ouvrir un passage en croisant la baïonnette contre la mêlée humaine qui entoure l'état-major. Tout est impuissant. Les soldats ont déjà mis, pour la plupart, la crosse en l'air. Débordés, ils rendent leurs chassepots et laissent entraîner leur général au Comité de la rue des Rosiers. Au Comité, on délivre les gardes nationaux prisonniers, et on demande au général Lecomte de signer un ordre qui prescrive aux troupes de se retirer. Le général refuse. On le conduit, au milieu des huées de la foule, au Château-Rouge où commande le capitaine Simon Mayer. Pendant ce temps on transférait à la mairie du dix-huitième arrondissement une soixantaine de gendarmes faits prisonniers. Ce sont ces soldats que nous verrons fusiller comme otages dans les derniers jours de mai.

Après avoir consigné le général et quelques-uns de ses officiers au Château-Rouge, les gardes nationaux descendirent la chaussée de Clignancourt en criant : « *Vive la ligne !* » Puis, se grossissant en chemin des soldats qu'on rencontre et qui rendent leurs armes ou passent à l'insurrection, les gardes nationaux remontent les boulevards extérieurs vers le cimetière Montmartre. Ils sont un moment arrêtés par le général de Susbielle qui se tient place Pigalle, avec des chasseurs, des gendarmes et des soldats de ligne. Un coup de feu, parti de l'angle de la rue Houdon, abat aux côtés du général un officier de chasseurs. Les soldats, au lieu de charger, passent du côté de la foule ou évacuent la place. Le général de Susbielle est alors forcé de se retirer poursuivi par les balles. Presque au même moment, le général Paturel, placé vers Clignancourt, était aussi obligé à la retraite. Toute cette partie de Paris se trouvait au pouvoir des Comités, et les soldats se répandaient en désordre, comme après une déroute, dans l'intérieur de Paris.

Du côté de Belleville, le général Faron avait enlevé les positions assignées et les canons. Mais sa position devint, à la suite des événements de Montmartre, quelque peu périlleuse, et il dut se replier sur le centre de Paris, en faisant du moins bonne contenance et en traversant, « tour à tour conciliant ou menaçant, » la foule et les barricades subitement élevées par elle.

A cette heure, le général Lecomte était toujours détenu rue des Rosiers. Le capitaine Simon Mayer, qui le gardait, allait bientôt le livrer à un autre capitaine porteur d'un ordre revêtu de quatre signatures inconnues. A travers les insultes de la foule, le général fut reconduit au Comité de la rue des Rosiers, dans cette maison d'aspect bourgeois et tranquille, dans le jardin de laquelle les lilas commençaient à fleurir, et qui allait être le théâtre du plus cruel des drames. Là, enfermé dans la maison par le lieutenant Lagrange, le général, entouré d'une foule hurlante de soldats déserteurs, de francs-tireurs, de gardes nationaux, de garibaldiens, d'étrangers, dut subir les injures et les menaces, pendant qu'un lieutenant de la garde nationale faisait, pour le protéger et le sauver, les efforts les plus énergiques. N'oublions pas son nom : il s'appelait Meyer. Et tandis que, pour pouvoir toucher et frapper le général dans la pièce où il se tenait assis, prisonnier, les femmes, les enfants, au dehors, brisaient en criant les vitres des fenêtres, on cherchait, sans le trouver, le Comité qui devait statuer sur le sort des prisonniers. A cette heure, Bergeret, investi du commandement de Montmartre, était le véritable chef de ces hommes. Mais où se tenait-il ? Quelques individus, un Polonais, Kadanski, entre autres, assemblés au premier étage de la maison, délibéraient sur ce qu'on devait faire, lorsque, vers trois heures et demie, on amena rue des Rosiers un homme pâle, à barbe blanche, vêtu d'un paletot gris, en bourgeois, et qui, marchant lentement au milieu de la foule pleine de courroux, avait été arrêté, près de la place Pigalle, par le capitaine Aldenoff, et se trouvait ainsi conduit rue des Rosiers par le capitaine Ras.

Ce nouveau venu, qu'on poussa dans la maison, était l'ex-commandant en chef des gardes nationales de Paris, le général Clément Thomas.

Il fut enfermé avec le général Lecomte, bousculé et

frappé. On disait dans la foule (ô crédulité sinistre!) qu'on l'avait pris au moment *où il dessinait le plan des barricades de Montmartre*. Poussé par l'instinct de la curiosité, peut-être par l'espoir d'user de son influence pour ramener les égarés, Clément Thomas était allé se jeter en pleine fournaise, sans comprendre que son nom, depuis 1848, appelait la rancune, et que des ordres du jour vigoureux, rendus dans les derniers temps, le désignaient à la haine de bien des gens.

Lorsqu'il fut là, un officier garibaldien, Herpin Lacroix, montant sur une marquise, au premier étage, fit faire un roulement par le tambour Porcin, et demanda à la foule de former une *Cour martiale* pour juger les prisonniers. Réclamant ainsi un jugement, peut-être ce Lacroix croyait-il trouver une porte de salut pour les prisonniers. On ne l'écouta pas. On voulait la mort de ces hommes sur-le-champ, sans discussion, sans délai. Quels regards, chargés d'une terrible éloquence, ces deux hommes, Lecomte et Clément Thomas, durent échanger en entendant grossir du dehors la clameur de mort qui les poursuivait! C'était une fièvre de massacre, un prurit de sang qui s'étaient emparés de cette foule, de ces milliers de spectateurs ou d'acteurs anonymes qui apparaissent, déchaînés dans leur furie, à de certaines dates de l'histoire. On voulait tuer et voir tuer. Kadanski essaye de demander un sursis : on lui arrache ses galons.

Une poussée formidable empêche le lieutenant Meyer de protéger plus longtemps la porte de la pièce où sont enfermés les généraux. La foule entre. Elle est entrée. On saisit Clément Thomas, d'abord : on le pousse à coups de poing, dans le jardin, contre la muraille. On le fusille tandis qu'il marche; des coups de feu l'atteignent, son sang rougit le collet de son paletot gris; il avance et se tient debout, le dos au mur. Puis, là tenant son chapeau de la main droite, essayant de garantir son visage avec le bras gauche, il baisse ce bras bientôt, regarde ses meurtriers en face, et, de cette belle tête blanche, un grand cri sort, celui qui fut le mot d'ordre de toute la vie de cet homme qui va mourir : « Vive la République ! »

Il tomba, sous les coups de feu redoublés, abattu sur le côté droit, la tête au mur, le corps plié en deux. Secoués par cette luxure atroce que Dante a appelée la *luxure du sang*,

des gens de cette foule frappaient encore le cadavre du vieillard, à coups de talon et à coups de crosse.

Le général Lecomte entendait le bruit de la tuerie. Un
compagnon d'armes, prisonnier comme lui, était là, le
commandant Poussargues. Le général lui remit son argent,
lui parla des cinq enfants qu'il laissait et sortit dans le
jardin. Certains historiens de la *Révolution du 18 mars* n'ont
pas craint d'écrire, en parlant de lui : *Il fléchissait sur ses
jambes, il tremblait.* La vérité est qu'en voyant passer ce
soldat marchant vers la mort, des officiers le saluèrent ; il
leur rendit leur salut. Tout à coup, par derrière, un coup de
feu l'atteint aux jambes. Il tombe sur les genoux. On le
relève, on le pousse vers le cadavre de Clément Thomas.
Dix coups de feu l'achevèrent. Clément Thomas fut plus
mutilé : on retrouva *soixante-dix balles dans son corps.*

Quelle rage avait donc saisi cette foule qui frappait ainsi,
frappait encore et frappait toujours? La réaction allait
d'ailleurs s'opérer bientôt, et les meurtriers, une fois ces
hommes exécutés, éprouvèrent une stupeur étrange. Montmartre se fit silencieux. L'effroi commença, on remit en
liberté les autres prisonniers. Les morts de la rue des
Rosiers avaient sauvé la vie aux autres. Le général Lecomte,
soldat, était mort en soldat. Mais de quelles réflexions
déchirantes dut être saisi Clément Thomas, l'exilé, le
républicain frappé à mort par des mains qui prétendaient
servir cette République pour laquelle il donnait sa vie
et qu'ils souillaient de tant de sang?

L'exécution ou plutôt l'assassinat des généraux Lecomte
et Clément Thomas jeta la stupeur dans Paris. A Versailles,
le soir du 18 mars, M. Thiers, qui avait quitté Paris vers
cinq heures, n'y voulait point croire. Cependant, tandis que le
Comité organisait ses forces et ordonnait aux gardes nationaux de s'emparer des mairies, les ministres, présents
à Paris, retirés le soir, rue Abattuci, chez M. Calmon, se
demandaient quelle conduite ils tiendraient. MM. Jules
Favre, Jules Simon, Picard, Dufaure, et Le Flô étaient
présents. Ce qui restait de l'armée avait été réuni au Champ-
de-Mars, à l'École militaire. Quelques maires et députés de
Paris avaient proposé, pour calmer les esprits, de nommer le
colonel Langlois commandant en chef de la garde nationale,
en remplacement du général d'Aurelles. M. Jules Favre
télégraphia à M. Thiers, lui demandant s'il ratifiait cette nomi-

M. THIERS

nation. La réponse arriva lorsqu'il était trop tard, et lorsque le général Vinoy eut déclaré qu'il se *retirait à Versailles avec son dernier soldat*. A une heure du matin, cette manœuvre fut exécutée. Toutes les rues débouchant sur les quais et sur la route de Versailles étaient gardées par la gendarmerie à cheval qui protégeait la retraite. Le général Le Flô partit le premier, en voiture, et, vers trois heures du matin, dans cette nuit sombre, MM. Dufaure et d'Aurelles de Paladines dans une voiture, et M. Jules Simon dans une autre, le suivirent. Ces voitures étaient escortées par de la troupe. La gendarmerie à pied fermait la marche. Le général Vinoy, à cheval, dirigeait la retraite. *Vingt mille hommes sortirent ainsi de Paris sans que Paris s'en doutât.*

L'insurrection était donc maîtresse de Paris. Après avoir voulu défendre l'Hôtel de ville, M. Ferry l'abandonna, sur un ordre formel, et sortit avec son frère, quand tout fut évacué. A onze heures, Charles Lullier, nommé commandant en chef de la garde nationale par le Comité central triomphant, faisait occuper l'Hôtel de ville et la caserne Napoléon par le commandant Brunel ; à minuit, il s'emparait de la préfecture de police ; à une heure, des Tuileries ; à deux heures, de l'état-major de la place de Paris. Les partisans de la Commune l'ont accusé, et M. Lissagaray dans son histoire des *Journées de mai* l'accuse d'avoir « laissé échapper l'armée et les ministres qu'il pouvait envelopper. » Il a déclaré ne l'avoir point fait, à cause de M. Jules Favre.

Ainsi, Paris appartenait au Comité central. Paris allait s'éveiller sous un pouvoir nouveau. La loi émigrait à Versailles. On a beaucoup reproché depuis ce jour, à l'autorité militaire, son manque de précaution, et on a demandé comment, s'étant emparée des canons, elle ne les avait pas aussitôt enlevés. Mais, pour transporter les 171 pièces de Montmartre (et il y en avait beaucoup ailleurs), il était nécessaire d'employer, avec les avant-trains correspondants, *quatre* chevaux par pièce de 4, et *six* chevaux par pièce de 12 ; soit un total de *huit cent cinquante chevaux.* Cela pour Montmartre seulement.

L'Assemblée de Bordeaux avait voulu décapitaliser Paris. Paris répondait en s'affranchissant, ou plutôt, hélas ! en croyant s'affranchir, car il nous faut montrer, maintenant, à quel pouvoir nouveau il allait être tenu d'obéir.

CHAPITRE II

Le lendemain d'une révolution. — Le 19 mars. — Premières proclamations du Comité central. — La résistance. — L'amiral Saisset. — Le général Cremer. — Premiers actes du Comité. — Premières séances de l'Assemblée à Versailles. — La loi sur les élections municipales. — Manifestation de la place Vendôme. — La résistance s'organise et s'accentue. — Les maires à l'Assemblée. — Le Comité central remet les élections au 26. — Les généraux du Comité. — Premiers pourparlers. — L'accord est rompu. — Le Comité central triomphe.

Le matin du dimanche 19 mars 1871, Paris se réveilla, ignorant peut-être qu'une révolution venait de s'accomplir. Le gouvernement régulier n'avait plus cependant d'autres représentants dans la capitale que les municipalités élues en novembre 1870, et, comme on l'a vu, les services administratifs avaient été transportés brusquement à Versailles.

Paris était donc complétement abandonné à lui-même, lorsque parurent sur les murs les premières affiches du Comité central.

Elles étaient signées de noms la plupart inconnus et sortaient des presses de l'Imprimerie nationale. L'émeute de la veille prenait dès lors un caractère officiel.

La première de ces proclamations était ainsi conçue :

AU PEUPLE.

« Citoyens,

« Le peuple de Paris a secoué le joug qu'on essayait de lui imposer;

« Calme, impassible dans sa force, il a attendu, sans crainte comme sans provocation, les fous éhontés qui voulaient toucher à la République.

« Cette fois, nos frères de l'armée n'ont pas voulu porter la main sur l'arche sainte de nos libertés.

« Merci à tous, et que Paris et la France jettent ensemble

les bases d'une République acclamée dans toutes ses conséquences, le seul gouvernement qui fermera pour toujours
l'ère des invasions et des guerres civiles.

« L'état de siège est levé.

« Le peuple de Paris est convoqué dans ses sections pour
aire ses élections communales.

« La sûreté de tous les citoyens est assurée par le concours de la garde nationale.

« Hôtel de Ville, Paris, ce 19 mars 1871.

> « *Le comité central de la garde nationale :*
>
> *Assi, Billioray, Ferrat, Babick, Ed. Moreau, C. Dupont,*
> *Varlin, Boursier, Mortier, Gouhier, Lavalette, Fr.*
> *Jourde, Rousseau, Ch. Lullier, Blanchet, Grêlier,*
> *Barroud, Géresme, Fabre, Pougeret.* »

Par une autre affiche, les élections du *Conseil communal*
étaient fixées au mercredi 22 mars. Le vote devait se faire au
scrutin de liste et par arrondissement, ayant à nommer un
conseiller par chaque vingt mille habitants ou fraction
excédente de plus de dix mille.

La foule s'arrêtait devant ces affiches blanches avec une
impression d'étonnement et à la fois de résignation. Çà et là,
quelque mot ironique s'échappait bien des groupes de lec-
teurs, mais la plupart des gens demeuraient silencieux et semblaient, il faut bien le reconnaître, indifférents. Il faisait beau :
les boulevards étaient remplis de promeneurs, et, tandis
que les services publics et plusieurs mairies étaient envahis,
que Raoul Rigault et Duval prenaient possession de la préfecture de police, que Varlin s'installait au ministère des
finances, que le drapeau rouge flottait sur l'Hôtel de ville
dont la place était convertie en parc d'artillerie, Paris, indifférent, humait le premier soleil, le capiteux soleil de
mars.

Il y avait bien sans doute quelques irritations, quelques
velléités de résistance, mais il faut convenir que Paris laissa
faire et que la partie sensée de la garde nationale abdiqua,
ce jour-là, pour se redresser le lendemain, il est vrai, mais
trop tard. C'est ainsi que le vice-amiral Saisset, rencontré
sur le boulevard, fut acclamé et engagé par la foule à
prendre le commandement de Paris et à organiser la
résistance au Comité central. Il déclara ne pas vouloir

agir sans un ordre exprès du gouvernement. En même temps, les maires et les députés de la Seine présents à Paris se réunissaient, à la mairie du deuxième arrondissement, dont le maire, M. Tirard, fit dès lors comme le centre de la légalité. Une commission, composée de trois membres, MM. Tirard, Dubail et Héligon, fut désignée par les maires pour s'occuper de la défense, ordonnancer les dépenses, etc.

A trois heures eut lieu, à la mairie du troisième arrondissement, une réunion des chefs de bataillon de la garde nationale, à laquelle se rendirent les maires et les députés. Au milieu de la discussion, un délégué du Comité central vint annoncer que le Comité était disposé à évacuer l'Hôtel de ville, ainsi que les mairies en son pouvoir. MM. Tolain, Bonvalet, André Murat et Malon, accompagnés du délégué, se rendirent immédiatement à l'Hôtel de ville pour en prendre possession. Ils trouvèrent plusieurs membres du Comité qui prétendirent leur imposer des conditions préalables et, après une discussion qui dura plusieurs heures, il fut convenu que le Comité enverrait dans la soirée des délégués à la mairie du deuxième arrondissement pour résoudre la question. Vers minuit, MM. Jourde, Varlin, Ant. Arnaud et Moreau furent introduits auprès des maires et des représentants. Les pourparlers furent longs et animés et donnèrent lieu à de virulentes apostrophes de Jourde, que Varlin fut obligé de calmer et d'excuser auprès de l'assemblée. On convint enfin d'un commun accord qu'une affiche allait être faite, annonçant à la population qu'un projet de loi concernant les élections municipales serait déposé par les députés de Paris sur le bureau de l'Assemblée nationale, et qu'alors, le lendemain 20 mars, à dix heures du matin, l'Hôtel de ville serait rendu aux délégués des municipalités légales.

L'affiche fut rédigée de suite par M. Louis Blanc et signée par les députés, les maires et les adjoints présents. «... Nous avons résolu, disaient-ils, de demander aujourd'hui même à l'Assemblée nationale l'adoption de deux mesures qui, nous en avons l'espoir, contribueront, si elles sont adoptées, à ramener le calme dans tous les esprits.

« Ces deux mesures sont : l'élection de tous les chefs de la garde nationale et l'établissement d'un conseil municipal élu par tous les citoyens... »

Le lendemain, à dix heures, MM. Bonvalet, André Murat

et Denizot se présentèrent à l'Hôtel de ville, réclamant l'exécution de la convention conclue dans la nuit. Il leur fut répondu par Viard que les comités de vigilance des vingt arrondissements, réunis dans la salle de la Corderie, venaient de décider que l'Hôtel de ville resterait au pouvoir du Comité central et que les élections se feraient au jour dit, sans le concours des maires. Prévenus de cette fin de non-recevoir, les députés de Paris rédigèrent immédiatement leur projet de loi sur l'élection du conseil municipal en réclamant l'urgence, qui fut adoptée. C'était la première séance de l'Assemblée à Versailles. A Paris, la situation restait à peu près la même et le Comité central s'occupait de l'organisation militaire de la ville. Le général Cremer, qui se trouvait depuis quelques jours à Paris, ayant été reconnu, le 19 mars, au moment où il se rendait chez son frère, s'était vu accompagné depuis les boulevards extérieurs jusqu'à l'Hôtel de ville par une foule qui l'acclamait. Le Comité central lui avait alors aussitôt offert de prendre le commandement des forces de Paris. L'ex-général a tracé lui-même le tableau des séances de l'Hôtel de ville auxquelles il lui a été donné d'assister en spectateur. « C'était, dit-il, un spectacle navrant de voir ces salles pleines de gardes nationaux ivres. » Ailleurs, il parle d'un membre du Comité qui, lorsqu'il parlait, « à chaque phrase prenait son chassepot, vous tenait en joue et, quand la phrase était finie, remettait son chassepot sur l'épaule. » Assi, tout en discourant, gardait un poignard à la main. Tous avaient des revolvers. M. Cremer s'était donné pour tâche d'obtenir l'élargissement des généraux Chanzy et Langourian qui avaient été arrêtés la veille, ainsi que M. Éd. Turquet, député de l'Aisne, au moment où ils descendaient de chemin de fer. L'ordre d'élargissement que Babick, membre du Comité central, aida beaucoup à faire accorder, fut présenté à Duval, délégué à la police. Duval voulait le déchirer. Ce fut encore Babick, un illuminé, mais d'humeur clémente, qui insista pour la mise en liberté. Menacés du sort des généraux Clément Thomas et Lecomte, les captifs purent enfin sortir de Paris.

Le *Journal officiel* de l'insurrection s'occupait d'ailleurs de faire connaître au public les sentiments dans lesquels le Comité central entendait administrer Paris. Il abolissait les conseils de guerre de l'armée permanente, quitte à les

r'installer bientôt, comme il aboliss(?) la conscription pour
décréter avant peu une sorte de levée en masse. Il accordait amnistie pleine et entière pour tous les crimes et délits
politiques. Dans une note adressée *à la presse*, il déclarait
que « les autorités républicaines de la capitale, tout en
étant décidées à faire respecter la liberté de la presse, espéraient que tous les journaux comprendraient que le premier
de leurs devoirs était le respect dû à la république, à la
vérité, à la justice et au droit. » A ce moment même, des
gardes nationaux avaient envahi des bureaux de journaux
et des imprimeries, tantôt pour empêcher d'imprimer un
journal, tantôt pour contraindre l'imprimeur d'en mettre
un autre sous presse. Sur deux points surtout, le Comité central se dégageait brusquement d'une responsabilité terrible.

Après avoir profité de l'exaspération ou de la lassitude de
Paris déçu dans son espoir et vaincu par l'ennemi, après
avoir bénéficié de l'accablement patriotique des uns et de la
colère des autres, le Comité s'empressait de déclarer qu'il
était *fermement* décidé à *respecter* les conditions de la paix
(*Journal officiel* du Comité, numéro du 21 mars). Ainsi,
après avoir protesté contre la capitulation, le Comité capitulait à son tour. Il s'inclinait devant l'étranger, il *respectait*
les conditions de la paix, il contresignait le vote de cette
Assemblée contre laquelle il s'insurgeait.

L'autre point sur lequel le Comité voulait qu'on le
trouvât irresponsable, était l'assassinat des généraux Clément Thomas et Lecomte.

Le Comité central déclara simplement que *ces actes*
étaient *regrettables*. Regrettables, rien de plus. Il ajoutait
que, le général Lecomte ayant commandé le feu à ses
troupes et Clément Thomas ayant été arrêté au moment où,
en vêtements civils, il *levait le plan des barricades de Montmartre* (ce qui était faux, Clément Thomas fut arrêté, nous
le répétons, près de la place Pigalle, en descendant de voiture), ces deux hommes avaient *subi la loi de la guerre*, qui
n'admet ni l'*assassinat des femmes*, ni l'*espionnage*. Ce
meurtre devenait, sous la plume des rédacteurs du Comité,
une *exécution*, un fait de *justice populaire*.

Cette façon d'agir, d'apprécier des événements qui avaient
soulevé d'indignation les consciences honnêtes, encouragea
à la résistance les maires de Paris, qu'une note anonyme
du *Journal officiel* de l'insurrection représentait comme

ralliés à la cause du Comité. « ... Les municipalités des arrondissements, disait cette proclamation mensongère, animées du même zèle et du même patriotisme que la garde nationale et l'armée, se sont unies à elles pour assurer le salut de la République *et préparer les élections du Conseil municipal qui vont avoir lieu...* » Le Comité, en annonçant que les élections municipales ou plutôt communales auraient lieu le 22 mars par ses soins, affirmait qu'il se retirerait devant les élus du suffrage universel, mais on devinait une arrière-pensée dans sa déclaration même. En réalité, le Comité central était à la fois embarrassé de sa situation et désireux de la conserver. Il avait le pouvoir en mains et ne savait pas s'en servir. D'un autre côté, il lui eût répugné de le déposer. Le pouvoir enivre et captive ceux qui y ont touché, fût-ce pendant une heure.

Les chefs de bataillon du deuxième arrondissement avaient déjà organisé, d'accord avec l'administration municipale, un noyau de résistance, sous le commandement supérieur du lieutenant-colonel Quevauvilliers, chef du 149e bataillon. Actif, bouillant, désolé en devinant les maux qui pouvaient atteindre la République après de tels événements, M. Tirard, énergiquement, s'était mis, avec toute sa vigueur, à la tête de ce mouvement. Le premier arrondissement, sur l'initiative de l'un des adjoints, un homme jeune et honnête, M. J. Méline, aujourd'hui député des Vosges, avait bientôt suivi l'exemple du deuxième. Les officiers des bataillons de l'arrondissement signaient une affiche proclamant que l'Assemblée était le seul pouvoir régulier et que la garde nationale était indépendante du Comité central. Le commandant Barré, du 1er bataillon, était chargé de garder la mairie de Saint-Germain l'Auxerrois, que menaçaient les gardes du Comité, maîtres en ce moment du Louvre. Paris était déjà divisé comme en deux camps. La garde nationale, fidèle au pouvoir issu du suffrage universel, tenait le centre même de Paris, et occupait la gare Saint-Lazare, mais le tunnel des Batignolles, sur la route de Versailles, était au pouvoir des gardes du Comité ou, comme on disait, des *fédérés*, qui arrêtaient et visitaient les trains. Le reste de Paris appartenait au Comité, qui tenait l'état-major de la place Vendôme, dont quelques-uns voulaient le chasser. On avait même offert de pénétrer sur la place avec quelques hommes résolus en entrant par la porte de derrière du ministère de la justice et, une fois là, d'enlever l'état-major. L'espèce d'abdication de la population qui avait été évidente le lendemain du 18 mars, n'existait plus, et déjà les velléités de résistance étaient devenues des faits. Les gardes nationaux arrêtaient les estafettes, les aides de camp du Comité, dont les costumes fantaisistes, polonais ou italiens, faisaient le triste étonnement de Paris. Les journaux, dont on ne saurait trop louer l'attitude, déclarèrent que, « la convocation des électeurs étant un acte de souveraineté nationale, et l'exercice de cette souveraineté n'appartenant qu'aux pouvoirs émanés du suffrage universel, par suite, le Comité installé à l'Hôtel de ville n'avait ni droit ni qualité pour faire cette convocation, les représentants de journaux considéraient la convocation affichée pour le 22 courant comme nulle et non avenue, et engageaient les électeurs à n'en pas tenir compte. »

Cependant les députés de Paris, dont l'action fut beaucoup moins effective que celle des maires, et qui se contentèrent de publier des manifestes, les députés avaient déclaré que l'Assemblée nationale ayant voté, dans sa séance du 20 mars, l'urgence d'un projet de loi relatif aux élections du Conseil municipal de Paris, Paris devait attendre les décisions qui allaient être prises par l'Assemblée. La Chambre, comprenant en effet que la revendication de Paris était juste et que Paris avait le droit de se montrer peu satisfait, regrettait peut-être déjà les déplorables mesures prises à Bordeaux. Elle les regrettait, il faut l'avouer, un peu tard. Et d'ailleurs les mesures prises, contre toute légalité, par le Comité central, avaient sur les palliatifs de l'Assemblée l'avantage immédiat d'être absolument radicales. Par exemple, le Comité rapportait l'arrêté relatif à la vente des objets engagés au Mont-de-piété ; il prorogeait d'un mois les échéances des effets de commerce ; il décrétait que, jusqu'à nouvel ordre, les propriétaires et les maîtres d'hôtel ne pourraient congédier leurs locataires.

La séance de l'Assemblée du 21 mars présenta un intérêt tout exceptionnel. Après qu'une proclamation *au peuple et à l'armée* eut été adoptée à l'unanimité, M. Clémenceau prit la parole et adjura l'Assemblée de décréter les élections municipales à très bref délai, afin de rallier autour du gouvernement tous les partisans de la légalité. L'amiral Saisset, MM. Léon Say, Tolain et Tirard parlèrent énergi-

quement dans le même sens et M. Jules Favre, en p...
une vive émotion, combattit leurs conclusions. M. ...
monta trois fois à la tribune et déclara : « ... La loi s...
faite aussitôt que possible ; l'Assemblée la votera aus...
qu'elle le pourra... Paris aura ses droits ; mais ne ...
demandez pas de faire l'impossible, car la loi ser...
que je vous défierais de la mettre à exécution. » L'Asse...
« résolue, d'accord avec le pouvoir exécutif, à recons...
dans le plus bref délai possible, les administrations ...
cipales des départements et de Paris sur la base des ...
seils élus », passa à l'ordre du jour.

Il y eut le soir une nouvelle réunion des maires et des
députés de Paris. Ils rédigèrent une affiche adressée *à la
garde nationale et à tous les citoyens* et dans laquelle, se fondant sur le vote de l'Assemblée, qui garantissait à b...
délai les élections municipales, ils déclaraient nulles et
illégales les élections provoquées par le pouvoir insurrectionnel. « ... En attendant les élections légales et régulières,
... le devoir des bons citoyens est de ne pas répondre à un
appel qui leur est adressé sans titre et sans droit. Nous, vos
représentants municipaux, — nous, vos députés, déclaro...
donc rester entièrement étrangers aux élections annoncé...
pour demain et protestons contre leur illégalité. »

En présence de cette déclaration qui produisit un certain
effet sur la population, le Comité central crut devoir recul...
les élections d'un jour et les fixa au jeudi 2.. A l'Assemblé...,
le ministre de l'intérieur déposa le projet de loi sur les élections municipales et réclama l'urgence qui fut adoptée. Le
soir, les représentants de la Seine l'apprirent à leurs électeurs par une proclamation dans laquelle, en présence de
« la reconnaissance formelle du droit de Paris », ils faisaient
un nouvel appel à la concorde.

Il était trop tard, la lutte fratricide avait commencé, le
sang avait coulé. Depuis la veille, il n'était question que
d'une manifestation pacifique, et sans armes, qui devait
être faite, place Vendôme, par les partisans de l'ordre.
L'ordre était alors, comme toujours, un mot dont tous les
partis se faisaient une cocarde. Vermorel, au lendemain du
18 mars, fondait un journal et l'appelait *l'Ordre*. Le Comité
prétendait être l'ordre ; les manifestants poussaient ...
même cri : « Vive l'ordre ! » — Elle était fort maladroite
aussi, cette manifestation. On eût compris une tentative

rigoureuse pour reprendre, arracher l'état-major de la
garde nationale aux fédérés. On ne comprenait pas cette
promenade inutile qui devait fatalement amener un conflit.

Il n'en faut pas moins condamner hautement les hommes
qui ont osé tirer, ce jour-là, sur une foule, ceux qui ont
fait feu sur ce cortège désarmé d'où s'échappait aussi ce cri :
« Vive la République! » Lorsque la manifestation arriva,
devant la place Vendôme, à la hauteur de la rue Neuve-
Saint-Augustin, les gardes nationaux du Comité, se mettant
en ligne, tandis que sur la place on battait le rappel,
crièrent : « On ne passe pas, » à la foule qui hésita un
moment. — « Vive l'ordre! vive la République! — Vous ne
passerez pas! » — La foule avance; les chassepots des
gardes nationaux s'abaissent et la fusillade éclate. En un
moment, la rue de la Paix est vide. Les cinq ou six cents
personnes qui composaient la manifestation se dispersent,
répétant que, là-bas, on tue. Un témoin oculaire avait vu,
le matin, les gardes nationaux de la place boire largement
à des baquets pleins de vin. Après cette première décharge,
ces mêmes hommes tirent encore dans les rues adjacentes
sur les gens qui fuient. On a compté les morts. Ils étaient
nombreux, mais n'y en eût-il qu'un, ce jour-là était à jamais
souillé. Le coup d'État de la foule avait versé le sang
comme le coup d'État du despote. Cette journée de Mars
valait une journée de Décembre.

Lorsque Paris apprit la fusillade de la place Vendôme, il
fut transporté de courroux. Les fédérés, eux, semblaient
atterrés. Ceux-là mêmes qui venaient de faire feu, une
heure après avaient l'air inquiet, sombre. La nuit qui
suivit fut une nuit d'orage moral. Le sang bouillonnait, les
jeunes gens, les mobiles s'armaient, demandaient à marcher
sur l'état-major et à l'enlever. En présence de ce qui venait de se passer, les maires, usant des pouvoirs qui leur
avaient été conférés, rendirent un arrêté nommant, « provisoirement et vu l'urgence », l'amiral Saisset, commandant
supérieur de la garde nationale; le colonel Langlois, chef
d'état-major général; le colonel Schœlcher, commandant
en chef de l'artillerie de la garde nationale. En même
temps ils informèrent la garde nationale que le service de
solde et d'assistance était établi à la Bourse pour les bataillons dépendant des mairies envahies. Ces deux mesures

furent portées à la connaissance de la population dans la matinée du 23.

Le choix du vice-amiral Saisset, fait d'abord par le gouvernement, puis confirmé par les maires, n'était pas, disons-le nettement, fort heureux. Honnête homme, soldat admirable, d'une probité et d'une vaillance à toute épreuve, le vice-amiral Saisset ne connaissait point Paris et ne savait pas cette sorte de navigation à travers les foules. Faible d'ailleurs, facilement désarçonné, il devait empêcher bientôt d'aboutir une résistance qui eût pu être efficace. Le lieutenant-colonel Beaugrand avait, en effet, improvisé à l'amiral un état-major, qu'on avait eu le grand tort d'installer au Grand-Hôtel, sous le feu même des avant-postes fédérés. Ailleurs des centres de résistance légale s'organisaient. « L'École polytechnique, entre la place Maubert, aux souvenirs populaires, et celle du Panthéon, où campent jour et nuit quelques-uns des bataillons les plus dévoués au Comité central, reçoit la légion du cinquième arrondissement. Les premières compagnies qui viennent l'occuper s'y rendent sans bruit, le soir. Ce n'est encore qu'une conspiration ; le lendemain, c'est déjà une force assez sûre d'elle-même pour agir en pleine lumière. Toute la journée, les retardataires arrivent isolément ou par groupes, le fusil sur l'épaule. On les regarde passer non sans inquiétude, nul ne les arrête. A quelques mètres de la porte de l'école se tiennent attentifs les factionnaires de l'autre parti. Le second soir, les préparatifs étaient faits pour soutenir un siège et pour tenter au besoin une sortie agressive. Des adhésions inespérées étaient venues de la part de bataillons qui semblaient acquis au pouvoir insurrectionnel. »

La grande majorité des étudiants était ralliée à la cause de la légalité. Après plusieurs réunions, les jeunes gens des écoles, organisés militairement, se mirent à la disposition de l'amiral Saisset et de M. Salicis, lieutenant de vaisseau, qui, posté à l'École polytechnique, groupait autour de lui ces éléments de lutte.

A l'heure même où le vice-amiral Saisset était investi du commandement supérieur, quelques maires et adjoints de Paris se rendaient à Versailles pour essayer d'obtenir une conciliation entre l'Assemblée et Paris. Cette démarche était peut-être imprudente. Le maire du deuxième arrondissement redoutait qu'elle indisposât l'Assemblée. En dépit de ces observations, MM. Grivot, Callon, Loiseau-Pinson, etc., se rendirent à la Chambre. La même démarche avait eu lieu la veille, faite par MM. Desmarest, A. André et F. Favre, mais seulement auprès de M. Thiers. Au moment où les ma.... et les adjoints arrivèrent à l'Assemblée, la Chambre venait de voter, par 449 voix contre 79, une loi sur les volontaires appelés à défendre la souveraineté nationale. Un excellent discours de M. Tolain avait indiqué nettement le meilleur mode d'en finir avec toutes les difficultés : « Déclarez franchement le principe de la République et votez la loi municipale. »

C'est alors que M. Arnaud (de l'Ariège), maire et député de Paris, annonçant à l'Assemblée la présence de la délégation municipale, et son désir d'être entendue par la Chambre, vint déclarer, au milieu des rumeurs, qu'il fallait « s'unir de cœur avec Paris et ne former avec lui qu'une âme nationale et républicaine ». On devine de quelle façon l'Assemblée accueillit ces paroles. « Nous sommes venus tous à Versailles, continue pourtant l'orateur, nous donnant la main; voulez-vous nous autoriser à être les témoins?... (Rumeurs.)

« Nous désirons tous concilier la déférence que nous devons aux municipalités de Paris et les habitudes parlementaires. Je laisse au président le moyen de tout concilier. Il y a un moyen bien simple, qu'on assigne une tribune aux municipalités. (Cris tumulte.)

« M. LE PRÉSIDENT. — Rien n'est plus simple que de concilier les droits de l'Assemblée et la déférence que nous devons aux maires de Paris; il y a des maires qui sont députés, ils feront leur communication. Les autres maires pourront prendre place dans la tribune du président, que je mets à leur disposition.

« M. BAZE. — Quand j'ai été informé de l'arrivée de MM. les maires, j'ai, en ma qualité de questeur, offert des places distinguées (Rumeurs) à MM. les maires. »

(En ce moment les maires et les adjoints de la municipalité de Paris, revêtus de leurs insignes, entrent dans une des tribunes de droite, et sont accueillis par plusieurs salves d'applaudissements. Les membres de la gauche se lèvent en criant : « VIVE LA RÉPUBLIQUE ! » — Les maires saluent l'Assemblée et répondent par les cris de : « Vive la République! vive la France! vive l'Assemblée nationale! »)

Voix au centre et à droite. — « A l'ordre ! à l'ordre ! »

« M. DE CASTELLANE. — Nous ne pouvons supporter cela. »

(*Un grand nombre de députés siégeant à droite quittent leurs bancs, arrivent au pied de la tribune et interpellent vivement le président.*)

« M. BAZE. — Je demande à dire un mot sur ce qui se passe ici.

« Je le désavoue hautement et je n'ai pas autorisé cette manifestation!... »

Sans doute, et encore une fois, la démarche des représentants de la municipalité était peut-être intempestive, mais à coup sûr l'accueil que leur réservait l'Assemblée était irritant, maladroit, belliqueux. Lorsque Paris apprit le fait, il fut navré.

Le Comité central, en présence de la déclaration des maires et des députés, de l'attitude de la presse et du nombre des adhérents qui venaient se grouper sous le drapeau de la légalité, se vit obligé de reculer encore une fois la date des élections. Le *Journal officiel* du 23 annonça leur remise au dimanche 26. Le Comité, déjà à court d'argent, exigeait de la Banque un nouvel emprunt. Le 22, la Banque, autorisée par le gouvernement, lui avait avancé 500,000 francs. Pour faire échec à la nomination de Saisset, Schœlcher et Langlois au commandement supérieur de la garde nationale, le Comité nommait généraux Brunel, Eudes et Duval, « *en attendant l'arrivée du général Garibaldi, acclamé comme général en chef.* » Dans la proclamation que ceux-ci adressaient à la garde nationale, on remarquait cette phrase : « Tout ce qui n'est pas avec nous est contre nous, » dont le sens agressif n'était que trop clair. Déjà, dans sa proclamation du 23, annonçant la remise des élections, le Comité central avait dit : « La réaction nous déclare la guerre. *Nous devons accepter la lutte et briser la résistance.* » La situation ne pouvait se prolonger longtemps ainsi et la lutte dans Paris était imminente. A vrai dire, le Comité semblait la redouter. Il avait reculé déjà devant la protestation de ceux qui refusaient de voter le 22, et la proclamation suivante de l'amiral Saisset lui portait un nouveau coup en annonçant aux Parisiens que satisfaction allait leur être donnée :

« Chers concitoyens,

« Je m'empresse de porter à votre connaissance que, d'accord avec les députés de la Seine et les maires élus de Paris, nous avons obtenu du gouvernement de l'Assemblée nationale :

« 1° La reconnaissance complète de vos franchises municipales ;

« 2° L'élection de tous les officiers de la garde nationale, y compris le général en chef;

« 3° Des modifications à la loi sur les échéances;

« 4° Un projet de loi sur les loyers, favorable aux locataires jusques et y compris les loyers de 1,200 fr.

« En attendant que vous confirmiez ma nomination ou que vous m'ayez remplacé, je resterai à mon poste d'honneur, pour veiller à l'exécution des lois de conciliation que nous avons réussi à obtenir, et contribuer ainsi à l'affermissement de la République !

« Paris, le 23 mars 1871.

« *Le vice-amiral, commandant en chef provisoire,*

« SAISSET. »

Le Comité allait maintenant, tour à tour insinuant ou menaçant, lutter, non pas ouvertement, mais adroitement. Le principe des élections étant admis par l'Assemblée, M. Thiers demandant aux maires de Paris de tâcher d'obtenir que le vote coïncidât avec le vote général pour les conseils municipaux, il s'agissait de conclure un accord avec ce pouvoir passager, mais pouvoir de fait, qui s'appelait le Comité central. Des négociations furent entamées et des propositions d'arrangement furent portées au Comité central qui accepta les conditions du gouvernement en maintenant seulement la date du 26 pour les élections. Cette dernière prétention fit tout échouer et tout accord fut rompu.

Cet espoir de conciliation évanoui, il n'y avait plus qu'à combattre et de chaque côté on s'y préparait.

Le 24 mars, vers deux heures, le général Brunel, délégué du Comité, se présentait, escorté de quatre bataillons fédérés, qui traînaient avec eux quatre canons, devant la mairie du premier arrondissement. Introduit dans la salle de la mairie où se trouvaient réunis les officiers et où l'un des adjoints,

M. Méline, prévenu, se rendit aussitôt, il posa son ultimatum
Le Comité était décidé à faire faire les élections sans retard.
La discussion fut vive et se prolongea. Un instant, un conflit
parut imminent sur la place. Sur l'ordre du général Lisbonne,
les fédérés avaient chargé leurs canons et les avaient braqués sur la mairie. Il fallut l'attitude courageuse des bataillons de l'ordre qui se trouvaient là pour leur faire détourner
leurs pièces. On finit par convenir que, par un accord provisoire, le vote se ferait entre les mains des maires de Paris,
le jeudi 30 mars, et que chaque quartier serait gardé par
tous les bataillons locaux, sans distinction d'opinions.

La convention signée, MM. Méline, Ad. Adam, André
Murat, Poirier, le commandant Barré (1er bataillon), le
général Brunel et le commandant Protot (fédéré), se rendirent à la mairie du deuxième arrondissement où elle fut
ratifiée par les maires et les adjoints présents.

Peut-être n'eût-il point fallu traiter. Mais M. Thiers lui-
même espérait que les municipalités régulières sortiraient
réélues de l'urne, et que l'ordre renaîtrait ainsi. Il eût voulu
seulement qu'on *traînât* le plus longtemps possible. Gagner
du temps, à cette heure, c'était en effet gagner la partie. Le
Comité central avait alors 85,000 hommes de la nature de
ceux qui avaient tiré place Vendôme, et c'était chose grave
que d'engager le combat dans de telles conditions.

M. Vautrain, dans sa déposition, a raconté comment, après
qu'on eut admis en principe, pour le 30 mars, la convocation des électeurs, le Comité central revint sur sa promesse.

« Il y eut, dit-il alors, un fait très curieux. Sur le bruit de
cet accord, le soir même, sur les boulevards, des démonstrations d'une joie folle eurent lieu. Les bataillons fédérés
défilaient la crosse en l'air et criaient : « Plus de guerre
civile! Vive le travail! Vive la paix! » Telle a été, pendant
trois heures, l'attitude des boulevards. Le Comité central
sent que le terrain glisse sous ses pas, et que la population
lui échappe. En effet, la population, qui tournait à ce moment-là du côté des municipalités, se disait : « Puisque
« l'Assemblée nationale nous accorde le conseil municipal,
« plus de Comité central, plus de guerre civile, vive la
« paix! »

« Le Comité central sent le danger; le soir même il délibère. Il revient le lendemain dire : « Non, nous ne pouvons
« plus accepter le délai jusqu'au 30. Nous n'avons pas con-

M. LE GÉNÉRAL CHANZY

« fiance dans l'Assemblée, et nous ne pouvons accord r
« jusqu'au 30 : il faut tout de suite un accord, ou le combat
« s'engage aujourd'hui même. »

La situation renaissait donc avec toutes ses difficultés. Le
Comité, manquant à sa promesse, trahissant sa parole,
forçait les maires à traiter. Peut-être eût-il fallu livrer la
bataille. Mais, si elle eût été perdue, c'en était fait de l'Assemblée, la Prusse intervenait, et que faisait-on de la
France ?

Il y avait une chance dans cet accord, c'était que la majorité des électeurs fût acquise aux maires. Il y avait un autre
but certain : on faisait gagner huit jours de plus à Versailles. Ces huit jours ont sauvé l'Assemblée. Lorsque le
délégué du Comité, Arnold, parlant aux maires, s'écriait :
« Nous sommes bien bons de discuter quand nous pourrions
en finir d'un seul coup, » il avait raison : M. Thiers n'avait
pas un régiment solide à opposer aux fédérés, pas une compagnie, disait-il, pour occuper un poste de Paris.

Donc on céda. Les maires ont injustement été accusés
d'avoir transigé avec leur devoir. Encore un coup, ils obéissaient au pouvoir central et gagnaient du temps. Une convention fut signée, que le Comité central fit afficher en la
alsifiant, mais dont voici le texte exact, copié sur la minute
même :

RÉPUBLIQUE FRANÇAISE

Liberté, Égalité, Fraternité.

« Les députés de Paris, les maires et adjoints élus, réinté-
grés dans les mairies de leurs arrondissements et les membres du Comité central fédéral de la garde nationale, convaincus que le seul moyen d'éviter la guerre civile, l'effusion
du sang à Paris, et en même temps d'affermir la République,
est de procéder à des élections immédiates, convoquent
pour demain dimanche tous les citoyens dans les collèges
électoraux.

« Les bureaux seront ouverts à huit heures du matin et
seront fermés à minuit.

« Les habitants de Paris comprendront que, dans les
circonstances actuelles, le patriotisme les oblige à venir
tous au vote afin que les élections aient le carac-

tère sérieux qui seul peut assurer la paix dans la cité.
« Vive la République !

« *Les représentants de la Seine présents à Paris :*

« G. CLÉMENCEAU, FLOQUET, GREPPO, ED. LOCKROY, TOLAIN.

« Les maires et adjoints de Paris :

« 1er arrondissement : AD. ADAM, J. MÉLINE, adjoints ;
— 2e arrondissement : ÉMILE BRELAY, LOISEAU-PINSON,
adjoints ; — 3e arrondissement : BONVALET, maire; CH. MURAT,
adjoint ; — 4e arrondissement : VAUTRAIN, maire ; DE CHA-
TILLON, CH. CALLON, CH. LOISEAU, adjoints ; — 5e arrondissement : COLLIN, JOURDE, adjoints ; — 6e arrondissement :
ALBERT LEROY, adjoint ; — 9e arrondissement : DESMAREST,
maire ; — 10e arrondissement : A. MURAT, adjoint ; —
11e arrondissement : MOTTU, maire ; BLANCHON, TOLAIN,
adjoints ; — 12e arrondissement : A. GRIVOT, maire ; DENIZOT,
DUMAS, TURILLON, adjoints ; — 13e arrondissement : COMBES,
LÉO MEILLET, adjoints ; — 15e arrondissement : JOBBÉ-DUVAL,
adjoint ; — 16e arrondissement : E. SEVESTE, adjoint ; —
17e arrondissement : F. FAVRE, maire ; JALON, VILLENEUVE,
CACHEUX, adjoints : — 18e arrondissement : CLÉMENCEAU,
maire ; — 19e arrondissement : DEVAUX, SARTORY, membres
de la commission administrative.

« Les membres du Comité central délégués :

« G. RANVIER, G. ARNOLD. »

Ainsi, c'en était fait. Le Comité central obtenait ce qu'il
avait voulu. Après avoir tout promis, il ne tenait aucune
promesse. Il devait céder les mairies, il les gardait. Il
s'était un moment engagé à remettre l'Hôtel de ville à la
municipalité, il s'y retranchait. Paris, confiant dans l'accord
qui semblait renaître, avait désarmé. Le vice-amiral
Saisset, désorganisant tout à fait la résistance, était parti
le soir du 24 sans prévenir personne. La grande ville se
sentait décidément abandonnée. Et le jour du vote était
venu. Bien des gens déclaraient qu'il fallait s'abstenir,
d'autres, au contraire, qu'il fallait battre le Comité par la
légalité même et faire sortir de l'urne des noms purs de
tout alliage. Les sections de vote, dans cette journée du
26 mars, étaient singulièrement silencieuses. Pour faciliter

le vote, le Comité avait décidé que deux témoins suffisaient pour certifier l'identité du votant. Votait qui voulait, pour mieux dire.

Le soir, le Comité central, grossi d'alluvions récentes, faisait proclamer que, sa mission étant terminée, il allait céder la place aux nouveaux élus.

CHAPITRE III

Après le vote. — Les élus. — La Commune est proclamée solennellement. — Les premiers décrets. — Son programme. — Situation critique du gouvernement à Versailles. — Préparatifs militaires de la Commune. — Premiers engagements. — Neuilly, Courbevoie, le Mont-Valérien, Bellevue. — Mort de Duval. — Mort de Flourens. — Proclamation de la Commune après ces échecs militaires.

Le vote du 26 mars, qui avait attiré au scrutin — et ce fut l'argument des partisans de la Commune en faveur de la légitimité du gouvernement nouveau — un nombre considérable d'électeurs (146,418), séparait davantage de l'Assemblée la capitale révoltée et décidée à vivre de sa vie propre. Jusqu'à cette date, bien des gens avaient refusé de prendre au sérieux le Comité central qui allaient, maintenant, accepter la Commune. L'insurrection semblait légalisée. Paris avait maintenant un pouvoir, un gouvernement spécial. Cette organisation de la *Commune* qui, depuis le mois d'octobre 1870, était devenue l'idéal confus du plus grand nombre, allait donc être mise en pratique !

Les élus de Paris, au 26 mars 1871, étaient au nombre de quatre-vingt-six ; treize de ces élus appartenaient au Comité central : c'étaient Bergeret, à peine connu huit jours auparavant ; Ranvier, peintre de faïences ; Billioray, peintre de hasard et modèle à l'occasion ; Henry Fortuné, Babick, cerveau exalté, raison disparue, cœur doux et bon ; Géresme, Eudes, dont le nom avait été mis en lumière par le meurtre des pompiers de la Villette ; Jourde, homme de lettres manqué, mais comptable remarquable ; Blanchet, aventurier dont le véritable nom était Pourille ; Brunel, depuis tristement célèbre, incendiaire du *Tapis rouge ;* Clovis Dupont, Mortier et Antoine Arnaud. Vingt élus appartenaient au groupe blanquiste, à la presse ardente : c'étaient Blanqui, Tridon, Protot, Rigault, Ferré, Chardon, Arthur Arnould, Jules Vallès, Verdure, Cournet, J.-B. Clément, Paschal Grousset, Jules Miot, Gambon, qui, à Bordeaux, avait vanté le drapeau rouge ; Félix Pyat, Delescluze, Vermorel et Flourens. Blanqui, arrêté et détenu depuis la veille du 18 mars, ne siégea jamais à la commune. M. Ranc devait donner bientôt sa démission. Dix-sept membres seulement faisaient partie de l'*Internationale :* Varlin, Theisz Avrial, B. Malon, Langevin, Victor Clément, Duval, Franckel, celui-ci Prussien, Assi, Vaillant, Beslay, Pindy, Chalain, Clémence, Eugène Gérardin, Lefrançais et Dereure. La partie républicaine modérée, la partie *bourgeoise* de la Commune était composée de dix-sept membres qui, tous ou presque tous, faisaient partie des municipalités parisiennes. C'étaient MM. Desmarest, E. Ferry, Nast, A. Adam, Méline, Rochard, Barré, Brelay, Loiseau-Pinson, Tirard, Chéron, Alb. Leroy, Ch. Murat, docteur Marmottan, de Bouteiller, E. Lefèvre, docteur Robinet. Ces deux derniers devaient, dans les premiers jours d'avril, donner leur démission avec M. Ranc. Les quinze autres se déclarèrent démissionnaires, dès les premières réunions de la Commune. Le reste de l'Assemblée communale était composé des orateurs, des célébrités de réunions publiques, personnalités tapageuses, douées de ce déplorable don, si contraire à la profondeur et à la netteté de la pensée : la facilité de parole. C'étaient : Régère, Oudet, Rastoul, Jules Allix, l'homme des *escargots sympathiques,* honnête et peu pratique, Amouroux, etc., dont les noms reviendront plus d'une fois sous notre plume.

Il faut le reconnaître, c'est surtout, non pas à Blanqui, mais au parti blanquiste, qu'on doit demander compte des fureurs qui signalèrent le règne de la Commune de Paris. Les membres de l'Internationale jouèrent, dans cette période, moins de rôle que les révolutionnaires doctrinaires et les littérateurs de l'école.

Ces littérateurs de la Commune se divisaient en deux sectes distinctes : l'école de la tradition jacobine, que représentaient Félix Pyat et Delescluze, et, si je puis dire, l'école de l'anarchie en littérature, personnifiée par M. Jules Vallès, n'admettant ni règles, ni traditions, ni maîtres, ni modèles, ni souvenirs. « Il faut être de son temps! » disaient ceux-ci. Les adeptes de Félix Pyat eussent volontiers dit, au contraire : « Il faut être du temps passé! » Ils recommençaient l'histoire, et, comme on avait eu une parodie du premier empire, la France vit bientôt, si l'on peut dire, le règne de *Quatre-vingt-treize le petit.*

M. Vermorel avait été de ceux qui, les premiers, dans les petits journaux du quartier latin, combattirent le régime impérial. Il y avait, à côté de Vermorel, dans ces journaux de la rive gauche, acides et attirants comme des fruits verts, plusieurs jeunes hommes qui rêvaient aussi la République future, mais qui la voulaient féconde, noble et sereine, bien différents de ceux qui lui donnaient encore, dans leurs rêves, l'apparence d'une furie de faubourg. Tridon d'abord, puis Raoul Rigault furent de ces derniers. Exalté, l'esprit embrasé et violent, Tridon ne voyait de salut pour la France que dans l'idée hébertiste, le règne et les lois de ces *tapedur* des Gravilliers que condamnait stoïquement Saint-Just. Il exécrait, il proscrivait tout ce qui dit girondin, décentralisateur, libéral ; — *libéral, c'est le diminutif de libre,* disait-il avec l'épigramme de Lebrun. Il était l'ennemi né de toute discipline religieuse ou politique.

Personne n'eût pu deviner qu'il y avait, dans ce petit homme gouailleur, dans ce plaisantin de tabagie nommé Raoul Rigault, un meurtrier qui aurait son heure. On ne voyait en lui qu'un fantaisiste partageant son admiration entre Hébert et Rabelais, — s'amusant à stupéfier les gens par des folies de langage, affectant d'enlever le mot *saint* aux rues de Paris, et, fier de quelque calembour, disant inévitablement *le pont des toujours (semper)* pour ne point nommer le *pont des Saints-Pères ;* — une sorte de brouillon et de bourdon, écrivant peu, sans idée à coup sûr et sans style, faisant son académie de la police correctionnelle, se tirant habilement, trop habilement, disait-on, des griffes de la justice, toujours compromis, toujours poursuivi, toujours riant, une sorte de commis-voyageur de l'hébertisme, le Gaudissart de la Commune de Paris. Et voilà qu'un jour ce gamin haineux proscrit, arrête, condamne et tue! Quelle épouvante! Quelles heures sinistres que celles où de telles individualités, faites pour végéter et croupir dans les bas-fonds, paresseuses et inutiles, tiennent en main la puissance

et affirment leur pouvoir éphémère par des forfaits qu'on
n'oubliera pas !

Les instincts policiers de Rigault s'étaient, il est vrai,
révélés dès Septembre. Il s'attachait alors à poursuivre ceux
qui l'avaient traqué sous l'empire. La ceinture du commissaire de police servait de bretelles à son pantalon frangé.
Quelles joies, quels aboiements de chien de chasse il poussait alors! Il se sentait à l'aise dans ces couloirs sombres de
la Préfecture où il devait bientôt marcher en maître suprême. Puis il allait, parcourant les rues, guettant, interrogeant les maisons, comme un de ces agents épiques de
Balzac ou de Poë qu'ont poétisés tristement les romans
d'aventures des dernières années de l'empire. On eût pu
déjà deviner le bourreau en apercevant le délateur.

Quel assemblage de physionomies hybrides avait recru-
tées la Commune ! La nature même semblait avoir désigné
Vésinier pour en faire partie. Ce macabre bossu devait être
du festin. Secrétaire d'Eugène Süe, il se donnait d'habitude
pour son collaborateur. Il écrivait, dans un jargon douteux,
d'obscènes romans que le dégoût fait tomber des mains à
la deuxième page : les *Nuits de Saint-Cloud*, le *Mariage
d'une Espagnole*, de ces pamphlets hideux et bêtes que débi-
taient les libraires belges et que leurs catalogues attri-
buaient, — quelle ironie ! — à l'intègre M. Schœlcher.

Paschal Grousset apportait à la cause de la Commune sa
vigueur de jeunesse, son audace corse et son élégant scep-
ticisme ! Ceux qui l'avaient connu jadis, improvisant, çà et
là, des articles de science ou de fantaisie, des causeries, de
la politique ou du roman, le regardaient comme un impatient guettant l'occasion et prêt à la faire naître, décidé à
profiter de toute ouverture du sort, mais nul ne soupçonnait
qu'il dût un jour jouer dans la Commune un rôle violent.

Mais, avec le temps et avec les revers, cette intelligence intrépide qui s'aigrissait devint du mécontentement et de l'audace. Ne pouvant convaincre, instruire ou charmer, il se
contenta d'oser. Il osa beaucoup. Il osa, au moment de la
manifestation de la place Vendôme bientôt étouffée dans
le sang, ramasser, pour l'adopter à l'usage de la Commune,
la phrase fameuse du césarisme : *Que les bons se rassurent et
que les méchants tremblent.* Il osa faire commerce de politesse avec le Prussien campé à nos portes, insolent et rail-

leur. Il osa, lui sceptique, se montrer plus implacable que les exaltés et les fous.

Comme il dut mépriser tous ceux qu'il rencontra dans cette mêlée, ce vieux et sévère Delescluze, que nous regardions comme une sorte d'ancêtre, pâle, maigre, barbe et cheveux blancs, creusé et bronzé par la souffrance et dont saluaient l'honnêteté austère ceux-là mêmes qui combattaient son jacobinisme étroit et dur ! De quelle amertume profonde dut-il être saisi en se voyant confondu avec ces romanciers de hasard, ces conspirateurs de boudoir et ces politiques d'estaminet ! Sans doute, désespérant de sauver sa mémoire du gouffre où il venait de la jeter, le vieux proscrit de la Guyane résolut au moins d'y laisser sa vie. Il voulut mourir, dit-on. Il avait raison de le vouloir. Dans cette tourmente effroyable, il laissait à la fois son existence et son honneur. Il eût été de tous le plus coupable s'il eût survécu, car il avait pour ses collègues, devenus ses complices, le sentiment qu'il avait toujours eu pour ceux qui tremblent, le mépris.

Ainsi la Commune était nommée et tenait l'Hôtel de ville. « Eh bien ! Bourrienne, disait un jour Bonaparte, nous voilà donc aux Tuileries ? Maintenant il faut y rester. » Les membres de la Commune pouvaient dire comme Bonaparte. Le difficile n'est pas de faire une révolution, mais de la faire durer. L'installation de la Commune eut lieu avec une solennité véritable. De grandes draperies rouges, à crépines d'or, couvraient la façade de l'Hôtel de ville. Le buste de la Liberté, coiffé d'un bonnet phrygien, se dressait sur un fût de colonne, entre les plis flottants des drapeaux rouges. Les membres du Comité central, ceints d'écharpes rouges à franges d'argent, ceux de la Commune, écharpes rouges à franges d'or, siégeaient sur l'estrade. Assi présidait cette cérémonie dont la mise en scène grisait et montait aux cerveaux. Des salves d'artillerie, des fanfares de *Marseillaise* emplissaient l'air de canonnades et de coups de clairon. Le défilé des bataillons devant l'estrade ne manqua ni d'enthousiasme ni de fièvre. Beaucoup de gens crurent, de bonne foi, que dès lors toute guerre civile était terminée.

Cependant il fallait, dès l'abord, prendre des mesures, il fallait les prendre au hasard peut-être, mais les prendre, avoir l'air d'agir, sinon agir. La Commune n'y manqua point. Elle décréta l'abolition de la conscription (29 mars),

ajoutant que tous les citoyens valides faisaient partie de la
garde nationale. Elle fit remise à tous les locataires parisiens des termes d'octobre 1870, janvier et avril 1871. Paris
s'emplit de déménagements subits. Un autre décret s'appli-
quait aux objets engagés au Mont-de-Piété. Le *Comité central*, décidé à ne pas abdiquer devant la Commune, déclara
donner son *adhésion pleine et entière* à ces trois décrets. Lui-
même convoquait tous les bataillons de la garde nationale
à des élections nécessaires pour compléter les cadres et
pour composer la délégation de la *fédération républicaine*.
Ainsi, malgré la parole donnée, le Comité subsistait même
après l'élection de la Commune.

Paris était la proie de ces deux pouvoirs unis en apparence et rivaux en réalité. La Commune, pour prendre le
pas sur le Comité, s'empressait, dans un style un peu vague,
de formuler son programme immédiat.

L'œuvre première de nos élus, faisait-elle dire dans son
organe officiel (numéro du 27 mars), devra être la discussion
et la rédaction de leur charte, de cet acte que nos aïeux *du
moyen âge* appelaient leur Commune. Ceci fait, il lui faudra
aviser aux moyens de faire reconnaître et garantir par le
pouvoir central, quel qu'il puisse être, ce statut de l'autonomie municipale. Cette partie de leur tâche ne sera pas la
moins ardue si le mouvement, localisé à Paris et dans une
ou deux grandes villes, permet à l'Assemblée nationale
actuelle d'éterniser un mandat que le bon sens et la force
des choses limitaient à la conclusion de la paix, et qui déjà
se trouve depuis quelque temps accompli.

« A une usurpation de pouvoir, la Commune de Paris
n'aura pas à répondre en usurpant elle-même. Fédérée
avec les Communes de France déjà affranchies, elle devra,
en son nom et au nom de Lyon, de Marseille et bientôt
peut-être de dix grandes villes, étudier les clauses du con-
trat qui devra les relier à la nation, pour l'ultimatum du
traité qu'elles entendent signer.

« Quel sera cet ultimatum? D'abord, il est bien entendu
qu'il devra contenir la garantie de l'autonomie, de la souveraineté municipale. En second lieu, il devra assurer le
libre jeu des rapports de la Commune avec les représentants de l'unité nationale.

« Enfin, il devra imposer à l'Assemblée, si elle accepte de
traiter, la promulgation d'une loi électorale telle que la

représentation des villes ne soit plus à l'avenir absorbée et comme noyée dans la représentation des campagnes. Tant qu'une loi électorale conçue dans cet esprit n'aura pas été appliquée, l'unité nationale brisée, l'équilibre social rompu, ne pourraient pas se rétablir.

« A ces conditions, et à ces conditions seulement, la ville insurgée redeviendra la ville capitale. »

Pendant ce temps, M. Thiers s'occupait de déclarer à l'Assemblée nationale ce qu'il entendait faire et quel était son but : il s'élevait contre l'arrière-pensée qu'on lui prêtait de renverser la République :

« Nous ne voulons, disait-il, que précipiter une chose : la convalescence et la santé du pays. (Vive approbation.) *A ceux qui disent que nous voulons renverser la République, je leur donne un démenti formel; ils mentent au pays et veulent le troubler en disant cela.* (Nouvelles marques d'approbation.)

« *Nous avons trouvé la République établie. C'est un fait dont nous ne sommes pas les auteurs, mais je ne la trahirai pas. Je le jure devant Dieu.* La réorganisation du pays sera notre seule préoccupation, et ils mentent cent fois, les misérables qui osent se servir de cet argument pour troubler le pays. (*Mouvement.*)

« Savez-vous à qui appartiendra le résultat? Aux plus sages. Travaillez, tâchez de remporter le véritable prix pour gouverner, le prix de la raison et de la bonne conduite. Quant à moi, je ne puis accepter d'autre responsabilité que celle que je prends ici. »

Le gouvernement de Versailles était mal gardé. Des troupes indisciplinées, hésitantes, pouvaient difficilement soutenir l'attaque des fédérés si cette attaque se produisait. L'arrivée à Versailles du 69e de marche, d'un détachement du 43e et d'une section d'artillerie qui, campés au Luxembourg, avaient, grâce à l'énergie du lieutenant-colonel Périer (du 69e), traversé Paris sans se rendre, et en ordre de bataille, avait apporté un peu d'aide à la situation. Mais le temps pressait : déjà la Commune organisait contre Versailles son plan de campagne. Les impatients poussaient la Commune à l'action. « On parle déjà, dans l'*Officiel* du 26, de s'entendre sur le pouvoir central, disait Jaciard (27 mars). Il n'y a qu'un pouvoir central. Il n'y a qu'un moyen de s'entendre avec Versailles, c'est de l'enlever. Je m'inscris comme volontaire. » *Écrasez l'Assemblée,* répétait le *Père Duchène.*

Cent mille baïonnettes luiront bientôt autour du théâtre de Versailles!

Évidemment la Commune devait et allait agir. C'était le 2 avril, un dimanche. Les fédérés, sur le conseil de Cluseret, se divisèrent en trois colonnes, dont l'une attaquerait les troupes de Versailles par Clamart, et l'autre ferait une diversion sur le Mont-Valérien, tandis que la troisième opérerait un mouvement tournant par le Bas-Meudon. Le seul objectif, on le voit, était Versailles. La veille, un engagement avait eu lieu, à Courbevoie, entre la troupe et les fédérés. Un moment, les soldats paraissant hésiter, on en avait fusillé sur-le-champ. La mort du chirurgien Pasquier, de la gendarmerie, tué par les fédérés alors qu'il s'avançait en parlementaire, avait exaspéré les soldats. Le 3 avril, les gardes nationaux croyaient, sur un renseignement apporté par Lullier, que le Mont-Valérien était, comme les autres forts, abandonné par l'armée. Il l'avait été, en effet, durant quelques heures, mais le lieutenant-colonel de Lockner ayant demandé des troupes au général Vinoy, celui-ci lui avait envoyé, pour réoccuper le fort, un bataillon du 119e. Lorsque les fédérés, conduits par le général Bergeret, en calèche, arrivèrent vers sept heures du matin devant le Mont-Valérien, ils furent, contre toute attente, salués par une volée de mitraille. Coupée instantanément, la colonne se dispersa en désordre en criant *Trahison!* A cette heure même, les journaux recevaient et allaient publier la courte dépêche qui devait être bientôt démentie : *Bergeret et Flourens ont fait leur jonction; ils marchent sur Versailles. Succès certain.* Une autre dépêche, devenue ironiquement fameuse, devait annoncer que Bergeret *lui-même* était à la tête de ses troupes.

Pendant que les fédérés effarés se repliaient sous le feu assez peu meurtrier du Mont-Valérien, la colonne du général Duval, qui marchait sur Clamart, était brusquement arrêtée, au-dessous de Bellevue, devant la maison dite des Quatre-Tourelles, par des gendarmes, au nombre de six ou huit cents, qui, solides à leurs postes, embusqués dans les villas, derrière les murs, disputèrent le passage à près de trois mille hommes durant de longues heures, jusqu'au moment où trois pièces d'artillerie, installées sur la terrasse de Meudon, refoulaient les assaillants qui se repliaient, battus sur le fort d'Issy.

C'est de ce côté que, le général Duval et son état-major
ayant été faits prisonniers, vers Clamart, par un bataillon
de chasseurs à pied, le général Vinoy demanda :

— Où est monsieur Duval?

Duval sortit des rangs.

— Quel est le sort que vous me réserviez si j'étais tombé
entre vos mains? demanda le général Vinoy à Duval.

— Je vous aurais fait immédiatement fusiller! répondit
celui-ci sans hésiter.

— Eh bien! vous venez de prononcer votre sentence...

Duval, qui avait demandé, avant l'arrivée du général
Vinoy, un chassepot à un capitaine de chasseurs à pied, afin,
disait-il, *de se faire sauter la cervelle*, sauta lui-même bravement, pour se placer devant le peloton d'exécution, un fossé
dans lequel on devait l'enterrer. Il ôta sa tunique, la plia,
la jeta à terre et cria : « En joue, feu! Vive la République! »
En même temps que lui un ancien tambour-major de
l'armée, capitaine de la garde nationale, et un autre officier
de Duval furent passés par les armes.

Presque en même temps, à Chatou, le général de Gallifet
faisait fusiller, sur la place de la mairie, des fédérés pris les
armes à la main. L'humanité se voilait la face et le carnage
était commencé, ou plutôt les fusillades de Clamart et de
Chatou répondaient, funèbres, aux meurtres inexpiables de
Montmartre.

Duval n'avait pas succombé seul. Un autre était tombé
qui, jeune comme lui, semblait destiné à vivre. Le 30 mars,
le greffier du Palais de justice, Morel, avait vu arriver dans
la salle des Pas-Perdus un général en grand costume. C'était
Gustave Flourens.

— Citoyen greffier, s'écrie-t-il, donnez-moi mes armes;
il me les faut.

— Je suis un dépositaire public, répondit M. Morel, et je
ne puis me dessaisir d'un scellé sans un ordre régulier.

— Moi, dit Gustave Flourens, je suis le général commandant la 20e légion, et je vous somme d'obtempérer à l'ordre
que je vous donne.

En présence de cette insistance qui ne souffrait guère de
réplique, le greffier remit le scellé n° 23, composé ainsi :
un revolver dans son étui (arme de prix), une cartouchière
avec cartouches, un sabre d'officier et un ceinturon. Ces
objets avaient été saisis sur Flourens le 6 décembre 1870, et

déposés, le lendemain, au greffe par l'état-major de la place.

Gustave Flourens laissa au greffier un autographe ainsi conçu :

« Ordre est donné au greffier de la 3ᵉ chambre, malgré tout refus qui pourrait intervenir de sa part, de me restituer les armes qui m'ont été saisies le 6 décembre, le sommant de me les rendre immédiatement contre la décharge que j'offre de lui donner.

« Le général commandant la 2ᵉ légion,

« G. FLOURENS,

« membre de la Commune. »

Quatre jours après, le 3 avril, à Rueil, dans une petite maison isolée, toute peinte en rouge, que l'on voit aux bords de la Seine, Flourens, sans autre suite qu'un Italien, officier de son état-major, déchargeait son revolver sur des gendarmes qui pénétraient dans la maison. Saisi par les gendarmes, Flourens était traîné hors du logis, et un officier lui portant à la tête un coup de son sabre lui fendait le crâne qui éclatait « comme une grenade mûre ». Ainsi mourait ce jeune homme dont la vie avait été si agitée et si courte.

La stupeur de Paris fut grande, lorsqu'il apprit le premier échec des troupes fédérées. Les gardes nationaux, dégoûtés du combat, semblaient renoncer déjà à la résistance. La Commune, par la voie de sa Commission exécutive, électrisa les combattants et réveilla leur colère. Elle leur fit croire, ce qui était faux, que les royalistes de Charette et les zouaves pontificaux combattaient dans les rangs de l'armée de Versailles, lorsque pas un volontaire de Charette ne brûla une amorce dans ces rencontres et ne fut incorporé dans l'armée.

« Les conspirateurs royalistes ont ATTAQUÉ, — s'écriait l'affiche de la Commune.

« Malgré la modération de notre attitude, ils ont ATTAQUÉ.

« Ne pouvant plus compter sur l'armée française, ils ont ATTAQUÉ avec les zouaves pontificaux et la police impériale.

« Non contents de couper les correspondances avec la province et de faire de vains efforts pour nous réduire par la famine, ces furieux ont voulu imiter jusqu'au bout les Prussiens et bombarder la capitale.

« Ce matin, les chouans de Charette, les Vendéens de Cathelineau, les Bretons de Trochu, flanqués des gendarmes de Valentin, ont couvert de mitraille et d'obus le village inoffensif de Neuilly et engagé la guerre civile avec nos gardes nationaux.

« Il y a eu des morts et des blessés.

« Élus par la population de Paris, notre devoir est de défendre la grande cité contre ces coupables agresseurs. Avec votre aide, nous la défendrons.

« *La Commission exécutive,*

« BERGERET, EUDES, DUVAL, LE FRAN-
ÇAIS, FÉLIX PYAT, G. TRIDON, E.
VAILLANT. »

C'en était fait maintenant. Des deux parts, la rage n'allait que croître et la France effarée allait assister au plus effroyable duel qui ait épouvanté son histoire.

CHAPITRE IV

Décret sur les otages. — Le général Cluseret est nommé *délégué à la guerre.* — L'enrôlement forcé, dix-neuf à quarante ans. — La chasse aux réfractaires. — Constitution de la cour martiale. — Le maréchal de Mac-Mahon prend le commandement en chef de l'armée de Versailles. — Progrès sensibles de l'armée. Le général Dombrowski. — La Commune et les puissances étrangères. — La Commune et les autorités prussiennes. — Les décrets de la Commune : Jules Vallès. — Les généraux Wrobleski et La Cécilia. — Destitution de Cluseret. — Il est remplacé par Rossel.

La guerre sociale était déchaînée. La Commune de Paris déclarait, dans une proclamation datée du 5 avril, qu'elle rendrait « *œil pour œil et dent pour dent* » à ses ennemis. Dans la rage soudaine qu'elle éprouvait devant l'échec essuyé par ses troupes, elle rendait soudain un des décrets les plus sévères qu'on ait pu trouver, ce décret farouche des otages, emprunté à la méthode belliqueuse prussienne ou plutôt aux mœurs détestables des époques barbares.

« La Commune de Paris,

« Considérant que le gouvernement de Versailles foule ouvertement aux pieds les droits de l'humanité comme ceux de la guerre ; qu'il s'est rendu coupable d'horreurs dont ne se sont même pas souillés les envahisseurs du sol français ;

« Considérant que les représentants de la Commune de Paris ont le devoir impérieux de défendre l'honneur et la vie des deux millions d'habitants qui ont remis entre leurs mains le soin de leurs destinées ; qu'il importe de prendre sur l'heure toutes les mesures nécessitées par la situation ;

« Considérant que des hommes politiques et des magistrats de la cité doivent concilier le salut commun avec le respect des libertés publiques,

« DÉCRÈTE :

« Article 1er. Toute personne prévenue de complicité avec le gouvernement de Versailles, sera immédiatement décrétée d'accusation et incarcérée.

« Art. 2. Un jury d'accusation sera institué dans les vingt-quatre heures pour connaître des crimes qui lui seront déférés.

« Art. 3. Le jury statuera dans les quarante-huit heures.

« Art. 4. Tous accusés retenus par le verdict du jury d'accusation seront *les otages du peuple de Paris.*

« Art. 4. Toute exécution d'un prisonnier de guerre ou d'un partisan du gouvernement régulier de la Commune de Paris, sera sur-le-champ suivie de l'exécution d'un nombre triple des otages retenus en vertu de l'article 4, et qui seront désignés par le sort.

« Art. 6. Tout prisonnier de guerre sera traduit devant le jury d'accusation, qui décidera s'il sera immédiatement remis en liberté ou retenu comme otage.

« Hôtel de ville, 5 avril 1861. »

Tandis que M. Rochefort réclamait, dans son journal, le nom de l'homme qui avait si maladroitement combiné cette malencontreuse expédition, les membres de la Commission exécutive de la Commune, jugeant que, dans les graves circonstances qu'on traversait, il importait d'établir « l'unité dans les services administratifs de la guerre, » attribuèrent au seul général Cluseret la direction de cette administration de la guerre. Les généraux Eudes et Bergeret se trouvaient donc remplacés par ce personnage singulier, dont ses collaborateurs eux-mêmes ont durement flétri la mémoire.

Cluseret, ancien commandant du 23e bataillon de garde mobile, avait combattu, en juin 1848, les idées qu'il allait défendre en 1871, et il revendiquait l'honneur d'avoir élevé le premier les barricades de la rue Saint-Jacques. Décoré pour ce fait de la Légion d'honneur, il passa aux chasseurs à pied et y commanda une compagnie jusqu'au jour où il lui fallut donner sa démission pour une affaire de couvertures de campement survenue à Cherchell. Combattant bravement, quelques années après, pendant la guerre d'Amérique, Cluseret s'était fait à Paris une certaine réputation en attaquant avec vigueur le gouvernement impérial et en se retranchant derrière son titre de citoyen américain, dès que les agents de police intervenaient dans son existence. Habile à la guerre, disait-on, quoiqu'il ne l'ait point prouvé, Cluseret s'occupa, dès son entrée en fonctions, d'organiser Paris de façon à le mettre en état absolu de défense. Un rapport qu'il adressa bientôt aux membres de la commission exécutive faisait connaître son opinion sur cette défense, Cluseret définissait ainsi la garde nationale: « Soldats *excellents*, officiers *mêlés*. » Il appelait l'armée de l'Assemblée les *Prussiens de Versailles*. En mettant à l'ordre du jour un bataillon qui avait pris, disait-il, — l'erreur était manifeste, — une mitrailleuse aux Versaillais, en citant avec éloges le 101e bataillon (commandant Sérizier), devenu si tristement fameux, il conviait chaque bataillon parisien à imiter le 101e. Il s'élevait peu après, dans un ordre du jour, contre la « manie ridicule du galon, des broderies, des aiguillettes, » qui sévissait sur les officiers de la Commune, et donnait à cette guerre farouche comme un aspect de mascarade. Il rappelait à tous que la discipline seule donne la victoire. Déjà il avait ainsi, trois jours auparavant, réglé la composition des bataillons de Paris;

LE PRINCE NAPOLÉON

MINISTÈRE DE LA GUERRE

« Les compagnies de marche seront immédiatement réorganisées.

« Les officiers, sous-officiers et gardes entreront en solde à partir du 7 avril.

« Les gardes toucheront 1 fr. 50 et les vivres.

« Les sous-officiers, 2 francs.

« Les officiers, 2 fr. 50.

« Quand les compagnies agiront en dehors du service, les officiers toucheront la solde de leur grade dans l'armée.

« Les quatre compagnies de chaque bataillon éliront un chef de bataillon spécial.

« Les élections auront lieu le 6 avril.

« La revue sera passée au Champ-de-Mars par les membres de la Commune, le 7 avril, à deux heures de l'après-midi.

« Bureau d'organisation et de renseignements au ministère de la guerre et à la place.

« *Font partie des bataillons de guerre tous les citoyens de dix-sept à trente-cinq ans non mariés, les gardes mobiles licenciés, les volontaires de l'armée ou civiles.*

« Paris, le 4 avril 1871.

« Par ordre de la Commune:

Le délégué au ministère de la guerre,

« CLUSERET. »

Bientôt ce décret sur la mobilisation de tous les citoyens de dix-sept à trente-cinq ans allait donner lieu à la mise en pratique d'une insupportable tyrannie: la chasse aux réfractaires. On allait arrêter en pleine rue des jeunes gens, empêcher les voitures de circuler, fouiller les omnibus, envoyer au rempart, enrôler de force dans la guerre civile des gens qui ne voulaient pas combattre. Et la Commune avait aboli la conscription! Elle semblait ne point se douter du ridicule et de l'odieux de tels procédés, qui forçaient tout homme à prendre un fusil sous peine de mort. Alors tout fut bon pour sortir de Paris, la ruse, les faux laissez-passer, les déguisements. Les jeunes gens s'enfuirent. Le séjour de la ville devenait en effet terrible, et déjà les cours martiales étaient durement instituées.

« En présence des nécessités de la guerre, s'écriait Cluseret, et vu le besoin d'agir rapidement et vigoureusement :

« En présence de l'impossibilité de traduire devant les conseils de guerre de légion, qui n'existent pas encore, les cas exceptionnels qui exigent une répression immédiate, le délégué à la guerre est autorisé à former provisoirement une cour martiale composée des membres ci-après :

« Le colonel Rossel, chef d'état-major de la guerre ;

« Le colonel Henry, chef d'état-major de la place ;

« Le colonel Razoua, commandant de l'École militaire ;

« Le lieutenant-colonel Collet, sous-chef d'état-major du commandant supérieur Eudes ;

« Le colonel Chardon, commandant militaire de la préfecture de police ;

« Le lieutenant Boursier, membre du comité central.

« Les peines capitales seront soumises à la sanction de la Commission exécutive.

« La cour siégera tous les jours à l'hôtel des Conseils de guerre, rue du Cherche-midi.

« Paris, le 16 avril 1871.

« *Le délégué à la guerre,*
CLUSERET.

« Approuvé :

« *Les membres de la Commission exécutive.* »

Cependant, tandis que le délégué à la guerre prenait ces précautions dans Paris, le commandement en chef de l'armée de Versailles était confié au maréchal de Mac-Mahon. A peine guéri de ses blessures, le duc de Magenta acceptait cette lourde tâche de reprendre Paris. Le maréchal avait sous ses ordres trois corps d'armée : deux d'infanterie, un de cavalerie, commandés par les généraux de Ladmirault, de Cissey et du Barrail. Ces corps pourvus d'artillerie formaient en quelque sorte l'armée active et pouvaient être soutenus par l'armée dite de réserve placée sous les ordres du général Vinoy. Vers la fin d'avril, deux nouveaux corps d'armée, commandés par les généraux Douay et Clinchant, devaient se joindre aux trois premiers corps de l'armée active.

Malgré leur échec de Châtillon, les fédérés faisaient rage et leur artillerie tirait incessamment sur les positions de l'armée. A Issy, Vanves et Montrouge, le feu ne cessait point. On se battait, le 6 avril, dans la presqu'île de Gennevilliers et, dans la journée du 7, les colonnes du général Montaudon enlevaient, après une résistance acharnée, la barricade et le pont de Neuilly et les premières maisons du village. Peut-être eût-il mieux valu simplement continuer sur ce point un combat d'artillerie. A partir de ce moment, un véritable duel de canons eut lieu entre les batteries de Neuilly, installées par l'armée, et celles des fédérés de la porte Maillot. Les obus se croisaient et tombaient, effondrant les maisons. Les malheureux habitants de ces quartiers, réfugiés dans les caves, durent attendre qu'un armistice, qui vint bien tard (25 avril), leur permit d'échapper sinon à la ruine, du moins à la mort.

Les fédérés installaient en même temps au Trocadéro des batteries destinées, à contre-battre le Mont-Valérien. L'effet de ces pièces de 24 fut nul. Cluseret eut beau affirmer que déjà le Mont-Valérien avait une brèche *parfaitement appréciable*, l'assertion fit rire. Le Mont-Valérien n'avait pas même été touché. Les journées se passaient cependant en combats meurtriers. La canonnade et la fusillade ne cessaient point. Le 17 avril, le colonel Davoust, du 36e, enlevait aux fédérés le château de Bécon, qui commande la position de Courbevoie et celle d'Asnières. Le lendemain, les gendarmes à pied chassaient du village de Bois-Colombes les soldats de la Commune qui se réfugièrent à Gennevilliers d'où ils furent repoussés, refluant sur la rive gauche de la Seine, et, le lendemain, passant le pont d'Asnières sous le feu des troupes, poursuivis par la division Montaudon, les fédérés, dont quelques-uns, effarés, se précipitèrent dans le fleuve, eussent été plus durement malmenés encore sans la présence d'esprit et le sang-froid d'un Polonais, Jaroslas Dombrowski, nommé, depuis le 6 avril, commandant de la place de Paris, en remplacement du citoyen Bergeret.

Petit, énergique, habitué aux choses de la guerre, ce Dombrowski, arrêté pendant le siège comme espion prussien, sur l'ordre du général Trochu dont il critiquait amèrement les plans ou plutôt l'inaction, dans les réunions publiques, avait été délivré par la Commune, à laquelle il avait offert son épée.

Dombrowski était presque inconnu à Paris. Le premier jour qu'il fut dans la mêlée, il vit une débandade effrayante de fédérés et ne put rallier son monde. — « Ah! c'est de cette façon qu'on se bat ici, dit-il aux bataillons, lorsqu'ils furent bien en sécurité derrière leurs retranchements. On m'avait conté là-bas, en Pologne, que le peuple français était le plus brave des peuples de la terre ; on m'a trompé. Vous êtes des lâches. En avant, vous autres, dit-il à son état-major ; montrons-leur ce que c'est. » Il poussa son cheval, et, suivi de ses aides de camp, il défila au petit pas devant la batterie et les maisons croulées en bravant froidement la mitraille et la mousqueterie qu'on envoyait de tous côtés. Aucun ne fut touché. — « Ce n'est que ça, citoyens peureux ; maintenant, allons-y. » Les gardes nationaux électrisés retournèrent au feu. Dès lors le prestige militaire de Dombrowski fut établi et l'insurrection avait trouvé son général en chef.

La Commune semblait peu s'inquiéter, en effet, de la patrie et des Prussiens qui la rançonnaient. Tandis que M. Paschal Grousset, délégué aux relations extérieures, assurait toutes les puissances étrangères du désir qu'avait la Commune de Paris de resserrer les liens fraternels qui l'unissaient à ses voisins, M. Cluseret adressait le 15 avril, au commandant des armées allemandes devant Paris, la lettre que voici :

« Général,

« Il est parvenu à la connaissance de la Commune de Paris que la somme de 500 millions qui devait, aux termes de la convention militaire, être payée par le gouvernement français au gouvernement allemand, le 15 avril, ne le sera pas.

« Dans ce cas, la Commune désire entrer en arrangement pour payer elle-même cette somme et demande une entrevue à cet effet.

« Par ordre de la Commune,

« *Le délégué à la guerre,*

« CLUSERET. »

Ainsi le seul *ennemi* pour Paris, c'était Versailles, comme l'*ennemi*, pour Versailles, était Paris. Et la Prusse ? On l'oubliait. On faisait pis ; on la payait. Ici et là quel déploiement navrant de furies ! La Commune, renforcée par les élections complémentaires du 16 avril, arrêtait l'archevêque de Paris, réclamant, contre la liberté du prélat, la liberté de Blanqui,

détenu depuis le 17 mars; elle arrêtait, avec l'archevêque,
d'autres prêtres et fermait les églises; elle interdisait les
réunions conciliatrices (8 avril); elle supprimait les journaux
par fournées, le 5 avril : les *Débats*, le *Constitutionnel*, *Paris-
Journal*, la *Liberté;* le 18 : le *Soir*, la *Cloche*, l'*Opinion nationale* et le *Bien public;* elle décrétait (12 avril) la démolition
de la colonne Vendôme; elle condamnait à mort un chef de
bataillon, Girot, coupable « d'avoir refusé de marcher à l'ennemi; » elle appelait la France à son aide, déclarant au
peuple français que *c'était à la France à désarmer Versailles;*
elle supprimait le travail de nuit dans les boulangeries; elle
réquisitionnait deux millions dans les caisses des compagnies
du Nord, de l'Est, de l'Ouest, d'Orléans et de Lyon (27 avril).

Parmi les journalistes dont le style coloré impressionna le
plus ce peuple, il faut citer, au premier rang, Jules Vallès,
rédacteur du *Cri du peuple.* Apre et rude nature de révolté
et d'affamé, en quête depuis des années de la réputation et
de la fortune, demandant le succès au paradoxe et au hurlement, faisant le coup de feu et le coup de poing littéraire
dans des journaux qu'il improvisait, qui paraissaient, disparaissaient, s'éteignaient comme des pièces d'artifice dont la
poudre est éventée, plus acharné après tout nouvel échec,
continuant avec un rire creux et sceptique l'œuvre de démolition entreprise, et s'acharnant contre le passé avec des rages
de collégien que le pensum écrase, il était le peintre coloré
et puissant de toute une horde de déclassés et de hères, de
tous ces gens qui traînent, à travers une société indifférente
et vieillie, leurs chimères et leurs appétits, bohèmes et ar-
tistes déchus, dont la vie faite de hasard et de duperies a
l'ironie curieuse d'un paradoxe longtemps soutenu, et la
tristesse navrante d'une agonie de tous les jours. Il aimait à
poétiser la guenille du mendiant, l'habit crasseux du joueur
de vielle ou le maillot pailleté du saltimbanque. Ce monde
des irréguliers et des réfractaires était son centre et son lieu
d'études. Il se plaisait, comme un des peintres flamands
amis des cabarets, dans ces crémeries où, pâle, eflanqué, le
chapeau râpé, les poches gonflées de manuscrits, se glisse
l'utopiste interlope, rêvant d'amalgamer Brutus et Spinosa,
tout en trempant son pain sec dans une tasse d'une mixture
bizarre qu'on lui donne pour du lait.

Là étaient les modèles de Vallès, là aussi ses sympathies.
Il avait vécu de cette existence décousue, tourmentée. Il

avait longtemps demandé à je ne sais quelles industries inconnues et bizarres la nourriture de tous les jours, enseignant
sans sourciller à des Moldaves le latin qu'il avait oublié et
les mathémathiques qu'il ne savait pas, ou bien encore,
moyennant cinq francs, rimant des couplets pour ces marchands de chansons qui débitent ces poësies à deux sous le
cahier. Les faiseurs de refrains ont eu d'ailleurs beau jeu
avec le gouvernement du Comité central. Un des généraux
de la Commune, un des plus fameux, Okolowicz, chantait
naguère lui-même ses productions populacières dans les
cafés-concerts ou sur les planches de l'École lyrique. L'une
de ces chansons débraillées, *Tum la Tum*, eut la vogue dans
les tabagies. Béranger avait élevé la chanson jusqu'à l'ode,
ces chansonniers la traînèrent jusqu'au ruisseau.

Cependant la dictature militaire de Cluseret n'avait pas
produit le résultat excellent qu'en attendaient les membres
de la Commune de Paris. L'armée de Versailles resserrait
autour de l'enceinte son demi-cercle chaque jour plus puissant. L'armée de la défense de Paris comprenait maintenant deux commandements : de Saint-Ouen au Point-du-
Jour, Dombrowski commandait. Son quartier général était
à La Muette. Du Point-du-jour à Bercy, le général était
Wrobleski (quartier général à Gentilly). La Cécilia commandait l'intérieur de Paris.

Déjà des dissensions avaient eu lieu entre Cluseret et
quelques-uns de ses subordonnés. Des gens bien informés
veulent que le général Okolowicz ait été blessé par Cluseret
lui-même dans son cabinet au ministère de la guerre. On
expliqua cependant autrement la blessure.

Toujours est-il que, soupçonné tout bas de mollesse et
même accusé tout haut de trahison, Cluseret ne devait pas
conserver longtemps le pouvoir. Le 30 avril, la Commune de
Paris décrétait son arrestation.

Ce même jour, la Commune de Paris appelait à la délégation de la guerre un jeune homme dont la résolution et
l'énergie implacables s'étaient déjà montrées dans les conseils de guerre et qui, la veille, officier du génie, puis chef
d'état-major de Cluseret, allait désormais occuper le premier poste militaire de Paris en armes. C'était J. Nathaniel
Rossel. La Commune le nomma délégué à la guerre à
titre provisoire. Le second siège de Paris allait entrer dans
sa seconde phase.

CHAPITRE V

Rossel. — Son passé. — Surprise du fort d'Issy. — Rossel
reprend possession du fort. — Il essaye de réorganiser les
services de la Commune. — État des esprits dans Paris. — Les
finances de la Commune. — Nomination du Comité de Salut
public. — Progrès de l'armée de Versailles. — Les troupes de
la Commune évacuent le fort d'Issy. — Rossel est accusé de
trahison. — Il se dérobe aux recherches.

L'homme que la Commune appelait au commandement
en chef des forces militaires de Paris, avait été attaché à la
place de Metz comme capitaine du génie pendant la guerre
contre la Prusse. Caractère résolu, entier, indomptable, dé-
voré d'une ambition que légitimaient ses qualités remarquables de mathématicien et de penseur, Rossel n'avait pu
voir sans un profond courroux la façon dont avait été conduit le siège de Metz par le maréchal Bazaine et le général
Coffinières de Nordeck. Plus d'une fois, durant le blocus, il
s'était montré exaspéré contre la direction donnée aux opérations militaires par les chefs chargés de défendre un boulevard aussi important que Metz. On l'avait vu même se
compromettre au point de se mettre à la tête d'un complot
dont le but était de se saisir du maréchal Bazaine, de le
remplacer par un autre général, et de tenter de vaincre l'ennemi sous ce nouveau chef. Arrêté et enfermé dans la citadelle, Rossel avait été sauvé, au moment de la capitulation,
par un commandant d'état-major qui l'avait laissé échapper. Le jeune officier du génie, s'évadant alors et traversant les lignes prussiennes sous un déguisement de roulier
ou de paysan, était passé en Belgique où, le premier, dans
l'*Indépendance belge*, il avait protesté au nom de l'armée
contre la conduite de Bazaine, et de là il s'était rendu à
Tours, auprès de M. Gambetta, qui l'avait alors chargé
d'inspecter les places fortes du nord de la France. Nommé,
au retour de cette mission, colonel auxiliaire et directeur
du génie au camp formé à Nevers, il occupait encore ce

poste lorsque la paix de Bordeaux fut conclue et lorsque éclatèrent à Paris les événements du 18 mars.

Esprit décidé, impatient du joug, à la fois puritain et exalté, comme un protestant nîmois qu'il était, Rossel sembla saisir d'un bond l'occasion qui s'offrait de jouer un rôle à la hauteur de son désir. Ce jeune homme de vingt-huit ans, d'une force cérébrale peu commune, aspirait à de vastes destinées. Il crut les voir s'ouvrir, et se jeta sans calculer, emporté, dans la voie nouvelle qui s'ouvrait devant lui. Dans cette nature de prime-saut, il y avait un peu de Don Quichotte.

Rossel partit pour Paris, le 19 mars 1871, après avoir écrit au ministre de la guerre une lettre qui commençait ainsi :

« Mon général,

« J'ai l'honneur de vous informer que je me rends à Paris pour me mettre à la disposition des forces gouvernementales qui peuvent y être constituées. Instruit par une dépêche de Versailles, rendue publique aujourd'hui, qu'il y a deux partis en lutte dans le pays, je me range sans hésitation du côté de celui qui n'a pas signé la paix, et qui ne compte pas dans ses rangs de généraux coupables de capitulation. »

Au moment où Rossel acceptait la succession de Cluseret, les troupes de Versailles venaient de remporter, sur les fédérés, un avantage marqué. Dans la nuit du 29 au 30, une tranchée située sur la droite du fort d'Issy avait été surprise par les troupes du général Faron, avec la batterie qu'elle couvrait. Le cimetière, les carrières et le parc d'Issy étaient demeurés aux mains de l'armée régulière. « Mégy, écrit Rossel lui-même, Mégy, l'incapable commandant du fort, voyant au matin l'ennemi s'étendre sur sa droite, *avait pris peur* et évacué le fort avec la garnison. » Ce fut alors que Cluseret, réunissant quelques troupes, réoccupa le fort : il devait être arrêté, par ordre de la Commune, au retour de cette expédition.

Les troupes du général Faron n'avaient pas essayé d'enlever d'assaut le fort d'Issy. Un complot dont faisaient partie Billioray et le commandant Sérizier, du 101e fédérés, devait leur en ouvrir les portes. L'arrivée soudaine de

Rossel déjoua ces projets. Le nouveau délégué à la guerre fit consigner Mégy, envoya au fort d'Issy le général Eudes « qui n'y alla qu'à contre-cœur » et se montra, dès ce moment, implacable. Dans la soirée du 30, un parlementaire avait été envoyé au fort d'Issy, porteur d'une sommation du major des tranchées.

Mais le lendemain, le général Eudes remit au parlementaire cette réponse du successeur de Cluseret :

> Au citoyen Leperche, major des tranchées.
>
> « Mon cher camarade,
>
> « La prochaine fois que vous vous permettrez de nous envoyer une sommation aussi insolente que votre lettre autographe d'hier, je ferai fusiller votre parlementaire, conformément aux usages de la guerre.
>
> « Votre dévoué camarade,
> « ROSSEL, *Délégué de la commune de Paris.*

Les négociations étaient donc rompues, et le siège du fort continuait. Dans la nuit du 1ᵉʳ au 2 mai, les troupes de Versailles emportaient la gare de Clamart et le château d'Issy. Ce qui n'empêchait point le *Journal officiel* de la Commune de publier, chaque jour, des dépêches semblables à celles-ci : « *Feu ennemi éteint. — Versaillais repoussés. — Gare de Clamart trois fois attaquée : ils sont repoussés vigoureusement.* » Ces dépêches mensongères entretenaient la colère et la résistance de Paris, des pauvres dupes souvent braves et résolues qui donnaient leur sang pour une cause mal définie et déjà déconsidérée par ceux qui prétendaient la diriger.

Rossel, depuis qu'il était arrivé au pouvoir, éprouvait, à voir de près le fonctionnement de la Commune, une impression profondément navrée et amère. Il avait essayé de mettre, dans le vaste désordre de cette administration et de cette intendance, une sorte de régularité improbable. Il prétendait réduire aux tarifs en vigueur dans l'armée les prestations accordées aux gardes nationaux. Il voulait lutter de toute son énergie contre l'ivresse qui rendait souvent incapables de lutte des compagnies entières. Il perdait, à essayer de faire de l'ordre avec ce désordre, la plus grande partie de son temps et le meilleur de son énergie.

La situation de la Commune était déjà, au 1ᵉʳ mai, bien précaire et, depuis un mois et demi qu'elle tenait le pouvoir, qu'elle était souveraine maîtresse d'une grande ville comme Paris, elle avait fait preuve de la plus notoire incapacité. Ceux-là mêmes qui, au premier moment, justement irrités contre l'Assemblée de Bordeaux, anxieux du sort de la République, épris de cette idée, absolument logique, de l'autonomie de la commune, s'étaient laissés aller à accepter des nouveaux venus et à vouloir bien attendre, pour les juger, de les avoir vus à l'œuvre, ceux-là, dégoûtés maintenant de tant d'infatuation, de tant de phrases couvrant un tel vide d'idées, irrités d'ailleurs de l'arbitraire déployé par les hommes de la Commune hostiles à toute liberté, violant le domicile privé, arrêtant, comme on le vit pour Chaudey et pour M. Polo, un citoyen sur un soupçon, sur une dénonciation, sur une vengeance, les esprits sensés avaient dès longtemps pris parti contre cette tyrannie communale qui était la négation même de la Commune libre, indépendante, organisée et vivace.

Les hommes de l'Hôtel de ville devinaient bien que l'esprit de Paris se détachait d'eux. Ils se sentaient isolés, perdus. Les mouvements analogues au mouvement parisien avaient été étouffés en province. Les prétendus délégués provinciaux, les francs-maçons avaient beau faire, organiser des meetings ou planter leur bannière sur les remparts de Paris, la Commune ne trouvait aucune force réelle dans ces manifestations bruyantes. Les élections complémentaires qui avaient réuni dans certains arrondissements un nombre dérisoire d'électeurs, montraient le vide chaque jour plus grand qui se faisait autour de la Commune, constamment tenue en échec, d'ailleurs, par le Comité central sans cesse renouvelé.

Un écueil terrible pour ce gouvernement, c'était la question d'argent. « Monnoie fait tout, » disait Riquetti. La Commune, du 20 mars au 30 avril, avait dépensé 25,138,089 francs. La Commune avait trouvé au Trésor 4,658,112 francs. Elle avait fait main basse sur toutes les caisses des administrations et des établissements communaux ; elle s'était fait donner 7,750,000 francs par la Banque, 2 millions par les chemins de fer ; elle avait réquisitionné et fait fondre à la Monnaie l'argenterie de particuliers (M. Martin du Nord entre autres), les ornements précieux des églises ou des communautés religieuses.

Bref, la Commune avait eu à sa disposition 26,015,916 fr.,

et elle avait dépense 25,138.089 francs ainsi répartis :

Délégation de la guerre.......... 20.000.000
Intendance..................... 1.813.318
Délégation du commerce.......... 50.000
Enseignement.................. 1.000
Comité central.................. 15.651
Hôtel de ville................... 91.753
Commission de sûreté............ 225.039
Tabacs......................... 91.922
Barricades...................... 44.500

Du 20 mars au 30 avril, plus de *vingt-cinq millions* avaient été dévorés, gaspillés, jetés au vent par ces imprévoyants et ces gouvernants improvisés. Mais les millions fondaient trop vite à ce feu de forge de la guerre civile, et Jourde, le délégué aux finances, voyait avec effroi les jours se suivre, les dépenses se succéder et les ressources de la Commune se tarir.

C'est pourquoi Rossel voulait exiger des économies sur la solde de la garde nationale. C'est pourquoi aussi Ch. Gérardin, membre de la Commune pour le dix-septième arrondissement, ancien voyageur de commerce, ami de Rossel qu'il avait fait nommer chef de légion, comme il avait fait donner des commandements militaires à Wrobleski et à Okolowicz, conçut le projet d'*annuler la Commune*, comme a écrit Rossel, en faisant mettre le pouvoir aux mains d'un *comité de salut public*, composé des « membres jeunes » de la Commune. « Je laissai faire, ajoute Rossel, j'étais aussi ennemi de la Commune que pouvaient l'être les républicains sensés. » Rossel était d'avis qu'on pouvait sauver la Révolution en annulant la Commune. Mais, on le remarquera, c'était toujours dans des mots, non dans des faits, que ces hommes cherchaient le salut de leurs idées. Faire revivre le fameux Comité de salut public, à qui la France républicaine avait dû jadis de pouvoir repousser l'ennemi et reprendre ses frontières, leur semblait l'absolu moyen de victoire. Ils ne réfléchissaient ni à la différence des temps, ni à celle des situations. Ils évoquaient des ombres, ils en appelaient à des fantômes.

L'ensemble du projet, mis aux voix, donne le résultat suivant :

Votants, 68. — Majorité absolue, 35.
Pour l'adoption.................. 45
Contre........................ 23

Le décret était adopté. Il fut affiché ainsi :

« Paris, le 1er mai.

« La Commune

« DÉCRÈTE :

« Art. 1er. Un Comité de salut public sera immédiatement organisé.

« Art. 2. Il sera composé de cinq membres, nommés par la Commune, au scrutin individuel.

« Art. 3. Les pouvoirs les plus étendus sur toutes les délégations et commissions sont donnés à ce Comité, qui ne sera responsable qu'à la Commune. »

Les premiers membres de la Commune, nommés membres du Comité de salut public, étaient les citoyens : Antoine Arnaud, Léo Meillet, Ranvier, Félix Pyat et Charles Gérardin.

Cette création d'un *Comité de salut public*, sans donner de la force à la Commune, jeta quelque terreur dans Paris. Que si les gouvernants de l'Hôtel de ville tenaient à cette *auréole de crainte* dont voulait se parer Napoléon Ier, ils avaient réussi à l'obtenir. Un certain sentiment de crainte se manifestait d'ailleurs, depuis que Rossel tenait le pouvoir militaire. On sentait qu'il était prêt à tout. Sa main rigide se faisait sentir. Ce fut peu après cette époque qu'il publiait cet ordre terrible défendant de cesser le feu pendant le combat :

« Il est défendu d'interrompre le feu pendant un combat, quand même l'ennemi lèverait la crosse en l'air *ou arborerait le drapeau parlementaire.*

« Il est défendu, sous peine de mort, de continuer le feu après que l'ordre de le cesser a été donné, ou de continuer à se porter en avant lorsqu'il a été prescrit de s'arrêter. Les fuyards et ceux qui resteront en arrière isolément seront sabrés par la cavalerie ; s'ils sont nombreux, ils seront canonnés. Les chefs militaires ont, pendant le combat, tout pouvoir pour faire marcher et faire obéir les officiers et soldats placés sous leurs ordres.

« Paris, le 9 mai 1871.

« *Le délégué à la guerre,*

« ROSSEL. »

Mais, encore un coup, ce n'était pas avec ces sévérités qu'on décrétait la victoire. Le désordre était à son comble. Avrial avait beau se charger de l'artillerie, Bergeret de l'habillement, Arnold de la révision des grades, Tridon vainement faisait arrêter les frères May, intendants généraux, coupables de détournement. Peu importait. La situation de l'intendance semblait déjà perdue. Eudes, envoyé par Rossel au fort d'Issy constamment canonné par les troupes de Versailles, *ne songeait plus*, dit Rossel, qu'à en sortir. Il avait pris son quartier « dans la casemate la plus obscure et la moins exposée de tout le fort. » Le Comité de salut public, où Félix Pyat était tout-puissant, envoya à Issy le général Wrobleski. Pendant l'absence de celui-ci, les troupes de Versailles s'emparèrent de la redoute du Moulin-Saquet qui dépendait de son commandement. Rossel alla se plaindre à la commune du déplacement de Wrobleski ordonné par Félix Pyat, et le rédacteur en chef du *Vengeur* offrit sa démission de membre du Comité de salut public. Cette rivalité devait causer peu après la retraite de Rossel que quelques-uns accusaient déjà tout haut de jouer « au petit Bonaparte ».

La situation militaire de Paris s'aggravait cependant de jour en jour, on pourrait presque dire d'heure en heure.

M. Thiers avait rédigé et fait afficher une proclamation que reproduisirent les journaux de la Commune et où il disait aux Parisiens, les adjurant de se sauver eux-mêmes : « Parisiens, pensez-y mûrement; dans très peu de jours, nous serons dans Paris. La France veut en finir avec la guerre civile. Elle le veut, elle le doit, elle le peut. »

Cette proclamation excita une sourde colère chez la plupart des fédérés et chez d'autres un sentiment d'incrédulité absolue, presque joyeuse. L'insouciance d'une partie de la population, la persuasion que l'état de choses actuel, la crise effrayante, pouvaient indéfiniment se prolonger, animaient bien des gens à Paris, qui ne doutaient pas de la victoire de la Commune et qui, surtout, ne se doutaient point que, si l'armée de Versailles n'eût pu triompher, l'armée prussienne interviendrait immédiatement. Mais les nouvelles rassurantes des journaux, les déclamations des clubs entretenaient dans la foule une confiance indéracinable et seulement comparable à la crédulité colossale de Paris pendant les cruelles épreuves du premier siège.

Même parmi les horreurs de la guerre civile les fédérés déployaient encore une certaine joie. On donnait des fêtes, on organisait des concerts. On chantait, à deux pas des morts, qui tous étaient Français. Les Tuileries, palais des rois pris d'assaut par le peuple, s'illuminaient pour des fêtes où la citoyenne Agar déclamait des vers d'Auguste Barbier, et où madame Bordas chantait, sous ces voûtes dorées, les refrains mugissants de la *Canaille*. On ne saurait d'ailleurs méconnaître l'espèce de grandeur sinistre, farouche, de cette antithèse : les Tuileries chaudes de la buée populaire, après les bals ruisselants d'épaules blanches et de capiteuses odeurs.

L'heure était cependant difficile pour la Commune. Depuis le 7 mai, une grande batterie de 70 pièces de gros calibre, installée à Montretout, battait l'escarpe du corps de place, du bastion 63 au bastion 72. Paris, sous ce feu terrible, demeurait, a-t-on dit, silencieux et comme étonné de ce formidable concert de détonations. La porte Maillot était criblée par le Mont-Valérien. Les forts d'Issy, de Vanves, de Montrouge étaient serrés de près. Le fort d'Issy ne tirait presque plus. Les troupes de Mac-Mahon étaient maîtresses de l'église et d'une partie du village. Impossible aux défenseurs du fort de se ravitailler. Sur la route de Vanves à Clamart, tous leurs convois étaient interceptés. Les officiers du fort, dans la matinée du 9 mai, s'esquivèrent alors, suivis de leurs soldats, les uns vers le couvent des Oiseaux, les autres vers le lycée de Vanves. Peu après la troupe de ligne pénétra dans le fort laissé vide, et y trouva une quantité considérable de munitions, de vivres, et des canons et mitrailleuses en grand nombre, quelquesunes de ces pièces démontées, égueulées et sanglantes.

En apprenant la perte du fort d'Issy, Rossel se sentit pris d'une colère violente. Il avait vainement essayé d'organiser 12,000 hommes destinés à débloquer le fort. Il saisit une plume et écrivit cette dépêche qu'il rendit publique par voie d'affiche : « *Le drapeau tricolore flotte sur le fort d'Issy.* » Vainement M. Vésinier, dans son journal, essaya de démentir cette affiche de Rossel, de faire croire qu'Issy appartenait encore à la Commune. La population apprit bientôt que Rossel avait dit vrai. Alors les bruits de trahison furent

propagés contre Rossel. Vallès et Pyat l'accusèrent. Lui,
écrivit une lettre où il réclamait simplement une cellule à
Mazas et, après avoir attendu Félix Pyat au bureau du *Vengeur* pour lui brûler la cervelle, il s'enquit d'un gîte et se
déroba aux recherches en même temps que Ch. Gérardin,
chargé de le surveiller.

Quelques mois plus tard, Rossel, à la veille de sa mort,
se rappelant ces souvenirs, écrivait :

« C'est avec un véritable dégoût que je reviens sur les
rapides événements de cette courte période, et ce sentiment m'empêche peut-être de détailler ces événements
comme je le voudrais. Le souvenir de tous ces révolutionnaires présomptueux, mais dépourvus d'études et d'énergie,
capables d'un coup de main peut-être, mais non d'une
volonté et d'un ferme propos, leur souvenir est pour moi
un cauchemar.

« J'ai servi fidèlement, aveuglément la Révolution, jusqu'au jour où j'ai eu expérimenté par moi-même toute la
vanité des espérances que j'avais fondées sur cette tentative. La Commune n'avait pas d'hommes d'État, pas de
militaires, et ne voulait pas en avoir ; elle accumulait les
ruines autour d'elle, sans avoir ni la puissance, ni même le
désir de créer à nouveau.

« Ennemie de la publicité parce qu'elle avait la conscience
de sa sottise, ennemie de la liberté parce qu'elle était dans
un équilibre instable d'où tout mouvement pouvait la faire
choir, cette oligarchie était le plus odieux despotisme qu'on
puisse imaginer. N'ayant qu'un procédé de gouvernement
qui était de tenir le peuple à ses gages, elle ruinait, par
les dépenses, l'épargne de la démocratie, et en ruinait les
espérances parce qu'elle désaccoutumait le peuple du travail.

« Lorsque je vis que le mal était sans remède, que tout
effort, que tout sacrifice était stérile, mon rôle se trouva
fini. »

LE DUC D'AUMALE

CHAPITRE VI

Travaux de l'Assemblée de Versailles. — Signature définitive du traité de paix avec la Prusse. — L'influence bonapartiste dans la révolution du 18 mars. — La Commune en province. — Démolition de la maison de M. Thiers. — Delescluze remplace Rossel comme délégué à la guerre. — Démolition de la colonne Vendôme. — Désaccord au sein de la Commune.

Pendant que ces tragiques événements se déroulaient dans Paris et que la grande ville était soumise à la double épreuve du despotisme intérieur et du bombardement extérieur, l'Assemblée de Versailles continuait à voter des lois et à mener à fin les négociations relatives au traité définitif de paix avec la Prusse. Elle avait voté, par 449 voix contre 18, la loi sur les élections municipales; le 17 avril elle votait une loi qui réglait la situation judiciaire des parties de l'Alsace et de la Lorraine restées à la France; le 21, revenant sur sa fatale décision de Bordeaux, elle votait la loi sur les loyers, qui soumettait les cas spéciaux à une sorte de commission arbitrale mixte ; le 22, elle prorogeait jusqu'au 30 septembre 1871 les effets du décret du 7 septembre 1870, relatif aux suspensions de payements; l'Assemblée nationale enfin votait, le 26, la loi sur les échéances. C'était beaucoup trop tard sans doute, mais les législateurs venaient enfin, à résipiscence. Le 28, l'Assemblée nationale votait encore la loi qui déléguait au chef du pouvoir exécutif le droit de déclarer l'état de siège dans les départements autres que celui où l'Assemblée réside. Le 10 mai, le traité de paix entre la France et la Prusse était signé après des négociations souvent difficiles, dont on trouvera le secret dans un important discours de M. de Bismarck (2 mai 1871).

Il s'était formé dans Paris, sous le nom de *Ligue des droits de Paris*, une réunion d'hommes, également suspects à Versailles et à l'Hôtel de ville, qui se donnaient pour tâche d'amener, s'il était possible, une conciliation entre les deux

partis, et d'obtenir la reconnaissance de l'indépendance
municipale de Paris. Leurs efforts devaient nécessairement
être stériles. En effet, dans leurs entrevues avec le pouvoir
régulier, ils n'apportaient de la part de la Commune aucune proposition réelle de paix et, à leur retour, la Commune
elle-même les regardait d'un œil soupçonneux. La Commune
n'aimait pas qu'on prononçât ce nom mal venu pour elle de
conciliation : elle le traduisait par *trahison.* Quant à M. Thiers,
il n'eût pas demandé mieux, sans doute, que la lutte se
terminât par une sorte de compromis qui empêchât la suprême effusion du sang. Il offrait de payer la solde des gardes
nationaux pendant quelque temps encore, et de ne pas
inquiéter ceux qui déposeraient les armes et ne se trouve-
raient point sous le coup d'un délit ou d'un crime de droit
commun. Sûre de vaincre, la Commune, dans son aveuglement, n'opposait qu'un *veto* absolu à tous ces essais de pacification; rassurée maintenant sur l'avenir, l'Assemblée, de
son côté, ne voulait pas entendre parler de conciliation ni
d'oubli.

Entre ces deux extrêmes, M. Thiers naviguait comme il
pouvait, recevant aujourd'hui les délégués de l'*Union du
commerce et de l'industrie,* demain ceux de la *Ligue des droits
de Paris,* une autre fois les envoyés des conseils municipaux
de province nouvellement élus et appartenant presque tous,
dans les villes, à la démocratie. Ces essais de conciliation
pouvaient être généreux, à coup sûr, mais ils étaient viciés
dans leur essence, comme le déclaraient alors deux excellents esprits, M. F. Favre et M. Brelay, parce qu'ils mettaient
sur la même ligne le pouvoir né de la loi, du suffrage universel, et la puissance temporaire sortie d'un coup de main.

Dans un pays miné, lézardé comme la France par tant de
secousses, il faut à tout prix se rattacher à quelque planche
de salut. Pour une société pareille à la nôtre, le respect de
la volonté nationale est un mode de vie. Le suffrage universel, d'où naquirent tant de maux, a cependant ses côtés
salutaires. Il est la loi, une loi que nous avons lourdement
subie, *dura lex, sed lex.* Il fallait donc avant tout la faire
respecter : sous prétexte de conciliation, la France était
d'ailleurs menacée de se voir livrée à un troisième pouvoir,
très menaçant celui-là, et qui, formé d'une délégation des
conseils généraux de province, eût donné une force considérable à la Commune parisienne. Le parti bonapartiste,

qui s'agitait beaucoup alors, à Bruxelles et à Londres, semblait attendre la réunion de cette seconde Assemblée, à
Bordeaux, disait-on, pour tenter quelque aventure. Les publicistes n'ont pas assez insisté, jusqu'ici, sur l'intérêt qu'a-
vaient les bonapartistes à tout bouleversement. On n'a point
remarqué que l'arrivée soudaine de M. Rouher, arrêté à
Boulogne, puis relâché, et celle des frères Chevreau, coïn-
cidaient avec la révolution du 18 mars. M. Chéron, adjoint
du deuxième arrondissement, a déclaré, dans une lettre au
journal *la Gironde*, que parmi les fédérés arrêtés par les
gardes nationaux aux alentours de la place de la Bourse,
plusieurs étaient des agents du gouvernement déchu. Presque au même moment, le délégué au *Journal officiel*,
Lebeau, ne publiait-il pas cette note qui mérite d'être
conservée :

« De nombreux agents bonapartistes et orléanistes ont été
surpris faisant des distributions d'argent pour détourner les
habitants de leurs devoirs civiques.

« Tout individu convaincu de corruption ou de tentative
de corruption sera immédiatement déféré au Comité central
de la garde nationale. »

La main du bonapartisme se retrouve dans les journées
de Mars, comme elle s'était rencontrée dans les journées de
Juin, et, à coup sûr, c'était à la dynastie tombée que pouvait être surtout utile cette épouvantable guerre qui semblait destinée à emporter la République dans sa tourmente.

Il était facile de suivre les alternatives d'espoir et de
colère qui agitaient les rares représentants du bonapartisme
siégeant à l'Assemblée de Versailles, et ceux qui les entouraient, en écoutant les partisans du régime déchu qu'on
pouvait rencontrer dans la cour du Maroc ou devant l'hôtel
des Réservoirs. Cette partie de Versailles était, en effet,
devenue quelque chose comme un Coblentz intérieur. On y
discourait sur les affaires du jour; beaucoup semblaient
tristes de chaque succès de l'armée régulière et, tandis que
les patriotes ne demandaient que la fin rapide de ces canonnades, les bonapartistes souhaitaient visiblement que les
hostilités continuassent, car chaque jour qui s'écoulait semblait affaiblir l'autorité du gouvernement de M. Thiers et
donner des chances aux souverains de M. Conti.

Lorsque le fort d'Issy fut pris, un détachement des troupes
du général Faron apporta à l'Assemblée les canons et les

drapeaux rouges trouvés dans le fort. Ce cortège s'avançai
tambours et clairons sonnant la charge, des lilas et des
aubépines entourant les pièces de bronze sur lesquelles on
voyait encore, — hélas ! — des traces de sang. Une délégation de l'Assemblée, conduite par M. de Malleville, reçut
et félicita les soldats, ces soldats, fils du peuple, esclaves du
devoir, et que certains journaux parisiens appelaient des
voleurs. Ces spectacles avaient leur tristesse, mais leur
consolation. Ces gens, poudreux encore du combat, venaient de risquer leur vie et naïvement s'enorgueillissaient
de ces sombres trophées arrachés à des Français. Ils avaient
bien combattu, bien lutté et, au retour, ils criaient : *Vive la
République* et *Vive la France !*

Un spectacle curieux était celui qu'offrait alors la route
de Saint-Denis à Versailles, par la presqu'île de Gennevilliers et par Rueil.

Saint-Denis était devenu une véritable foire aux voitures.
Voitures pour Saint-Germain et pour Versailles. Les cochers
assourdissaient les gens de leurs clameurs : *Encore une
place ! Une place, Monsieur ! Saint-Germain ! Versailles ! On
part à l'instant !* On partait, en effet, on franchissait ce pont
suspendu que gardait une sentinelle prussienne, et, dès qu'on
débouchait dans la presqu'île de Gennevilliers, on apercevait le feu des batteries de Bécon tirant sur Paris et les
boîtes à mitraille qui éclataient sur l'Arc de l'Étoile. Des
lueurs sinistres, les éclairs du canon, s'allumaient dans le
crépuscule. Parfois un obus, venu de Paris, sifflait en tombant dans la presqu'île. Il y eut plus d'une fois des voyageurs blessés. A Colombes, on trouvait les avant-postes de
la troupe de la ligne. On traversait Nanterre, les chevaux
buvaient. On relayait comme en un vrai voyage. Puis, passant au pied du Mont-Valérien dont un coup de canon partait de temps à autre, sa fumée, pareille à l'haleine d'un
colosse, s'envolant bien vite dans le vent, on traversait
Rueil, encombré d'artillerie, de caissons, de prolonges; on
longeait la Malmaison, où les brèches faites par les soldats
de Ducrot, lors de ses sorties, n'étaient pas réparées et où
l'on apercevait, dans le parc, le pêle-mêle pittoresque et
gai, le fouillis d'un campement de soldats français. Encore
quelques tours de roue et c'était Bougival, aux maisons sac-
cagées par l'invasion, brûlées par les obus, aux rues encore
encombrées par les barricades de pavés, puis, on montait

par la Celle et Roquencourt du côté de Versailles. Les chemins étaient à peine déblayés. On avait rejeté dans les
fossés de la route les grands arbres sciés par les Prussiens
et placés en travers pour arrêter la marche de nos soldats.
On retrouvait les créneaux faits aux maisons par les Allemands, l'emplacement de leurs formidables batteries de position qui balayaient la route tandis que les abatis d'abres,
les embûches de broussailles, défendaient l'approche de ces
canons.

Un moment on avait pu croire et craindre que la province
ne soutînt énergiquement le mouvement communal. Les
organes officiels de la Commune de Paris annonçaient assez
souvent la proclamation de la Commune en province,
tantôt à Limoges, tantôt à Vierzon. Ces mouvements partiels furent sans importance. L'émeute de Limoges coûta la
vie au colonel Billet, des cuirassiers, un des héros de
Reischoffen. L'ordre fut bientôt rétabli. A Saint-Étienne le
préfet, M. de l'Épée, périt assassiné; à Toulouse, les troubles furent peu profonds et les chefs du mouvement,
MM. Duportal et Ducasse, devaient être acquittés par le
tribunal chargé de les juger ; la Commune de Marseille,
dont Landeck fut l'inspirateur, entraînant Gaston Crémieux
dans le mouvement, allait être étouffée par le général Espi-
vent, et, à Lyon, l'insurrection, assez fortement organisée, à
la Guillotière, fut vaincue après un combat assez court, mais
très acharné. Divers agents de la commune de Paris avaient
trempé dans ces événements sanglants.

M. Thiers, on l'avouera, avait assumé sur sa tête une
difficile et terrible tâche. Il devait faire face à tout, calmer
les impatiences cruelles de l'Assemblée, rechercher dans
les propositions conciliatrices ce qu'il y avait de possible et
de pratique, n'oublier point la Prusse en pacifiant la France,
essayer d'unir dans une même pensée patriotique les partis
séparés par des abîmes, surveiller avec une sorte d'attention
passionnée les opérations militaires, dépenser, en un mot,
dans l'épreuve la plus pénible qu'il ait été donné à un
homme d'État de traverser, l'ardeur juvénile qui pétille
dans son corps de septuagénaire. Chargé du dépôt sacré de
la République, M. Thiers essayait déjà de rassurer ceux qui
doutaient de lui et craignaient une arrière-pensée chez
l'ancien ministre de Louis-Philippe. Sa principale force fut,
à cette heure, de toujours dire la vérité. Les représentants

de la gauche surent, d'ailleurs, en ces lourdes journées d'épreuves, s'abstenir de toute critique et de ce que M. Thiers allait, dans un moment d'humeur bien légitime, appeler des *taquineries*. Poussé à bout par les injustices de la droite, M. Thiers devait bientôt jeter aux députés monarchistes, impatients de voir l'insurrection vaincue, cette phrase cinglante et cruelle : « *Il ne me faut plus que huit jours ; dans huit jours, le danger sera conjuré et la tâche de gouverner sera alors à la hauteur de vos courages.* » (Réponse à M. Mortimer-Ternaux.)

Ce même jour, un député de l'Assemblée avait lu le décret de la Commune portant que « *la maison du sieur Thiers, située place Georges, serait rasée,* » et M. Thiers avait écouté cette lecture en levant vivement les épaules à plusieurs reprises. La Commune, en effet, entrait définitivement dans la période de la fureur. Se sentant compromise, malgré sa folle confiance, elle redoublait d'excès. Tous les pouvoirs faibles sont impitoyables.

Depuis la chute de Rossel, le pouvoir militaire appartenait, dans Paris, à Charles Delescluze, appelé à la délégation de la guerre. A l'impitoyable soldat succédait l'énergique écrivain. Qui eût dit jamais à Delescluze qu'il commanderait militairement une grande ville comme Paris? Né en 1809, c'est-à-dire déjà sexagénaire, usé, épuisé d'ailleurs par une vie de luttes et de fatigues, rongé par une maladie de cœur qui l'eût infailliblement emporté après cette crise, cet homme, dont le visage pâle, ou plutôt jaune, creusé, énergique, entouré d'une barbe blanche, était de ceux qu'on n'oublie pas. Delescluze était tout l'opposé du militaire, et n'avait jamais connu que les complots des sociétés politiques, non la guerre méthodique et je dirai classique. Arrêté jadis, en 1834, à la suite des journées d'Avril, impliqué dans une conjuration en 1835, réfugié en Belgique où il rédigea le *Journal de Charleroi*, il était en 1841 rédacteur en chef de l'*Impartial du Nord*, condamné, emprisonné comme tel, nommé en 1848 commissaire général de la République dans les départements du Nord et du Pas-de-Calais, démissionnaire après le 15 mai, condamné à la prison, puis par contumace à la déportation (1850) à la suite d'articles sur les journées de Juin, enfin, rentré en France en 1853, arrêté, enfermé tour à tour à Mazas, à Belle-Isle, à Corte, à Brest, à Toulon, dans le

bagne, confondu avec les forçats, puis trans porté à Cayenne
où il vécut d'un emploi modeste jusqu'au jour où l'amnistie
lui permit de rentrer en France. Là, avant de reprendre la
plume du journaliste et de fonder le *Réveil*, il avait été
caissier dans la maison de banque de M. Mottu. Puis, retournant à la polémique quotidienne, il avait fondé ce journal
dont les coups droits, sobres et sûrs, portèrent de réels pré-
judices à l'empire. Et l'empire avait beau condamner, frapper, amonceler les amendes et les mois de prison, Delescluze
parlait toujours son langage amer et élevé.

Delescluze, malgré son sang-froid et sa vision sévère des
choses, semblait agité de la névrose qui s'était emparée de
tous ces gouvernants improvisés. Dans la séance du 9 mai, il
s'exprimait comme l'eût fait un énergumène. La raison lui
échappait, eût-on dit ; il n'était plus lui. « Vous discutez,
s'écriait-il, quand le drapeau tricolore flotte sur le fort
d'Issy! » Et il réclame des mesures *immédiates, décisives*.
« Encore *huit jours d'efforts* pour chasser ces *bandits de
Versailles*. La France s'agite, elle nous apporte un concours
moral qui se traduira par un concours actif. » Nommé délégué à la guerre, il publie aussitôt la proclamation suivante :

A LA GARDE NATIONALE.

« Citoyens,

« La Commune m'a délégué au ministère de la guerre ;
elle a pensé que son représentant dans l'administration
militaire devait appartenir à l'élément civil. Si je ne con-
sultais que mes forces, j'aurais décliné cette fonction périlleuse, mais j'ai compté sur votre patriotisme pour m'en
rendre l'accomplissement plus facile.

« La situation est grave, vous le savez ; l'horrible guerre
que vous font les féodaux conjurés avec les débris des régimes monarchiques vous a déjà coûté bien du sang généreux, et cependant, tout en déplorant ces pertes douloureuses, quand j'envisage le sublime avenir qui s'ouvrira
pour nos enfants, et lors même qu'il ne nous serait pas
donné de récolter ce que nous avons semé, je saluerais
encore avec enthousiasme la Révolution du 18 mars, qui a
ouvert à la France et à l'Europe des perspectives que nul de
nous n'osait espérer il y a trois mois. Donc, à vos rangs,
citoyens et tenez ferme devant l'ennemi.

« Nos remparts sont solides comme vos bras, comme vos cœurs; vous n'ignorez pas d'ailleurs que vous combattez pour votre liberté et pour l'égalité sociale, cette promesse qui vous a si longtemps échappé ; que si vos poitrines sont exposées aux balles et aux obus des Versaillais, le prix qui vous est assuré, c'est l'affranchissement de la France et du monde, la sécurité de votre foyer et la vie de vos femmes et de vos enfants.

« Vous vaincrez donc ; le monde, qui vous contemple et applaudit à vos magnanimes efforts, s'apprête à célébrer votre triomphe, qui sera le salut pour tous les peuples.

« Vive la République universelle !

« Vive la Commune !

« Paris, le 10 mai 1871.

« *Le délégué civil à la guerre,*

DELESCLUZES.

Ses premiers ordres ont pour but de discipliner cette garde nationale dont Rossel a dit encore : « Les chefs de la révolution ont été indignes de l'armée de la révolution ; ils ont eu peur d'elle, ils l'ont menée aux cabarets et aux mauvais lieux et ont achevé la dissolution morale qu'ils auraient pu vaincre. Dans les derniers jours de leur domination, les fédérés ont usé avec un sans-façon tout révolutionnaire de la propriété privée autant que de la propriété publique. Les marchands de vin, les boulangers, les épiciers ont été réquisitionnés à fond. » Delescluze ordonne que tout officier qui se présenterait au ministère de la guerre ou à la place sans être porteur d'ordre de son supérieur hiérarchique sera arrêté. Il met à l'ordre du jour le 128e bataillon qui, sous la conduite de Dombrowski, a, dit-il, *nettoyé* le parc de Sablonville des Versaillais qui l'occupaient. La Commune décrète que ce bataillon a bien mérité de la République et de la Commune, et Delescluze promet des revolvers d'honneur à ses chefs. Il fait arrêter les étranges officiers d'état-major qui traînent leurs galons dans les restaurants et les cabarets. Il suit, en somme, le courant de rigueur qui emporte fatalement la Commune et ne la sauvera pas.

La Commune, en effet, qui vient de déclarer dans une longue affiche, signée du Comité de salut public, qu'elle vient d'échapper *à un péril mortel*, à la *trahison*, à un *crime effroyable* (plus d'une conspiration était, en effet, ourdie pour renverser ce pouvoir éphémère), la Commune supprime les journaux, le *Moniteur universel*, l'*Observateur*, l'*Univers*, le *Spectateur*, l'*Étoile* et l'*Anonyme*, et bientôt le *Siècle*, la *Discussion*, le *National*, le *Journal de Paris* et le *Corsaire*. Table rase. Elle appelle, en remplacement de Cournet à la délégation de la sûreté générale, ce Th. Ferré, qui, pendant le premier siège, avait, à Montmartre, ouvert un club, petit homme chétif, énergique, sinistre, noir d'aspect, implacable (13 mai); elle enjoint le 16 mai (sur l'ordre de Parisel) à tous les propriétaires de pétrole, de faire, dans les quarante-huit heures, la déclaration des quantités qu'ils ont en magasin. Elle fait appel à tous les travailleurs, terrassiers, charpentiers, maçons, mécaniciens, âgés de plus de quarante ans, pour embrigader des travailleurs. Déjà elle avait arrêté (14 mai) que tout citoyen devra être muni d'une *carte d'identité* dont l'exhibition pourra être *requise par tout garde national*.

Mais l'heure arrive où une des fautes les plus inutiles de la Commune va être commise. On va démolir la colonne Vendôme. Cet acte absurde est un de ceux qui exciteront le courroux le plus vif. Victor Hugo s'élèvera contre lui; il exaspérera l'armée, il stupéfiera la France, étonnée de voir un symbole de victoire détruit devant notre ennemi vainqueur. Sans doute il ne représentait rien, ce bronze insolent, ce *bronze grandi sous les pleurs*, selon l'expression du poète des *Iambes*, il ne représentait rien que la tyrannie, le despotisme, la guerre et la conquête; mais ne semblait-il pas, à cette heure, pour notre France abaissée, être devenu aussi le monument de notre vigueur évanouie, des victoires du soldat, du pauvre, du conscrit héroïque, du grenadier d'autrefois? Il était la consolation du vaincu, la revanche du battu. Cette colonne, élevée à un empereur, était aussi élevée à un peuple. De son sang, le peuple-soldat l'avait achetée et conquise.

Ce fut le 16 mai qu'eut lieu cet acte absurde. Un système de cordages avait été établi autour de la colonne sciée préalablement à la base et un lit de fumier avait été préparé pour amortir la chute du colosse.

À trois heures de l'après-midi, un citoyen monte sur la colonne, agite un drapeau tricolore, « sans doute, dit le *Mot d'ordre*, pour indiquer que la chute de la colonne doit

entraîner celle du drapeau. » En tous cas, c'est un signal.
La musique du 190e bataillon exécute la *Marseillaise*, à
laquelle succède le *Chant du Départ*, exécuté par la musique
du 172e bataillon.

Les canons braqués sur la rue de la Paix sont retirés, et,
par mesure de précaution, on a enlevé le milieu de la barricade construite en pavés. Quelques membres de la Commune vont prendre place sur le balcon du ministère de la
justice. A trois heures et demie, le clairon sonne; les
ouvriers descendent de l'échafaudage. On fait éloigner tout
le monde; chacun se range autour de la place. A cinq heures
un quart, les cabestans fonctionnent. La tension des câbles
s'opère lentement. Il est cinq heures et demie. L'attention
est immense. Chacun est haletant. Un cri, étranglé par la
peur d'un accident dont il est impossible de mesurer l'é-
tendue, part de toutes les bouches. La colonne s'ébranle. Un
silence d'épouvante se fait dans la foule anxieuse. Puis,
après avoir oscillé un instant sur sa base, cette masse de
bronze et de granit tombe sur le lit qui lui a été préparé.
Un bruit sourd se mêle au craquement des fascines; des
nuages de poussière s'élèvent dans les airs. A l'instant, une
immense clameur se dégage de la foule; on crie : « Vive la
République! Vive la Commune! »

Tout le monde, ajoute le journal qui décrit cette fête
spéciale, tout le monde se précipite en poussant des cris.
Les fascines et le fumier ont été chassés de chaque côté à
plus de 10 mètres. La colonne est toute disloquée. La statue
a un bras cassé et la tête séparée du tronc. En deux minutes
le drapeau rouge est arboré sur le piédestal qui est resté
debout. Un sergent escalade le soubassement de l'ex-édifice
et prononce un discours. Il est interrompu par la foule, qui
désire écouter le général Bergeret, monté sur les débris de
la colonne brisée. Le général est applaudi à tout rompre par
ces vingt mille personnes accourues et prises de joie ou de
stupeur. Les corps de musique, au milieu des applaudissements et des cris patriotiques, exécutent la *Marseillaise* et le
Chant des Girondins. Un marin, ayant ramassé un pavé,
voulait le lancer sur la tête de la statue de Napoléon Ier, on
l'en empêcha.

Cette furie semblait excessive à une partie de la Commune, dite la *minorité*, la plus sage et qui sembla vouloir se
dégager des actes du Comité de salut public. Composée de

MM. Beslay, Jourde, Theisz, Lefrançais, Eugène, Gérard, Vermorel, Clémence, Andrieu, Serrailler, Longuet, Arthur Arnould, V. Clément, Avrial, Ostyn, Franckel, Pindy, Amouroux, J. Vallès, Tridon, Varlin et Courbet, cette minorité semble vouloir faire schisme, et par là même s'en tenir à la seule *administration de ses arrondissements respectifs.* A qui Paschal Grousset répondit, en traitant les schismatiques de *Girondins :* « Nouveaux Girondins, dit-il, ils se retirent, non pas dans les départements, ils ne le peuvent pas, mais dans les arrondissements. » Il est à remarquer, au surplus, que les Girondins ont été tués précisément, — et par la Commune de 93 — pour avoir formulé une réclamation pareille à celle de la Commune de 1871.

Force fut aux dissidents de reprendre leur place à l'Hôtel de ville et d'obéir au Comité de salut public, qui obéissait lui-même, quoi qu'il en eût, au Comité central.

A l'heure où le Comité de salut public nommé par la Commune de Paris supprimait les derniers journaux hostiles à son pouvoir, interdisait toute nouvelle publication politique, *avant la fin de la guerre,* et annonçait que les attaques contre la Commune seraient déférées à la Cour martiale, l'Assemblée nationale ratifiait, à la majorité de 440 voix contre 98, le traité de Francfort, et, le 20 mai, MM. Jules Favre et Pouyer-Quertier et M. de Bismarck, après l'échange des ratifications de ce traité, signaient une convention concernant le payement des termes de l'indemnité de guerre.

Le drame de la lutte entre la France et la Prusse était terminé. Le dernier acte de la guerre entre Paris et Versailles allait commencer.

CHAPITRE VII

Entrée de l'armée de Versailles. — Ducatel. — Proclamations du Comité de salut public. — Les barricades. — Mort de Dombrowski. — Les incendies. — Les Tuileries. — L'Hôtel de ville. — La lutte dans Paris. — Les fusillades. — L'exécution des otages est décrétée. — Raoul Rigault. — Assassinat de Gustave Chaudey et de trois gardes républicains. — Mort de Raoul Rigault. — La Roquette. — Assassinat du président Bonjean, de l'archevêque de Paris, de l'abbé Deguerry, de l'abbé Allard, du P. Ducoudray et du P. Clerc. — La mairie du onzième arrondissement. — Mort de Delescluze. — Massacre des Dominicains d'Arcueil. — Derniers efforts de l'insurrection. — La mairie du vingtième arrondissement. — Massacre de la rue Haxo. — L'agonie de la Commune. — Les troupes s'emparent des buttes Chaumont et du Père-Lachaise.

Le dimanche 21 mai, il y avait, au bénéfice des veuves et des orphelins de la Commune, concert, à deux heures de l'après-midi, dans le jardin des Tuileries. « Les femmes en grande toilette remplissaient les allées, raconte M. Lissagaray, le ciel était radieux. Au-dessus de l'Arc-de-Triomphe, voltigeaient les panaches de fumée des boîtes à mitraille. » A quatre heures et demie, un lieutenant-colonel d'état-major de la Commune monta sur l'estrade de l'orchestre et s'écria aussitôt : « Citoyens, M. Thiers avait promis d'entrer hier à Paris, M. Thiers n'est pas entré; il n'entrera pas. Je vous convie, pour dimanche prochain, ici même, à notre second concert. » La foule applaudit. A cette heure, pourtant, l'avant-garde de l'armée de Versailles était déjà dans Paris.

Depuis plusieurs jours, les soldats étaient parvenus jusqu'au pied des remparts. Issy, Clamard, Vanves étaient occupés par eux. Les portes d'Auteuil, de Passy, du Point-du-Jour, violemment bombardées, avaient de larges brèches. Une attaque de vive force était imminente, lorsque, ce jour du dimanche 21 mai, qui devait être le premier d'une semaine d'épouvante et d'horreur, à trois heures de l'après-midi, au moment où le feu des batteries versaillaises était dirigé avec la plus grande énergie sur la partie de l'enceinte de Paris, voisine de la porte de Saint-Cloud, tout à coup un homme apparut près de cette porte, au bastion 61 agitant un mouchoir blanc en guise de drapeau parlementaire.

Ce signal fut aperçu des avant-postes, très rapprochés, et bientôt un officier, le capitaine du génie Garnier, de service à la tranchée, ou plutôt le capitaine de frégate Trève, commandant des troupes établies sur ce point, après avoir défendu à ses soldats de le suivre, se précipite seul en avant, et se trouve en présence d'un piqueur au service municipal de la ville de Paris, M. Jules Ducatel, demeurant près du Point-du-Jour, et qui, après avoir constaté que cette partie du rempart n'était plus gardée, venait, sous le feu des obus de Versailles, en avertir les troupes et les mettre à même de pénétrer dans la ville, sans avoir à faire brèche et à donner l'assaut.

A l'aide de ces indications, l'armée entrait aussitôt dans Paris et prenait possession, sans résistance, de la porte de Saint-Cloud et des deux bastions voisins. Averti par le télégraphe, le général Douay put accourir, s'emparer de l'espace compris entre les fortifications et le viaduc, et fit ouvrir la porte d'Auteuil après un combat assez vif.

Ducatel fit ensuite part au général Douay de la possibilité qu'il y aurait d'aller jusqu'au Trocadéro; il servit de guide au colonel Piquemal, chef d'état-major de la division Vergé. On arriva ainsi devant la barricade qui barrait le quai de Grenelle. Ducatel marchait en avant, et donna à la colonne le moyen de franchir la barricade et d'enlever le Trocadéro.

Il faillit là être victime de sa hardiesse. Saisi par les insurgés, il fut amené à l'École militaire, et allait être fusillé, lorsque l'apparition de nos troupes dissipa les membres du conseil de guerre qui s'apprêtait à le juger.

Il n'y avait pas eu un combat sérieux à l'École militaire, et Rossel a accusé le commandant, M. Razoua, ancien spahi, d'avoir fui sans essayer de défendre ce point, ce qui n'est point prouvé. Le bruit de l'entrée des troupes de Versailles dans Paris ne se répandit qu'assez tard. A dix heures, vingt mille hommes étaient dans la ville, et la ville l'ignorait encore. A onze heures, le ministère de la guerre en fut instruit, mais le délégué à la guerre répondit par l'affiche suivante :

« L'observatoire de l'Arc-de-Triomphe nie l'entrée des Versaillais; du moins, il n'y voit rien qui y ressemble. Le commandant Renard, de la section, vient de quitter mon cabinet, et affirme qu'il n'y a eu qu'une panique, et que la porte d'Auteuil n'a pas été forcée; que si quelques Versaillais se sont présentés, ils ont été repoussés. J'ai envoyé chercher onze bataillons de renfort, par autant d'officiers d'état-major, qui ne doivent les quitter qu'après les avoir conduits au poste qu'ils doivent occuper.

« DELESCLUZE. »

Il fallut cependant se rendre à l'évidence. On entendait déjà la fusillade du côté du Trocadéro. Les tirailleurs se repliaient, débandés, par les rues. Alors le tocsin fut sonné, la défense improvisée. Paris n'avait guère de barricades à cette heure, et l'armée eût pu s'emparer, cette nuit-là, de la ville tout entière peut-être. La panique se fût répandue partout. L'armée du général Vinoy se contenta d'enlever la Muette, tandis que le corps de Cissey s'avançait par Vaugirard et Montrouge jusqu'au Champ-de-Mars et jusqu'à la gare Montparnasse.

La défense de la ville n'avait déjà plus d'ailleurs aucune direction. « Les fédérés étaient abandonnés à eux-mêmes. » A une heure de l'après-midi, le lundi 22, le quart de Paris était au pouvoir de l'armée. Les soldats couronnaient le Trocadéro, s'avançaient jusqu'aux Batignolles et au nouvel Opéra, sur la rive droite, et jusqu'aux Invalides, sur la rive gauche. Le soir, sur la proposition de Félix Pyat, la Commune décida que chacun de ses membres se rendrait dans son arrondissement respectif, et là dirigerait les barricades. « Notre cause est perdue, dit fièrement Deslescluze, fécondons-la avec notre sang. »

Tandis qu'au dehors de l'enceinte, le général de cavalerie du Barrail prenait, avec des troupes à cheval, les forts de Montrouge, de Bicêtre et d'Ivry, et qu'au dedans le corps de Cissey exécutait les opérations qui allaient lui livrer toute la rive gauche, le général Vinoy, suivant le cours de la Seine, manœuvrait pour se porter vers la Bastille, hérissée de retranchements formidables. Le soir du 22 mai, le général Clinchant arrivait jusqu'aux boulevards, et bientôt le général de Ladmirault, tournant la butte Montmartre avec deux divisions, allait enlever le parc d'artillerie qui eût été si fatal à Paris entre les mains des fédérés. A trois heures et demie, le 23, cette opération était terminée, et le général Mautaudon avait emporté Neuilly, Levallois-Perret, Clichy et attaqué Saint-Ouen. Plus de six mille prisonniers étaient aux mains des soldats de Versailles.

Au centre, le corps du général Douay s'emparait de l'église de la Trinité et de la rue Drouot, tandis que les généraux de Cissey et Vinoy se portaient sur l'Hôtel de ville et les Tuileries. Les jours suivants, Douay longeait la ligne des boulevards, appuyant sa droite à la place de la Bastille et sa gauche au Cirque Napoléon. Le corps de Clinchant, venant se rallier, à l'ouest, au corps de Ladmirault, avait à vaincre, aux Magasins-Réunis, une violente résistance. Enfin, le corps du général Ladmirault, après avoir enlevé les gares du Nord et de l'Est, s'était porté à la Villette, et prenait position au pied des buttes Chaumont.

Ainsi, les deux tiers de l'armée, après avoir conquis successivement toute la rive droite, étaient venus se ranger au pied des hauteurs de Belleville, qu'ils devaient attaquer le lendemain 26.

Alors, on vit apparaître partout, et même aux képis et aux manches des fédérés, le turban tricolore ou le brassard de l'ordre. Les drapeaux tricolores se balancèrent subitement aux fenêtres. Il y eut comme un sentiment de délivrance. On respira, on put revivre.

La lutte continuait, ardente. Des femmes, des enfants combattaient avec une fureur singulière, à la fois effrayante et admirable. Que si tant de colère eût éclaté contre les Prussiens, Paris eût été Saragosse. Mais c'était contre des Français que rugissait cette rage ! Place Blanche, cent vingt femmes défendirent une barricade pendant plusieurs heures. Quelle frénésie s'était emparée de la population ! Le soleil de mai finissait de griser les cerveaux brûlés par l'alcoolisme. Tout ce que la fureur humaine a de plus terrible et parfois de plus sublime et de plus sauvage éclata. L'humanité devint un mot creux. Paris fut en proie aux obus, aux balles, au sifflement du fer, aux cris d'agonie, à la mort. Cette rouge semaine sera, dans son histoire, la semaine inexpiable. On tuait partout. Déjà les morts se comptaient par milliers.

A six heures du soir, le mardi 23, rue Myrrha, au moment

M. LE GÉNÉRAL LADMIRAULT

où il s'efforçait de rallier les fédérés, Dombrowski, demeuré presque seul, tomba frappé à mort. On emporta, sur une civière, son cadavre à l'Hôtel de ville. Un officier précédait le cortège, tenant à la main un drapeau rouge. Le général se tordait sur la civière dans des convulsions terribles causées par la douleur. Il succomba après une agonie de deux heures. En rendant le dernier soupir, il dit seulement: « Voilà comment on meurt, et on dira que j'ai trahi ! »

« Plutôt Moscou que Sedan, » avait dit Delescluze. « Nous nous ensevelirons sous les ruines de Paris, » répétaient avec frénésie les orateurs de clubs depuis le premier siège. Eh bien! l'heure vint où l'on fit des ruines, mais non devant l'étranger, non pas pour disputer une ville à l'ennemi, mais pour l'empêcher d'être occupée par des Français, mais inutilement, pour le plaisir de détruire et de brûler. « Il est tel homme, disait Saint-Just, qui, comme Érostrate le fit à Delphes, brûlerait plutôt le temple de la Liberté que de ne point faire parler de lui. » Les héros des journées de mai ont fait ainsi.

« Une lueur se lève sur Paris, écrit E. Lissagaray, mais une lueur sanglante et rougeâtre. Les Tuileries brûlent! puis le Palais-Royal, puis la Légion d'honneur, puis le Conseil d'État, puis la Cour des comptes. De formidables détonations partent du palais des rois. Ce sont les barils de poudre qui éclatent, les murs qui s'écroulent, les vastes coupoles qui s'effondrent. » La Seine semble rouler des flammes. Le ciel est saignant. L'épouvante étend partout son aile. Une vision infernale de Dante ne serait pas plus terrible. Un quart d'heure après l'Hôtel de ville sautait.

« Le 21 mai, dit M. V. Thomas, Bergeret et son état major avaient passé du Corps législatif aux Tuileries. Un certain Benot se trouvait là, *alter ego* de Bergeret, qui le chargeait de la distribution de ses ordres.

« Le 23 mai, les obus commençaient à tomber sur les Tuileries. Le général Bergeret, vers cinq heures du soir, fit demander tout son personnel. Auprès de lui se trouvaient réunis Benott, Dardennes, Serva. Les officiers de service aux Tuileries faisaient aussi partie de la réunion, Bergeret distribua les rôles, Dardenne fut chargé de faire évacuer le matériel; Benot de faire les préparatifs d'incendie et de mettre le feu au palais. Il n'était pas plus tôt désigné qu'il s'écria : « Je m'en charge. » Aussitôt il se munit de bougies, de balais, de tous les ustensiles nécessaires pour répandre le pétrole contre les murailles et la poudre dans les escaliers et les appartements. Un baril de poudre fut placé au rez-de-chaussée du pavillon de l'Horloge et de grandes quantités de munitions dans la salle des maréchaux.

« Il fit saturer de pétrole les parquets et les murs de toutes les pièces. Il arrangea une traînée de poudre allant de la cour intérieure au rez-de-chaussée du pavillon. Il était décidé à allumer la poudre au commencement de la traînée lorsque tout le monde serait parti. Il voulait ensuite se replier sur le Louvre pour jouir de l'effet produit.

« J'ai vu de mes yeux tous ces préparatifs, ajoute M. Victor Thomas, et j'affirme le rôle accepté et joué par Benot.

« Bergeret et les autres se sont repliés sur le Louvre vers neuf heures du soir. Benot resta seul avec quelques fédérés pour diriger les préparatifs d'incendie.

« De dix à onze heures, Benot revint au Louvre, où l'on se mit à souper. Après le café, vers minuit, Benot proposa d'aller jouir du coup d'œil sur la terrasse du Louvre. Vers deux heures du matin, une explosion formidable eut lieu. Tous les fédérés garnissant les postes furent mis immédiatement en émoi. Bergeret les rassura en leur disant : « Ce n'est rien, ce sont les Tuileries qui sautent! »

Après l'explosion des Tuileries, Bergeret écrivit ces mots au crayon :

« Les derniers vestiges de la royauté viennent de dispa-
« raître. Je désire qu'il en soit de même de tous les monu-
« ments de Paris. »

M. Thomas, qui, par un hasard au moins étrange, servait dans les rangs de la Commune, porta immédiatement ce billet au Comité de salut public, à l'Hôtel de ville. A son retour, Bergeret avait disparu.

Les historiens membres de la Commune, à la fois juges et parties, ont essayé de faire retomber sur Versailles la responsabilité des incendies horribles, inutiles, féroces, et, tandis que Lissagaray parle en souriant de la *légende des pétroleuses*, M. Vésinier adresse à l'*Émancipation* de Toulouse un fragment extrait sans doute du livre qu'il a publié, en anglais, sur la Commune :

« L'incendie d'une partie de Paris, dit-il, n'a pas besoin, pour être expliqué, d'être attribué à des compagnies de *pétroleuses* qui n'ont jamais existé; tout le monde en convient maintenant. Les procès devant les conseils de guerre ont prouvé, jusqu'à l'évidence la plus absolue, qu'aucun ordre d'incendie n'a été donné ni par la Commune ni par aucun de ses membres. »

Quant à nier que les mains de fous et de criminels aient allumé des incendies dans Paris, quant à déclarer que le pétrole, dont on voyait les traces et dont on sentait l'odeur, n'a jamais fait son œuvre, il faut que les historiens impartiaux y renoncent. La vérité est la vérité. Rien ne nous forcerait à ne pas nous rendre à son évidence. Reste à savoir qui guidait ces mains et qui dictait ces forfaits. Rossel encore nous fournit, sur ce point, un important témoignage : « Le 24 mai, dit-il, l'incendie de l'Hôtel de ville dénonça les intentions des révolutionnaires. Entre neuf et dix heures du matin, les flammes jaillirent de la tourelle, qui fut pendant plusieurs heures la cheminée d'appel de l'incendie ; puis d'autres foyers éclatèrent à l'ouest du premier, et l'on sut que la préfecture de police et les Tuileries brûlaient sous la protection des fédérés.

« La majorité de la Commune peut être justement accusée de ces crimes. Félix Pyat et les Blanquistes en sont les instigateurs. Le 23, Félix Pyat commençait son journal par un article dont le titre était : « Que ferons-nous des Tui- « leries? » Les vainqueurs étaient déjà dans Paris, et lui se préoccupait plus de se venger de la défaite que d'arracher le succès aux ennemis de la Révolution.

Et d'ailleurs, hélas! n'a-t-on pas retrouvé les preuves mêmes, les preuves accusatrices? Sur ce point, les preuves abondent, tragiques et irrécusables.

La fortune privée, les monuments publics, rien ne fut épargné. Les réquisitions de matières inflammables étaient faites depuis longtemps. Parisel, délégué scientifique, et Brunel, l'incendiaire du *Tapis rouge* et de la Porte-Saint-Martin, n'avaient qu'à se servir des matières amoncelées.

Et quel fut le dernier placard que la Commune eut le temps de livrer à la publicité? Celui-ci, que la commission de la guere faisait tirer, le 24 mai, à neuf heures du soir, à l'Imprimerie nationale :

N° 398.   **RÉPUBLIQUE FRANÇAISE.**   N° 398

Liberté, Égalité, Fraternité.

COMMUNE DE PARIS

« Faire détruire immédiatement toute maison des fenêtres de laquelle on aura tiré sur la garde nationale, et passer par les armes tous ses habitants, s'ils ne livrent et exécutent eux-mêmes les auteurs de l'acte. »

L'heure était venue où on allait mettre à exécution le décret hideux sur les otages. La Commune rendait l'arrêté suivant :

« COMMUNE DE PARIS

« *Direction de la sûreté générale.*

« Paris, 2 prairial an 79.

« Le citoyen Raoul Rigault est chargé, avec le citoyen Régère, de l'exécution du décret de la Commune de Paris relatif aux otages.

« DELESCLUZE, BILLIORAY. »

Raoul Rigault, policier dans l'âme, n'était pas homme à se faire prier. Ce farceur lugubre mit en pratique ses théories de café et ses souvenirs hébertistes. Ce n'était qu'un plaisant farouche ; il devint un meurtrier atroce.

Son nom est éternellement lié à la mort de Gustave Chaudey. Le 13 avril, sur l'ordre du sieur Brideau, commissaire de police officiellement établi au cabinet de Raoul Rigault, procureur de la Commune, M. Gustave Chaudey, rédacteur du *Siècle*, avait été arrêté dans les bureaux du journal par M. Pilotell, commissaire de police de la Commune.

Le même jour, M. Chaudey était écroué à Mazas. Le 19 mai, on le transférait à Sainte-Pélagie, d'après un ordre de Gaston Dacosta, substitut de procureur de la Commune ; à partir de ce moment, une surveillance très sévère était exercée contre lui.

Un détenu, l'ingénieur marron Préau de Védel, inventeur bizarre, effronté, poète manqué, littérateur de hasard, bibliothécaire de la prison, fait des vers et les montre à Gustave Chaudey. Celui-ci lui dit son avis franchement. Il les trouve *passables*. Ce mot frappe au cœur le rimeur sans talent. Ce drôle fait alors ce que Néron eût fait pour tout homme qui eût critiqué sa façon de chanter : sa rancune condamne à mort celui qui a osé lui dire la vérité.

Le 23 mai, vers onze heures du soir, Raoul Rigault pénétrait brusquement dans la cellule occupée par Gustave Chaudey à Sainte-Pélagie.

— Eh bien! lui dit-il, c'est pour aujourd'hui... maintenant... tout de suite!

Après le premier moment de surprise :

— Vous savez bien que je n'ai fait que mon devoir, dit Chaudey. Vous venez me tuer sans mandat, sans jugement. Ce n'est pas une exécution, c'est un assassinat.

Les injures de Raoul Rigault lui coupèrent la parole.

Chaudey fut entraîné au greffe.

Là, pendant que Rigault faisait requérir un peloton de fédérés, quelques paroles furent encore échangées entre la victime et le bourreau. Chaudey se souvint qu'il était mari et père.

— Rigault, dit-il, j'ai une femme et un enfant; vous le savez!

Rigault ne répondit pas.

Chaudey n'avait plus qu'à se résigner en homme; il se laissa conduire dans un chemin de ronde voisin de la chapelle, raconte le *Siècle*.

Berthier et Gentil ouvraient la marche avec une lanterne.

En arrivant, le patient rappela qu'il avait femme et enfant.

— Qu'est-ce que cela me fait? répondit Rigault. Quand les Versaillais me tiendront, ils ne me feront pas grâce.

Là, dans un coin, à la lueur d'une lanterne accrochée au mur et d'une autre lanterne portée par le surveillant Berthier, le cortège s'arrêta.

Chaudey alla se placer auprès de la lanterne.

Rigault, après avoir placé le peloton, mit son épée à la main et commanda le feu. Le peloton déchargea les armes, mais les coups partirent trop haut; Chaudey ne fut atteint que très légèrement au bras.

Deux coups de feu du greffier Clément le renversèrent.

Il tomba en criant : « Vive la République! »

Le brigadier Gentil, un lecteur de Vermesch, s'élança vers lui en vociférant : « Je vais t'en f... de la République! »

Raoul Rigault ne devait pas longtemps survivre à son crime.

Le mercredi, à trois heures de l'après-midi, il était venu donner des ordres aux fédérés du cinquième arrondissement. Il se rendit ensuite rue Gay-Lussac, à l'hôtel du même nom, dans lequel il avait loué une chambre sous le nom de Varcla.

Cette chambre était occupée par une actrice de l'un de nos petits théâtres. Au moment où il mettait la main sur le bouton de la sonnette, des soldats de ligne débouchaient par la rue des Feuillantines. A la vue de Raoul Rigault, qui portait le costume de chef d'escadron d'état-major, ils firent feu sur lui sans l'atteindre. La porte s'ouvrit au même instant. Aussitôt les soldats arrivèrent au pas de course et se précipitèrent dans la maison.

Ils mirent d'abord la main sur le propriétaire, qui était en bras de chemise, le prenant pour l'homme qu'ils poursuivaient à cause de sa barbe noire, pareille à celle que portait Raoul Rigault.

Les soldats se mirent à fouiller la maison, et ne tardèrent pas à trouver Raoul Rigault, qui, du reste, les suivit après s'être nommé.

On lui fit descendre la rue Gay-Lussac pour l'amener au Luxembourg.

A la hauteur de la rue Royer-Collard, à quelques pas du boulevard Saint-Michel, l'escorte rencontre un colonel d'état-major, qui s'informe du nom du prisonnier.

Celui-ci répondit par ce cri : « Vive la Commune! à bas les assassins ! »

Aussitôt il est acculé contre un mur et passé par les armes.

Les exécutions allaient se succéder et les victimes ne manquaient pas à la Commune. Il y avait, à la Roquette comme à Sainte-Pélagie, des otages. C'était là qu'on détenait le président Bonjean et l'archevêque de Paris. M. Bonjean, un des rares serviteurs du régime déchu qui eût de la dignité, était demeuré à son poste, à Paris, après le 18 mars. Premier dignitaire par intérim de la magistrature française, il estime que sa place était là. Arrêté presque aussitôt, il est retenu comme otage; malade, on demande qu'il soit transféré à la maison municipale de santé. L'ordre du transfert est signé par *le délégué militaire à l'ex-Préfec-*

ture, le *général* Duval, le *délégué civil*. Raoul Rigault s'oppose : « Bonjean ne sortira, s'écrie-t-il, que lorsque Blanqui nous aura été rendu, et il viendra ici même, à mon bureau, me demander sa grâce! » M. Bonjean ne fit pas entendre une plainte.

L'archevêque de Paris et le curé de la Madeleine, M. Deguerry, partageaient la captivité du président Bonjean. L'archevêque avait adressé à M. Thiers une lettre où il lui demandait de se montrer clément pour Paris. La lettre fut écrite et portée à Versailles par M. l'abbé Lagarde, grand vicaire de Paris, qui avait donné sa parole d'honneur de revenir se constituer prisonnier si la négociation échouait.

Moins héroïque que Régulus, M. Lagarde ne crut pas devoir tenir sa promesse. Bien des démarches furent faites pour obtenir la liberté de l'archevêque et du président; mais en même temps les clubs, la presse enragée, réclamaient ou la liberté de Blanqui, — le *vieux*, comme on disait, — ou la mort de l'archevêque.

L'assassinat de l'archevêque, de l'abbé Deguerry, de l'abbé Allard, aumônier des ambulances, du P. Ducoudray, jésuite, et supérieur de l'école Sainte-Geneviève, et du P. Clerc, jésuite professeur, eut lieu le 24 mai, après une courte délibération d'une cour martiale, présidée par un nommé Genton. On fit venir Pigerre, commandant du 25e bataillon, et on forma le peloton d'exécution. Le président Bonjean mourut en magistrat voltairien, presque ironique. Les religieux tombèrent en martyrs, l'abbé Allard en héros.

Lorsque les cadavres furent dépouillés, on rédigea le procès-verbal suivant :

COMITÉ DE SURETÉ GÉNÉRALE

« Aujourd'hui, 24 mai 1871, à huit heures du soir, les nommés DARBOY (Georges), BONJEAN (Louis-Bernard), DUCOUDRAY (Léon), ALLARD (Michel), CLERC (Alexis) et DEGUERRY (Gaspard), ont été EXÉCUTÉS à la prison de la Grande-Roquette. »

Commune de Paris

CABINET

du

CHEF

Sûreté générale. — Police municipale.

Le cachet est à l'encre bleue, et il ne se trouve aucune signature au bas du procès-verbal. On porta ensuite ce papier à Delescluze.

Le délégué à la guerre était alors réfugié, avec les débris de la Commune, dans cette mairie du onzième arrondissement, où, pêle-mêle, hurlant, effarés, poudreux, blessés, sanglants, les combattants s'entassaient, s'injuriaient, soupçonneux, furieux, résolus à mourir ou apeurés devant ce dénouement tragique. Qu'on s'imagine cette scène de sabbat, les ordres se croisant, se contredisant, les barils de poudre roulés, les tonneaux de pétrole amenés là, la moindre étincelle pouvant tout faire sauter, et, sur ce volcan, les échappés de la bataille, nerveux, exaltés, encombrant la salle de justice de paix où, pâle, froid, les traits horriblement creusés, Delescluze se tenait assis devant une table.

Il devint encore plus pâle, livide, lorsqu'on lui apprit la mort des otages ; un cri lui monta comme un sanglot : « Qui a ordonné cela?... Quelle guerre! » Puis, brusquement : « Nous aussi nous saurons mourir ! »

Le jeudi, 25, après une nouvelle journée de luttes, Delescluze sortit de la mairie, vêtu de noir, l'écharpe rouge à la ceinture, suivi de Jourde, le délégué aux finances, et sans armes. Il descendait lentement vers le Château-d'Eau, où s'élevait une barricade, et il avait pu croiser en chemin la civière où était couché Vermorel blessé, et que portaient Avrial et Theisz. Peu avant il avait écrit deux lettres, l'une à un ami, où il n'attendait plus, disait-il, de jugement que *de la postérité et de l'histoire, cette prostituée;* l'autre à sa sœur, tracée d'une ferme écriture et où il disait :

« Ma bonne sœur,

« Je ne veux ni ne peux servir de jouet et de victime à la réaction victorieuse.

« Pardonne-moi de partir avant toi qui m'as sacrifié ta vie.

« Mais je ne me sens plus le courage de subir une nouvelle défaite après tant d'autres.

« Je t'embrasse mille fois comme je t'aime. Ton souvenir sera le dernier qui visitera ma pensée avant d'aller au repos.

« Je te bénis, ma bien-aimée sœur, toi qui as été ma seule famille depuis la mort de notre pauvre mère.

« Adieu, adieu, je t'embrasse encore.

« Ton frère qui t'aimera jusqu'au dernier moment.

« A DELESCLUZE. »

Et, lentement, il s'acheminait vers la mort. Au coin du boulevard Voltaire et d'une des rues qui y aboutissent, il rencontra quelques officiers fédérés auxquels il serra la main et qui ne purent l'empêcher de continuer sa route et d'aller ainsi chercher une fin certaine. Il monta sur la barricade, pâle et blanc dans le soleil couchant et tout à coup, foudroyé, il tomba de toute sa hauteur. On le retrouva sur un tas de pavés, le corps souillé de boue, et, noirci au cou par une affreuse brûlure, résultat du contact d'une poutre incandescente, tombée d'une maison contiguë à la barricade.

Ce même jour, car il nous faut continuer encore de tourner des feuillets tachés de sang, d'autres victimes tombaient sous les coups de la Commune. Le vendredi 19 mai, un membre de la Commune, suivi du gouverneur de Bicêtre, de Serizier, commandant de ce 101ᵉ bataillon fédéré, qui avait assassiné le pharmacien de la Butte-aux-Cailles, se présentait à l'école Albert-le-Grand, vers quatre heures et demie du soir, et emmenait le personnel de la maison des dominicains, les religieuses à la préfecture de police, et plus tard à Saint-Lazare ; les dominicains, les professeurs et les domestiques du collège, au fort de Bicêtre où on les jetait dans une casemate. Le 25 mai, vers huit heures du matin, au moment où la garnison quittait le fort en toute hâte, un officier venait dire aux prisonniers : « Vous êtes libres! seulement nous ne pouvons vous laisser entre les mains des Versaillais ; il faut nous suivre aux Gobelins, ensuite, vous irez dans Paris, où bon vous semblera. »

Le trajet fut long et pénible, des menaces de mort étaient à tout instant proférées. Arrivés à la mairie des Gobelins, on ne voulut pas laisser les prisonniers libres. « Les rues ne sont pas sûres, vous seriez massacrés par le peuple. » On les fit asseoir dans la cour intérieure de la mairie, où pleuvaient les obus ; puis un nouvel officier arriva et les mena à la prison disciplinaire du secteur, avenue d'Italie, nᵒ 38. Dans l'avenue se tenait le 101ᵉ avec son chef, Serizier.

Vers deux heures et demie, un homme en chemise rouge ouvrit la porte de la salle et dit : « Soutanes, levez-vous! on va vous conduire aux barricades. » A la barricade, les balles pleuvaient avec une telle intensité que les insurgés l'abanconèrent. On ramena les détenus à la prison disciplinaire, à l'ordre de Serizier. A quatre heures et demie environ, nouvel ordre de Serizier. Il faut partir, entourés par des gardes du 101e, qui chargent ostensiblement leurs armes. A la porte extérieure de la prison, le chef du détachement dit : « Sortez un à un dans la rue! » Puis le massacre commence. Le père Cotherauld tombe le premier en s'écriant : « Est-ce possible! » Après lui le père Caplier est atteint et s'écrie : « Mes enfants... pour le bon Dieu! » En un instant douze cadavres restent étendus sur la chaussée, exposés aux plus odieux outrages d'une populace accourue de toutes parts.

Les troupes de Versailles avançaient de plus en plus et repoussaient les soldats de la Commune vers le Père-Lachaise et les Buttes-Chaumont. Les débris de tous les bataillons fédérés étaient, dans la journée du vendredi, réfugiés dans le vingtième arrondissement. Après avoir été à l'Hôtel de ville, puis à la mairie du onzième, le refuge de la Commune fut à la mairie de Ménilmontant. « Le quartier général fut transporté rue Haxo, n° 95, mais, dit M. Lissagaray, la mairie distribuait les logements, les uniformes, les bons de vivres, et ce fut, pendant deux jours, un va-et-vient perpétuel et confus. » Mais les troupes se rapprochaient, le faubourg Saint-Antoine était emporté, les soldats de Vinoy atteignaient la barrière du Trône. Alors, la foule exaspérée des fédérés vaincus voulut, exigea, égorgea de nouvelles victimes. Nous n'avons pas fini de marcher dans le sang.

Les gendarmes, arrêtés à la suite des événements du 18 mars, avaient été mis au secret à Mazas et on a conservé les lettres qu'ils écrivaient, du fond de leurs cellules, à leurs femmes. Ce sont bien là des lettres de soldats, habitués au devoir, et je dirai des lettres d'enfants du peuple, car l'éloquence populaire se retrouve là, brûlante et profonde, dans toute son énergie. Sous la tunique du soldat ou la blouse de l'ouvrier, le peuple est le même. L'un de ces hommes, Geanty, maréchal des logis, s'écrie dans ses lettres : « Moi qui suis arrivé à vingt-deux ans de bons services sans avoir couché à la salle de police, je débute par quarante-neuf jours de prison cellulaire! » Un autre, P. Bodin, donne dans quelques lignes déchirantes la moralité de cette guerre civile : « Quand je pense à notre position, dit-il, cela me fait maudire le genre humain, car, en entendant ces coups de canon, je me dis que *c'est le pain d'une semaine à une pauvre famille qu'on gaspille, pour quelquefois tuer le chef de cette dite famille, et tout cela pour l'ambition de gens qui se soucient fort peu des malheureux qu'ils font s'entre-tuer.* Paroles d'homme du peuple, encore une fois, et qu'il faut méditer et retenir. Traduits devant le jury d'accusation (19 mai) et devant Raoul Rigault, procureur de la Commune, ces soldats s'étaient défendus de leur mieux: on les avait déclarés bons pour demeurer otages. En parlant d'eux, Rigault avait déclaré que les accusés appartenaient à *cette garde de Paris que nos épaules connaissent encore mieux que nos intelligences.*

Ces 35 gendarmes, 10 gardes de Paris, 10 prêtres ou religieux et 2 laïques, devaient être égorgés ensemble. Ce fut vers trois heures de l'après-midi, le 26 mai, que 60 fédérés de différents bataillons, ayant à leur tête un officier que le directeur de la Roquette a refusé de faire connaître, arrivèrent à la prison avec un ordre signé Th. Ferré, *enjoignant de remettre cinquante otages et autant d'autres que le peloton pourrait en conduire.*

Aussitôt que l'ordre de Ferré lui eut été donné, François, le directeur de la prison, remit au brigadier-chef une liste sur laquelle étaient inscrits 12 ou 15 noms d'otages de la 4e section. Un nommé Ramain transmit cet ordre au sous-brigadier pour aller exécuter lui-même celui qui concernait les prêtres et les laïques. Ce fut alors qu'en entrant dans le corridor il cria : « Attention ! il m'en faut quinze ; qu'on se range et qu'on réponde ! » Et il fit l'appel des noms inscrits sur la liste. A cette brusque interpellation, les angoisses redoublèrent parmi les otages. Cependant ils eurent la force de n'en rien laisser paraître. Ils s'étaient mutuellement préparés à mourir et se rangèrent docilement à la voix du gardien-chef. L'un d'eux, le père de Bengy, dont Ramain prononçait mal le nom, s'approcha pour lire sur la liste et dit simplement : « de Bengy, c'est moi. » Et il alla se placer à côté des autres victimes.

A deux pas de lui, le père Guérin, prêtre des missions étrangères, se tenait auprès de M. Chevriaux, proviseur du lycée de Vanves, et lui proposait de répondre pour lui et de mourir à sa place : « Vous avez une femme, vous avez un enfant, ce sont des liens par trop douloureux à briser, laissez-moi vous sauver; on ne vérifie pas notre identité. Je

suis vêtu comme vous en laïque, ma vie est vouée au martyre, elle aura été utile si elle conserve la vôtre. Laissez-moi
répondre pour vous. » Cette proposition était faite dans le
silence de la nuit; un homme moins fortement trempé eût
pu céder au désir de vivre pour sa famille et accepter.
M. Chevriaux refusa. Ni l'un ni l'autre ne furent appelés.
Ils ont été entendus comme témoins.

Les victimes, amenées au guichet du greffe, on les compta
une à une en passant à la porte du guichet. On n'est cependant pas d'accord sur le nombre. François croit qu'ils
étaient 50. Ces infortunés se placèrent d'eux-mêmes au
milieu de deux rangs formés par le peloton de fédérés.

On les mena rue Haxo.

Une cantinière à cheval ouvrait la marche. Ses cheveux
étaient ramassés dans un filet blanc; elle portait un képi.
Un officier à cheval lui servait de cavalier. Venaient ensuite plusieurs clairons et tambours, qui jouaient une
marche des chasseurs. Derrière eux, il y avait un peloton
de gardes nationaux. Suivaient les victimes deux par deux,
ayant de chaque côté deux gardes nationaux, la baïonnette au bout du fusil. Les gendarmes marchaient les premiers.

Parmi les prêtres, on en remarquait un grand, à cheveux
blancs, qui avait peine à se traîner : c'était, croyons-nous,
le P. Tuffier, de Picpus. Il s'appuyait sur l'épaule de son
confrère. Un second peloton de gardes nationaux fermait la
marche. Une foule immense de femmes et d'enfants avait
repris sa première place et demandait à grands cris la
mort des condamnés.

Tout le parcours de la longue rue de Paris et de la rue
Haxo se fit au milieu de scènes de fureur, de menaces et
de coups. Les otages étaient exténués. Enfin, vers cinq
heures et demie, le cortège arriva à la grille du 2ᵉ secteur,
c'est-à-dire au siège de l'état-major général des légions de
Belleville et de Ménilmontant. Jusqu'au 22 mai, commandait là le colonel fédéré Mathusewicz, ancien officier de
l'armée française, candidat en pantalon rouge aux élections
de février, et qui se sauva en apprenant que les troupes
régulières étaient entrées dans Paris; il a écrit lui-même
que les Prussiens le laissèrent échapper. Le 23, il fut remplacé par un nommé Mahien qui disparut à son tour. Le 24,
ce fut un autre colonel, nommé Demurat; mais, le 25, De-

murat et tout son état-major furent mis en sous-ordre par
l'arrivée de Parent, accompagné de 70 ou 80 officiers de
toute provenance. Ce Parent venait d'être nommé délégué
à la guerre en remplacement de Delescluze. C'est lui qui
fut confondu à tort avec M. Ulysse Parent, le dessinateur
distingué. Au lieu de se tenir à la portée des combattants
de la Commune, qui luttaient encore sur quelques points,
le lieutenant-colonel Parent s'était établi au secteur de la
rue Haxo, parce que c'est là, paraît-il, que les membres de
la Commune devaient finalement se rendre *avec la caisse*
avant de s'enfuir à travers les lignes allemandes. Indépendamment des officiers qui l'avaient suivi et dont le nombre
augmentait sans cesse, Parent était encore environné d'une
foule de membres ou de délégués du Comité central, dont
l'influence occulte et chicanière a pesé pendant toute la
durée de l'insurrection sur l'autorité militaire et même sur
le gouvernement de l'Hôtel de ville.

Au moment où les otages apparurent à la grille, Parent,
se voyant débordé par la foule qui les amenait, s'adressa
ironiquement à ces délégués du Comité central, notamment
à un nommé Piat : « Citoyens, c'est le moment de montrer
notre influence ; voyons, empêchez ces gens de déshonorer
la Commune, si vous le pouvez... » Mais la foule n'écoutait
que sa fureur.

Un artilleur fédéré, d'une force herculéenne, était posté
sur le seuil de la grille d'entrée. A chaque prêtre qui franchissait le seuil, ce misérable assénait un coup de poing
qui renversait quelquefois la victime. Malgré cela, les otages
pénétrèrent dans l'intérieur du secteur et se laissèrent conduire sans résistance à l'entrée du terrain choisi pour l'exécution. La dignité de leur attitude semble avoir fait hésiter
un instant les assassins qui les approchaient, car on resta
là plusieurs minutes sans oser les toucher, malgré les excitations et les cris de mort qui partaient des rangs les plus
éloignés de la foule.

Enfin, un officier de fédérés monta sur une voiture et
fit un discours ; un autre grimpa sur un mur et lut un papier. Alors d'immenses clameurs se répandirent, en même
temps qu'une poussée formidable agita les masses. Les premiers otages se trouvèrent acculés dans un terrain vague,
dont le fond est fermé par une maison. Pourtant il se manifestait encore une certaine hésitation. Une discussion s'en-

gage : un chef monte sur un petit mur d'appui élevé en cet endroit : il parle avec violence en brandissant son sabre. Alors la cantinière au filet blanc s'avance, dit-on, en criant: « Pas de pitié pour les Versaillais! ce sont des assassins. Pas de calotins! Pas de gendarmes! » Et elle fait feu. Le signal était donné : il y eut un second coup de feu, puis un autre, puis un autre, puis un semblant de feu de peloton, mais mal nourri. Les femmes, montées en foule sur le mur d'enceinte, dont elles brisèrent une partie des tuiles, acclamaient les meurtriers et insultaient aux victimes. Il y eut cinq décharges successives, mais toutes mal nourries : les uns tiraient avec des revolvers, d'autres avec des fusils.

Les derniers eurent la douleur d'assister aux convulsions et à l'agonie de leurs devanciers dans la mort. Quelques-uns étaient couverts du sang de leurs compagnons avant d'entrer dans le terrain.

Cette hideuse tuerie dura plus d'un quart d'heure. Un seul fait de révolte, mais de révolte sublime, a été révélé par l'instruction. Des témoins ont rapporté qu'au moment où un jeune homme, dans toute la force de l'âge, le maréchal de logis Geanty, de la garde de Paris, présentait sa poitrine au fusil d'un marin fédéré qui le visait, un vieux prêtre ne put contenir son indignation ; il repoussa l'assassin et se plaça devant la victime. Cet admirable dévoûment ne produisit qu'un redoublement de fureur, et la foule s'acharna sur le corps du pauvre et bon vieux prêtre. Quand le dernier otage fut tombé, la foule fit encore pleuvoir une grêle de balles sur les 47 cadavres. Ce ne fut pas tout : après les feux d'ensemble, on vit trois officiers et deux fédérés, plus une femme, marcher en trépignant sur ces corps palpitants, d'où le sang jaillissait encore. L'une de ces furies, la cantinière Marie, s'écriait : « Je lui ai f... ma main dans la gueule pour lui arracher la langue ! » Quand ces misérables croyaient apercevoir une suprême convulsion, ils frappaient à coups de revolver ou à coups de sabre.

Le lendemain du massacre, des hommes, armés de couteaux de boucherie, ont ouvert, en les lacérant, les vêtements des victimes pour les dépouiller de ce qu'elles pouvaient avoir gardé sur elles, après quoi, ces hommes ont jeté tous les cadavres dans un souterrain se trouvant au-dessous du lieu même du massacre. C'est de là que ces cadavres ont été retirés le 29 et qu'on en a constaté 47. L'un d'eux portait les traces de 67 coups de feu à lui seul.

D'autres victimes étaient tombées, le 26 mai, à la Ro- quette : le P. Olivaint, le P. Caubert, le banquier marron Jecker; le 27 mai : Monseigneur Surat, M. Bécourt, curé de Notre-Dame de Bonne-Nouvelle, tués sur les barricades du faubourg Saint-Antoine. « *Grâce!* criait monseigneur Surat. — En voilà une *grasse*, répondit une grosse femme en lui brûlant la cervelle. Un missionnaire, le P. Perny, témoin de ces carnages, a écrit que jamais, chez les sauvages, il n'avait vu déchaînement pareil de furie. M. Clémenceau, parlant de la foule entourant Clément Thomas, avait dit déjà qu'on l'eût prise pour une meute de fous agités. Le témoignage du prêtre et celui de l'homme de science s'ac- cordent pour peindre et pour flétrir ces criminels.

Les soldats étaient exaltés, secoués par la plus violente colère. Ils ne voulaient plus faire de quartier. Les marins, dit M. Lissagaray, furent particulièrement *féroces*. La vérité est qu'ils se dévouèrent avec une intrépidité superbe. L'in- cendie des monuments avait exaspéré l'armée. Les soldats croyaient qu'on avait préparé contre eux des boissons vé- néneuses. Ils frappaient en aveugles.

La lutte n'était point finie cependant. Les pièces de ma- rine, installées à Montmartre, tiraient maintenant sur les Buttes-Chaumont et le Père-Lachaise qu'elles canonnaient furieusement. Les fédérés réfugiés sur ces deux points fai- saient rage, ainsi que le prouve cet ordre du général Eudes :

« RÉPUBLIQUE FRANÇAISE.

« *Commune de Paris. Comité de Salut public.*

« Paris, le... 1871.

« Tire sur la Bourse, la Banque, les Postes, la place des Victoires, la place Vendôme, le jardin des Tuileries, la caserne Babylone. Nous laissons l'Hôtel de ville sous le commandement de Pindy, et la guerre et le Comité de salut public, ainsi que les membres de la Commune pré- sents, se transportent à la mairie du onzième, où nous nous établissons. C'est là désormais que nous allons orga- niser la défense des quartiers populaires.

GARIBALDI

« Nous t'enverrons de l'artillerie et des munitions du parc Basfroi.

« Nous tiendrons jusqu'au bout et quand même.

« EUDES. »

Après s'être emparé, pendant la journée du 27, avec la division Grenier, de l'abattoir, ainsi que du marché aux bestiaux de la Villette, et avec la division Montaudon, de la grosse barricade armée d'artillerie qui se trouvait au rond-point du boulevard de la Villette, le général Ladmirault allait faire enlever, le soir, par ses troupes, les Buttes-Chaumont et les hauteurs de Belleville, où se trouvaient des batteries qui, pendant trois heures, avaient bombardé Paris, tirant au hasard dans les rues, effondrant les toits de leurs obus.

De son côté, le général Vinoy, dont les troupes tenaient le matin la rue du Faubourg-Saint-Antoine et le cours de Vincennes, allait s'emparer du cimetière du Père-Lachaise et de la mairie du vingtième arrondissement, enlevés par des bataillons de fusiliers marins.

La mairie de Belleville était minée. Avant de partir, en voiture attelée d'avance, Ranvier s'était écrié : « Mettez le feu à la mèche! » Une minute avant, il disait : « Tirez dans le tas! » Le général Clinchant et le général Douay gardaient le cours du canal Saint-Martin et la ligne des boulevards depuis la caserne du Prince-Eugène jusqu'à la Bastille.

Ce qui restait de l'insurrection était enveloppé de toutes parts, et toute résistance devait cesser le lendemain.

Les stoïciens définissaient le courage : la vertu combattant pour l'équité. Il y eut pourtant, dans ce Père-Lachaise, une lutte héroïquement affreuse. Sous la pluie, on se battit à l'arme blanche, à travers les tombes. Les fusiliers marins poursuivaient dans les caveaux les communalistes qui avaient encloué leurs canons. On voyait, deux jours après encore, sur les caveaux de pierre, des traces de mains noires de poudre essuyées là, et, parmi les fosses mortuaires, des tas d'armes brisées et de bouteilles vides. Ces combats corps à corps dans ce cimetière, ces égorgements auprès des morts, cette furie dans la ville morte, sont un des épisodes les plus étranges de cette formidable semaine.

Le dernier soupir de la Commune allait être rendu dans

les carrières d'Amérique où, chose terrible, on vit les vaincus s'égorger eux-mêmes, pris de colère et de folie. M. Lissagaray écrit qu'ils s'entre-tuèrent ainsi et se fusillèrent avec une telle rage *pour échapper aux prétoriens.*

Ce même jour, le maréchal de Mac-Mahon adressait cette courte proclamation aux Parisiens :

« Habitants de Paris,

« L'armée de la France est venue vous sauver. — Paris est délivré. — Nos soldats ont enlevé, à quatre heures, les dernières positions occupées par les insurgés.

« Aujourd'hui, la lutte est terminée; l'ordre, le travail et la sécurité vont renaître.

« Au quartier général, le 28 mai 1871.

« *Le maréchal de France, commandant en chef,*

« DE MAC-MAHON, DUC DE MAGENTA. »

Quelques jours auparavant, l'Assemblée nationale avait adopté la résolution suivante :

« L'Assemblée nationale déclare que les armées de terre et de mer, que le chef du pouvoir exécutif de la République française ont bien mérité de la patrie. »

CHAPITRE VIII

Aspect de Paris. — Paris est divisé en quatre grands commandements militaires. — Après l'incendie. — Les ruines. — Le gouvernement demande l'extradition des partisans de la Commune réfugiés en pays étrangers. — Diverses réponses des gouvernements. — Les arrestations et les perquisitions à Paris. — Les prisonniers à Versailles. — L'action des bonapartistes dans la Commune. — Les conseils de guerre. — Attitude des principaux accusés. — Les condamnations. — Exécution de Rossel, de Ferré et de Bourgeois. — La République et la Commune.

Après les épouvantables épreuves qu'il venait de subir, Paris garda, durant plusieurs mois, un aspect inoubliable pour ceux qui l'ont vu dans sa morne tristesse et dans sa ruine. Il fumait encore. Des flammes se dégageaient de partout. De sinistres colonnes de fumée montaient, lugubres, dans le ciel de mai. Les traces de la lutte, les barricades, existaient encore à la fin de ce mois de meurtre. On apercevait, en tas, les armes brisées, les vêtements déchirés et sanglants, les tambours crevés, les képis souillés de boue et de sang. De place en place, les fosses nouvellement creusées répandaient une suffocante odeur de cadavres. Des membres à demi rongés passaient parfois et sortaient de terre. Les soldats campaient sur un charnier. L'armée avait perdu, dans la lutte, près de sept mille hommes, et on comptait que les fédérés avaient eu plus de quatorze mille morts. A toutes les fenêtres flottaient des drapeaux tricolores, toutes les ouvertures des caves étaient bouchées. Paris n'était point encore réveillé de sa terreur. Parfois des colonnes de prisonniers traversaient la ville entre deux rangées de soldats. Des tapissières emportaient les blessés. Le soir, des patrouilles parcouraient les rues presque aussi sombres et plus désertes qu'au temps du premier siège. La ville de Paris était divisée en quatre grands commandements militaires, savoir :

1° Celui de l'Est, comprenant les 11e, 19e, 12e et 20e arrondissements, sous les ordres du général Vinoy, commandant l'armée de réserve, quartier général au couvent de Picpus;

2° Celui du Nord-Ouest, comprenant les 8e, 9e, 10e, 16e, 17e et 18e arrondissements, sous les ordres du général Ladmirault, commandant le 1er corps d'armée, quartier général à l'Élysée;

3° Celui du Sud, comprenant toute la rive gauche, c'est-à-dire les 5e, 6e, 7e, 13e, 14e et 15e arrondissements, sous les ordres du général de Cissey, commandant le 2e corps d'armée, quartier général au Petit-Luxembourg;

4° Celui du Centre, comprenant les 1er, 2e, 3e et 4e arrondissements, sous les ordres du général Douay, commandant le 4e corps, quartier général place Vendôme.

Conformément à l'article 7 de la loi de 1849 sur l'état de siège, tous les pouvoirs dont l'autorité civile était revêtue pour le maintien de l'ordre et la police, passaient tout entiers à l'autorité militaire.

On éprouvait, à suivre la trace de la guerre civile dans Paris, une impression navrante. La place de la Concorde,

aux fontaines à demi renversées, aux balustrades broyées
par les obus, était pleine encore de débris de chiffons multicolores, détritus des barricades de la rue Royale. La statue
de la ville de Lille avait été décapitée. Rue Royale, les maisons brûlaient encore. Le ministère des finances apparaissait, dans sa ruine, comme un antique monument, un
Colisée aux proportions moindres. Le théâtre de la Porte-
Saint-Martin, l'Arsenal, le Grenier d'abondance, les Docks
de la Villette, n'étaient plus que des ruines fumantes d'où
s'exhalaient des odeurs qui prenaient à la gorge. La colonne
de Juillet, criblée de boulets, s'était vue menacée; des tonneaux de pétrole, poussés sur le pont du canal, bleuissaient
l'eau et lui donnaient des reflets étranges. L'entrée de la
rue de la Roquette offrait un spectacle effrayant; ces maisons ruinées, lézardées, effondrées, laissaient apercevoir
des lambeaux de mobiliers, des ustensiles de ménages,
accrochés aux murs à demi écroulés. La colonne Vendôme
gisait, brisée, sur son lit de fumier.

La Commune n'avait laissé que le squelette des Tuileries.
Immense, désolée, rougie ou noircie par la flamme, la car-
casse superbe encore du monument apparaissait dans sa
grandeur et dans sa ruine.

Mais s'il existait un monument que la rage des destruc-
teurs dût épargner, c'était l'Hôtel de ville, le cœur même de
la cité parisienne, le monument en quelque sorte sacré où,
glorieuse et tourmentée, avait défilé notre histoire.

L'Hôtel de ville, en effet, n'était pas seulement une merveille artistique, une des élégances les plus pures de la Re-
naissance, c'était aussi une sorte de temple où revivaient,
tout palpitants encore, des souvenirs, et où revenaient, en
quelque sorte, des ombres. Tout le passé de la grande
ville semblait être enfermé là. Toutes ses fièvres, toutes ses
grandeurs, tous ses héroïsmes, toutes ses misères semblaient s'y entasser et s'y coudoyer. On eût dit que, dans ces
longs couloirs, parfois l'ombre de quelque prévôt des marchands y saluait le fantôme d'un frondeur ou d'un membre
de la première Commune. Chaque coin du monument avait
sa légende, chaque pièce évoquait une tradition, une chronique, une date, et l'on ne sait ce qu'il faut regretter le
plus, ou de ce grandiose nid à souvenirs, ou de ce chef-
d'œuvre d'un art inimitable et charmant.

Une telle accumulation d'inutiles ruines devait amener fatalement une réprobation vigoureuse. En physique, l'action est égale à la réaction ; en politique, la réaction est le triple et souvent le cube de l'action. C'est ce qui a toujours fait le malheur de notre pays. A chaque faux pas, loin de se remettre en marche sans terreur vers le but poursuivi, il s'effraye et cherche le salut, — qu'il ne trouve jamais, — dans un mouvement en arrière. Pendant la lutte même, le ministre des affaires étrangères expédiait par le télégraphe l'instruction suivante aux représentants de la France à l'étranger :

Versailles, le 26 mai 1871.

« Monsieur, l'œuvre abominable des scélérats qui succombent sous l'héroïque effort de notre armée ne peut être confondue avec un acte politique. Elle constitue une série de forfaits prévus et punis par les lois de tous les peuples civilisés. L'assassinat, le vol, l'incendie systématiquement ordonnés, préparés avec une infernale habileté, ne doivent permettre à leurs auteurs ou à leurs complices d'autre refuge que celui de l'expiation légale. Aucune nation ne peut les couvrir d'immunité, et sur le sol de toutes leur présence serait une honte et un péril. Si donc vous apprenez qu'un individu compromis dans l'attentat de Paris a franchi la frontière de la nation près de laquelle vous êtes accrédité, je vous invite à solliciter des autorités locales son arrestation immédiate et à m'en donner de suite avis pour que je régularise cette situation par une demande d'extradition.

« Signé : JULES FAVRE. »

Les gouvernements étrangers, et aussi les groupes indépendants, devaient diversement répondre à cette note officielle. La Suisse, l'Espagne, l'Italie et l'Amérique devaient cependant, tour à tour, adhérer à ces conclusions. L'Angleterre, fidèle à ses traditions, n'en tint pas compte. Elle recueillit les débris de la Commune comme elle avait accueilli l'homme de Chislehurst.

L'Assemblée fédérale républicaine de Madrid déclara que la « Commune de Paris méritait toute l'approbation du « parti républicain espagnol. »

Cependant, à Paris, les perquisitions, les recherches, les arrestations continuaient. La presse réactionnaire, celle qui se tourne sans cesse, comme eût dit M. de Morny, du *côté du manche*, se souillait quotidiennement par des dénonciations qui soulevaient le cœur de ceux-là mêmes qui avaient gémi de voir la Commune gouvernée par les gens que nous avons vus à l'œuvre. Une fièvre de délation s'était emparée de certaines gazettes. Un journal osa annoncer, sans se troubler, froidement, et comme il eût donné toute autre nouvelle apportée par un *reporter*, que « *dorénavant les exécutions auraient lieu au Bois de Boulogne et à l'aide de mitrailleuses.* » Ce mensonge était débité sur un ton quasi plaisant.

Ferré, caché rue Vivienne, et Rossel, quoique déguisé, allaient tomber entre les mains des vainqueurs.

Jourde, délégué de la Commune aux finances, fut arrêté au quai d'Orsay par deux agents de la police de sûreté. Il s'était réfugié dans une maison voisine des décombres encore fumants de la Caisse des dépôts et consignations. Paschal Grousset fut arrêté par M. Duret, commissaire de police, chez Mlle Accard, qui lui avait donné asile au n° 39 de la rue Condorcet. Il était déguisé en femme, avec robe noire, corset et chignon. Ses papiers étaient cachés sur le baldaquin du lit ; les agents de la police en emportèrent une liasse.

M. Paschal Grousset fut conduit en voiture à la mairie de la rue Drouot pour être mis à la disposition de M. le général de Laveaucoupet. Là, il changea son déguisement contre des vêtements d'homme, puis il fut dirigé sur Versailles, dans une voiture fermée, accompagné par deux agents. Au moment où il passait devant le Grand-Hôtel, — il était environ cinq heures, — M. Paschal Grousset fut reconnu par la foule qui s'ameuta féroce autour de la voiture, en poussant toujours des cris de mort. Le général Pradier, qui passait à ce moment sur le boulevard, accompagné d'un aide de camp, s'enquit des causes de l'émotion populaire ; puis il donna l'ordre à un peloton de soldats d'escorter la voiture, afin de soustraire le prisonnier à la brutalité de la foule. Grâce à cette escorte, la voiture put être engagée et poursuivre sa course.

Quant aux malheureux fédérés, sans nom, sans illustration politique, ils étaient entassés dans l'Orangerie de Versailles et de là emmenés dans les pontons. Les pauvres gens payaient pour tous les autres.

Toute victoire a ses larmes, mais celles que font verser

les combats fratricides sont les plus amères et les plus lourdes. La douleur commençait à l'entrée de l'Orangerie, près de ces grilles où s'entassaient, du côté de la rue de la Bibliothèque, les femmes, les filles des prisonniers. Non loin de là se promenaient, boitant ou s'appuyant sur des béquilles, la mâchoire soutenue par quelque appareil ou le front comprimé par des bandelettes, de malheureux soldats blessés de la guerre, et qui prenaient l'air, souriant à la convalescence. Ainsi les maux se coudoient et se font face. La grille de l'Orangerie était fermée. Les gendarmes de planton regardaient cette foule de femmes qui se pressaient, qui tendaient des laissez-passer, qui imploraient, qui suppliaient. Beaucoup de ces femmes étaient en deuil, elles portaient des paquets, des paniers d'où sortait le goulot bouché d'un litre plein de vin, ou du linge, du pain, un peu de viande, le tout enveloppé dans un mouchoir noué aux quatre coins. L'expression des visages de ces femmes était l'affaissement, l'hébétement, l'amertume, et, il faut le dire, la haine aussi. Dans la boue ou contre les grilles, les enfants des prisonniers, inconscients, s'amusaient ensemble sans se connaître, bâtissaient, tout joyeux, des maisonnettes avec des pierres.

Dans le jardin, les soldats faisaient la soupe, surveillaient la marmite, dont la fumée bleue montait au-dessus des arbres. Penchés sur les balustrades de marbre comme dans un fond de tableau de Paul Véronèse, des curieux regardaient d'en haut les défilés lugubres de prisonniers ; à l'entrée principale de l'Orangerie, dans cette sorte de rotonde qui conduit aux serres, les officiers, un capitaine et un lieutenant d'état-major, deux sous-officiers de gendarmerie, assis autour d'une table ovale, chargée de papiers, procédaient à l'interrogatoire des accusés.

A côté du capitaine instructeur, sur une autre table, travaillaient des commissaires de police qui interrogeaient aussi et prenaient des notes. Les prisonniers, gardés par les soldats, étaient amenés par troupes et interrogés un à un. Presque tous avaient été roulés dans ce flot de l'insurrection comme des cailloux par l'orage. Ils s'étaient battus parce qu'on les envoyait se battre, obéissant à l'ordre d'un commandant, qu'ils ne connaissaient pas, faisant et recevant les coups de feu, machinalement, « parce qu'il le fallait. » La plupart s'excusaient. La réponse habituelle

était : « J'étais forcé de marcher ! » Ceux qui affirmaient
leur foi politique hautement, avec fierté, étaient extrêmement rares. Beaucoup, comme pour se faire pardonner,
dénonçaient, après leur interrogatoire, un ami, un voisin,
un concierge, quelque garde qu'on n'avait pas pris. Tout
près de là, contre la muraille, les femmes et les parents des
prisonniers apportaient des certificats, des pièces d'identité,
des lettres de recommandation, attendaient, le cœur battant bien fort, le frère, le père ou le mari qu'on leur permettait de voir. Le prisonnier arrivait, l'air affaissé, c'étaient
des embrassements effrénés et des larmes nerveuses.

Les prisonniers, conduits de Paris à l'Orangerie, avant
d'être menés à Satory et de là conduits à Brest ou à Cherbourg, étaient divisés en trois catégories, les *intéressants*,
les *compromis* et les *dangereux*. Quant aux chefs, membres
de la Commune ou commandants de la guerre civile, interrogés à Paris, ils étaient de là directement mis à la disposition du conseil de guerre.

On éprouvait, hélas ! un horible serrement de cœur, une
intime souffrance et qui vous prenait aux entrailles en
écoutant les interrogatoires de ces gens dont quelques-uns
n'avaient même pas la conscience de leurs actes. Quel
étonnement, et comme on se prenait à douter du sentiment
de la justice, qu'on voudrait croire inné dans l'âme humaine ! Presque tous les fédérés donnaient comme excuse
qu'ils avaient combattu pour la Commune *tant qu'elle a été
la plus forte*, mais qu'ils n'avaient plus tiré un coup de fusil
dès que les soldats de Mac-Mahon étaient entrés à Paris.
Ainsi, le respect du succès, le culte de la force, l'obéissance
absolue à ce qui gouverne.

Dès les premiers jours de la guerre civile, une correspondance de Berlin, adressée à la *Gazette de Cologne*, ne cachait
point que la main du bonapartisme pouvait être là. « On
sait, disait cet article, que le chef du mouvement révolutionnaire de Paris était autrefois le principal instigateur
des grèves du Creuzot, la grande usine métallurgique de
M. Schneider, l'ex-président du Corps législatif; cette circonstance fait supposer avec raison que des menées bonapartistes ne sont pas étrangères aux déplorables événements
dont Paris est en ce moment le théâtre. Assi est un jeune
homme énergique de trente-quatre à trente-cinq ans, qui ne
manque pas d'une certaine éloquence populaire et qui pos-

sède un grand talent d'organisation ; il se trouvait déjà en rapport, lors du mouvement socialiste du Creuzot, avec des agents bonapartistes ou, pour mieux dire, avec des agents de Rouher. Ces relations, dont on ne saurait nier l'existence, lui permirent aussi bien que sa moralité politique de ne pas être trop scrupuleux dans le choix de ses acolytes. M. Rouher tenait surtout à cette époque à se venger de M. Schneider, qu'il considérait avec raison comme l'auteur principal de sa chute ; il sut exploiter avec adresse la rancune que gardaient les Pereire au président du Corps législatif de les avoir laissés exposés sans défense aux terribles révélations de M. Pouyer-Quertier, qui dévoila à la chambre toutes les opérations véreuses. L'ancien ministre noua l'intrigue, les Pereire donnèrent l'argent, et Assi fut le bras dont ils se servirent tous deux pour exécuter leurs projets de vengeance. M. Ganesco, le propriétaire à cette époque du *Parlement*, joua également un rôle dans la cabale, car sa feuille prit tout à coup une teinte socialiste et fut distribuée gratis par milliers d'exemplaires aux ouvriers du Creuzot, à l'effet d'augmenter l'agitation et de présenter Assi comme un antagoniste de M. Schneider. On peut être certain que l'arrestation récente de M. Rouher à Boulogne se relie étroitement aux anciennes relations qu'il a eues avec Assi. »

Ce n'est donc pas seulement en France et en Belgique que les bonapartistes passaient pour n'être pas étrangers au mouvement du 18 mars. Au surplus, quoique nous ne maintenions pas contre Assi les allégations de la *Gazette de Cologne* quand, au lendemain d'un tel mouvement, on a vu s'abattre sur la France une nuée de bonapartistes, qui jusque-là étaient restés au loin, comment ne pas rattacher leur brusque retour aux déplorables événements dont Paris fut le théâtre ?

D'ailleurs, tant que dura la lutte, les organes bonapartistes publiés à Londres ne se gênèrent point pour prendre parti pour la Commune contre M. Thiers. La *Situation*, la *Discussion*, l'*International*, ne tarissaient point d'injures contre l'Assemblée, et Napoléon III lui-même, subventionnant le premier de ces journaux, en faisait comme son *Moniteur* à Londres.

Aux éloges bonapartistes, il faut opposer l'attitude du parti démocratique, et des hommes qui, depuis de longues années, au péril de leur vie et de leur liberté, ont mérité l'honneur de représenter la République. M. Lissagaray, dans son *Histoire des huit journées de mai*, compte ceux des chefs du parti qui ne suivirent pas le mouvement de la Commune :

« Les bombes et la mitraille pleuvaient sur Paris, dit-il, les premiers prisonniers parisiens défilaient couverts de crachats, meurtris de coups, sous les fenêtres de l'Assemblée, et M. Louis Blanc, le premier élu de Paris, ne voyait qu'un coupable : Paris. Répondant à une délégation du conseil municipal de Toulouse, qui lui demandait son opinion sur ces événements, il dit que « cette insurrection « devait être condamnée par tout véritable républicain. » Profanant la mémoire du plus généreux des républicains, M. Martin Bernard osa dire que « si Barbès vivait encore, « il condamnerait, lui aussi, cette fatale insurrection. » Plus tard, pendant les massacres, M. Louis Blanc, dans une lettre publique, ne vit dans les journées de Mai, que « l'incendie, « le pillage, l'assassinat. » M. Emmanuel Arago refusa de défendre Rochefort. Son frère, Étienne Arago, qualifiait de *monstres* les émeutiers. »

Eh bien! oui, Martin Bernard déclara que Barbès n'eût point marché avec Cluseret ou Dombrowski. C'est que Barbès, ce grand Français, n'eût jamais eu la pensée de fondre un boulet pour tuer un compatriote tant qu'un seul étranger eût été en France. Au-dessus de son idéal même, ce patriote mettait la patrie.

D'autres jugements plus considérables encore sont venus condamner l'inanité du mouvement de mars à mai 1871.

Il faut d'ailleurs bien s'entendre sur ce mot de *Commune*, dont on a fait un si tragique usage sans en expliquer le sens. Certes, s'il est une chose juste, logique, réalisable dans l'ordre politique, c'est l'émancipation de la commune, la cité délivrée de certaines entraves administratives, du joug pesant d'une centralisation excessive, c'est le département vivant de sa vie propre en quelque sorte ; c'est la libre gravitation de ces petits cercles des communes dans cette grande circonférence de l'État. Mais ont-ils fait avancer d'un pas cette décentralisation et cette question communale, les hommes qui ont tenu Paris entre leurs mains? Voilà la question que je leur pose et pourquoi je suis sévère pour eux.

Les déclamations passent, disait Napoléon Ier, les actions restent. Or, qu'a donc fait la Commune, avec son formidable attirail de guerre, les millions dont elle disposa, les ressources qu'elle mit en mouvement? Hommes et argent, rien ne lui manqua en somme. Jamais guerre civile n'eut un tel outillage et de si grands arsenaux. Où est le temps de la conspiration de l'Opéra-Comique, qui troubla l'empire, et où Folliet et Ruault comptaient, disposaient de vingt-six canons *fabriqués secrètement avec des tuyaux à gaz?*

Eh bien, avec leurs ressources, ils n'aboutirent à rien. Les esprits politiques de l'assemblée communale, Ranc et les autres, sentirent bien qu'il n'y avait rien à tenter et se retirèrent. Rossel a dit le mot : Surpris par leur victoire, nul parmi eux n'y était préparé.

Ce fut le 6 août que s'ouvrirent, à Versailles, les séances du 3e conseil de guerre chargé de juger les membres de la Commune et du Comité central. Paris, hélas! se rendit là comme à la représentation d'un drame plus vivant et plus saisissant qu'un autre.

Lorsque, arrivant par un escalier qui les dérobait d'abord à la vue des assistants, les accusés apparaissaient au haut des gradins et allaient s'asseoir à leurs places respectives, leurs noms couraient sur toutes les lèvres; mais, il faut bien le dire, la première impression ressentie était l'étonnement. — Quoi! voilà les hommes qui avaient tenu, durant deux mois, Paris sous le joug! Cette ville immense, ce foyer d'électricité intellectuelle avait été livré à ces médiocrités tapageuses! C'étaient là les maîtres, et Paris obéissait, tremblant! Les plus terribles faisaient maintenant piteuse mine. Tombés du haut de leurs rêves, beaucoup avaient encore la stupéfaction de la chute. D'autres, au contraire, gardaient on ne sait quelle confiance dans l'impossible qui, leur ayant déjà livré la puissance, leur donnerait peut-être le salut. Ils le croyaient, ils l'espéraient. Les têtes étaient livides, mais les lèvres souriaient. Le rictus de l'ironie s'alliait chez la plupart à la pâleur de la fatigue.

Leur attitude était diverse, mais un même sentiment les unifiait. Nul d'entre eux n'acceptait la responsabilité de ce qu'on appellerait, dans l'insupportable langue du jour, ses *agissements.* Tous s'excusaient, tous reculaient, effrayés du poids qui les accablait.

Ferré, petit, nerveux, étroitement serré dans son paletot

de drap noir, le teint pâle, avec une barbe noire, un binocle
posé sur son nez crochu, ressemblait absolument à un oiseau
de proie. On chercherait vainement une autre comparaison.
Il y avait du corbeau dans ce petit être sec et ardent, et qui
paraissait noir de la tête aux pieds. Avec un sang-froid qui
déconcertait, d'une voix stridente, d'un geste bref, il parcourait les dossiers qu'on lui tendait, les regardant vaguement, comme on regarde les choses qu'on connait fort bien,
acceptait telle ou telle pièce, récusait telle ou telle autre, et
tendait le dossier au gendarme qui le rapportait au président.

La physiologie expliquerait seule le tempérament intrépidement féroce de ce petit homme de vingt-quatre ans,
acharné et amer. Sa laideur et sa petite taille avaient fait de
lui un révolté souffrant et méchant. La claudication de lord
Byron lui donna sa verve. Le ridicule de Ferré lui donna son
amertume.

Assi, ce n'est plus certes l'oiseau de proie, comme Ferré,
mais à proprement parler, et pour rendre exactement ma
pensée, c'est le paon. Tout son être est fait d'orgueil. Il portait avec affectation son uniforme râpé de colonel de la
garde nationale et ses galons d'argent défraîchis. Joli
garçon, d'une beauté d'ailleurs commune, et dont la vulga-
rité apparaissait lorsqu'il marchait ou qu'il faisait un geste,
Assi promenait son fier regard sur l'auditoire. Il penchait la
tête en arrière et souriait, satisfait de lui-même. Ce rêve
avait dû lui troubler la tête : ouvrier au Creuzot, puis contre-
maître, jeté du jour au lendemain en pleine réputation ;
soldat il y a quelques années, réfractaire ou plutôt déserteur,
et tout à coup revêtu de cet uniforme de chef de légion qui
lui seyait fort bien et qu'il n'avait pas voulu quitter, même
devant ce tribunal de soldats, dont chacun avait gagné un
galon ou une croix au prix de son sang. Comment, lorsque
l'éducation morale n'a pas donné de base solide à la conscience, garder son sang-froid à tous ces changements sou-
dains !

A côté d'Assi, la figure brune et sombre d'Urbain se détachait de l'entourage des gendarmes. Un grand garçon,
blafard et blond, dressait sa tête aux longs cheveux : c'était
Billioray. Nul ne ressemblait moins que lui au *joueur de
vielle* des rues de Paris. Comment avait-on pu les confondre
l'un avec l'autre ? Paschal Grousset, dédaigneux, feuilletait

en silence quelque brochure ou quelque livre. Lullier, les cheveux blanchis, promenait sur l'auditoire ses yeux égarés. Un autre, un peu au-dessous de lui, se tenait assis, les mains gantées de violet, et relevait sa tête aux cheveux et aux favoris roux, sa figure enluminée : c'était Théodore Régère. Quel contraste avec Trinquet, son voisin ! Régère, mis à côté de Trinquet, c'était le bourgeois ambitieux, jeté par la communauté des désirs et des impatiences à côté de l'ouvrier cordonnier enfiévré par les idées communistes. Trinquet fut d'ailleurs le seul qui osa, devant le conseil, revendiquer hardiment la responsabilité de ses actes. Le col droit, encadrant sa figure solide, la cravate nouée à la façon des matelots, le gilet collant sur son torse, Régère apparaissait comme un de ces « vieux beaux » des lithographies ou des comédies. Lorsqu'il parlait, en homme sûr de son importance, et qui s'écoute volontiers à l'audience comme aux cafés de Bordeaux, où l'ex-vétérinaire avait autrefois sa place marquée, il passait sa main droite sur ses cheveux, puis étendait sa main gauche d'un geste arrondi, qu'il voulait rendre aimable. Ses collègues l'accusaient de tendances cléricales. Il s'est, en effet, targué d'avoir respecté le culte et les églises dans l'arrondissement qu'il administrait, le cinquième, celui du Panthéon.

Courbet, amaigri et grisonnant singulièrement, se tenait à sa place, dans l'attitude d'Agnelet devant le juge. D'autres visages encore apparaissaient sur ces gradins : celui d'Ulysse Parent, démissionnaire de la Commune, et que l'accusation confondait, à tort, avec le Parent qui signa l'ordre d'incendier la Banque, lequel, sans doute, s'est échappé grâce à cette erreur. Puis Jourde, un jeune homme grand, sec et maigre, la barbe blonde et rare, courant en frisons légers sur ses joues creuses, tel qu'un Christ de rencontre sculpté par une main inhabile. De ce corps émacié, de cette tête dont les oreilles se décollent du crâne, sortait une voix bien timbrée, rapide, qu'on entendait de tous les coins de la salle. Jourde avec une habileté rare, une lucidité d'intelligence, établissait ses comptes d'administration et se défendait d'avoir fait de la politique. En servant la Commune, il avait servi l'*État*, c'était son mot. Cela tient du rêve, tout ce que cet homme nous a appris sur les millions qui lui ont passé par les mains. Ce maigre garçon, qui eût fait un teneur de livres émérite, fut le teneur du *grand-livre*. Il parlait de cent, de cinq cent mille francs, de millions, avec une facilité stupéfiante. On nageait en plein fantastique, en plein roman.

Les questions posées au conseil de guerre étaient celles-ci :

L'accusé est-il coupable :

1° D'attentat contre le gouvernement ;

2° Excitation à la guerre civile ;

3° Levée des troupes, mais sans ordre ni autorisation de l'autorité légitime ;

4° Usurpation de titres et fonctions ;

5° Complicité d'assassinat ;

6° Complicité d'incendie d'édifices publics et lieux habités ;

7° Complicité dans la destruction des propriétés particulières ;

8° Complicité dans la destruction de monuments publics ;

9° Arrestations arbitraires et séquestrations de personnes ;

10° Fabrication d'armes prohibées par la loi ;

11° Embauchage ;

12° Soustractions de deniers publics ;

13° Avoir pris sans droit ni motif légitime commandement d'une troupe armée ;

14° Soustraction d'actes et de titres dont il était dépositaire ;

15° Vol de papiers à l'aide de violences et en alléguant un faux ordre de l'autorité ;

16° Bris de scellés et vols de papiers publics.

La délibération du conseil dura près de treize heures. Puis il prononça le jugement en vertu duquel il condamnait :

Ferré et Lullier à la peine de mort (la peine de Lullier fut commuée) ;

Assi, Billioray, Champy, Régère, Paschal Grousset, Férat et Verdure à la déportation dans une enceinte fortifiée ;

Jourde et Rastoul à la déportation simple ;

Urbain et Trinquet aux travaux forcés à perpétuité ;

Courbet à six mois de prison et 1500 francs d'amende ;

Victor Clément à trois mois de prison ;

Ulysse Parent et Descamps étaient acquittés.

Les circonstances atténuantes avaient été admises pour Urbain, Jourde, Trinquet, Rastoul, Clément et Courbet.

A ce procès des principaux membres de la Commune allait succéder celui de quelques-unes des femmes accusées d'avoir aidé à incendier les monuments de Paris. Élisabeth Rétiffe, trente-neuf ans, cartonnière; Léontine Suétens, vingt-quatre ans, blanchisseuse; Joséphine Marchais, trente-deux ans, sans profession; Eulalie Papavoine, vingt-quatre ans, sans profession, et Lucie Maris, femme Bocquin, journalière, la plupart anciennes cantinières de bataillons fédérés, ambulancières porteuses de revolvers, — esprits pleins de nuit, de brutalité, d'envie, rongés de misère, — furent condamnées : Rétiffe, Suétens, Marchais à la peine de mort; Eulalie Papavoine à la déportation dans une enceinte fortifiée; la femme Bocquin à dix années de réclusion. On ne devait pas appliquer la peine de mort prononcée contre ces femmes.

Le lugubre défilé continuait. Georges Cavalier, dont le surnom de *Pipe-en-Bois* avait fait la fortune et le malheur, fut condamné à la déportation dans une enceinte fortifiée, peine d'une sévérité excessive, qui fut commuée en celle du bannissement. Après lui devait venir Rossel. L'énergique officier du génie ne se démentit pas un moment. Il fut un soldat devant les soldats qui le jugeaient, ferme, résolu et relevant le front devant la mort. Son jugement fut cassé pour vice de forme. Ramené de nouveau devant ses juges, Rossel garda la même attitude résolue, vraiment brave et sans fanfaronnade. Deux fois, il fut condamné à mort, deux fois il entendit sa condamnation sans sourciller. Il avait déserté son poste de soldat, mais du moins il se disait (ce qu'il a écrit plus tard) : — *Une fois mort, je suis inattaquable.*

Henri Rochefort, Eugène Mourot et Henri Maret, l'un rédacteur en chef, les autres collaborateurs du *Mot d'ordre*, comparurent ensuite devant le conseil. L'acte d'accusation signalait, — quel étonnement! — parmi les griefs reprochés à Rochefort, la publication de *la Lanterne*. C'était le pamphlétaire de 1868 et le député de 1870 qu'on poursuivait en lui. Mourot, caractère paisible, et Maret, esprit lettré et délicat, égaré dans la politique ardente, partagèrent le sort de leur rédacteur en chef. Rochefort fut, pour avoir tenu une plume, condamné à la même peine qu'Urbain ou Trinquet, qui avaient manié le revolver. La peine rigoureuse de la déportation dans une enceinte fortifiée fut prononcée contre lui. Mourot fut condamné à la déportation simple. Maret, à cinq ans de prison et 500 francs d'amende. Maret, fort malade, devait être gracié bientôt.

V. DE BROGLIE.

Un journal publiait bientôt la lettre suivante de M° Joly ; on y trouve racontées les raisons pour lesquelles Rochefort n'a jamais voulu se pourvoir en révision.

« Versailles, 23 septembre 1871.

« Mon cher ami,

« Rochefort a accepté sa condamnation avec une fermeté qu'on ne lui supposait assurément pas. Après la lecture du jugement, il a demandé à M. Gaveau s'il n'était pas aussi condamné pour l'assassinat de Chaudey ; ensuite il est rentré dans sa cellule, où je l'ai retrouvé aussi calme que les jours précédents. Malgré mes instances, il a absolument refusé de se pourvoir en révision, et, comme j'insistais toujours, il me répondit tristement par cette phrase de ma plaidoirie :

« Si c'est la *Lanterne* bien plus que le *Mot d'ordre* que l'on « veut atteindre, nous n'avons pas à nous défendre, Mes- « sieurs, car Rochefort se reconnaît coupable de haine « envers l'empire, coupable *sans circonstances atténuantes.*

« Tout à vous,

« ALBERT JOLY. »

On remarquera que les journalistes étaient assez durement menés par la justice militaire. M. Louis Ulbach, ayant publié dans la *Cloche* une critique sur un de ces jugements, se vit, à son tour, condamné à trois ans de prison et 6,000 francs d'amende, et put seulement obtenir que sa peine fût réduite à six mois.

Parmi les accusées qui comparurent devant ces conseils de guerre une figure étrange et énergique se détache, vigoureuse, plus mâle que celle de certains hommes, c'est celle de l'institutrice Louise Michel, accusée d'avoir, dans un mouvement insurrectionnel, porté des armes apparentes et revêtu un uniforme. Elle est, en outre, accusée d'avoir applaudi aux meurtres des généraux Clément Thomas et Lecomte.

Jusqu'à l'âge de vingt-deux ans, elle s'était exclusivement occupée de l'instruction des jeunes filles, et, dans toutes les pensions où elle avait été admise comme institutrice, elle avait laissé de bons souvenirs. Ce n'a été que plus tard qu'elle s'est crue appelée à réformer la société et qu'elle a travaillé à l'émancipation des femmes.

« Je ne veux, dit-elle, ni me défendre, ni qu'on me défende. Je partage toutes les idées de mes frères de la Commune, et je suis prête à expier, comme ces martyrs (sic), toutes mes convictions. La Commune n'a jamais ni tué ni volé ; s'il y a eu des assassinats et des vols, cherchez-en les auteurs dans la police, parmi ceux qui nous jugent, mais nous n'en sommes pas responsables.

« Si j'ai dit qu'on avait bien fait de fusiller les généraux Lecomte et Clément Thomas, c'était pour empêcher que *l'élan révolutionnaire s'arrêtât* (sic), car la Commune était uniquement la révolution du peuple, et je voulais qu'elle s'accomplît en vue seulement du bien populaire, et les généraux étaient accusés d'avoir voulu tirer sur le peuple. Si j'ai revêtu une seule fois le costume de garde national, c'était pour empêcher qu'on m'accusât de vouloir me mettre en spectacle en combattant à Issy, sous mes habits de femme ; je ne nie pas avoir fait le coup de feu, et il est vrai que, si j'avais été à la butte au moment de l'exécution des généraux, j'aurais *peut-être* tiré sur eux. »

Son avocat renonce à défendre M{{lle}} Michel, dès lors que sa cliente s'y oppose.

Interrogée une dernière fois sur ce qu'elle a à dire avant la délibération :

« Puisque le conseil s'arroge le droit de nous juger, je veux qu'il agisse pour moi comme pour mes frères martyrs ; ce que je demande, c'est une place au plateau de Satory avec eux. *Si vous n'êtes pas des lâches, tuez-moi !* »

Après un quart d'heure de délibération, le conseil rend un jugement qui condamne Louise Michel à la déportation dans une enceinte fortifiée.

Nous ne pouvons donner à cette histoire l'aspect d'une chronique des tribunaux et transformer ses pages en comptes rendus d'audience. L'exécution de ces jugements devait avoir lieu deux mois après pour les condamnés à mort, un an après pour les condamnés à la déportation. Le 28 novembre, au matin, Rossel, Ferré et un soldat déserteur du nom de Bourgeois furent exécutés à Satory.

Jusqu'à ce moment, à partir de l'heure où l'on avait appris que la commission des grâces avait rejeté le pourvoi de Rossel, il s'était fait dans l'opinion publique une sorte de soulèvement légal et spontané, de travail tout d'émotion en faveur de Nathaniel Rossel. On ne pouvait croire qu'une telle intelligence et un tel courage pussent finir sous les balles d'un peloton d'exécution. Divers écrits, composés par Rossel dans sa prison et publiés par les journaux, avaient attiré sur lui la compassion. M. Thiers, pressé de faire grâce, répondit, affirme-t-on, à quelqu'un : « Si j'avais pu, je ne l'aurais pas laissé arrêter ! » Mais la discipline de l'armée eût été atteinte peut-être sans le trépas de ce jeune homme qui avait dit lui-même : « La mort, c'est mon triomphe. »

Il vint des demandes en grâce de Metz, où Rossel avait laissé de bons souvenirs. Neuf membres du conseil général de la Seine adressèrent une pétition au préfet de la Seine, tendant à ce que M. Say voulût bien intercéder auprès de M. Thiers, pour obtenir la commutation de Rossel : MM. Eugène Rigaut, Murat, Ferré, Combes, Chevallier, Richard, Braleret, Dr Béclard, Dr Frébaut.

Cette demande fut remise à M. Léon Say, qui l'accueillit favorablement.

Bientôt, une députation des écoles, conduite par le futur agent bonapartiste, M. Amigues, se rendit à Versailles pour solliciter du gouvernement et de la commission des grâces la commutation de peine de Rossel.

Les supplications furent vaines. Rossel, coupable d'avoir abandonné l'armée, devait subir, sans pâlir, la peine qu'il avait envisagée sans trembler.

Deux jours après l'exécution de Rossel et de Ferré, le malheureux Gaston Crémieux était fusillé à Marseille, au Pharo, où était tombé avant lui le soldat Estragnat.

Pendant que ces victimes tombaient, les réfugiés de la Commune célébraient leur mort à Londres et à Genève, puis à New-York.

La section de l'Internationale, qui a son siège à New-York, après quelques difficultés avec la police locale qui réclamait contre le choix du dimanche, fit, dans cette ville, le 17 décembre, une grande démonstration pour honorer la mémoire des condamnés de la dernière guerre civile en France : Rossel, Ferré, Bourgeois et Crémieux. Un cortège funèbre dans lequel figuraient d'anciens membres ou fonctionnaires de la Commune, Simon Dereure, Mégy, Ed. Levraud et les frères May, parcourut les principales rues de la métropole commerciale des États-Unis. La manifestation s'accomplit paisiblement, sans soulever le moindre incident.

Réfugiés à l'étranger, les anciens membres du gouvernement parisien ne donnaient cependant, sauf quelques-uns, ni l'exemple de l'esprit politique, ni celui de la patience. En Suisse et à Londres, ils publiaient déjà des écrits pleins de fureur qui ne peuvent que desservir la cause de la Commune devant tout homme de bonne foi. C'est dans ces écrits qu'apparaît le fond même de leur vanité et de leur envie. Je ne parle pas des publications naïves, mais convaincues, de tel ou tel ouvrier, mais des journaux de scandale inventés à Londres ou ailleurs par des spéculateurs enragés.

Nous sommes arrivé au terme de notre étude sur la Commune. Nous avons montré, ce me semble, que, si l'idée était juste, les hommes qui la servaient furent bien coupables. Nous n'avons eu de parole plus calme que pour ceux qui sont morts pour leur chimère, mais ceux-là mêmes, pareils à Étienne Marcel, se repentirent, à leur dernière heure, d'avoir fait alliance avec d'impurs collaborateurs. Marcel s'allia aux Jacques et aux hommes de Maillart. Il succomba. On peut dire aussi que la Commune de 1871, comme celle du quatorzième siècle, eut ses Maillart et ses Jean Caboche qui la firent glisser dans le sang. Et les malheureux à qui ils avaient promis toutes les félicités de l'âge *saturnien*, ou âge d'or, se réveillèrent, un matin, à l'Orangerie de Versailles, dans les casemates du fort Boyard ou sur les pontons de Cherbourg.

En 1815, le général Lamarque, envoyé en Vendée pour la pacifier à son tour, adressait ces paroles aux Vendéens :

« Je ne rougis point de vous offrir la paix ; car, dans les guerres civiles, il n'est qu'une seule gloire, c'est de les terminer. »

Il faut méditer en haut cette parole.

Il faut aussi, en bas, se déshabituer du rêve et de l'utopie. Notre pays n'a plus la force de soutenir deux épreuves pareilles à celles qu'il a traversées. Il en mourrait. « Il faut du loisir et de la sécurité à longue échéance, disait Lamartine, pour jouer avec les rêves. Entre deux rêves, on jette son pays dans l'abîme ou dans le problème qu'on n'a pas le temps de résoudre. »

Ainsi avaient fait les gens de la Commune. Efforçons-nous de les oublier. Il sera bientôt trop tard, d'ailleurs, pour parler d'eux, qui ont tenu, pendant deux mois, le monde attentif et inquiet. La patrie, dont ils ont élargi les plaies, et dont ils ont, après l'étranger, ouvert les veines, a besoin de l'oubli qui console et du travail qui répare. Détournant ses regards des ruines encore fumantes, des incendies à peine éteints, de la terre encore fraîche des tombes, elle a besoin de ne songer qu'à sa dette et à son devoir. Elle a soif d'apaisement et de labeur. Elle prétend reconquérir dans sa liberté, si chèrement acquise, le rang qu'elle avait jadis dans le monde et que, si grands qu'ils soient, ses malheurs présents ne l'empêcheront point de reprendre un jour. Non, certes, l'étendue de ces désastres n'est rien si notre malheureux pays sait profiter de l'enseignement qu'ils comportent avec eux, et si, rejetant loin de lui sa coupable adoration de soi-même, son goût pour les phrases séduisantes et son horreur des réalités et des faits, son ignorance des autres peuples, son dédain pour les idées nouvelles, il sait se comparer aux autres pour se fortifier et s'étudier soi-même pour se corriger.

Quant à ceux qui ont profité de la crise traversée pour faire un piédestal à leur personnalité ou une base à leur fortune, ceux-là, nous devons les maudire : « La devise des méchants, disait Plaute, est : Prends, pille, fuis et cache-toi ! » Hélas ! combien ont pris cette devise, depuis les bonapartistes gorgés de notre fortune publique jusqu'aux fournisseurs de la Commune, qui étalent leur richesse à l'étranger ! On peut dire de ces gens ce que Velléius Paterculus dit de Varus, le vaincu d'Arminius le Germain : « Il entra pauvre dans cette province (la Syrie) et la trouva riche ; il en sortit riche et la laissa pauvre. »

Ce que je ne leur pardonne point, à ces hommes dont quelques-uns jusqu'à ces heures sinistres avaient gardé un fier renom de mâle probité, c'est d'avoir exalté tous les appétits, excité la bête fauve qui toujours, hélas ! demeure tapie aux entrailles de l'homme, et traitant le devoir, la patience, l'abnégation de mots oubliés, les rejetant comme un lest trop lourd, d'avoir proposé pour but aux combattants, non la liberté, non la vertu civique, mais la satisfaction des appétits, la bourse rebondie et l'auge pleine. La première chose dont parle Catilina pour exalter le courage de ses complices, c'est la richesse. Ainsi ont-ils fait de cette révolution commencée au nom des franchises municipales, continuée par la plus vaste guerre civile qui ait épouvanté

l'histoire, achevée dans la noire fumée de l'incendie et l'é-
gorgement des prisonniers. Je ne leur pardonne point
d'avoir commis leurs injustices premières et leurs derniers
forfaits au nom de cette République dont l'idéal est la justice
et le fraternel amour. Je ne leur pardonne point d'avoir pu
faire que le vulgaire confonde, dans une même réprobation,
ceux qui savent mourir pour la liberté et ceux qui prétendent en vivre, les martyrs et les scélérats, les Condorcet et
les Momoro, ceux qui épouvantent l'histoire et ceux qui, au
contraire, l'illuminent, les âmes viles et basses et celles qu'on
trouve, comme dit Montaigne, *frappées à l'antique marque.*

Mais quoi! consolons-nous! La liberté n'en est pas moins
et sereine et superbe parce que des scélérats commettent
des crimes en son nom.

CHAPITRE IX

Le gouvernement de M. Thiers.

Au lendemain de la victoire, l'Assemblée nationale était
toute-puissante. Jamais pouvoir ne se trouva investi d'une
autorité plus grande. Cette Assemblée, dont la majorité ne
dissimulait point ses sentiments monarchiques, devait
pourtant et son triomphe et sa force passagère à la République seule. Jamais un monarque n'eût pu vaincre Paris,
armé comme il l'avait été, jamais une armée n'eût, deux
mois durant, sans se désagréger ou se lasser, lutté contre
des compatriotes. C'est parce qu'elle était l'armée non
d'un homme, mais de la patrie, qu'elle obéit, accepta et
acheva sa douloureuse tâche. La France seule avait le droit
de reprendre Paris. La République seule avait le droit et le
pouvoir de vaincre la Commune.

Victorieuse de la Commune grâce à la force républicaine
à l'anonymat de cette force, l'Assemblée n'en va pas moins
essayer, nous l'allons voir, de renverser cette République à
laquelle elle doit le salut. Ses efforts seront impuissants, il
est vrai, et ils ne serviront qu'à consolider le gouvernement
républicain, mais il faut au moins les constater.

Les premiers jours de juin furent marqués par des funérailles. On enterra à Paris Gustave Chaudey et, à Orze-
ville (Eure), le président Bonjean. Le 27, les funérailles
solennelles des otages mis à mort avaient lieu à Notre-
Dame. Peu de jours après, MM. Lambrecht (qui devait
mourir trop tôt), Victor Lefranc et le général de Cissey,
étaient nommés ministres de l'intérieur, du commerce et
de la guerre. M. Thiers appelait à la préfecture de la Seine
un des publicistes les plus remarquables et un des hommes
les plus honnêtes, M. Léon Say, rédacteur du *Journal des
Débats*, et administrateur du chemin de fer du Nord.

L'ouverture des conférences entre les plénipotentiaires
français et prussiens relativement à l'exécution du traité
de paix, avait eu lieu à Francfort, le 4 juin, et M. Pouyer-
Quertier, grand buveur, grand mangeur, devait étonner
là, par ses qualités physiques, M. de Bismarck lui-même.

Le 9, les électeurs étaient convoqués pour les élections
complémentaires à l'Assemblée nationale. Les élections
devaient avoir lieu le 2 juillet. Elles étaient graves et
allaient montrer quel était décidément l'état des esprits en
France après les tragiques événements de Paris. Les derniers drames de la Commune, habilement exploités par
la réaction, pouvaient certes avoir beaucoup nui, dans les
provinces, à l'idée républicaine. On le craignait. Les bonapartistes s'agitaient et, plus audacieux en juillet qu'en
février, posaient effrontément leurs candidatures. M. Rouher
se présentait à Bordeaux, espérant que ses idées commer-
ciales feraient oublier, dans la cité libre-échangiste, ses
idées politiques.

A Paris, les journaux dits de l'ordre se liguaient et formaient ce qu'ils appelaient l'*Union parisienne de la presse*,
destinée à faire passer une liste de candidats où l'élément
libéral doctrinaire, l'élément républicain modéré et même
l'élément bonapartiste honteux se trouvaient habilement
mêlés.

Pour combattre l'influence de l'*Union parisienne*, le
Comité central de la rue Turbigo, composé de républicains
connus et comprenant la situation, s'était constitué aussitôt, formant une liste soutenue par le *Siècle*, l'*Avenir
national* et la *Nation souveraine*. Les noms de MM. Barni,
Corbon, Ténot, Laurent Pichat, E. Brelay, Martin Bernard, etc., disaient bien la nuance de cette liste. Mais un

certain comité qui prit pour nom *Comité républicain radical* s'unit à l'ancienne *Ligue des droits de Paris* pour proposer une liste plus accentuée qui jeta le trouble dans les élections et devait aboutir à faire passer, presque complète, la liste de l'*Union parisienne de la presse*, où se trouvaient d'ailleurs des noms honorés ou illustres fort habilement choisis.

En province, les bonapartistes avaient été battus partout, sauf dans la Dordogne, où M. Magne passait, mais comme enfant du pays, et non comme bonapartiste.

Le général Faidherbe était élu dans le Nord, le Pas-de-Calais et la Somme. A Belfort, M. Keller; le colonel Denfert, dans la Charente-Inférieure, l'Isère et le Doubs. L'Ille-et-Vilaine envoyait le général de Cissey à l'Assemblée. Mais l'élection significative était celle de M. Gambetta, nommé trois fois, dans les Bouches-du-Rhône, le Var et à Paris. Ainsi la France, malgré toutes les attaques de la réaction contre cette politique de patriotisme *à outrance*, qui est la gloire de Gambetta, et fut la glorieuse page de la dernière guerre, la France consacrait à la fois dans le même homme la défense nationale et la République française.

Chose étrange! malgré tout, l'esprit public avait marché et les monarchistes de l'Assemblée furent stupéfaits de ce résultat qui ne les corrigea point.

Nous avons omis dans l'histoire du mois de juin, qui précéda ces élections, le vote de l'Assemblée portant l'abrogation des lois de bannissement par 472 voix contre 97, et la validation des élections du prince de Joinville et du duc d'Aumale par 448 voix contre 111.

Paris, fort modéré au 2 juillet, fut plus accentué, à la fin de ce même mois, lors du vote pour les conseillers municipaux. Ces élections administratives eurent, en effet, un caractère tout politique. Cela pouvait être inutile, mais cela était inévitable. Au premier tour de scrutin, le 23 juillet, MM. Loiseau-Pinson, Bonvalet, Vautrain, Perrin, docteur Trélat, etc., furent nommés, et, au deuxième tour, le 30 juillet, les noms de MM. Ch. Murat, Lockroy, Ranc, Jobbé-Duval, Mottu, élu dans trois quartiers, Clémenceau, Cantagrel, Allain-Targé, sortirent également du scrutin. L'Assemblée nationale eût dû comprendre qu'il était temps pour elle de rentrer à Paris si elle ne voulait pas que le conseil municipal devînt moralement la véritable assemblée parisienne.

L'ordre d'ailleurs régnait partout et la confiance renaissait. Le mardi 27 juin, l'emprunt national de 2 milliards de
francs en rentes 5 p. 100, autorisé par la loi du 21 juin 1871,
était ouvert, et le lendemain des affiches bleues annonçaient
la clôture de la souscription de l'emprunt. A la fin de la
séance de l'Assemblée nationale, le ministre des finances
était monté à la tribune, et, au milieu d'unanimes applaudissements, annonçait que, six heures à peine après l'émis-
sion, les souscriptions s'élevaient déjà à QUATRE MILLIARDS
CINQ CENTS MILLIONS. Et encore, ajoutait le ministre, n'a-t-on
pas reçu le résultat complet des souscriptions de la province et de l'étranger.

La ville de Paris, à elle seule, avait souscrit pour deux
milliards et demi ; la province pour plus d'un milliard, et
l'étranger pour un milliard. La compagnie des agents de
change avait souscrit la somme énorme de soixante-six
millions de rente, soit onze cents millions de capital ; la
ville de Metz avait souscrit pour vingt millions ; Strasbourg
pour 10 millions.

Cette explosion d'un patriotisme, qui, pour être monétaire,
n'en était pas moins réel, causa un étonnement à tous, et
la Prusse dut voir que la France n'était encore ni ruinée ni
morte. Une grande revue passée à Longchamps, en présence de l'Assemblée, avait montré que l'armée elle-même
se relevait déjà de Forbach et de Sedan.

Cependant, tandis que Victor-Emmanuel faisait son
entrée solennelle à Rome, rendue à l'Italie, le comte de
Chambord, dans un manifeste célèbre, rédigé, dit-on, par
M. de Laurentie, déclarait qu'il demeurait fidèle au drapeau
blanc, et, abdiquant en quelque sorte, s'ensevelissait, aux
yeux étonnés du monde moderne, peu habitué à un si noble
entêtement, dans un linceul fleurdelisé. L'Assemblée continuait pourtant à rêver la fusion entre les monarchies et
votait des lois sur le cautionnement des journaux et écrits
périodiques, les taxes et surtaxes sur les denrées coloniales,
alcools, huiles minérales, allumettes, etc.

Mais déjà, spectacle consolant, les Prussiens évacuaient
çà et là des coins de cette terre française que frappaient
leurs talons, que souillaient leurs lourds chevaux du
Mecklembourg. Le 22 juillet Amiens et Rouen étaient évacués, et les villes occupées, les départements de l'Eure et de
la Seine-Inférieure et de la Somme revoyaient avec joie ces

pantalons rouges de la pauvre et brave armée française. Le 3 août, le lendemain du remplacement de M. Jules Favre par M. de Rémusat au ministère des affaires étrangères, M. Pouyer-Quertier, ministre des finances, annonçait à l'Assemblée nationale le payement du premier milliard de l'indemnité de guerre due à la Prusse. Et, tandis que l'on votait à Versailles, pour payer l'ennemi, les nouvelles taxes postales, les droits d'enregistrement, les femmes de Strasbourg apportaient des couronnes de fleurs, enrubanées de tricolore, aux tombes des soldats français tombés à Wissembourg et à Wœrth.

L'Assemblée, toujours prise de craintes, songeait déjà à désarmer les gardes nationales, son effroi. La garde nationale de Paris était dissoute ; mais les milices de province existaient toujours. L'Assemblée les redoutait.

Mais la lutte entre le gouvernement, qui s'inspirait de l'esprit du pays, et l'Assemblée, fidèle à son esprit de caste, devait éclater à propos de la fameuse *proposition Rivet.*

Dans la séance du 12 août 1871, M. Rivet avait déposé, au nom d'un grand nombre de ses collègues, une proposition relative à la prorogation des pouvoirs de M. Thiers. Le texte de cette proposition, qui allait devenir historique, débutait ainsi : « *Considérant qu'il importe, pour répondre au vœu du pays, de satisfaire aux intérêts les plus pressants du travail et du crédit, de donner des garanties nouvelles de durée et de stabilité au gouvernement établi, l'Assemblée nationale décide :*

« *Art. 1. M. Thiers exercera, sous le titre de Président de la République, les fonctions qui lui ont été dévolues par le décret du 17 février dernier.*

« *Art. 2. Ses pouvoirs sont prorogés de trois ans.* »

Cette proposition était signée de soixante-six membres, parmi lesquels je rencontre les noms de MM. Léon de Malleville, Ed. de Pressensé, Achille Delorme, de Tocqueville, Pernolet, E. Beaussire, Schérer, Jules Favre, Ernest Picard, E. Duvergier de Hauranne, etc. Immédiatement après la lecture de la proposition Rivet, M. Adnet était monté à la tribune pour en déposer une autre, dont les termes beaucoup moins explicites étaient ceux-ci : « *l'Assemblée, confiante dans la sagesse et le patriotisme de M. Thiers, lui continue son concours et, au nom du pays reconnaissant, lui confirme les pouvoirs qu'elle lui a confiés à Bordeaux.* »

Sur la demande de M. Thiers, l'urgence avait été votée.

Dans la séance du 28 août M. Vitet, nommé rapporteur
de la commission chargée d'examiner la proposition Rivet,
donna lecture du projet de loi présenté à l'Assemblée. Ce
n'était pas la proposition Rivet, mais cependant l'article
premier de la loi décrétait que le *chef du pouvoir exécutif*
prendrait le titre de *Président de la République française.*

Il fallait bien qu'on finît par accepter au moins le mot.
Il était décrété que le président continuerait d'exercer,
sous l'autorité de l'Assemblée nationale, les fonctions à lui dé-
léguées par le décret de Bordeaux. Le président demeurait
au pouvoir *tant que l'Assemblée n'aurait pas terminé ses travaux*, sans que le nombre et la nature de ces travaux fussent indiqués. Par cette loi le président promulguait les
lois, en assurait et surveillait l'exécution, résidait au lieu où
siège l'Assemblée, nommait et révoquait les ministres et,
comme eux, était responsable devant l'Assemblée.

M. Dufaure proposa d'ajouter, à ce projet de loi, et comme
amendement, le considérant suivant qui devait être voté par
524 voix contre 36 :

*L'Assemblée nationale, prenant d'ailleurs en considération
les services éminents rendus au pays par M. Thiers depuis six
mois et les garanties que présente la durée du pouvoir qu'il
tient de l'Assemblée.*

Cet amendement devint un des *considérants* de la loi.

C'est dans la séance du 30 août 1871 que l'ordre du jour
appela la délibération des propositions Rivet et Adnet auxquelles le royaliste M. de Belcastel avait ajouté une proposition en vue de la forme définitive du gouvernement.

M. Léonce de Lavergne, au nom de la commission, débuta
par un éloge absolu de l'Assemblée qui « plus que jamais
doit conserver avec soin l'autorité que le pays a remise
entre ses mains », et de la majorité « essentiellement conservatrice et libérale. » M. Vitet, à son tour, déclara que la
commission n'avait pas été d'avis d'adopter l'amendement
de M. Dufaure. Après une réplique du garde des sceaux,
M. Pascal Duprat développe son amendement et déclare que
l'Assemblée ne peut être constituante et se doit dissoudre.
Il faut noter, dans la succession des divers discours de cette
journée, une harangue d'un jeune député, M. Lamy, réclamant un gouvernement au nom de la France inquiète. « Il
y a urgence de sortir du provisoire, » ajoute M. Louis Blanc
proclamant que « le souverain est le pays qui nomme ses

mandataires, non les mandataires que le pays nomme. »

Lorsque le président mit aux voix le premier paragraphe de la loi qui déclarait que « l'Assemblée avait le droit d'user du pouvoir constituant », M. Gambetta se leva pour parler contre un tel considérant. La proposition, à son gré, était inutile et l'Assemblée d'ailleurs ne pouvait rien créer de définitif. Ce qu'il voulait, c'étaient les *grandes assises* du suffrage universel devant lesquelles tous les membres de la Chambre doivent comparaître contradictoirement. Il ne trouvait à cette Chambre aucune autorité assez forte pour constituer quoi que ce fût, république ou monarchie.

« Quand on veut fonder un gouvernement, dit enfin le jeune tribun, que ce soit une monarchie ou que ce soit une république, ce qui doit préoccuper ceux qui fondent cette œuvre, c'est de créer une forteresse qu'on puisse défendre contre les factieux qui l'attaquent, et non une tente ou un hangar ouvert à tous les vents et que tout le monde peut renverser en passant. »

Et comme un membre lui crie : « L'Assemblée ne vous demande pas de conseils. — Ce ne sont pas des conseils, répond M. Gambetta, c'est la revendication d'un droit. »

Le premier paragraphe, qui impliquait que l'Assemblée a le droit de se déclarer constituante, donna, mis aux voix, le résultat suivant :

Nombre de votants.................... 639
Majorité absolue..................... 330

Pour l'adoption................. 131
Contre.......................... 225

L'assemblée a adopté, ajoute le *Journal officiel*.

Mais si la séance du 30 août semblait avoir donné gain de cause aux partis monarchiques, la séance du 31 août devait démontrer que le pouvoir constituant que se décernait l'Assemblée n'était point redoutable à la République, puisque le premier usage que devaient en faire les royalistes impuissants était de conférer à M. Thiers le titre et les pouvoirs de *Président de la République française*. La gauche de la Chambre avait voté, la veille, au nom des principes, contre le premier paragraphe de la loi, mais elle devait en quelque sorte profiter, vingt-quatre heures après, de ce paragraphe même. Il faut bien avouer que M. Picard, plus mal inspiré d'ordinaire, prononça ce jour-là un discours excellent et qui fit sur ses collègues un effet profond. Vainement M. de Belcastel voulut-il s'opposer au vote, l'amendement de M. Dufaure, puis l'article premier qui décernait à M. Thiers le titre de président de la République furent tour à tour adoptés. M. de Belcastel réclamait, lui, une monarchie « héréditaire, représentative et chrétienne. »

Trente-six députés seulement refusèrent à M. Thiers le vote de confiance réclamé par l'amendement Dufaure. Presque tous appartenaient à ce groupe des monarchistes entêtés qu'on a appelés un moment des *mérovingiens*, ou à l'opinion bonapartiste. On n'y trouvait guère qu'un nom de démocrate, celui de M. Joigneaux. La gauche tout entière avait compris que reconnaître M. Thiers comme président de la République, c'était proclamer d'une façon détournée la République.

Le 1er septembre 1871, le président de la République française adressait à l'Assemblée nationale son premier message où, remerciant la Chambre de l'honneur qu'elle lui avait fait, il promettait de rendre le plus tôt possible notre malheureux pays « libre, bien ordonné, pacifié au dedans, affranchi de l'invasion étrangère, et de plus honoré, aimé, s'il est possible, des nations des deux mondes. »

Les premières lois votées par l'Assemblée, au lendemain de l'élévation de M. Thiers à la présidence de la République, se rapportaient toutes à la situation créée par les nécessités présentes, lois faites avec bien de la hâte pour assurer l'équilibre d'un budget que la guerre avait rendu terriblement lourd. On établissait un impôt sur les allumettes, sur le papier, sur maints objets de nécessité première, en attendant qu'on établît une taxe sur les huiles minérales, les abonnements des cercles, les billards publics et privés, les billets de chemins de fer. Partout l'esprit ingénieux des économistes de l'Assemblée cherchait des ressources nouvelles, imprévues, au lieu d'en demander bravement à certains impôts établis depuis longtemps dans des pays voisins, en Prusse même, dans ce pays féodal où cependant le revenu acquitte un droit qu'on n'a pas osé jusqu'ici exiger de lui en France.

Il fallait bien aussi s'occuper de l'armée et de la patrie. Tandis qu'à Salzbourg, les empereurs d'Allemagne et d'Autriche se réunissaient dans une entrevue qui devait appréter le fameux congrès impérial de Berlin, un vote de l'Assemblée nationale réduisait, le 5 septembre, à 120,000 hommes le contingent de la classe de 1870. Le lendemain, l'Assemblée votait une loi qui affectait une somme de cent millions à répartir, à titre de dédommagement, aux départements envahis. C'était beaucoup pour une malheureuse nation épuisée et condamnée à payer encore des milliards à l'ennemi ; c'était peu pour les contrées dévastées par les Allemands, pour les villes pillées et les bourgs incendiés, pour tant de familles ruinées et victimes de leur patriotisme.

Quand on songeait à ces départements infortunés où le salut des soldats allemands retentissait encore, où les ruines des incendies semblaient fumer toujours, on se demandait si la France, si riche autrefois, disait-on, pour *payer sa gloire*, le serait assez maintenant pour payer sa misère. Pauvre pays, à peine relevé de sa chute sanglante et que déjà s'apprêtaient à se disputer les factions!

En attendant, une loi rattachait provisoirement au département de la Meurthe les territoires du département de la Moselle restés à la France et qui forment l'arrondissement de Briey, lambeaux de terre française où nos morts glorieux de Gravelotte et de Rezonville, demeurés au pouvoir des Allemands, ne peuvent pas dormir. Lambeaux de la patrie qu'une pieuse volonté de la loi réunissait désormais sous les deux noms des départements dont Nancy la française et Metz, devenue momentanément allemande, formaient, il y a trois ans, les chefs-lieux. *Meurthe-et-Moselle*, c'était le nom que prenaient les territoires lorrains que nous laissait la Prusse, et il y avait dans ces deux noms le souvenir de la Lorraine hier perdue et l'espoir de la Lorraine demain reconquise peut-être.

Quelques jours après, le 11 septembre, M. Charles de Rémusat, ministre des affaires étrangères, montait à la tribune de l'Assemblée nationale et, avec une satisfaction patriotique, il annonçait que l'ordre venait d'être donné aux troupes allemandes d'évacuer les forts qu'elles occupaient encore devant Paris.

En évacuant les départements de la Seine, de Seine-et-Oise, de Seine-et-Marne et de l'Oise, les Allemands demeuraient, d'ailleurs, maîtres encore d'une grande partie de notre France, et les troupes qui s'éloignaient des villes et villages des environs de Paris, vendant aux brocanteurs leurs vieilles hardes et réalisant parfois le produit de ce que Paul-Louis Courier eût appelé leurs *illustres pillages*, se massaient un peu plus loin. Nous n'y gagnions guère qu'un mouvement de recul, et le nombre des soldats étrangers qui partaient pour l'Allemagne était assez restreint.

Après avoir songé à ceux de nos compatriotes qu'on devait affranchir de l'occupation étrangère, on devait bien s'occuper de ceux qui, nés sur les territoires conquis, allaient se trouver forcés de demander un refuge, un abri à la mère patrie. Une loi du 15 septembre instituait des commissions à Belfort, — ce dernier lambeau de notre Alsace, — et à Nancy, — capitale de la Lorraine, — pour recevoir les demandes des Alsaciens et des Lorrains qui, voulant conserver la nationalité française, prendraient l'engagement de se rendre en Algérie, pour y cultiver les terres qui leur seraient concédées à titre gratuit. Ces concessions de terrain ne devaient malheureusement pas donner les résultats qu'on en pouvait attendre.

L'Assemblée, au surplus, disons-le avec quelque tristesse, semblait s'occuper avec une passion, sinon plus vive, au moins plus accentuée, des questions de politique intérieure, que de tout autre objet. On l'avait vu, dès le 7 septembre, à propos de la discussion sur la proposition de M. le baron de Ravinel, appuyée par plusieurs de ses collègues, relative à l'installation définitive des différents ministères à Versailles et au transfert dans cette ville des services publics.

L'opinion publique avait depuis longtemps laissé voir qu'elle était d'avis que Paris redevînt ce qu'il avait été par le passé, c'est-à-dire la capitale politique de la France dont il est la capitale intellectuelle. Mais, depuis la Commune, l'Assemblée était moins disposée que jamais au retour à Paris. Elle lui gardait une rancune profonde et confondait dans une même réprobation, sous le nom de Parisiens, les innocents et les coupables. La discussion de la proposition Ravinel allait mettre au jour tous les griefs que la majorité reprochait à Paris. Vainement M. de Ravinel déclarait que la question alors discutée n'était pas « *une question de parti.* »

Vainement en demandant que les ministères, c'est-à-dire l'Assemblée, demeurassent à Versailles, ajoutait-il encore

M. CASIMIR PERRIER

que ce n'était pas là « *question de représailles contre Paris* ». Le fond même de la question apparaissait lorsque M. de Ravinel s'écriait :

« Ce n'est pas contre Paris que la mesure est prise, c'est *contre toute grande ville !* »

La clôture de la discussion était bientôt prononcée, et le président M. Jules Grévy lisait l'article premier de la loi, conçu en ces termes :

« L'Assemblée nationale, le pouvoir exécutif et les ministres continuent à résider à Versailles.

« Les administrations et services publics nécessaires à la marche du gouvernement y seront dès à présent installés. »

Le procès de Paris, selon le mot de M. Léon Say, était encore une fois jugé et l'arrêt était une condamnation. L'ensemble du projet de loi qui décrétait en somme que l'Assemblée nationale, le pouvoir exécutif et les ministres continueraient à résider à Versailles, était adopté par 432 voix contre 190 sur 622 votants.

Pendant qu'il apportait un amendement à la proposition Ravinel, M. Duchâtel avait soulevé, lui aussi, les rumeurs de la droite en parlant de ce Paris « qui avait soutenu un long siège *avec héroïsme.* » C'était mal servir Paris que d'oser aussi vaillamment parler de son courage, c'était exaspérer encore davantage contre lui les rancunes de ses adversaires. M. Duchâtel n'avait qu'un pas à tenter pour faire redoubler les rumeurs : il n'avait qu'à parler de la garde nationale.

La garde nationale, née avec la Révolution française, venait, en effet, d'être sacrifiée par un vote de l'Assemblée, et l'heure allait sonner où dans toute la France, on devait procéder au désarmement des milices départementales.

L'histoire sera plus équitable que les législateurs de 1871 envers la garde nationale, institution à laquelle ils ont fait payer les folies de quelques-uns en prononçant la dissolution de toutes les gardes civiques dans toute l'étendue de la République.

Ainsi, peu à peu, dans cette pauvre France si troublée, qui sortait à peine d'une crise effroyable où elle pouvait à jamais succomber, l'ordre renaissait, l'apaisement entrait dans les esprits, l'espérance de meilleurs jours se glissait dans les cœurs. L'Assemblée nationale venait, en quelques jours, de demander 360 millions d'impôts nouveaux à ce

pays si éprouvé déjà, et qui comprenait cependant qu'il
fallait payer ainsi les dettes contractées. Après tant de
lugubres journées, le travail renaissait, l'ordre *moral*, dont
plus tard la droite devait se faire comme un mot de ralliement et comme un drapeau, s'établissait peu à peu, lentement, mais sûrement, sous le gouvernement, à la fois très
ferme et très équitable du président de la République française.

Les bonapartistes seuls, entamant déjà avec une audace
inouïe une campagne violente et déloyale contre les institutions nouvelles, s'attachaient à troubler la paix publique
et essayaient d'opposer à l'histoire tragique de la dernière
guerre, une sorte de légende impossible, où l'opposition
du temps de l'Empire était représentée comme la cause
même de tous nos malheurs, et où la capitulation de Sedan,
— cette indélébile honte imprimée au front de la patrie,
— était montrée comme un acte de dévoûment stoïque et
de renoncement humanitaire de la part de Napoléon III.
Des *factums* nombreux, signés de noms inconnus, étaient,
dans ce but, répandus à travers les campagnes, introduits
dans les casernes, et le parti de l'Empire visait à la fois,
dans sa propagande, les soldats et les paysans.

M. le général Ladmirault, gouverneur de Paris, était
même contraint de prendre des mesures pour empêcher la
distribution et la propagation de ces écrits mensongers et
factieux.

En dépit de ces provocations au désordre, le pays était
calme et le président de la République pouvait, dans son
second message, parler en toute vérité du port qui, après
l'orage, se montrait à l'horizon. Le 14 septembre, M. Jules
Simon, ministre de l'instruction publique, donnait lecture
à l'Assemblée nationale de ce message où M. Thiers, après
avoir établi et montré la situation prospère dans laquelle
se trouvait la France, prenait l'initiative d'une suspension
des travaux de la Chambre.

Pendant les deux mois de vacances parlementaires, les
légitimistes et les orléanistes essayèrent sans résultat de
reprendre la *fusion* des deux branches de la maison de
Bourbon, et les bonapartistes tentèrent d'agiter le pays et
de *faire du bruit*, selon leur système. Le prince Napoléon,
élu conseiller général en Corse aux élections d'octobre,
favorables, dans leur majorité, aux républicains modérés,

se rendit à Ajaccio pour y jouer un rôle bruyant, — il l'espérait du moins, — mais il ne fut pas même élu président du Conseil et s'en revint aussitôt.

M. Victor Lefranc, invité en Italie, à l'occasion du percement des Alpes, et M. Léon Say, hôte du lord maire de Londres, affirmaient, pendant ce temps, l'idéal pacifique de la République française, M. Lambrecht, ministre de l'intérieur, mourait le 6 octobre et M. Casimir Périer, un des chefs du centre gauche, lui succédait, se prononçant très explicitement pour le maintien de la République, *seul gouvernement possible.*

Le lundi 4 décembre 1871, l'Assemblée nationale reprenait ses travaux.

L'opinion publique prêtait alors au gouvernement la velléité d'un projet de loi qui contenait, entre autres principaux articles :

1º L'affirmation de de la République ;

2º La permanence de l'Assemblée ;

3º Le renouvellement de la Chambre par cinquième tous les deux ans ;

4º La mise à l'étude immédiate de toutes les questions qui doivent constituer les institutions d'un État démocratique.

Ainsi le pouvoir était poussé par la nation vers la consolidation de la République. En revanche, la droite de l'Assemblée était vivement mise en émoi par plusieurs faits qui venaient de réveiller ses craintes et de ranimer ses terreurs. Une lettre de M. Thiers à M. Jules Janin parlant du retour à Paris, la manifestation des étudiants qui étaient allés à Versailles demander la grâce de Rossel, conduits par M. Jules Amigues qui devait plus tard guider de pseudo-ouvriers aux funérailles de Napoléon à Chislehurst, enfin et surtout l'espèce d'émeute produite à Bruxelles par un acte maladroit du cabinet clérical de M. d'Anethan, sans compter le discours du roi Victor-Emmanuel prenant possession de Rome et inaugurant dans la ville papale le parlement italien, tout avait contribué à irriter la majorité.

Dans la séance du 5 décembre 1872, M. Grévy était élu cependant et proclamé président de l'Assemblée par 511 voix sur 521 votants. Le message de M. Thiers, du 7 décembre 1871, fut une déception pour le pays. Aucun parti ne s'en trouva satisfait, pas même la droite, à laquelle le président de la République fit alors trop de concessions, et qui n'en interrompit pas moins la lecture du message par des interruptions dont le président Grévy dut faire justice. On remarqua beaucoup que M. Thiers, prenant des périphrases, sembla craindre de froisser certaines susceptibilités en prononçant fermement le mot de République.

A bien prendre, M. Thiers avait cependant trouvé le moyen de déclarer qu'il garderait intact *dans sa forme,* — qui était la forme républicaine, — le dépôt qu'on lui avait confié à Bordeaux. Il avait même glissé une certaine phrase nettement dirigée contre les partis hostiles à la République et qu'avait plus vivement accusée la façon dont il l'avait dite : « *Le pays est sage, les partis seuls ne voudraient pas l'être !*

Au début de l'année 1872, des élections nouvelles allaient avoir lieu qui devaient encore affirmer les progrès accomplis en France par l'idée républicaine.

M. Gaudy, républicain, était élu dans le Doubs par 24,158 voix ; M. Laget, républicain, était élu dans le Gard par 51,144 voix, contre M. Benoist d'Azy fils ; M. Brillier, candidat républicain, qui n'avait pas de concurrent sérieux, obtenait dans l'Isère 64,950 voix ; M. Dauphin, le maire républicain d'Amiens, était élu par 52,646 voix ; MM. Challemel-Lacour et Bouchet, républicains radicaux, triomphaient dans les Bouches-du-Rhône, avec plus de 46,000 voix ; M. Cotte, ancien préfet républicain, était élu dans le Var ; M. Léon Robert, petit-fils d'un membre de la Convention, dans les Ardennes ; MM. Lambert et Jacques dans le département d'Oran, en Algérie. Dans le Nord, où la lutte avait été chaude, M. Dupont, candidat monarchiste et même bonapartiste, était élu par 82,286 voix, et M. Derégnaucourt, candidat républicain, également élu par 81,967 voix. Les légitimistes, orléanistes et bonapartistes se partageaient les cinq départements où leur coalition avait triomphé : M. Humbert-Grange, ex-plébiscitaire, était élu dans la Savoie ; M. Levert, ex-préfet bonapartiste, dans le Pas-de-Calais, et M. Chesnelong dans les Basses-Pyrénées. La Haute-Vienne, qui devait remplacer M. Charreyron, décédé, nommait un cousin de M. Charreyron, faisant ainsi du mandat législatif une simple affaire d'hérédité.

A Paris, M. Vautrain était élu par 121,158 voix, malgré sa médiocrité, contre Victor Hugo, malgré sa gloire.

Pour tout le monde, la République venait de remporter une grande victoire, et, pour les électeurs parisiens, la nomination prudente de M. Vautrain devait forcer l'Assemblée à revenir sur ses mesures de rigueur et sur ses sentiments de défiance, si l'Assemblée était capable de ce mouvement généreux.

Mais l'Assemblée ne devait pas se laisser beaucoup influencer par la preuve de modération absolue que Paris venait de donner en préférant un candidat modeste au plus illustre des poètes. Dès le 10 janvier, M. Jules Buisson (député de l'Aude), rapporteur de la commission chargée d'examiner la question du retour de l'Assemblée à Paris, donnait lecture de son rapport et s'écriait emphatiquement, quoique M. Buisson soit homme d'esprit, artiste de talent et *aqua-fortiste* distingué : « Restons à Versailles, loin des *ébullitions* d'un *foyer* à peine refroidi. »

La conclusion de ce rapport, couverte d'applaudissements par l'Assemblée grisée par cette phraséologie, ne laissait point d'espoir pour une transaction possible.

Cependant, à l'heure où mourait M. de Persigny, M. Thiers employait la plus grande partie de ces premières semaines de janvier à lutter, et *contre l'impôt sur le revenu*, qu'il regardait malheureusement comme redoutable, presque comme injuste, et *pour l'impôt sur les matières premières*, qu'il réclamait comme absolument nécessaire à l'équilibre du budget de la France. Sur ces deux points, comme sur bien d'autres, M. Thiers, partisan des systèmes protectionnistes, ne marchait point, on peut le dire, avec le sentiment public.

M. Thiers *résistait absolument*, selon son mot, à accepter l'impôt sur le revenu, et il résistait aussi absolument à renoncer à l'impôt sur les matières premières, dont la discussion allait avoir lieu bientôt. Cette malheureuse loi sur les matières premières, que M. Thiers avait annoncée dans son message et qui devait grever d'impôts accablants toute la *matière fabricable*, si je puis dire, apparaissait au commerce français comme un véritable épouvantail. La plupart des chambres de commerce et des syndicats industriels de France envoyaient coup sur coup des dépêches, des députations, des protestations et même des requêtes quasi suppliantes à l'Assemblée nationale contre l'établissement projeté d'un impôt sur les matières premières, qui eût appauvri encore l'industrie française déjà accablée d'impôts, dépassée, pour certaines industries, par les fabriques étrangères, si bien que l'émigration est presque forcée, en certains cas et comme on dit, dans certaines *parties*. La discussion ouverte depuis *dix-huit jours* sur ce grave sujet, véritablement capital et vital, semblait tourner à l'avantage de M. Thiers qui y déployait une vivacité incroyable, une énergie toute pétillante. On le voyait sans cesse à la tribune. M. Thiers devait renouveler presque chaque jour ses ressources inépuisables, mises, cette fois, au service d'une mauvaise cause. Il s'irritait d'entendre M. le duc Decazes attaquer les traités de commerce, et il montait vivement à la tribune pour répondre que les traités de commerce n'étaient pas en question. Il s'irritait surtout d'entendre M. Buffet, dont la personne est une de ses antipathies personnelles, attaquer de sa parole lente, mesurée, et, en cette circonstance, sûre d'elle-même, le projet du gouvernement, et il voulait, avec une sorte de hâte militante, riposter à M. Buffet.

Cette irritation, cette bouillante passion devaient aboutir à la résolution d'une gravité exceptionnelle qui marqua la fin de la séance du 19 janvier 1872.

Après trois semaines de débats sur les impôts à trouver, et sur la nécessité d'écarter le malencontreux impôt sur les matières premières, le conseil des ministres avait enfin arrêté les termes d'une résolution que M. Casimir Périer s'était chargé de porter à la tribune, tandis que la gauche, sur une proposition de M. Marcel Barthe, semblait prête à accepter l'espèce de transaction de M. Casimir Périer. Il s'agissait, pour résumer nettement la situation et la dégager de toute la discussion préalable, de trouver 165 millions par an, afin d'équilibrer le budget. Ces 165 millions, M. Thiers les voulait demander à un impôt sur les soies brutes, les laines, les cotons, les kaolins, les bois, etc., etc.

Au début de cette séance du 19 janvier, M. Casimir Périer, montant à la tribune, demandait, au nom du gouvernement, que l'Assemblée adoptât simplement le *principe* de cet impôt sur les matières premières. Une commission spéciale serait ensuite nommée qui examinerait et fixerait ultérieurement les tarifs. Cette commission ne déposerait même son rapport qu'après les votes que rendrait l'Assemblée nationale relativement aux nouveaux impôts. M. Mar-

cet Barthe soutenait alors, appuyait la proposition gouvernementale, et apportait à la tribune le texte d'une proposition rédigée dans le sens des indications de M. Casimir
Périer, lorsque M. Lucien Brun venait, à son tour, apporter
une proposition qu'avaient votée, une heure auparavant, les
délégués de province présents à Paris, cinquante ou soixante
industriels, disait l'orateur. Cette résolution portait que le
commerce et l'industrie étaient prêts à payer la somme de
165 millions dont le gouvernement avait besoin pour équilibrer son budget, au moyen d'un impôt sur le chiffre de
leurs transactions, impôt à déterminer ensuite par une
commission parlementaire nommée à cet effet. Quant à l'impôt sur les matières premières qui soulevait si justement
l'opposition des chambres de commerce de Lille, de Bordeaux,
d'Amiens, de Roubaix, de Marseille, etc., il devait nécessairement être tout à fait abandonné. Il s'agissait, encore un coup,
comme le disait fort bien un publiciste, *du travail natio-
menacé.*

Sur sa proposition, M. Lucien Brun demandait l'urgence
et, reprenant un mot historique de M. Thiers lui-même, relatif à la politique de M. Rouher, il le retournait contre le
président de la République qui devait, certes, être fort sensible
à un pareil trait : — S'il y a eu, disait M. Lucien Brun, un
temps où on a pu dire qu'*il n'y a plus de fautes à commettre,* je
déclare qu'aujourd'hui *il n'y a plus d'erreurs à commettre!*

Le tumulte était grand. M. Buffet allait le rendre plus
grand encore en demandant que, si la commission réclamée
par M. Casimir Périer était nommée, elle fût libre du moins,
si elle reconnaissait l'impossibilité d'établir un tarif spéci-
fique, de déclarer qu'un projet de tarif portant sur toutes
les matières *sans* exception était impraticable.

L'intervention de M. Buffet ne pouvait qu'être personnellement plus désagréable encore à M. Thiers que la péroraison de M. Lucien Brun. On vit bientôt le président de la
République se présenter, nerveux et résolu, à la tribune, et
dans un discours violent, armé en guerre, il laissait percer
toute l'irritation que lui causait une telle discussion qui devenait d'ailleurs agressive, et concluait :

«*En soutenant cet impôt,* ajoutait le président de la République, *je crois me conduire en honnête homme, en bon citoyen. Si je
faiblissais et si j'abandonnais mes convictions, vous feriez bien de
me retirer votre confiance ; je ne serais pas digne d'avoir dans*

les mains *le gouvernement de la France !* (*Mouvements divers.*)

La proposition Féray, à laquelle M. Thiers s'était opposé, ayant été adoptée par 377 votants contre 307, l'Assemblée se séparait au milieu de la plus vive agitation, et M. Thiers donnait le lendemain publiquement sa démission de président de la République.

Il fallut que le bureau de l'Assemblée et la plupart des députés allassent le supplier de reprendre cette démission, et la journée du 20 janvier 1872 devait laisser des traces d'irritation et dans l'esprit du Président et dans les rangs de l'Assemblée.

Cette crise inattendue et inutile devait d'ailleurs relever les courages des *fusionnistes*, et il fallut que le comte de Chambord persistât à maintenir son drapeau blanc en réprouvant ce qu'il appelait des *combinaisons stériles.* — Pendant ce temps un grand mouvement, généreux et patrio-e, emportait le pays vers une souscription pour la libé-ion du territoire. Ce ne fut qu'un élan bientôt enrayé, ...is il fut sublime.

Le 2 février, l'Assemblée refusait de rentrer à Paris et M. Casimir Périer donnait sa démission. M. Victor Lefranc lui succédait. Neuf jours après, M. Rouher était élu député par la Corse. Le procès intenté à M. Janvier de la Motte entraînait la démission de M. Pouyer-Quertier, ministre des finances, remplacé par M. de Goulard. L'Assemblée interdisait, par une loi, toute affiliation à l'Association internationale des travailleurs, puis elle abordait la discussion de la loi militaire et votait le volontariat d'un an et cinq ans de service, ainsi que le voulait M. Thiers. Le 2 juillet, M. de Rémusat, ministre des affaires étrangères, soumettait à l'Assemblée un projet de convention entre le président de la République et l'empereur d'Allemagne, rapprochant les termes de payement de la contribution de guerre de cinq milliards. MM. Daru, Buffet, de Broglie combattirent d'abord ce projet, puis ce dernier en proposa, le 7 juillet, la ratification, adoptée à l'unanimité moins trois voix légitimistes. Deux jours après le gouvernement demandait l'autorisation de contracter un emprunt de *trois milliards.* L'ouverture de la souscription avait été fixée aux 27 et 28 juillet. On sait par quel afflux de capitaux le monde entier apporta *quarante et un milliards* à la France.

Pendant les vacances, M. Gambetta entreprit un peu trop

tôt une campagne en faveur de la dissolution de l'Assemblée. Au retour, le 11 novembre, M. Changarnier interpella le gouvernement, le somma, faisant allusion au discours prononcé à Grenoble par l'éloquent député, de se séparer d'un *factieux*. L'attaque échoua. Mais la droite avait encore une corde à son arc. M. Th s ayant ouvert la session par la lecture d'un message où cette fois, il affirmait que « la République pénétrait dans les mœurs, » M. de Kerdrel demanda qu'une commission fût nommée pour examiner ce document. La commission nommée se composait de neuf membres hostiles à M. Thiers et de cinq membres favorables. C'était la guerre.

Nous avons, dans le résumé que nous impose la fin de cette histoire, négligé de parler de l'entrevue des trois empereurs à Berlin, de ces revues passées devant les empereurs d'Allemagne, d'Autriche et de Russie; nous avons été contraint de négliger le tableau, cependant fait pour nous donner à réfléchir, de la guerre carliste en Espagne.

Le monde frémissait d'horreur à la lecture des bulletins qui arrivaient alors d'Espagne et qui racontaient les atrocités commises par les carlistes. Quoi! des otages fusillés, des carabiniers immolés, des soldats torturés pour avoir fait leur devoir! Le pétrole succédant à l'eau bénite dans les mains du curé de Santa-Cruz! La *bonne cause* servie par des barbares qui combattaient en bandits! De malheureux paysans égarés par des déclamations impies tombant des lèvres qui ne devaient prononcer que des paroles de miséricorde! Des prêtres conviant des Espagnols au massacre d'autres Espagnols! Don Carlos assistant à cette lutte farouche comme un *aficionado* qui se carre à la course de taureaux! Sur la frontière française, des exilés carlistes faisant passer des armes aux insurgés qui combattaient le gouvernement que s'étaient légalement donné les Cortès espagnoles! Des préfets de la République française, payés par la République, mais dévoués tout bas à leur roi, s'associant aux manœuvres carlistes et fermant leurs yeux pour ne point voir les convois d'armes qu'on envoyait au delà des Pyrénées! Voilà le spectacle auquel l'Europe assistait, étonnée, irritée, et se demandant si le moyen âge recommençait, si le curé de Santa-Cruz allait dire comme saint Dominique au siège de Béziers : *Exterminez, Dieu reconnaîtra les siens*, et si ce qui est maudit dans un parti, le massacre, la violence, le sang versé, les otages fusillés, n'est pas maudit dans l'autre. Quelle épouvante! Et plus d'une fois l'Allemagne, l'éternelle ennemie, fut sur le point de nous chercher querelle à propos de l'appui moral donné aux carlistes par quelques-uns de nos fonctionnaires, prêts à déchaîner le malheur sur notre patrie plutôt que de renoncer à servir la cause *internationale* des partisans du droit divin. *

Nous avons négligé, en outre, l'incident du prince Napoléon, reconduit jusqu'à la frontière (octobre), et le procès en diffamation intenté auparavant par le général Trochu à M. Vitu. Les événements intérieurs sont assez précipités pour nous contraindre, je le répète, à les résumer.

Peu de jours après, M. Batbie, rapporteur de la commission Kerdrel, donna lecture de son rapport (26 novembre).

M. Batbie y rappelait les termes du *pacte de Bordeaux*, réclamait la *neutralité* promise par M. Thiers, et concluait à la formation d'un *gouvernement de combat*.

Un *gouvernement de combat*!

Le mot fut dit. Il fut audacieusement jeté et souligné par un homme qui se pique d'appartenir à ce qu'on appelle le parti des *gens d'ordre* et des *modérés*. M. Batbie, avec une visible préoccupation de menaces, avait laissé tomber du haut de la tribune ces mots : *gouvernement de combat*, comme on jetterait un gant à l'adversaire qu'on veut provoquer.

La France était calme; elle était prospère, elle demandait à vivre, à revivre plutôt, à travailler, à réparer ses brèches et à fermer ses plaies; elle se livrait, confiante dans l'illustre homme d'État qui la dirigeait, à sa tâche laborieuse; elle était lasse des agitations, des intrigues et des luttes stériles, elle était toute à son œuvre et semblait redevenir fidèle à son devoir.

Et voilà l'heure justement que choisissait, pour parler de *combat* — de combat entre Français — un légiste qui confondait, dans un même anathème, les républicains de toutes nuances, et les scélérats de tout pays!

Le scrutin qui décida si ces conclusions seraient discutées le jour même ou le surlendemain, donna à la minorité de la commission 26 voix de majorité. 352 votants contre 336 (sur 688) décidèrent que la discussion du rapport aurait lieu le 28 novembre.

M. Thiers devait, dans son long et émouvant discours du 29 novembre, réduire à néant les arguments de ses adversaires, et voter un amendement, proposé par M. Dufaure et portant qu'une « commission de trente membres serait nommée, dans les bureaux, à l'effet de présenter à l'Assemblée nationale un projet de loi pour régler les attributions des pouvoirs publics et les conditions de la responsabilité ministérielle. »

Cet amendement avait été voté par 370 membres pour la proposition du Gouvernement.

334 *avaient voté contre.*

La séance est levée à six heures et demie.

M. Thiers triomphait, mais il n'avait que 36 voix de majorité. Le pays fut joyeux pourtant de voir, même à ce prix, une crise pareille conjurée.

La joie, pour qui réfléchissait un peu, devait être de courte durée. Dès le lendemain, M. Thiers se retrouvait en face de la coalition monarchiste.

M. Ernoul, la veille, dans son discours, avait parlé, à propos du coup d'État de décembre, des *Césars de rencontre.* M. Mestreau vint, le 30 novembre, s'étonner de ne point retrouver cette expression dans le compte rendu du *Journal officiel.* C'est que les bonapartistes avaient menacé M. Ernoul de se retirer de la coalition si lui-même ne sacrifiait la qualification, et que M. Ernoul n'avait pas hésité à se rétracter.

M. Batbie, dans cette même séance, déclarait que le scrutin du 29 novembre prouvait bien de quel côté était le vrai parti conservateur, ce qui lui valut de la part de M. Casimir Périer une virulente réponse :

— Nous sommes conservateurs et n'avons point changé !

La droite tenait d'ailleurs toute prête sa revanche de la défaite de la veille. Elle voulait faire peser sur un membre du cabinet la responsabilité ministérielle.

M. Prax-Paris, député bonapartiste, membre du groupe dit de l'*Appel au peuple,* avait déposé une demande d'interpellation relative aux adresses envoyées au président de la République par les conseillers municipaux réunis hors session et autres corps électifs non politiques. M. Prax-Paris voyait là une illégalité, et déclarait qu'en la tolérant, le gouvernement en devenait le complice. C'était encore là, paraît-il, une question d'*ordre moral.*

M. Victor Lefranc répondit à l'interpellation de M. Prax-Paris, mais il avait affaire à trop forte partie. M. Raoul Duval rédigea un ordre du jour où l'Assemblée *rappelait M. le ministre de l'intérieur à la pratique de la loi*. L'ordre du jour du député bonapartiste fut voté par 305 voix contre 298. M. Victor Lefranc succombait avec sept voix de minorité. C'était peu de chose, mais c'était assez pour entraîner sa chute. A l'issue de la séance, le ministre de l'intérieur donna sa démission.

M. de Rémusat, ministre des affaires étrangères, devait être chargé, le lendemain, de l'intérim du ministère de l'intérieur, et le 7 décembre M. de Goulard, ministre des finances, remplaçait M. Victor Lefranc à l'intérieur, tandis que M. Léon Say, préfet de la Seine, prenait le portefeuille des finances, et que M. de Fourtou, membre de l'Assemblée nationale et député de la Dordogne, était nommé ministre des travaux publics.

La nomination de M. Léon Say au ministère des finances laissait libre la préfecture de la Seine. M. Calmon, sous-secrétaire d'État au ministère de l'intérieur, succéda à M. Léon Say dans l'administration supérieure de la ville de Paris.

M. Thiers put d'ailleurs, à bon droit, regretter la chute de M. Victor Lefranc. L'insuccès du ministre au lendemain de la victoire du président montrait trop clairement combien cette victoire même était stérile. Lorsque M. Victor Lefranc succomba, M. Eugène Rouher dit, tout en montant en wagon et se frottant les mains :

— Nous les tenons ! Nous les aurons les uns après les autres ! Victor Lefranc, *c'est la première feuille de l'artichaut !*

Le mot était académique, mais il était malheureusement trop vrai, et, dès la fin du mois de novembre 1873, M. Thiers pouvait mesurer les forces dont disposaient ses irréconciliables adversaires.

La *Commission des Trente*, élue le 5 décembre, allait être composée, en majorité, de membres de la droite et le *conflit* entre le Président et l'Assemblée menaçait de s'accentuer. 19 membres de la droite et du centre droit dominaient dans la Commission, 11 membres de la gauche et du centre gauche. Jusqu'au 21 février 1873, jour où de Broglie, son rapporteur, lut son rapport à l'Assemblée, le pays assista à des discussions que M. Thiers appelait avec raison

des *chinoiseries*. Ne pouvant faire la monarchie, la Commission consentirait-elle à donner à la nation la République
qu'elle réclamait par tous ses votes?

Cependant les pétitions pour la dissolution continuai ut.
L'Assemblée y coupa court (le 14 décembre) par un v te
de 483 voix contre 196. Le 21 décembre, elle abrogeait les
décrets du 22 janvier 1852 confisquant une partie des biens
de la famille d'Orléans, décret que M. Dupin avait appelé
jadis *le premier vol de l'aigle*.

L'année nouvelle commençait, lorsque le télégraphe
transmit à la France cette nouvelle :

« *Napoléon III est mort ce matin à 10 h. 45 à Chislehurst.* »

C'est par cette laconique dépêche, datée d'Angleterre, le
9 janvier 1873, que Paris a appris la fin d'un empereur qui,
pendant vingt ans, a gouverné le monde, silencieux, et
qui, mort sans parler, dans le sommeil opaque du chloro-
forme, aura été, on peut le dire, le *silence couronné*.

Les journaux bonapartistes, le *Pays*, le *Gaulois*, l'*Ordre*,
l'*Espérance nationale* et quelques journaux de province, bien
loin de se montrer abattus par le coup qui frappait le
parti qu'ils représentaient, ne songèrent qu'à exploiter la
mort de Napoléon III au profit de leurs ambitions et de
leurs convoitises. Ils parurent pendant plusieurs jours
encadrés de noir et l'*Ordre* publia, dès le premier jour, un
numéro-placard qui contenait, imprimé en gros caractères,
ce pompeux manifeste : « PAS DE DÉFAILLANCE. »

« L'EMPEREUR est mort, disaient-ils, mais l'EMPIRE est
vivant et indestructible; ce qui dure, ce ne sont pas les
hommes, mais les institutions. La mort de César fonda
l'empire d'Auguste. »

Les séances étaient toujours ardentes dans l'Assemblée
nationale, surtout lorsque M. de Ségur lisait son rapport
sur les marchés conclus à Lyon pendant la guerre, et lorsque M. Challemel-Lacour venait se défendre avec son éloquence incisive contre ses accusateurs. Des symptômes
d'acuité dans la lutte apparaissaient. M. Thiers, las des
lenteurs de la commission des Trente, faisait présenter, le
5 février, par M. Dufaure, un projet portant qu'il serait
statué, par des lois spéciales : 1° sur la composition et le
mode d'élection d'une nouvelle assemblée; 2° sur l'établissement d'une seconde chambre; 3° sur l'organisation du pouvoir exécutif durant le temps qui s'écoulerait entre la dissolu-

tion de l'Assemblée et la constitution des deux chambres futures. Le projet réclamait ces lois *à bref délai*.

La commission des Trente, par l'organe de son rapporteur, M. de Broglie, modifiait ainsi le projet :

PROJET DE LOI VOTÉ PAR LA COMMISSION.

« L'Assemblée nationale,

Réservant dans son intégrité le pouvoir constituant qui lui appartient, mais voulant apporter des améliorations aux attributions des pouvoirs publics, décrète :

« Art. 1er. L'article 1er de la loi du 31 août 1871 est modifié ainsi qu'il suit :

« Le Président de la République communique avec l'Assemblée par des messages qui, à l'exception de ceux par lesquels s'ouvrent les sessions, sont lus à la tribune par un ministre. Néanmoins il sera entendu par l'Assemblée dans la discussion des lois lorsqu'il le jugera nécessaire, et après l'avoir informée de son intention par un message.

« La discussion à l'occasion de laquelle le Président de la République veut prendre la parole est suspendue après la réception du message, et le Président sera entendu le lendemain, à moins qu'un vote spécial ne décide qu'il le sera le même jour. La séance est levée après qu'il a été entendu, et la discussion n'est reprise qu'à une séance ultérieure. La délibération a lieu hors la présence du Président de la République.

« Art. 2. Le Président de la République promulgue les lois déclarées urgentes dans les trois jours, et les lois non urgentes dans le mois après le vote de l'Assemblée.

« Dans le délai de trois jours, lorsqu'il s'agira d'une loi non soumise à trois lectures, le Président de la République aura le droit de demander par un message motivé une nouvelle délibération.

« Pour les lois soumises à la formalité des trois lectures le Président de la République aura le droit, après la seconde, de demander que la mise à l'ordre du jour pour la troisième délibération ne soit fixée qu'après le délai de deux mois.

« Art. 3. Les interpellations ne peuvent être adressées qu'aux ministres, et non au Président de la République.

« Lorsque les interpellations adressées aux ministres ou les pétitions adressées à l'Assemblée se rapportent aux affaires extérieures, le Président de la République aura le droit d'être entendu.

« Lorsque ces interpellations ou ces pétitions auront trait à la politique intérieure, les ministres répondront seuls des actes qui les concernent. Néanmoins si, par une délibération spéciale, communiquée à l'Assemblée avant l'ouverture de la discussion, par le vice-président du conseil des ministres, le conseil déclare que les questions soulevées se rattachent à la politique générale du gouvernement et engagent ainsi la responsabilité du Président de la République, le Président aura le droit d'être entendu dans les formes déterminées par l'article 1er.

« Après avoir entendu le vice-président du conseil, l'Assemblée fixe le jour de la discussion.

« Art. 4. L'Assemblée nationale ne se séparera pas avant d'avoir statué :

« 1° Sur l'organisation et le mode de transmission des pouvoirs législatif et exécutif ;

« 2° Sur la création et les attributions d'une seconde chambre ne devant entrer en fonctions qu'après la séparation de l'Assemblée actuelle ;

« 3° Sur la loi électorale.

« Le gouvernement soumettra à l'Assemblée des projets de loi sur les objets ci-dessus énumérés. »

Ce projet rencontrait de nombreuses adhésions dans la gauche républicaine et le centre gauche ; mais l'extrême droite et l'extrême gauche le rejetaient également ; la première ne voulait pas admettre des dispositions qui consacraient le pouvoir de M. Thiers ; la seconde ne voulait pas souscrire à un acte de la commission des Trente.

La discussion ne dura pas moins de treize séances, du 27 février au 13 mars.

Le vote définitif du projet des Trente sortit de ces débats plein de concessions ; il fut adopté par 407 voix contre 227 ; on constata 65 abstentions. La commission déclara qu'elle avait achevé son œuvre ; mais la France se demandait avec tristesse ce qu'elle avait gagné, elle, en repos, en prospérité, en garanties de l'avenir, durant les trois mois de disputes byzantines où les partis s'étaient agités sans aboutir à autre chose qu'à prouver leur impuissance à rien fonder.

Ce fut à ce moment pourtant que la nation, attristée et découragée devant les mesquins conflits de ses législa-

M. BUFFET

teurs, reprit subitement conscience de sa propre vitalité. Le 16 mars, une grande nouvelle se répandit en quelques heures dans toute la France : le territoire allait être délivré.

Ce jour-là, en effet, on lisait dans le *Journal officiel* :

« Un traité d'évacuation du territoire français, fruit de longues négociations, vient d'être signé aujourd'hui même, 15 mars, à cinq heures du soir, à Berlin.

« Le gouvernement aurait voulu que l'Assemblée nationale fût la première informée de cet heureux événement, mais cela est devenu impossible, la dépêche qu'on attendait de Berlin n'étant arrivée à Versailles qu'à sept heures.

« Tout le monde sait que le gouvernement a pu remplir avec une rapidité inespérée les engagements financiers que, par prudence, il n'avait pris que pour une époque éloignée.

« Sur les trois milliards qui restaient à payer à l'Allemagne, l'un a été entièrement soldé cet automne. Le second, déjà versé en grande partie, sera complètement acquitté du 1er au 5 mai prochain.

« Le troisième et dernier milliard (cinquième de l'indemnité totale) sera versé au trésor allemand en quatre payements égaux, les 5 juin, 5 juillet, 5 août, 5 septembre de la présente année.

« En retour, S. M. l'empereur d'Allemagne, roi de Prusse, s'est engagé :

« A évacuer au 1er juillet prochain les quatre départements des Vosges, des Ardennes, de la Meuse et de Meurthe-et-Moselle, ainsi que la place et l'arrondissement de Belfort. Cette évacuation ne devra pas durer plus de quatre semaines.

« Pour gage des deux payements restant à accomplir, la place de Verdun avec son rayon continuera seule d'être occupée jusqu'au 5 septembre. A partir de cette date, elle sera évacuée en deux semaines.

« Telles sont les conditions du nouveau traité, conditions longuement débattues, qui, malgré de douloureux souvenirs, réjouiront, nous n'en doutons pas, le patriotisme de tous les bons citoyens.

« Dès que les instructions diplomatiques auront reçu la forme authentique, elles seront soumises à l'approbation de l'Assemblée nationale, pour que, dans le plus bref délai

possible, la ratification du Président de la République
puisse être échangée contre celle de l'empereur d'Allemagne. »

Le lendemain lundi, 17 mars, le ministre des affaires
étrangères vint communiquer officiellement à l'Assemblée
l'heureuse nouvelle. Sa présence à la tribune fut accueillie
par plusieurs salves d'applaudissements.

« Messieurs, dit avec émotion M. de Rémusat, au milieu
de septembre, au plus tard, le territoire français sera libre
et la France sera rentrée en pleine possession d'elle-même. »

La gauche répondit aux paroles de M. de Rémusat par
le cri de : *Vive la République!* auxquels la droite opposa
celui de : *Vive la France!* On ne pouvait s'unir même dans
l'explosion commune de la joie patriotique.

La division de la Chambre se manifesta plus vivement
encore quand M. Christophle, président du centre gauche,
qui avait cédé son tour de parole à M. le ministre des
affaires étrangères, lui succéda à la tribune et proposa de
voter immédiatement une résolution ainsi conçue :

« *L'Assemblée nationale déclare que M. Thiers, président de
la République, a bien mérité de la patrie.* »

A la déclaration de M. Christophle, M. Saint-Marc Girardin opposa cette formule approuvée par trois cents de ses
collègues :

« Accueillant avec une patriotique satisfaction la communication qui vient de lui être faite, et *heureuse d'avoir
ainsi accompli une partie essentielle de sa tâche,* l'Assemblée
vote des remerciements solennels à M. Thiers, président
de la République, et au gouvernement. »

Malgré les divisions, l'ordre du jour fut adopté et M. Thiers
put jouir de son patriotique triomphe.

M. Thiers, — les partis monarchistes le savaient bien
eux-mêmes, — avait fait plus que personne pour arriver
au résultat qui causait en France une si légitime satisfaction, la libération de ce qui nous restait du territoire. C'est
lui qui, par son habileté, sa patience, sa connaissance profonde des choses de la politique, la juste autorité dont il
jouissait en Europe, avait pu inspirer aux diplomates allemands assez de confiance pour que l'affranchissement de la
France fût accordé sans difficultés. C'est à lui aussi que la
France devait de voir Belfort lui revenir avant même le
dernier lambeau de territoire. Cette question de Belfort

avait toujours été exploitée contre la République par les partis monarchiques, qui donnaient à entendre que la Prusse garderait cette importante citadelle comme garantie de troubles intérieurs qui pourraient survenir dans notre pays. Cette invention antipatriotique trouvait sa réponse dans le traité même conclu le 15 mars 1873 à Berlin entre la France et l'Allemagne. Belfort devait revoir sur ses murs, si vaillamment défendus par le colonel Denfert, flotter le drapeau tricolore, et les mauvaises nouvelles annoncées par les journalistes dévoués à Chislehurst ou à Frohsdorf ne devaient point se réaliser. Le *point noir* s'était depuis dissipé, et Belfort ne devait pas être un nouveau *casus belli.*

Ainsi, M. Thiers était arrivé au moment de sa vie qui peut être regardé comme le couronnement glorieux de sa carrière. Laissant l'Assemblée, ou du moins une partie de l'Assemblée se livrer à ce qu'il appelait des *chinoiseries*, il avait hâté, selon ses forces, l'affranchissement du territoire. Il avait travaillé avec une ardeur toute juvénile, malgré les incommodités de son âge et les fatigues de son labeur quotidien, à cette œuvre qu'il s'était tracée comme un devoir. Il n'avait ambitionné d'autre rôle et d'autre titre que celui de patriote. Il avait été, à la tête d'une grande République, ce qu'il était autrefois à la tête d'un ministère où, la plume à la main, à sa table d'historien, il a été vraiment *français*, et ce seul nom lui assure la reconnaissance profonde et durable de la France.

M. Thiers devait d'ailleurs payer bientôt son dévoûment à son pays et le soin qu'il prenait de faire triompher « le gouvernement qui nous divise le moins. » On remarquait dans la droite un acharnement nouveau. M. Jules Simon, un des ministres qui ont le plus fait pour cette cause de l'instruction qu'il s'était chargé de défendre, venait de modifier le programme des classes dans les lycées et d'y développer intelligemment l'étude des langues vivantes et de la géographie. La droite redoutait en lui l'orateur entraînant, le publiciste éminent, le philosophe résolu, par-dessus tout l'homme du 4 septembre. Le 20 mars, M. Johnston et M. Dupanloup l'attaquaient, et lui défendait son œuvre avec une puissance telle qu'il triompha de l'ennemi.

Mais toutes ces victoires usaient peu à peu les forces du gouvernement. Le 31 mars, l'Assemblée supprimait la mairie centrale de Lyon, et M. Barodet, maire de cette ville, se trouvait de la sorte destitué. Ce fut pendant cette discussion que M. Grévy se démit de ses fonctions de président, — et malgré sa réélection immédiate (2 avril) par 319 voix, — maintint sa démission et laissa nommer M. Buffet (4 avril) par 304 voix contre 285 données à M. Martel.

Paris avait, — en même temps que les Bouches-du-Rhône, la Gironde, la Corrèze, le Jura et le Morbihan, — un député à élire. La date des élections était fixée au 27 avril. Deux candidatures surgirent dans Paris, celle de M. de Rémusat, ministre des affaires étrangères, que beaucoup regardaient comme une candidature officielle, et celle de M. Barodet, maire de Lyon, que, par un étrange sentiment de la tactique, on portait pour *donner une leçon à M. Thiers*. Cette élection Barodet devait être la pierre dont la réaction allait bientôt armer sa fronde. La droite allait s'en prévaloir pour montrer que le gouvernement de M. Thiers n'avait pas même la force morale nécessaire pour lutter contre M. Barodet, qu'on représentait avec soin comme un partisan de la Commune. Et, d'un autre côté, l'irritation entre l'Assemblée était telle que M. de Rémusat disait, entre intimes : « Si je votais, je crois vraiment que je voterais pour Barodet. »

Cette élection n'en fut pas moins dangereuse. M. Barodet sortait élu par 180,145 voix. M. de Rémusat n'en obtenait que 135,028. M. le colonel Stoffel, candidat bonapartiste, 27,000. Ce fut aussitôt dans toute la presse de la réaction une clameur d'épouvante factice. On agitait de nouveau les lambeaux du *spectre rouge*. La rentrée de l'Assemblée avait lieu (19 mai) sous cette impression d'alarme très bien machinée.

A la suite d'un conflit entre M. Jules Simon et M. de Goulard, M. Thiers, pour essayer de se constituer une majorité en s'appuyant sur les centres, sacrifia M. Jules Simon, coupable d'avoir dit la vérité historique! M. Simon, ministre républicain, et M. de Goulard, monarchiste qu'on a appelé le *Polignac du provisoire*, donnèrent leur démission le même jour (17 mai).

Le lendemain, le ministère nouveau était formé. Le *Journal officiel* du 19 publiait la note suivante en tête de la partie officielle :

« Le Président de la république, reconnaissant la nécessité de modifier son administration, a demandé à tous les ministres leur démission, qu'ils se sont empressés de le remettre.

« MM. Dufaure, de Rémusat, Léon Say, Teisserenc de Bort, général de Cissey et le vice-amiral Pothuau conservaient leurs portefeuilles.

« M. Casimir Périer était nommé ministre de l'intérieur, M. de Fourtou nommé ministre des cultes; M. Bérenger, ministre des travaux publics; et M. Waddington, ministre de l'instruction publique. »

M. Barthélemy Saint-Hilaire disait alors, à quelques députés qui l'entouraient et le questionnaient : *Je pense que nous allons entrer dans une semaine qui deviendra historique.* Depuis fort longtemps, en effet, jamais le pays ne s'était trouvé à la veille d'événements aussi graves. La France allait peut-être entendre éclater un de ces coups de tonnerre qui, tombés de la tribune, ressemblent fort à des coups d'État.

La séance du 20 mai se passait tout entière en scrutins pour le renouvellement du bureau. M. Buffet était réélu président de l'Assemblée par 359 voix contre 289 données à M. Martel, candidat malgré lui et que portaient les diverses fractions de la gauche.

Au cours de la séance, M. Dufaure annonçait que le gouvernement acceptait, pour le vendredi 23 mai, la discussion de l'interpellation des Trois Cents.

« Le 23, dès le matin, dit M. E. Frank, une grande animation régnait à Versailles. Dans la rue des Réservoirs et à l'entrée de la cour du Maroc, stationnait une foule considérable. A la Chambre, la famille de M. Thiers occupait la loge présidentielle. Le corps diplomatique était au complet. Le maréchal de Mac-Mahon en tenue civile et un groupe d'officiers en uniforme assistaient également à la séance. Le Président de la République siégeait au banc du gouvernement. Tous les bureaux de l'Assemblée avaient invité par dépêche les députés absents à venir à leur poste.

« Au début de la séance, le garde des sceaux, vice-président du conseil, fit à l'Assemblée la communication suivante :

« Le conseil des ministres, après en avoir délibéré, dé-
« clare que l'interpellation déposée dans la séance du 19 de
« ce mois sur le bureau de l'Assemblée, se rattachant à la

« politique générale du gouvernement et engageant ainsi la
« responsabilité du Président de la République,

« Le président exercera le droit de prendre part à la
« discussion, droit qui résulte pour lui des dispositions de
« l'art. 4 de la loi du 14 mars 1873. »

Suivaient les signatures de tous les membres du conseil :
MM. Dufaure, Léon Say, Rémusat, général de Cissey, Teis-
serenc de Bort, de Fourtou, Waddington, Casimir Périer,
A. Pothuau, Béranger.

« M. le Président. — Il est donné acte à M. le vice-président du conseil de la communication qu'il vient de faire à
l'Assemblée. »

On remarqua que, dans la phrase qu'il venait de prononcer, M. Buffet se reprit sur l'expression « garde des
« sceaux, » pour dire : « M. le président du conseil des mi-
« nistres. »

M. le duc de Broglie se leva alors et monta à la tribune
pour soutenir l'interpellation des *Trois Cents*. Il faut reproduire la plus grande partie de ces discours désormais histo-
riques :

« Messieurs, l'interpellation déposée par nous et qui a
reçu l'adhésion de plus de trois cents signataires, porte sur
deux choses : la nécessité reconnue par ceux qui interpellent de voir à la tête des affaires, dans la gravité de la
situation présente, un cabinet dont la fermeté rassure le
pays; l'impatience éprouvée par les mêmes députés de
savoir si le cabinet qui est sur ces bancs, avec les modifications qu'il a subies, répond à cette nécessité.

« Je ne serais pas tout à fait sincère si je n'ajoutais pas
que le doute, un doute profond, existe à cet égard dans leur
esprit... (*Mouvement*) et que la discussion présente a pour
but de savoir s'il peut être dissipé.

« Quelle est donc, Messieurs, la gravité de cette situation
et dans quel état cette situation trouve-t-elle l'administration de la France ?

« Aux yeux des signataires, la gravité de la situation se
résume en ceci : la possibilité révélée par les dernières élections de voir arriver, dans un délai plus ou moins prochain,
le parti radical à la tête des affaires par la voie du suffrage
universel, tel qu'il est organisé aujourd'hui. La possibilité
du triomphe du parti radical, voilà ce qui constitue à leurs
yeux la gravité de la situation.

Si le parti radical était un parti politique comme ceux qui divisent ordinairement les Assemblées, le triomphe de ce parti sur un autre serait une de ces vicissitudes auxquelles tous doivent s'attendre et dont personne ne doit ni s'effrayer ni s'indigner. Mais le parti radical n'est pas un parti politique ordinaire : c'est avant tout et surtout, chacun le sait, un parti social.

« Or, il y a pour nous un grand fait qui domine toute notre situation intérieure, et qui l'éclaire de ses sinistres lueurs, c'est le souvenir de cette épouvantable insurrection qui a menacé, au début de cette Assemblée, la souveraineté nationale, et que cette Assemblée a dû, comme le héros de la fable, étouffer dans son berceau. »

C'était, on le voit, le procédé ordinaire des journaux hostiles à la République, apporté à la tribune. M. le duc de Broglie confondait volontairement la République avec la Commune. Il prenait directement à partie, pour atteindre M. Thiers, le nouvel élu du Rhône, et il revenait sur la parole de M. Jules Simon, qui avait fait naître le conflit avec M. de Goulard :

« Pendant que durait cette grande lutte électorale, dit-il (la lutte entre M. Barodet et M. de Rémusat), tout à coup, dans un congrès de sociétés savantes, où la politique était déplacée, et ne pouvait, par conséquent, entrer sans calcul, M. le ministre de l'instruction publique, — le ministre d'alors, s'entend, — dans des paroles dont on ne connaît pas bien la teneur exacte, a porté contre cette Assemblée une cruelle imputation. L'honorable M. Jules Simon, contre lequel aucun grief personnel ne m'anime... (*Légères rumeurs sur quelques bancs à gauche*) me permettra de n'être pas plus blessant pour lui qu'il ne l'a été pour chacun de nous; mais enfin son discours, — quel qu'en soit le texte exact, soit celui qui a été primitivement recueilli par les divers journaux, soit celui qui a été publié dans le *Journal officiel*, — son discours contenait, au fond, une offense bien grande et bien douloureuse contre chacun des membres de cette Assemblée. (*Vif assentiment à droite et au centre.*)

« Dire, en effet, qu'un homme, un homme seul, quelque illustre qu'il soit, a opéré la libération du territoire français; le dire quand cette Assemblée a reçu du pays, comme première mission, le rachat de notre indépendance, c'était lui dire qu'elle avait négligé et compromis la partie la plus chère et la plus sacrée de son mandat. (*Très bien! Très bien! à droite.*) Qu'on l'ait dit expressément ou par prétérition, l'offense est la même. » (*C'est vrai! Très bien! du même côté.*)

M. de Broglie reprochait ensuite à M. Thiers sa modération même :

« Je termine, Messieurs, ajoutant enfin M. le duc de Broglie, en restant toujours dans l'hypothèse que j'ai posée, toujours prêt à en recevoir la réfutation par les faits, je termine en disant au gouvernement que, si réellement il se trouvait placé, comme je viens de l'expliquer, dans la dépendance du parti radical, nous le supplierions pour son honneur, de ne pas rester même un jour dans cette cruelle situation ; nous le supplierions de s'arrêter dans cette voie funeste, car c'est celle où, avec les plus loyales et les meilleures intentions, les gouvernements se laissent aller aux transactions qui les déshonorent, courent aux catastrophes qui emportent leur renommée en même temps que les sociétés qu'ils défendent. (*Approbation à droite.*)

« Sur cette pente, funeste dans la dépendance, et sous la direction qui pèseraient sur lui, ce ne seraient pas seulement les lois constitutionnelles qui disparaîtraient : ce seraient les lois organiques et fondamentales de la société elle-même qui seraient bientôt atteintes. Il irait de faiblesse en faiblesse et de chute en chute. Personne ne peut dire, dans les grands assauts auxquels est soumise cette société meurtrie par tant de blessures, quel sort nous réservent à tous les passions révolutionnaires. Il peut y avoir de mauvais jours. Ils menaceraient les membres du cabinet, j'en suis sûr; ils menaceraient aussi le plus grand nombre de ses amis tout autant que nous.

« Mais périr pour sa cause, en tenant son drapeau dans la main et au pied d'un rempart qu'on défend... (*Très bien! très bien, à droite*)! c'est une mort glorieuse dont un parti se relève, et qui grandit la mémoire des hommes publics. (*Très bien! très bien! et applaudissements à droite et au centre droit.*)

« Périr, au contraire, après avoir préparé, avant de le subir, le triomphe de ses adversaires; périr en ayant ouv[..] porte de la citadelle; périr en joignant au malheur[..] victimes, le ridicule d'être dupes (*bravos et applaudis[..]ents répétés à droite*) et le regret d'être involontaireme[..] complice, c'est une humiliation qui emporte la renom[..]e e[..] même temps que la vie des hommes d'État.

« Je conjure le ministère et ses amis de se rappeler le ministère des Girondins, suivi de si près du 10 août; je les conjure de se rappeler que, si les contemporains se souvent flatteurs, la postérité est impitoyable pour les gouvernements et les ministres, dont la faiblesse livre à l'ennemi les lois et les sociétés qu'ils sont chargés de défendre. »

M. Dufaure, de sa voix nette et avec sa dialectique puissante, se chargea de répondre aux paroles de M. de Broglie.

« M. Dufaure, garde des sceaux, vice-président du conseil — Messieurs, le gouvernement est très loin de se plaindre de l'interpellation qui lui a été adressée au nom d'un grand nombre de membres de cette assemblée. Dans les termes où elle a été posée, elle est un usage légitime et salutaire du gouvernement parlementaire. Elle établit une communication directe et publique entre l'Assemblée et ceux qui sont accidentellement chargés du gouvernement. Elle vaut mieux que toutes les conversations, que tant de bruits répandus, tant d'inventions singulières qui ne sont propres qu'à altérer nos rapports mutuels; elle est l'expression publique, sincère, avouée de ce que veut le gouvernement, de ce qu'il a fait, de ce qu'il entend faire. Je remercie donc nos honorables collègues de leur interpellation... (*Interruptions et rires ironiques sur plusieurs bancs à droite.*) Je les remercie sincèrement de leur interpellation, à la condition qu'ils veuillent bien écouter avec quelque attention la réponse que je dois y faire. » (*Parlez! parlez!*)

Passant ensuite à la discussion même, M. Dufaure défendait le gouvernement de M. Thiers en demandant qu'on le jugeât *par des actes publics* et non par des *propos dont on ne connaît pas les inventeurs.* Propos de salons et de cabinets, allait-il ajouter bientôt, aux exclamations de la droite et aux applaudissements de la gauche.

« Et quels ont été les actes du gouvernement? s'écriait-il; depuis la victoire sur la Commune, a-t-il faibli un moment? Permettez-moi de vous le dire, Messieurs, quelquefois vous vous êtes associés avec éloge aux tentatives qu'il a faites précisément pour réprimer les excès du parti démagogique.

« C'est le gouvernement qui vous a demandé, permettez-moi de le rappeler, la loi sur l'internationale, loi essentielle et puissante que vous avez entre les mains. Une autre fois, c'est le gouvernement qui a résisté à la tentative qui est partie de ce côté (*le côté droit*) d'abolir nos lois sur les associations. Il a fallu que je subisse les épigrammes de M. le vicomte de Meaux... (*Sourires*), parce que j'avais été si peu libéral, que j'avais résisté à la loi qu'il défendait, loi qui détruisait, selon moi, toutes les garanties dont la société a besoin. C'est le gouvernement qui a fait maintenir ces lois.

« Une loi a été présentée pour combattre les abus que la loi de 1849 sur le jury avait introduits dans le jugement des affaires criminelles. Qui donc l'a présentée, qui l'a soutenue et pourquoi vos orateurs, à cette époque, rendaient-ils hommage à la fermeté avec laquelle le gouvernement cherchait des juges équitables, impartiaux et éclairés ? Vous oubliez tout cela ; vous conservez soigneusement le souvenir de quelques propos de salons et de cabinets qui se répandent... (*Exclamations à droite.* — *Applaudissements à gauche.*)

« On nous faisait l'honneur tout à l'heure de nous dire qu'on attendait du gouvernement une direction vive et ferme contre les attaques que la société pouvait souffrir. Nous avons, Messieurs, un moyen de donner cette impulsion, de faire connaître notre pensée, de la faire prévaloir : c'est par les lois que nous apportons à la tribune, par les résolutions que nous vous demandons. Nous l'avons fait constamment. Indiquez-nous, depuis deux ans, « une loi dans laquelle nous ayons manqué à toutes les garanties que réclament l'ordre et la sécurité publique, que réclament les intérêts de la société entière... »

Puis, arrivant à la question brûlante, à celle qui avait le plus irrité la majorité, aux élections du 27 avril et du 11 mai :

« J'éviterai disait M. Dufaure, tout ce qui pourrait blesser l'Assemblée, mais je lui dirai sincèrement que les deux élections du 27 avril et du 11 mai, et pour mieux préciser, je parle des deux élections de Paris et de Lyon ; lorsque, dis-je, ces deux élections ont été faites, nous avons cherché sérieusement, nous avons appliqué notre esprit à découvrir quelles étaient les causes qui portaient les masses immenses d'électeurs vers le parti radical plutôt que de l'arrêter au parti conservateur républicain. » (*Mouvements divers.*)

Après ce discours, M. Buffet allant mettre la clôture de la discussion aux voix, lorsque M. Waddington, ministre de l'instruction publique, lui apporta un pli cacheté, dont il donna connaissance à l'Assemblée. C'était un message du président de la République, ainsi conçu :

. « Versailles, le 23 mai 1873.

Monsieur le président,

« Conformément à la loi du 13 mars 1873 qui m'autorise
à prendre la parole sur les interpellations lorsqu'elles touchent à la politique générale de l'État, conformément à la déclaration des ministres qui reconnaissent ce caractère aux
interpellations actuelles, je vous prie d'informer l'Assemblée
de l'intention où je suis d'intervenir dans la discussion,
usant ainsi du droit que me confère la loi, *et que la raison
seule suffirait à m'assurer si la loi n'existait pas.* (Rires à
gauche. — Mouvements divers.)

« Veuillez agréer, Monsieur le président, l'assurance de
ma haute considération.

« *Signé :* THIERS. »

M. Thiers n'avait pu s'empêcher de lancer un trait à l'a-
dresse des inventeurs de la loi des Trente. C'était la première occasion qui se présentait d'appliquer ce règlement
chinois. Suivant le mot spirituel de M. Charton, il aurait
fallu un mandarin pour l'interpréter. L'Assemblée s'y
perdit. Comme un certain nombre de députés témoignaient
le désir d'entendre le président de la République le jour
même, M. Thiers se leva pour demander à ne parler que le
lendemain ; mais les formalistes implacables lui coupèrent
la parole au nom de la loi ; le garde des sceaux dut formuler cette simple demande. On décida que la prochaine
séance aurait lieu le 24, à neuf heures du matin.

Ce jour-là, comme la veille, l'agitation était très grande
dans les régions parlementaires.

M. Thiers prit la parole à neuf heures un quart et prononça d'une voix faible, mais claire, ce discours éloquent
que l'histoire enregistrera comme « le plus remarquable tes-
« tament politique qu'ait jamais laissé un homme d'État en
« quittant le pouvoir. »

Nous soulignerons seulement ici, dans ce long et superbe
discours, les passages les plus saillants et les plus dignes
de remarque :

« *Je suis le grand coupable,* disait M. Thiers ; *je viens le
déclarer et m'expliquer ici avec la fierté d'une conscience honnête et d'un citoyen dévoué.* »

Et parlant des faits, des faits patents, comme il disait,

« quand je m'adresse de ce côté, ajoutait-il en désignant la droite, je trouve des conservateurs, je le reconnais; mais j'y trouve aussi les représentants de trois dynasties.

« Et si je me tourne à gauche, n'y vois-je qu'une seule République? Non. C'est vrai, il y a des hommes qui, comprenant très bien la destinée de la République, qui, comprenant très bien les causes qui l'ont fait échouer, quand elle a paru dans ce pays, disent : Ce que la République doit faire, si elle veut se maintenir, c'est d'être non pas alarmante, mais rassurante. (*Très bien! très bien! — Applaudissements à gauche.*)

« Là est la question. Oui, dans le pays on l'a dit souvent, le pays n'est pas républicain. Voici ce qu'il y a de vrai. Je l'ai dit déjà, je le répète et je l'affirme : oui, dans les classes élevées, qui sont préoccupées de l'ordre, et qui ont raison, il y a des appréhensions, des répugnances; *mais dans les masses, ne vous y trompez pas, la République a une immense majorité.*

« Je rappelle donc les faits, disait-il encore en revenant sur l'état de la France lorsqu'il avait pris le pouvoir et sur les plus sombres souvenirs de cette histoire de 1870-71. Quatre cent mille hommes occupaient le nord de la France jusqu'à la Loire; de deux armées ennemies, l'une menaçait Bordeaux, l'autre Lyon. Quant à nos armées, les unes, après des efforts très honorables, étaient rejetées en Suisse, les autres dans les places du Nord, les autres au delà de la Loire. De moyens de résistance, il n'y en avait pas. La passion en faisait supposer, la passion égarait : il n'y en avait pas! Je l'ai vu. Et quand, pour ma part, je me suis dit qu'il fallait faire la paix, j'avais la conviction profonde que poursuivre la guerre était un acte insensé. Nous n'avions donc plus d'armées; il fallait faire la paix.

« Nos finances consistaient en quelques secours de la Banque de France, l'impôt ne revenait plus au Trésor, il restait dans les provinces. De crédit, nous n'avions que celui que, dans une situation pareille, on peut avoir.

« Sans la Banque, qui faisait crédit à l'avenir de la France, non pas à son présent, je le dis bien haut, nous n'aurions pas pu exister.

» Le désordre, l'anarchie partout. Ce n'était pas la démocratie, c'était la démagogie arrivée au dernier degré de l'exaltation, qui disposait de toutes les villes du Midi, toutes

en armes, toutes coalisées, et qui disposait surtout de
Paris, où se trouvait un peuple nombreux, habitué depuis
quatre mois à la présence de l'ennemi, armé de 400,000
fusils que depuis nous lui avons arrachés en le désarmant,
et de plusieurs centaines de bouches à feu, et de ces murailles qui avaient arrêté pendant quatre mois les Prussiens; la démagogie était le seul gouvernement du pays
dans le moment. Eh bien! et je le dirai, le désespoir était
dans les âmes, et la division parmi vous. (Mouvement.) Ce
tableau est-il exagéré?

« Rappelez-vous vos alarmes de ce moment-là, vos justes
alarmes, je dirai presque notre désespoir, si notre courage, très méritoire à tous, n'avait surmonté les sentiments que nous éprouvions. Eh bien, qu'ai-je dit alors? Je
vous ai dit, après avoir réfléchi toute une nuit, avant de
vous apporter l'ensemble qui a suivi le moment où vous m'aviez conféré le pouvoir exécutif, je vous ai dit ceci : Mais
si nous nous livrons tous à nos passions de partis, à nos
préférences, quelque respectables qu'elles soient, ferons-nous quelque chose? Créerons-nous un pouvoir? des finances? des armées? Obtiendrons-nous de l'ennemi qu'il évacue le territoire? Non! Et je vous ai tous suppliés de déposer
vos préférences, non pas de les détruire dans vos âmes —
on ne refait pas l'âme humaine, — mais de faire entre
nous une trêve qui nous permît de pourvoir à l'œuvre si
pressante que nous avions à accomplir; je vous l'ai dit,
cela a été le pacte de Bordeaux, et vous vous rappelez peut-
être l'image que j'employais alors : Lorsque ce noble blessé
qu'on appelle la France aura recouvré ses forces, alors,
plus calmes, — hélas! j'ai mal prévu, j'espérais que nous
serions plus calmes, — vous pourrez, vous disais-je, lui
remettre son sort à lui-même et il en décidera.

« Quant à moi, ajoutai-je, — et c'était mon engagement
personnel, — « Vous me remettez la République, je vous
« rendrai la République. Et ce n'était pas un acte de loyauté
« envers le parti républicain, c'en était un envers vous-mêmes.
« Car, si j'avais favorisé clandestinement la monarchie,
« comme on ne pouvait pas appeler au trône trois dynasties,
« j'en aurais servi une et trahi deux. » (Rires approbatifs
à gauche.) Eh bien, Messieurs, la situation est-elle ou n'est-
elle pas changée? L'œuvre d'urgence dont nous avions assumé l'accomplissement est-elle accomplie? »

Enfin, après une longue et lumineuse harangue, pleine
d'ironie, de douleur, d'émotion, M. Thiers, s'adressant plus
particulièrement à M. de Broglie :

« Je remercie l'orateur de ses sentiments compatissants...,
concluait-il, (*Rires à gauche*). Qu'il me permette de lui
rendre la pareille et de lui dire aussi que moi je le plains.
« De la majorité, il n'en aura pas plus que nous; mais il
« sera un protégé aussi, je vais lui dire de qui, d'un pro-
« tecteur que l'ancien duc de Broglie aurait repoussé avec
« horreur : il sera le protégé de l'Empire. »

Une triple salve d'applaudissements, éclatant à gauche
et au centre gauche, salua la péroraison, terrible comme
un châtiment, du président de la République. A onze
heures quarante minutes, la séance était levée. M. Thiers
se retirait et allait, à la Préfecture, se reposer de sa fatigue. Aux termes de la loi des Trente, la séance, immédiatement levée, avait été renvoyée à deux heures de
l'après-midi. M. Thiers, couché sur un canapé, recevait
quelques amis.

— Vous avez été « dur », lui dit l'un d'eux.

— Oui, peut-être, fit M. Thiers, mais c'est égal, « j'aura
« vingt voix. »

On a déjà rapporté ce mot : « Le discours du président
n'est pas d'un homme d'État. Soit, mais il est d'un honnête
homme ! »

La droite avait déjà rédigé l'ordre du jour suivant :

« L'Assemblée nationale, estimant qu'à l'heure présente
« il faut des actes et non des déclarations, invite le prési-
« dent de la République à changer de politique et de mi-
« nistère. »

La gauche proposait l'ordre du jour pur et simple.

A deux heures, la séance était reprise. M. Casimir Périer
prenait la parole au nom du gouvernement. Tout son discours peut se résumer dans ces quelques phrases nettes,
spirituelles et loyales :

« M. le duc de Broglie, dit-il, n'aurait pas dû oublier que
dans une occasion récente nous avons manifesté notre
ferme résolution de ne point entrer, même en apparence,
de concert avec le parti radical.

« Il nous a déclarés suspects en disant qu'il ne s'intéressait
pas à nos paroles, qu'il fallait des actes. Or, nous n'avons
pas encore fait un acte ni prononcé une parole. »

Cependant l'heure décisive approchait. — La droite, qui avait à peine laissé M. Casimir Périer nommer M. Thiers » le président de la République », se sentait déjà victorieuse.

M. Ernoul se présente à la tribune. — Au nom d'un assez grand nombre de mes collègues, dit-il, j'ai l'honneur de présenter l'ordre du jour suivant :

« L'Assemblée nationale, considérant que la forme du « gouvernement n'est pas en discussion... (*Exclamations et* « *rires. — Applaudissements à droite*) ; que l'Assemblée est « saisie des lois constitutionnelles présentées en vertu d'une « de ses décisions et qu'elle doit examiner ;

« Mais que dès aujourd'hui il importe de rassurer le « pays (*Exclamations à gauche*), en faisant prévaloir dans « le gouvernement une politique résolûment conservatrice :

« Regrette que les récentes modifications ministérielles « n'aient pas donné aux intérêts conservateurs la satisfac- « tion qu'ils avaient le droit d'attendre, et passe à l'ordre du « jour. » (*Mouvements divers.*)

M. Target lui succède. — « Au nom d'un certain nombre de mes collègues dont les noms suivent, je viens faire, dit-il, une déclaration pour qu'il n'y ait pas d'ambiguïté dans le vote.

« Tout en nous associant à l'ordre du jour, nous nous déclarons résolus à accepter la solution républicaine telle qu'elle résulte de l'ensemble des lois constitutionnelles présentées par le gouvernement, et à mettre fin à un provisoire qui compromet les intérêts moraux et matériels du pays.

« En adoptant cet ordre du jour...

« *Voix à droite. — Lequel ?*

« *M. Target. —* Celui de M. Ernoul. (*Applaudissements à droite.*) En l'adoptant, nous entendons manifester la pensée que le gouvernement du président de la République doit faire prévaloir désormais par ses actes une politique nette et énergiquement conservatrice. » (*Applaudissements à droite.*)

Il faut s'arrêter à cet incident. C'est lui, c'est l'intervention de M. Target qui décida de la chute de M. Thiers. La majorité qui allait rejeter l'ordre du jour pur et simple n'avait pu se constituer que par l'adjonction de quinze ré-

M. JULES GRÉVY

publicains qui faisaient la déclaration qui précède par la bouche de M. Target.

Les signataires de cette déclaration étaient au nombre de quinze, savoir :

MM. Target, Paul Cottin, Prétavoine, Balsan, Mathieu Bodet, Lefébure, Caillaux, Eugène Tallon, Louis Passy, Albert Delacour, Léon Vinglain, Deseilligny, Dufournel, Daguillon, E. Martel.

Singulière tactique que celle de ces « politiques » qui comprometaient la République en venant déclarer ainsi qu'ils voulaient la sauver.

M. Denormandie essaya vainement de faire voter l'ordre du jour pur et simple auquel se ralliait le gouvernement. Mis aux voix, l'ordre du jour pur et simple fut repoussé par 14 voix de majorité (362 contre 348).

M. Broët tente encore un effort. Il demande que l'Assemblée vote sur l'ordre du jour qu'il propose :

« L'Assemblée nationale, confiante dans les déclarations du gouvernement et attendant de lui une politique résolument conservatrice, passe à l'ordre du jour. »

Un vote de l'Assemblée en décide autrement. C'est l'ordre du jour de M. Ernoul, l'ordre du jour implacable et irréconciliable, qui obtient la priorité par 375 voix contre 343. Différence : 33.

L'ordre du jour Ernoul est mis aux voix et adopté par 360 voix contre 344. Différence : 16.

M. Baragnon, pressé de triompher, demanda alors aux ministres s'ils n'avaient pas quelques communications à faire à l'Assemblée, « l'intérêt public l'ordonnait. »

Le garde des sceaux fit « sentir au député du Gard tout ce qu'il y avait d'inconvenant dans cette mise en demeure :

« Votre vote, dit-il, n'empêche pas qu'il y ait un prési-
« dent de la République et des ministres qui, jusqu'au mo-
« ment où ils seront remplacés, garderont le pouvoir et
« répondront de l'ordre.

« Quant au parti qu'ils ont à prendre, ils vont se rendre
« chez M. le président de la République, et ils ne s'opposent
« aucunement à ce que l'Assemblée, si elle le juge conve-
« nable, ait une séance ce soir. »

La troisième séance du samedi 24 mai 1873 allait voir la fin de la présidence de M. Thiers.

« M. Dufaure annonçait que ses collègues et lui avaient donné leur démission au président de la République. Il a bien voulu les accepter, et il leur a remis, en même temps, le Message que je transmets à M. le président de l'Assemblée. (*Mouvement.*)

« *M. le président.* — Voici, Messieurs, la teneur du Message que vient de me remettre M. le garde des sceaux :

« Versailles, 24 mai 1873.

« Monsieur le président,

« J'ai l'honneur de remettre à l'Assemblée nationale ma « démission des fonctions de président de la République « française qu'elle m'avait conférées.

« Je n'ai pas besoin d'ajouter que le gouvernement rem- « plira loyalement tous ses devoirs jusqu'à ce qu'il ait été « régulièrement remplacé.

« Recevez l'assurance de ma haute considération.

« *Signé :* A. THIERS,
« Membre de l'Assemblée nationale. »

« *M. Changarnier.* — Je demande la parole. (*Exclamations à gauche.*)

« *M. le président.* — Avant de donner la parole au membre qui me l'a demandée, je dois communiquer à l'Assemblée une proposition qui m'est remise à l'instant.

« Les soussignés, vu la démission de M. Thiers, président « de la République... » (*Exclamations à gauche.*)

« *M. l'amiral Jaurès.* — C'était écrit d'avance !

« *Plusieurs membres à gauche.* — La démission est-elle acceptée ?

« *M. Foubert.* — L'Assemblée n'a pas accepté la démission du président de la République !...

M. le président. — Monsieur Foubert, vous n'avez pas la parole !

M. Foubert. — Il faudrait, avant tout, consulter l'Assemblée sur la question de savoir si elle accepte ou n'accepte pas la démission du président de la République.

« *M. le président.* — Monsieur Foubert, si vous persistez à parler sans avoir obtenu la parole, je serai obligé de vous rappeler à l'ordre.

« *M. Foubert.* — Je vous rappelle simplement à l'exécution du règlement ! (*Bruit.*)

Comme M. George, qui déclarait que si l'Assemblée acceptait la démission de M. Thiers, « le pays ne l'acceptait pas », M. Foubert représentait la reconnaissance et 'a morale publique. Malgré ses efforts, la démission de M. Thiers, mise aux voix, fut acceptée par 362 voix contre 2/1, et le président, M. Buffet, ayant osé parler du *regret* qu'en éprouvait l'Assemblée, un orage indigné couvrit sa parole. Déjà les vainqueurs avaient proposé de nommer le successeur de M. Thiers. Leur hâte était excessive. Le scrutin eut lieu et M. le maréchal de Mac-Mahon obtenait 390 voix, M. Grévy 1 voix sur 391 votants, la majorité absolue étant 196 voix. En conséquence, M. le maréchal de Mac-Mahon était proclamé président de la République française.

La séance, suspendue pendant une demi-heure, ne fut point levée pendant que le bureau se rendit auprès du maréchal. M. de Goulard, vice-président, succéda à M. Buffet au fauteuil de la présidence. A minuit moins un quart, M. Buffet reprenait le fauteuil et annonçait qu'après avoir vaincu « la résistance, les objections et les scrupules de « l'illustre maréchal. » M. de Mac-Mahon acceptait les « hautes mais difficiles fonctions » que l'Assemblée lui confiait.

Il était minuit moins dix minutes. Des voix à droite s'écriaient : *Vive la France!* Une seule voix à gauche répondait par le cri de *Vive la République!*

Le gouvernement de M. Thiers avait cessé.

QUATRIÈME PARTIE

LA PRÉSIDENCE DU MARÉCHAL MAC-MAHON

———

CHAPITRE PREMIER

La journée du 24 mai. — Le nouveau ministère. — Message du président. — L'éloge de M. Thiers. — La colonne Vendôme. — Séance du 10 juin. — La circulaire Pascal. — Poursuites contre M. Ranc. — Le shah de Perse. — La revue de Longchamps. — Séance du 2 juillet. — Loi sur l'organisation de l'armée. — Deuxième message du président. — Évacuation des dernières villes. — Conspiration monarchiste, derniers essais de fusion. — Manifeste de *Henri V.* — Le procès Bazaine.

Le lendemain du 24 mai, un dimanche, par un beau temps printanier, la France s'éveilla avec un gouvernement nouveau, ou plutôt elle put comprendre le bienfait du gouvernement républicain qui permettait que la transmission du pouvoir se fît ainsi, sans trouble, sans émeute, sans effusion de sang. Depuis longtemps la France n'avait eu une révolution aussi complète et aussi pacifique. Et n'en devait-elle point remercier justement cette République contre laquelle on dirigeait tous les coups?

Voici en quels termes le *Journal officiel* annonçait les graves événements de la veille :

« L'Assemblée nationale, dans sa séance du 24 mai, a reçu la démission de M. Thiers et élu Président de la République française M. le maréchal de Mac-Mahon, qui a accepté. » Rien de plus.

En même temps, on placardait dans Paris une affiche ainsi conçue :

« RÉPUBLIQUE FRANÇAISE

« LE PRÉSIDENT DE LA RÉPUBLIQUE

« AUX PRÉFETS

« Je viens d'être appelé, par la confiance de l'Assemblée nationale, à la présidence de la République.

« *Aucune atteinte ne sera portée aux lois existantes et aux institutions.*

« Je réponds de l'ordre matériel et je compte sur votre vigilance et votre concours patriotique.

« Le ministère sera constitué aujourdhui.

« Versailles, le 25 mai 1873.

« *Le Président de la République,*

« MARÉCHAL DE MAC-MAHON,

« Duc de Magenta. »

La France se consola, comme elle se console de tout, en se disant que l'*entête* de l'affiche promettait et respectait la République et, confiante dans sa destinée, elle se remit au travail, tout en gardant sa reconnaissance à celui que ses ennemis osaient alors appeler le *sinistre vieillard*.

La France avait d'ailleurs, pour se rassurer, la parole du nouveau président dont la loyauté s'imposait à la nation et qui venait d'affirmer ainsi, hautement, et avec une honnêteté que rien n'a démenti, qu'aucune atteinte ne serait portée aux institutions existantes.

Cette loyauté du maréchal devait au surplus déjouer les projets qu'avaient conçus les coalisés du 24 mai et, à l'heure où les partis ligués contre la République pouvaient se bercer dans l'espoir que cette République était virtuellement renversée, des esprits plus clairvoyants pouvaient déjà prédire que le nouveau Président serait, par la force des choses, le gardien le plus vigilant et le plus sûr de ces lois et de ces institutions qu'il promettait de respecter. « *J'y suis, j'y reste.* » Cette parole héroïquement prononcée sur la tour de Malakoff qu'on disait minée et qu'on lui proposait d'évacuer, le maréchal de Mac-Mahon devait la mettre en pratique, et — sentinelle préposée à la garde de la loi, — déconcerter, par la force de sa fidélité au devoir, les efforts des ennemis de la République un peu trop confiants, au début, dans la souplesse imaginaire du maréchal, rassurer les bons citoyens amis de l'ordre et, en dépit des préférences personnelles du nouveau Président, permettre à la France de passer de la République provisoire à la République définitive.

M. de Mac-Mahon n'allait pas, en effet, se mêler aux intrigues qui devaient marquer le commencement de sa présidence et une simple parole de lui allait, au contraire, les faire échouer.

Le ministère sera constitué aujourd'hui, avait dit le maréchal de Mac-Mahon. Le même jour, en effet, le 25 mai, ce ministère était définitivement composé de la façon suivante :

M. le duc de Broglie, ministre des affaires étrangères, président du conseil ;

M. Beulé, ministre de l'intérieur. M. Paschal, sous-secrétaire d'État à l'intérieur ;

M. de Cissey, ministre de la guerre ;

M. de Dompierre-d'Hornoy, ministre de la marine ;

M. Magne, ministre des finances ;

M. Batbie, ministre de l'instruction publique et des cultes ;

M. Ernoul, ministre de la justice ;

M. de La Bouillerie, ministre de l'agriculture et du commerce ;

M. Deseilligny, ministre des travaux publics.

M. le duc de Broglie, l'orateur du 23 mai, M. Batbie, l'inventeur du *gouvernement de combat*, M. Beulé, l'ancien collaborateur de Delescluze à Lille, M. Ernoul, l'ami de Berryer, M. Magne, représentant l'élément bonapartiste, étaient les personnages marquants du nouveau cabinet.

M. de Cissey, ministre de M. Thiers, devait être bientôt remplacé par M. le général de cavalerie Du Barrail.

Le 26 mai, au commencement de la séance de l'Assemblée nationale, M. le duc de Broglie, vice-président du conseil des ministres, donnait lecture du message suivant, adressé par le maréchal de Mac-Mahon aux députés :

« Messieurs,

« Appelé par l'Assemblée nationale à la présidence de la République, j'ai exercé sans retard le pouvoir que vous m'avez confié, et fait choix d'un ministère dont tous les membres sont sortis de vos rangs. (Applaudissements.)

« La pensée qui m'a guidé dans la composition de ce ministère et celle qui devra l'inspirer lui-même dans tous ses actes, c'est le respect de ses volontés et le désir d'en être toujours le scrupuleux exécuteur. (Très bien! très bien! à droite et au centre.) Le droit de la majorité est la règle de tous les gouvernements parlementaires (Très bien! très bien!); mais cette règle est surtout d'une application nécessaire dans les institutions qui nous régissent, en vertu desquelles le magistrat chargé du pouvoir exécutif n'est que le délégué de l'Assemblée (Très bien! très bien!) en qui réside la seule autorité véritable et qui est l'expression vivante de la loi. (Très bien! très bien!)

« Cette Assemblée, dans le cours des deux années d'existence qu'elle a déjà parcourues, a eu deux grandes tâches à remplir : libérer notre territoire envahi après d'affreux malheurs et rétablir l'ordre dans une société travaillée par l'esprit révolutionnaire. La première de ces deux tâches a été poursuivie avec un dévoûment constant, non par la majorité seulement, mais par l'unanimité de ses représentants, la France peut le dire avec orgueil. (Très bien!)

« Aucune des grandes mesures qui ont eu pour but le rachat de notre indépendance nationale n'a soulevé dans cette enceinte un débat ni rencontré un contradicteur. Disons bien haut que ces mesures n'auraient pu être prises si le pays lui-même, le pays tout entier ne s'y était prêté, quelque onéreuses qu'elles fussent, avec une patience héroïque qui n'a laissé échapper ni une réclamation ni un murmure. (Très bien! très bien!) Ce concours de toutes les classes est la force principale qui est venue en aide, dans d'habiles et patriotiques négociations, à l'homme illustre que je remplace, et dont une dissidence que je déplore, sur la politique intérieure, a seule pu vous séparer. (*Très bien !*)

« Je compte sur vous, Messieurs, pour retrouver la même force dans les efforts que je devrai faire, afin d'achever, par l'entière exécution de nos engagements, cette œuvre aujourd'hui, grâce à Dieu, presque accomplie.

« La tâche, d'ailleurs, sera facilitée par les excellents rapports que le dernier gouvernement a su rétablir entre la France et les puissances étrangères, et que je m'efforcerai d'entretenir.

« Ma ligne de conduite à cet égard sera exactement celle qui a été indiquée plusieurs fois par mon prédécesseur à cette tribune et que vous avez toujours approuvée ; maintien de la paix assez hautement professée et pratiquée pour que l'Europe, convaincue de notre sincérité, ne puisse voir dans la réorganisation de notre armée (à laquelle je continuerai de travailler sans relâche) que le désir légitime de réparer nos forces et de conserver le rang qui nous appartient. (*Très bien !*)

« Dans la politique intérieure, le sentiment qui a dicté tous vos actes est l'esprit de conservation sociale. Toutes les grandes lois que vous avez votées à d'immenses majorités ont eu ce caractère essentiellement conservateur. Quelquefois divisés sur les questions purement politiques, vous vous êtes trouvés aisément réunis sur le terrain de la défense des grands principes fondamentaux sur lesquels repose la société, et que menacent aujourd'hui tant d'audacieuses attaques. Le gouvernement qui vous représente doit donc être et sera, je vous le garantis, énergiquement et résolument conservateur. (*Très bien ! très bien !*)

« Des lois très importantes sur l'organisation de l'armée, sur l'administration municipale, sur l'enseignement public, sur d'autres questions encore qui touchent à des intérêts de premier ordre commerciaux et financiers, sont préparées ou débattues en ce moment dans vos commissions ; je crois avoir choisi des ministres compétents pour en traiter avec vous. D'autres lois qui soulèvent des questions constitutionnelles d'une haute gravité ont été présentées par mon prédécesseur, qu'une décision expresse de vous en avait chargé. Vous en êtes saisis, vous les examinerez, le gouvernement lui-même les étudiera avec soin, et quand viendra le jour où vous jugerez convenable de les discuter, il vous donnera sur chaque point son opinion réfléchie.

« Mais pendant que vous délibérez, Messieurs, le gouvernement a le devoir et le droit d'agir ; sa tâche est, avant tout, d'administrer, c'est-à-dire d'assurer par une application journalière l'exécution des lois que vous faites et d'en faire pénétrer l'esprit dans les populations. (*Très bien! très bien!*)

« Imprimer à l'administration entière l'unité, la cohésion, l'esprit de suite, faire respecter partout et à tout instant la loi, en lui donnant à tous les degrés des organes qui la respectent et se respectent eux-mêmes (*Applaudissements*), c'est un devoir étroit, souvent pénible, mais par là même plus nécessaire à remplir à la suite des temps révolutionnaires; le gouvernement n'y faillira pas. (*Très bien! très bien!*)

« Telles sont, Messieurs, mes intentions, qui ne sont autres que de me conformer aux vôtres. A tous les titres qui commandent notre obéissance, l'Assemblée joint celui d'être le véritable boulevard de la société menacée en France et en Europe par une faction qui met en péril le repos de tous les peuples et qui ne hâte votre dissolution que parce qu'elle voit en vous le principal obstacle à ses desseins. (*Très bien! très bien!*)

« Je considère le poste où vous m'avez placé comme celui d'une sentinelle qui veille au maintien de l'intégrité de votre pouvoir souverain. » (*Applaudissements et acclamations prolongés.*)

Malgré l'assurance donnée que rien ne serait changé aux institutions, bien des amis de M. Thiers donnaient déjà leur démission. M. Calmon, préfet de la Seine, était remplacé par M. Ferdinand Duval, esprit remarquable et accueillant. A Lyon, le nouveau préfet était M. Ducros, qui devait bientôt se rendre célèbre par son intolérance. M. de Guerle était nommé préfet de Bordeaux.

Un incident parlementaire devait prouver bientôt que le président tombé avait gardé les sympathies que méritait son patriotique dévoûment.

Le 27 mai, vers trois heures un quart, tandis que M. Clapier était à la tribune, causant locomotives et réseaux ferrés, un mouvement se manifesta dans l'Assemblée. Députés de droite et de gauche rentrent en masse de la buvette ou des couloirs où ils charmaient leurs loisirs. Du côté de la droite

on en vit, comme M. Baragnon, qui s'arrêtèrent dans l'hémicycle et regardèrent curieusement la porte opposée. La
gauche, au contraire, s'empressa de reprendre ses places, et
enfin M. Thiers parut.

A peine s'est-il engagé dans la travée qui sépare le centre
gauche du centre droit, que toute l'opposition se lève et le
salue de deux ou trois salves d'applaudissements. L'ancien
président s'incline légèrement, continue sa route, entre dans
son banc et s'assied presque à l'extrémité, auprès du comte
Rampon. La droite ricane. Quelques-uns de ses membres,
moins enclins à la plaisanterie, crient d'un ton farouche à
M. Clapier de continuer. La gauche riposte par une nouvelle
salve, et l'incident est terminé.

Le lendemain, M. Christophle, alors président du centre
gauche, fit publiquement, à ce propos, l'éloge de M. Thiers.

« M. Albert Christophle. Messieurs, je viens apporter à la
tribune une rectification au procès-verbal, rectification que
mes amis et moi avons jugée nécessaire.

« Dans le compte rendu publié au *Journal officiel*, je lis
ceci à la deuxième colonne de la page 3384 :

« A ce moment M. Thiers entre dans la salle et va prendre
« place au quatrième banc du côté gauche, entre M. Gouin
« et M. Wallon. (Les membres siégeant sur les bancs de l'ex-
« trême gauche et de la gauche se lèvent et saluent sa pré-
« sence par une longue salve d'applaudissements.) »

« Vous remarquerez, Messieurs, qu'il n'est question, au
Journal officiel, que de la gauche et de l'extrême gauche ; il
n'est pas dit un seul mot du centre gauche. (*C'est vrai ! —
Très bien ! très bien ! très bien ! — Applaudissements à gauche
et au centre gauche. — Exclamations et rires à droite.*)

« M. l'amiral Jaurès. Nous nous sommes tous levés ! Nous
avons été unanimes !

« M. Horace de Choiseul. Cela peut faire rire ; mais c'est la
vérité !

« M. Albert Christophle. J'ignore si l'omission a été inten-
tionnelle. Ce qui est certain, c'est que sur nos bancs, comme
sur les bancs de la gauche et ceux de l'extrême gauche, la
manifestation a été la même. (*Nouveaux applaudissements sur
les bancs de la gauche et du centre gauche.*)

« M. Dahirel. Ce n'est pas là une rectification au procès-
verbal !

« M. Albert Christophle. On nous a dit souvent, Messieurs,

que nous avons été les flatteurs de l'homme qui a succombé sous vos votes... (*Nombreuses réclamations à droite. — L'ordre du jour ! l'ordre du jour !*)

« *A gauche.* Parlez ! parlez !

« M. Albert Christophle. L'imputation était inoffensive, et nous ne l'avons jamais relevée; mais que nous ayons été ou non les flatteurs de la veille, ce dont je suis sûr, ce que j'affirme, c'est que nous sommes et nous resterons les amis du lendemain. (*Applaudissements à gauche et au centre gauche.*) »

Les journaux coalisés en furent quittes pour insulter davantage l'ex-président de la République.

Le 1er juin, l'ordre du jour appelait la discussion du projet de loi ayant pour objet la reconstruction de la colonne de la place Vendôme et la réparation du monument consacré à la mémoire de Louis XVI.

Personne ne demandant la parole sur la discussion générale, il était passé à la discussion des articles.

L'article 1er est ainsi conçu :

« La colonne Vendôme sera reconstruite comme elle était à l'époque de sa destruction.

« M. de Jouvenel propose, par amendement, de réunir les débris de la colonne dans un musée avec une inscription qui rappellerait les circonstances dans lesquelles la colonne a été jetée bas.

« Cette proposition est rejetée. L'article 1er est adopté.

« L'article 2 prescrit qu'un crédit de cent cinquante mille francs sera inscrit au ministère des travaux publics pour les frais de reconstruction.

« M. Bidard propose par amendement de faire payer les frais de reconstruction par le sieur Courbet, artiste peintre.

« M. le ministre de la justice. Le gouvernement pense que la colonne de la place Vendôme doit être relevée sans qu'il soit tenu compte des circonstances dans lesquelles elle a été détruite; plus tard, M. le ministre des finances pourra intenter une poursuite civile au sieur Courbet.

« Cet amendement est retiré.

« L'ensemble du projet de loi est mis aux voix par scrutin public et adopté par 488 voix contre 66 sur 554 votants. »

Dès le début du gouvernement de l'*ordre moral*, la presse sentait tout ce que pèse la main de l'autorité. La publication du journal *le Corsaire* fut interdite, le 8 juin; mais cette suppression du *Corsaire* allait amener bien vite un incident de tribune qui faillit, le 10 juin, renverser le ministère du 23 mai et prouva du moins son peu de solidité.

M. Lepère, l'honnête et remarquable député de l'Yonne, avait interpellé le ministère sur cette suppression, et après avoir visé tour à tour les *considérants* de l'arrêté, il arrivait à ces mots : *attaques contre l'ordre établi*.

« De quel ordre établi veut-on parler? demandait M. Lepère. Est-ce de l'ordre républicain?

« Mais quelle atteinte n'y portent pas les journaux qui considèrent les républicains comme des Sarrasins? (*Approbation à gauche.*) Si c'était l'ordre monarchique, alors je ne comprendrais plus cette déclaration du gouvernement que rien ne sera changé aux institutions transmises par l'illustre homme d'État qui n'est plus au pouvoir à l'illustre guerrier qui le remplace. (*Très bien! très bien! à gauche.*)

« Nous croyons que le dépôt de la République est en des mains honnêtes; nous en avons la parole d'un honnête homme et d'un soldat. Le gouvernement ne peut donc poursuivre un journal pour atteinte à l'ordre monarchique. (*Applaudissements à gauche.*)

« Veut-on parler de l'ordre moral? Mais comment le gouvernement l'entend-il? Et avec les citations que je vous ai faites, de quel côté est l'atteinte à l'ordre moral? (*Nouvelle approbation à gauche.*)

« M. LEPÈRE. Je crois avoir démontré que cette suppression est une œuvre de bon plaisir, et que mieux eût valu une suppression sèche, une suppression sans phrases.

« Mais alors où en sommes-nous arrivés? Je me reporte au souvenir de l'Empire, à cet arbitraire qui avait du moins une certaine organisation et présentait un reste de garantie. Aujourd'hui c'est la suppression telle qu'on la pratiquait au lendemain même du 2 décembre, quand la dictature qui s'était jetée dans le pays voulait faire le silence autour de cet attentat.

« Voilà sur quel terrain nous sommes conduits. Et par qui?

« Laissez-moi vous rappeler ce que disait, au milieu de nos applaudissements, le rapporteur de la loi sur les délits de presse : c'est sous sa présidence que l'arrêté que je signale a été rendu;

« Notre projet est avant tout un projet de liberté. Il y a
« quelque mérite pour cette Assemblée à répondre par une
« loi de liberté aux violentes passions qui s'agitent jusqu'à
« ses portes. Mais elle sait ce que valent ces remèdes fac-
« tices de compression matérielle, ce qu'ils coûtent et ce
« qu'ils produisent. (*Très bien! très bien!*)

« Elle peut juger si pendant vingt ans ces remèdes ont
« arrêté le mal; elle ne veut plus rentrer dans cette voie,
« elle veut les remèdes douloureux, mais vigoureux et virils
« de la liberté! »

« Le *Journal officiel* ajoutait : Applaudissements, félicitations.

« Et nous étions, nous aussi, de ceux qui applaudissaient.
Et voilà qu'aujourd'hui on a recours à des mesures dictato-
riales qu'on croit seules efficaces. Est-ce donc là le libéralisme parlementaire? (*Très bien! très bien! à gauche.*)

« Singuliers libéraux, singuliers conservateurs que ceux
qui oublient qu'un journal est une propriété, un capital, un
instrument de travail pour une centaine de familles. Si
c'est là l'ordre moral que vous nous promettez, il est singulièrement qualifié. (*Très bien! très bien! à gauche.*)

« J'ignore ce que l'Assemblée décidera, mais j'aime à
croire qu'elle ne voudra pas laisser protester cette parole
prononcée à la tribune par M. de Castellane : « C'est encore
« dans l'Assemblée que se trouvent les plus sûres garanties
« des libertés publiques. » Elle se souviendra que M. le vice-
président du conseil a dit : « Toute poursuite contre la
« presse n'est efficace et possible que si elle est sollicitée par
« l'opinion publique. » (*Très bien! à droite. — C'est cela!*)

« L'opinion publique? cherchez-en l'écho dans la presse :
dans vos journaux, autant que dans les nôtres, les uns se
taisent, les autres, — et les plus autorisés de vos organes
— blâment avec courage. Un seul journal a applaudi, et
c'est... — afin que fût accomplie la prophétie tombée à
cette tribune des lèvres de l'illustre président de la République auquel vous succédez—c'est le journal de l'Empire! »
(*Applaudissements répétés à gauche. — L'orateur, revenu à
son banc, reçoit des félicitations.*)

La réponse de M. Beulé fut très maladroite, car le ministre
de l'intérieur termina son discours par ces mots :

« J'arrive au troisième grief : l'attaque contre l'ordre
établi. Vous me demandez lequel? Est-ce l'ordre monar-

chique ? Non, l'ordre établi n'a pas changé ; *c'est l'Assemblée nationale que le pays a choisie dans un jour de malheur.* » (*Exclamations. — Rires ironiques et applaudissements répétés à gauche.*)

Certes, M. Beulé dut regretter cette phrase. M. Buffet essaya bien vite d'en pallier l'effet.

« M. LE PRÉSIDENT. L'interprétation inexacte qu'on semble donner à ces paroles dans une partie de l'Assemblée, serait un outrage pour l'Assemblée nationale que je ne pourrais pas tolérer. (*Très bien ! très bien !*)

M. LE MINISTRE. L'Assemblée, à la majesté de laquelle vos applaudissements ironiques ne peuvent porter atteinte, était insultée chaque jour dans le *Corsaire*, qui lui refusait même le titre d'Assemblée nationale en insérant le compte rendu de ses séances sous ce titre : « Comptes rendus des séances de l'Assemblée de Versailles. » (*Exclamations à droite.*)

« On vous demandait tout à l'heure si les articles qu'on signalait vous faisaient sourire. Ils ne font pas sourire non plus ceux qui travaillent et qui voient offenser sans cesse ce qu'ils aiment et ce qu'ils vénèrent. On s'élève contre l'état de siège ; mais, dans une capitale comme Paris, l'état de siège reste la protection de tous ; ce n'est pas nous qui l'avons établi ; nous avons cru qu'il devait intervenir en face d'attaques persistantes qui ne se sont pas arrêtées devant une nouvelle manifestation de l'Assemblée nationale. » (*Vifs applaudissements à droite.*)

C'était au tour de M. Gambetta de parler, et là allait éclater une révélation éclatante : M. Gambetta allait lire, avec infiniment d'ironie et de méchanceté heureuse, la fameuse *circulaire Pascal.*

« M. GAMBETTA. Après l'exposé si complet de la question qu'a fait M. Lepère, après la réponse si modérée qu'a essayé de lui faire M. le Ministre de l'intérieur, il ne me reste qu'à introduire dans le débat un élément nouveau d'appréciation de ce qui semble être le régime du nouveau cabinet en matière de presse. A côté des actes extérieurs de terreur contre la presse, il y a des menées clandestines du gouvernement. (*Bruit à droite.*) Je viens les signaler.

« Est-il vrai — c'est une question que je pose à M. le Ministre de l'intérieur — que le mercredi, 4 juin, il ait expédié à ses agents de l'administration préfectorale la dépêche suivante :

« Envoyez-moi d'urgence un rapport sur la presse dans
« les départements. L'heure est venue de reprendre de ce
« côté l'œuvre d'influence qu'une affectation d'indifférence
« et de neutralité avait détruite. » (Très bien ! très bien ! sur
quelques bancs à droite. — Bruit à gauche.)

« Je ne suis pas étonné de l'adhésion de plusieurs de mes
collègues à ce système d'organisation d'une presse officielle
en vue de candidatures officielles dans l'avenir. Je continue.

« Dites-moi les journaux conservateurs, ou susceptibles de
« le devenir, quelle que soit d'ailleurs la nuance à laquelle
« ils appartiennent ; leur situation financière et le prix
« qu'ils pourraient attacher au concours bienveillant de
« l'administration (Bruyantes exclamations à gauche) ; le nom
« de leurs rédacteurs en chef, leurs opinions présumées et
« leurs antécédents. Si vous pouvez causer avec eux, voyez
« s'ils accepteraient une correspondance et dans quel sens
« ils la souhaiteraient.

« Nous allons organiser un bulletin de nouvelles télégra-
« phiques qui vous sera régulièrement adressé et dont vous
« mesurerez les communications au degré de confiance... »

« Une voix à droite. Eh bien ?

« M. GAMBETTA. Comment, eh bien ? Vous êtes désagréa-
blement impressionnés, votre délicatesse se révolte, votre
pudeur est outragée ! Et vous avez raison ! On vous accusait d'être les protégés de l'Empire, vous en devenez les pla-
giaires. Vous ne répercutez point les nouvelles, vous
les créez.

« Une voix. Et vous ?

« M. GAMBETTA. Je n'ai jamais fait cela ; je continue :

« Vous mesurez les communications au degré de con-
« fiance que les divers journaux vous inspireront. Pour
« cela, vous ferez sagement de créer un service de la presse
« dans votre cabinet, soustrait aux employés indigènes ou
« indigents. »

« Ce mot est à double entente, choisissez !

« Donnez-moi sur ces divers points votre sentiment ; je
« m'en rapporte à votre tact, il n'est pas de question plus
« délicate, et qui exige plus de prudence et d'habileté. Mul-
« tipliez autour de vous vos relations et soyez très accessible
« aux représentants de la presse. »

« Messieurs, il n'y a pas un mot à ajouter à cette circulaire. Si elle est vraie, elle montre l'ordre moral qu'on

M. LE MARÉCHAL DE MAC-MAHON

introduit dans l'administration. (*Applaudissements répétés à gauche.*)

« M. BEULÉ, *ministre de l'intérieur.* J'accepte, j'affirme et j'invoque la responsabilité de l'acte qui vous est soumis. (*Exclamations à gauche.*) Je n'ai point dicté cette circulaire. Si M. Gambetta avait lu le commencement et la fin de la dépêche, il aurait pu s'en assurer. (*Nouveau bruit à gauche.*) Il faut de ma part un certain courage et un grand respect de la responsabilité pour assumer celle d'un acte que je n'ai pas commis. (*Très bien ! très bien ! à droite.*)

« Après ce témoignage de sincérité, j'espère que l'Assemblée voudra bien entendre mes explications. (*Oui ! oui ! parlez.*)

« Comme tout gouvernement qui prend possession du pouvoir, j'ai dû commander une circulaire aux préfets. J'ai dû demander à chacun d'eux quels étaient, dans leur département, le nombre, la prospérité, l'influence des journaux. (*Très bien ! très bien à droite.*)

« Tout gouvernement a deux devoirs : surveiller la presse et défendre la vérité. Il doit savoir quels sont les moyens qui sont à sa disposition pour rendre cette surveillance efficace, et il doit propager la vérité dans l'intérêt du commerce, de l'industrie et de la paix publique.

« J'ai dit qu'on enverrait des nouvelles, c'est-à-dire la vérité télégraphiée. Mais le bon sens même me l'ordonne. Ne faut-il pas, comme nous le disions, que la vérité soit accessible à tout le monde, pour prévenir, autant que possible, les démentis, les communiqués et les répressions ? (*Approbation à droite.*)

« Maintenant il y a dans cette circulaire un passage où le rapprochement de deux mots a fait naître un soupçon que je n'accepte pas. (*Bruit.*) Je proteste contre une pareille interprétation, au nom de la bonne foi à laquelle je n'ai jamais manqué, je pense, je proteste contre cette prétendue idée de subvention à six cents journaux. (*Bruit et réclamations à gauche.*) Après cette déclaration, j'en ai dit assez, le pays jugera. (*Applaudissements à droite.*)

« M. LE PRÉSIDENT. L'ordre du jour suivant a été déposé sur le bureau :

« L'Assemblée nationale, protestant contre la circulaire
« de M. le Ministre de l'intérieur, passe à l'ordre du jour. »

« Cet ordre du jour est signé par MM. Gambetta, Louis Blanc et autres membres.

« M. BARAGNON. En regard de l'ordre du jour dont le texte vient de vous être lu, j'ai l'honneur, au nom de plusieurs de mes collègues, de demander à la Chambre de passer à l'ordre du jour pur et simple.

« L'ordre du jour pur et simple aura cette signification que la Chambre a confiance dans la résolution du gouvernement de défendre une politique conservatrice... (*Exclamations à gauche. — Applaudissements à droite*) et dans l'honnêteté parfaite des moyens qu'il emploiera. (*Bruits et applaudissements ironiques à gauche.*)

« Après cette explication, je ne puis m'empêcher de dire avec quel profond étonnement un grand nombre de membres de cette Assemblée ont vu les principes de liberté si vivement défendus à cette tribune par ceux-là mêmes qui les ont tous violés... (*Bruit à gauche*). — *Très bien! très bien à droite.*)

« ... Avec quel étonnement ils ont entendu revendiquer les droits de la vérité par ceux qui sous leur dictature l'ont si singulièrement outragée, outragée jusqu'au point de répandre de fausses nouvelles parmi les populations. (*Bruit à gauche.*)

« Nous voterons l'ordre du jour pur et simple. (*Applaudissements à droite.*) »

Le ministère faillit être renversé sur cet incident. Il eut, comme on dit vulgairement, du *plomb dans l'aile.*

Sur l'ordre du jour pur et simple, le scrutin donna le résultat suivant :

Pour...................... 363
Contre.................... 308

Soit 60 voix de majorité.

Le maréchal de Mac-Mahon avait été élu par 390 voix et, le 10 juin, le cabinet n'en avait déjà plus trouvé que 368. Il devait, il est vrai, en retrouver beaucoup plus dans l'avenir.

M. E. Pascal, sous-secrétaire d'État au ministère de l'intérieur, donna sa démission bien vite, et sa circulaire fut fort spirituellement appelée par M. Henri Brisson *la première Provinciale de Pascal.* On pourrait dire une *provinciale* au rebours. M. Benlé, pour un peu, eût été obligé de suivre M. Pascal.

Ainsi, dès les premiers jours, le *gouvernement de combat,* qu'une coalition de politiques réunis dans une majorité factice, majorité qui pouvait détruire, mais qui ne pouvait rien fonder, avait imposé à la France le gouvernement de combat, baptisé par M. Batbie, mis en pratique par M. Beulé, dénoncé à l'Europe par M. de Broglie qui osait dire à l'étranger que « la cause de la société française menacée « était celle de la civilisation tout entière (26 mai 1873), » ce gouvernement dont la politique devait être si *résolument conservatrice* était déjà moralement vaincu. A peine venait-il de naître qu'on pouvait prévoir l'heure de sa mort. Il ne s'appuyait sur rien, dans la nation, que sur les vieilles terreurs et les vieilles rancunes. Il voulait détruire la République pour y substituer la monarchie, et il ne voyait pas qu'il faisait chaque jour les affaires d'un parti renaissant au lendemain du 6 mai, le parti de l'Empire.

La politique *résolument conservatrice* ne s'affirmait d'ailleurs que par des actes d'inutile et injuste violence. On poursuivait M. Ranc, député du Rhône, et l'Assemblée, par 484 voix contre 137, autorisait la mise en jugement d'un de ses membres, que le 3ᵉ conseil de guerre devait condamner à mort pour participation à des actes de la Commune, que M. Ranc avait patriotiquement et courageusement réprouvés. M. Ducros, préfet de Lyon, ordonnait que les enterrements civils n'eussent lieu que le matin, à 6 heures en été, à 7 heures en hiver. Le moyen âge semblait reparaître comme un spectre. La liberté de conscience n'était plus qu'un vain mot. Un député de l'Algérie, M. Brousse, étant mort le 24 juin, les soldats n'accompagnaient point son corps enterré civilement, et le ministre de la guerre, M. Du Barrail, interpellé, répondait que le *règlement* le voulait ainsi, de telle sorte que le *règlement* primerait *la loi.* Les pèlerinages, défendus en Italie, abandonnés en Espagne, pullulaient en France. Une cinquantaine de députés figuraient à Paray-le-Monial, portant des bannières. Le général de Charette déclarait que la France serait seulement régénérée « quand le Sacré-Cœur de Jésus *serait peint sur ses étendards !* »

Le gouvernement de M. de Broglie ne se doutait pas qu'un jour ce déploiement de cléricalisme porterait ombrage à notre puissante ennemie, l'Allemagne, en lutte avec la papauté, et nous attirerait l'humiliation des *conseils* de l'étranger. C'est pourtant de là que date l'attitude un moment menaçante de M. de Bismarck vis-à-vis de la France. Mais le

gouvernement ignorait, et le pays semblait oublier et souriait ironiquement à ces pèlerinages. La France sera toujours, quoi qu'on fasse (et fort heureusement), de la religion de Voltaire. Elle n'est point bigote, elle est croyante,
et son culte, c'est l'humanité !

Une grande distraction, un spectacle inattendu, la première fête publique qui eût été donnée depuis les sombres
jours de deuil, attendait maintenant la population parisienne. Le shah de Perse, Nassr-ed-Din, voyageant en
Europe, allait arriver parmi nous. Il avait visité la Russie,
la Belgique, il était en Angleterre et on vantait déjà ses
riches costumes, son bonnet d'astrakan, ses diamants, son
aigrette fameuse. Paris fut pris d'une véritable fièvre de curiosité. Il ne s'écriait point comme du temps de Montes-
quieu: *Peut-on être Persan?* Il accourait, il regardait, il
applaudissait.

L'Assemblée nationale, qui hésitait alors à ratifier l'achat,
fait par M. Thiers, de la fresque de *la Manoglia* de Raphaël,
vota un crédit de 250,000 francs pour les fêtes en l'honneur
du shah de Perse. Le conseil municipal, de son côté, avait
ouvert un crédit et nommé une commission pour organiser
ces réjouissances. L'entrée de Nassr-ed-Din à Paris, par la
barrière de l'Etoile décorée de drapeaux et de draperies
aux couleurs persanes, les musiques jouant l'air oriental,
bizarre et charmant, l'hymne persan, les feux d'artifice au
Tracadéro, les illuminations et le grand dîner à Versailles, toutes ces féeries emplirent jusqu'au 20 juillet les
têtes parisiennes. Le shah fut le héros de ces journées
étranges. Lui, l'air ennuyé et féroce, regardait toutes choses
à travers des lunettes, avec des mouvements fauves.

Une seule de ces journées somptueuses eut un sens politique et national, ce fut la revue passée à Longchamps, la
première depuis la grande revue du lendemain de la Co-
mune. On fut tout étonné et tout fier de retrouver l'armée
refaite, en apparence du moins, solide et manœuvrant bien.
Qu'on était loin déjà des soldats aux uniformes fripés
de 1871 ! L'Assemblée et la foule acclamèrent tour à tour
les cuirassiers passant au galop et les fantassins marquant le
pas. On couvrit d'applaudissements le bataillon de l'infanterie de marine, qui rappelait la lutte glorieuse de Bazeilles
comme les cuirassiers rappelaient la charge de Morsbronn,
le jour de Frœschwiller. Mais ce qui fit battre les cœurs d'espé-

France patriotique, ce fut le défilé superbe du bataillon de
Saint-Cyr, marchant admirablement comme un seul homme.
C'était la France de demain qui passait. On se surprenait à
rêver la revanche devant cette fière jeunesse. Ah ! pourquoi
nous divisons-nous et nous haïssons-nous? la revanche serait
possible si la France n'avait qu'un seul cœur !

Une grave question ne pouvait manquer d'être posée
bientôt au gouvernement, la question de ces fameuses *lois
constitutionnelles* dont l'Assemblée avait demandé la mise à
l'étude et dont, au 24 mai, elle n'avait littéralement plus
voulu entendre parler.

Le 2 juillet, l'ancien garde des sceaux montait à la tribune et s'efforçait d'obtenir la mise à l'ordre du jour du
projet de constitution. Mais, à l'attitude de l'Assemblée,
on pouvait sentir que cette mise à l'ordre du jour serait repoussée.

« *M. Dufaure.* — Je demande pardon à l'Assemblée d'interrompre ses délibérations pour tâcher d'obtenir d'elle la
mise à l'ordre du jour de ses bureaux de deux projets de loi
que j'ai eu l'honneur de déposer les 19 et 20 mai : l'un tendant à l'organisation des pouvoirs publics en France ; l'autre,
la préparation d'une loi électorale.

« Ces projets n'appartiennent pas exclusivement à l'initiative du gouvernement : ils ont été commandés, prescrits
impérieusement par l'article 5 de la loi de 13 mars 1873.
(*Mouvement.* — *Très bien à gauche.*)

« Conformément à vos ordres, le gouvernement d'alors
a étudié et préparé ces projets pendant les six semaines
de la dernière prorogation ; à la rentrée, il les a déposés.

« La crise survenue et le changement du gouvernement
ont fait qu'il n'a pas été possible d'y donner suite. (*Mouvement.*)

« L'Assemblée comprendra les motifs pour lesquels nous
n'avons pas insisté, et nous comprenons, nous, que nous
n'avons aucun reproche à faire à notre honorable président pour n'avoir pas usé du droit qu'il avait de mettre ces
projets à l'ordre du jour de vos bureaux. (*Interruptions.*)
Leur nature et l'importance des événements survenus ex-
pliquent sa réserve.

« Mais cela ne pouvait durer. Des projets présentés par
le gouvernement en vertu des prescriptions solennelles de
l'Assemblée ne peuvent être oubliés, étouffés, enterrés.

(*Très bien! très bien!*) Ils doivent renaître, sans quoi la loi que vous avez rendue est une loi vaine, illusoire, frustratoire, et vous-mêmes vous la condamneriez. (*Applaudissements à ya che. — Bruit à droite.*)

« Je viens vous demander de faire aujourd'hui ce que vous n'avez pas fait depuis un mois et demi, c'est-à-dire de fixer le jour où sera nommée une commission.

« Je ne me fais pas illusion, je m'attends à une opposition de ce côté (la gauche). (*Rires et mouvements divers.*)

« Je me rappelle, en effet, que le jour où ces projets ont été présentés, un membre de l'extrême gauche, au nom de cinquante-trois de ses collègues, a déposé une proposition dans laquelle il est déclaré que, les projets présentés par le gouvernement tendent à faire prendre à l'Assemblée un rôle d'Assemblée constituante qui ne lui appartient pas, qui serait une usurpation de pouvoirs, et qu'ils protestaient contre les lois présentées.

« Je m'attends donc que, conséquents avec eux-mêmes, ces membres soutiendront que les projets ne doivent pas même être mis à l'ordre du jour des bureaux, qu'il serait inconstitutionnel de nommer une commission pour les examiner. Voilà pourquoi je compte sur leur opposition.

« Mais je les prie de remarquer que l'esprit de leur proposition est contraire à la loi que vous-mêmes avez faite et par laquelle vous prescriviez la présentation de ces projets. Vous avez ainsi tranché la question de leur constitutionnalité.

« Ai-je besoin de rappeler que vingt fois on vous a dit que vous n'avez pas le pouvoir constituant, et que vingt fois vous avez revendiqué ce pouvoir en répondant que vous tiriez votre droit des circonstances où le pays vous a nommés et des pouvoirs illimités qu'il vous a donnés pour le relever et pour l'organiser! (*Mouvement.*) Je combats donc à l'avance cette objection que je dois rencontrer.

« J'ai entendu dire que l'événement du 24 mai avait tout changé et que les lois présentées antérieurement devaient être considérées comme non avenues. (*Interruptions.*)

« Mais n'oubliez pas que, le 24 mai, vous n'avez fait que changer vos délégués. Le gouvernement nouveau avait le droit de retirer les lois, de même qu'il a retiré une loi relative à la retraite des anciens conseillers d'État, mais il ne l'a pas fait, et même le contraire a été dit.

« J'ai, en effet, sous les yeux, un des plus importants discours qui aient été prononcés dans ce débat mémorable, celui de M. Target (*Hilarité à gauche*), qui déclarait que, tout en s'associant à l'ordre du jour, il était résolu, ainsi que quelques-uns de ses collègues, à accepter la solution républicaine, telle qu'elle résulte de l'ensemble des propositions constitutionnelles faites par le gouvernement.

« Deux jours après, M. le duc de Broglie présentait le message du Président de la République, où il était dit que vous étudieriez les projets constitutionnels qui vous avaient été soumis, et que le gouvernement vous ferait connaître son opinion réfléchie le jour où vous jugeriez convenable de les discuter.

« Ainsi l'événement du 24 mai n'a rien changé à la situation; vous avez conservé le pouvoir de déterminer le jour de l'examen de ces lois, et c'est pour cela que je vous demande de le déterminer.

« On m'a fait une objection. On m'a dit : Mais, nommer une commission à la veille de notre prorogation, c'est s'exposer à avoir une commission inutile pendant quatre mois; autant attendre la reprise de nos travaux pour la nommer.

« Cette objection ne m'a pas touché. Si l'Assemblée avait décidé sa prorogation pour le 15 juillet, peut-être n'insisterais-je pas; il serait difficile, en effet, que la commission pût faire un travail sérieux. Mais l'Assemblée n'a pas fixé le jour de sa prorogation.

« Il n'y a encore qu'un seul événement qui l'indique, c'est, à la date du 18 août, la réunion des conseils généraux. Jusque-là personne n'a le droit de dire à quelle époque vous vous prorogerez. (*Mouvements divers.*)

« L'Assemblée peut donc rester encore en séance pendant plus d'un mois. Eh bien! une commission nommée un de ces jours, composée d'hommes éclairés, examinant ces projets de loi, peut, avant la prorogation, faire un travail éminemment utile. (*Bruit.* — *Très bien! très bien! à gauche.*)

« Je ne veux pas dire que la loi pourrait venir en discussion avant les vacances, mais la commission aurait assez avancé les travaux pour nommer son rapporteur... (*Interruptions.*) Le temps de la prorogation serait précieux pour faire le rapport, et, quand l'Assemblée reviendrait, elle pourrait fixer le jour de la discussion.

« A moins donc, je le répète, que l'Assemblée ne se sépare dans quelques jours, vous gagnerez des mois en nommant la commission dès à présent. Pour un objet si important, quand il s'agit des lois qui donneront à notre société une base solide... (*Bruit à droite.* — *Applaudissements à gauche*), à notre gouvernement un nom et des garanties de durée et de solidité, en hâtant le vote de telles lois, vous accomplirez une grande œuvre nationale. (*Bruit à droite.* — *Applaudissements à gauche.*)

« Je l'ai dit quand j'avais une partie du pouvoir, et je le répète : l'exercice du pouvoir dans les conditions où nous sommes est d'une difficulté inouïe. (*Nouvelles interruptions à droite.*) »

M. Dufaure avait été éloquent (mordant avec M. Target), persuasif et subtil, mais ce n'était pas assez, et l'Assemblée allait adopter une proposition de M. Laurent (député du Nord), portant que *dans le mois qui suivrait la rentrée de l'Assemblée*, on nommerait la commission chargée d'examiner les projets de lois constitutionnelles déposés par le gouvernement précédent. M. Laurent trouvait que le pays, ayant *plus de confiance dans l'avenir* et sa situation s'étant *améliorée*, pouvait attendre. On adopta la proposition de M. Laurent par assis et levé, à une majorité d'environ 50 voix. Mais nous verrons plus tard que, dans *le mois qui suivit la rentrée de l'Assemblée*, en novembre 1873, on ne s'occupa de rien moins que des lois constitutionnelles en question : on ne s'occupa que de la proclamation possible de la monarchie et de l'invention du septennat.

Dans cette même séance du 2 juillet, combattant l'équivoque, M. Gambetta insista sur la nécessité d'organiser promptement et définitivement la République conservatrice, puis, succédant et répliquant aussi à M. Dufaure, il prononça de nouveau le mot de *dissolution*. M. le duc de Broglie répondit à M. Gambetta en déclarant qu'il ne lui répondait pas.

Nous ne saurions nous arrêter longtemps sur les faits qui marquèrent une époque stérilement agitée et maintenant disparue. Nous ne pouvons et ne voulons indiquer, dans ces pages dernières, que les grandes lignes du tableau que nous achevons. Après le spectacle navrant mais souvent consolant et héroïque de la Défense nationale et des tragiques événements qui remplissent les premiers livres de celte *Histoire*, l'élude de ces petites intrigues qui terminent notre ouvrage serait fatigante. Il nous suffira de rappeler quelques souvenirs de ces temps attristants, et si dignes d'être oubliés. La ferveur des pèlerinages devait porter bientôt ses fruits. L'Assemblée vota une loi déclarant d'*utilité publique* la construction d'une église à Montmartre, église consacrée au Sacré-Cœur.

Le vote de la loi sur l'*organisation de l'armée* (deuxième délibération) fut plus important. Les dernières lignes du rapport si éloquent, dans sa forme technique, du général Chareton, en faisaient sentir tout l'intérêt :

« Celte loi est une loi nouvelle, car c'est la première fois que les dispositions législatives réglant l'organisation générale de l'armée sont présentées à une Assemblée française. Cette loi étant nécessaire, indispensable, croyons-nous, après les événements qui ont porté une si profonde atteinte à notre puissance et à notre organisation militaire, votre patriotisme n'a pas reculé devant la tâche douloureuse de relever les ruines et de reconstituer l'édifice sur des bases nouvelles, et, espérons-le, plus solides. La nation et l'armée, qui attendent comme un instrument de régénération ces lois organiques, vous seront reconnaissantes de votre œuvre, quelque imparfaite qu'elle soit. N'oublions pas surtout que les réformes profondes et sérieuses sont l'œuvre du temps, et que l'impatience et la précipitation sont impuissantes à rien fonder de durable. Les Allemands ont mis plus de soixante ans à fonder l'organisation dont nous venons d'éprouver la redoutable perfection.

« Sachons donc attendre, sans impatience comme sans découragement. L'armée n'a pas été heureuse, Messieurs, mais si le sort des armes a trahi son courage, ses malheurs n'ont affaibli ni sa foi dans l'avenir du pays, ni son patriotisme.

« Si après tant de jours d'honneur et de gloire sont venus pour elle les jours de revers, c'est que la Providence voulait lui faire comprendre mieux encore l'étendue de ses devoirs envers le pays.

« Elle saura les remplir tous. »

L'examen de cette importante mesure marcha rapidement; deux ou trois heures suffirent pour épuiser la discussion générale à laquelle ne prirent part que des hommes appartenant ou ayant appartenu à l'armée; M. Jean Brunet,

ancien capitaine d'artillerie; le lieutenant-colonel de Bas-
tard; le général Guillemaut et le général Chareton, rapporteur de la commission. Cette discussion close, on passa
au débat sur les articles, dont les cinq premiers furent
adoptés sans autre incident que le rejet d'un amendement
par lequel le général Guillemaut demandait que le nombre
des régions militaires et par suite des corps d'armée, fût
réduit de dix-huit à douze.

Au début de la séance du 15 juillet, une longue discussion
s'engagea incidemment entre MM. de Castellane, le général
Chareton, Raudot et le ministre de la guerre sur le côté
budgétaire de la nouvelle organisation de l'armée. La
Chambre ensuite vota, à travers quelques amendements
rejetés ou retirés par leurs auteurs, les articles 6, 7 et 8 du
projet : sur le désir exprimé par le général Du Barrail, elle
ajourna l'article 9, qui fut voté dans la séance du 18, avec
la modification que réclamait le gouvernement. Mais le ministre se heurta à une opposition tenace, lorsqu'il vint combattre la disposition de l'article 10 portant qu'il ne pourra
être apporté de changement dans l'équipement et l'uniforme
des troupes, si ce n'est partiellement et à titre d'essai, qu'en
vertu d'une loi. Un vif débat eut lieu sur ce point, et nombre
de membres y intervinrent, le rapporteur, le général de
Cissey, le duc d'Audiffret-Pasquier, MM. de Gavardie, Albert
Desjardins, etc. Ce dernier demandait le renvoi de l'article
à la commission ; après deux épreuves douteuses, il fallut
procéder au scrutin, et le renvoi fut repoussé à une faible
majorité : 306 voix contre 291.

Enfin l'Assemblée termina cette discussion du projet de
loi sur l'organisation de l'armée, et décida qu'elle passerait
à une troisième lecture. Cette troisième lecture n'était guère
qu'une simple formalité, cette loi si importante était définitivement votée.

Tandis qu'on *parlait* ainsi à Versailles, le pays continuait
d'acquitter sa dette.

Le *Journal officiel* du 9 juillet publiait la note suivante :

« Le Trésor a affectué le 5 juillet, aux caisses du gouvernement allemand, le versement de la somme de 250 millions,
représentant le second quart du cinquième milliard de
l'indemnité de guerre. »

Et déjà l'évacuation de Belfort (12 juillet) était un fait
accompli. Belfort, le dernier coin de terre alsacienne de-

meurée à la patrie, Belfort défendue par Denfert et sau
par Thiers, revenait à la France. On délimitait, le 11 juillet,
la nouvelle zone frontière. Cependant, la date du 30 juillet
approchait. Le 30 juillet, l'Assemblée nationale devait
proroger jusqu'au 5 novembre, et M. le duc de Broglie,
vice-président du conseil, vint donner lecture du message
de M. le maréchal de Mac-Mahon, président de la République. Ce message annonçait l'évacuation prochaine et définitive des départements occupés : il venait proclamer, on
peut le dire, le *couronnement de l'édifice* élevé par M. Thiers.

L'Assemblée l'écouta et la droite l'applaudit.

Le 5 juillet 1873, l'évacuation définitive du territoire
commençait sur plusieurs points. Elle devait être complète
le 17 septembre. Le 12 juillet, le lendemain du jour où avait
eu lieu la délimitation de la nouvelle zone frontière, Belfort
était évacué. « Denfert l'a défendue, Thiers l'a conservée à
la France, » a-t-on pu dire avec raison de cette cité alsacienne. Belfort affranchie devait bientôt prouver quelle
reconnaissance elle avait gardée à l'ancien président de la
République.

Chose triste à noter, le gouvernement redoutait que les
villes affranchies ne se montrassent trop *patriotes* et trop
reconnaissantes pour l'homme d'État tombé du pouvoir.
Les journaux dévoués au ministère prétendaient qu'à Char-
leville (Ardennes), on avait mêlé les cris de : *Vive la Commune !* à ceux de : *Vive Thiers ! Vive Gambetta !* (*La Liberté*,
numéro du 31 décembre.)

Épinal, puis Verdun, enfin Étain et les derniers villages
de la frontière furent successivement évacués, et rien ne
saurait rendre la poignante émotion des habitants de ces
coins de terre revoyant des soldats français.

La nouvelle de cette évacuation définitive était expédiée
de Versailles, le 16 septembre 1873, à trois heures trente
minutes du soir, à l'agence Havas :

« Ce matin, à neuf heures et demie, les derniers soldats
allemands ont franchi la frontière entre Doncourt et Gravelotte.

« Le sol français est désormais libre dans toute son
étendue. »

Pendant que cet événement tout patriotique s'accomplissait, la France assistait à un autre spectacle, attristant,
celui-là, et appartenant plutôt à la chronique d'intrigues

qu'à l'histoire proprement dite, et qui attend la plume vengeresse d'un Saint-Simon irrité : l'essai de restauration
monarchique. Ces événements ont rempli à peu près cinq
mois de notre histoire contemporaine, et si, de juillet à
septembre, la France a plus d'une fois tressailli de joie en
apprenant que l'étranger hâtait le pas hors de notre pays,
elle a été aussi bien souvent écœurée en apprenant qu'à
Frohsdorf ou ailleurs, on la marchandait comme un objet
en vente, et qu'on mettait en question la couleur de son
drapeau. Cet essai de restauration monarchique, si étrangement entrepris, si piteusement terminé, a duré du 5 août
au 5 novembre 1873, trois mois pendant lesquels la France
s'est trouvée livrée aux vendeurs du Temple, aux agitateurs,
aux faiseurs de marchés, aux combinaisons bizarres.

La majorité de l'assemblée allait profiter des vacances de
la Chambre pour essayer de renverser la République et de
rétablir la monarchie. Quelle monarchie? Le césarisme, la
monarchie légitime, la monarchie parlementaire, celle que
les légitimistes appelaient la monarchie *usurpatrice?* La
division des deux branches de la maison de Bourbon semblait le principal obstacle à l'établissement de la royauté.
La *fusion* des deux branches, fusion tant de fois annoncée, et
dont nous avons parlé souvent au cours de cette histoire,
paraissait seule devoir rendre possible la monarchie, en
éteignant les compétitions, en faisant de deux groupes considérables de l'Assemblée une majorité compacte.

Le but était donc celui-ci : arriver à faire consommer la
fusion.

Le *Soleil* du 6 août publiait en gros caractères la note
suivante :

« D'après des renseignements dont l'exactitude nous ins-
pire toute confiance, la visite de M. le comte de Paris à
M. le comte de Chambord serait un fait accompli.

« Elle aurait eu lieu dans la journée d'hier.

« Demain nous aurons probablement des détails sur l'entrevue. »

Ces détails, on les connaissait, en effet, bientôt.

M. le comte de Paris était arrivé le 2 août à Vienne.
A peine reposé, il avait fait demander à M. le comte de
Chambord, par dépêche, le jour, l'heure et le lieu où il voudrait bien le recevoir. L'entrevue avait été fixée au 5. Ce
jour-là, M. le comte de Paris s'était rendu à Frohsdorf, vers

neuf heures du matin. M. le comte de Chambord l'avait immédiatement reçu.

En abordant le comte de Chambord, M. le comte de Paris dit « que non seulement il venait reconnaître en lui le chef de la maison de Bourbon, mais reconnaître encore le principe monarchique dont M. le comte de Chambord était à ses yeux le seul représentant. » M. le comte de Paris ajouta ensuite « que Monseigneur ne trouverait aucun compétiteur dans sa famille. » L'accueil fut très cordial.

Après sa visite à M. le comte de Chambord, M. le comte de Paris avait été reçu par madame la comtesse de Chambord. La visite de M. le comte de Paris à Frohsdorf se prolongea jusqu'au retour du train pour Vienne. Le lendemain, M. le comte de Chambord rendait à M. le comte de Paris sa visite à Vienne, dans le palais Cobourg.

Le même jour, M. le prince de Joinville faisait, à son tour, sa visite à M. le comte de Chambord.

« Le simple récit de cette entrevue, disait nettement la *Gazette de France*, donne à la visite de M. le comte de Paris son véritable caractère. Par ses franches et loyales paroles M. le comte de Paris a empêché toute équivoque sur le sens de sa démarche. Sa visite a été plus qu'une réconciliation de famille : *la Maison de France a recouvré son unité politique.* »

Le temps n'était cependant pas loin encore où les journaux ultra-légitimistes allaient de nouveau traiter les princes d'Orléans de *régicides*. Mais, à cette heure, la lune de miel n'était point passée. Le *Journal de Paris* déclarait que « la démarche si honorable du comte de Paris ne soulevait aucun *dissentiment* parmi les princes d'Orléans »

Cette visite allait être, d'ailleurs, le signal d'une petite comédie politique qui dura trois mois, et qu'il nous serait assez difficile et surtout assez pénible de raconter dans tous ses détails. Jamais, en effet, le nom *mandarins* durement appliqué, un jour, aux membres de la première commission des Trente, ne se trouva plus en situation que pour les députés mis en campagne, tout occupés, les uns à grouper des adhérents, à conquérir des voix, à acheter des votes, les autres à pointer les noms des représentants de façon à préjuger du résultat probable du scrutin. Le pays s'alarmait et surtout s'énervait dans un tel état. On discutait sérieusement sur les nuances du drapeau, sur la couleur de sa cravate, sur le moyen de le rendre blanc sans lui arracher

ses plis tricolores. La cervelle se perd, le sens moral s'exas-
père devant un tel spectacle.

Un ancien écrivain bonapartiste, devenu quasi légitimiste,
a raconté toute cette histoire dans un volume curieux,
quoique partial : *la Vérité sur l'essai de restauration monarchique*. Il a fort bien divisé cet incident en trois périodes distinctes : la première est le voyage du comte de Paris à
Vienne; la seconde est la démarche de M. de Sugny et de
M. Merveilleux-Duvignaux auprès du comte de Chambord. Le
futur roi, celui que M. Hervé appelait déjà *Henri V*, déclare
qu'il ne rentrerait en France qu'avec le drapeau blanc. La
troisième période est le voyage de M. Chesnelong et de
M. Lucien Brun à Salzbourg. Ils rapportent la nouvelle que
le roy accepte le drapeau national. Mais à leurs déclarations
le roi lui-même oppose un démenti formel, et toute cette intrigue aboutit à la consolidation du provisoire et à la ruine
des espérances monarchiques.

A l'heure où les coalisés croyaient que le comte de Chambord allait venir affronter les chances du scrutin en acceptant
le drapeau tricolore (MM. Chesnelong et Lucien Brun l'a-
vaient formellement annoncé), celui que ses courtisans
appelaient déjà *Henri V* répondait au député des Basses-
Pyrénées par cette lettre décisive qui était comme le testa-
ment de la monarchie légitime :

« Salzbourg, 27 octobre 1873.

« J'ai conservé, Monsieur, de votre visite à Salzbourg un
si bon souvenir, j'ai conçu pour votre noble caractère une si
profonde estime, que je n'hésite pas à m'adresser loyalement à vous, comme vous êtes venu vous-même loyalement
vers moi.

« Vous m'avez entretenu, durant de longues heures, des
destinées de notre chère et bien-aimée patrie, et je sais qu'au
retour vous avez prononcé, au milieu de vos collègues, des
paroles qui vous vaudront mon éternelle reconnaissance. Je
vous remercie d'avoir si bien compris les angoisses de mon
âme et de n'avoir rien caché de l'inébranlable fermeté de
mes résolutions.

« Aussi ne me suis-je point ému quand l'opinion publique,
emportée par un courant que je déplore, a prétendu que je
consentais enfin à devenir *le roi légitime de la révolution*.
J'avais pour garant le témoignage d'un homme de cœur, et

j'étais résolu à garder le silence, tant qu'on ne me forcerait pas à faire appel à votre loyauté.

« Mais puisque, malgré vos efforts, les malentendus s'accumulent, cherchant à rendre obscure ma politique à ciel ouvert, je dois toute la vérité à ce pays dont je puis être méconnu, mais qui rend hommage à ma sincérité, parce qu'il sait que je ne l'ai jamais trompé et que je ne le tromperai jamais.

« On me demande aujourd'hui le sacrifice de mon honneur. Que puis-je répondre, sinon *que ne je rétracte rien, que je ne retranche rien de mes précédentes déclarations.* Les prétentions de la veille me donnent la mesure des exigences du lendemain, et je ne puis consentir à inaugurer un règne réparateur et fort par un acte de faiblesse.

« Il est de mode, vous le savez, d'opposer à la fermeté d'Henri V l'habileté d'Henri IV. *La violente* amour que je porte à mes sujets, disait-il souvent, me rend tout possible et honorable.

« Je prétends, sur ce point, ne lui céder en rien, mais je voudrais bien savoir quelle leçon se fût attirée l'imprudent assez osé pour lui persuader de renier l'étendard d'Arques et d'Ivry.

« Vous appartenez, Monsieur, à la province qui l'a vu naître, et vous serez, comme moi, d'avis qu'il eût promptement désarmé son interlocuteur en lui disant avec sa verve béarnaise : Mon ami, prenez mon drapeau blanc, il vous conduira toujours au chemin de l'honneur et de la victoire.

« On m'accuse de ne pas tenir en assez haute estime la valeur de nos soldats, et cela au moment où je n'aspire qu'à leur confier tout ce que j'ai de plus cher. On oublie donc que l'honneur est le patrimoine commun de la maison de Bourbon et de l'armée française, et que, sur ce terrain-là, on ne peut manquer de s'entendre !

« Non, je ne méconnais aucune des gloires de ma patrie et Dieu seul, au fond de mon exil, a vu couler mes larme, de reconnaissance toutes les fois que, dans la bonne ou la mauvaise fortune, les enfants de la France se sont montrés dignes d'elle.

« Mais nous avons ensemble une grande œuvre à accomplir. Je suis prêt, tout prêt à l'entreprendre quand on le voudra, dès demain, dès ce soir, dès ce moment. C'est pour-

COMTE DE CHAMBORD

quoi je veux rester tout entier ce que je suis. Amoindri aujourd'hui, je serais impuissant demain.

« Il ne s'agit de rien moins que de reconstituer sur ses bases naturelles une société profondément troublée, d'assurer avec énergie le règne de la loi, de faire renaître la prospérité au dedans, de contracter au dehors des alliances durables, et surtout de ne pas craindre d'employer la force au service de l'ordre et de la justice.

« On parle de conditions; m'en a-t-il posé ce jeune prince, dont j'ai ressenti avec tant de bonheur la loyale étreinte, et qui, n'écoutant que son patriotisme, venait spontanément à moi, m'apportant au nom de tous les siens des assurances de paix, de dévoûment et de réconciliation?

« On veut des garanties, en a-t-on demandé à ce Bayard des temps modernes, dans cette nuit mémorable du 24 mai, où l'on imposait à sa modestie la glorieuse mission de calmer son pays par une de ces paroles d'honnête homme et de soldat, qui rassurent les bons et font trembler les méchants?

« Je n'ai pas, c'est vrai, porté comme lui l'épée de la France sur vingt champs de bataille, mais j'ai conservé intact, pendant quarante-trois ans, le dépôt sacré de nos traditions et de nos libertés. J'ai donc le droit de compter sur la même confiance, et je dois inspirer la même sécurité.

« Ma personne n'est rien; mon principe est tout. La France verra la fin de ses épreuves quand elle voudra le comprendre. Je suis le pilote nécessaire, le seul capable de conduire le navire au port, parce que j'ai mission et autorité pour cela.

« Vous pouvez beaucoup, Monsieur, pour dissiper les malentendus et arrêter les défaillances à l'heure de la lutte. Vos consolantes paroles, en quittant Salzbourg, sont sans cesse présentes à ma pensée : la France ne peut pas périr, car le Christ aime encore ses Francs, et lorsque Dieu a résolu de sauver un peuple, il veille à ce que le sceptre de la justice ne soit remis qu'en des mains assez fermes pour le porter.

« HENRI. »

Cette lettre avait le mérite de dissiper enfin toute équivoque. Elle arrivait comme un rayon de lumière dans une cave obscure. On voyait clair enfin dans la situation. Le

comte de Chambord demeurait entier, identique à lui-même
(il devait plus tard, malheureusement, venir, en novembre,
épier le moment de devenir roi), et les ténèbres de toute
cette discussion qui durait depuis trois mois étaient dissi-
pées. Les monarchistes se sentirent atteints et vaincus.

L'*Union* faisait suivre la lettre du comte de Chambord des
réflexions suivantes :

« Nous n'avons pas l'habitude de faire suivre la parole du
roi d'aucun commentaire. Mais il nous sera permis de dire
dès aujourd'hui ce que nous avons tant de fois répété :
Jamais Henri V n'humiliera la France au point de faire de sa
couronne le prix d'un marché, jamais l'équivoque ne pré-
vaudra contre la loyauté royale.

« L'*Union* a fait son devoir, au milieu des contradictions
et des plaintes, sans prendre souci des clameurs qui rendaient sa tâche ingrate et pénible. Quelques-uns regrette-
ront peut-être leurs jugements irrités, et tous nous nous
trouverons fermes et inébranlables au poste de combat que
notre honneur est d'avoir toujours occupé. »

Le *Journal de Paris* parlait de *la douleur* qu'il éprouvait,
et le *Soleil* qui s'écriait naguère : « Nous ferons la monarchie à *une voix* de majorité » déclarait que les princes
d'Orléans resteraient fidèles à leur déclaration. Les fractions de la droite se sentaient battues au moins sur le
terrain de la restauration. Quant au centre gauche, après
s'être entretenu de cette lettre, qui arrivait là comme un
coup de foudre, il adoptait à l'unanimité la résolution
suivante :

« Le centre gauche, s'inspirant des témoignages d'approbation qui lui sont parvenus de tous les points de la France,
déclare que le moment est venu de sortir du provisoire et
d'organiser la République conservatrice. »

Les royalistes, de leur côté, ne renonçaient pas à l'idée
d'organiser la royauté.

Et le pays se reprit à attendre, et les intrigues continuèrent, et la nation, tout en travaillant, se demandait où la
conduisaient ceux qui s'étaient chargés de la gouverner, et
s'appelaient eux-mêmes « *les classes dirigeantes* ». Le mot
pittoresque de Lamartine revenait à l'esprit : *la France s'en-
nuie!* — Elle faisait pis que s'ennuyer, cette fois, elle
souffrait. Mais du moins avait-elle, pour se consoler,
l'intérêt poignant de ce procès Bazaine où apparaissait dans

tout son dévoûement malheureux et son intrépidité sacrifiée, l'héroïsme, l'abnégation de l'armée de Metz !

De ce procès Bazaine, l'histoire n'a retenu que l'attitude
vraiment patriotique du duc d'Aumale, présidant avec auto
rité le conseil de guerre et répondant à l'accusé qui, pour
s'excuser, balbutiait que l'Empire avait disparu : — *la France
était toujours là !* Fière parole qui résume la cause. L'ancien
commandant en chef de l'armée de Metz se défendit et fut
défendu d'une manière déplorable. Condamné à mort, il fut
gracié. Prisonnier de l'île Sainte-Marguerite, il s'évada, et
le maréchal Bazaine devint l'aventurier Bazaine qui traîne
à travers le monde son inconscience coupable et son triste
renom.

CHAPITRE II

La proposition Changarnier. — La Commission de prorogation.
— La séance du 27 novembre. — Le septennat. — Le comte
de Chambord à Versailles. — Nouveau ministère. — Attitude
du parti républicain. — Agitation des bonapartistes. — La loi
municipale. — La loi Wallon. — Élections sénatoriales. —
Dissolution de l'Assemblée.

A la rentrée de l'Assemblée, en novembre, une proposition fut déposée, au nom du général Changarnier et d'un
grand nombre de ses collègues de la droite, *en faveur de la
prorogation pour dix ans des pouvoirs du maréchal de Mac-
Mahon.* C'étaient les royalistes, désarmés par le refus de
M. le comte de Chambord, qui choisissaient une autre tactique, demandant dix ans afin d'organiser la monarchie.
Cette proposition était d'ailleurs suivie d'une autre émanant
du groupe bonapartiste et tendant à décider que le peuple
serait directement consulté sur la triple question de monarchie, république ou empire. M. de Goulard, l'ancien
ministre de M. Thiers, réclamait l'urgence pour la proposition Changarnier: sa motion était appuyée par M. le duc de
Broglie lui-même. C'est alors que M. Dufaure, tout en ne
s'opposant pas à l'urgence, venait demander que le projet

de la droite, la proposition bonapartiste et les lois constitutionnelles jadis présentées par lui fussent renvoyées à
une seule et même commission. Alors la lutte s'engageait,
elle fut longue et véhémente. En fin de compte, l'urgence
était déclarée sur la proposition de la droite; elle était
refusée à celle de la réunion de l'appel au peuple, et la
demande de M. Dufaure était repoussée par 362 voix
contre 348, sur 710 votants. La majorité obtenue par le gouvernement était donc de 14 voix.

La nomination de la commission chargée d'examiner la
proposition du général Changarnier fut longue et laborieuse; cette commission, qui se composa de huit membres
de la gauche et de sept de la droite, fut présidée par
M. de Rémusat.

Pendant qu'on discutait d'ailleurs, et que la gauche paraissait reprendre la majorité, le pays prouvait, une fois de
plus, son attachement à la République, en nommant (le
16 novembre) deux députés, deux généraux républicains:
dans la Seine-Inférieure, M. Letellier-Valazé, avec 83,090
voix; dans l'Aube, M. Saussier, avec 42,027 voix.

Le rapport fait M. Laboulaye, au nom de la commission
de prorogation, et qui demandait que la prorogation fût
subordonnée au vote des lois constitutionnelles, allait être
présenté et lu le 17 novembre à l'Assemblée. « C'est un document remarquable et digne des plus sérieuses méditations, disait fort bien le *Temps*; le langage vraiment politique qu'y tient le rapporteur atteste avec éclat l'esprit de
mesure et de conciliation dont s'est constamment inspirée
la majorité des commissaires; M. Laboulaye y détermine en
même temps, avec une grande fermeté et une grande force
d'expressions, les limites que ne peuvent dépasser, dans la
voie des concessions, ceux qui ne veulent pas abandonner
les garanties constitutionnelles conquises par quatre-vingts
ans de luttes et de souffrances, « garanties sans lesquelles
« la liberté est un mot, l'ordre un mensonge, et le pouvoir
« même le plus doux, un arbitraire sans dignité. » La lecture de ce rapport faisait une vive impression sur la Chambre; mais la majorité était décidée à n'en pas tenir compte.
Elle demandait seulement qu'on prorogeât les pouvoirs du
maréchal pour *sept ans* au lieu de *dix ans*. Cette concession
de trois ans était faite aux bonapartistes, qui calculaient
que ce terme permettrait à l'adolescent de Woolwich de

devenir un homme. Au début de la séance, le Président de la République avait adressé à l'Assemblée un message nouveau apporté à la tribune par M. de Broglie :

            « Versailles, le 17 novembre 1873.

     « Messieurs, au moment où va s'ouvrir la discussion sur
« la prorogation de mes pouvoirs, je crois qu'il est de mon
« devoir d'indiquer les garanties sans lesquelles il serait
« imprudent, selon moi, d'accepter la tâche redoutable
« de gouverner un grand pays. Les ministres, conformé-
« ment aux usages du régime parlementaire, expliqueront
« les actes du gouvernement devant l'Assemblée, qui est
« leur juge souverain ; mais, lorsque mon autorité est mise
« en discussion et que ma responsabilité est engagée, per-
« sonne ne sera surpris que je fasse moi-même connaître
« ma pensée.

     « La France, dont les vœux demandent pour le gouverne-
« ment de la stabilité et de la force, ne comprendrait pas
« une résolution qui assignerait au président de la Répu-
« blique un pouvoir dont la durée et le caractère seraient
« soumis, dès son début, à des réserves et à des conditions
« suspensives. Renvoyer aux lois constitutionnelles, soit le
« point de départ de la prorogation, soit les effets définitifs
« du vote de l'Assemblée, ce serait dire à l'avance que dans
« quelques jours on remettra en question ce qui sera décidé
« aujourd'hui.

     « Je dois désirer plus que tout autre que les lois consti-
« tutionnelles nécessaires pour déterminer les conditions
« d'exercice des pouvoirs publics soient discutées prochai-
« nement, et l'Assemblée voudra certainement exécuter
« sans retard la résolution qu'elle a déjà prise sur ce point ;
« mais subordonner la proposition qui est en discussion au
« vote des lois constitutionnelles, ne serait-ce pas rendre
« incertain le pouvoir que vous voulez créer et diminuer son
« autorité ? »

     « Si je n'avais consulté que mes goûts, je n'aurais pas
« parlé de la durée de mes pouvoirs. Toutefois, je cède au
« désir qu'un grand nombre de membres de cette Assemblée
« ont manifesté de connaître mon opinion à ce sujet. Je
« comprends la pensée de ceux qui, pour favoriser l'essor
« des grandes affaires, ont proposé de fixer la prorogation
« à dix ans ; mais, après y avoir bien réfléchi, j'ai cru que le

« délai de sept ans répondrait suffisamment aux exigences
« de l'intérêt général et serait plus en rapport avec les forces
« que je puis consacrer encore au pays.

« Si l'Assemblée pense que, dans la position où elle m'a
« placé, je suis en mesure de rendre encore quelques ser-
« vices, je déclare hautement que j'userai des pouvoirs qui
« me seront confiés pour la défense des idées conservatrices,
« car je suis convaincu que la majorité de la France est
« attachée à ces principes aussi fermement que la majorité
« de la représentation nationale.

> « *Le Président de la République,*
>
> « Maréchal de Mac-Mahon. »

Les interruptions qui coupèrent la lecture de ce message
avaient été d'une violence dont le compte rendu peut à
peine donner une idée. La première surtout fut une véritable
explosion de surprise et de colère. A ces mots : « Un pouvoir dont la durée et le caractère seraient soumis, dès son
début, à des réserves et des conditions... » (car on n'entendit pas l'épithète « suspensives » qui figure dans le texte
officiel), tous les groupes de la gauche se levèrent comme
un seul homme, et leurs protestations emportées parurent
un instant abasourdir M. le vice-président du conseil. A
droite, de rares applaudissements essayèrent de lutter un
instant contre l'expression des sentiments de la gauche,
mais en vain. L'interruption fut très prolongée, et, à partir de
ce moment, l'attitude de l'Assemblée entière fut jusqu'à la
fin singulièrement fiévreuse. Les mots : « C'est un ukase ! »
— « C'est le prélude d'un 18 Brumaire ! » — « C'est une insulte à l'Assemblée ! » se mêlaient à ceux que les sténogra-
phes ont notés dans le compte rendu. M. le président eut
beaucoup de peine à dominer le tumulte tant que M. le duc
de Broglie se tint à la tribune, et beaucoup de peine aussi
à rétablir le silence une fois le ministre descendu.

M. Laboulaye, en présence de ce message inattendu,
demanda qu'il fût permis à la commission de se réunir et
de se consulter sur ce fait nouveau. M. de Broglie expliqua
l'adjectif *suspensives* qu'on n'avait pas entendu.

La discussion reprit, plus énergique. Le 18 novembre,
l'ancien ministre de l'instruction publique, M. Jules Simon,
montait à la tribune et prononçait un discours admirable,

la plus belle harangue peut-être de l'auteur du *Devoir* et de ce dernier livre si complet, si profond, *la Réforme de l'enseignement secondaire :* M. Jules Simon parla le 18 novembre en philosophe et en historien.

M. Simon insistait sur le danger de l'institution d'un gouvernement qu'il regardait comme une dictature.

M. Grévy, à son tour, signalait les périls de l'institution et parlait même d'usurpation.

La dialectique de M. Jules Grévy, pas plus que l'éloquence de M. Jules Simon, ne devait changer la résolution de la majorité.

Le gouvernement et la droite l'emportaient enfin dans la grave question qui tenait le pays en suspens. Dans une séance de nuit qui, commencée le 19 à neuf heures du soir, ne se terminait que le 20, à deux heures du matin, l'Assemblée se prononçait contre la connexité que, d'accord avec tous les esprits vraiment libéraux, la majorité de la commission des Quinze voulait établir entre la prorogation des pouvoirs et l'établissement d'institutions régulières et définies; l'ancienne proposition Changarnier (dix ans), devenue le contre-projet Depeyre (sept ans), était substituée aux conclusions de MM. Laboulaye, Casimir Périer, Léon Say, Wolowski et autres.

L'article 1er de ce contre-projet porte que le pouvoir exécutif est confié pour *sept ans au maréchal de Mac-Mahon, et qu'il continuera à être exercé avec le titre de Président de la République dans les conditions actuelles, jusqu'aux modifications qui pourraient y être apportées par les lois constitutionnelles;* l'adoption de cet article eut lieu par 383 voix contre 317. Par un second vote, rendu à la majorité de 386 voix contre 321, la Chambre repoussait un amendement emprunté au projet de la commission et tendant à décider que la prorogation n'aurait le caractère constitutionnel qu'après l'adoption des lois *organiques.* Par un troisième vote, où la majorité fut de 369 voix contre 324, il était statué que la commission de trente membres qui devait, dans les trois jours de la promulgation de la présente loi, être nommée pour l'examen des lois constitutionnelles serait élue, non dans les bureaux, comme le demandait la majorité des Quinze, mais en séance publique et au scrutin de liste : c'était le complément de la victoire. Enfin, par un quatrième et dernier scrutin, l'ensemble du contre-projet était voté à la majorité de 378 voix contre 310. Ajoutons que, dans la séance du 19, une proposition d'appel au peuple, soutenue par MM. Rouher et Raoul Duval, avait été rejetée par 492 voix contre 88.

« Si la question de l'appel au peuple eût été posée d'une façon moins imprévue, dit, assure-t-on, M. Thiers à M. Rouher, elle eût réuni plus de 300 voix. »

La vérité est qu'en novembre 1873, contrairement à l'espoir des bonapartistes, l'*appel au peuple* eût donné la République.

Pendant toute la durée de cette discussion sur la prorogation, M. le comte de Chambord, moins résolu qu'on ne le dit à n'être pas roi, résida à Versailles, rue Saint-Louis, 25, où il observa le plus strict *incognito*. Il espérait trouver une couronne au bout de ce duel oratoire où M. le maréchal de Mac-Mahon conserva le pouvoir.

Le ministère allait donner bientôt sa démission.

M. Beulé allait rendre son portefeuille, en attendant qu'une mort trop rapide vînt terminer sa carrière ambitieuse et troublée. M. Depeyre devenait ministre de la justice; M. le duc Decazes, ministre des affaires étrangères. Le ministère était ainsi complété : M. Magne, aux finances; le général Du Barrail, à la guerre ; M. de Fortou, à l'instruction publique; l'amiral Dompierrre d'Hornoy, à la marine ; M. de Larcy, aux travaux publics ; M. Desseilligny, à l'agriculture et au commerce. M. de Broglie continuait à gouverner.

Encore une fois, le pays se consolait de ne pas voir réaliser ses rêves, en se disant que le septennat était une forme de la République.

Le pays avait d'autant plus de mérite à se résigner que, pendant longtemps encore, il allait subir l'influence de l'état de trouble où le mettait un gouvernement sans forme déterminée, ou du moins sans autre politique précise que la réaction. Stagnation des affaires, inquiétude des esprits, lassitude en haut, misère en bas, spéculations de Bourse qui maintenaient une *hausse* sans cause et sans logique, tandis que les ouvriers chômaient et que le commerce subissait le poids des nouveaux impôts. Pendant ce temps, continuation des intrigues monarchiques, conjuration quotidienne contre ce qui restait encore de la République, c'est-à-dire l'étiquette, progrès constants du bonapartisme, que le gouvernement de M. de Broglie faisait moins détester en le dépas-

sant en arbitraire, tel était le spectacle que devait avoir le
pays et qu'il a encore sous les yeux. La malheureuse France,
qui eût dû se régénérer si énergiquement après les épreuves
de 1870-1871, se tournait et se retournait sur son lit de con-
valescente, repoussée sur sa couche à chaque nouvel effort
et effrayée d'une double menace : la menace d'être trop
faible contre l'étranger en ne hâtant pas sa réorganisation,
la menace d'être trop faible contre elle-même en n'ayant
pas la force de ne point retomber sous le régime chassé au 4
septembre. Que d'esprits honnêtes et patriotiques se rappelaient alors cette terrible comparaison d'un écrivain : la
France semblable à une courtisane qui, malgré ses efforts,
se rejette toujours entre les bras de son indigne amant!

Quant au parti républicain, il continuait à se dire que
son succès définitif était dans sa patience, son respect aux
lois, le travail quotidien, la réforme de soi-même, la mora-
lisation et l'instruction de la foule, maîtresse de l'avenir par
le suffrage universel. Dans un article éloquent, inspiré par
M. Gambetta et rédigé par M. Spuller, la *République française*
comparait notre génération aux hommes chargés du labeur
écrasant qui prépare les libertés futures. En 92, on avait le
danger foudroyant, en 74 on a l'intrigue éternelle. Il faut
supporter ses déboires comme nos pères bravaient les dangers. Et qui sait? Peut-être une génération calme, travail-
leuse, éprise de la science, habituée au devoir, courbée sous
les épreuves, attristée par le malheur, fera-t-elle plus, si elle
le veut, pour la liberté de son pays, que la génération terrible de la fin du dix-huitième siècle, grandie dans les
luttes, les combats, les meurtres et les victoires!

Avec l'année 1874, au moment de la rentrée de l'Assemblée, un coup d'État militaire renversait en Espagne le gouvernement républicain de M. Castelar, et bientôt nous allions entendre certains journalistes de l'ordre moral offrir au
maréchal de Mac-Mahon le général Pavia, auteur de ce coup
d'État, comme modèle. Le loyal soldat qui avait répondu
que, dans le cas d'une restauration monarchique armée du
drapeau blanc, les chassepots partiraient tout seuls, ne devait point d'ailleurs prêter l'oreille à ces insultants conseils.
L'Assemblée rentra, ajournant momentanément la loi sur
les maires, et, tandis que la *Commission des Trente* continuait
ses travaux, l'Allemagne devenait menaçante et des bruits
de guerre couraient.

Les bonapartistes recommençaient à s'agiter. Le 16 mars, à Chislehurst, ils devaient tenter une manifestation nouvelle. Dans la Chambre, l'équivoque continuait. Le pays ne savait que penser de ces discussions continuelles à propos du *septennat personnel* et *impersonnel*. Les légitimistes, mécontents, commençaient à reprocher au maréchal de les avoir, comme ils disaient, abandonnés. M. Beulé se poignardait à Paris, tandis que M. Rochefort s'évadait de Nouméa.

Le 16 mai, presque une année jour pour jour après la chute de M. Thiers, M. de Broglie, abordant décidément les questions constitutionnelles, qui, le 29 mars, avait proposé à la Commission des Trente la création d'une seconde Chambre qui devait être nommée moitié par le gouvernement, moitié par un corps spécial d'électeurs, vit une proposition de priorité repoussée par 381 voix contre 317 et donna sa démission. M. Decazes, M. Magne et M. de Fortou, transféré à l'instruction publique, restèrent au ministère, et M. de Cissey fut nommé président de ce *cabinet d'affaires!*

La loi municipale, qui portait de 21 à 25 ans l'âge électoral et supprimait le scrutin de liste, fut votée le 20 juin. Quelques jours après, M. Rouher, accusé d'être président d'un comité central bonapartiste, jurait *sur l'honneur* que ce comité n'existait pas. L'audace de la faction croissant, M. Gambetta était publiquement insulté. Après M. Magne, M. de Fortou, trop tendre aux bonapartistes, dut quitter le ministère.

Le 13 juin, M. Casimir Périer avait déposé une proposition demandant que la Commission des Trente — cette Commission qui élaborait depuis si longtemps les lois constitutionnelles, — prît pour base ce principe : « *Le gouvernement de la République se compose de deux Chambres et d'un Président.* » Le 24 juillet, la proposition fut rejetée par 374 voix contre 333. La République n'en gagnait pas moins du terrain. Seize élections avaient eu lieu pendant l'année 1874. Les républicains avaient obtenu 11 nominations, les bonapartistes 5. Les partis orléaniste et légitimiste semblaient s'effacer de plus en plus.

L'année 1875 devait mettre fin à l'équivoque. Le 6 janvier, l'Assemblée entendit la lecture d'un message du Président, où le maréchal de Mac-Mahon insistait sur l'urgence des lois organiques, mais soumettait tout un programme que la Chambre n'accepta pas. Ce fut le 21 janvier que s'ouvrit enfin la discussion de ces fameuses lois constitutionnelles, depuis si longtemps attendues par le pays. La Commission des Trente se présentait devant l'Assemblée avec cet article: *Article premier. Le maréchal de Mac-Mahon, Président de la République, continue à exercer avec ce titre le pouvoir exécutif dont il est investi par la loi du 20 novembre 1873. Le gouvernement de la République se compose de deux Chambres et d'un Président.* M. Lock fait très judicieusement remarquer que cet amendement n'était autre que l'article premier du projet présenté à la veille du 24 mai par M. Dufaure. Le projet subordonnait l'existence de la République à la durée des pouvoirs du maréchal. M. de Ventavon le soutint au nom du centre droit, et les adversaires l'appelèrent bientôt le *ventavonnat*. Contre un tel projet, M. Édouard Laboulaye présentait un amendement ainsi conçu, et dont l'adoption entraînait la reconnaissance légale de la République : « *Le gouvernement de la République se compose de deux Chambres et d'un Président.* » C'était encore l'article 1er du projet Dufaure à la veille du 24 mai. Dans la séance du 28 janvier, M. Laboulaye développa son amendement avec une éloquence telle qu'on put espérer qu'il allait être adopté sur-le-champ, lorsque M. Louis Blanc et cinq de ses amis demandèrent, afin de repousser la seconde partie, la division de la proposition : 1° *Le Gouvernement de la France est la République* ; 2° *Il se compose de deux Chambres et d'un Président.* Sur la demande de la droite, le vote fut donc renvoyé au lendemain, et le lendemain, l'amendement Laboulaye était repoussé par 359 voix contre 336.

Tout semblait perdu, lorsqu'un député du centre droit libéral, M. H. Wallon, présenta un contre-projet ainsi rédigé : *Le Président de la République est élu, à la pluralité des suffrages, par le Sénat et la Chambre des députés réunis en Assemblée nationale. Il est nommé pour sept ans. Il est rééligible.* » Et, le 30 janvier, ce projet, qui reconnaissait légalement la République, qui la proclamait et l'établissait, fut voté par 353 voix contre 352. La parole imprudente des monarchistes, durant les négociations dernières : « Nous ferons la royauté *à une voix de majorité*, » se retournait contre eux. La République était faite, et cette unique voix de majorité dans l'Assemblée se multipliait, dans le pays, par des millions de voix.

La loi du Sénat allait être discutée ensuite. Pendant le

débat, les légitimistes et les bonapartistes essayèrent d'anéantir le résultat immense obtenu par le vote de l'amendement Wallon, et une proposition de M. Pascal Duprat, portant que le Sénat serait nommé par les mêmes électeurs que la Chambre des députés, ayant été votée, le 22 février, un message du Président de la République déclara que le gouvernement « ne pouvait s'associer aux résolutions prises dans la séance de la veille. » Un moment donc, on put croire que tout était remis en question, la loi du 30 janvier, la reconnaissance de la République étant subordonnée au vote de la loi du Sénat. Des concessions furent faites, et, le 24 février 1875, la loi fut votée d'urgence par 448 voix contre 210, en même temps que la troisième lecture de la loi sur les pouvoirs publics, votée par 425 voix contre 254, et la nouvelle constitution républicaine fut promulguée le 25 février.

L'attitude du parti bonapartiste et ses conspirations, mises au jour par le rapport de M. Savary sur l'élection de M. de Bourgoing dans la Nièvre, et s'appuyant sur le rapport accablant de M. Léon Renault, la crainte d'une restauration impossible, sans doute, et cependant redoutable, avaient amené le rapprochement de certains groupes et assuré le succès de la République. Ce sentiment se traduisait par l'événement d'un nouveau ministère et la nomination de M. d'Audiffret-Pasquier, ennemi ardent des bonapartistes, comme président de l'Assemblée.

Des bruits de guerre couraient encore, et l'Allemagne, sous le prétexte que la France armait avec exagération, voulait, disait-on, l'écraser, lorsque l'Angleterre et la Russie s'interposèrent et le czar en personne fit connaître son opinion à l'empereur Guillaume. Après des vacances de deux mois, l'Assemblée reprit ses travaux ; la fameuse commission des Trente donnait sa démission et la Chambre abordait la discussion d'une loi d'un intérêt grave : la loi sur l'enseignement supérieur. Cette loi, qui autorisait la création de Facultés catholiques libres à côté de l'Université, qui admettait la collation des grades par des jurys mixtes, fut vivement combattue, mais cependant votée ! Elle devait être corrigée par la Chambre des députés de 1876, et rencontrer dans le Sénat un appui nouveau. Malgré les efforts d'un des ministres les plus libéraux, les plus savants, les plus convaincus et les plus populaires que la France ait eus, M. Waddington, la loi devait demeurer en 1876 ce qu'elle était en 1875. Mais ce n'est là qu'une de ces lois transitoires qu'emporte le temps.

Au mois de juin 1875, mourait M. de Rémusat, emportant tous les regrets et tous les hommages dus à son grand patriotisme, à son caractère et à son talent. Divers incidents marquaient encore la fin d'une année qui devait voir l'Assemblée de 1871 terminer ses travaux et rendre ses pouvoirs. L'amiral la Roncière Le Noury osait, par un discours factieux, qui lui valait aussitôt son remplacement, critiquer les actes du gouvernement. Le ministère était fort divisé ; M. Léon Say et M. Buffet montraient, par leurs paroles et leur attitude si différentes, le peu d'homogénéité du cabinet. On put craindre un moment que M. Say ne fût sacrifié à M. Buffet, mais il n'en fut rien. Et tandis que M. Rouher parlait, à Ajaccio (septembre 1876), de la *coalition des haines et des terreurs*, M. Gambetta, dans une lettre-manifeste, déclarait cette alliance des libéraux *précieuse et salutaire*, et inaugurait cette politique de conciliation, ferme et sans transaction sur les principes, qui devait assurer le triomphe et la durée de la République. A cette heure même, M. Thiers résumait dans le discours d'Arcachon toute sa politique et montrait que le gouvernement républicain seul pouvait donner la sécurité extérieure et la liberté intérieure à la pauvre et grande France tant éprouvée !

L'Assemblée monarchiste de Bordeaux, invisiblement poussée par l'opinion publique, a voté la République à Versailles. Un peu d'espoir entre enfin dans l'âme de la nation. L'équivoque semble avoir cessé. La déplorable politique de combat, celle de M. de Broglie, aggravée par M Buffet, est condamnée dans le pays et vaincue dans le Parlement. L'Assemblée va se séparer. L'heure de la dissolution est fixée. Mais avant ce terme il lui faut nommer les 75 sénateurs *inamovibles* que lui réserve la loi du Sénat. La réaction comptait beaucoup sur ces 75 sénateurs destinés à former le noyau d'un parti monarchiste dans la Chambre haute. Évidemment, les partis monarchiques n'avaient qu'à se coaliser dans l'Assemblée pour faire passer, dès le premier tour de scrutin, la liste qu'ils eussent adoptée.

Mais, une fois encore, leurs rancunes et leurs divisions

assurèrent le triomphe de la République. La droite voulait composer une liste d'exclusion. Le centre droit comptait faire passer hardiment la plupart de ses candidats. Les gauches n'espéraient rien. Mais on fut tout étonné lorsque, le 9 décembre, deux candidats seuls, M. d'Audiffret-Pasquier, porté sur les deux listes, et M. Martel, de la gauche, obtinrent la majorité absolue. Après eux, ceux qui réunissaient le plus grand nombre de suffrages étaient les candidats de la gauche. Les droites s'étaient divisées. Ce fut alors, dans la nuit du 9 au 10 décembre, que fut conclu entre les gauches et les chevau-légers, un pacte par lequel les légitimistes de l'extrême droite, présidés par M. de la Rochette, s'engageaient à voter la liste des gauches et les députés de la gauche à porter sur leur liste quinze membres de l'extrême droite. Cette alliance assurait la majorité à la liste de gauche. Le pacte fut conclu avec M. Jules Simon.

Ces élections sénatoriales durèrent plusieurs jours, mais chaque journée accentuait le triomphe de la gauche et la défaite des amis de M. Buffet qui, battu, déclinait bientôt toute candidature. Le 75 sénateurs inamovibles allaient être, avec MM. d'Audiffret-Pasquier et Martel, 27 membres du centre gauche, 15 de la gauche, 8 de l'extrême gauche constitutionnelle, 9 députés de l'extrême droite et M. Hervé de Saisy. Le centre droit était, comme on l'a dit, le grand vaincu. M. de Broglie avait échoué, et l'autorité ministérielle de M. Buffet était assez atteinte pour qu'il donnât sa démission. Mais il tenait à présider aux élections futures et, dans un discours agressif, il menaça en quelque sorte l'Assemblée du « vainqueur de Magenta et de Malakoff qui ne pouvait se résigner à devenir le jouet des factions et des passions radicales. » Étrange tactique, qui découvrait ainsi le chef de l'État. M. Laboulaye répliquait fort bien que, lorsqu'on offrait aux républicains *le maréchal contre la République*, ce qu'ils demandaient c'est le *maréchal et la République*. D'ailleurs, ces discussions dernières n'étaient que les soubresauts suprêmes de l'agonie. Les heures de l'Assemblée étaient comptées.

Le 30 décembre, la Chambre fixait les élections des délégués sénatoriaux des communes au 16 janvier, les élections sénatoriales au 30 janvier, les élections législatives au 20 février 1876. Le 31 décembre, avec l'année qui finissait, l'Assemblée se séparait définitivement et chacun de ses membres allait rendre compte de sa conduite à ses électeurs en attendant le verdict de l'histoire.

Ce vote du 20 février 1876 qui devait donner à la France une Chambre des députés vraiment républicaine, attentive, sage et résolue à la fois, et capable de supporter, pour les mieux vaincre, les résistances d'un Sénat où la réaction ne triomphe temporairement que de deux ou trois voix, — ce vote du 20 février qui fit rentrer dans l'ombre les politiciens d'intrigues ou de combat, marquera dans l'histoire de notre malheureux pays comme une de ses dates heureuses. C'est de ce jour que la République fut faite, une République nourricière et qui n'entend point durer par l'effroi, mais par l'ordre, la science, le travail et l'honneur.

CHAPITRE III

Élections sénatoriales et législatives. — Démission de M. Buffet — Ministère du 10 mars. — Vérification des pouvoirs. — Premier décret modifiant l'administration préfectorale (22 mars 1876). — Projet du gouvernement tendant à attribuer exclusivement au gouvernement la collation des grades universitaires. — Propositions d'amnistie faites par M. Victor Hugo et Raspail père.

L'Assemblée nationale laissait derrière elle, pour présider aux élections, un ministère dont la composition hétérogène n'échappait à personne. M. Buffet, vice-président du Conseil, ne songeait qu'à remettre aux conservateurs la direction de la République, tandis que MM. Léon Say et Dufaure se prononçaient nettement en faveur de la constitution du 25 février.

Les divergences résultant nécessairement d'un pareil état de choses se manifestèrent au grand jour dans la première quinzaine de janvier. M. Léon Say, ministre des finances, qui se présentait aux élections sénatoriales en Seine-et-Oise, sur la même liste que MM. Féray, ancien président du

Les abords d'une section de vote le 20 février 1876.

centre gauche et Gilbert Boucher, avait signé de concert avec eux une circulaire dans laquelle il s'engageait à soutenir sans violence comme sans faiblesse le gouvernement républicain. Le vice-président du conseil vit d'un mauvais œil le nom de son collège figurer à côté de ceux de MM. Féray et Gilbert Boucher, et, le 8 janvier, le maréchal de Mac-Mahon pria le ministre des finances de retirer sa candidature ou de déposer son portefeuille. M. Léon Say s'arrêta à ce dernier parti, mais sa retraite paraissant devoir entraîner une dislocation gouvernementale, M. Buffet se résigna à abandonner ses prétentions.

Le 30 janvier, les opérations électorales s'effectuèrent dans tous les chefs-lieux au milieu de la curiosité universelle. Les résultats de cette journée, joints à ceux des colonies et aux nominations faites par l'Assemblée nationale des 75 sénateurs inamovibles, fixèrent ainsi la composition du Sénat :

Républicains : 149 (centre gauche, 84; gauche républicaine, 50; extrême gauche, 15;)

Constitutionnels libéraux : 22 ;

Monarchistes : 94 (centre droit et droite modérée, 81; extrême droite, 13) ;

Bonapartistes : 40.

En conséquence, le parti républicain considéré dans son ensemble obtenait presque la majorité, et, uni aux constitutionnels, il restait maître sur le terrain de la revision ou de la dissolution. Il y avait seulement à craindre que dans les questions de politique courante, « la statique parlementaire de la chambre haute ne fût extrêmement instable, car la gauche et la droite s'y faisaient presque exactement contre-poids. »

Le résultat des élections législatives fut en revanche un triomphe signalé pour les républicains. Elles eurent lieu le 20 février. Sur 530 sièges, les républicains de toutes nuances en obtiennent 300, les constitutionnels 20, les monarchistes 65, et les bonapartistes 50. Dans cent cinq circonscriptions il y avait lieu à un scrutin de ballottage, qui fut fixé au 5 mars : sur les cent-cinq sièges vacants, 56 demeurèrent acquis aux républicains, 4 aux constitutionnels, 12 aux monarchistes de droite et du centre droit, 7 aux légitimistes purs, 26 aux bonapartistes.

M. Buffet avait éprouvé une quadruple défaite à Mire-

court, à Commercy, à Castelsarrazin et à Bourges, où il avait
sollicité les suffrages des électeurs. Il donna donc sa démission de vice-président du conseil, et sa chute n'inspira
de regrets ni aux républicains constitutionnels qui l'avaient
pourtant porté au pouvoir, ni aux Bonapartistes qui le mau-
dirent par l'organe du *Pays* : « Personne, écrivait ce
journal, personne, depuis M. Émile Ollivier, n'a fait autant
de mal à la France. » Et la *Liberté* ajoutait : « Nous ne reviendrons pas sur ce mort ; notre dernier souhait est qu'il
ne ressuscite jamais à la vie politique. »

En présence des élections du 20 février et du 5 mars, le
maréchal de Mac-Mahon aurait dû ajourner la formation
d'un nouveau cabinet, jusqu'à ce que la majorité parlementaire eût manifesté ses tendances. Mais, le 20 mars, on lut
à l'*Officiel* des décrets conférant à M. *Dufaure* la présidece
du Conseil, la justice et les cultes ; — à M. *Ricard*, l'intérieur ; — à M. *Decazes*, les affaires étrangères ; à M. *Waddington*, l'instruction publique ; — à M. *Léon Say*, les finances ; — à M. *Christophle*, les travaux publics ; — à
M. *Tesserenc de Bort*, le commerce ; — à M. *de Cissey*, la
guerre ; à l'amiral *Fourichon*, la marine et les colonies.
Quatre jours après, M. Dufaure au Sénat, M. Decazes à la
Chambre des députés, donnèrent lecture d'un manifeste,
par lequel le ministère affirmait sa volonté de maintenir et
de faire respecter la constitution ; il annonçait en outre
qu'il proposerait aux législateurs la modification de la loi
du 20 février 1874 sur la nomination des maires et la revision de la loi sur la liberté de l'enseignement supérieur.

Les deux Chambres avaient inauguré leurs travaux le
8 mars. Le Sénat avait élu président le duc d'Audiffret-Pasquier, la Chambre M. Jules Grévy. La Constitution soumet-
tant les sénateurs des départements et des colonies à un
renouvellement partiel et triennal, la Chambre haute divisa
les départements en trois séries contenant chacune un
nombre égal de sénateurs et désigna par le sort lesquelles
de ces séries seraient renouvelées à l'expiration de la première et de la deuxième période triennale. Le premier
groupe à renouveler, en 1879, comprenait 27 républicains
contre 48 membres de la droite ; la série de 1882 renfermait
29 républicains contre 46 monarchistes ; celle de 1885,
38 républicains contre 37 royalistes ou bonapartistes.

La Chambre déploya une rigueur extrême dans la vérification des pouvoirs. Elle invalida quinze élections et ordonna une enquête sur trois autres. Il fut prouvé en effet que les cas de pression administrative ou cléricale n'avaient pas été moins nombreux, pendant les élections, que les excès de polémique (corruption, diffamation, attaques contre les lois existantes). Chose curieuse! tous les invalidés appartenaient à des groupes réactionnaires.

Un décret sur le personnel des préfectures parut le 22 mars au journal officiel; il visait 26 départements, et parmi les quatorze fonctionnaires qui cessaient d'être préfets, il convient de citer MM. Pascal (Gironde), de Tracy (Bouches-du-Rhône), Guigues de Champvans (Gard), de Behr (Loire), de Foucault (Vosges), tous les cinq destitués. A la suite de cette première épuration administrative, le gouvernement, fidèle à ses engagements, déposa sur le bureau de la Chambre le projet de loi dont voici la teneur:

Art. 1er. Sont abrogées les dispositions des article 13 et 14 de la loi du 12 juillet 1875.

Art. 2. Les élèves des Facultés libres peuvent se présenter pour l'obtention des grades, devant les Facultés de l'État, en justifiant qu'ils ont pris dans la Faculté dont ils ont suivi les cours, le nombre d'inscriptions voulu par les réglements.

La commission chargée d'examiner ce projet, contre lequel les catholiques furent unanimes à protester, mena rapidement ses travaux. Tout les commissaires étant favorables au principe proposé, le débat fut court, et l'on adopta la rédaction même du gouvernement. Nous verrons plus loin l'accueil fait par le Sénat à ce projet de loi, qui enlevait aux Facultés libres la collation des grades; pour l'instant, nous nous occuperons d'un problème fort important qui allait un moment passionner les deux assemblées.

Le 21 mars M. Victor Hugo au Sénat, M. Raspail père à la Chambre, déposèrent deux propositions identiques dont voici le texte :

LES SOUSSIGNÉS,

Voulant effacer toutes les traces de la guerre civile, ont l'honneur de proposer le projet de loi suivant :

(1) Ces articles établissaient le système des jurys mixtes.

Art. 1er. — *Sont amnistiés tous les condamnés pour actes relatifs aux événements de mars, avril, mai 1871. Les poursuites pour faits se rapportant auxdits événements sont et demeurent non avenues.*

Art. 2. — *Cette amnistie pleine et entière est étendue à tous crimes et délits politiques et de presse et à toutes les condamnations prononcées à l'occasion d'événements politiques depuis la dernière amnistie de 1870.*

À peine M. Victor Hugo fut-il descendu de la tribune que M. Dufaure y monta pour demander l'urgence, laquelle fut votée sur-le-champ sans discussion. Dès sa première séance, la commission sénatoriale d'armistice conclut au rejet et décida qu'elle déposerait son rapport seulement lorsque la Chambre aurait statué, décision inspirée par le désir d'éviter un conflit entre les deux Assemblées. A la Chambre, outre la proposition Raspail, des projets d'amnistie restreinte avaient été déposés par MM. Margue et Rouvier, mais le ministre de l'intérieur, tout en réclamant l'urgence, s'était déclaré hostile à toute espèce d'amnistie. Au dernier moment, M. Allain-Targé reprit une proposition présentée à l'Assemblée nationale en 1871 par des membres du centre gauche et aux termes de laquelle « les individus poursuivis ou condamnés (à la suite de l'insurrection du 18 mars) qui n'avaient pas dépassé le grade de sous-officier, seraient mis en liberté. »

« La formation de la commission d'amnistie dans cette dernière assemblée, dit M. Daniel, fut intentionnellement retardée de quelques jours par certains membres de l'extrême gauche, qui réclamèrent la distribution aux députés de documents suivant eux indispensables à l'intelligence de la question : l'enquête parlementaire sur les événements de la Commune, les rapports de l'ex-commission des grâces, etc. Les onze commissaires furent pourtant nommés le 25 mars. Deux seulement appuyaient la motion de Raspail-Hugo. Les neuf autres, reflétant les opinions émises par leurs bureaux respectifs, rejetaient toute idée d'amnistie, en appelant toutefois de leurs vœux les plus larges mesures de clémence. Leur conviction à cet égard fut fortifiée par la lecture des rapports que le cabinet leur mit sous les yeux. Le résultat de ces pièces que les condamnés détenus en France ou déportés à la Nouvelle-

Calédonie persistaient, pour la plupart, à se considérer comme des martyrs de leur foi politique et nullement comme des hommes frappés par la justice de leur pays. Ils n'éprouvaient ni repentir ni regrets des crimes commis, et, rentrés dans leurs foyers, ils y constitueraient un véritable péril. Quant aux réfugiés de Genève, Lausanne, Bruxelles, Londres, il suffirait de lire leurs journaux, leurs pamphlets, leurs discours pour être absolument convaincu que, rappelés en France, ils y apporteraient des sentiments de haine plus violents peut-être qu'au moment de la Commune, et la volonté d'y accomplir ce qu'ils appelaient la réparation nécessaire. Un très petit nombre de condamnés ou d'exilés étaient touchés de repentir et formaient le vœu de revenir dans leurs familles pour y vivre laborieux et paisibles. A l'égard de ceux-là le gouvernement avait la volonté d'user du droit de grâce que la Constitution conférait au Président de la République et qu'il exercerait, soit seul, soit avec l'aide d'une commission parlementaire consultative. Mais le gouvernement n'entendait pas traduire ses intentions clémentes en actes législatifs. La commission entra pleinement dans les vues du cabinet et rejeta successivement tous les projets d'amnistie, totale ou partielle, ainsi que la proposition relative à la cessation des poursuites, et s'en référa uniquement à la clémence présidentielle » (1) Les commissions des deux Chambres se trouvant d'accord pour repousser la proposition Hugo-Raspail, le gouvernement ne s'opposa pas à la remise de la discussion après les vacances de Pâques.

Avant la séparation du Parlement, M. Léon Say, ministre des finances, déposa le budget général de l'année 1877. Comparé à celui de l'année précédente, ce budget présentait une augmentation de 97 millions en recettes et de 96 millions en dépenses. La commission chargée de l'examiner choisit pour président M. Léon Gambetta, et le 10 avril les Chambres se séparèrent pour un mois. Pendant les congés, le Président de la République décréta qu'une exposition universelle s'ouvrirait à Paris en 1878, et le ministre de l'intérieur publia un second décret sur le personnel de l'administration départementale.

_____

(1) V. André Daniel, *l'Année politique* (1876), p. 109.

CHAPITRE IV

Discussion sur la proposition d'amnistie. — Discours de Victor Hugo. — Rejet. — La loi Waddington, adoptée par la Chambre, est rejetée par le Sénat. — La loi sur les élections des maires. — Discours de Gambetta à Belleville (27 octobre 1876). — Chute du cabinet Dufaure et avènement du ministère Jules Simon (13 décembre).

La rentrée du Parlement eut lieu à Versailles le 10 mai. La question de l'amnistie étant la première qu'il eût à régler, la discussion s'ouvrit le 16 à la Chambre des députés. M. Clémenceau, maire de Montmartre en mars 1871, prit le premier la parole, retraça les origines de l'insurrection, en attribua le développement aux fautes du gouvernement de M. Thiers, et conclut en demandant l'amnistie dans l'intérêt de la pacification du pays. M. Lamy, répondant à M. Clémenceau, exposa les raisons d'équité et de politique qui, à son sens, devaient faire écarter la mesure proposée : enfin, MM. Lockroy et Georges Périn défendirent le projet Raspail, puis la discussion générale fut close et l'on passa à l'examen des diverses motions. Toutes furent rejetées : il en fut de même au Sénat, malgré l'éloquent discours de Victor Hugo.

« Il y a vingt-cinq ans, s'écria l'auteur des *Châtiments*, un homme s'insurgeait contre une nation. Un jour de décembre, ou pour mieux dire, une nuit, cet homme, chargé de défendre et de garder la République, la prenait au collet, la terrassait et la tuait, attentat qui est le plus grand forfait de l'histoire. Autour de cet attentat, car tout crime a pour point d'appui d'autres crimes, cet homme et ses complices commettaient d'innombrables délits de droit commun. Vol : 25 millions étaient empruntés de force à la Banque : subornation de fonctionnaires : les commissaires de police, devenus des malfaiteurs, arrêtaient des représentants inviolables ; embauchage militaire, corruption de l'armée :

les soldats gorgés d'or étaient poussés à la révolte contre le gouvernement régulier; offense à la magistrature : les juges étaient chassés de leurs sièges par des caporaux; destruction d'édifices : le palais de l'Assemblée était démoli, l'hôtel Sallandrouze était canonné et mitraillé; assassinat : Baudin était tué, Dussoubs était tué, un enfant de sept ans était tué rue Tiquetonne, le boulevard Montmartre était jonché de cadavres; contre qui fut commis ce crime? Contre un peuple. Et au profit de qui? Au profit d'un homme

« Vingt ans après, une autre commotion, l'événement dont les suites vous occupent aujourd'hui a ébranlé Paris. Paris, après un sinistre assaut de cinq mois, avait cette fièvre redoutable que les hommes de guerre appellent la fièvre obsidionale. Paris sortait d'un long siège, stoïquement soutenu : il avait souffert la faim, le froid, l'emprisonnement, car une ville assiégée est une ville en prison; il avait subi la bataille de tous les jours, le bombardement, la mitraille; mais il avait sauvé, non la France, mais ce qui est plus encore peut-être, l'honneur de la France; il était saignant et content. L'ennemi pouvait le faire saigner, des Français seuls pouvaient le blesser; on le blessa. On lui retira le titre de capitale de la France; Paris ne fut plus la capitale... que du monde. Alors la première des villes voulut être au moins l'égale du dernier des hameaux. Paris voulut être une commune.

« De là une colère; de là un conflit. Ne croyez pas que je cherche ici à rien atténuer. Oui, — et je n'ai pas attendu à aujourd'hui pour le dire, entendez-vous bien? Oui, l'assassinat des généraux Leconte et Clément Thomas est un crime, comme l'assassinat de Baudin et de Dussoubs est un crime; oui, l'incendie des Tuileries et de l'Hôtel de ville est un crime comme la démolition de la salle de l'Assemblée nationale est un crime; oui, le massacre des otages est un crime, comme le massacre des passants sur le boulevard est un crime.

.... « Messieurs, écoutez la réponse de l'histoire : le poteau de Satory, Nouméa, dix-huit mille neuf cent quatre-vingt-quatre condamnés, la déportation simple et murée, les travaux forcés, le bagne à cinq mille lieues de la patrie, voilà de quelle façon la justice a châtié le 18 mars. Et quant au crime du 2 décembre, qu'a fait la justice? La justice lui a prêté serment! »

L'argument était habile, mais il ne put convaincre la chambre haute ; personne ne se leva pour répondre au poète-sénateur, et l'amnistie, mise aux voix, fut rejetée à l'unanimité moins une dizaine de suffrages.

C'est le 1er juin que commença à la Chambre des députés la discussion sur le projet de M. Waddington, ministre de l'instruction publique, modifiant la loi de 1875 sur l'enseignement supérieur et rendant à l'État le droit exclusif de conférer les grades universitaires. La commission se montrait entièrement favorable au projet du gouvernement, qui avait suscité une vive opposition dans le parti catholique. La presse religieuse prétendait que l'adoption de la loi Waddington porterait atteinte à la liberté de l'enseignement et établirait une sorte de monopole universitaire ; ce qui était faux, car l'enseignement et la collation des grades sont choses parfaitement distinctes, et les facultés libres n'étaient nullement menacées dans leur liberté de donner l'enseignement. Dans le débat, M. Paul de Cassagnac se montra violent, provocant et fanfaron, suivant son habitude ; il se plaignit des *tendances matérialistes et athées* de l'Université. M. Deschanel, au contraire, dénonça les *prétentions dominatrices du cléricalisme*. Avant la clôture de la discussion générale, M. Waddington intervint au nom du gouvernement : « Au fond de ce débat, dit-il, qu'y a-t-il en réalité ? Il y a un sentiment de défiance contre l'Université. Votre grief véritable contre elle, c'est qu'elle est trop de son temps, et qu'elle n'est d'aucun parti, d'aucune secte. Elle aime, elle respecte, elle croit tout ce que croit, tout ce que respecte, tout ce qu'aime la France. Il ne faut point l'affaiblir, car elle est, comme l'armée, une image de la France, une des personnifications de l'unité française. »

Les adversaires de la loi, battus à la Chambre, comptaient fort sur la décision du sénat, où venait d'entrer comme sénateur inamovible M. Buffet, candidat malheureux du suffrage universel. Le choix de la commission sénatoriale chargée de l'examiner sembla d'abord leur donner un demi-succès : sur neuf commissaires, six membres de la droite étaient hostiles au projet, de sorte que le rapporteur conclut formellement au rejet de la loi. La discussion, qui s'ouvrit le 18 juillet, fut, on le pense bien, vive et animée. A MM. Paris (rapporteur), Dupanloup, de Broglie Wallon et Laboulaye, partisans des jurys mixtes ou spéciaux, MM. Challemel-Lacour, Jules-Simon, Berthauld, opposaient des arguments beaucoup plus solides, en ce sens qu'ils demandaient la neutralité religieuse dans l'enseignement, tandis que leurs adversaires de la droite auraient voulu une Université basant ses leçons sur les principes religieux, ou plutôt catholiques. La majorité du Sénat fut de l'avis des premiers orateurs; elle rejeta la loi Waddington, et cinq voix assurèrent le succès des légitimistes. Ce vote négatif du 20 juillet fit accuser la Chambre haute de s'opposer de parti pris aux vœux du gouvernement, tandis que les sympathies publiques se portèrent de plus en plus sur la Chambre, qui venait de donner aux conseils munipaux le droit d'élire les maires et adjoints, sauf dans les chefs-lieux de département, d'arrondissement et de canton, où ils seraient nommés parmi les conseillers municipaux sur un décret du président de la République.

Pendant les vacances ordinaires du parlement, un fait politique important fut le discours que prononça Gambetta à Belleville, le 27 octobre, lorsqu'il rendit compte de sa mandat. Il y traita largement et vigoureusement la question brûlante de l'amnistie, blâma énergiquement l'insurrection du 18 mars, et se déclara l'ennemi de « la politique de déclamation » en faveur de « la politique des résultats ».

Rien ne faisait prévoir la chute du cabinet Dufaure, lorsque s'ouvrit la session extraordinaire de 1876, le 30 octobre. M. Gâtineau avait, au mois de juillet, déposé sur le bureau de la Chambre une proposition de loi tendant à ordonner la cessation des poursuites pour les faits insurrectionnels de 1871. Un vif débat s'éleva à ce sujet entre le garde des sceaux et Gambetta, et l'on craignait sérieusement une crise ministérielle (3 novembre). Pour la conjurer M. M. Honyret et Bethmont déposèrent un contre-projet qu'ils jugeaient acceptable et pour le président du conseil et pour la majorité de gauche. Aux termes de ce contre-projet: « Un mois après la promulgation de la présente loi, la prescription de l'article 637 du Code d'instruction criminelle serait acquise, pour tous les faits se rattachant à la Commune, à tous les individus qui jusqu'alors n'auraient été l'objet d'aucune poursuite. La même prescription serait réduite a trois mois pour toutes les poursuites commencées et non encore terminées .»

Ce texte, légèrement amendé par la Commission, fut mis

en délibération le 4 novembre et adopté par la Chambre, bien que les ministres et le centre gauche eussent voté contre. Au Sénat, au contraire, la Commission, s'associant aux intentions bienveillantes du gouvernement, voulait que la cessation des poursuites fût un acte de tolérance, non une mesure législative. Il arriva que M. Dufaure, battu à la Chambre, où il s'était opposé à la motion Honyvet, fut battu également au sénat, où il s'était rallié à un amendement de M. Berthaut. Au conseil des ministres qui suivit le vote négatif du Sénat, M. Dufaure déclara que sa dignité lui commandait de quitter le pouvoir, et la démission du président du conseil, entraînant celle du cabinet tout entier, fut acceptée. Le maréchal de Mac-Mahon résolut de confier au président de l'une des deux Chambres la tâche de former un cabinet, mais M. d'Audiffret-Pasquier et M. Grévy déclinèrent cette mission ; c'est alors que, sans tenir compte des conseils regrettables de son entourage, il s'adressa à M. Jules Simon. Le 13 décembre, l'*Officiel* publia la liste suivante :

M. JULES SIMON, président du Conseil, ministre de l'intérieur.

M. MARTEL, garde des sceaux, ministre de la justice et des cultes ;

M. LÉON SAY, ministre des finances ;

M. CHRISTOPHLE, ministres des travaux publics ;

M. TEISSERENC DE BORT, ministre de l'agriculture et du commerce ;

M. WADDINGTON, ministre de l'instruction publique et des Beaux-Arts ;

M. le duc DECAZES, ministre des affaires étrangères ;

M. l'amiral FOURICHON, ministre de la marine et des colonies ;

M. le général BERTHAUT, ministre de la guerre ;

En somme, deux ministres disparaissaient, M. Dufaure et M. de Marcère, qui avait remplacé à l'Intérieur M. Ricard décédé le 11 mai. « Le cabinet que vous avez devant vous, dit M. Jules Simon dans sa proclamation aux Chambres, est et veut rester un cabinet parlementaire.... Nous sommes unis entre nous et d'accord avec la majorité du Parlement. Nous voulons, comme cette majorité, le maintien, l'établissement définitif de la Constitution républicaine que la France s'est donnée . »

CHAPITRE V

Révocation de l'avocat général de la Cour de Besançon. — Agitation réactionnaire. — Le pape et la loi italienne sur les abus du clergé. Attitude de la minorité du parti catholique français. — Mesures prises par le gouvernement. — Ordre du jour de la Chambre des députés. — Lettre du maréchal de Mac-Mahon et chute du cabinet Simon. — Martel (16 mai 1877.)

Quelques jours après l'avènement du ministère Jules Simon, M. Martel, garde des sceaux, donna une légère satisfaction au sentiment public relativement aux magistrats français, qui, en 1852, avaient fait partie des commissions mixtes. La Cour de Besançon venait de condamner un rédacteur de l'*Avenir de la Haute-Saône*, comme coupable de diffamation, parce qu'il avait fait, dans ce journal, une allusion transparente à l'un de ces fonctionnaires, que M. Dufaure avait jadis invités, mais en vain, à rentrer dans la vie privée; et l'un des considérants de l'arrêt s'appuyait, pour justifier les commissions mixtes, de la loi du 27 février 1858, c'est-à-dire de la loi dite de Sûreté générale. Le ministre de la justice, en destituant l'avocat général Bailleul, dont les conclusions avaient servi de base au jugement, donna clairement à entendre qu'il désapprouvait la jurisprudence des juges inamovibles de la Cour de Besançon.

M. Jolibois, député bonapartiste, interpella le gouvernement au sujet de cette révocation, dans laquelle il voyait-disait-il, une atteinte portée à l'indépendance de la magistrature. Le garde des sceaux répondit avec raison « qu'il ne s'agissait pas d'indépendance, mais d'indiscipline ; que M. Bailleul avait manqué aux devoirs professionnels définis par le décret de 1810; qu'il avait enfreint les instructions de son chef de parquet et qu'il ne s'était assuré les moyens de désobéir à son supérieur qu'en l'abusant sur ses véritables intentions. Je ne permettrai jamais, quant à moi, ajouta-t-il, que l'on fasse l'éloge des magistrats qui ont fait partie des commissions mixtes. On peut dire qu'ils se sont trompés; on peut dire, c'est possible, qu'ils ont apporté dans le sein des commissions mixtes un certain tempérament, quelque adoucissement à la rigueur de leurs collègues; mais, aller jusqu'à approuver ces magistrats chargés de veiller à l'exécution de la loi, et la violant, c'est ce que je ne permettrai jamais. » Malheureusement, la Cour de cassation admit au fond la doctrine de l'arrêt attaqué, se bornant à la rectifier sur un point de détail (3 février 1877), et les groupes réactionnaires, unis par une haine commune contre la République, s'empressèrent d'interpréter triomphalement cette décision de la Cour suprême dans le sens de la réhabilitation des commissions mixtes. Il en résulta que, mise en humeur belliqueuse par cet incident et par les tendances d'opposition qui se faisaient de plus en plus jour dans le sein du Sénat, la presse de droite commença par prêcher le « réveil monarchique » de la France. Le *Pays*, s'étant montré particulièrement violent, on pourrait même dire brutal, fut condamné en police correctionnelle et en Cour d'assises dans la personne de son rédacteur en chef.

Sur ces entrefaites, la Chambre des députés italienne, ayant voté une loi tendant à réprimer les « abus du clergé », le Pape, dans un consistoire où il préconisa l'archevêque de Lyon, invita les évêques à agir auprès des gouvernements « en faveur du Saint-Siège opprimé. » L'agitation catholique qui fut la conséquence de cette invitation, atteignit en France un degré considérable d'intensité. Des sénateurs et des députés de la droite se rendirent auprès du ministre des affaires étrangères, le duc Decazes, et appelèrent sa bienveillante sollicitude sur la situation de la papauté. Ils furent bien accueillis, mais les manifestations religieuses n'en restèrent pas là, et plusieurs pétitions furent adressées au Parlement et au président de la République. L'évêque de Nevers adressa même aux maires de son diocèse un mandement et une circulaire, par lesquels il les priait de se concerter avec lui pour faire prévaloir « ses convictions » dans les conseils municipaux. Les catholiques sensés s'abstinrent d'une agitation qui pouvait animer contre nous le peuple italien et peut-être le rapprocher de la Prusse, même lorsque les ministres de l'intérieur et des cultes eurent interdit le colportage de la pétition qui réclamait notre intervention diplomatique auprès du roi d'Italie. Interpellé sur les mesures qu'il se proposait de prendre, M. Jules Simon déclara formellement qu'il réprimerait les écarts de la propagande ultramontaine, et la Chambre, satisfaite de ses explications, vota, par 346 voix contre 114, l'ordre du jour suivant accepté par le cabinet :

« La Chambre, considérant que les manifestations ultramontaines, dont la recrudescence pourrait compromettre la sécurité intérieure et extérieure du pays, constituent une violation flagrante des droits de l'État, invite le gouvernement, pour réprimer cette agitation antipatriotique, à user des moyens légaux dont il dispose, et passe à l'ordre du jour. »

Le Parlement rentra donc dans le calme, et personne assurément ne prévoyait les graves événements qui étaient sur le point de plonger le pays dans de nouvelles inquiétudes et dans de nouvelles alarmes. La Chambre, dans sa séance du 15 mai 1877, avait voté l'abrogation du titre II de la loi du 29 décembre 1875, dont le caractère essentiel était d'attribuer aux tribunaux correctionnels la connaissance d'un certain nombre de faits qu'elle retirait au jury. Dès le lendemain, le Président de la République adressait au président du Conseil la lettre suivante, publiée au Journal officiel :

« Monsieur le Président du Conseil,

« Je viens de lire le compte rendu de la séance d'hier.

« J'ai vu avec surprise que ni vous ni M. le garde des sceaux n'avez fait valoir à la tribune toutes les graves raisons qui auraient pu prévenir l'abrogation d'une loi sur la presse votée, il y a moins de deux ans, sur la proposition de M. Dufaure, et dont, tout récemment, vous demandiez vous-même l'application aux tribunaux ; et cependant, dans plusieurs délibérations du Conseil et dans celle d'hier matin même, il avait été décidé que le président du Conseil, ainsi que le garde des sceaux, se chargeraient de la combattre.

« Cette attitude du chef du cabinet fait demander s'il a conservé sur la Chambre l'influence nécessaire pour faire prévaloir ses vues.

« Une explication à cet égard est indispensable ; car si je ne suis pas responsable, comme vous, envers le Parlement, j'ai une responsabilité envers la France dont, aujourd'hui plus que jamais, je dois me préoccuper.

« Agréez, etc... »

A cette lettre de congé, M. Jules Simon ne pouvait répondre que par l'envoi de sa démission, et tous les ministres le suivirent dans sa retraite (16 mai). Ainsi le maréchal congédiait brusquement un cabinet qui n'avait subi aucun échec devant l'Assemblée, qui jouissait de la confiance de la majorité, qui n'avait été l'objet d'aucune attaque, et cela sous le prétexte le plus spécieux qu'on puisse imaginer.

CHAPITRE VI

Le 16 mai. — Cabinet Broglie-Fourtou. — Dissolution de la Chambre des députés. — Conduite du ministère. — Les élections du 14 octobre. — Chute des ministres du 16 mai.

Pendant que la Chambre des députés déclarait, par un ordre du jour émanant des gauches, qu'elle n'accorderait sa confiance qu'à *un cabinet libre de son action et résolu à gouverner suivant les principes républicains*, un ministère nouveau se formait à l'Élysée. On apprit, le 17 mai au soir, qu'il se composait de :

M. le duc de BROGLIE, président du conseil et ministre de la justice ;

M. de FOURTOU, ministre de l'intérieur ;

M. CAILLAUX, ministre des finances ;

M. BRUNET, ministre de l'instruction publique, des cultes et des beaux-arts ;

M. PARIS, ministre des travaux publics ;

M. le vicomte de MEAUX, ministre de l'agriculture et du commerce ;

M. le duc DECAZE, maintenu au ministère des affaires étrangères ;

M. le général BERTAUT, maintenu au ministère de la guerre ;

M. le vice-amiral GUIQUE DES TORCHES, ministre de la marine (nommé seulement le 23 mai).

On le voit, c'était une réédition du ministère du 24 mai 1873, que faisait le maréchal. Tous les membres du nouveau cabinet appartenaient aux diverses fractions de la droite coalisées.

Le 18 mai, à l'ouverture des séances de la Chambre et du Sénat, MM. de Broglie et de Fourtou donnèrent lecture d'un message présidentiel, dont nous détacherons les passages saillants.

« Vous savez tous, disait le maréchal, avec quel scrupule, depuis le 25 février 1875, jour où l'Assemblée nationale a donnée à la France une Constitution républicaine, j'ai observé dans l'exercice du pouvoir qui m'est confié toutes les prescriptions de cette loi fondamentale.

« Après les élections de l'année dernière, j'ai voulu choisir pour ministres des hommes que je supposais être en accord de sentiments avec la majorité de la Chambre des députés.

« J'ai formé dans cette pensée successivement deux minis-tères..... Malgré le concours loyal que je leur ai prêté, ni l'un ni l'autre de ces ministres n'a pu réunir, dans la Chambre des députés, une majorité solide acquise à ses propres idées.....

« Après ces deux tentatives également dénuées de succès, je ne pouvais faire un pas de plus dans la même voie sans faire appel ou demander appui à une autre fraction du parti républicain : celle qui croit que la République ne peut s'affermir sans avoir pour complément et pour conséquence la modification radicale de toutes nos grandes institutions administratives, judiciaires, financières et militaires.

« Ce programme est bien connu, ceux qui le professent sont d'accord sur tout ce qu'il contient; ils ne diffèrent entre eux que sur les moyens à employer et le temps opportun pour l'appliquer. Ni ma conscience ni mon patrio-tisme ne me permettent de m'associer, même de loin et pour l'avenir, au triomphe de ces idées.

« J'ai donc dû choisir, et c'était mon droit constitutionnel, des conseillers qui pensent comme moi sur ce point qui est en réalité le seul en question...

« Pour laisser calmer l'émotion qu'ont causée les derniers incidents, je vous inviterai à suspendre vos séances pendant un certain temps... »

La lecture de ce message fut en effet suivie de la lecture d'un décret ajournant les Chambres pour un mois. M. Gambetta voulut aussitôt monter à la tribune, mais le président M. Grévy, lui fit observer que l'Assemblée étant prorogée,

Mort du prince Louis Napoléon, tué par les Zoulous.

il ne pouvait plus y avoir de délibération avant le 16 juin·
date de rentrée. Toutefois, les députés de la gauche adressèrent à leurs électeurs un manifeste collectif pour protester
contre l'avènement « du nouveau ministère de combat » et
pour inviter les républicains à la concorde. Ce manifeste fut
signé par 363 représentants.

Quelle était la conséquence logique de cette intervention
directe du maréchal de Mac-Mahon dans la polémique, dont
il avait eu jusqu'ici le bon esprit de se tenir éloigné? L'opinion publique ne s'y trompa point. Elle eut conscience de la
lutte qui s'engageait, et elle ne se dissimula pas que la défaite du parti monarchique obligerait le maréchal à se
démettre ou à tenter un coup d'État contre la Constitution.
Quant à la presse étrangère, elle apprécia durement la
conduite du président de la République, qui violait non la
lettre, mais, ce qui est beaucoup plus grave, l'esprit de la
Constitution qu'il avait charge de faire respecter. Les feuilles
ultramontaines se montrèrent seules favorables à cette nouvelle politique.

Lorsque M. de Fourtou reçut le personnel de son ministère, il jugea bon de formuler la base de son programme·
la défense de l'ordre sur le terrain de la Constitution. Dès le
surlendemain de son entrée en fonctions (19 mai), il commença par changer l'administration préfectorale de soixante-
deux départements : vingt-cinq préfets furent destitués, trois
démissionnaires, dix mis en disponibilité, un admis à faire
valoir ses droits à la retraite. Le 21 mai, second décret concernant quatorze départements; les 28 et 29, cent vingt-sept
sous-préfets ou secrétaires généraux étaient remplacés. Les
deux tiers des agents ainsi éliminés eurent pour successeurs
des fonctionnaires dévoués à MM. de Broglie et Buffet.

Ce fut ensuite le tour des magistrats, dont l'un fut destitué pour s'être associé au blâme porté par l'ancien garde
des sceaux Martel contre l'arrêt de la Cour de Besançon. Ce
fait seul aurait suffi pour montrer les tendances illibérales
du cabinet.

Pendant la prorogation, les diverses fractions de la gauche
avaient résolu de ne voter aucune partie du budget de 1878·
avant d'avoir devant elles un cabinet constitutionnel et
parlementaire. M. de Broglie n'attendit point le refus du
budget. Dès l'ouverture de la séance de rentrée, il lut au
Sénat un message présidentiel demandant la dissolution de

la Chambre, pendant que M. de Fourtou lisait aux députés une déclaration les informant de la résolution du maréchal.

Immédiatement, M. Bethmont monta à la tribune pour développer une demande d'interpellation ainsi conçue :

« Les soussignés, considérant que le ministère est composé des hommes dont la France a déjà condamné la politique, — que leur présence au pouvoir compromet la paix extérieure et intérieure, demandent à interpeller le gouvernement sur la composition du cabinet. »

M. de Fourtou répondit à M. Bethmont. Son discours donna lieu à un incident présent à toutes les mémoires. Le ministre, après avoir cherché à expliquer la décision présidentielle, avait prononcé ces paroles : « Vous n'avez pas craint d'ajouter que l'acte du 16 mai menaçait la paix extérieure, oubliant que les hommes qui sont au gouvernement ont fait partie de cette assemblée nationale de 1871, qui a été la pacificatrice, la libératrice du territoire. » A ces mots, tous les membres de la gauche se levèrent, et, se tournant vers M. Thiers : « Voilà, s'écrièrent-ils, le libérateur du territoire. » Et, pendant cinq minutes, les applaudissements frénétiques empêchèrent le ministre de terminer son discours.

La discussion de l'interpellation, qui occupa trois séances et qui fut signalée par un éloquent plaidoyer de M. Gambetta (16, 18 et 19 juin 1877), se termina par le vote de l'ordre du jour dont voici le texte et auquel se rallièrent les 363 :

« La Chambre des députés,

« Considérant que le ministère formé le 17 mai par M. le Président de la République, et dont M. le duc de Broglie est le chef, a été appelé aux affaires contrairement à la loi des majorités, qui est le principe des gouvernements parlementaires ;

« Qu'il s'est dérobé, le jour même de sa formation, à toute explication devant les représentants du pays ;

« Qu'il a bouleversé toute l'administration intérieure, afin de peser sur les décisions du suffrage universel par tous les moyens dont il pourrait disposer ;

« Qu'à raison de son origine et de sa composition, il ne représente que la coalition des partis hostiles à la République, coalition conduite par les inspirateurs des manifestations cléricales déjà condamnées par la Chambre ;

« Que c'est ainsi que, depuis le 17 mai, il a laissé imprimer les attaques dirigées contre la représentation nationale et les provocations directes à la violation des lois ;

« Qu'à tous ces titres, il est un danger pour l'ordre et pour la paix, en même temps qu'une cause de trouble pour les affaires et les intérêts ;

« Déclare que les ministres n'ont pas la confiance des représentants de la nation et passe à l'ordre du jour. »

Au Sénat, la dissolution fut votée à 19 voix de majorité, et le Président de la République la décréta le 25 juin. Dès lors, le cabinet ne garda plus aucune mesure : instructions antirépublicaines, révocations de fonctionnaires, embrigadement des agents de tous ordres, pression électorale, interprétation abusive de la loi sur le colportage, voilà les armes dont il se servit pour battre en brèche les institutions existantes.

S'il était vrai que le cadavre d'un ennemi dût toujours sentir bon, les ministres du 16 mai eussent eu lieu de se réjouir, le 3 septembre, en apprenant la mort de M. Thiers. Cette mort était d'autant plus douloureuse, que le parti libéral se trouvait dans des circonstances essentiellement critiques, à la veille de la bataille électorale. Le concours de population, qui, le 8, suivit les funérailles, montrait assez combien l'on avait conscience de la grandeur de cette perte imprévue à un pareil moment.

Thiers mort, le parti républicain reconnut comme chef l'ex-président de la Chambre, M. Jules Grévy, bien que le membre le plus éloquent et le plus marquant des groupes républicains fût M. Léon Gambetta, qui, pour un discours prononcé à Lille le 15 août, avait été poursuivi pour offense au Président de la République et outrage aux ministres. On remarqua dans ce discours une phrase particulièrement juste et qui devint comme le mot d'ordre des républicains : « Quand la France aura fait entendre sa voix souveraine, croyez-le bien, il faudra se soumettre ou se démettre. »

Les élections générales eurent lieu le 14 octobre. L'avant-veille, pour frapper un dernier coup sur l'esprit des électeurs, le maréchal fit afficher une proclamation, où il engageait « les Français à voter pour les candidats qu'il recommandait à leurs libres suffrages. » Sur 516 députés élus, 317 étaient républicains et les manœuvres officielles n'avaient recruté au cabinet Broglie-Fourtou que 199 députés (99 bo-

napartistes, 44 légitimistes, 11 orléanistes, 45 monarchistes
indéterminés). Dans douze circonscriptions où il y eut ballottage, les républicains gagnèrent encore quatre sièges. Ce
résultat donnait donc la majorité aux libéraux ; mais le
cabinet ne s'en présenta pas moins intact devant les Chambres, le maréchal ayant refusé sa démission. Sa chute était
proche. Les députés ayant en effet voté une enquête parlementaire sur la pression exercée par le gouvernement pendant la période électorale, le ministère envoya de nouveau
sa démission, qui fut annoncée à l'*Officiel*, le 21 novembre.

Le Président de la République essaya bien de retarder la
ruine de ses espérances en constituant le ministère le plus
obscur et le plus insignifiant de notre histoire contemporaine, mais il dut enfin céder à la nécessité et charger
M. Dufaure de former un cabinet (14 décembre). La longue
crise que venait de traverser le pays recevait enfin un dénouement.

CHAPITRE VII

Ministère Dufaure. — Message du 14 décembre. — Mouvement
préfectoral, judiciaire et administratif. — Mort du député
Raspail. — Ouverture de l'Exposition. — Le centenaire de
Voltaire. — Voyage politique de Gambetta. Discours de
Romans. — Mort de M. Dupanloup. — Élections sénatoriales
du 5 janvier 1879. — Crise présidentielle : démission du
maréchal de Mac-Mahon.

Le nouveau ministère était composé comme il suit :

Présidence du conseil et justice. . . .	M. Dufaure.
Affaires étrangères.	M. Waddington.
Intérieur.	M. de Marcère.
Finances.	M. Léon Say.
Guerre.	Général Borel.
Marine.	Amiral Pothuau.
Instruction publique et cultes. . . .	M. Bardoux.
Travaux publics.	M. de Freycinet.
Agriculture et commerce.	Teisserenc de Bort

Le 15 décembre, le message suivant fut lu au Sénat et à la Chambre des députés:

« Les élections du 14 octobre ont affirmé une fois de plus la confiance du pays dans les institutions républicaines.

« Pour obéir aux règles parlementaires, j'ai formé un cabinet choisi dans les deux Chambres, composé d'hommes résolus à défendre et à maintenir ces institutions par la pratique sincère des lois constitutionnelles.

« L'intérêt du pays exige que la crise que nous traversons soit apaisée. Il exige avec non moins de force qu'elle ne se renouvelle pas.

« L'exercice du droit de dissolution n'est, en effet, qu'un mode de consultation suprême auprès d'un juge sans appel, et ne saurait être érigé en système de gouvernement. J'ai cru devoir user de ce droit, et je me conforme à la réponse du pays.

« La Constitution de 1875 a fondé une République parlementaire en établissant mon irresponsabilité, tandis qu'elle a institué la responsabilité solidaire et individuelle des ministres.

« Ainsi sont déterminés nos devoirs et nos droits respectifs: l'indépendance des ministres est la condition de leur responsabilité nouvelle.

« Ces principes, tirés de la Constitution, sont ceux de mon gouvernement.

« La fin de cette crise sera le point de départ d'une nouvelle ère de prospérité.

« Tous les pouvoirs publics concourront à favoriser ce développement.

« L'accord établi entre le Sénat et la Chambre des députés, assurée désormais d'arriver régulièrement au terme de son mandat, permettra d'achever les grands travaux législatifs que l'intérêt public réclame.

« L'Exposition universelle va s'ouvrir, le commerce et l'industrie vont prendre un nouvel essor, et nous offrirons au monde un nouveau témoignage de la vitalité de notre pays, qui s'est toujours relevé par le travail, par l'épargne et par son profond attachement aux idées de conservation, d'ordre et de liberté. »

M. Dufaure déposa ensuite un projet d'amnistie pour tous les crimes, délits ou contraventions politiques commis du 16 mai au 14 décembre par la voie de la parole, de la presse

ou par tout autre moyen de publication. Il fit suspendre
toutes les poursuites politiques commencées avant le 14 décembre. Enfin, il apporta au personnel administratif, judiciaire et diplomatique les changements réclamés par l'opinion.

Le commencement de l'année 1878 fut marqué par le
décès d'un certain nombre d'hommes plus ou moins marquants. Le général Cousin-Montauban, comte de Palikao,
ancien chef de l'expédition de Chine, ministre de la guerre
en 1870, mourut le 8 janvier. MM. Mège et Jules Brame,
sénateurs et bonapartistes militants, moururent vers la
même époque, ainsi que le vieux champion du parti radical,
M. Raspail, député de Lyon.

Trois mois après, le 1er mai, eut lieu l'ouverture de l'Exposition universelle de Paris. Toutes les fenêtres furent spontanément pavoisées et illuminées; les rues regorgeaient de
Parisiens, de provinciaux et d'étrangers, et la foule, écrivait
un journal monarchique, « montrait non pas seulement la
joie d'un peuple qui retrouve les fêtes dont il a été longtemps sevré, mais une joie plus intime et plus personnelle :
le peuple parisien célébrait clairement le premier triomphe
apparent de la République. » Pendant six mois, la capitale
présenta ce même aspect pacifiquement enthousiaste, et il
fut cette fois bien prouvé que, même en république, la civilisation ne perd pas ses droits. C'est aussi durant l'Exposition que fut célébré le centenaire d'Arouet de Voltaire, mort
le 30 mai 1778. Cette manifestation de la libre-pensée fut
attaquée au parlement par M. Dupanloup, évêque d'Orléans,
qui devait mourir quelques mois plus tard, emportant
dans la tombe les regrets de l'épiscopat et du parti monarchiste.

M. Gambetta mit à profit les vacances parlementaires
pour faire un voyage politique dans le Midi. Il prononça
entre autres à Romans (Drôme) un discours-programme,
qui attira l'attention du pays tout entier. Après s'être déclaré partisan de la réforme du personnel et de la suppression des jurys mixtes, il aborda en ces termes la question
des rapports de l'Église et l'État.

« Voilà, certes, une immense question, puisqu'elle tient
en suspens toutes les autres, puisque, comme nous l'avons
dit et nous ne faisons, en cela, qu'être l'écho du monde
entier, -- c'est là qu'est le principe de l'hostilité contre la

pensée moderne, du conflit que nous avons à régler.

« Et savez-vous quelles réflexions m'a depuis longtemps inspirées cet antagonisme ? je vais vous le dire sans vous apprendre rien de nouveau, car je me suis déjà expliqué sur ce point dans une autre enceinte. C'est que cet État français, dont je vous parlais tout à l'heure, on l'a soumis à un siège dans les règles et que chaque jour on fait une brèche dans cet édifice. Hier, c'était la mainmorte, aujourd'hui c'est l'éducation. En 1849, c'était l'instruction primaire, en 1850, c'était l'instruction secondaire, en 1876 c'était l'instruction supérieure. Tantôt c'est l'armée, tantôt c'est l'instruction publique, tantôt c'est le recrutement de nos marins. Partout où peut se glisser l'esprit jésuitique, les cléricaux s'infiltrent et visent bientôt à la domination, parce que ce ne sont pas gens à abandonner la tâche. Quand l'orage gronde, ils se font petits, et il y a ceci de particulier dans notre histoire, que c'est toujours quand la patrie baisse que le jésuitisme monte.

« Je dis que le devoir de l'État républicain et démocratique est de respecter les religions et de faire respecter leurs ministres, mais leurs ministres se mouvant dans le cercle de la légalité ; et si j'avais à émettre une formule qu'il est peut-être ambitieux de chercher, mais qui rendrait ma pensée, je dirais que, dans la question des rapports du clergé avec l'État, il faut appliquer les lois, toutes les lois et supprimer les faveurs. »

Il se déclarait ensuite partisan de l'inamovibilité, mais à condition que « chaque gouvernement, en s'installant, eût le droit de remanier, de vérifier et d'investir à nouveau la magistrature. »

Le 5 janvier 1879, les élections ayant pour objet de renouveler le tiers des sénateurs élus eurent lieu, sans que le cabinet cessât de se montrer absolument impartial. Sur quarante-sept sénateurs conservateurs qui se représentaient, quatorze seulement furent réélus, et soixante-six républicains entrèrent au Sénat, assurant aux gauches réunies une majorité de quarante à cinquante voix. C'était un triomphe pour les partisans des institutions républicaines, mais ce triomphe, le gouvernement eut le tort de l'annoncer au parlement dans des termes trop froids et trop prudents. L'Union républicaine trouva insuffisamment énergiques les intentions exprimées par le cabinet au sujet de l'épuration

du personnel. Toutefois, M. Dufaure ayant donné des explications précises, la Chambre par 223 voix contre 121 vota
au ministère un ordre du jour de confiance.

Une circonstance inattendue amena bientôt la démission
du maréchal de Mac-Mahon, démission qui consacre définitivement la défaite du 16 mai et la victoire de la République.
Le général Gresley, ministre de la guerre, présenta le 28 janvier à la signature du Président certains décrets relatifs aux
grands commandements militaires, en vertu de la loi de
1873. Le maréchal refusa d'admettre la doctrine du ministre
sur l'application de cette loi, et partant de donner sa signature. Les instances de M. Dufaure ne parvinrent pas à
ébranler son opinion, et le 30 janvier, il adressa aux présidents des assemblées une lettre de démission ainsi conçue :

Monsieur le Président,

« Dès l'ouverture de cette session, le ministère vous a
présenté un programme des lois qui lui paraissaient, tout en
donnant satisfaction à l'opinion publique, pouvoir être votées
sans danger pour la sécurité et la bonne administration du
pays. Faisant abstraction de toute idée personnelle, j'y
avais donné mon approbation, car je ne sacrifiais aucun des
principes auxquels ma conscience me prescrivait de rester
fidèle. Aujourd'hui le ministère, croyant répondre à l'opinion de la majorité dans les deux Chambres, me propose,
en ce qui concerne les grands commandements militaires,
des mesures générales que je considère comme contraires
aux intérêts de l'armée, et par suite à ceux du pays. Je ne
puis y souscrire.

« En présence de ce refus, le ministère se retire. Tout autre
ministère pris dans la majorité des Assemblées m'imposerait
les mêmes conditions. Je crois dès lors devoir abréger la
durée du mandat qui m'avait été confié par l'Assemblée
nationale. Je donne ma démission de président de la République.

« En quittant le pouvoir, j'ai la consolation de penser
que, durant les cinquante-trois années que j'ai consacrées
au service de mon pays comme soldat et comme citoyen, je
n'ai jamais été guidé par d'autres sentiments que ceux de
l'honneur et du devoir, et par un dévoûment absolu à la
patrie.

« Je vous invite, Monsieur le Président, à communiquer ma décision à la Chambre des députés.

« Veuillez agréer l'expression de ma haute considération.

« MARÉCHAL DE MAC-MAHON,

« *Duc de Magenta.* »

Immédiatement, aux termes de la Constitution, les deux Chambres furent réunies en congrès, et le 30 janvier, à huit heures du soir, M. Jules Grévy, président de la Chambre des députés, fut élu président de la République pour sept ans, par 563 voix sur 662 votants. A l'issue de la séance de l'Assemblée nationale, les ministres se rendirent chez M. Grévy pour lui annoncer le résultat du vote. Ils lui remirent en même temps leur démission collective, afin de lui laisser toute liberté relativement à la composition du cabinet.

Désormais, le pouvoir exécutif, comme le pouvoir législatif, apppartenait aux républicains.

CINQUÈME PARTIE

LA PRÉSIDENCE DE M. JULES GRÉVY

CHAPITRE PREMIER

Ministère Waddington. — Projet d'amnistie. — Retraite des
M. de Marcère. — Débats sur la mise en accusation des ministres
du 16 mai. — Commencement de la réforme de l'enseignement. — L'article 7. — Mort du prince impérial. — Démission
du cabinet.

La transmission du pouvoir exécutif, pour la première fois
depuis le vote de la Constitution, s'est accomplie avec un
ordre parfait, sans troubler le pays, sans lui causer même
la moindre inquiétude. Ce fonctionnement régulier de nos
institutions nouvelles a été la preuve de leur vitalité, et la
présidence de M. Jules Grévy a pris ainsi dès le premier
jour ce caractère de légalité impassible et de rigueur parle-

mentaire qu'elle a gardé depuis. Néanmoins, tout le monde comprit que la direction des affaires allait être entièrement modifiée, et que le système jusque-là adopté d' « une république sans républicains » allait céder la place à une politique franchement constitutionnelle. C'est ainsi que l'honneur de présider la Chambre, à la place de M. Grévy, fut dévolu à Gambetta, comme récompense des services rendus à la démocratie dans sa vigoureuse campagne contre le seize mai.

M. Dufaure déclina en même temps, comme on l'a vu, la charge de former un cabinet, et, prétextant son besoin de repos, manifesta sa résolution irrévocable de quitter le pouvoir. M. Waddington, le représentant de la France au traité de Berlin, se mit à la tête du nouveau ministère, qui fut ainsi composé :

Affaires étrangères........	WADDINGTON.
Intérieur et cultes.........	DE MARCÈRE.
Justice,.................	LE ROYER.
Instruction publique.......	JULES FERRY
Finances.................	LÉON SAY.
Travaux publics..........	DE FREYCINET.
Agriculture et commerce....	LEPÈRE.
Guerre.................	GRESLEY.
Marine.................	Amiral JAURÉGUIBERRY.

De plus, un ministère des postes et des télégraphes était créé par décret et confié à M. Cochery.

Le cabinet Waddington commença par modifier le personnel administratif, judiciaire et diplomatique, pour le mettre en harmonie avec les idées politiques qui avaient prévalu; puis, il s'occupa de liquider les questions pendantes qui étaient exploitées par les partis extrêmes et qui devenaient entre leurs mains un moyen d'irriter l'opinion et une arme contre la politique modérée du gouvernement. C'était la question de l'amnistie, celle du retour des Chambres à Paris, la solution à donner aux justes attaques dont étaient l'objet les ministres du 16 mai, enfin, la préparation et la discussion de lois urgentes sur l'enseignement public. Cette dernière réforme devait causer les plus grands embarras, non seulement à ce cabinet, mais au ministère suivant.

Le projet d'amnistie fut le premier préparé et soumis au Parlement. Il consistait non dans l'amnistie plénière accordée aux condamnés pour faits relatifs à l'insurrection du

18 mars, mais en un système mitoyen qui permit de n'appliquer cette mesure bienveillante qu'aux fédérés les moins compromis et les moins hostiles. Le Président de la République serait investi par une loi du droit de prononcer « une grâce amnistiante », c'est-à-dire une grâce individuelle ayant tous les effets de l'amnistie, effaçant la condamnation elle-même par son effet rétroactif, et ainsi réhabilitant pleinement le condamné. L'exposé des motifs était d'avis que « la République est assez forte pour être clémente, même à l'égard de ceux qui, dès ses débuts, ont compromis son existence. » La presse radicale trouva le projet insuffisant ; quant à la commission parlementaire, elle élargit un peu le projet gouvernemental, et la mesure, ainsi modifiée, fut discutée à la Chambre, après avoir reçu l'adhésion du ministère. Malgré les appréhensions manifestées par le centre gauche, et l'opposition souvent éloquente et habile de MM. Louis Blanc, Clémenceau, etc., la loi fut votée, puis portée au Sénat pour y recevoir sa sanction définitive. Les nombreuses grâces qui furent alors édictées par le gouvernement ramenèrent en France certains exilés de Genève ou de Londres, qui, n'ayant rien oublié, causèrent quelque émotion par le ton haineux de leurs revendications.

Diverses attaques formulées contre la préfecture de police, à l'occasion d'articles publiés dans *la Lanterne*, amenèrent une interpellation contre le ministre de l'intérieur, et M. de Marcère crut devoir se retirer. Il fut remplacé par M. Lepère, qui céda le portefeuille du commerce à M. Tirard, un nouveau venu dans la sphère gouvernementale. Le cabinet ainsi reconstitué dut soutenir une vive discussion sur la mise en accusation des ministres du 16 mai. Le rapport fait par M. Brisson au nom de la commission d'enquête concluait à des poursuites devant le Sénat. Le gouvernement s'y opposa pour ne pas être obligé de soutenir la mesure devant une Chambre haute où la droite pouvait à l'occasion réunir encore une majorité. Il combattit le rapport et une transaction intervint. On vota un ordre du jour de flétrissure par 217 voix contre 135 : « La Chambre..... livre au jugement de la conscience nationale, qui les a déjà solennellement réprouvés, les desseins et les actes criminels des ministres du 16 mai et du 23 novembre, et invite le ministre de l'intérieur à faire afficher la présente résolution dans toutes les communes de France » (mars 1879). Les accusés protestèrent.

Deux graves questions avaient ainsi été résolues, au moins pour quelque temps. Une troisième se présenta : celle du retour des Chambres à Paris. Elle ne pouvait être réglée qu'à la suite d'une revision des lois constitutionnelles, car celles-ci avaient indiqué la ville de Versailles comme le lieu de réunion du Parlement. Les députés demandèrent la réunion du congrès pour la revision ; mais, sur l'opposition du centre gauche sénatorial, dans les rangs duquel fut pris le rapporteur, M. Laboulaye, la Chambre haute ajourna le débat.

Déjà, le nouveau ministre de l'instruction publique, M. Jules Ferry, s'employait avec une activité remarquable à l'œuvre de la réforme de l'enseignement. Les projets de loi relatifs à la composition du Conseil supérieur de l'instruction publique, à la restitution à l'État de la collation des grades et à l'interdiction d'enseigner pour les congrégations religieuses non autorisées (ARTICLE 7), soulevèrent des protestations et des pétitions nombreuses du parti catholique ; plusieurs lettres épiscopales dépassèrent même les bornes de la légalité et même de la convenance, et l'on dut recourir à l'appel comme d'abus devant le Conseil d'État contre l'archevêque d'Aix.

Une des suites de l'amnistie et certainement celle qui donna lieu aux discussions les plus passionnées, fut l'élection de Blanqui par le collège électoral de Bordeaux. Ce vieux conspirateur, détenu à Clairvaux pour la part qu'il avait prise aux événements du 31 octobre 1870, était légalement inéligible et frappé de la dégradation civique. Aussi son élection fut-elle invalidée après un débat long et animé.

Sur ces entrefaites, une nouvelle venue du fond de l'Afrique, vint tout à coup modifier la situation respective des partis et enlever à la réaction une de ses espérances ; la mort du prince Louis Bonaparte, fils de Napoléon III, dans la guerre entreprise par les Anglais contre les Cafres Zoulous. Au moment où l'on s'inquiétait encore des suites de cette mort imprévue, le gouvernement, par l'organe de MM. de Freycinet et Waddington, obtint l'adhésion du Sénat à la réunion du congrès pour le retour des Chambres à Paris. L'Assemblée nationale vota le projet, et les deux Chambres siégèrent dans la capitale à partir du 2 novembre.

A la fin de juin, s'ouvrit, devant la Chambre des députés,

la discussion du projet Ferry sur l'enseignement supérieur.
Cette loi importante avait pour objet de rendre à l'État et à
ses professeurs la faculté de conférer exclusivement les
grades universitaires qu'une disposition de l'Assemblée nationale de 1871 avait permis à un jury mixte (professeurs
libres réunis aux professeurs de l'Université) de conférer aux
élèves des facultés libres. L'article 7, qui souleva la plus vive
opposition, était ainsi conçu :

Est inapte « à participer à l'enseignement public ou libre
ou à diriger un établissement d'enseignement de quelque
ordre que ce soit tout membre d'une congrégation religieuse non autorisée. »

Il fut voté, malgré l'opposition de la droite et du centre
gauche de la Chambre, à la majorité d'une centaine de voix.
Puis la loi fut portée au Sénat, où elle se heurta contre l'a-
nimosité de la droite et d'un bon nombre de « républicains
libéraux », tels que M. Jules Simon.

Avant de se séparer, le Parlement vota la loi sur le Conseil
d'État qui permit de réorganiser entièrement ce conseil, en
même temps qu'une sorte d'épuration avait lieu dans le
personnel de la magistrature.

Il rentra en session le 27 novembre 1879 après plus de
quatre mois de vacances. M. Gambetta prononça dans son
discours d'ouverture ces paroles célèbres : « Il faut aboutir. »
Le parti républicain lui-même montra, dès le début, une
singulière attitude vis-à-vis du ministère, qui fut l'objet de
plusieurs interpellations. La question de la suspension de
l'inamovibilité de la magistrature fut une des causes principales de la chute du cabinet. Il y eut d'abord la prise en
considération d'une proposition tendant à suspendre l'inamovibilité, puis l'interpellation de M. Brisson, à laquelle la
Chambre donna pour conclusion un ordre du jour de confiance. Cet ordre du jour ne fut qu'un répit donné au ministère. Une nouvelle interpellation relative à l'application
de la loi d'amnistie et d'autres difficultés causées par les
hésitations de la majorité amenèrent la retraite de MM. Le
Royer et Gresley. M. Waddington, ne trouvant plus, dans le
Parlement, l'appui nécessaire pour sortir de la crise et reconstituer son cabinet, remit sa démission entre les mains
du Président de la République.

CHAPITRE II

Cabinet Freycinet. — Loi sur les lycées de jeunes filles et sur le conseil supérieur de l'instruction publique. — Rejet par le Sénat de l'article 7. — Décrets du 29 mars sur les congrégations non autorisées.

Le nouveau ministère fut constitué le 28 décembre, sous a présidence de M. de Freycinet. MM. Lepère, Ferry, Jauréguiberry, Tirard et Cochery conservèrent leurs portefeuilles, et M. de Freycinet passa aux affaires étrangères. Les ministres nouveaux étaient M. Cazot, à la justice; le général Farre, à la guerre; et M. Magnin, aux finances.

Dans le courant de janvier 1880, la Chambre adopta une proposition de loi de M. Duvaux, appuyée par le ministre de la guerre, et tendant à la suppression de l'aumônerie militaire; une proposition de M. Camille Sée ayant pour objet la création de lycées de jeunes filles dans les départements et enfin un projet sur la liberté de réunion. De son côté, le Sénat discuta la loi sur le conseil supérieur de l'instruction publique, dont l'ensemble, adopté par 150 voix contre 121, fut voté sans discussion par la Chambre le 21 février.

L'article 7 de la loi sur l'enseignement supérieur (V. le chapitre précédent) ayant été rejeté au Sénat en première lecture, M. de Freycinet fit à la Chambre la déclaration suivante (15 mars) :

« Messieurs, je n'ai qu'un mot à dire au Sénat.

« A la fin de la première délibération, l'honorable M. Dufaure a adressé au gouvernement un appel qu'il ne nous était pas permis de laisser sans réponse. L'honorable M. Dufaure a exprimé l'espoir que, entre deux délibérations, le gouvernement saurait trouver une transaction sur laquelle un accord pourrait s'établir.

« Malgré cet appel, et quelle que soit notre déférence pour l'homme illustre qui nous l'a adressé, nous n'avons pas apporté une formule nouvelle, parce que, dans notre pensée

l'article 7 était lui-même la transaction. Cette transaction écartée, nous n'avons aperçu d'autre solution que l'application des lois, et le gouvernement a dû accepter la situation qui résulte pour lui du vote du Sénat. »

Le rejet de l'article 7 se trouvant en effet confirmé en seconde lecture, le gouvernement dut tenir la promesse faite par le président du conseil. Le 29 mars, un premier décret enjoignait aux jésuites de se dissoudre dans les trois mois, et un second donnait le même délai aux autres congrégations pour déposer une demande d'autorisation, sous peine d'être dissoutes au même titre que la Société de Jésus. Ces décrets, comme on le pense bien, soulevèrent les attaques les plus vives des partis monarchistes, à tort selon nous.

Les menées des catholiques prenaient de plus en plus un caractère agressif et justifiaient le mot célèbre de Gambetta : « Le cléricalisme, voilà l'ennemi. » Or, l'article 7 était une véritable transaction destinée à prévenir un conflit inévitable, puisque, moyennant une renonciation au droit d'enseigner, on continuerait à tolérer en France les congrégations non autorisées. Le gouvernement, devant l'insuccès de ce moyen terme, était moralement obligé d'user de rigueur. Aussi, le 30 juin, dans trente et un départements, les préfets ou leurs délégués, accompagnés d'agents de police, se présentèrent devant les immeubles habités par les congrégations de jésuites, lesquelles, obéissant à un mot d'ordre, refusèrent d'ouvrir leurs portes à l'autorité : les jésuites tenaient à un simulacre d'expulsion individuelle *manu militari*, ce qui leur fut accordé avec la plus grande courtoisie.

La fête du 14 Juillet, première fête nationale de la République et date de l'anniversaire de la prise de la Bastille, fut précédée par le vote d'une mesure importante : l'amnistie pleine et entière fut accordée à tous les individus condamnés pour avoir pris part aux événements insurrectionnels de 1870 à 1880, ou pour crimes et délits de presse. La fête fut célébrée avec beaucoup d'enthousiasme et de calme en France et dans plusieurs villes étrangères. La distribution des drapeaux, des drapeaux destinés à remplacer ceux de 1870, ne contribua pas peu à donner un caractère patriotique à cette grande manifestation républicaine, qui consacrait le triomphe des idées de 89 et la révolution du 4 septembre.

La question de l'application des décrets produisit, à quelque temps de là, une scission dans le sein du cabinet. M. de Freycinet, craignant de perdre l'appui de l'Union républicaine, préféra ne pas s'exposer à subir un échec et donna sa démission. M. Jules Ferry le remplaça à la présidence du conseil ; l'amiral Cloué succéda à l'amiral Jauréguiberry, et M. Carnot à M. Varroy ; M. Barthélemy Saint-Hilaire prit le portefeuille des affaires étrangères (septembre 1880). Ce n'était guère qu'un « replâtrage », qui se maintint pourtant jusqu'au mois de novembre 1881. Parmi les faits politiques qu'il convient de rapporter au cabinet Ferry, nous signalerons le vote par la Chambre des lois sur la presse, sur l'administration de l'armée, sur le travail dans les manufactures, sur les indemnités à accorder aux victimes du deux décembre, sur les syndicats professionnels, et enfin l'expédition de Tunisie et du Sud-Oranais.

CHAPITRE III

Expédition de Tunisie. — Hostilité de l'Italie et du bey de Tunis. — Les Khroumirs. — Opérations des colonnes expéditionnaires. — Traité de Kasar-Saïd. — Affaires du Sud-Oranais. — Bou-Amama. — Les Ouled-Sidi-Cheik, leurs mœurs et leur influence. — Echec des troupes françaises. — Élections législatives. — Chute du cabinet Ferry.

Jalouse des colonies françaises d'Algérie, l'Italie avait cherché à établir son influence à Tunis pour transformer un jour la Régence en une colonie rivale de la nôtre.

La compagnie française du chemin de fer de Bone-Guelma ayant voulu acheter la ligne anglaise de Tunis à la Goulette, une compagnie italienne, suscitée par le cabinet de Rome, offrit de cette ligne un prix exorbitant et devint adjudicataire ; le parlement italien garantit même les intérêts des actionnaires, donnant ainsi à la France une preuve manifeste d'hostilité (1880). De son côté, le bey donna, le 11 mars 1881, l'ordre d'arrêter les travaux du chemin de fer de

Tunis à Souse, concédé à la compagnie de Bone-Guelma, sous un prétexte des plus futiles. Le cabinet Ferry ne songea pas alors à réprimer sévèrement la conduite du bey : il se contenta de donner satisfaction aux intérêts privés lésés par le gouvernement de Tunis.

Sur ces entrefaites, les tribus tunisiennes de la frontière, désignées sous le nom de Khroumirs, pénétrèrent en masse dans la province de Constantine. Compter sur le bey pour réprimer et punir ces brigandages eût été une folie ; aussi, le gouvernement se décida-t-il à demander des crédits aux Chambres pour envoyer contre les Khroumirs une colonne expéditionnaire, au grand mécontentement du cabinet de Saint-James et du Quirinal. La France passa outre. Le 24 avril, 26,000 hommes, sous le commandement des généraux Forgemol, Delebecque, Logerot et Bréart, se trouvèrent réunis sur la frontière de la province de Constantine. L'occupation du pays à envahir se fit progressivement et sans beaucoup de peine : des escarmouches, pas de combat sérieux. Il suffit à nos soldats de se montrer pour en imposer aux meneurs, et, le 19 mai, M. Jules Ferry présenta à la ratification des Chambres un projet de protectorat de la République française sur la régence de Tunis (traité de Kasar-Saïd, 12 mai 1881). Aussitôt, M. Roustan, nommé ministre résident, prenait avec le bey les premiers arrangements nécessaires.

En même temps que les tribus tunisiennes, les tribus arabes de la province d'Oran s'insurgèrent contre notre domination en Algérie. Elles obéissaient à des marabouts fanatiques et surtout à l'un d'eux, Bou-Amama, qui avait su se mettre d'accord avec une tribu célèbre par son animosité contre la France et sur laquelle nous nous arrêterons un instant : nous voulons parler de la tribu des Ouled-Sidi-Cheikh.

La tribu des Ouled-Sidi-Cheikh est aujourd'hui encore, tout aussi bien qu'à l'époque où elle fut visitée par le colonel Costalin (1855), une véritable petite terre sainte qui a eu ses apôtres, qui croit à leurs légendes miraculeuses, qui vénère leurs descendants et qui rend à leurs tombeaux un culte toujours aussi vivace.

Dans les premières années du quinzième siècle, *Madmar-ben-el-Alya*, de la race d'Abou-Bekr, chassé de Tunis, sa ville natale, par son frère qui y commandait, vint s'établir sur les bords de l'oued Gouleïta. Après y avoir fondé un établissement qui porta le nom de Ksar-ech-Charaf et dont on voit encore les ruines, il mourut, transmettant à ses deux fils, *Saïd* et *Aïssa*, la puissance merveilleuse qu'il disait avoir reçue du ciel. Il fut enterré sur le bord de l'oued.

Des dissensions étant survenues entre les *Ouled-Saïd* et les *Ouled-Aïssa*, les premiers restèrent seuls possesseurs du ksar jusqu'à l'époque où ils en furent chassés à leur tour par les Zegdou, peuplade des environs de Figuig. Ils se réfugièrent dans les montagnes et construisirent un nouveau ksar sur les berges de l'oued Gouleïta. Peu de temps après, les *Ouled-Aïssa* furent ramenés du Tell par *Sidi-Sliman*, descendant direct de Maâmar, et les deux partis se réconcilièrent. Mais les *Ouled-Saïd* continuèrent d'habiter seuls le ksar, qui prit le nom d'Arba-Tahtani (Arba d'en bas), tandis que les nouveaux venus construisirent, également sur les berges de la rive gauche, et à un kilomètre en amont, le village d'Arba-Foukani (Arba d'en haut).

Un des descendants de Maâmar, *Sidi-Mohammed*, eut pour fils *Abd-el-Kader*, qui, à l'âge de sept ans, fut conduit par son père chez le cheikh Abd-el-Djebbâr. Un jour qu'une femme de l'Abiod avait laissé tomber dans un puits l'enfant qu'elle portait sur son bras, elle s'écria désespérée : « Abd-el-Kader! Abd-el-Kader! » Le fils de Sidi-Mohammed accourut à travers la terre et saisit l'enfant avant même qu'il eût touché la surface de l'eau. Mais *Abd-el-Kader-el-Djilâni*, le plus grand saint de l'islamisme, avait lui aussi entendu l'invocation de la malheureuse femme, et il était venu de Bagdad à El-Abiod. « On a beau être saint, dit spirituellement M. de Colomb, on ne vient pas de si loin tout exprès pour faire un miracle, sans éprouver un peu d'humeur en trouvant besogne faite. C'est ce qui arriva à Abd-el-Kader-el-Djilâni. Aussi, en apprenant que la pauvre femme, au lieu de l'invoquer, lui, dont elle n'avait probablement jamais entendu parler, s'était adressée à son voisin Sidi-Abd-el-Kader-ben-Mohammed, il enjoignit à ce dernier de se faire appeler dorénavant *Sidi-Cheikh*, afin d'éviter toute confusion. »

Les miracles accomplis par Sidi-Cheikh sont trop nombreux pour qu'on puisse les rapporter tous. Lorsqu'il sentit sa fin prochaine, il recommanda à ses serviteurs de déposer son corps sur sa chamelle favorite et de la laisser aller, de le laver dans le lieu même où la bête s'accroupirait pour la première fois, et de déposer ses restes là où elle s'arrêterait pour la seconde fois. Sa chamelle s'accroupit d'abord au lieu appelé depuis Aïn-el-Meg'essel (*source des lotions*). Elle fit sa seconde station à l'endroit même où s'éleva la koubba de Sidi-Cheikh. Les marabouts de la race du saint tinrent dès lors à porter son nom et se firent appeler les OULED-SIDI-CHEIKH.

Cette puissante tribu se divise actuellement en deux branches: 1° les *Ouled-Sidi-Cheikh* CHERAGA (de l'Est, branche aînée) qui campent sur le territoire compris entre l'oued Zergoum, Stiten, Bou-A'lam et les Arbaouât; 2° les *Ouled-Sidi-Cheikh* G'ARABA (de l'Ouest, branche cadette), qui campent à l'est de Figuig. La branche aînée a pour chef nominal Si-*Hamza*, descendant de Sidi-Cheikh par son père, Abou-Bekr. Si-Hamza, né en 1859 et élevé au collège d'Alger, vint spontanément nous demander l'aman en février 1878, mais retourna, huit mois plus tard, auprès de son oncle, Si-*Kaddour*. C'est lui que l'on considère comme le chef religieux des Cheraga, tandis que le pouvoir politique est exercé de fait par Si-Kaddour, adversaire de notre influence en Afrique. La branche cadette a pour chef nominal Si-*Allal*, et pour chef réel le célèbre Si-*Sliman* (oncle de Si-Hamza), dont le caractère est ainsi dépeint dans une note de son dossier: « Vaniteux, vindicatif, violent, ambitieux et rapace; mais excellent cavalier, hardi chef de partisans, plein d'entrain, d'énergie et d'audace. »

Le traité du 23 août 1845 a attribué les Cheraga à l'Algérie et les G'araba au Maroc. Toutes les fois que les deux branches des Ouled-Sidi-Cheikh seront unies contre nous, il sera réellement fort difficile de rétablir dans le sud un calme durable. Une des principales causes de discorde et de rébellion, c'est l'incroyable influence de cette famille, influence qui s'étend sur les Champa, sur les ksour d'El-Abiod, de Stiten, de Brézina, sur les deux Mog'ar, et enfin sur tous nos déserteurs, pour lesquels le sud est un refuge assuré. Le caractère sacré des Ouled-Sidi-Cheikh, leur sainteté universellement reconnue, leur attirent chaque jour une foule de kheddam (serviteurs) qui leur demandent des miracles, des vœux et des prières. « C'est l'histoire de tous nos saints, écrivait le général Daumas, avec la différence que, dans la religion mahométane, le titre de marabout est héréditaire, et avec lui la puissance de cette aristocratie théocratique qui, de père en fils, rayonne sur un plus grand nombre d'individus. » Le pouvoir des Ouled-Sidi-Cheikh est, en effet, d'autant plus considérable qu'il est religieux. Or, disent les Arabes, *si un Sultan peut nous faire du mal, Allah peut nous en faire davantage !* C'est pourquoi il suffit aux marabouts d'une menace, d'une simple injonction pour que chacun prenne les armes à la plus grande gloire de Dieu.

Chaque année, les kheddam d'un marabout font un pèlerinage au tombeau du premier saint, chef de la famille de ce marabout, et y apportent de nombreux cadeaux. Mais une source de revenus bien plus importante, c'est le *refar*, tribut fixe en nature payé annuellement aux Ouled-Sidi-Cheikh, par leur clientèle. Enfin, lorsqu'un marabout va visiter les kheddam, ce voyage sert de prétexte à une foule de présents compris sous la dénomination de *el-ouada*.

On peut voir, par cet exposé, qu'il était facile à Bou-Amama, s'appuyant sur les Ouled-Sidi-Cheikh, de rassembler des milliers de partisans. Il importait donc d'empêcher que l'insurrection ne s'étendît au Tell Oranais, habité par des colons, et, dans ce but, des colonnes furent chargées de s'avancer en hâte, tant pour empêcher Bou-Amama de se porter plus avant vers le nord que pour lui couper au besoin la retraite dans le sud. Cette opération échoua, et le marabout put s'échapper dans la direction de l'ouest, pendant que des soulèvements en Tunisie obligeaient l'escadre française à bombarder Sfax.

Les élections législatives du 21 août, favorables surtout au parti opportuniste, firent oublier un moment les événements d'Afrique, que signalent les opérations du général Négrier dans le Sud-Oranais, et, en Tunisie, l'occupation de Sousse et la retraite de Mustapha-ben-Ismaïl, premier ministre du bey. Tunis fut occupé le 10 octobre, en dépit des protestations du consul italien ; puis, ce fut le tour de Kairouan (26 octobre). Mais l'attitude de la Chambre en présence des fautes commises obligea le cabinet à donner sa démission.

CHAPITRE IV

Cabinet Gambetta. — Déclaration ministérielle. — Projet de loi sur la révision constitutionnelle. — Chute du cabinet Gambetta et avènement du cabinet Freycinet. — Ministère Duclerc. Morts de Gambetta et de Chanzy. — Manifeste du prince Jérôme. — La question des princes. — Nouveau ministère Jules Ferry.

L'arrivée de M. Gambetta au pouvoir était depuis longtemps prévue, mais ce qui ne l'était pas, c'est la composition du nouveau cabinet, et l'on fut tout surpris en lisant les noms des membres du *grand ministère*, le 14 novembre 1881 :

Affaires étrangères	GAMBETTA ....
Guerre	Le général CAMPENON
Marine	GOUGEARD ....
Instruction publique et cultes.	PAUL BERT ....
Justice	CAZOT ....
Finances	ALLAIN-TARGÉ ......
Intérieur	WALDECK - ROUSSEAU.
Agriculture	DEVÈS ....
Commerce et colonies	ROUVIER ....
Travaux publics	RAYNAL ....
Postes et Télégraphes	COCHERY ....
Beaux-arts et arts industriels.	ANTONIN PROUST .....

Le 15 novembre, la déclaration suivante fut lue à la Chambre par M. Gambetta, au Sénat par M. Cazot, garde des sceaux :

« Messieurs,

« Pour la troisième fois, depuis 1875, le suffrage universel, dans la plénitude de sa souveraineté, vient de signifier sa double volonté d'affermir la République et de l'entourer d'institutions démocratiques.

« Appelés par la confiance de M. le Président de la République à former une administration nouvelle, nous n'avons pas d'autre programme que celui de la France.

« Elle a réclamé, comme l'instrument par excellence d'une politique graduellement mais fermement réformatrice, la constitution d'un gouvernement uni, dégagé de toutes les conditions subalternes de division ou de faiblesse, toujours prêt à débattre les intérêts de la nation devant les élus et à leur rendre compte de ses actes, sachant inspirer à tous les degrés de la hiérarchie des services publics le respect, l'obéissance et le travail.

« Elle compte trouver dans les deux assemblées une majorité confiante et libre pour soutenir le gouvernement, et, pour le servir, une administration disciplinée, intègre et fidèle, soustraite aux influences personnelles comme aux rivalités locales et uniquement inspirée par l'amour du devoir et de l'État.

« Elle a marqué, en vue d'assurer les réformes, sa volonté de mettre, par une révision sagement limitée des lois constitutionnelles, l'un des pouvoirs essentiels en harmonie plus complète avec la nature démocratique de notre société.

« Et nous, pour lui obéir, nous vous proposerons de réorganiser nos institutions judiciaires, de poursuivre avec persévérance l'œuvre de l'éducation nationale, si bien commencée par nos devanciers.

« De reprendre et de compléter, sans perdre de temps, notre législation militaire ; de rechercher, sans porter atteinte à la puissance défensive de la France, les meilleurs moyens de réduire dans les armées de terre et de mer les charges du pays et d'alléger, sans compromettre nos finances, celles qui pèsent sur l'agriculture.

« De fixer par des traités le régime économique de nos diverses industries, et de donner à nos moyens de production, de transport et d'échange une impulsion plus active, un développement toujours croissant ; de favoriser avec la sollicitude qui s'impose aux représentants de la démocratie, et dans un esprit vraiment pratique de justice et de solidarité, les institutions de prévoyance et d'assistance sociale.

« D'assurer par la stricte application du régime concordataire le respect des pouvoirs établis dans les rapports des Églises avec l'État ;

« Enfin, en protégeant les libertés publiques, de maintenir avec fermeté l'ordre au dedans, et, avec dignité, la paix au dehors.

« Messieurs,

« Cette série de réformes remplira toute la durée de la législature. Pour les mener à bonne fin et pour ne pas rester au-dessous de la tâche que notre patriotisme nous a fait un devoir d'assumer, nous avons besoin de la pleine et entière confiance des républicains de cette assemblée. Nous la réclamons hautement, et nous comptons sur leur concours.

« Nous nous présentons aux mandataires du pays, avec la résolution de mettre à son service tout ce que nous avons de force, de courage et d'activité.

« Ensemble, nous franchirons, selon le vœu du pays, une étape nouvelle, dans la voie des progrès sans limite ouverte à la démocratie française. »

L'étranger accueillit cette déclaration et le ministère dont elle émanait avec plus de faveur que la France. La majorité de la Chambre se montra hésitante, divisée sur la conduite à tenir, et elle vota presque à contre-cœur les crédits relatifs à la création des nouveaux ministères (Agriculture et Beaux-Arts). Le cabinet recevait, dès le début, une première blessure, mais il obtint cependant du Parlement des crédits extraordinaires pour l'expédition de Tunisie.

A vrai dire, le ministère Gambetta n'avait pas la confiance de la Chambre : il appartiendra aux historiens de notre troisième République de rechercher les causes de cette défiance qui commença le lendemain même de l'avènement au pouvoir du député de Belleville ; pour nous, nous constaterons le fait sans l'apprécier. Le 14 janvier, Gambetta déposa sur le bureau de la Chambre le projet de revision des lois constitutionnelles, projet qui introduisait dans la Constitution le principe du scrutin de liste pour les élections législatives, un nouveau mode de recrutement pour le Sénat, et la consécration précise du droit des députés à prononcer en dernier ressort sur les matières budgétaires.

Sur les 33 commissaires chargés d'étudier ce projet, 32 s'y déclarèrent hostiles. Le 26 janvier, le débat public commença, et la Chambre vota le passage à la discussion des articles, mais le texte modifié de la commission ayant été adopté par 268 voix contre 218, tous les ministres quittèrent

ssitôt la salle des séances pour aller remettre leur démission entre les mains de M. Grévy. On a peut-être raison
de dire que la chute du ministère Gambetta eut pour cause
principale des pusillanimités, des antipathies mesquines, et
cette envie que les impuissants portent toujours aux personnalités marquantes ; car bon nombre de ceux qui ont
fait tomber le Président du Conseil ont moins voulu renverser l'auteur de tel ou tel projet de loi que se donner le
plaisir d'humilier la popularité du grand orateur. Nous ne
voulons pas dire que l'attitude de Gambetta au pouvoir ait
été absolument correcte ni blâmer ceux qui ont entraîné sa
démission, mais seulement porter un jugement sévère sur
les motifs qui ont inspiré le vote de quelques députés dans
cette journée. Les mandataires du pays devraient bannir de
leur âme les haines basses et l'envie et n'avoir jamais en
vue que les intérêts des citoyens dont ils sont les représentants.

Le cabinet du 30 janvier, qui succéda au cabinet Gambetta sous la présidence de M. DE FREYCINET, se composait
de MM. Goblet, Léon Say, Humbert, Jules Ferry, Billot,
Varroy, Tirard, Cochery et de Mahy. La déclaration lue aux
Chambres fut empreinte d'un véritable caractère de soumission et conçue en termes respectueux, on pourrait
même dire très humbles. Nous citerons, parmi les faits
politiques qui signalent le passage aux affaires de ce cabinet :
1° la proposition Barodet sur le dépouillement des profes-
sions de foi des députés ; 2° la loi sur l'obligation de l'enseignement primaire ; 3° la pacification de la Tunisie ; 4° la
continuation de l'expédition du Sud-Oranais ; 5° le début
de la campagne du Tonkin [1] ; 6° enfin, les affaires d'Égypte,
qui amenèrent la chute du ministère, et l'arrivée à la présidence du conseil de M. Duclerc, avec MM. Devès à la justice,
Fallières à l'intérieur, Tirard aux finances, Billot à la
guerre, Jauréguiberry à la marine, Duvaux à l'instruction
publique, etc., etc.

La fin de l'année 1882 nous réservait une cruelle épreuve,
et le 31 décembre, la France et la République perdaient un
homme qui les avait admirablement servies et sincèrement
aimées : nous voulons parler de Gambetta.

(1) V. plus loin l'historique de la question et des affaires du
Tonkin.

L'avenir seul montrera ce qu'il y a de vraiment durable dans l'œuvre de ce Français et de ce républicain, mais on peut dès aujourd'hui affirmer que celui auquel notre vie publique fut si intimement liée pendant quinze ans tiendra dans l'histoire un rang glorieux. A trois reprises, Gambetta fut comme l'incarnation de l'idée nationale. Il aurait pu prendre pour devise le mot *résistance*, car son existence se passa tout entière à résister : à l'Empire, d'abord ; à l'étranger ensuite ; plus tard, à la réaction.

Personne ne s'est avisé de nier son patriotisme, car jamais il n'y a eu de meilleur Français que lui. Républicain et démocrate, il le fut, certes, et l'on ne conçoit pas, vraiment, que certains l'aient accusé de rêver la dictature. Quant à son ambition, elle allait bien au delà des calculs personnels : elle avait pour point de départ un ardent désir de voir la France grande et prospère. Ses conceptions politiques des derniers temps, son *opportunisme*, appartiennent à la critique ; mais ce qu'aucun républicain ne doit oublier, c'est qu'avant 70, il se déclara ouvertement contre l'Empire ; ce qu'aucun Français ne doit oublier, c'est qu'après Sedan, il sauva l'honneur de la France ; ce qu'aucun démocrate ne doit perdre de vue, c'est que de 1873 à 1878, il consolida définitivement la République, sans laquelle les démocrates ne peuvent rien.

De là, les manifestations sympathiques provoquées par sa mort sur tous les points de notre territoire, aussi bien qu'à l'étranger. Le gouvernement voulut que des funérailles nationales fussent faites à Gambetta, aux frais du Trésor public, et il eut raison de donner à cette cérémonie l'épithète de nationale, car ce fut réellement la Nation, la Nation en deuil, qui suivit la dépouille mortelle de Gambetta, le 6 janvier 1883.

La journée du 5 s'était terminée sur une inquiétude : il pleuvait. Pleuvrait-il encore le lendemain?

Ce fut une consolation au milieu du deuil général de voir, dans la matinée, le temps s'éclaircir tout à fait, et de pouvoir du moins faire à l'illustre patriote des funérailles dignes de lui. La France entière et les colonies les plus lointaines formées par ses fils à l'étranger avaient voulu se faire représenter à cette cérémonie vraiment grandiose. Tous ceux qui avaient foi dans le relèvement de leur pays tenaient à honorer une dernière fois celui dont tous les actes eurent surtout pour mobile l'ardent amour de la patrie, et voilà pourquoi les funérailles de Gambetta furent, en même temps qu'une manifestation nationale, une imposante manifestation patriotique : quatre mille Alsaciens-Lorrains suivirent le cercueil.

Le Palais-Bourbon était décoré avec beaucoup d'art. Une draperie noire, ornée de drapeaux tricolores, couvrait le fond du péristyle ; huit torchères d'argent brûlaient sous les colonnes; un immense voile noir, tombant du fronton, coupait de biais toute la façade de l'édifice ; et, comme après avoir chargé quatre voitures et quatre-vingts porteurs des couronnes apportées depuis quelques jours, il en restait encore plus d'un millier, on les avait jetées au hasard sur les marches du perron qui se trouvaient ainsi jonchées de fleurs. L'ensemble présentait un aspect dramatique.

A dix heures précises, le canon tonna sur l'Esplanade des Invalides, où s'organisait le défilé, les tambours voilés de crêpes battirent aux champs, et la dépouille de Gambetta sortit pour la dernière fois de ce palais qui avait si souvent retenti des éclats de son éloquence. On glissa le cercueil sous le sarcophage; puis, le cortège se mit en marche. Le char, très simple, très sévère, mais très artistique, avait été décoré par les frères Bastien-Lepage.

Au moment où le convoi déboucha sur la place de la Concorde, des musiques jouèrent la *Marseillaise*. Les accents de l'hymne de Rouget ébranlèrent les nerfs déjà si tendus, et des larmes, larmes patriotiques, perlèrent à bien des yeux. En tête, avant le char, marchait la délégation de Belleville. Le comité du XX° arrondissement qui, depuis 1869, préparait les élections de Gambetta, avait pour insigne une grande palme au milieu de laquelle se voyait un médaillon de l'orateur défunt, de grandeur naturelle, sculpté par Lebègue ; sur les palmettes, on pouvait lire les dates principales de sa vie : 1838, 1869, 1870, 1877, et sur une palmette brisée : 1882; de la palme se détachait un étendard avec ce mot sacré : *France*. Venaient ensuite la délégation de Marseille, qui, comme Belleville, avait ouvert la carrière politique à Gambetta, et les équipes de la *République Française*.

Puis, le char traîné par six chevaux et dont les cordons étaient tenus par MM. Fallières, ministre de l'intérieur; Billot, ministre de la guerre; Brisson, président de la Cham-

bre ; Peyrat, vice-président du Sénat; Métivier, représentant des électeurs de Belleville; Falateuf, représentant du
barreau de Paris ; Sirech, maire de Cahors; Fieuzal et
Étienne, délégués de la famille; Martin-Feuillée, président
de l'Union républicaine.

Le Président de la République était représenté par le
général Pittié. On remarquait tous les ministres, sauf M. Duclerc retenu par une indisposition; le corps diplomatique
au grand complet; les commandants de corps d'armée,
sauf Chanzy, mort, hélas! depuis deux jours; un très grand
nombre de députés et de sénateurs, et dans le nombre
quelques-uns des adversaires les plus connus de M. Gambetta; beaucoup de conseillers municipaux de Paris et de
conseillers généraux de la Seine ; le conseil d'État ; le conseil de l'ordre de la Légion d'honneur; la Cour de cassation;
la Cour des comptes ; le Conseil supérieur de l'Instruction
publique; la Cour d'appel, le préfet de la Seine et le Conseil
de préfecture; le préfet de police; les municipalités de Paris;
le corps académique ; le Tribunal de première instance; le
Tribunal et la Chambre de commerce.

Mais ce qui donnait à la cérémonie son caractère touchant, c'est qu'on se trouvait sans contredit, le 6 janvier 1883,
en présence d'une des plus imposantes manifestations nationales qui aient jamais eu lieu. Les habitants, sans distinction d'âge ni de sexe, s'acheminaient vers les rues où
devait passer le cortège : en dehors de ces rues, la vie publique se trouvait comme suspendue, et l'air recueilli de la
foule montrait assez qu'elle ne satisfaisait point seulement
sa curiosité, mais qu'elle accomplissait surtout un grand
devoir civique.

Il n'est pas facile de rendre compte d'un défilé de cent
mille personnes. Sur toute la route, le convoi s'avançait à
travers une fourmilière humaine. Toute place où un pied
avait pu se poser, une main s'accrocher, était occupée; les
balustrades, les parapets, les arbres, les candélabres du gaz
semblaient porter des grappes vivantes; on avait même assailli les statues monumentales: seule, la statue de Strasbourg, voilée d'un crêpe, avait été respectée. Quand les
étudiants, dont le signe de ralliement était une feuille de
lierre, passèrent devant elle, têtes découvertes, un immense
cri de *Vive la République!* répondit à ceux de *Vive l'Alsace!*
Vive la revanche! poussés par les écoles. Ce fut un véritable

frémissement que souleva cette vaillante jeunesse, animée au plus haut degré de l'amour de la patrie et de la liberté.

Dès que le cercueil eut été déposé à terre devant la porte du Père-Lachaise, les députés, les sénateurs, le corps diplomatique, les généraux se rangèrent autour de la bière, et les discours funèbres furent aussitôt prononcés. M. Brisson parla au nom de la Chambre des députés; M. Peyrat, au nom du Sénat; M. Devès, au nom du gouvernement; M. Métivier, au nom du comité électoral du vingtième arrondissement; M. Henri Martin, au nom de diverses sociétés; M. Chauffour, au nom des Alsaciens-Lorrains; M. Falateuf, au nom du barreau de Paris; M. Cazot, au nom du gouvernement de la Défense nationale; M. le général Billot, au nom de l'armée; M. Isambert, au nom de la *République française*, journal de Gambetta.

Pendant toute la durée des discours, la marche du cortège fut suspendue. Dès qu'ils eurent été prononcés, le défilé commença devant la bière et ne se termina qu'à cinq heures et demie. La nuit tombait. La foule silencieuse se massait devant les abords du cimetière, qui prenait un aspect d'imposante grandeur, avec l'hémicycle tendu de noir et les flammes des torchères au-dessus des deux pilastres. Alors, les clairons sonnèrent, des roulements de tambour se firent entendre, et les troupes, ayant à leur tête le gouverneur de Paris, saluèrent les restes du patriote: leurs armes brillaient à la demi-clarté des torchères, et sur les hauteurs, le le canon tonnait. Une main pieuse avait déposé sur la bière un sachet rempli de terre de Lorraine avec cette inscription se détachant en lettres noires:

LOTHARINGIA MEMOR, VIOLATA, NON DOMITA!

Six jours après la mort du glorieux chef de la Défense nationale, son combattant le plus illustre disparaissait aussi (5 janvier 1883). La postérité associera au nom de Gambetta le nom de Chanzy, le soldat héroïque, le plus heureux des généraux de 70 et celui dans lequel nous placions, pour l'heure de la revanche, notre confiance et notre foi.

La Chambre des députés mit à l'ordre du jour, dès le 13, la loi sur la réforme judiciaire. Cette question capitale avait été toujours ajournée, parce qu'elle impliquait la suppression ou le maintien du principe de l'inamovibilité. La Chambre penchait pour la suppression; les divers ministres

de la justice qui s'étaient succédé à la garde des sceaux s'é-
taient, au contraire, déclarés partisans de l'organisation
actuelle, tout en reconnaissant la nécessité de modifier le
personnel de la magistrature. Ce système mitoyen, combattu par l'extrême gauche, était également attaqué par
l'ancien groupe Dufaure (centre gauche).

La première délibération importante de la session de 1883,
celle du 25 janvier, roula précisément sur cette question
depuis si longtemps pendante. M. Jules Roche, se détachant
de M. Clémenceau, combattit énergiquement le principe de
l'élection.

Deux jours plus tôt, le ministère avait été appelé à donner
son opinion sur la question égyptienne, créée par l'occupation anglaise et par la suppression du *contrôle à deux* exercé
jusque-là par les cabinets de Londres et de Paris sur les
finances du pays. Mais toutes ces préoccupations disparurent
devant un incident, qui prit tout à coup, quoique sans motif,
toute l'importance d'un événement politique. Le prince
Jérôme Napoléon, chef contesté du parti bonapartiste depuis
la mort du prince impérial chez les Zoulous, crut le moment
venu de rappeler au peuple français ses prétentions au
trône. Il fit afficher en secret, pendant la nuit, sur les murs
de Paris, un manifeste où il faisait la critique de la politique républicaine et rappelait les prétendus titres de l'Empire à la reconnaissance nationale.

Le gouvernement, le premier moment de surprise passé,
fit saisir les journaux qui avaient reproduit le manifeste et
se décida à faire arrêter le prince, qui subit à la Conciergerie une détention préventive, pendant que le juge d'instruction cherchait à réunir les preuves nécessaires à une
procédure régulière. Le 16, M. Cunéo d'Ornano interpella
le ministère sur cette arrestation : la Chambre était très
émue, et tandis que le public parisien accueillait le manifeste princier avec un sourire railleur et dédaigneux, plusieurs personnages politiques s'agitaient fiévreusement,
comme s'ils se fussent trouvés en présence d'un nouveau
Deux-Décembre. La Chambre, ayant voté un ordre de jour
de confiance, M. Floquet monta à la tribune et demanda
l'urgence pour une proposition de loi aux termes de laquelle
le territoire français serait interdit à tous les membres des
familles ayant régné en France. D'autres propositions,
émanant de divers groupes de la gauche, succédèrent à celle

Mort du Commandant Rivière au Tonkin.

de M. Floquet, car le cas du prince Napoléon n'était plus directement visé et le champ des controverses s'était considérablement élargi. C'est ainsi que M. Ballue déposa un projet de résolution tendant à faire rayer des cadres de l'armée les princes d'Orléans, et que le gouvernement lui-même présenta à la sanction du Parlement un projet destiné à assurer par des pénalités le respect des lois constitutionnelles. Une crise ministérielle éclata au sein du cabinet à propos de la « question des princes ». M. Duclerc se retira : il fut remplacé par M. Fallières à la présidence du Conseil et le général Thibaudin prit le portefeuille de la guerre. Le rapport de la commission, favorable à la proposition Floquet et voté par la Chambre le 1er février, éprouva un sérieux échec au Sénat, qui y apporta des modifications restrictives. Un nouveau projet, plus modéré, voté par les députés, fut également rejeté par la Chambre haute, et en même temps la chambre des mises en accusation de la Cour de Paris rendit un arrêt, déclarant que les faits relevés à la charge du prince Jérôme ne tombaient sous l'application d'aucune disposition pénale. La mise en liberté du prisonnier aurait dû être prévue, puisqu'elle était une conséquence de la loi sur la liberté de la presse. Impuissant à terminer cette question irritante, le ministère Fallières se retira et fut remplacé le 22 par un nouveau cabinet Jules Ferry, dont voici la composition :

Présidence du Conseil et Instr. publ..	M. Jules Ferry ;
Affaires étrangères	M. Challemel-Lacour ;
Intérieur	M. Waldeck-Rousseau ;
Justice	M. Martin-Feuillée ;
Guerre	M. Thibaudin ;
Marine	M. Charles Brun ;
Finances	M. Tirard ;
Travaux publics	M. Raynal ;
Commerce	M. Hérisson ;
Agriculture	M. Méline ;
Postes et Télégraphes	M. Cochery.

Le nouveau ministère annonça, dans sa déclaration, l'intention d'avoir recours à la loi de 1834 pour mettre en retrait d'emploi les membres des anciennes familles régnantes, qui jouissaient de grades supérieurs dans l'armée française.

Il tint en effet parole et les interpellations réactionnaires n'eurent aucun succès devant le Parlement.

La Chambre put alors s'occuper, avec une plus grande liberté d'esprit, du vote de la loi municipale, qui doit codifier et améliorer l'ensemble des dispositions législatives déjà existantes. Mais c'est sur le droit d'association et sur la révision de la Constitution que le gouvernement fut appelé à rompre ses premières lances en faveur de ses idées politiques. Au Sénat, M. Waldeck-Rousseau fit repousser l'ancien projet Dufaure, donnant la liberté d'association indistinctement aux groupes laïques et religieux. A la Chambre, M. Jules Ferry promit d'étudier la question de la révision et de présenter au moment qu'il jugerait opportun le résultat de ses études à l'examen du Parlement. Notons enfin le projet Waldeck-Rousseau tendant à punir les récidivistes de la transportation dans certains cas déterminés.

Le 15 mai apparut une question qui, après avoir jusqu'alors gardé des proportions très humbles, allait devenir une des principales préoccupations du pays. Des renforts ayant paru nécessaires pour soutenir notre petite armée du Tonkin, le gouvernement reprit un projet de l'amiral Jauréguiberry et demanda 5,300,000 francs à la Chambre, pour assurer la liberté de la navigation sur le fleuve Rouge autant que pour faire respecter le traité conclu, en 1874, entre la France et l'Annam.

CHAPITRE V

Expédition du Tonkin (1883).

L'idée d'un grand établissement colonial sur la côte de l'Indo-Chine, mise en avant sous Louis XVI, ajournée par Napoléon Ier, reprise sous la Restauration, a reçu un commencement d'exécution sous le second Empire. A la suite d'incidents et d'événements qu'il serait trop long de rappeler ici, un traité fut signé à Saï-gon, le 5 juin 1862, par l'Annam, la France et l'Espagne, notre alliée; ce traité nous assurait la possession des trois provinces méridionales de Gia-Dinh (Saï-gon), de Dinh-Tuong (My-tho), de Bien-Hoa et de l'île de Poulo-Condor. Les intrigues et la mauvaise foi de Tu-Duc, empereur d'Annam, obligèrent l'amiral de la Grandière, en 1867, à annexer à nos possessions les trois provinces occidentales de la basse Cochinchine (Vinh-Long, Chau-Doc et Ha-Tien). Notre colonie était définitivement fondée.

L'empire d'Annam se divise actuellement en trois parties: Tonkin, au nord; Cochinchine ou Annam proprement dit, au centre; basse Cochinchine ou Cochinchine française, au sud. Jadis, l'Annam était le pays que nous appelons proprement Tonkin, pays qui, à certaines époques de l'histoire, s'est étendu jusqu'à Canton.

L'Annam s'est trouvé à cinq reprises réduit en province chinoise, et la dernière occupation, qui eut lieu en 1407, dura vingt ans environ. Des descendants d'anciennes familles régnantes secouèrent le joug, de temps à autre, et c'est ainsi qu'en 1802 s'établit la dynastie des Nguyen, fondée par Gia-Long après qu'il eut réuni le Tonkin à l'Annam. A cette dynastie appartiennent Tu-Duc et son successeur actuel, Hiep-Hoa.

« Les différentes dynasties chinoises, lisons-nous dans le *Temps* du 9 octobre, ont accordé depuis plusieurs siècles aux princes annamites une investiture qui n'a d'ailleurs jamais eu un effet politique sérieux; car elle n'impliquait pas de concessions mutuelles d'alliance offensive ou défensive, mais simplement la remise d'un sceau au chef de la dynastie, sceau dont le souverain de l'Annam ne faisait usage que dans sa correspondance avec le Fils du Ciel, l'envoi d'ambassades et le payement d'un tribut de médiocre importance. Cette investiture et ce tribut laissent subsister entièrement la souveraineté de l'Annam. » En effet, le droit international nous enseigne que, dans une alliance entre pays de force inégale, quand l'allié inférieur se réserve le droit de gouverner lui-même, il doit être regardé comme indépendant. En 1842, en 1860, lorsque la Chine fut en guerre avec des puissances européennes, elle ne fit pas appel aux troupes annamites, comme elle n'aurait pas manqué de le faire pour des troupes vassales. La Birmanie a reçu du Céleste Empire l'investiture et le sceau : or, le Céleste-Empire s'est-il permis à l'égard de l'Angleterre la moindre remontrance, lorsque cette puissance a agi en Birmanie? Enfin.

jamais la Chine n'est intervenue pour régler l'ordre de succession au trône d'Annam, et pourtant le droit de suzeraineté implique voix délibérative dans le choix du prince. Tous ces faits nous paraissent démontrer que la vassalité de l'Annam à l'égard de la Chine consiste dans une pure formalité. Quant à l'Angleterre, elle nous a donné l'exemple, en ouvrant une nouvelle route à la Chine par la prise de possession de l'Iraouaddy et par la fondation de Rangoun à l'embouchure du fleuve ; et d'ailleurs, elle sait fort bien, en somme, que toute concession obtenue par l'Empire du Milieu dans l'Annam, au détriment de la France, servirait d'arme contre le gouvernement de la Reine dans la Birmanie.

Ces considérations exposées, nous allons faire brièvement l'historique de notre intervention au Tonkin, qui, on aura soin de le remarquer, a moins pour but d'assurer à la France la possession de cette contrée que de créer des centres commerciaux sur le parcours du fleuve Rouge et d'ouvrir à l'activité européenne une nouvelle route vers le Yun-nan.

Le Tonkin a une superficie de 150,000 kilomètres carrés, et sa population compte douze millions d'habitants. Il est traversé, du nord-ouest au sud-est, par le fleuve Rouge ou Hong-Kiang, qui baigne plusieurs villes importantes et se jette dans le golfe du Tonkin après avoir formé un vaste delta. Ha-noï, Nam-dinh, Haï-dzuong, Than-hoa, Ninh-binh, Son-taï, forment les principaux centres de population. En 1865, des insurgés chinois, condamnés à mort, passèrent la frontière, et finirent par s'emparer, en 1868, de Lao-Kaï, petite ville bâtie au bord du fleuve Rouge. Là, ils se divisèrent en deux camps : les Pavillons Noirs, sous les ordres de Lieou-Yen-Fou, qui restèrent à Lao-Kaï, et les Pavillons Jaunes, sous les ordres de Hoang-Tson-In, qui s'installèrent sur les bords de la rivière-claire. Ces derniers vécurent en bonne intelligence avec les habitants, mais les autres se livrèrent constamment à des actes odieux de brigandage et de cruauté.

Le commerçant français, Jean Dupuis, venu en Chine en 1859, avait reconnu que la voie la plus courte et la plus sûre pour atteindre l'Yun-nan passait par le Tonkin, et, dès l'année 1868, il était parti d'Han-Kéou pour aller reconnaître le fleuve Rouge. Une révolte de la population musulmane du Yun-nan l'avait arrêté dans sa route, mais, au mois de septembre 1870, il avait pu songer de nouveau à la réalisation de ses desseins. Après avoir affronté mille dangers, triomphé de mille obstacles, il était parvenu jusqu'à la frontière annamite, et il avait acquis par lui-même la certitude que le fleuve Rouge était navigable depuis Mang-hao, à huit journées de marche de la capitale du Yun-nan. Alors, il avait décidé « que lui, Jean Dupuis, simple citoyen français, perdu à 4,000 lieues de son pays, donnerait le Tonkin à la France. »

Il vint à Paris au commencement de l'année 1872 et fit part au vice-amiral Pothuau, ministre de la marine, des desseins qu'il voulait exécuter. La réserve imposée à la France par la guerre franco-allemande ne permit pas au ministre d'intervenir dans les affaires du Tonkin, mais le vice-amiral fit des vœux sincères pour le succès de l'entreprise. Dupuis partit pour Saïgon, acheta deux navires anglais et appareilla pour le Tonkin avec un personnel de 150 hommes, dont vingt-cinq français. Dans la baie d'Haï-Phong, il se rencontra avec le capitaine Senez, et nos deux compatriotes, se mettant en relations avec Ly-truong, commissaire de Tu-Duc, traitèrent la question de l'ouverture du fleuve Rouge. Les conditions furent arrêtées, mais, sans attendre la sanction de l'empereur d'Annam, il cingla vers la rade d'Ha-noï, où il jeta l'ancre le 22 décembre 1875 : une poignée d'hommes avait pénétré au cœur de la province, malgré l'opposition des mandarins (1). Un mois après, Dupuis partait pour le Yun-nan avec quarante hommes et démontrait victorieusement la facilité des communications avec le Song-koi. Sans nous arrêter plus longtemps au récit des faits et gestes de notre brave compatriote, nous citerons la dépêche que l'amiral Dupré adressait le 18 juillet 1873 au ministre de la marine :

« Le Tonkin est ouvert de fait par le succès de l'entreprise Dupuis, dont les bateaux ont remonté le fleuve du Song-koi jusqu'aux frontières de l'Yun-nan. Effet immense dans le commerce anglais, allemand, américain ; nécessité absolue d'occuper Tonkin avant la double invasion dont le pays est menacé par les Européens et les Chinois, et assurer

---

(1) Cf. l'historique de la question du Tonkin. *Notre colonie le Toug-Kin* par H. Thureau.

à la France route unique. Demande aucun secours, ferai
avec propres moyens. Succès assuré. »

Dupré se hâta d'organiser une expédition et mit à sa tête
un lieutenant de vaisseau de grand mérite, Francis Garnier
Est-il besoin de rappeler la prise de la citadelle d'Hanoï,
l'occupation du Delta et le guet-apens où Garnier tomba,
victime de son impétuosité et de son courage ? Est-il besoin
de rappeler que, malgré cet assassinat, à la fin de 1873, le
Tonkin nous appartenait, et que tant d'efforts furent rendus
inutiles par l'étrange conduite de M. Philastre, « plus annamite que les annnamites eux-mêmes ? »

Le 15 mars 1874, fut enfin signé à Saïgon entre l'amiral
Dupré et le représentant de Tu-Duc un traité de paix, aux
termes duquel nous nous engagions à livrer à l'Annam cinq
navires de guerre à vapeur, cent canons, mille fusils, et à
assurer la tranquillité dans le pays. De son côté, l'Annam,
libéré de tout ce qu'il nous devait encore de l'ancienne indemnité de guerre, ratifiait la conquête de la Cochinchine
et s'engageait à conformer sa politique extérieure à celle de
la France ; il ouvrait au commerce les ports de Thi-Naï,
Haï-Phong, Hanoï, et le passage du fleuve Rouge depuis
la mer jusqu'au Yun-nan, avec le droit pour la France
d'avoir dans ces trois ports un consul avec un détachement
de cent hommes.

Dupuis qui, à la suite de ce traité, avait été victime de
machinations administratives, adressa à la Chambre des
députés française, le 23 juin 1876, une pétition « pour exposer
ses griefs contre l'administration de la marine, demander
une enquête rigoureuse, et la réparation du préjudice qui
lui avait été causé. Ce fut seulement le 14 juin 1879 que, sur
le rapport de M. Bouchet, la Chambre, renouvelée dans l'intervalle, ordonna l'impression de la pétition Dupuis. Le
rapport du député des Bouches-du-Rhône était tout en faveur du pétitionnaire : il fut renvoyé au ministre de la
marine, où il reposa trois ans dans les cartons.

Dans le courant de l'année 1881, le gouverneur de la
Cochinchine, M. Le Myre de Vilers, fit un voyage à Paris et
s'y prit si bien que, vers les premiers jours de novembre,
deux bâtiments de l'État, mouillés dans le port de Saïgon,
montés par MM. les ingénieurs Fuchs et Saladin, et par un
détachement de 500 hommes sous le commandement du
capitaine Henri Rivière, se disposaient à lever l'ancre. Tout à

coup une dépêche ministérielle, arrivée de Paris, interdit formellement tout envoi de troupes au Tonkin (1). Après la chute du cabinet Gambetta, M. de Vilers insista auprès de M. de Freycinet, président du Conseil, plaida chaleureusement sa cause, et la gagna. Aussi, le 26 mars 1882, Rivière partit de Saïgon, débarqua à Hanoï et s'empara de la citadelle évacuée précédemment par suite des agissements de M. Philastre (2) ; mais il la fit évacuer après l'avoir démantelée.

Cette évacuation fut une faute : les mandarins, revenus de leur premier effroi, se montrèrent plus arrogants que jamais ; les Pavillons Noirs firent des incursions dans le Delta ; des bandes chinoises soudoyées par les mandarins se répandirent dans la contrée. Rivière, à la vue de ces démonstrations hostiles, demanda un renfort de huit cents hommes, occupa les forts d'Haï-Phong, clef du Tonkin, et s'empara, le 27 mars, de Nam-Dinh, après un bombardement et une fausse attaque. Plusieurs semaines s'écoulèrent sans nouvel incident, mais les vaincus du 27 mars revinrent bientôt avec de nouvelles forces.

C'est alors que Rivière, craignant de se laisser envelopper à Ha-noï, décida de faire une sortie et d'opérer une reconnaissance dans la direction de Son-Taï (3). Cette sortie causa sa mort. Mais, empruntons le récit des événements subséquents à l'*Exposé* dressé par le gouvernement et distribué aux Chambres le 23 octobre 1883 :

« C'est le 26 mai, on s'en souvient, que l'on apprenait, à Paris, la sortie malheureuse tentée à Hanoï et la mort du commandant Rivière. En communiquant cette nouvelle à la Chambre des députés, le ministre de la marine annonçait qu'il avait immédiatement prescrit au gouverneur de la Cochinchine de diriger sur le Tonkin les troupes disponibles de la colonie et qu'il avait fait partir de France les renforts pour lesquels un crédit venait d'être demandé au Parlement. Il ajoutait que le général Bouët, commandant militaire de la Cochinchine, avait reçu l'ordre de se rendre au Tonkin, pour y prendre le commandement supérieur du corps expéditionnaire.

(1) Cela se passait sous le ministère Gambetta.
(2) Le 25 avril 1882.
(3) Le 19 mai 1883.

Mort du Comte de Chambord.

« Avant tout, il s'agissait de pourvoir aux nécessités du moment et de venger l'honneur de nos armes; on aviserait ensuite aux moyens de réparer les conséquences politiques d'un événement qui devait encourager l'audace de l'ennemi et les résistances de l'Annam.

« Sans être compromise, la situation que le général Bouët trouvait au Tonkin ne permettait pas de prendre immédiatement l'offensive. Nos troupes n'occupaient que trois places du Delta; mais leurs communications étaient assurées. Haï-Phong, où s'étaient concentrées les garnisons voisines, était en état de résister avec l'appui des canonnières. Les Annamites étaient maîtres de Nam-Dinh; mais le colonel Badens tenait la citadelle, et il avait les moyens de repousser toute attaque. A Hanoï, un conseil de défense s'était constitué après les événements du 19 mai, et avait pris des dispositions pour assurer l'occupation de la pagode royale.

« Dès son arrivée, le général complétait les mesures nécessaires pour la sécurité des positions. Les places occupées étaient mises en état complet de défense. Les premières troupes, venues de Cochinchine, servaient à renforcer les garnisons. Avec l'effectif disponible, on allait bientôt se trouver en situation de tenir la campagne.

C'est dans cette période que se place la brillante sortie, conduite par le colonel Badens, à la date du 19 juillet, contre les Annamites qui entouraient Nam-Dinh. Sept cents hommes tués et plusieurs canons pris à l'ennemi, les abords de la place déblayés : tel était le résultat de cette journée, qui relevait le prestige du drapeau français. Du côté de Hanoï, une série de reconnaissances élargissait le cercle d'investissement et permettait de mesurer les forces des Pavillons Noirs dans la direction de Son-Taï. Près de Haï-Phong, le commandant Morel-Beaulieu avait aussi l'occasion d'infliger une sévère leçon aux bandes d'Annamites et de Chinois, qu'il rejetait au delà du Cua-Cam et qui ne devaient plus inquiéter la place. En définitive, grâce au courage des troupes et aux habiles dispositions de leurs chefs, la situation était intacte au moment où les renforts envoyés de Nouméa et de Toulon allaient fournir les moyens d'agir vigoureusement.

« Vers la même époque, le commissaire général civil, M. Harmand, nommé par décret du 8 juin, arrivait au

Tonkin muni des instructions que le gouvernement lui avait fait tenir à son passage à Saïgon,.... Pour le succès même de l'expédition, il importait qu'aucun conflit d'attributions ne pût naître; que le commandement militaire, tout en s'inspirant de la pensée du gouvernement, conservât sous sa responsabilité l'entière direction des mouvements de troupes et des opérations de guerre. Aussi les rôles furent-ils déterminés avec précision, le commandement militaire ayant la direction exclusive des opérations et la faculté de faire prévaloir ses vues en cas de désaccord avec le commissaire civil. C'est dans ces conditions que celui-ci se rencontrait vers la fin de juillet avec le général Bouët, à qui les instructions susmentionnées avaient été communiquées et avec l'amiral Courbet, commandant nos forces navales dans le golfe du Tonkin. »

Les premiers jours furent employés au débarquement des renforts arrivés de France et de Nouvelle-Calédonie, à leur répartition dans l'intérieur, et à l'étude exacte de la situation. Le commissaire général, l'amiral Courbet et le général Bouët décidèrent, le 30 juillet, que l'effort principal devait se porter sur Hanoï, point le plus important du Delta, afin de désorganiser les bandes des Pavillons Noirs, Chinois et Annamites, qui s'étaient retranchés dans de fortes positions vers Phu-Hoaï, entre le Day et le fleuve Rouge. Profitant de l'émotion résultant de la mort subite de Tu-Duc et de la transmission des pouvoirs, ils décidèrent en outre que l'on se porterait rapidement sur la rivière de Hué, qu'on enlèverait les forts qui commandent la passe, et que, de là, on dicterait à la cour d'Annam des conditions. L'exécution de ce plan eut lieu avec un plein succès : le 18 août, notre flotte, paraissant à l'entrée de la rivière de Hué, commençait le bombardement : le 21, les forts de Thuan-Au étaient en notre pouvoir. Sans attendre la fin de la suspension d'armes, notre commissaire général civil se rendit à Hué, muni de pleins pouvoirs; il adressa au gouvernement annamite un ultimatum où il rappelait nos principaux griefs, et, le 25 août, il fit accepter un traité dont il avait posé les bases, traité qui devait nous assurer d'une manière permanente les bénéfices d'une situation dont nous n'avions jusqu'ici connu que les charges.

CHAPITRE VI

Mort du comte de Chambord.

Le grand événement politique des vacances parlementaires de l'année 1883 fut la mort du comte de Chambord, le dernier des Bourbons de France, le prétendant qui, par son attitude digne et désintéressée, avait su conquérir du moins le respect de ses adversaires. Sa mort fut le signal d'une modification profonde dans le groupement de la droite monarchique, et elle mérite de nous arrêter quelque temps.

Le comte de Chambord, qui expira le 24 août, était à l'agonie depuis le commencement de juillet. Les conséquences de sa disparition étaient donc déjà prévues, et même escomptées par la presse ou les hommes politiques. Sa vie ne ut qu'un long exil, rompu un moment par une tentative de restauration, qui n'eut peut-être d'autre motif d'avortement que sa volonté bien arrêtée de ne faire aucune concession au détriment des idées que symbolisait le drapeau blanc. Un moment, en 1830, Charles X avait songé à placer sur la tête de *l'enfant du miracle*, âgé de neuf ans, une couronne qui lui échappait et que la révolution de juillet balaya jusque sur la côte anglaise. Depuis, le duc de Bordeaux, devenu dans la suite le comte de Chambord, promena de château en château, en Bohême, en Autriche ou en Styrie, ses royales prétentions, entouré d'une petite cour de fidèles, correspondant de temps à autre avec le parti royaliste de France, que désespérait l'inaction du « roy » et son obstination tenace à refuser tout compromis.

Les lettres du comte de Chambord n'eurent en général qu'une portée médiocre. Il combattit l'Empire ; puis, sous l'Assemblée nationale de 1871, il se décida à accomplir les deux actes politiques de sa vie. La fusion avec les princes d'Orléans, qui vinrent à Frœhsdorf renier la tradition paternelle de monarchie constitutionnelle et s'incliner devant le représentant du principe de droit divin, lui fournit un appoint considérable ; car les princes pouvaient rallier, autour de lui, la droite modérée et les centres de l'Assemblée nationale. Mais celui qui ne devait jamais être Henri V découragea ses partisans, lorsqu'il refusa de renoncer au drapeau blanc fleurdelisé. Son aïeul Henri IV avait trouvé que Paris valait bien une messe : lui, pensa différemment, et le fit à son honneur, donnant ainsi une rare preuve de désintéressement et de conviction politiques.

« Personne de ceux qui ont traversé les incertitudes et les angoisses du mois d'octobre 1873, dit M. de Pressensé, n'oubliera ce jour mémorable où le centre gauche tint sa première séance depuis les vacances, à l'heure même où la commission de permanence était réunie dans le palais pour procéder sans délai à une convocation anticipée de l'Assemblée, au cas où l'on gagnerait les voix nécessaires. On était loin de compte, car le centre gauche était à peine réuni que l'opposition la plus véhémente se faisait jour avec passion. M. Léon Say, le président du groupe, transmettait au duc d'Audiffret-Pasquier l'expression toute vive de cette opposition dans ce mot significatif : « Vous voulez la revanche de 89, nous n'en voulons pas. » Le coup était manqué. Le centre droit à lui tout seul ne pouvait imposer ses conditions à Frœhsdorf. Le comte de Chambord écrivit sa fameuse lettre, qui revenait à dire qu'il repoussait une couronne qui ne lui permettait pas de prendre la revanche de 1789. Le fils de saint Louis remontait au ciel pour n'en plus descendre : un abîme se creusait entre ses vrais partisans et les royalistes à la façon moderne. »

L'avènement du comte de Chambord, en 1873, aurait été une illusion aussi transparente qu'éphémère. Le comte, élevé au milieu des préjugés et des épaves d'un autre âge, s'est refusé toute sa vie à comprendre la France contemporaine, et celle-ci n'aurait jamais souffert un monarque absolu. Cette renonciation eut l'avantage de rallier à la République les hommes de bonne foi, les patriotes, tous ceux en un mot qui voulurent prendre la peine de réfléchir et de se dire que la Révolution ne pouvait être effacée par un trait de plume ou par l'empreinte d'un sceau royal. La France put se donner une constitution, imparfaite sans doute, mais qui a du moins consacré le triomphe du principe républicain.

Lorsque le dernier représentant de la plus ancienne et de

la plus glorieuse des dynasties européennes, lorque le fils
de ces rois en qui la vieille France plaça si longtemps sa
foi, son orgueil et son avenir, s'est éteint dans un manoir
d'Autriche, la France nouvelle n'a manifesté aucune joie in-
convenante, aucune colère haineuse. Confiante dans sa
force et dans sa durée, elle a vu tranquillement tomber les
Bourbons après les Bonaparte, et c'est elle, et non tel ou
tel prétendant, qui a reccueilli leur héritage : car le prestige des partis monarchiques s'évanouit avec leurs chefs.

FIN

TABLE DES MATIÈRES

DEUXIÈME PARTIE

Le Gouvernement de la Défense — La Guerre nationale

CHAPITRE PREMIER

CHAPITRE II

CHAPITRE III

CHAPITRE IV

CHAPITRE XIV

CHAPITRE XV

CHAPITRE XVI

CHAPITRE XXI

TROISIÈME PARTIE

La Présidence de M. Thiers. — Libération du territoire.

CHAPITRE PREMIER

QUATRIÈME PARTIE

La Présidence du maréchal de Mac-Mahon.

CHAPITRE PREMIER

CINQUIÈME PARTIE

La Présidence de M. Jules Grévy.

CHAPITRE PREMIER

CHAPITRE II

CHAPITRE III

CHAPITRE IV

CHAPITRE V

CHAPITRE VI

CORBEIL. — Imp. et stér. B. RENAUDET.

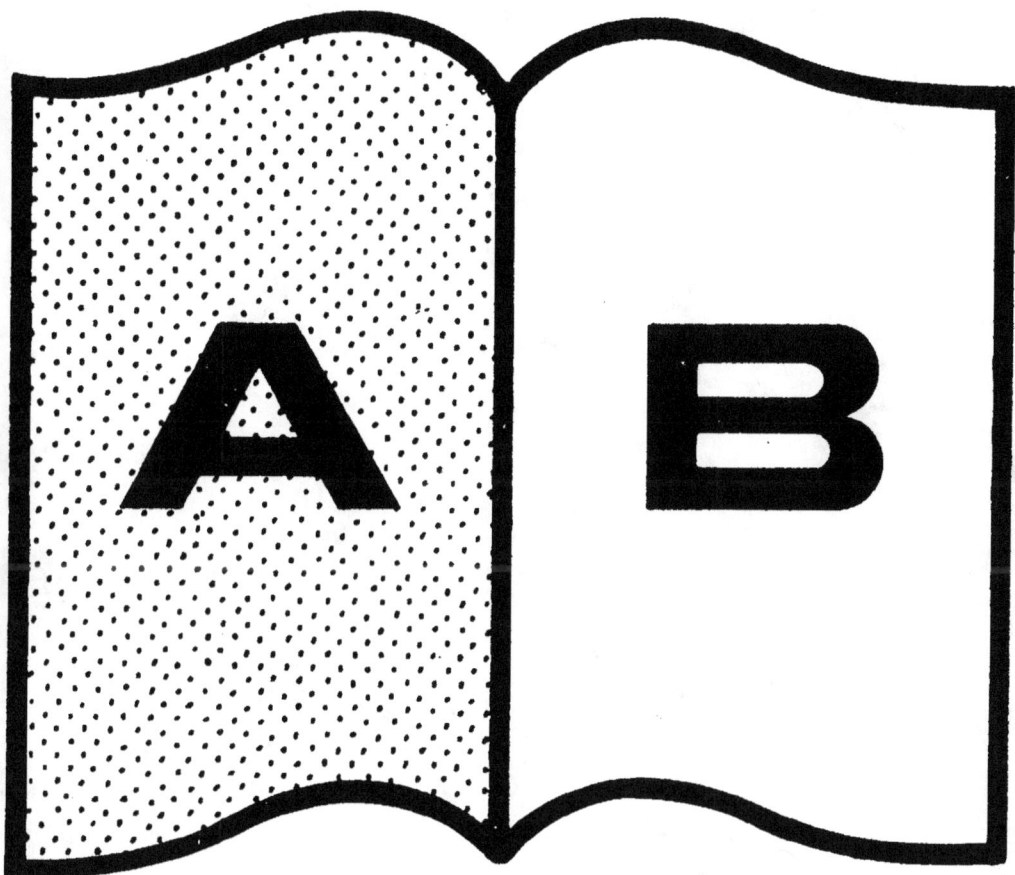

Contraste insuffisant

NF Z 43-120-14

www.ingramcontent.com/pod-product-compliance
Lightning Source LLC
Chambersburg PA
CBHW060542280326
41932CB00011B/1373